Springer-Lehrbuch

Springer

Berlin
Heidelberg
New York
Barcelona
Budapest
Hongkong
London
Mailand
Paris
Singapur
Tokio

Hermann Lang · Hermann Faller

Medizinische Psychologie *und Soziologie*

Unter Mitarbeit
von K. Koepsell

Mit 77 Abbildungen
und 29 Tabellen

 Springer

PROFESSOR DR. DR. HERMANN LANG
Universität Würzburg
Institut für Psychotherapie
und Medizinische Psychologie
Klinikstraße 3
D-97070 Würzburg

PRIV.-DOZ. DR. DR. HERMANN FALLER
Universität Würzburg
Institut für Psychotherapie
und Medizinische Psychologie
Klinikstraße 3
D-97070 Würzburg

ISBN 3-540-54693-6 Springer-Verlag Berlin Heidelberg New York

Die Deutsche Bibliothek – CIP-Einheitsaufnahme
Lang, Hermann:
Medizinische Psychologie und Soziologie / Hermann Lang ; Hermann
Faller. Unter Mitarb. von K. Koepsell. – Berlin ; Heidelberg ; New
York ; Barcelona ; Budapest ; Hong Kong ; London ; Mailand ; Paris ;
Singapur ; Tokio : Springer, 1998
  (Springer-Lehrbuch)
  ISBN 3-540-54693-6

Herstellung: PRO EDIT GmbH, D-69123 Heidelberg
Satz: Hagedorn Kommunikation, D-68519 Viernheim
Umschlaggestaltung: design + production GmbH, D-69121 Heidelberg
Zeichnungen: Peter Lübke, Grafik für Wissenschaft und Technik, D-67157 Wachenheim
Druck: K. Triltsch, Druck- und Verlagsanstalt, D-97070 Würzburg

SPIN 10049713   15/3135–5 4 3 2 1 0   Gedruckt auf säurefreiem Papier

Medizinische Psychologie und Medizinische Soziologie sind als Lehr- und Prüfungsfächer im Jahre 1970 in die Approbationsordnung (Zulassungsordnung) für Ärzte aufgenommen und damit in den Studiengang für Mediziner eingeführt worden. Dies war das Ergebnis einer über Jahrzehnte geltend gemachten Forderung, die naturwissenschaftliche Ausbildung durch die Vermittlung der psychologischen und sozialen Dimension der Medizin zu ergänzen. Zuvor existierte Medizinische Psychologie nur fakultativ, so z. B. am Lehrstuhl für Psychotherapie und Medizinische Psychologie der Universität Würzburg. Medizinische Psychologie und Medizinische Soziologie verstanden sich zunächst vor allem als Lehrfach, die Identitätsfindung in Forschung und klinischer Tätigkeit erfolgte eher verzögert.

Die Lehrinhalte, die hier zu vermitteln sind, sind im Gegenstandskatalog enthalten, an dem sich das vorliegende Lehrbuch orientiert. Sie lauten: Methodische Grundlagen; Psychophysiologie; Emotion und Motivation; Lernen; Persönlichkeit; Entwicklung; Soziales Verhalten; Gesundheits- und Krankheitsverhalten; Arzt-Patient-Beziehung; Bevölkerungsstruktur und -entwicklung; Soziale Schichtung. Die beiden zuletzt genannten Punkte betreffen explizit die Medizinische Soziologie. Diese Lehrinhalte können schon auf eine erste Bestimmung dessen, was diese neuen Fächer beinhalten, aufmerksam machen. Pointierter könnte man auf die Frage „Was ist Medizinische Psychologie?" so antworten, „Medizinische Psychologie ist diejenige Psychologie, die in der Medizin relevant ist und hier gebraucht wird". Zur weiteren Bestimmung ist es sinnvoll, danach zu fragen, wo nun in der Medizin psychologische und soziale Aspekte enthalten sind. Hier lassen sich drei Gesichtspunkte hervorheben: Der Patient, die Arzt-Patient-Beziehung und die Mitarbeit im medizinischen Team. Mit dieser Einteilung ist auch eine Vorentscheidung dahingehend getroffen, daß die Bedeutung von Medizinischer Psychologie und Soziologie in erster Linie durch ihre Relevanz für die Klinische Medizin, den ärztlichen Alltag, erwiesen wird.

Wenn wir von der Psychologie des Patienten ausgehen, bietet sich eine Einteilung in den präventiven, den kurativen und den rehabilitativen Bereich der Medizin an. Im präventiven Bereich kann man feststellen, daß akute, z. B. infektiöse Erkrankungen immer stärker durch chronische Erkrankungen abgelöst werden. Epidemiologische Untersuchungen stimmen dahingehend überein, daß Entstehung und Verlauf chronischer Krankheiten wesentlich durch die Lebensgewohnheiten der Menschen mitbestimmt werden. Dies gilt insbesondere auch für die hauptsächlichen Todesursachen unserer Zeit, wie kardiovaskuläre Erkrankungen (Herzinfarkt und Schlaganfall) und Tumorerkrankungen (z. B. Lungenkrebs). Wir wissen, daß diese sog. Killer durch eigene Verhaltensweisen, wie Rauchen, Überernährung, Alkohol, Bewegungsarmut, problematischer Umgang mit Streß, mitverursacht werden. Dies bedeutet, daß sowohl im Hinblick auf Ursachenforschung wie auch mögliche Strategien der Intervention psychosoziale Aspekte besonders relevant sind. Wenn es also gilt, gesundheitsschädigendes Verhalten zu modifizieren, ist die Medizinische Psychologie gefragt, denn Lebensgewohnheiten lassen sich im psychologischen Umgang im Rahmen der Arzt-Patient-Beziehung verändern. Die Motivation zu präventivem Verhalten herauszuarbeiten, erscheint als eine zentrale Aufgabe von Medizinischer Psychologie und Soziologie. Nicht minder wichtig wird Medizinische Psychologie, wenn wir die Früherkennungsuntersuchungen bei Tumorerkrankungen betrachten. Schlaglichtartig läßt sich dies am Beispiel der neuen Möglichkeiten der genetischen Testung auf das Vorliegen einer Prädisposition für Brustkrebs aufzeigen. Bereits vor entsprechenden Untersuchungen kann es zu Entscheidungskonflikten und psychischer Belastung kommen. Insbesondere bei positivem Befund, d. h. wenn das prädisponierende Gen festgestellt wurde, können psychosoziale Belastungen, wie Angst, Depressivität oder Kommunikationsprobleme in der Familie auftreten. Hier ist Medizinische Psychologie relevant und auch zur Mitarbeit bei der Betreuung der Ratsuchenden aufgerufen.

Der kurative (d. h. heilende) Bereich bietet so vielfältige und facettenreiche Verflechtungen mit praktisch allen klinischen Fächern der Medizin, daß man nur Schlaglichter werfen kann. Medizinpsychologische Aspekte sind vor allem da zu sehen, wo es um die Behandlung Schwerkranker geht. Menschen, die von einer schweren Erkrankung betroffen sind, sind mit einer großen Zahl von psychosozialen Belastungen konfrontiert, die ihr emotionales Gleichgewicht und Selbstwertgefühl beeinträchtigen können. Medizinische Psychologie untersucht diese psychosoziale Auseinandersetzung mit einer schweren Erkrankung und unterstützt die Betroffenen bei der Krankheitsbewältigung (Coping).

Krankheitsverarbeitungsprozesse gelten als paradigmatischer Gegenstand der Medizinischen Psychologie. Insbesondere im Bereich der Tumorerkrankungen hat sich eine umfangreiche Forschungstradition entwickelt, die zu einem eigenen Fachgebiet, der Psychoonkologie, geführt hat. In jüngerer Zeit wird die Medizinische Psychologie darüber hinaus v. a. dann hinzugezogen, wenn eingreifende Therapiemaßnahmen hohe Anforderungen an die psychische Stabilität des Patienten und seine Mitarbeit bei der Behandlung (Compliance) richten. Dies gilt beispielsweise für die modernen Möglichkeiten der Transplantationsmedizin (z. B. Herztransplantation), die zu einem Forschungs- und Versorgungsfeld der Medizinischen Psychologie geworden ist.

Krankheitsverarbeitungsvorgänge sind ebenfalls ein zentrales Thema bei der „Rehabilitation". Chronische Krankheiten bringen für die Betroffen eine Vielzahl von Folgeerscheinungen mit sich, die alle Lebensbereiche umfassen können: Körperliche Beeinträchtigungen; Abhängigkeit von kontinuierlicher medizinischer Behandlung, emotionale Belastungen, Funktionsstörungen im Alltag, Verminderung der beruflichen Leistungsfähigkeit und soziale Handicaps. Ein zentrales Ziel der Rehabilitation ist es, Menschen mit chronischen Krankheiten dazu zu verhelfen, die Krankheit und ihre Folgen zu bewältigen, um möglichst weitgehend und selbständig am normalen Leben, in Familie, Beruf und Gesellschaft teilnehmen zu können. Sie muß deshalb den Patienten und seine Bedürfnisse und Ziele in den Mittelpunkt rücken. Zugleich ist sie auf die eigenverantwortliche Mitarbeit des Rehabilitanden angewiesen, so daß psychologische Faktoren, wie seine Motivation und sein Krankheitsverhalten, von großer Bedeutung sind.

Medizinische Psychologie soll Grundlagen vermitteln für ärztliches Handeln in allen Bereichen der Medizin. Dies gilt insbesondere für die klinischen Fächer Psychosomatische Medizin, Psychotherapie, Psychiatrie und Neurologie. Im Unterschied zur Psychosomatischen Medizin fragt die Medizinische Psychologie weniger nach den möglichen psychosozialen Ursachen von Erkrankungen, sondern nach deren Folgeerscheinungen und den Möglichkeiten ihrer Bewältigung.

Der zweite zentrale Punkt der Bestimmung dessen, was Medizinische Psychologie ist, betrifft die „Arzt-Patient-Beziehung". Wichtige Phänomene wie „Compliance" (Mitarbeit des Patienten bei der Behandlung) oder der Placeboeffekt (das Phänomen, daß auch pharmakologisch unwirksame Substanzen eine therapeutische Wirkung entfalten können) lassen sich nur im Kontext dieser zwischenmenschlichen Beziehung verstehen. Bleiben wir einen Augenblick bei diesem eigenartigen Phänomen, daß ein Arzt ein Medikament gibt, von dem erwiesen ist, daß es in pharmakologischer Hinsicht ein Leerpräparat darstellt, das aber gleichwohl wirkt. Wenn diese Wirkung nicht auf biochemischem Wege erfolgen kann, so liegt es nahe, daß hier psychologische Faktoren eine wichtige Rolle spielen. Wie bedeutsam hier die Arzt-Patient-Beziehung ist, zeigt die Regelung, daß die Prüfung von neuen Medikamenten auf ihre pharmakologische Wirksamkeit im sogenannten Doppelblindversuch erfolgt. Um die spezifische biochemische Wirkung eines Medikaments prüfen zu können, hat nicht nur der Patient beim Empfang des Heilmittels „blind" zu sein, sondern auch der Arzt, der das Mittel verabreicht. Nur dann läßt sich ausschließen, daß psychologische Effekte die Medikamentenwirkung beeinflussen. In der pharmakologischen Prüfung wird dadurch anerkannt, daß vom Verhalten des Arztes und dessen Wirkung

auf den Patienten, ihrer Interaktion, Kräfte ausgehen, welche die Medikamentenwirkung verstärken, aber auch schwächen können. Den bekannten Arzt und Psychoanalytiker Balint haben solche Beobachtungen bekanntlich zur Erkenntnis geführt, daß das am häufigsten verwendete Heilmittel in der Medizin der Arzt selbst sei. Das Placebo gewinnt, so kann man sagen, seine Kraft daraus, daß es ein greifbares Symbol für die Beziehung zum Arzt ist, die vom Patienten als heilsam erfahren wird.

Dieser kurze Hinweis auf den Placeboeffekt soll verdeutlichen, welche zentrale Rolle die Arzt-Patient-Beziehung in der Medizinischen Psychologie (und Medizinischen Soziologie) einnimmt. Die Arzt-Patient-Beziehung wird um so patientenorientierter sein, je mehr der Arzt über psychische und soziale Aspekte seiner ärztlichen Tätigkeit unterrichtet ist und einen auch psychologisch ausgerichteten Umgang mit Patienten pflegt. Ziel des Unterrichts in Medizinischer Psychologie und Medizinischer Soziologie ist es deshalb, die Wahrnehmungsfähigkeit für psychosoziale Aspekte in der Arzt-Patient-Beziehung zu fördern und entsprechende Handlungskompetenz im Umgang mit Patienten zu vermitteln.

Um diese Unterrichtsziele überzeugend vertreten zu können, muß der Medizinpsychologe selbst einen breiten klinischen Hintergrund besitzen. Eine eigene psychotherapeutische Tätigkeit schafft hier gute Voraussetzungen, besonders dann, wenn sie auch in Form eines Konsiliar- oder Liaisondienstes bei der Betreuung somatisch Kranker erfolgt. In Balintgruppen (Fallbesprechungsgruppen) können Medizinpsychologen Supervisionsaufgaben wahrnehmen und so durch eine Multiplikatorfunktion wirksam werden. Derartige Modelle wurden insbesondere in „problematischen" stationären Einrichtungen wie Intensivstationen, onkologischen Abteilungen, kardiochirurgischen Abteilungen, Dialyseeinheiten, Transplantationseinheiten und anderen eingerichtet. Hier kann die Medizinische Psychologie dem medizinischen Team Hilfen geben, mit welchen dieses die Belastungen, die seine Tätigkeit mit sich bringt, besser zu bewältigen lernt.

Versuchen wir abschließend eine zusammenfassende Antwort: Medizinische Psychologie ist ein medizinisches Fach, das in Lehre, Forschung und Krankenversorgung vertreten ist. In der Lehre, die sich in erster Linie an den Medizinstudenten, aber auch an den Arzt in Krankenhaus oder Praxis und an die Angehörigen des medizinischen Teams insgesamt wendet, kommt es darauf an, den zu Unterrichtenden für psychosoziale Vorgänge beim Patienten und in der Medizin zu sensibilisieren und ihm psychologische Kompetenzen für den Umgang mit Patienten zu vermitteln. In der Krankenversorgung wird es im kurativen und rehabilitativen Bereich zur zentralen Aufgabe, Prozesse der Auseinandersetzung mit körperlichen Erkrankungen und Behinderungen zu erfassen und bei deren Bewältigung zu helfen. Im präventiven Bereich gilt es, Risikofaktoren im Gesundheitsverhalten auszumachen und diagnostische Maßnahmen sowie deren problematische Konsequenzen zu begleiten. In all diesen Bereichen stellen sich der Medizinischen Psychologie und Soziologie vielfältige Aufgaben sowohl in der Forschung wie auch in der Krankenversorgung.

Durch seine strikte Orientierung am Gegenstandskatalog enthält das vorliegende Lehrbuch alle Inhalte, die zur Vorbereitung auf den schriftlichen und mündlichen Teil der Ärztlichen Vorprüfung gefordert werden. Zentrales Anliegen der Autoren ist es, die Praxisrelevanz der Lehrinhalte aufzuzeigen. Viele Beispiele machen den Lernstoff anschaulich und belegen zugleich die Bedeutung der Medizinischen Psychologie für den Umgang mit Patienten im ärztlichen Alltag. Es wendet sich ebenfalls an den bereits ausgebildeten Arzt und andere Berufsgruppen, die im medizinischen und sozialen Feld wichtige Funktionen übernehmen, wie Psychologen, Sozialarbeiter, Schwestern und Pfleger usw.

H. Lang schrieb die Kapitel 3.2.1–3.2.3, 3.3.1–3.3.4, 5.1.1, 6, 8 und 9. H. Faller verfaßte die Kapitel 1, 2, 3.1, 3.2.4, 3.3.5–3.3.7, 4, 5.1, 5.1.2, 5.2, 10 und 11. Frau Kornelia Koepsell schrieb Kapitel 7.

Das Buch ist das Ergebnis langjährigen Unterrichts in Medizinischer Psychologie und Medizinischer Soziologie. Unser Dank gilt deshalb zu allererst den vielen Medizinstudentinnen und Medizinstudenten für wertvolle Anregungen und Rückmeldungen. Zu danken haben wir für die Manuskriptreinschrift unserem Sekretariat mit Frau Grollmann, Frau Sawall und Frau Stößer. Dank schließlich dem wissenschaftlichen Lektorat des Springer-Verlages (Frau Repnow, Frau Schimmer und Frau Dr. Segräfe) für die ausgezeichnete Kooperation und Sorgfalt bei der Herstellung.

HERMANN LANG, HERMANN FALLER

Inhaltsverzeichnis

Das vorliegende Buch stellt für die Psychologie wichtige Fakten kurz und übersichtlich dar. Folgende Symbole sollen dem Leser zur besseren Orientierung dienen und das Lernen erleichtern.

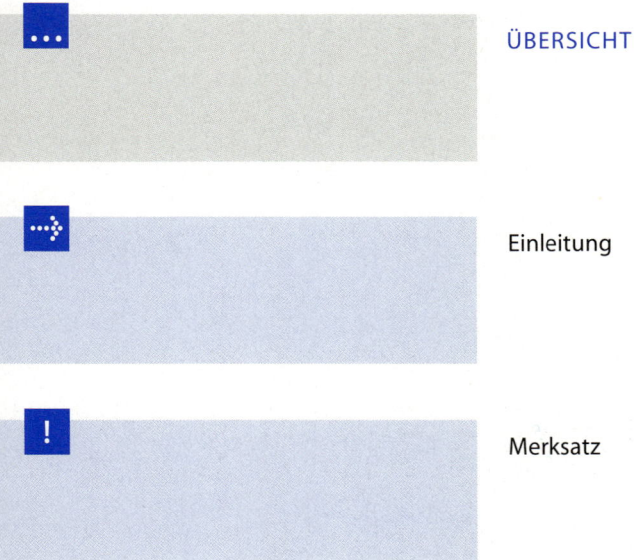

ÜBERSICHT

Einleitung

Merksatz

Forschung, die ihre Ergebnisse durch systematische Beobachtung eines Untersuchungsgegenstands gewinnt, wird als empirische Forschung bezeichnet. Empirische Forschung orientiert sich an festen methodischen Regeln. Aufgabe dieser Regeln ist es, die Validität (Gültigkeit) der Forschungsergebnisse zu gewährleisten.

Ausgangspunkt eines Forschungsprojekts ist oft die *klinische Beobachtung.* Damit ist die alltägliche, unsystematische Beobachtung der Ärzte gemeint. Ein Herzchirurg kann z. B. zu der Auffassung kommen, daß die Angst eine wichtige Rolle für den Operationserfolg spiele und daß große Angst vor einer Herzoperation zu einem ungünstigen Ergebnis führen könne. Um diese subjektive Annahme zu überprüfen und verallgemeinerbare Erkenntnisse zu gewinnen, kann man ein empirisches Forschungsprojekt durchführen.

Fragestellung.   Jedes Forschungsprojekt verfolgt ein bestimmtes Ziel. Ein Problem, eine offene Frage soll geklärt werden. Wenn man ein wissenschaftliches Projekt plant, muß man sich deshalb möglichst präzise die Frage stellen, was man eigentlich erforschen will. Man formuliert eine Fragestellung. Durch die Formulierung einer Fragestellung soll der Untersuchungsgegenstand eingegrenzt und präzisiert werden. Im obigen Beispiel könnte die Fragestellung lauten: Welcher Zusammenhang besteht zwischen dem emotionalen Erleben des Individuums und dem seelischen und körperlichen postoperativen Verlauf nach einer Herzoperation? Damit ist präzisiert, daß einerseits das emotionale Erleben des Individuums untersucht werden soll, andererseits der postoperative Verlauf des seelischen und körperlichen Zustands.

Operationalisierung.   Um die Fragestellung zu konkretisieren, müssen die Merkmale, die untersucht werden sollen, näher präzisiert und definiert werden. In der empirischen Forschung definiert man Merkmale dadurch, daß man angibt, wie man sie erfassen will. Man gibt die Operation an, mit der man das ausgewählte Befindensmerkmal, z. B. Angst, erheben will.

1

Wie läßt sich feststellen, ob ein Individuum ein hohes Ausmaß an Angst hat oder ein niedriges? Dazu stehen zwei Möglichkeiten zur Verfügung, die Verhaltensbeurteilung durch einen äußeren Beobachter und die Selbstbeurteilung.

1.1 Verhaltens- und Selbstbeurteilung

Behaviorismus. Der Behaviorismus ist eine Wissenschaftstradition in der Psychologie, die als alleinige Methode die Verhaltensbeobachtung akzeptiert. Selbstbeurteilung (Introspektion) war als Erkenntnisquelle verpönt. Eine derartige radikale methodische Einstellung war die Reaktion auf die zu Beginn des Jahrhunderts vorherrschende spekulative Psychologie, bei der der Forscher in seinem Lehnstuhl durch bloßes Nachdenken zu einer Theorie gelangte, ohne deren Realitätsgehalt zu überprüfen. Gegen diese Tendenz zu einer Verabsolutierung subjektiver Vorstellungen wandte sich der Behaviorismus mit seiner Forderung, nur noch beobachtbares Verhalten als Gegenstand der Psychologie zuzulassen.

Unterscheidung zwischen Beobachtung und Beurteilung. Aus der behavioristischen Denktradition stammt die Unterscheidung zwischen Beobachtung und Beurteilung. Dem methodischen Ideal des Behaviorismus entsprach, daß konkret definierte Verhaltenseinheiten mit standardisierten Beobachtungsschemata aufgezeichnet werden sollten; jeder subjektive Einfluß, wie er in eine Beurteilung eingeht, sollte ausgeschlossen werden. Alles, was über das reine Beobachten hinausging, galt nicht mehr als wissenschaftlich. Obwohl diese methodische Einengung übertrieben erscheint, hat sie doch einen wahren Kern. Tatsächlich schließen wir nämlich häufig, ohne es zu merken, von einer Verhaltensbeobachtung sogleich auf eine zugrundeliegende Eigenschaft. Ein Beispiel: Wenn wir wahrnehmen, daß ein Patient zittert, stockend spricht etc., so könnten wir daraus schließen, daß er ängstlich ist oder daß er „ein ängstlicher Typ" ist, das Persönlichkeitsmerkmal „Angstbereitschaft" besitzt. Solche impliziten Schlußfolgerungen aufgedeckt zu haben, ist das Verdienst der Forderung, Beobachtung und Beurteilung zu trennen. Ob derartige Schlußfolgerungen zutreffen, muß erst geprüft werden.

Eine ausschließliche Verhaltensbeobachtung, die ohne Interpretations- und Beurteilungsprozesse auskommt, ist nur bei sehr elementaren Verhaltensformen möglich (z. B. nonverbales Verhalten wie Blickwendung); bei der Erfassung komplexeren Verhaltens gehen in die Beobachtung meist auch Beurteilungs- und Interpretationsprozesse ein. Damit deren Einfluß erkannt werden kann, sollten sie möglichst explizit und regelgeleitet erfolgen.

Probabilistische Aussagen. Das Konstrukt „Angstbereitschaft" kann nicht direkt als solches erfaßt werden, aber man kann daraus Hypothesen ableiten, die empirisch, d. h. durch Beobachtung, geprüft werden können. Eine dieser Hypothesen könnte lauten, daß jemand, der viel Angstbereitschaft aufweist, in bestimmten Situationen mit größerer Wahrscheinlichkeit mit „ängstlichem Verhalten" reagieren wird als jemand mit wenig Angstbereitschaft. Wenn sich eine solche Hypothese bestätigt, so hat sich das Konstrukt „Angstbereitschaft" bewährt. In der Psychologie haben wir es häufig mit derartigen Wahrscheinlichkeitsaussagen (probabilistischen Aussagen) zu tun, nur selten mit deterministischen Aussagen (Aussagen der Art, jemand werde sich unter bestimmten Bedingungen *immer*, d. h. mit Sicherheit, so verhalten).

Teilnehmende Beobachtung. Bei der teilnehmenden Beobachtung nimmt der Forscher an der Situation, die er erforschen will, selbst als Handelnder teil. Da er während der teilnehmenden Beobachtung auch selbst dauernd agieren muß und sich nicht an ein vorgegebenes Beobachtungsschema halten kann, sind seine Beobachtungen notgedrungenermaßen mehr oder weniger ungenau und unvollständig. Die teilnehmende Beobachtung wird angewandt, um soziale Situationen zu erforschen, deren Ablauf durch eine offene Beobachtung gestört würde.

Beurteilungsskalen

!   Bei der Selbstbeurteilung beurteilt der Untersuchte sein eigenes Erleben und Verhalten. Bei der Fremdbeurteilung wird er von einem anderen (dem Forscher) eingeschätzt.

Die Beurteilung findet anhand einer Skala statt, die das zu beurteilende Merkmal in abgestuften Ausprägungen erfaßt. Quantitative Abstufungen ermöglichen die differenzierte Erfassung eines Merkmals, und sie erlauben komplexe statistische Auswertungen.

Relative Beurteilungsskalen. Bei den relativen Beurteilungsskalen wird ein Vergleich zweier oder mehrerer Elemente durchgeführt und ein Element relativ zu einem anderen beurteilt.

Ein Patient soll verschiedene Tätigkeiten des Pflegepersonals, die ihm auf Kärtchen vorgelegt werden (z. B. Medikamente korrekt verabreichen; rechtzeitig den Arzt rufen; beim Klingeln gleich kommen; zuhören können etc.), nach deren Wichtigkeit aus seiner Sicht in eine Rangreihe bringen (*Rangreihenvergleich*). Läßt man Patienten eine solche Rangreihe aufstellen, kann man etwas darüber erfahren, was für die Patienten hinsichtlich der pflegerischen Betreuung an erster und was an eher nachgeordneter Stelle rangiert. Zur Überraschung der Medizinpsychologen war das Ergebnis eines solchen Rangreihenvergleichs bei Krebskranken, daß medizinisch-pflegerische Tätigkeiten an erster Stelle, psychologische Tätigkeiten eher weiter hinten rangierten. Beim *Paarvergleich* werden analog *zwei* Elemente miteinander verglichen.

Soziometrische Wahlverfahren dienen dazu, die Beziehungen zwischen den Mitgliedern einer Gruppe (Arbeitsgruppe, Therapiegruppe etc.), die informelle Struktur der Gruppe und die Stellung einzelner innerhalb der Gruppe zu erfassen. Man bittet z. B. jedes Gruppenmitglied, auf einem Blatt Papier den Namen des/derjenigen zu schreiben, mit dem er/sie am liebsten zusammenarbeitet. Da jedes Gruppenmitglied auf diese Weise aus den Mitgliedern der Gruppe eines auswählt, handelt es sich auch hier um eine relative Beurteilung: Der oder die Ausgewählte wird relativ zu allen anderen bevorzugt. Nimmt man dann diese Wahlen zusammen, so kann man daraus ein *Soziogramm* erstellen (Abb. 1.1), das die informelle Struktur der Gruppe wiedergibt.

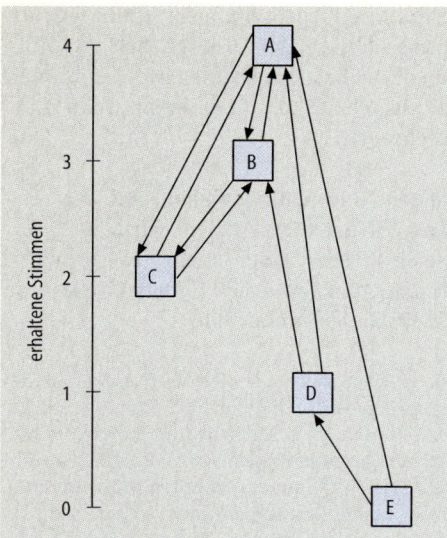

Abb. 1.1 Soziogramm. Das Soziogramm gibt die Beziehungen in einer Gruppe wieder. Die Mitglieder einer Gruppe sollen beispielsweise untereinander Partner für einen Arbeitsvorgang auswählen. Jeder Pfeil repräsentiert eine Wahl. Individuum A wurde viermal gewählt, Individuum F kein einziges Mal (nach Hofstätter 1972)

Absolute Beurteilungsskalen

! Eine absolute Beurteilungsskala ist ein Maßstab, mit dem ein psychologisches Merkmal erhoben wird. Dadurch erhält man einen absoluten Wert dieses Merkmals, ohne auf Vergleiche mit anderen beurteilten Elementen zurückgreifen zu müssen.

Rating-Skala. Am häufigsten wird die *Schätzskala* (*Rating-Skala*; to rate, engl.: einschätzen) verwandt. Das Beispiel einer Selbsteinschätzungsskala für das Merkmal „Angst" gibt Tabelle 1.1. Durch die Aussage „Ich bin ängstlich" wird dem Befragten der Inhalt vorgegeben, auf den sich seine Einschätzung beziehen soll. Durch die Skala von 1 bis 5 erhält er einen Maßstab, mit dem er die Ausprägung des Merkmals „Angst" einschätzen kann. Da viele Menschen mit absoluten Zahlenwerten 1, 2, 3, 4 und 5 wenig anfangen können, kann man die Einschätzung dadurch erleichtern, daß man die Zahlen durch Worte verankert.

Folgende Bezeichnungen für die Skalenstufen werden empfohlen, weil sie als gleichabständig empfunden werden (Bortz 1989):

- Häufigkeit: nie – selten – gelegentlich – oft – immer;
- Intensität: gar nicht – kaum – mittelmäßig – ziemlich – außerordentlich;
- Wahrscheinlichkeit: keinesfalls – wahrscheinlich nicht – vielleicht – ziemlich wahrscheinlich – ganz sicher;
- Bewertung: völlig falsch – ziemlich falsch – unentschieden – ziemlich richtig – völlig richtig.

Ersetzt man in der Rating-Skala von Tabelle 1.1 die Formulierung „Ich bin ängstlich" durch „Der Patient ist ängstlich", so hat man aus einer Selbstbeurteilungsskala eine Fremdbeurteilungsskala gemacht. Fremdbeurteilungsskalen werden

Tabelle 1.1 Beispiel für eine Rating-Skala. Auf einer Rating-Skala kann die Ausprägung eines psychologischen Merkmals, hier die Stärke der Angst, quantitativ eingeschätzt werden. Die Abstufungen sind durch Zahlen markiert und verbal verankert

	[nicht]	[wenig]	[mittel]	[ziemlich]	[sehr]
Ich bin ängstlich	1	2	3	4	5

meist im Anschluß an ein Forschungsinterview vom Interviewer ausgefüllt. Dieser läßt all das, was er vom Patienten im Gespräch erfahren und was er an dessen Verhalten beobachtet hat, in sein Urteil einfließen. Der Vorteil einer solchen Rating-Skala liegt deshalb in der Breite der Information, die in eine Beurteilung eingehen kann. Der Nachteil besteht in ihrer Anfälligkeit für subjektive Bewertungen und Interpretationen durch den Forscher. Deshalb muß man ein Rater-Training durchführen, damit alle Beurteiler nach denselben Kriterien einschätzen. Die Zuverlässigkeit von Beurteilungen wird dadurch geprüft, daß man das Ausmaß der Übereinstimmung zwischen zwei oder mehreren Ratern (*Interrater-Reliabilität*) berechnet.

Summenwertskala. Es ist sinnvoll, ein psychologisches Merkmal nicht nur durch eine einzige Rating-Skala zu erfassen, da sich ein Fehler bei der Beantwortung dieser einen Skala, z. B. infolge von Verständnisschwierigkeiten, stark auswirken würde (großer Meßfehler). Erfaßt man dasselbe Merkmal durch z. B. zehn bedeutungsähnliche Ratings, so fällt die falsche Beantwortung eines einzelnen Ratings auf der Gesamtskala nur noch mit einem Zehntel ins Gewicht. Ein Beispiel für die Erfassung von Depressivität durch 16 Einzel-Selbsteinschätzungsskalen ist die Depressivitätsskala von v. Zerssen. Einen Ausschnitt des Fragebogens zeigt Abb. 1.2. Den Gesamtwert an Depressivität erhält man, indem man die Einzelantworten zusammenzählt (Summenwertskala). Die erste Antwort in Abb. 1.2 muß dazu „umgepolt" werden.

Checkliste. Eine einfachere Form einer absoluten Beurteilungsskala ist die

Ab hier vom Patienten auszufüllen:

Name _____ Mädchenname _____ _____

Vorname _____ Geburtsdatum _____ Alter ___ Jahre ___

Beruf _____ Geschlecht m/w

Lesen Sie bitte die folgenden Sätze. Entscheiden Sie bei jeder Feststellung, ob sie für Sie zutrifft oder nicht. Machen Sie ein Kreuz in eine der vier Spalten rechts entsprechend der Stärke Ihrer Zustimmung bzw. Ablehnung. Füllen Sie den Bogen sorgfältig und möglichst schnell selbständig aus. Lassen Sie keinen Satz aus!

	trifft ausgesprochen zu	trifft überwiegend zu	trifft etwas zu	trifft gar nicht zu
1. Ich habe Freude an den verschiedensten Spielen und Freizeitbeschäftigungen				
2. Kritik verletzt mich stärker als früher				
3. In letzter Zeit bin ich sehr ängstlich und schreckhaft.				
4. Ich weine leicht				
5. Ich habe Angst, den Verstand zu verlieren				
6. Ich fühle mich niedergeschlagen und schwermütung				

Abb. 1.2 Depressivitätsskala. Die Depressivitätsskala ist ein standardisierter Fragebogen zur Messung von Depressivität. Er besteht aus 16 Fragen, die zu einem Summenwert verrechnet werden (Ausschnitt; aus v. Zerssen 1976)

„Checkliste". Eine Checkliste gibt z. B. Befindlichkeitsmerkmale vor, deren Vorhandensein ein Befragter durch Ankreuzen der Antwortkategorien „vorhanden" resp. „nicht vorhanden" beurteilen soll (s. Kap. 2.2). Auch diese Unterscheidung ist eine einfache Skalierung, allerdings auf einer qualitativen, nicht auf einer quantitativen Skala (s. Kap. 1.4). Auf der Grundlage einer Checkliste lassen sich ebenfalls Summenwertskalen bilden, indem man für jede als „vorhanden" angekreuzte Befindlichkeit einen Punkt gibt und die Punkte zusammenzählt.

Systematische Beobachtungs- und Beurteilungstendenzen bei der Verhaltensbeurteilung

! Systematische Beobachtungs- und Beurteilungstendenzen sind Fehler, die jede einzelne Messung in dieselbe Richtung verzerren, im Gegensatz zu zufälligen Meßfehlern, die die Messung einmal in die eine, einmal in die andere Richtung vom „wahren Wert" abweichen lassen und sich auf diese Weise insgesamt gegenseitig aufheben. Einen systematischen Fehler nennt man auch *bias* (engl.). Systematische Fehler stellen die Gültigkeit (Validität) einer Untersuchung in Frage.

Rosenthal-Effekt. Der wichtigste systematische Fehler in einer Untersuchung ist der nach seinem Entdecker benannte Rosenthal-Effekt. Es handelt sich hierbei um einen *Versuchsleiter-Effekt*. Er besteht darin, daß die Vorerwartung des Versuchsleiters über das voraussichtliche Ergebnis seiner Untersuchung dieses Ergebnis herbeiführen kann (*Erwartungseffekt; self-fulfilling prophecy*).

Der Rosenthal-Effekt wurde zum ersten Mal in einem Experiment mit Ratten demonstriert. Die Ratten sollten unter der Anleitung mehrerer Versuchsleiter eine Labyrinth-Aufgabe lernen. Der einen Hälfte der Versuchsleiter sagte man, ihre Ratten seien besonders intelligent, der anderen Hälfte, ihre Ratten seien besonders dumm. Tatsächlich aber waren die Ratten hinsichtlich ihrer Intelligenz und Lernfähigkeit gleich. Nach Ende des Labyrinth-Trainings zeigten nun tatsächlich die für intelligent erklärten Ratten bessere Lernleistungen. Dies kam wohl dadurch zustande, daß die Versuchsleiter ihnen mehr zugetraut und sie mehr gefördert hatten. Der Rosenthal-Effekt wurde in Untersuchungen bei Menschen bestätigt. Ein Beispiel: Alle Kinder einer Schulklasse wurden intelligenzgetestet. Man meldete dem Lehrer zurück, welche Schüler besonders intelligent seien (tatsächlich hatte man einige Schüler per Zufall ausgewählt, ohne sich an das Testergebnis zu halten). Nach einiger Zeit wurde der Intelligenztest bei allen Schülern wiederholt: Die dem Lehrer (unzutreffenderweise) als besonders intelligent genannten Schüler hatten in ihren Leistungen in der Zwischenzeit tatsächlich kräftig zugelegt. Offensichtlich hatte der Lehrer sie besonders gefördert, da er von ihrer Begabung überzeugt war. Die Vorerwartung des Lehrers hatte also das Ergebnis selbst herbeigeführt. In pharmakologischen Untersuchungen kontrolliert man den Rosenthal-Effekt durch den *Doppelblindversuch*. Weder der Patient noch der Arzt sind darüber aufgeklärt, welches das Prüfpräparat und welches ein pharmakologisch unwirksames Präparat (*Placebo*) ist. Nur wenn das Prüfpräparat besser wirkt als das Placebo, ist seine pharmakologische Wirksamkeit nachgewiesen. Durch den Doppelblindversuch können die Einflüsse von Autosuggestion (Selbstbeeinflussung des Patienten) und Heterosuggestion (Fremdbeeinflussung durch den Arzt) kontrolliert werden. Placeboeffekte sind in ca. 30 % der Patienten wirksam (s. Kap. 9.2).

Hawthorne-Effekt. Der Hawthorne-Effekt, der seinen Namen von den Hawthorne-Elektrizitätswerken hat, wo er entdeckt wurde, ist ein *Versuchspersonen-Effekt*. Als man im Rahmen einer betriebspsychologischen Untersuchung die Arbeitsbedingungen im Hawthorne-Elektrizitätswerk verbessern wollte, stellte man überraschenderweise fest, daß die Arbeiterinnen manchmal auch dann bessere Leistungen erbrachten, wenn sich ihre Arbeitsbedingungen objektiv verschlechtert hatten (z. B. durch ungünstigere Lichtverhältnisse). Allein die Tatsache, daß sie an einer wissenschaftlichen Untersuchung über ihre Arbeitsbedingungen teilnahmen, wirkte sich motivierend aus.

> **!** Halo-Effekt, Kontrast-Effekt, Projektion, Milde-Effekt, Härte-Effekt, Effekt der zentralen Tendenz und Reihenfolgeeffekt sind Beurteilerfehler.

Halo-Effekt. Dem Halo-Effekt (halo, engl.: Hof, Schein) liegt eine unzulässige Generalisierung einer Beurteilung durch Schluß von einer Eigenschaft auf eine andere zugrunde. Wir machen unser Bild von einem anderen Menschen dadurch einheitlicher, als dieses in Wirklichkeit ist. Beispiel: Ein Beurteiler schätzt einen Patienten, der langsam spricht, deswegen für wenig intelligent ein.

Kontrast-Effekt. Beim Kontrast-Effekt werden Unterschiede übertrieben. Beispiel: Ein Beobachter, der eine Reihe eher wenig ängstlicher Patienten zu beurteilen hatte, kreuzt beim ersten Patienten, der etwas ängstlicher ist, gleich den Extremwert der Skala an.

Projektion. Projektion ist ein Abwehrmechanismus, wie er von der Psychoanalyse beschrieben wird (s. Kap. 3.2.2). Er besagt, daß Eigenschaften, Vorstellungen oder Wünsche, die man bei sich selbst nicht akzeptieren kann, abgewehrt, d. h. im Unbewußten gehalten werden können, indem man sie anderen Menschen zuschreibt.

Der andere ist es dann, der ängstlich oder aggressiv etc. ist, nicht ich. Projektive Verzerrung der Wahrnehmung bedeutet, daß ein Beurteiler dazu neigen kann, Merkmale, die er bei sich selbst nicht wahrhaben will, um so eher bei anderen zu beobachten.

Milde-Effekt. Der Milde-Effekt besagt, daß ein Untersucher die Merkmale der Probanden systematisch zu günstig beurteilt. Beispiel: Ein Arzt, der meint, seinen Patienten unrecht zu tun, wenn er ihnen psychische Auffälligkeiten unterstellt, schwächt deshalb die bei diesen zu beobachtende Angst und Depressivität in seiner Beurteilung ab. Analog werden beim Härte-Effekt Merkmale als zu stark beurteilt.

Effekt der zentralen Tendenz. Unter dem Effekt der zentralen Tendenz ist zu verstehen, daß Beurteiler die mittleren Werte einer Skala (z. B. den Wert 3 bei einer 5-stufigen Skala) bevorzugen und sich scheuen, extreme Werte (also die Werte 1 oder 5) anzukreuzen.

Reihenfolgeeffekt. Unter dem Reihenfolgeeffekt versteht man das Phänomen, daß die Beurteilung eines Objekts von dessen Position in der Reihe der Beurteilungen abhängen kann. Wenn ein Objekt als erstes (Primacy-Effekt) oder als letztes (Recency-Effekt) beurteilt wird, kann dies die Beurteilung nachhaltig beeinflussen. Auch das unmittelbar vorausgehende Bewertungsobjekt kann einen Einfluß auf die nachfolgende Beurteilung ausüben. Um den Reihenfolgeefekt zu kontrollieren, sollte man die zu beurteilenden Objekt in unterschiedlicher Reihenfolge vorgeben.

Validierung von Anamnese- und Persönlichkeitsfragebogen

Es gibt Versuche, die Anamnese durch standardisierte Fragebögen zu erheben.

Gegenüber der Erhebung der Anamnese im ärztlichen Gespräch zeichnet sich ein *Anamnesefragebogen* durch ein höheres Maß an Strukturiertheit aus. Strukturierung bedeutet Vorhandensein vorher festgelegter Kategorien und Regeln. Dadurch soll die Güte der anamnestischen Daten verbessert werden. Durch die Standardisierung sollen, verglichen mit einem freien Gespräch, konstante Durchführungsbedingungen hergestellt werden. Dies macht die anamnestischen Befunde objektiver, d. h. unabhängiger von subjektiven Einflüssen des Untersuchers. Auch die Genauigkeit / Zuverlässigkeit der Erhebung soll dadurch erhöht werden. Schließlich können anamnestische Schemata sicherstellen, daß wichtige Fragen nicht vergessen werden.

Neben diesen Vorteilen von Anamnesefragebögen gibt es auch Nachteile. Fragebögen können unflexibel sein, zu wenig in der Lage, einen Gegenstandsbereich, der für einen bestimmten Patienten ganz vordringlich wichtig ist, in der nötigen Breite und Tiefe zu erfassen, wohingegen ein anderer Bereich eventuell nicht mit der im Fragebogen vorgesehenen Detailliertheit abgefragt werden müßte, da er für diesen bestimmten Patienten ohne Bedeutung ist. Fragebögen können also zu schematisch sein.

Die Gültigkeit der durch einen Anamnesefragebogen gewonnenen Daten muß überprüft werden. Dies nennt man die *Validierung* eines Fragebogens. Die wichtigste Möglichkeit, Anamnesefragebögen zu validieren, ist, die vom Patienten im Fragebogen angegebenen Ereignisse mit einem Außenkriterium zu vergleichen.

Wenn man im Anamnesefragebogen nach zurückliegenden Operationen fragt, kann man die Antworten mit den damaligen Aufzeichnungen in der Krankenakte vergleichen. Wenn man im Anamnesefragebogen fragt: „Nehmen Sie Ihre Medikamente regelmäßig ein?", kann man zur Kontrolle einen Urintest auf die Ausscheidungsprodukte der Medikamente durchführen.

Antworttendenzen bei der Selbstbeurteilung

Bei den Versuchsleiter- und Beurteilerfehlern stellt der Forscher die Fehlerquelle dar. Bei den Antworttendenzen ist es die Versuchsperson, deren Antwortverhalten systematische Fehler erzeugt, die das Untersuchungsergebnis in eine bestimmte Richtung verzerren.

Menschen unterscheiden sich darin, wieviele und wie starke Beschwerden sie ertragen (*Symptomtoleranz*) und wann sie es für angezeigt halten, mit einem Symptom einen Arzt zu konsultieren. Die Symptomtoleranz ist *schichtabhängig* und *geschlechtsabhängig*. Unterschichtangehörige und Männer haben eine größere Symptomtoleranz, d. h. geben Symptome erst an, wenn sie eine deutlichere Ausprägung haben (s. Kap. 6.3.2 und 8.3).

Abhängig von der Intelligenz, der Verbalisationsfähigkeit (Fähigkeit, Befinden und Erleben in Worte zu fassen) und von der Selbstaufmerksamkeit (Fähigkeit, das eigene Befinden wahrzunehmen), sind Menschen unterschiedlich gut in der Lage, Symptome mitzuteilen (*Mitteilungsfähigkeit*). Auch die Mitteilungsbereitschaft kann sehr unterschiedlich sein, je nachdem, ob jemand ein Symptom bewußt verschweigt (*Dissimulation*), weil er Nachteile befürchtet (z. B. einen Arbeitsplatz nicht zu bekommen) oder, in anderer Richtung, ein Symptom vorspielt (*Simulation*) oder verstärkt (*Aggravation*), weil er z. B. krank geschrieben oder berentet werden möchte. Dem Verschweigen eines Symptoms kann auch eine Tendenz zugrunde liegen, sich im Sinne der *sozialen Erwünschtheit* zu verhalten. Diese kommt bei Symptomen zum Tragen, die dem Betroffenen peinlich sind, für die er sich schämt (z. B. Alkoholismus, sexuelle Störungen). Unter Ja-Sage-Tendenz (*Aquieszenz*) versteht man die Neigung mancher Befragter, lieber mit „Ja" (oder „Trifft zu" oder „Stimmt") zu antworten als mit „Nein", unabhängig vom Inhalt der betreffenden Aussage. Man versucht diese Tendenz in Fragebogen dadurch zu kontrollieren (auszuschalten), daß man gleich viele Fragen positiv und negativ (umgepolt) formuliert, so daß sich die Ja-Sage-Tendenz nicht mehr systematisch in eine Richtung auswirken kann. Negativ formulierte Aussagen zu beurteilen, ist aber manchmal schwierig.

Abwehrmechanismen halten Gefühle und Vorstellungen im Unbewußten, die im bewußten Seelenleben nicht akzeptiert werden können, weil sie Angst, Schmerz, Scham oder Schuldgefühle auslösen würden (s. Kap. 3.2.2). Wenn ein Mensch in hohem Maße bei Abwehrmechanismen Zuflucht nehmen muß, hat ein Verfahren, das das bewußte Selbstbild erfaßt, nur eine eingeschränkte Aussagekraft.

Sprachbarrieren, z. B. infolge unterschiedlicher kultureller Herkunft oder unterschiedlichen gesellschaftlichen Hintergrunds, können ebenfalls die Selbstauskunft eines Patienten erschweren.

1.2 Interview und Befragung

! Als Interview bezeichnet man ein Forschungsgespräch, das als hauptsächliche Zielsetzung die Datengewinnung hat.

Unter Daten versteht man in diesem Zusammenhang alle Äußerungen des Patienten über die zu untersuchenden Gegenstände (z. B. sein körperliches oder seelisches Befinden, sein Verhalten etc.). Man spricht auch von verbalen Daten und meint damit die Gesprächsäußerungen. Vom Forschungsinterview kann man das diagnostische Interview abgrenzen, das u. a. der Anamneseerhebung dient. In der Psychotherapie bezeichnet man das diagnostische Erstgespräch als *Erstinterview*.

Die Begriffe „Interview" und „Befragung" werden meist gleichbedeutend verwandt. Beim Interview liegt der Schwerpunkt etwas mehr auf dem Aspekt des Gesprächs, während Befragung oft auch für eine schriftliche Befragung mittels eines Fragebogens steht. Jedes Gespräch, auch wenn es primär der Datengewinnung dient, kann daneben beratende und therapeutische Funktionen haben. Oft wird auch ein Forschungsinterview, das in erster Linie mit der Absicht, Daten zu erheben, geführt wird, von den Befragten als Gelegenheit genutzt, sich über ihre Krankheit auszusprechen.

! Es gibt verschiedene Formen des Interviews, die sich nach ihrem Strukturiertheitsgrad (Standardisierungsgrad) unterscheiden. Am wenigsten strukturiert ist das offene oder qualitative Interview, am stärksten strukturiert das standardisierte Interview. Dazwischen liegt das teilstrukturierte Interview.

Qualitatives Interview. Beim qualitativen oder offenen Interview gibt der Interviewer lediglich das Thema vor und überläßt es dem Befragten, wie sich das Gespräch weiterentwickelt. Man könnte ein offenes Interview z. B. mit der offenen Frage beginnen: „Was geht in Ihnen vor, wenn Sie an die bevorstehende Herzoperation denken?" und dann das weitere Gespräch seinen Gang nehmen lassen. Völlig ungesteuert wird auch ein offenes Gespräch nicht verlaufen, da der Forscher ja seine Vorstellungen im Kopf hat, weshalb er das Gespräch überhaupt führt, worauf es ihm ankommt, was er erfahren will etc.

Standardisiertes oder strukturiertes Interview. Beim standardisierten Interview ist die Formulierung der Fragen wie auch ihre Reihenfolge festgelegt.

Vor- und Nachteile. Beide Interviewformen haben ihre Stärken und ihre Schwächen. Beim offenen Interview kann man ziemlich sicher sein, daß der Befragte über Inhalte spricht, die ihm wichtig sind, mit denen er sich gerade beschäftigt und die für ihn emotional bedeutsam sind. Aber das kann unter ungünstigen Umständen für jeden Befragten etwas anderes sein, so daß die Interviewergebnisse nicht zwischen verschiedenen Befragten vergleichbar sind, man also über den Einzelfall hinaus keine Aussagen machen kann. Diesem Problem begegnen standardisierte Interviews auf effektive Weise. Jeder wird dasselbe gefragt, keine Frage wird vergessen, und man kann Aussagen über die Ausprägung der erforschten Merkmale in der Gesamtgruppe der Befragten treffen. Der Nachteil bei diesem Vorgehen ist, daß man eventuell viele Befragte zu Gegenständen Stellung beziehen läßt, die sie nicht persönlich betreffen, die von geringer subjektiver Bedeutsamkeit sind, und dadurch bloße Meinungen provoziert, die wenig aussagen. Man muß deshalb schon vorher genau wissen, welche Themen von Bedeutung sind.

Teilstrukturiertes Interview. Das teilstrukturierte Interview versucht, die Vergleichbarkeit des standardisierten Interviews mit der Reichhaltigkeit, Breite und Tiefe des offenen Interviews zu verbinden. Beim teilstrukturierten (halbstandardisierten) Interview hat der Interviewer einen Interviewleitfaden vorliegen, der die Gesprächsthemen vorgibt. Dadurch ist ge-

währleistet, daß alle Befragten über vergleichbare Gegenstände sprechen und nichts Wichtiges vergessen wird. Ein Leitfaden ist aber flexibler als ein vorformuliertes standardisiertes Interview. Der Leitfaden überläßt die Formulierung der Fragen und die Ausführlichkeit und Tiefgründigkeit, mit der ein Themenkomplex besprochen wird, dem Interviewer. Für den Gesprächspartner offensichtlich weniger wichtige Themen können dann kürzer abgehandelt werden, bei wichtigeren Punkten kann man länger verweilen.

Direktives und nondirektives Interview

!   Bei der direktiven Gesprächsführung bestimmt der Interviewer den Gang des Gesprächs, bei der nondirektiven überläßt er dies dem Gesprächspartner und kommentiert lediglich dessen Äußerungen.

Ein standardisiertes Interview fordert ein direktives Vorgehen, während man sich in offenen Interviews, zumindest streckenweise, nondirektiv verhalten kann. Jede Art der Gesprächsführung hat ihre spezielle Bedeutung, und man wird je nach Fragestellung, Persönlichkeit des Patienten, Zeit etc. einmal mehr direktive, einmal mehr nondirektive Gesprächstechniken einsetzen. Nondirektive Gesprächsführung ist v. a. zu Beginn eines Patientenkontakts wichtig. Man läßt den Patienten erst einmal frei schildern, was sein Anliegen ist, indem man ihn z. B. fragt: „Was führt Sie her?" oder „Was sind Ihre Beschwerden?" Später im Verlauf des diagnostischen Prozesses, wenn es darum geht, bestimmte Symptome zu erfragen, um diagnostische Hypothesen zu überprüfen, ist ein direktives Vorgehen angemessen. Viele Ärzte machen allerdings den Fehler, zu früh direktiv einzugreifen, weil sie glauben, damit Zeit zu sparen. Dadurch verschenken sie aber eventuell wichtige Informationen und laufen Gefahr, im diagnostischen Prozeß die Weichen zu früh und in eine falsche Richtung zu stellen (s. a. Kap. 9.3).

Frageformen. Auch Fragen lassen sich nach dem Strukturierungsgrad unterscheiden. Bei der *offenen Frage* kann der Befragte seine Antworten völlig frei gestalten. Es werden keine Antwortmöglichkeiten vorgegeben oder nahegelegt. Beispiele: „Wie geht es Ihnen?" oder „Was führt Sie her?"

Bei *geschlossenen Fragen* sind die Antwortalternativen festgelegt. Der Befragte kann nur mit bestimmten Kategorien antworten. Sind es zwei Antwortmöglichkeiten, spricht man von einer *dichotomen Frage*. Beispiele: Frage: „Geht es Ihnen gut oder schlecht?" Antwortkategorien: „Gut" bzw. „Schlecht". – Frage: „Geht es Ihnen gut?" Antwortkategorien: „Ja!" bzw. „Nein!" Werden mehr als zwei Antwortkategorien vorgegeben, liegt eine *Katalogfrage* vor. Der Befragte kann aus einem Katalog von Antworten auswählen. Multiple-Choice-Fragen, wie sie in Prüfungen eingesetzt werden, sind Katalogfragen.

1.3 Tests

> **!**
>
> Ein Persönlichkeitstest ist definiert als wissenschaftliches Routineverfahren zur Untersuchung empirisch abgrenzbarer Persönlichkeitsmerkmale mit dem Ziel einer möglichst quantitativen Aussage über den relativen Grad der individuellen Merkmalsausprägung (Lienert u. Raatz 1994).

Wissenschaftlichkeit. Der Test hat den Anspruch, ein wissenschaftliches Verfahren zu sein. Dieser Anspruch wurde in der Öffentlichkeit schon sehr kontrovers diskutiert. Dazu haben sicher auch die vielen Popularisierungen in Illustrierten beigetragen. Man hat Tests mangelnde Seriosität vorgeworfen. In den 50er Jahren fanden in den USA sogar behördlich angeordnete Testverbrennungen statt. Andererseits wurde die tatsächliche Leistungsfähigkeit von Tests weit überschätzt. Das Vorurteil, Psychologen könnten den Menschen durch eine Art Röntgenblick in die Seele schauen, wurde durch den Persönlichkeitstest wiederbelebt.

Routineverfahren. Tests sind ökonomisch, d. h. ohne viel Aufwand, an größeren Gruppen durchzuführen. Ein Test soll v. a. der Gruppendiagnostik und der Forschung dienen. Für das einzelne Individuum präzise und valide Aussagen zu treffen, ist schwieriger. Dies hängt zum einen von der Meßgenauigkeit ab; zum anderen kann ein Test nur ungefähr vorhersagen, wie ein einzelner Mensch sich in einer bestimmten Situation verhalten wird, da die Einflüsse der Situation auf das Verhalten u. U. genauso wichtig sind wie diejenigen der Persönlichkeit (Interaktionismus, s. Kap. 5.1).

Empirisch abgegrenzte Persönlichkeitsmerkmale. Der Test soll empirisch abgrenzbare Persönlichkeitsmerkmale erfassen. Damit ist zum einen gesagt, daß er nur Ausschnitte der Persönlichkeit erfaßt, kein umfassendes Bild einer Person gibt. Zum zweiten sollen die Persönlichkeitsmerkmale empirisch abgrenzbar, also nicht durch Spekulation, sondern auf Grund empirischer Forschung festgelegt sein.

Quantitative Aussage. Um eine quantitative Aussage zu ermöglichen, wird eine Skalierung vorgenommen. Persönlichkeitstests haben meist *Intervallskalenniveau* (zu den unterschiedlichen Skalenniveaus s. u. in diesem Kapitel).

Relative Merkmalsausprägung. Es können Aussagen über den relativen Grad der individuellen Merkmalsausprägung getroffen werden. Relativ meint in bezug zur Vergleichsbevölkerung. Ein Test kann *normiert* werden. Man legt den Test einer genügend großen repräsentativen Stichprobe vor und gewinnt dadurch ein Bezugssystem für die individuellen Testwerte. Das nennt man auch *Standardisierung*. Die individuellen Werte werden in Standardwerte umgerechnet, denen man direkt ansehen kann, wie sie in bezug zur Vergleichsgruppe (z. B. der Männer im gleichen Alter) liegen (zur Standardisierung s.u.).

Wie entsteht ein Persönlichkeitstest?

Ausgangspunkt ist das Forschungsinteresse eines Psychologen. Es gibt keine logischen Vorschriften, welche Persönlichkeitsmerkmale man auszuwählen habe. Der Forscher geht von bestimmten psychologischen Konzepten aus, die ihm aufgrund der bisherigen Forschung auf diesem Gebiet interessant und wichtig erscheinen. Zu diesen hypothetischen Persönlichkeitsmerkmalen sammelt er Fragen, in denen die Persönlichkeitsmerkmale zum Ausdruck kommen könnten. An Stelle von Fragen kann es sich auch um Aussagesätze handeln, die vom Untersuchten bejaht oder verneint werden können, d. h., er kann „stimmt" oder „stimmt nicht" ankreuzen.

Der Forscher sammelt solche Aussagen, aus denen sich der Test dann zusammensetzen soll. Diese einzelnen Bestandteile eines Tests nennt man „*Items*". Wenn man genügend Items gesammelt hat, überprüft man diese Items in einer Vorstudie an einer kleineren Stichprobe. Dabei wird man feststellen, daß manche Items sprachlich nicht ganz eindeutig oder auch zu kompliziert formuliert sind, und man wird diese Items dann wieder aussortieren. Hier stellt sich das Problem der *Bedeutungsäquivalenz*. Man weiß nämlich nicht von vornherein, ob ein Item vom Probanden (Testausfüller) auch so verstanden wird, wie es vom Forscher (Testkonstrukteur) gemeint ist. Ist für beide die Bedeutung gleich, spricht man von Bedeutungsäquivalenz. Es kann aber auch sein, daß, z. B. aufgrund unterschiedlicher Sprachcodes, jeder etwas anderes darunter versteht. Dann ist es besser, ein solches Item nicht in die endgültige Testversion aufzunehmen.

Wie kommt der Forscher nun zu den Persönlichkeitsmerkmalen? Diese Merkmale sollen durch die Empirie, nicht durch Spekulation abgegrenzt werden. Dies geschieht dadurch, daß man ein mathematisches Verfahren anwendet, die sog. *Faktorenanalyse*, welche die Items danach klassifiziert, wie sie von den Untersuchten beantwortet wurden. Items, die in gleicher Weise beantwortet werden, werden durch die Faktorenanalyse in einer Gruppe zusammengestellt. Dies geschieht auf rein mathematischem Wege, weitgehend ohne subjektive Einflußmöglichkeit des Forschers. Die Testfragen werden also nach dem empirischen Antwortmuster klassifiziert. Fragen, die von vielen Befragten gleichsinnig beantwortet werden, werden zusammengefaßt und bilden eine Gruppe (einen Faktor). Der Faktor ist also eine Gruppe von Items, die von vielen Befragten in gleicher Kombination angekreuzt werden. Auf der Grundlage dieser Faktorenanalyse bildet man dann eine Summenwertskala, die aus mehreren Items besteht. Für jedes Item, das angekreuzt wird, erhält der Proband einen Punkt, und so läßt sich durch Addition ein Skalen-Rohwert berechnen.

Wir wollen uns dies am Beispiel des *„Freiburger Persönlichkeitsinventars*, revidierte Fassung (FPI-R)" (Fahrenberg et al. 1989), eines der gebräuchlichsten Persönlichkeitstests, näher anschauen. Die Skalen des FPI sind in Tabelle 1.2 wiedergegeben. Diese Skalen stellen die Persönlichkeitsmerkmale dar, die durch den FPI-R erfaßt werden. Die Persönlichkeitsdimensionen des FPI-R sind keine „real existierenden" Eigenschaften des Menschen, sondern Klassifizierungsvorschläge der Items dieses Tests auf der Grundlage einer Faktorenanalyse. In einer früheren Fassung des FPI hießen die Skalen zum Teil noch ganz anders, da man damals auf andere Merkmale Wert gelegt und andere Items verwandt hatte. Das Menschenbild des FPI hat sich also geändert.

Abb. 1.3 zeigt den *Testbogen*, so wie ihn der Proband in die Hand bekommt. Seite 1 beginnt mit der *Instruktion*. Daran anschließend folgt das erste Item: „Ich habe die Anleitung

Tabelle 1.2 Skalen des FPI-R. Diese Persönlichkeitsdimensionen wurden empirisch durch die Analyse der Antwortmuster der befragten Individuen gewonnen (Freiburger Persönlichkeitsinventar, revidierte Fassung; Fahrenberg et al. 1989)

- Lebenszufriedenheit
- soziale Orientierung
- Leistungsorientierung
- Gehemmtheit
- Erregbarkeit
- Aggressivität
- Beanspruchung
- körperliche Beschwerden
- Gesundheitssorgen
- Offenheit
- Extraversion
- Emotionalität

FPI - R

Sie werden auf den folgenden Seiten eine Reihe von Aussagen über bestimmte Verhaltensweisen, Einstellungen und Gewohnheiten finden. Sie können jede entweder mit " s t i m m t " oder mit " s t i m m t   n i c h t " beantworten. Setzen Sie bitte ein Kreuz (x) in den dafür vorgesehenen Kreis. Es gibt keine richtigen oder falschen Antworten, weil jeder Mensch das Recht zu eigenen Anschauungen hat. Antworten Sie bitte so, wie es für Sie zutrifft.

Beachten Sie bitte folgende Punkte:

> Überlegen Sie bitte nicht erst, welche Antwort vielleicht den "besten Eindruck" machen könnte, sondern antworten Sie so, wie es für Sie persönlich gilt. Manche Fragen kommen Ihnen vielleicht sehr persönlich vor. Bedenken Sie aber, daß Ihre Antworten unbedingt vertraulich behandelt werden.

> Denken Sie nicht lange über einen Satz nach, sondern geben Sie die Antwort, die Ihnen unmittelbar in den Sinn kommt. Natürlich können mit diesen kurzen Fragen nicht alle Besonderheiten berücksichtigt werden. Vielleicht passen deshalb einige nicht gut auf Sie. Kreuzen Sie aber trotzdem immer eine Antwort an, und zwar die, welche noch am ehesten für Sie zutrifft.

	stimmt	stimmt nicht
1. Ich habe die Anleitung gelesen und bin bereit, jeden Satz offen zu beantworten.................................	○	○
2 Ich gehe abends gerne aus.................................	○	○
3. Ich habe (hatte) einen Beruf, der mich voll befriedigt....................	○	○

Abb. 1.3 Freiburger Persönlichkeitsinventar (FPI-R). Das Freiburger Persönlichkeitsinventar ist der gebräuchlichste Persönlichkeitsfragebogen. Abgebildet sind die Instruktion (Anleitung) und die ersten drei Fragen (Ausschnitt; aus Fahrenberg et al. 1989)

gelesen und bin bereit, jeden Satz offen zu beantworten". Es ist keiner Skala zugeordnet.
Die weiteren Items werden jeweils für einen
Skalenwert verrechnet, z. B. „Ich gehe abends
gerne aus" für Extraversion (darunter versteht
man, daß jemand gerne aus sich herausgeht,
gesellig ist usw.) oder „Ich habe einen Beruf,
der mich voll befriedigt" für die Skala „Lebenszufriedenheit". Jedes Item hat eine Bedeutung für eine Skala; wenn man „stimmt" ankreuzt, bekommt man einen Punkt auf der
entsprechenden Skala.

Durchschaubarkeit. Persönlichkeitstests
haben den Nachteil, leicht durchschaubar
zu sein und bewußt verfälscht werden zu
können. In Situationen, in denen vom
Testergebnis für den Probanden viel abhängt, z. B. bei einer Bewerbung, wird er
versuchen, einen möglichst günstigen Eindruck zu machen (Antworttendenz der *so-*
zialen Erwünschtheit).

Völlig vermeiden kann man die Verfälschung
von Testergebnissen durch die Antworttendenz
der sozialen Erwünschtheit nicht, aber man
kann ihren Einfluß kontrollieren. Die Instruktion versucht, dieser Tendenz entgegenzuwir-
ken, indem sie das Problem direkt anspricht:
„Überlegen Sie bitte nicht erst, welche Antwort
vielleicht den besten Eindruck machen
könnte, sondern antworten Sie so, wie es für
Sie persönlich gilt".

In einem anderen Test wurde die Zusatz-
instruktion verwandt: „Noch ein Hinweis,
den ich Sie bitte, besonders ernst zu nehmen:
Man kann bei manchen Fragen des Fragebogens den Eindruck haben, leicht durchschauen
zu können, welche Antwort den besseren Eindruck macht. Glauben Sie mir, das ist eine
Fehlannahme. Man kann nicht erraten, welche
Antwort von uns als günstiger beurteilt wird.
Lassen Sie sich also nicht verleiten, Ihre Antwort irgendwie zu färben. Außerdem ist der
Test so zusammengestellt, daß wir schon ein
leichtes Frisieren der Antwort ohne weiteres
erkennen. Antworten Sie am besten also einfach so, wie es tatsächlich für Sie am zutref-
fendsten ist".

Man kann es einem Testergebnis nicht so
leicht ansehen, ob es geschönt ist oder nicht.
Allerdings hat diese Instruktion, die in einer

experimentellen Untersuchung verwandt wurde,
wie beabsichtigt gewirkt: Die Ergebnisse wurden mit Ergebnissen aus einer Situation verglichen, in der den Untersuchungsteilnehmern
absolute Anonymität zugesichert war, in der
sie also keine Veranlassung gehabt hatten, ihre Ergebnisse zu „frisieren", und es
zeigten sich keine bedeutsamen Unterschiede
(nach Bortz 1989).

Eine weitere Form der Kontrolle besteht
darin, daß manche Tests sog. *„Lügenskalen"*
enthalten. Beim FPI-R wird die Skala „Offenheit" in diesem Sinn verwandt. Man bietet
hier dem Befragten kleine Schwächen und
alltägliche Normverletzungen an, von denen
man annimmt, daß sie eigentlich jeder zugeben
müßte, es sei denn, er ist nicht offen. Wenn jemand auf der Skala „Offenheit" einen zu geringen Wert hat, dann kann man annehmen, daß
er insgesamt eher wenig offen war. Dadurch
kann man die Tendenz der sozialen Erwünschtheit kontrollieren. Ein Testbogen wird nur dann
ausgewertet und interpretiert, wenn die Offenheitsskala einen bestimmten Mindestwert erreicht. Einige Beispiele für Items der Offenheitsskala: „Wenn ich irgendwo zu Gast bin,
ist mein Benehmen meistens besser als zu
Hause"; „Ab und zu erzähle ich auch mal
eine Lüge"; „Ich bin hin und wieder ein wenig
schadenfroh". Diese Verhaltensweisen werden
nicht inhaltlich ausgewertet. Der Test schließt
nicht daraus, daß jemand ab und zu einmal
eine Lüge erzählt, daß er unwahrhaftig sei.
Um die Inhalte der Items geht es nicht. Es
geht nur darum, ob sie jemand *zugibt*, also
ob er offen ist. Wenn man es hier zuläßt, einen
schlechten Eindruck abzugeben, dann macht
man in Bezug auf Offenheit einen guten Eindruck.

Standardisierung

! Standardisierung (Normierung) eines
Tests bedeutet die Erstellung von
statistischen Kennwerten einer nach
Alter und Geschlecht vergleichbaren
Bezugsgruppe, so daß eine Aussage
über die Position eines individuellen
Testwerts innerhalb der Bezugs-
gruppe getroffen werden kann.

Man will durch die Standardisierung ausschließen, daß unterschiedliche individuelle Testwerte lediglich durch das Alter oder durch das Geschlecht des betreffenden Menschen zustandekommen, also z. B. nicht tatsächlich unterschiedliche Offenheit, sondern nur Zugehörigkeit zu einer Alters- oder Geschlechtsgruppe widerspiegeln (Alterseffekt; Geschlechtseffekt). Statt dessen will man etwas über die individuelle Ausprägung des Merkmals vor dem Hintergrund der Merkmalsverteilung in der Gruppe der Alters- und Geschlechtsgenossen aussagen können, um wirkliche individuelle Abweichungen zu erfassen.

Warum ist die Verrechnung in alters- und geschlechtsbezogene Werte sinnvoll? Man stelle sich eine ältere Dame vor, die zu einer Zeit aufgewachsen ist, als die Sitten noch strenger waren als heute. Für sie wird ein relativ niedriger Wert auf der Offenheitsskala – vor dem Hintergrund ihrer Erziehung betrachtet – schon sehr viel Offenheit bedeuten.

Im Vergleich dazu wird man bei einem jungen Mann von vornherein sehr viel höhere Offenheitswerte erwarten dürfen. Man kann also vermuten, daß die Verteilung der Häufigkeit, mit der die einzelnen Skalenwerte in den jeweiligen Alters- und Geschlechtsgruppen vorkommen, sehr unterschiedlich ist. Die Häufigkeitsverteilungskurven der Offenheitsskala (und ebenso auch der anderen Skalen des FPI-R) sind nicht deckungsgleich, wenn man die Bevölkerung nach Alters- und Geschlechtsgruppen getrennt betrachtet. Die Verteilungskurve der älteren Frauen, um bei unserem Beispiel zu bleiben, liegt weiter links, bei niedrigeren Offenheitswerten, die der jungen Männer weiter rechts, bei höheren Offenheitswerten. Man wäre also sozusagen ungerecht gegenüber den älteren Frauen, wenn man ihre – vor dem Hintergrund ihrer Erziehung durchaus respektable – Offenheit an der von vornherein höheren Offenheit der jungen Männer messen wollte, d. h. wenn man alle Werte ohne Ansehen von Alter und Geschlecht in einen Topf werfen würde. Statt dessen ist es besser, „getrennte Töpfe" nach Alter und Geschlecht zu nehmen und jeweils neu zu berechnen, was „normale" Offenheit bedeutet, d. h. auf welchen Skalenwert der Durchschnittswert der Alters- und Geschlechtsgruppe fällt und wie breit die Testwerte um diesen Mittelwert streuen.

Bei einem standardisierten Test kann man für jedes Merkmal (jeden Summenwert einer Skala) eines Probanden, dessen Alter und Geschlecht man kennt, einen alters- und geschlechtsbezogenen Standardwert berechnen.

Die **Standardabweichung** ist ein Maß für die Variationsbreite des Skalenwerts in einer Stichprobe. Innerhalb des Bereichs von +/- eine Standardabweichung um den Mittelwert liegen 68 % der Probanden, Normalverteilung (Gauß'sche Glockenkurve) vorausgesetzt. Man hat bei der Umrechnung der Rohwerte in Standardwerte mehrere Möglichkeiten, welche Zahlenwerte der Mittelwert und die Abstufungen der Standardskala annehmen sollen, je nachdem, welche Konstanten man in die Umrechnungsformel eingibt, so daß je nach Test unterschiedliche Maßstäbe (z. B. z-Skala, T-Skala, Stanine-Skala) resultieren (Abb. 1.4). Die obige Angabe, daß ca. 68 % der Befragten innerhalb +/- eine Standardabweichung um den Mittelwert streuen, kann deshalb in jeder Skala andere Zahlenwerte annehmen (z. B. bei der T-Skala innerhalb der Werte 40 und 60; bei der Stanine-Skala innerhalb 3 bis 7).

Die Berechnung eines Standardwerts benötigt arithmetischen Mittelwert und Standardabweichung der Eichstichprobe (einer bevölkerungsrepräsentativen Stichprobe, aufgrund welcher die Normierung erfolgt), Normalverteilung vorausgesetzt. Eine einfachere Normierungsart ist die Angabe von **Prozentrangwerten**, die auch bei nicht-normalverteilten Merkmalen verwandt werden kann. Um Prozentrangwerte berechnen zu können, genügt die Häufigkeitsverteilung der Werte in der

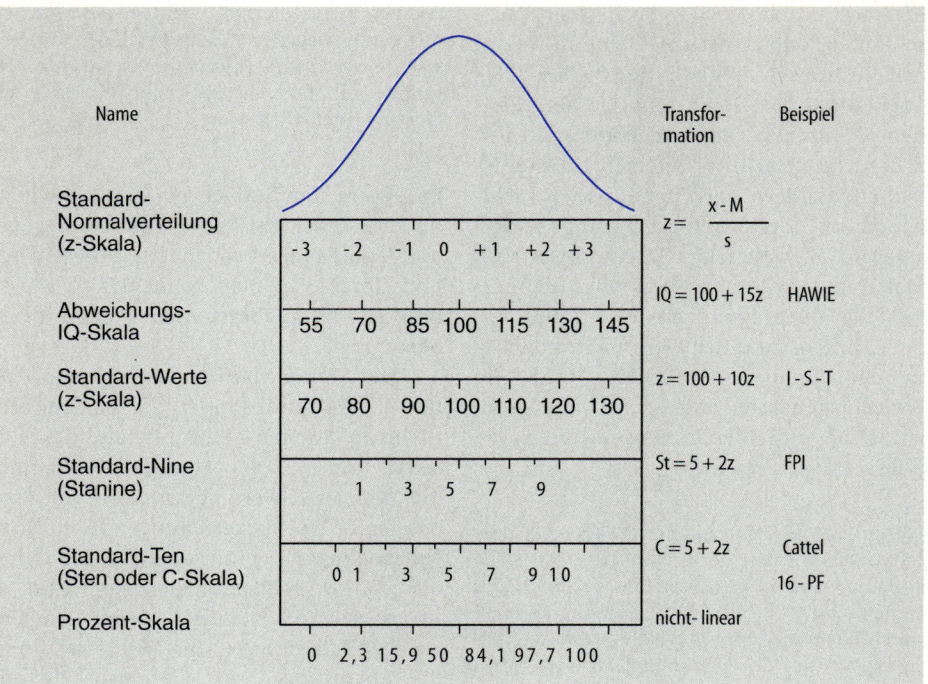

Name		Transformation	Beispiel
Standard-Normalverteilung (z-Skala)	-3 -2 -1 0 +1 +2 +3	$z = \dfrac{x-M}{s}$	
Abweichungs-IQ-Skala	55 70 85 100 115 130 145	$IQ = 100 + 15z$	HAWIE
Standard-Werte (z-Skala)	70 80 90 100 110 120 130	$z = 100 + 10z$	I-S-T
Standard-Nine (Stanine)	1 3 5 7 9	$St = 5 + 2z$	FPI
Standard-Ten (Sten oder C-Skala)	0 1 3 5 7 9 10	$C = 5 + 2z$	Cattel 16-PF
Prozent-Skala	0 2,3 15,9 50 84,1 97,7 100	nicht-linear	

Abb. 1.4 Normalverteilung und einige gebräuchliche Skalentransformationen. Durch die Transformationsformeln werden die Rohwerte (x) weiterverrechnet, unter bezug auf den Mittelwert (M) und die Standardabweichung (s) einer Stichprobe. Je nach verwandter Transformationsformel ergeben sich unterschiedlicher Skalenwerte, so daß die Werte verschiedener Tests (z. B. HAWIE und IST, die beide Intelligenz messen; s. Kap. 5.1.2) nicht direkt miteinander vergleichbar sind). Die transformierten Werte geben Auskunft über die Position eines Individuums relativ zur Bezugsgruppe (nach Buser u. Kaul-Hecker 1996)

Eichstichprobe. Prozentrangwerte geben den Rang eines Individuums innerhalb einer Bezugsgruppe in Prozent derjenigen an, die „besser" sind, und derjenigen, die „schlechter" sind. Von „besser" und „schlechter" kann man natürlich nur bei Leistungstests (z. B. Intelligenztests) sprechen. Allgemeiner ausgedrückt, geht es darum, wieviel Prozent in einem Merkmal (z. B. Persönlichkeitsmerkmal bei einem Persönlichkeitstest) höher liegen und wieviele niedriger. Ein Beispiel: Hat ein Individuum den Prozentrangwert von 50, so liegt es genau in der Mitte: bei 50 % der Bezugsgruppe ist das entsprechende Merkmal höher ausgeprägt, bei 50 % niedriger. Hat ein Individuum den Prozent-

rangwert 90, so liegen 90 % der Vergleichsgruppe unter ihm, 10 % über ihm. Prozentrangwerte geben also den Platz eines Individuums in der Vergleichsgruppe durch die Angabe von prozentual ausgedrückten Häufigkeiten wieder. Da Standardwerte die mathematisch höherwertigen Angaben darstellen, ist eine Umrechnung von Standardwerten in Prozentrangwerte jederzeit möglich. Beispiele: Hat ein Individuum den Standardwert des Mittelwertes, so hat es den Prozentrangwert 50; hat ein Individuum den Standardwert „Mittelwert plus eine Standardabweichung", so hat es den Prozentrangwert 84,1 (s. Abb. 1.4).

Da bei diesen Normierungsverfahren die Verteilung der Testwerte, ihre Variabilität, eine Rolle spielen, spricht man von **Variabilitätsnormen**. Davon abgrenzen kann man **Äquivalentnormen**, die z. B. dem früher gebräuchlichen Intelligenztest von Binet zugrundeliegen. Wenn ein achtjähriges Kind diejenigen Aufgaben löst, die im Mittel von 10-Jährigen gelöst werden, hat es das Intelligenzalter von 10; seine Testleistung ist also derjenigen 10-jähriger Kinder äquivalent. Äquivalentnormen werden heutzutage seltener angewandt.

> **!** Von der Erfüllung der Testgütekriterien hängt ab, mit welcher Sicherheit man aufgrund eines Testergebnisses eine Aussage über den betreffenden Menschen machen kann.

Gütekriterien sind:

- Objektivität,
- Reliabilität,
- Validität.

> **!** Objektivität ist definiert als das Ausmaß, in dem die Ergebnisse eines Tests unabhängig vom Untersucher sind. Ein Test ist objektiv, wenn verschiedene Untersucher bei derselben Person zu den gleichen Resultaten gelangen.

Man unterscheidet Durchführungs-, Auswertungs- und Interpretationsobjektivität. Die Durchführung eines Tests kann dadurch objektiver gemacht werden, daß man genau festlegt, mit welchen Worten die Probanden instruiert werden sollen, wie der Testleiter auf etwaige Fragen rea-

gieren soll etc. Die Auswertung erfolgt durch Schablonen, die die Übertragung der Fragebogenkreuze auf Skalen erleichtern. Dadurch wird die Auswertungsobjektivität erhöht. Die Interpretation bezieht sich auf das Aufsuchen der Standardwerte in den Normwerttabellen und die Beschreibung der Skalenwerte in einem Testzeugnis. Durch Computerisierung von Auswertung und Interpretation läßt sich die Objektivität erhöhen. Von einem modernen Persönlichkeitstest kann man eine Objektivität von 1 verlangen (mathematisch werden die Gütekriterien durch Korrelationskoeffizienten bestimmt, deren absolute Werte zwischen 0 und 1 liegen können, s. Kap. 1.5).

> **!** Unter Reliabilität (Zuverlässigkeit) wird die Genauigkeit verstanden, mit der ein Verfahren das mißt, was es zu messen vorgibt. Es geht also um die Meßgenauigkeit, unabhängig davon, was inhaltlich gemessen wird.

Die Reliabilität läßt sich auf verschiedene Weisen prüfen. Man kann ein und dasselbe Testverfahren nach einer bestimmten Zeit (z. B. 6 Wochen) noch einmal wiederholen. Wenn es genau mißt, der Meßfehler nicht groß ist, müßte es jedesmal dasselbe Ergebnis erbringen (**Retest-Reliabilität**). Ein Nachteil dieser Methode ist, daß die gemessenen psychologischen Merkmale oft nicht völlig unveränderlich über die Zeit hinweg sind. Wenn ein Mensch (genauer das gemessene Merkmal) sich in der Zwischenzeit verändert hat, dann schreibt man fälschlicherweise dem Test eine niedrige Test-Retest-Übereinstimmung zu, obwohl es nicht der Test war, der ungenau gemessen hat, sondern das Merkmal selbst, das eine geringe zeitliche Stabilität aufwies. Außerdem muß man immer daran denken, daß das

Testen selbst einen Einfluß auf das Ergebnis haben könnte, daß jemand, der mit einem Test schon vertraut ist, vielleicht anders antwortet bzw. bei einem Leistungstest infolge Übung bessere Ergebnisse erzielt (*Testungseffekt*).

Andere Methoden der Reliabilitätsbestimmung kommen mit einer einmaligen Testung aus. Bei der *Paralleltest-Reliabilität* werden zwei gleichwertige Parallelformen des Tests durchgeführt und ihre Übereinstimmung gemessen. Wenn die beiden Parallelformen wirklich äquivalent sind und beide genau messen, müßte die Übereinstimmung hoch sein.

Bei der *Split-Half-Reliabilität* wird der Test bzw. eine Testskala nach Zufall in zwei Hälften geteilt (z. B. geradzahlige Items gegen ungeradzahlige Items), für beide Hälften ein eigener Summenwert berechnet und deren Übereinstimmung geprüft. Häufig verwandt wird die *interne Konsistenz* oder *Homogenität* einer Skala, die aus allen möglichen Testhalbierungen errechnet wird (Statistischer Kennwert: Cronbachs alpha).

Wie die Objektivitätswerte sind auch die Reliabilitätswerte Korrelationskoeffizienten, deren absoluter Wert zwischen 0 (keine Übereinstimmung) und 1 (völlige Übereinstimmung) liegen kann. Bei einem guten Test, der ein relativ zeitstabiles Merkmal erfaßt, sollte die Reliabilität höher als 0,80 liegen.

Die Reliabilität (Meßgenauigkeit) ist umgekehrt proportional dem *Standardmeßfehler.* Kennt man den Reliabilitätskoeffizienten eines Tests oder einer Testskala, so kann man den Standardmeßfehler präzise berechnen. Aus dem Standardmeßfehler läßt sich wiederum angeben, wie weit der gemessene Wert eines Probanden um den angenommenen „wahren" Wert schwanken kann. Kleine Merkmalsunterschiede zwischen zwei Individuen müssen deshalb noch nicht tatsächliche Unterschiede bedeuten, wenn der Standardmeßfehler groß ist. Sie können noch innerhalb der Meßungenauigkeitsgrenze liegen. Je kleiner der Standardmeßfehler, d. h. je größer die Reliabilität, umso genauer kann man sagen, daß jemand auch „tatsächlich" den Wert haben wird, der gemessen wurde. Der Standardmeßfehler ist ein zufälliger Fehler.

 Unter Validität (Gültigkeit) versteht man den Grad, in dem ein Test das mißt, was er messen soll.

Die Validität wird meist dadurch bestimmt, daß man die Übereinstimmung des Testergebnisses mit einem Außenkriterium, das das zu messende Merkmal widerspiegelt, überprüft. Oft ist es allerdings schwierig, ein solches Außenkriterium zu finden. Für Berufseignungstests etwa müßte man warten, bis die mittels der Tests ausgewählten Bewerber ihre Ausbildung abgeschlossen haben oder gar berufstätig sind, müßte ein geeignetes Kriterium für Studienerfolg und für Berufserfolg auswählen und könnte dann den Korrelationskoeffizienten zwischen diesen Kriterien einerseits und den damaligen Testergebnissen andererseits berechnen (*Vorhersagevalidität, prognostische Validität*).

Die Validierung ist die schwierigste Aufgabe bei der Testkonstruktion. Man findet nur selten ein Kriterium, an dem man den Test validieren kann, in dem sich gerade diejenigen und auch nur diejenigen Eigenschaften niederschlagen, die vom Test erfaßt werden sollen. Oft werden zur Validierung schon existierende Testverfahren benutzt, zu denen aus theoretischen Überlegungen ein Zusammenhang bestehen müßte (*Konstruktvalidität*). Korrelationskoeffizienten, die die Übereinstimmung mit einem Außenkriterium bezeichnen, sind meist nur mittelhoch (0,30 bis 0,40).

Hierarchie der Gütekriterien. Wenn das Außenkriterium, z. B. ein anderer Test, an dem man den neuen Test mißt, selbst nicht sehr reliabel ist, das Testergebnis also infolge des Meßfehlers einmal so und einmal anders ausfällt, so reduziert sich natürlich auch die berechnete Validität. Nicht nur, weil es schwierig ist, ein geeignetes Außenkriterium zu finden, ist die Validität also schwer zu prüfen: Ein zweiter Grund besteht darin, daß die drei Testgütekriterien Objektivität, Reliabilität und Validität in einer hierarchischen Beziehung zueinander stehen.

> **!** Validität baut auf Reliabilität auf, Reliabilität baut auf Objektivität auf. Eine hohe Validität setzt eine hohe Reliabilität voraus und diese wiederum setzt eine hohe Objektivität voraus.

Da eine hohe Validität also nur erzielt werden kann, wenn auch die beiden ihr vorgeordneten Gütekriterien hoch sind, ist eine hohe Validität am schwersten zu erreichen. Am leichtesten ist eine hohe Objektivität herzustellen.

Projektive Testverfahren. Projektive Testverfahren basieren auf der Annahme, daß ein Proband, dem man relativ unstrukturiertes Wahrnehmungsmaterial vorlegt, seine eigenen (unbewußten) Gefühle, Phantasien etc. in dieses Wahrnehmungsmaterial hineinverlegt (projiziert). Beim *Rohrschach-Test* erhält der Proband Tintenkleckse vorgelegt, in denen er z. B. menschliche Figuren, Tiere oder unbelebte Gegenstände erkennen kann. Seine Antworten werden nach bestimmten Inhaltskategorien kodiert. Der Rohrschach-Test ist jedoch hinsichtlich der Testgütekriterien nicht überprüft. Die Auswertung läßt einen großen Interpretationsspiel-

raum zu, wodurch die Objektivität beeinträchtigt wird. Es gibt weder standardisierte Testwerte noch Alters-Geschlechts-Normen. Projektive Tests gelten deshalb in der gegenwärtigen Psychologie als obsolet. Geübte psychoanalytisch ausgebildete Untersucher vermögen sie aber durchaus als Informationsquelle zu nutzen.

Graphologische Tests. Graphologische Untersuchungen der Handschrift haben einen noch zweifelhafteren wissenschaftlichen Status. Wohl lassen sich bestimmte formale Kennzeichen der Handschrift objektiv und reliabel ausmessen, ihre inhaltliche Bedeutung (Validität) ist jedoch unklar.

1.4 Experiment

> **!** Ein Experiment verfolgt den Zweck, durch systematische Bedingungskontrolle eine Kausalaussage machen zu können. Durch das Konstanthalten bestimmter Bedingungen und das Verändern anderer Bedingungen soll es möglich werden, Ursache-Wirkungs-Zusammenhänge oder Wenn-dann-Zusammenhänge zu erfassen.

Kriterien des Experiments sind:

● Willkürlichkeit,
● Variierbarkeit,
● Wiederholbarkeit.

Der Forscher kann die experimentellen Bedingungen, deren Wirkungen zu erforschen sind, willkürlich festsetzen; er kann sie variieren, um die Effekte zu überprüfen, die Vorhandensein oder Fehlen einer Bedingung oder die unterschiedliche Stärke von Ursachenfaktoren auslösen;

und er kann Experimente wiederholen, um die Ergebnisse zu replizieren.

Ein Merkmal, das in verschiedenen Ausprägungen vorkommt, wird als *Variable* bezeichnet.

> **!** Unabhängige Variablen sind diejenigen Bedingungen, die vom Versuchsleiter in einem Experiment hergestellt werden, um ihre Auswirkungen auf andere Merkmale, die abhängigen Variablen, zu überprüfen. Die unabhängigen Variablen entsprechen den Ursachen, die abhängigen Variablen den Folgen. Die unabhängigen Variablen werden vom Forscher variiert, die abhängigen Variablen werden gemessen, registriert.

Intervenierende Variablen. Eine dritte Gruppe von Variablen sind die intervenierenden Variablen (Störvariablen). So bezeichnet man Merkmale, die ebenfalls einen Einfluß auf die abhängige Variable haben können, jedoch nicht selbst im Experiment geprüft werden. Ein Beispiel einer solchen personengebundenen intervenierenden Variable ist das Alter. Wenn die unabhängige Variable mit einer intervenierenden Variable zusammenhängt, die den Effekt der unabhängigen Variablen beeinflußt, spricht man von Konfundierung; beide Variablen sind miteinander konfundiert. Wenn man eine eindeutige Kausalaussage machen will, muß man ausschließen, daß die Wirkungen, die man mißt, auf andere als die unabhängigen Variablen zurückzuführen sind. Man muß alternative Erklärungen plausibel zurückweisen können. Deshalb versucht man den Einfluß möglicher intervenierender Variablen auszuschalten. In experimentellen Versuchsplänen wird der Einfluß intervenierender Variablen dadurch ausge-

schaltet, daß man die Versuchspersonen zufällig in die Experimentalgruppe und in die Kontrollgruppe aufteilt.

> **!** Die Experimentalgruppe (EG) ist diejenige Gruppe, in die eine unabhängige Variable eingeführt wird. Die Kontrollgruppe (KG) ist diejenige Gruppe, in die die unabhängige Variable nicht eingeführt wird. Unterschiede, die zwischen EG und KG auf der abhängigen Variablen bestehen, können als Effekte der unabhängigen Variablen interpretiert werden. Durch die zufällige Zuteilung der Versuchspersonen in die Experimental- und die Kontrollgruppe (Randomisierung) erreicht man, daß sich potentielle intervenierende Variablen zufällig auf beide Untersuchungsgruppen verteilen und eine systematische Verzerrung der abhängigen Variablen durch eine nur in der Experimentalgruppe wirksame intervenierende Variable sehr unwahrscheinlich ist (s. Bortz 1989).

Stichprobenfehler. Ist eine Randomisierung nicht möglich, können systematische Stichprobenfehler auftreten. Wenn man z. B. auf einer Herzstation psychologische Gespräche ankündigt, so kann man damit rechnen, daß es nur bestimmte Patienten sein werden, die sich für diese Gespräche interessieren, besonders ängstliche Kranke oder solche, die schon einen Zugang zu einem psychologischen Verständnis haben. Bei einer solchen *selektiven Stichprobe* (selektiv = nach bestimmten Einflußfaktoren vor-ausgewählt) können die Untersuchungsergebnisse nicht verallgemeinert werden, sie gelten nur für diese spezielle Stichprobenzusammensetzung, und man weiß nicht, ob es an der Intervention als solcher, an der speziellen

Stichprobe oder an beidem liegt, wenn ein Effekt zustandekommt.

Parallelisierung. Wenn es unmöglich ist, Experimental- und Kontrollgruppe durch zufällige Zuteilung festzulegen, gibt es noch eine andere Möglichkeit, den Einfluß intervenierender Variablen klein zu halten. Man kann Untersuchungs- und Kontrollgruppe hinsichtlich derjenigen Störvariablen, die möglicherweise einen Einfluß ausüben können (z. B. Alter, Geschlecht, Schulbildung, Krankheitsschwere etc.) *parallelisieren*, d. h. darauf achten, daß in jeder Gruppe gleich viele Patienten mit dem entsprechenden Merkmal vorhanden sind. Damit soll sichergestellt werden, daß die Störvariablen in beiden Gruppen gleichermaßen wirken, also keine systematische Verzerrung in eine einseitige Richtung auftritt. Parallelisieren kann man zwei Stichproben natürlich nur hinsichtlich derjenigen potentiellen intervenierenden Variablen, die man schon kennt bzw. für die man schon vorher einen Einfluß vermutet. Es kann jedoch auch intervenierende Variablen geben, die man noch gar nicht kennt, die aber auf die abhängige Variable wirksam sind und hinsichtlich der sich die beiden Untersuchungsgruppen unterscheiden (auch wenn sie hinsichtlich anderer wichtiger Merkmale durchaus parallel sind). Zur Kontrolle systematischer Stichprobenfehler in einem Experiment ist die Methode des Randomisierens der Methode des Parallelisierens prinzipiell überlegen, weil durch die zufällige Zuordnung der Versuchspersonen zu den verschiedenen Versuchsbedingungen auch unbekannte systematische Stichprobenfehler kontrolliert werden können.

Quasi-experimentelle Versuchspläne. Dies sind Versuchspläne, bei denen die Einteilung der Probanden in die experimentellen Gruppen nicht vom Forscher vorgenommen werden kann, sondern schon „natürlicherweise" vorgegeben ist. Da man deshalb keine Randomisierung durchführen kann, ist die Kontrolle von Störgrößen nicht so leicht möglich. Man kann den Einfluß intervenierender Variablen dadurch auszuschalten versuchen, daß man sie zwischen beiden Untersuchungsgruppen konstant zu halten versucht, also z. B. nur Versuchspersonen einer Altersgruppe miteinander vergleicht. Dadurch schränkt man natürlich die Generalisierbarkeit der Untersuchungsergebnisse ein. Daneben gibt es multivariate statistische Verfahren zur Kontrolle der Effekte intervenierender Variablen.

Die Kausalaussage ist in quasi-experimentellen Studien meist mit einer größeren Unsicherheit belastet als bei wirklich experimentellen Versuchsplänen, u. a. weil man eben nicht alle intervenierenden Variablen kennt, deren potentiellen Einfluß man kontrollieren müßte. Wo es um Kausalaussagen geht, sollten deshalb, wenn immer möglich, experimentelle Designs mit Randomisierung durchgeführt werden (Bortz 1989).

Ausbalancieren. Unter dem Ausbalancieren eines experimentellen Versuchsplans versteht man die systematische Variation der Reihenfolge derjenigen Aufgaben, die die Versuchspersonen zu bearbeiten haben. Sind es drei Aufgaben, so kann man in einer Untergruppe die Reihenfolge 1,2,3, in einer zweiten 1,3,2, in der dritten 2,1,3 usw. wählen. Man tut dies, wenn man annimmt, daß die Reihenfolge der Aufgaben einen Einfluß auf das Ergebnis haben könnte und man diesen Einfluß kontrollieren will. Man kann damit die alternative Kausalerklärung, daß Aufgabe 3 nur deshalb schlechter bearbeitet wurde, weil sie am Ende stand und die Versuchspersonen ermüdet waren (und nicht, weil die Aufgabe schwieriger war), ausschließen.

Erfassung der abhängigen Variablen: Merkmale und hierarchische Struktur von Nominal-, Ordinal-, Intervall- und Verhältnisskala

> **!** Unter Skalierung versteht man die Zuordnung von Zahlen zu Merkmalsausprägungen gemäß einer bestimmten Regel. Damit kann man die Ausprägungen einer Variablen quantifizieren. Wenn die Voraussetzungen einer Skala Rechenoperationen erlauben, d. h. ab der Ordinalskala (s.u.), spricht man von Messung.

Eine Skala ist ein Maßstab. Das Niveau einer Skala sagt etwas darüber aus, welche mathematischen Operationen mit Daten, die auf diesem Skalenniveau erhoben wurden, erlaubt sind. Die verschiedenen Skalenniveaus sind in Tabelle 1.3 dargestellt. Die Skalenniveaus sind:

- Nominalskala,
- Ordinalskala (Rangskala),
- Intervallskala,
- Rationalskala (Verhältnisskala).

Nominalskala. Die Nominalskala ist die einfachste Skala. Sie erlaubt die Identifikation und Klassifikation von Objekten. Ein Beispiel: die Einteilung Erwachsener nach dem Familienstand in Ledige, Verheiratete, Geschiedene und Verwitwete.

Die Nominalskala erlaubt lediglich *qualitative* (inhaltliche) Unterscheidungen, also Unterscheidungen nach der unterschiedlichen Qualität der Objekte. Wenn man den Objekten Zahlen zuordnet, z. B. ledig = 1, verheiratet = 2, geschieden = 3, verwitwet = 4, so dienen diese Zahlen lediglich der Identifikation, so wie auch Autokennzeichen oder Telefonnummern der Identifikation dienen, ohne daß man mit den Zahlen auch rechnen könnte. Es hat keinen Sinn, zwei Telefonnummern zu addieren, die Zahlen haben keine quantitative Bedeutung. Hier kann man noch nicht von Messung sprechen. Die Klassen sind nicht quantitativ unterscheidbar, vielmehr stehen sie sozusagen gleichberechtigt nebeneinander. Welche Funktion hat eine solche Skala? Man kann Objekte in Kategorien ordnen und die Häufigkeiten bestimmen. Beispiel: Bei epidemiologischen Untersuchungen werden die Häufigkeiten von Krankheiten erhoben. Die einzelnen Krankheitskategorien erhalten

Tabelle 1.3 Skalenniveaus. Daten können auf unterschiedlichem Skalenniveau erhoben werden. Je nach Skalenniveau sind andere mathematische Operationen möglich

Skalentyp	Aussagen	Beispiele
Nominalskala	Gleichheit/ Verschiedenheit	Telefon-Nr., KFZ-Kennzeichen, Geschlecht, Familienstand, Beruf, Diagnose-Kategorien
Ordinalskala = Rangskala	größer/kleiner- Relationen	Schulnoten, Sozialstatus, „geheilt, gebessert, unverändert, verschlechtert"
Intervallskala	Gleichheit von Differenzen	Temperatur in Celsius, Persönlichkeitstests, Intelligenztests
Rationalskala = Verhältnisskala	Gleichheit von Verhältnissen	MKS (Meter, Kilogramm, Sekunde)-System

zur besseren Identifikation eine Code-Nummer (z. B. nach der Internationalen Klassifikation der Krankheiten (ICD) der WHO).

Ordinalskala (Rangskala). Diese Skala ermöglicht, eine Rangordnung aufzustellen. Die Werte der Skala lassen sich nach ihrer Größe in eine Reihenfolge bringen. Der Zahlenwert gibt also Auskunft über den Rangplatz eines Objekts. Die Ordinalskala erlaubt Feststellungen der Art „größer als" oder „kleiner als". Ein Beispiel wäre die Einteilung des Behandlungserfolges in „geheilt", „gebessert", „unverändert" oder „verschlechtert". Geheilt ist besser als gebessert, gebessert ist besser als unverändert, unverändert ist besser als verschlechtert.

Im Falle einer Angstvariablen könnte eine Rangskala so aussehen: „große Angst", „mittlere Angst", „wenig Angst". Man könnte „große Angst" die Zahl 3, „mittlere Angst" die Zahl 2 und „wenig Angst" die Zahl 1 zuordnen. Diese Zahlen geben lediglich eine Rangreihe wieder. 3 ist größer als 2, 2 ist größer als 1. Ob jedoch „mittlere Angst" doppelt so groß ist wie „wenig Angst", wie die Zahl 2 im Vergleich zur Zahl 1 suggeriert, kann auf dem Niveau einer Rangskala nicht entschieden werden. Es kann auch nicht entschieden werden, ob „große Angst" sich um genauso viel von „mittlerer Angst" unterscheidet wie „mittlere Angst" von „wenig Angst", wie der gleiche Abstand zwischen den Skalenwerten suggeriert. Bei einer Ordinalskala bilden die Zahlen lediglich größer-kleiner-Relationen richtig ab.

Intervallskala. Wenn bei einer Skala gleiche Zahlendifferenzen auch gleiche Merkmalsdifferenzen repräsentieren, so handelt es sich um eine Intervallskala. Hier sind die Abstände, die Intervalle zwischen den Skalenwerten gleich groß, sie sind konstant. Dies gilt für die Werte von psychologischen Tests. Wenn eine Person in einem Leistungstest den Wert 14 erreicht, eine andere Person den Wert 12, so kann man annehmen, daß die erste Person eine um zwei Stufen (z. B. zwei gelöste Aufgaben) größere Leistung erbracht hat als die zweite. Die Intervallskala erlaubt, Differenzen festzustellen. Sie erlaubt die mathematischen Operationen von Subtraktion und Addition.

Rationalskala (Verhältnisskala). Das höchste Skalenniveau stellt die Rationalskala oder Verhältnisskala dar. Zusätzlich zur Konstanz der Abstände kommt hier ein absoluter Nullpunkt. Diese Skala ist lediglich der Vollständigkeit halber erwähnt. Sie kommt bei psychologischen Daten nicht vor. Eine Ausnahme: Wenn bei einem Leistungstest als Kriterium die Zeit gilt (z. B. Reaktionszeit), also ein psychologisches Merkmal durch eine physikalische Größe repräsentiert wird, dann erreicht die abhängige Variable Rationalskalenniveau. Dies jedoch nur, weil eine physikalische Einheit an die Stelle einer psychologischen getreten ist.

Der *hierarchische Aufbau der Skalenniveaus* besagt, daß Rechenoperationen, die auf einfacheren Skalenniveaus zulässig sind, selbstverständlich auch auf höheren Skalenniveaus zulässig sind. Ein Beispiel: Prozentrangwerte, die etwas über die Stellung eines Individuums in der Vergleichsgruppe aussagen (wieviel Prozent haben einen höheren Wert, wieviele einen niedrigeren; vgl. Kap. 1.3 Normierung von Persönlichkeitstest) sind bei Rangskalenniveau angemessen. Sie können aber erst recht bei Intervall- oder gar Verhältnisskalenniveau angewandt werden. Umgekehrt aber können Rechenverfahren, die auf höherem Skalenniveau möglich sind, nicht unbedingt auf niedrigerem Niveau durchgeführt werden.

1.5   Felduntersuchung

Interne und externe Validität. Experimentelle psychologische Forschung im Labor bringt trotz sauberer Bedingungskontrolle vielfach Ergebnisse, die für das „wirkliche Leben" der Menschen wenig relevant sind. Experimentelle Laboruntersuchungen haben zwar eine hohe *interne Validität*, d. h. die gemessenen Effekte lassen sich mit sehr hoher Wahrscheinlichkeit auf die variierte unabhängige Variable zurückführen, und bei Wiederholung des Experiments kommt man zu den selben Resultaten. Aber ihre *externe Validität*, ihre Generalisierbarkeit auf Situationen außerhalb des Labors, ist eingeschränkt. In der medizinpsychologischen Forschung wird deshalb gefordert, die Probleme da zu untersuchen, wo sie entstehen: im Alltag der Patienten. Zu Forschungsvorhaben im medizinischen „Feld" sagt man *Felduntersuchungen*.

Stichprobenauswahl. Eine Stichprobenauswahl ist notwendig, weil man meist nicht die zeitlichen, personellen und finanziellen Mittel zur Verfügung hat, eine Vollerhebung durchzuführen. Eine solche *Vollerhebung* würde alle Patienten mit einem bestimmten Merkmal betreffen (z. B. ein nationales Krebsregister). Bei einer gut geplanten Stichprobenauswahl ist der Schluß von den Werten der Stichprobe auf die Werte der Grundgesamtheit (*Population*), die durch die Stichprobe repräsentiert sein soll, mit hoher Präzision möglich. Am sichersten gegen eine selektive Stichprobenzusammensetzung ist die Zufallsauswahl.

Zufallsauswahl. Zufallsauswahl bedeutet, daß jedes Element der Grundgesamtheit die gleiche Chance hat, in die Stichprobe zu kommen. Wenn man eine repräsentative Bevölkerungsstichprobe ziehen will, so entnimmt man am besten der Einwohnermeldekartei zufällig eine genügend große Anzahl von Individuen.

Geschichtete (stratifizierte) Stichprobe. Bei einer geschichteten Stichprobe entnimmt man vorher festgelegten Schichten (z. B. Altersjahrgängen) zufällig (aus der Einwohnermeldekartei) die Teilnehmer an der Untersuchung. Man kann dadurch vorher festlegen, daß von einer bestimmten Probandengruppe (z. B. Altersgruppe) genügend viele Personen in die Stichprobe aufgenommen werden.

Quota-Stichprobe. Weniger gut gegen Stichprobenfehler gesichert ist die Quota-Stichprobe. Sie wird oft in der Meinungsforschung angewandt. Ein Beispiel: Eine Pharmafirma will die Einstellung der Ärzte zur Verschreibung von Psychopharmaka bei Patienten mit Angstsymptomatik erforschen. Die Interviewer erhalten Quoten für bestimmte Alters-, Geschlechts- und Tätigkeitsgruppen genannt (z. B. 10 männliche niedergelassene Ärzte zwischen 30 und 40 Jahren; usw.). Die Quoten sind so bemessen, daß die Untergruppen, wenn man sie zusammenfaßt, ein repräsentatives verkleinertes Abbild der Ärzteschaft hinsichtlich der interessierenden Merkmale (in diesem Fall Alter, Geschlecht und Berufstätigkeit) ergeben. Wen der Interviewer aber konkret auswählt, bleibt ihm überlassen. Er hat also freie Hand, wie er sein Quota-Soll erfüllt, kann z. B. zuerst einmal in seinem Bekanntenkreis mit der Befragung beginnen. Dadurch sind natürlich Selektionseffekte möglich.

Konsekutive Stichprobe. Eingeschränkt sind oft die Stichprobenauswahlmöglichkeiten, wenn man klinische Stichproben untersucht. Man muß oft mit den Stichproben arbeiten, wie sie in einem Krankenhaus oder auf einer Station anfallen, nimmt z. B. nacheinander *(konsekutiv)* alle Patienten, die während eines bestimmten Zeitraums zur Herzoperation anstehen, in die Stichprobe auf. Man kann dann nachträglich prüfen, ob diese Gruppe für die Patienten in diesem Krankenhaus repräsentativ ist.

Verweigerung. Eine weitere Quelle von Stichprobenfehlern besteht in der Verweigerung der Teilnahme an einer Untersuchung. Dadurch kann die Stichprobe selektiv verzerrt werden. Um dies zu verhindern, wird man zum einen versuchen, die Verweigererquote möglichst niedrig zu halten (durch intensive Motivierung). Zum zweiten kann man prüfen, ob sich die Gruppe der Verweigerer in soziodemographischen Variablen wie Alter, Geschlecht, Schulbildung, Schwere der Erkrankung etc. von der Teilnehmergruppe unterscheidet. Das Problem niedriger Rücksenderaten stellt sich besonders bei postalischen Befragungen.

Quer- und Längsschnitt-untersuchung

> **!** Die Untersuchung einer Stichprobe zu einem einzigen Zeitpunkt heißt Querschnittuntersuchung. Sie erbringt ein Zustandsbild der untersuchten Merkmale. Will man den Verlauf von Merkmalen über die Zeit hinweg untersuchen, führt man eine Längsschnittuntersuchung (Panel-Untersuchung) durch. Dabei wird ein- und dieselbe Stichprobe zu mehreren Zeitpunkten untersucht.

Alle psychologischen Phänomene, die sich im Verlauf der Zeit ändern, z. B. das emotionale Befinden und die psychische Verarbeitung einer Erkrankung, sollten durch Längsschnittuntersuchungen erforscht werden. Längsschnittuntersuchungen sind jedoch sehr viel aufwendiger als eine einmalige Querschnitterhebung. Sie haben auch den Nachteil, daß ein mehr oder weniger großer Teil der Probanden im Laufe der Zeit aus der Untersuchung herausfällt (drop-out), sei es aus organisatorisch-technischen Gründen, z. B. durch Wegzug; aus Motivationsgründen, durch Verweigerung; oder, gravierender bei schweren Erkrankungen, durch Verschlechterung des körperlichen Zustandes oder gar den Tod. Durch diese Ausfälle kann sich die Stichprobe, die in der Untersuchung verbleibt, in eine bestimmte Richtung verändern; sie wird selektiv, d. h. einseitig verzerrt. Auf diese Weise erklärt es sich zum Beispiel, weshalb in manchen Studien zur Lebensqualität bei Tumorerkrankungen die Lebensqualität mit zunehmender Dauer der Erkrankung zunimmt, ein Ergebnis, das man nicht erwarten würde. Die einfache Erklärung kann sein, daß diejenigen Patienten, denen es schlechter geht, aus der Studie ausscheiden, weil sie aus Gründen des körperlichen Zustands nicht mehr teilnehmen können oder weil sie versterben.

Längsschnittuntersuchung. Abb. 1.5 zeigt den Verlauf der Ängstlichkeit vor und nach einer Herzoperation. Wie man sieht, lassen sich zwei Patientengruppen unterscheiden. Eine Patientengruppe mit relativ niedriger präoperativer Angst eine Woche vor der Operation, die am Tage vor der Operation noch weiter abfällt und nach der Operation eher ansteigt. Eine zweite Gruppe hatte eine Woche vor der Operation eher mehr Angst; diese stieg noch weiter an bis zu einem Gipfel einen Tag vor der Operation. Nach der Operation fiel sie jedoch kontinuierlich ab. Beide Gruppen unterscheiden sich im postoperativen Verlauf. Entgegen unserer anfänglich geäußerten Hypothese war es die Gruppe mit dem Angstanstieg in der Zeit vor der Operation, die einen günstigeren postoperativen Verlauf hatte.

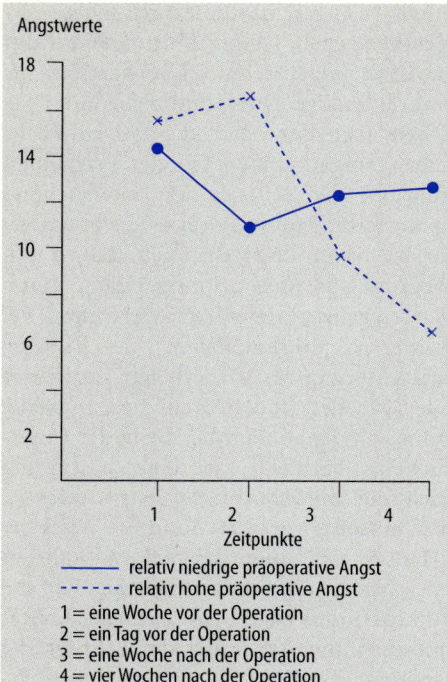

Angstwerte

relativ niedrige präoperative Angst
----- relativ hohe präoperative Angst
1 = eine Woche vor der Operation
2 = ein Tag vor der Operation
3 = eine Woche nach der Operation
4 = vier Wochen nach der Operation

Abb. 1.5 Verlauf der Angst bei einer Herzoperation. Es lassen sich zwei Gruppen von Patienten unterscheiden: in der einen Gruppe liegt die Angst präoperativ etwas höher und steigt noch an, fällt aber postoperativ deutlich ab. In der anderen Gruppe liegt die Angst vor der Operation niedriger, steigt aber danach an. Diese Gruppe hatte auch einen ungünstigeren körperlichen Krankheitsverlauf (aus Schmidt 1984, nach Davies-Osterkamp u. Möhlen 1978)

Wie läßt sich dieses unerwartete Ergebnis interpretieren? Vielleicht läßt sich der Angstabfall vor der Operation bei der Gruppe mit der niedrigen Angst als Ausdruck von Verleugnung verstehen. Möglicherweise versuchten diese Patienten, dem bedrohlichen Ereignis, das bevorstand, gedanklich/gefühlsmäßig aus dem Wege zu gehen. Die Patienten mit dem günstigen Verlauf ließen die Angst zu und konnten sie deshalb besser bewältigen. Diese Interpretation ist aber zunächst noch spekulativ. Wenn ein Ergebnis nicht hypothesenkonform ausfällt, heißt das nur, daß die Hypothese nicht bestätigt werden konnte. Erst wenn sich das unerwartete Ergebnis in einer neuen, hypothesengeleiteten Studie bestätigen sollte, kann man annehmen, daß es kein Zufall war. Man könnte dann schließen, daß angesichts einer realen Bedrohung, wie sie eine Herzoperation darstellt, eine momentane Intensivierung der Angst realitätsangemessen und sinnvoll sein kann und eine effektive emotionale Auseinandersetzung mit dem bedrohlichen Ereignis ermöglicht.

Untersuchungen zur Angst vor Operationen zeigen z.T., daß ein mittleres Ausmaß bei operativer Angst eher günstig zu sein scheint, während sowohl zu niedrige als auch zu hohe Angst mit einem ungünstigeren Ergebnis verbunden ist. Die Befunde in diesem Forschungsbereich sind jedoch noch widersprüchlich und keineswegs endgültig gesichert.

Kombinierte Quer- und Längsschnittuntersuchung. In einer großangelegten epidemiologischen Feldstudie zur Häufigkeit psychogener Erkrankungen in der Stadtbevölkerung wurde ein Querschnitt- mit einem Längsschnittdesign kombiniert (Schepank 1987, 1990). In der ersten Untersuchungswelle wurden aus den drei Jahrgängen 1935, 1945 und 1955 je 600 Probanden zufällig ausgewählt (Querschnittuntersuchung). Die Probanden aus den drei Jahrgängen (Alterskohorten) wurden dann drei Jahre später noch einmal mit demselben Instrumentarium (psychoanalytisches Interview, Selbst- und Fremdeinschätzungen, Fragebögen) nachuntersucht. Dadurch können Aussagen über den Verlauf der psychogenen Erkrankungen gemacht werden und kann dieser Verlauf durch Prädiktoren (vorhersagekräftige Merkmale) vorausgesagt werden. Hätte man sich mit einer Querschnittuntersuchung der Alterskohorten begnügt, so hätte man bei eventuell gefundenen Unterschieden zwischen den drei Gruppen nicht sagen können, ob diese auf den zeitlichen Verlauf der Erkrankungen (z.B. Chronifizierungsneigung einer Erkrankung), das unterschiedliche Alter (z.B. abnehmende Kompensation neurotischer Beschwerden im Alter) oder die unterschiedliche Generationszugehörigkeit (z.B. härtere Kindheitsbedingungen der 1945 Geborenen oder strengere Erziehung der 1935 Geborenen) zurückzuführen sind. Ersteres bezeichnet man als *Konfundierung von Alter und Erhebungszeit*: Bei Längsschnittuntersuchungen weiß man nicht, ob Änderungen im zeitlichen Verlauf auf Alterswirkungen oder auf Merkmalsschwankungen zurückgehen. Letztere Schwierigkeit bezeichnet man als *Konfundierung von Alter und Generation*: Bei einer Querschnittuntersuchung an Probanden unterschiedlichen Alters weiß man nicht, ob die festgestellten Unterschiede in psychologischen Merkmalen auf das unterschiedliche Alter oder die Zugehörigkeit zu unterschiedlichen Generationen zurückzuführen sind. Alters-, Generations- (Jahrgangskohorten) und Epochen-Einflüsse sind jedoch prinzipiell nur schwer voneinander zu differenzieren, weil sich die Ausprägungen dieser drei Dimensionen nicht frei miteinander kombinieren lassen.

Individual- und Aggregatdaten. Daten, die man bei einem individuellen Probanden erhebt, sind *Individualdaten*. Bei der weiteren Auswertung werden diese Daten zu Gruppenstatistiken (z. B. Mittelwert und Standardabweichung eines Merkmals in der Stichprobe) aggregiert. Aus den *Aggregatdaten* ist der einzelne Befragte nicht mehr ersichtlich; er bleibt anonym. Bei der Berechnung von Merkmalszusammenhängen oder von Unterschieden zwischen Subgruppen innerhalb der Stichprobe greift die jeweilige statistische Prozedur immer wieder auf die Individualdaten zurück. Aus Datenschutzgründen sind jedoch alle Individuen lediglich durch einen Code vertreten, dessen Auflösung Unbefugten nicht zugänglich ist. Da man ganz sichergehen will, daß kein Zugriff zu den Individualdaten mehr erfolgen kann, vernichtet man alle personenbezogenen, identifikationsrelevanten Daten und publiziert nur Aggregatdaten. Aggregatdaten können schließlich selbst Ausgangspunkt für weitere Forschung sein.

Interpretation von Korrelationsuntersuchungen. In Felduntersuchungen wird häufig ein *Korrelationskoeffizient* berechnet, wenn man den Zusammenhang zwischen zwei Merkmalen beschreiben will.

Der Korrelationskoeffizient ist eine mathematische Größe, die die Stärke eines Zusammenhangs zwischen zwei Merkmalen zum Ausdruck bringt.

Der absolute Wert eines Korrelationskoeffizienten kann zwischen 1 (starker Zusammenhang) und 0 (kein Zusammenhang) liegen, und er kann positiv (direkt proportionaler Zusammenhang) oder negativ (umgekehrt proportionaler Zusammenhang) sein. Beträgt der Korrelationskoeffizient zwischen zwei Merkmalen z. B. $r = 0,80$, so gilt: Je stärker ausgeprägt das eine Merkmal ist, desto stärker ausgeprägt ist auch das andere Merkmal (je mehr vom einen, desto mehr vom anderen); ebenso gilt natürlich: Je schwächer ausgeprägt das eine Merkmal ist, desto schwächer ist auch das andere ausgeprägt (je weniger vom einen, desto weniger vom anderen). Man kann also mit einer angebbaren Wahrscheinlichkeit vom Wert des einen Merkmals auf den Wert des anderen Merkmals schließen. Die gemeinsame Varianz beider Merkmale berechnet man, indem man den Korrelationskoeffizienten quadriert. Ist $r = 0,80$, so beträgt $r^2 = 0,64$; die gemeinsame Varianz beträgt also 64 %. Auch bei hohen Korrelationskoeffizienten besteht also noch immer sehr viel Unabhängigkeit der Variationsmöglichkeiten zweier Merkmale.

Beträgt ein Korrelationskoeffizient $r = 0,05$, ein Wert, der nahe bei Null liegt, so besteht kein Zusammenhang zwischen zwei Merkmalen. Sie variieren völlig unabhängig voneinander. Ein hoher Wert in einem Merkmal kann mit jedem beliebigen Wert (hoch, mittel, niedrig) auf dem anderen Merkmal einhergehen, ebenso ein niedriger Wert auf dem einen Merkmal mit jedem beliebigen auf dem zweiten Merkmal. Es ist keine Vorhersage von einem Merkmal auf das andere möglich.

Beträgt ein Korrelationskoeffizient z. B. $r = -0,80$, so liegt wieder ein starker Zusammenhang vor, aber ein negativer, umgekehrt proportionaler. Es gilt dann: Je stärker ein Merkmal ausgeprägt ist, desto schwächer ist das andere Merkmal ausgeprägt (je mehr, desto weniger). Ebenso: Je schwächer das erste Merkmal ausgeprägt ist, desto stärker das zweite (je weniger, desto mehr).

> **!** Korrelation bedeutet nicht Kausalität. Korrelation bedeutet lediglich Zusammenhang.

Man muß sich davor hüten, Korrelationskoeffizienten kausal mißzuverstehen. Daß zwei Merkmale zusammenhängen, d.h. miteinander variieren, bedeutet noch lange nicht, daß das eine die Ursache des anderen sein muß. Eine Korrelation kann viele Gründe haben, z.B. Abhängigkeit beider Merkmale von einer dritten Variablen. Kausalaussagen lassen sich nur aufgrund eines Experiments treffen, in welchem die unabhängige Variable systematisch manipuliert wird. In naturalistischen Untersuchungen sind kausalen Interpretationen enge Grenzen gesetzt. Auch zeitliche Abfolge in einer Längsschnittstudie muß nicht kausale Bedingung bedeuten. Der Fehler, Korrelationen kausal zu interpretieren, wird in Felduntersuchungen aber sehr häufig begangen. Umgekehrt gilt, daß, wenn nicht einmal eine Korrelation vorliegt, eine darüber hinausgehende kausale Beziehung von vornherein ausgeschlossen ist.

Weiterführende Literatur

Bortz J (1989) Lehrbuch der empirischen Forschung, 2. Aufl. Springer, Berlin Heidelberg New York

Bortz J, Döring N (1995) Forschungsmethoden und Evaluation. Springer, Berlin Heidelberg New York

Brähler E, Adler C (Hrsg) (1996) Quantitative Einzelfallanalysen und qualitative Verfahren. Psychosozial-Verlag, Gießen

Faller H, Frommer J (1994) Qualitative Psychotherapieforschung. Asanger, Heidelberg

Flick U, v Kardorff E, Keupp H, v Rosenstiel L, Wolff S (Hrsg) (1991) Handbuch Qualitative Sozialforschung, Psychologie Verlags Union, München

Kazdin AE (1994) Methodology, design, and evaluation in psychotherapy research. In: Bergin AE, Garfield SL (eds) Handbook of psychotherapy and behavior change. Wiley, New York

Lienert G, Raatz U (1994) Testaufbau und Testanalyse. Beltz, Weinheim

Schmidt LR, Keßler BH (1976) Anamnese. Methodische Probleme, Erhebungsstrategien und Schemata. Beltz, Weinheim

Strauss B, Eckert J, Tschuschke V (Hrsg) (1996) Methoden der empirischen Gruppenpsychotherapieforschung. Westdeutscher Verlag, Opladen

Die Psychophysiologie untersucht Zusammenhänge zwischen psychischen und physischen Vorgängen. In psychophysiologischen Experimenten werden die psychischen Vorgänge der Versuchspersonen (z. B. Gefühlszustände, Lernen, Denkprozesse) vom Forscher variiert (unabhängige Variablen), um die physiologischen Vorgänge (abhängige Variablen) zu registrieren. Es geht der Psychophysiologie darum, physiologische Begleiterscheinungen (Korrelate) psychologischer Prozesse zu erfassen.

2.1   Ebenen der Erfassung psychophysiologischer Prozesse

2.1.1   Physiologische Indikatoren

!

Ein Indikator ist ein physiologisches Merkmal, das mit einem psychischen Merkmal in Zusammenhang steht. Das heißt, daß man beim Vorliegen des physiologischen Merkmals auf das psychische Merkmal schließen kann. Ein solcher Zusammenhang (Korrelation) kann u.U. zufällig entdeckt und erst nachträglich experimentell bestätigt worden sein, ohne daß man die Mechanismen dieses Zusammenhangs im einzelnen kennen muß (pragmatische Begründung der Indikatorfunktion).

Physiologische Indikatoren sind z. B.:

- kardiovaskuläre Aktivität,
- respiratorische Aktivität,
- elektrodermale Aktivität,
- elektrische Muskelaktivität,
- hirnelektrische Aktivität,
- Hormonkonzentration,
- Stoffwechselprozesse des Gehirns.

Indikatoren

In psychophysiologischen Experimenten werden meist mehrere Indikatoren gleichzeitig erhoben. Ein Untersuchungsgerät, welches in der Lage ist, mehrere dieser Meßgrößen gleichzeitig aufzuzeichnen, nennt man *Polygraph*.

Kardiovaskuläre Aktivität. Der Aktivitätszustand von Herz und Kreislauf gehört zu den grundlegenden physiologischen Indikatoren psychischer Vorgänge. Zwei Maße werden meist erhoben: die Herzfrequenz und der arterielle Blutdruck. Die Herzfrequenz oder Herzrate wird mit dem Elektrokardiogramm, dem EKG, erfaßt. Die Blutdruckmessung erfolgt mit der Blutdruckmanschette nach der Methode von Riva-Rocci.

Respiratorische Aktivität. Die Aktivität des Atmungssystems wird spirometrisch gemessen. Wichtigste Meßgröße ist die Atemfrequenz.

Elektrodermale Aktivität. Unter elektrodermaler Aktivität versteht man die elektrische Leitfähigkeit der Haut. Sie wird durch Elektroden an der Handinnenfläche gemessen. Die Hautleitfähigkeit ist umgekehrt proportional zum Hautwiderstand. Bei psychischer Erregung kommt es durch eine veränderte Innervation der Schweißdrüsen (nicht durch das infolgedessen auftretende vermehrte Schwitzen selbst) zu

einer Zunahme der Hautleitfähigkeit. Dies nennt man auch die *psychogalvanische Reaktion (PGR)* oder *hautgalvanische Reaktion (HGR)*. Die PGR ist ein sehr sensibler Indikator für psychische Erregung (Aktivation, s. Kap. 2.2.2).

Elektrische Muskelaktivität. Durch das Elektromyogramm (EMG) lassen sich elektrische Vorgänge im Skelettmuskel als Zeichen von dessen Innervation erfassen (Muskeltonus = langanhaltende Innervation, führt zu Muskelanspannung; phasische Myoklonie = kurz einschießende Innervation, führt zu Muskelzuckung). Man verwendet in der Psychophysiologie Oberflächenelektroden, die auf die Haut gelegt werden.

Hirnelektrische Aktivität. Die Aufzeichnung der elektrischen Aktivität des Gehirns ist der wichtigste methodische Zugang zur Erfassung von Zusammenhängen zwischen Gehirn und psychischen Prozessen. Das *Elektroenzephalogramm* (EEG), das mit Oberflächenelektroden gemessen wird, die an standardisierten Ableitpunkten auf der Kopfhaut plaziert werden, erfaßt die Aktivität großer Neuronenverbände. Diese Aktionspotentiale werden von einem Taktgeber im Thalamus synchronisiert, so daß sie eine regelmäßige Kurve ergeben. Das wichtigste Merkmal des EEG ist die Frequenz (s. Tabelle 2.1 u. Abb. 2.1).

Die Frequenz des EEG steht in engem Zusammenhang mit der *Bewußtseinslage* (s. Aktivation, Kap. 2.2.2). Auch die Stadien des Schlafes und die Schlaftiefe sind an Hand der dazugehörigen EEG-Frequenzen definiert (s. Schlaf, Kap. 2.2.1). Die Amplitude der EEG-Kurve ist für die Beschreibung weniger bedeutsam, da sie von Person zu Person wechseln kann. Generell gilt, daß hohe Frequenzen mit niedriger Amplitude (z. B. Beta-Rhythmus), niedrige Frequenzen mit höherer

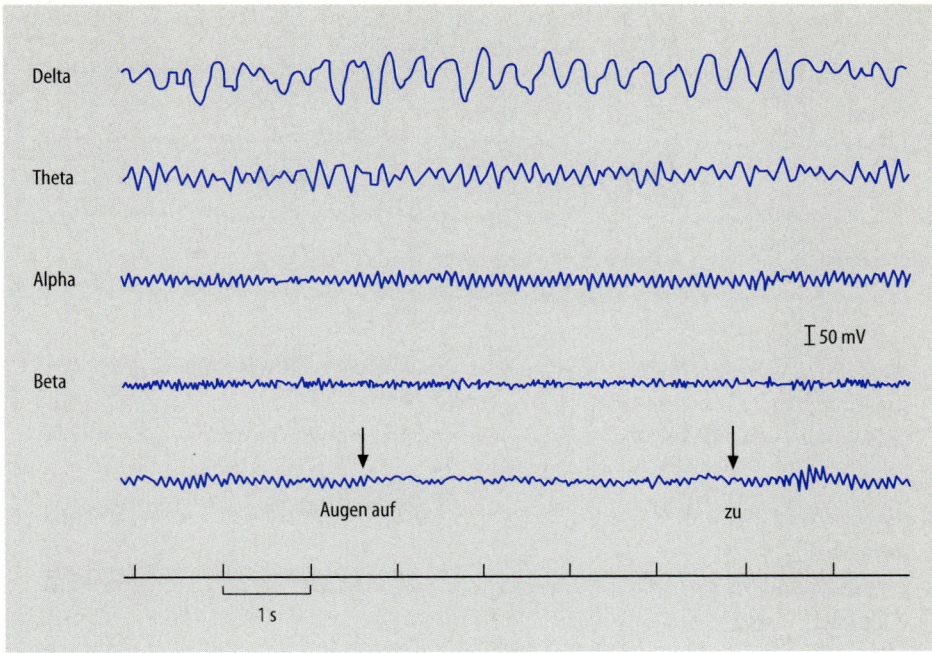

Abb. 2.1 Beispiele für die vier häufigsten Arten rhythmischer Aktivität im Spontan-EEG. Je höher die Frequenz, desto wacher das Bewußtsein. Ganz unten sieht man die Alpha-Blockade beim Augenöffnen (aus Schandry 1989)

Tabelle 2.1 Die vier wichtigsten Frequenzbänder des EEG (nach Poeck 1987; Schandry 1989)

Bezeichnung	griech.	Frequenz (Hz)	Bewußtseinsgrad
Alpha-Wellen	α	8–13	entspannter Wachzustand (geschlossene Augen)
Beta-Wellen	β	14–30	Aufmerksamkeit, Erregung
Theta-Wellen oder Zwischenwellen	θ	4–7	Ermüdung, Einschlafen
Delta-Wellen	δ	0,5–3	Tiefschlaf, Bewußtlosigkeit

Amplitude (z. B. Delta-Rhythmus) einhergehen.

Im ruhigen, entspannten Wachzustand mit geschlossenen Augen herrscht der sinusförmige, regelmäßige, synchronisierte Alpha-Rhythmus (8–13 Hz) vor. Öffnet die Versuchsperson die Augen oder wendet sie ihre Aufmerksamkeit einem Gegenstand zu, wird der Alpha-Rhythmus blockiert, und an seiner Stelle wird der höherfrequente, unregelmäßige, desynchronisierte Beta-Rhythmus (4–30 Hz) sichtbar (*Alpha-Blockade, Desynchronisierung*; Abb. 2.2).

Das EEG, wie es ohne äußere Beeinflussung spontan abläuft, nennt man *Spontan-*

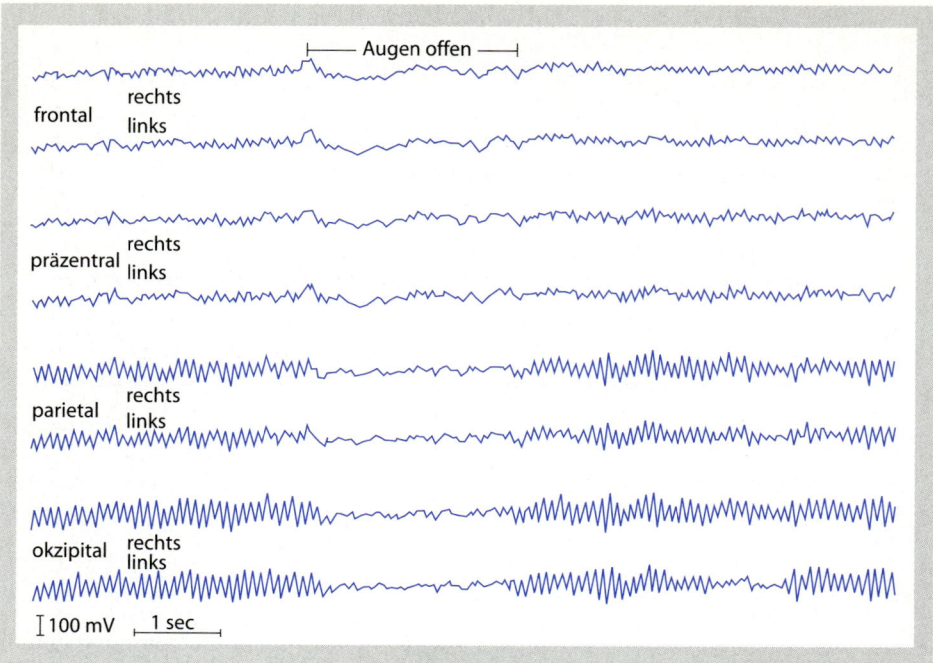

Abb. 2.2 Normales EEG von verschiedenen Ableitungsorten mit Alpha-Blockade beim Augenöffnen (aus Poeck 1987)

EEG. Wird ein neuer Reiz wahrgenommen, so äußert sich dies im EEG durch Alpha-Blockade und Desynchronisation. Wiederholt man diesen Reiz öfter, so bleibt diese Reaktion schließlich aus, der Proband hat sich an den Reiz gewöhnt (Habituation). Dennoch nimmt er die weiteren Reize wahr, kann z. B. angeben, wieviele es waren. Auch diese weiteren Reize haben ein Korrelat im EEG, die sog. *evozierten* oder *ereigniskorrelierten Potentiale*. Sie heißen so, weil sie durch einen Reiz evoziert (ausgelöst) werden oder mit einem äußeren Ereignis einhergehen (korrelieren). Je nachdem, ob der äußere Reiz ein Ton (z. B. ein Klicken auf dem Kopfhörer), ein Sehreiz (z. B. ein Lichtblitz) oder ein Hautreiz (z. B. ein kleiner Stromstoß) ist, spricht man von akustisch, visuell oder somatosensorisch evozierten Potentialen.

Die evozierten Potentiale haben eine sehr kleine Amplitude, so daß sie sich von den übrigen Potentialschwankungen im EEG kaum abheben. Nachrichtentechnisch gesprochen, geht die Nachrichteninformation im Hintergrundrauschen unter. Um sie dennoch sichtbar zu machen, muß man die Überlagerung durch das störende Spontan-EEG wegfiltern. Dies geschieht dadurch, daß man eine große Zahl von auf identische Weise ausgelösten evozierten Potentiale 'übereinanderlegt'. Die Kurvenausschläge des Spontan-EEG, die zufällig einmal nach oben, einmal nach unten ausschlagen, heben sich dann gegenseitig auf, und die immer gleich aussehende Kurve des evozierten Potentials tritt deutlicher hervor (Abb. 2.3).

Je nach Reizmodalität haben die evozierten Potentiale spezifische Formen.

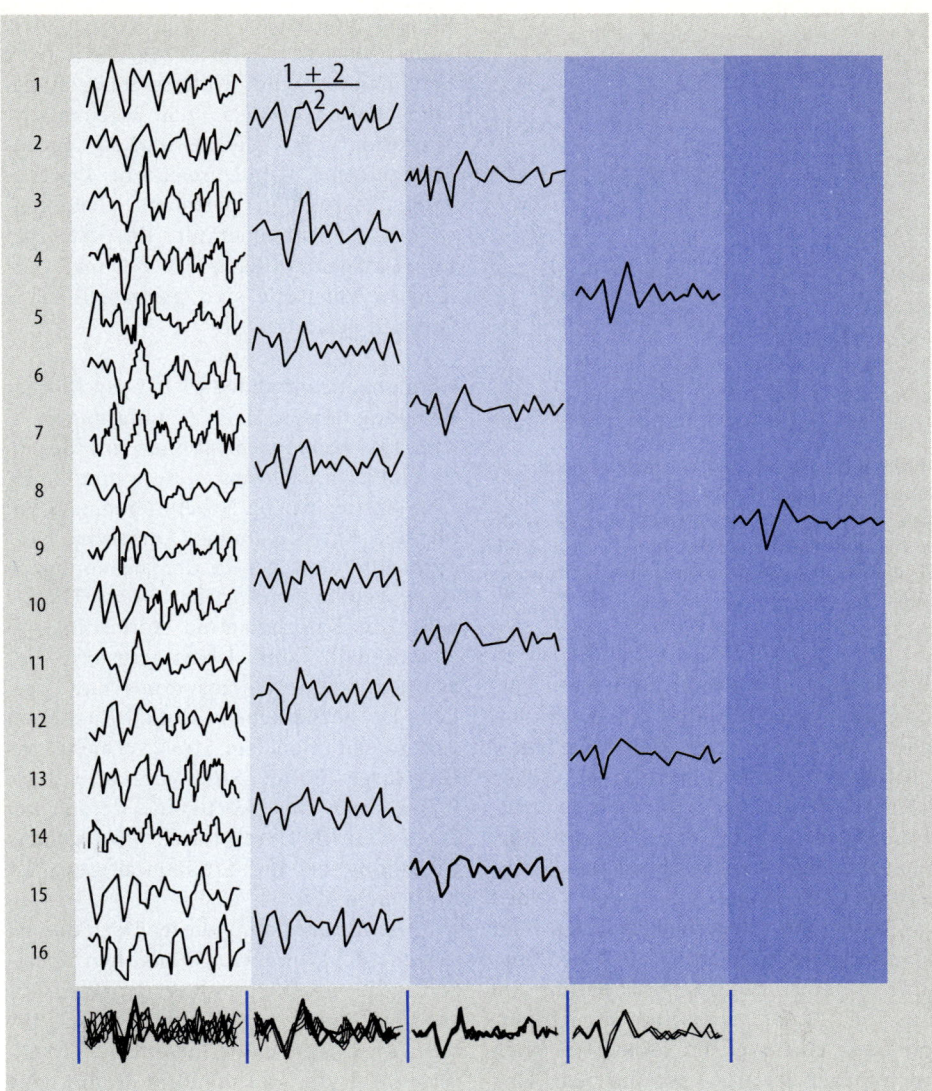

Abb. 2.3 Evozierte oder ereigniskorrelierte Hirnpotentiale. Darstellung des Mittelungsprozesses. Mit zunehmender Anzahl der aufsummierten Durchgänge nimmt das Rauschen ab, das evozierte Potential stellt sich deutlicher dar (aus Birbaumer u. Schmidt 1996)

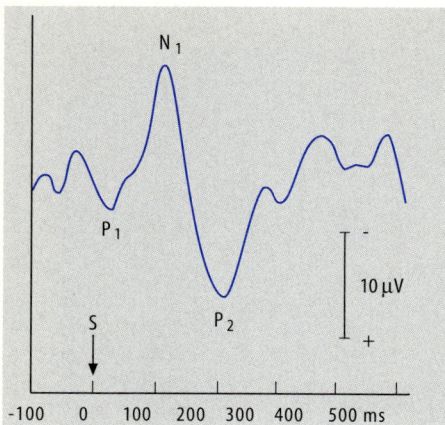

Abb. 2.4 Beispiel für ein akustisch evoziertes Potential. Man beachte die Amplituden-Eichung (negativ aufwärts) und die Zeitskala. *S* markiert den Einsatz des Reizes. *P1, N1* und *P2* bezeichnen die drei wichtigsten Komponenten (aus Schandry 1989)

Die Gipfel (peaks) werden nach ihren Ausschlägen mit N (negativ, in der graphischen Darstellung nach oben) oder mit P (positiv, nach unten) bezeichnet. Neben der Form der Kurven wird auch der Zeitabstand (die Latenz) zwischen den Kurvenausschlägen zur Beschreibung herangezogen (Abb. 2.4).

Kontingente negative Variation oder *Erwartungswelle* nennt man eine langsame negative Potentialveränderung im EEG, die auftritt, wenn eine Versuchsperson nach einem ersten Signalreiz einen zweiten Reiz erwartet, den sie beurteilen soll, den sie durch eine Handlung beeinflussen soll oder der sonst eine Anforderung mit sich bringt (CNV; Abb. 2.5). Die CNV ist also ein Indikator für eine vorbereitende Aktivierung der Hirnrinde. Derartige langsame Potentiale lassen sich auch vor der Ausführung einer Handlung nachweisen. Diese treten oft schon auf, bevor die entsprechende Person die bewußte Absicht angibt, eine Handlung auszuführen.

Weitere Indikatoren. Es gibt noch viele andere periphere Indikatoren, die je nach Fragestellung einer Untersuchung eingesetzt werden können (z. B. mechanische Muskelaktivität: Mikrovibration; Augenbewegungen; Pupillenreaktion: Erweiterung, Verengung; periphere Gefäßkonstriktion, Hauttemperatur; Körpertemperatur; Magenmotiliät u. a.). Der meßtechnischen Phantasie sind prinzipiell keine Grenzen gesetzt.

Hormonkonzentrationen. Bei psychischer Erregung lassen sich Veränderungen in den Hormonkonzentrationen im Serum und im Urin nachweisen. Es kommt zu einem Anstieg der im Nebennierenmark gebildeten Katecholamine (Adrenalin, Noradrenalin) und der in der Nebennierenrinde gebildeten Kortikosteroide (Kortisol). Die Katecholamine Adrenalin und Noradrenalin sind Überträgerstoffe des sympathischen Nervensystems und werden in körperlichen Notfallsituationen und bei emotionalem Streß vermehrt ins Blut ausgeschüttet (Streßreaktion, s. Kap. 2.2.3). Auch Glukokortikoide werden bei Streß vermehrt freigesetzt. Ihre genaue Bedeutung bei der Streßbewältigung ist noch nicht klar.

Die Ausscheidung dieser Hormone ist jedoch nicht für Streßsituationen spezifisch. Sie unterliegt einer großen Zahl von Einflüssen (u. a. einer Tagesrhythmik), die fördernd oder hemmend wirken. Messungen der Hormone im Serum oder Urin sind deshalb ebenfalls nur indirekte Indikatoren für psychische Vorgänge.

Bildgebende Verfahren. Während craniales *Computertomogramm* und *Kernspintomogramm* statische Bilder des Gehirns ergeben und zur Beurteilung der Struktur geeignet sind, können neue bildgebende Verfahren wie *SPECT* (Single-Photon-Emissions-Computer-Tomogramm) oder *PET* (Positronen-Emissions-Tomogramm;

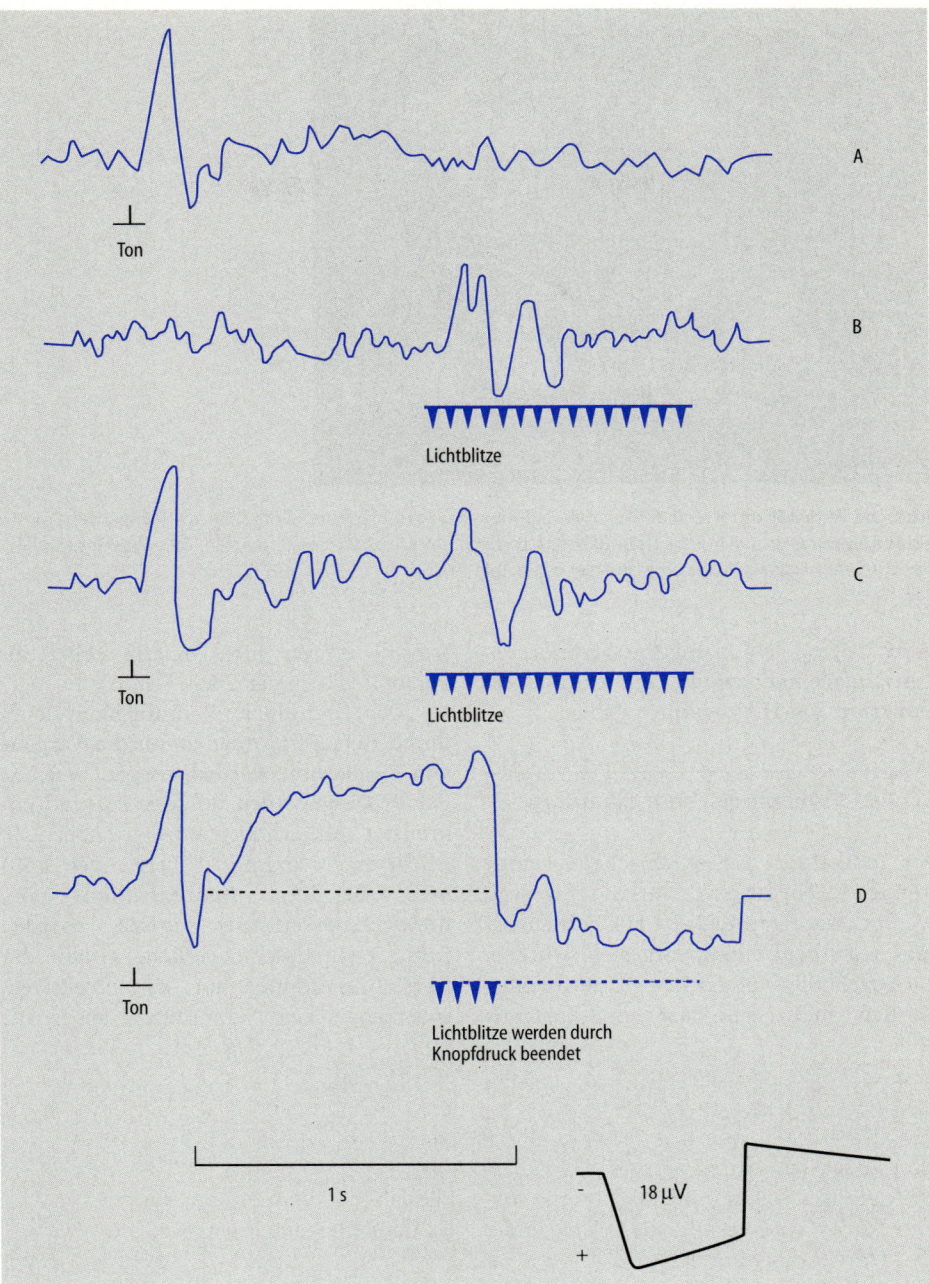

Abb. 2.5 A–D Beispiel für die Auslösung einer kontingenten negativen Variation. **A:** Reaktion auf einen (unerwartet auftretenden) Ton. **B:** Reaktion auf eine (unerwartet auftretende) Serie von Lichtblitzen. **C:** Lichtblitze werden eine Sekunde nach dem Ton dargeboten. **D:** Lichtblitze werden eine Sekunde nach dem Ton dargeboten, sollen jedoch durch einen Knopfdruck des Probanden abgebrochen werden. Nur in D erkennt man die langsame negative Potentialverschiebung (CNV) (aus Schandry 1989)

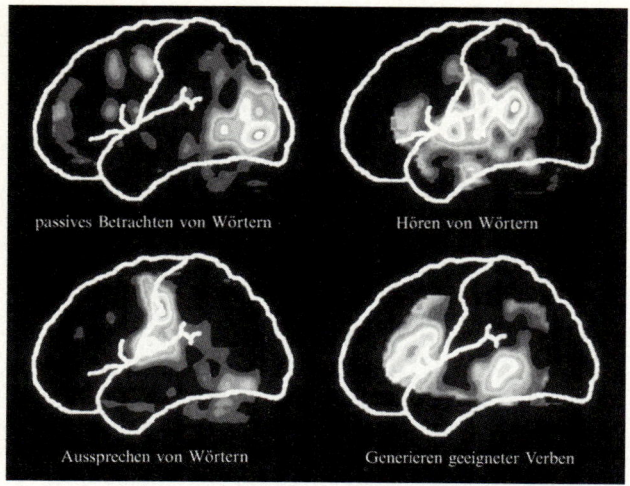

Abb. 2.6 Aktivität unterschiedlicher Hirnregionen bei verschiedenen Aufgaben im Positronen-Emmissions-Tomogramm (PET) (mit freundlicher Genehmigung von Marcus E. Raichle, MD, Washington University School of Medicine; aus Posner u. Raichle 1996)

Abb. 2.6) auch dynamische Veränderungen aufzeichnen und Einblicke in die Funktion von Hirnregionen geben.

2.1.2 Psychologische Indikatoren

Als Indikatoren für psychische Zustände können Erhebungsverfahren eingesetzt werden, wie sie in Kap. 1.1 zur Verhaltens- und Selbstbeurteilung vorgestellt wurden. In psychophysiologischen Experimenten werden meist kurzdauernde Zustände

(*states*) erfaßt, nicht relativ zeitstabile Persönlichkeitsmerkmale (*traits*).

Die emotionale Befindlichkeit kann durch Befragung oder durch die Vorgabe von *Eigenschaftswörterlisten*, auf welchen der Proband seinen inneren Zustand ankreuzen soll, erhoben werden (Abb. 2.7). Änderungen kognitiver Leistungen können z.B. durch *Konzentrations- und Aufmerksamkeitstests* erfaßt werden (Abb. 2.8). Unterschiedliche Grade der Aktivation können auf der subjektiven, psychologischen Seite durch abgestufte

1	tatkräftig.	trifft zu	◯	trifft nicht zu	◯
2	tiefsinnig.	trifft zu	◯	trifft nicht zu	◯
3	gesprächig.	trifft zu	◯	trifft nicht zu	◯
4	nachlässig	trifft zu	◯	trifft nicht zu	◯
5	beklommen	trifft zu	◯	trifft nicht zu	◯
6	unbeschwert	trifft zu	◯	trifft nicht zu	◯

Abb. 2.7 Die Eigenschaftswörterliste (EWL), Auszug der 1. Seite. Die einzelnen Items werden zu Skalen zusammengefaßt (aus Janke u. Debus 1978)

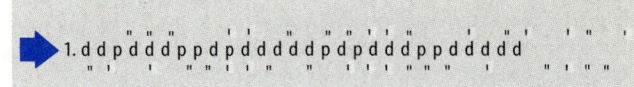

Abb. 2.8 Der Test d2 – Aufmerksamkeits-Belastungs-Test von Brickenkamp (1994). Ausschnitt des Testbogens. Jedes d, das zwei Striche hat (entweder beide oben oder beide unten oder einen oben und einen unten), soll durchgestrichen werden. Ausgewertet werden die Gesamtzahl der in 20 Sekunden pro Zeile bearbeiteten Zeichen, die ausgelassenen d2-Zeichen und die zuviel durchgestrichenen Zeichen. Der Test ist normiert

(skalierte) Einschätzungen oder durch Eigenschaftswörterlisten gemessen werden.

Diese Erhebungen können je nach experimenteller Anordnung in verschiedenen Aktivations- und Bewußtseinszuständen durchgeführt werden, um Aussagen über die Zusammenhänge zwischen physiologisch definierten Zuständen einerseits und dem psychischen Erleben und Verhalten andererseits treffen zu können (s. Experiment, Kap. 1.4).

> **!** Versuche, bestimmten Gefühlszuständen bestimmte physiologische Muster zuzuordnen (stimulusspezifische Reaktion), waren in der Vergangenheit wenig erfolgreich gewesen. Daraus schloß man, daß physiologische Reaktionen unspezifisch seien. Unspezifische Erregung bezeichnet man als Aktivation.

Zusammenhänge zwischen physiologischen und psychologischen Indikatoren

Die *Korrelationen*, die sich in der psychophysiologischen Forschung bisher zwischen körperlichen und psychischen Prozessen ergeben haben, sind eher niedrig, meist ist $r < 0{,}40$. Auch innerhalb der physiologischen Ebene sind die Zusammenhänge verschiedener Meßgrößen eher gering ausgeprägt.

Physiologische Indikatoren sind über die Zeit hinweg *wenig stabil*, können bei einem bestimmten Individuum (*intraindividuell*) stark variieren, und mehr noch von einem Individuum zum anderen (*interindividuell*). Sie fluktuieren u. a. je nach Tageszeit, Jahreszeit, Wetter, Ernährung etc.

Aktivation. Bisher gibt es wenig empirische Evidenz dafür, daß bestimmten Gefühlen spezifische physiologische Muster entsprechen. Es ist meist nicht möglich, Gefühle durch ihre physiologischen Begleiterscheinungen zu identifizieren. Man kann den Inhalt eines Gefühlszustandes aus dem physiologischen Muster nicht sicher vorhersagen, z. B. ob ein Mensch mit einem Anstieg der Herzfrequenz, des Blutdrucks, der Atemfrequenz, einer Muskelanspannung und einem Beta-EEG ängstlich, ärgerlich oder freudig erregt ist. Man kann nur sagen, *daß* er erregt ist. Dieser Befund führte zum Konzept einer *unspezifischen Erregung* (Aktivation, s. Kap. 2.2.2). In jüngster Zeit wurden allerdings einige Hinweise gefunden, daß sich doch spezifische autonome Reaktionsmuster nachweisen lassen könnten (s. a. Kap. 3.1). So scheint Ärger mit einer Erhöhung des diastolischen Blutdrucks, Angst mit einem Ansteigen des Herzminutenvolumens einherzugehen. Aber diese Spezifität ist nur relativ.

Ein „Lügendetektor" ist ein Gerät zur Registrierung des Aktivierungsanstiegs in verschiedenen physiologischen Systemen, d. h. ein Polygraph. Ausgangspunkt ist die Annahme, daß das Lügen von einer verstärkten sympathischen Erregung begleitet wird. Eine Erregung des autonomen Nervensystems kann allerdings auch von einer Vielzahl anderer Prozesse kognitiver und emotionaler Art ausgelöst werden. So kann es sein, daß ein Proband, der eine für ihn sehr relevante Frage wahrheitsgemäß beantwortet, ebenfalls deutliche autonome Erregung zeigt. Auch ein Unschuldiger, der auf eine Straftat angesprochen wird, kann mit erhöhter sympathischer Aktivität reagieren. Zum anderen ist nicht davon auszugehen, daß bei jedem Individuum eine Lüge auch zu meßbaren Veränderungen in den erhobenen Funktionsmaßen führt. Auf die Möglichkeit von Spontanschwankungen physiologischer Meßgrößen wurde schon hingewiesen. Hieraus kann die Gefahr von fälschlich zugeordneten „Reaktionen" erwachsen. Die trotz dieser Schwierigkeiten relativ hohe Treffsicherheit, die von erfahrenen Anwendern von Lügendetektoren berichtet wird, dürfte im wesentlichen auf deren ausgefeilte Befragungstechnik zurückgehen. Eher das Verhör selbst, weniger der Polygraph, führt zu einer zutreffenden Begutachtung. Die Erfolgsquoten werden allerdings dadurch relativiert, daß die veröffentlichten Untersuchungen meist mit kooperativen Probanden durchgeführt wurden. Lügendetektoren dürfen in den USA im allgemeinen nicht zur Urteilsfindung herangezogen werden und sind in der BRD nicht zugelassen (Schandry 1989).

> **!** Physiologische Reaktionsmuster können für bestimmte Menschen charakteristisch sein (individualspezifische Reaktion). Bei ca. einem Drittel der untersuchten Probanden kann mit solchen personenspezifischen Mustern gerechnet werden.

Dies bedeutet, daß ein Mensch, der ein solches Muster aufweist, auf unterschiedliche Gefühlszustände immer wieder mit den gleichen physiologischen Veränderungen reagiert. Die Gefühlszustände dürfen allerdings nicht allzu unterschiedlich sein. Der eine mag jedesmal mehr mit dem Herz-Kreislauf-System reagieren, der andere mehr mit dem Magen-Darm-Trakt, wieder einer in erster Linie mit Muskelanspannung. Eine solche bevorzugte Reaktionsweise könnte eine Rolle für die „Krankheitswahl" spielen. Psychosomatische Erkrankungen, Erkrankungen, die durch emotionale Belastung (Streß, s. Kap. 2.2.3) ausgelöst werden, könnten bevorzugt diejenigen Organsysteme betreffen, die im Rahmen des individualspezifischen Reaktionsmusters am meisten beansprucht werden.

2.2 Aktivations- und Bewußtseinszustände

2.2.1 Schlaf

Circadiane Periodik. Der Schlaf-Wach-Rhythmus des Menschen ist einer von mehreren circadianen (circa, lat.: um herum; dies, lat.: Tag) Rhythmen, die von internen Oszillatoren (inneren Uhren) gesteuert werden und sich nur innerhalb gewisser Grenzen an Zeitgeber der Umgebung, z. B. den Tag-Nacht-Rhythmus, anpassen können. Die circadiane Periodik wird auch dann aufrechterhalten, wenn man einen Menschen in einem Labor mit konstanter Helligkeit von äußeren Hinweisreizen auf die Tag-Nacht-Periodik isoliert; sie läuft dann jedoch frei mit einer etwas längeren Periode von 25 Stunden weiter. Viele physiologischen und psychologischen Merkmale folgen einer solchen Rhythmik (s. Kap. 5.2.1). Ihre Störung durch Nacht- und Schichtarbeit oder Flugreisen über mehrere Zeitzonen hinweg führt zu Befindensbeeinträchtigungen, funktionellen und schließlich psychosomatischen, organdestruktiven Störungen (z. B. Ulcus pepticum). Bei der Steuerung des Schlaf-Wach-

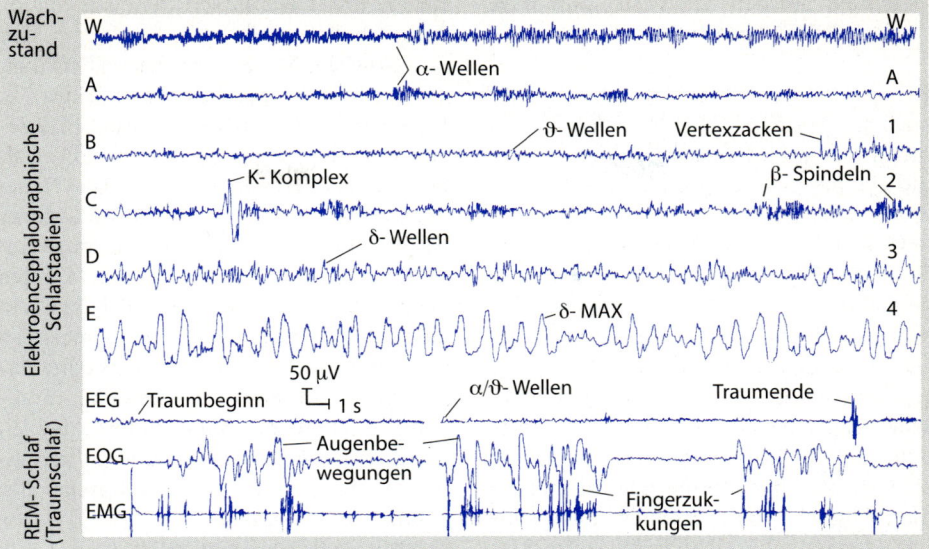

Abb. 2.9 Einteilung der Schlafstadien beim Menschen auf Grund des EEG. In den ersten sechs Ableitungen sind links die Schlafstadien nach Loomis et al., rechts die nach Kleitman et al. angegeben. Stadium W: Entspanntes Wachsein. Stadium A: Übergang vom Wachsein zum Einschlafen. Dieses Stadium wird von vielen Autoren dem Stadium W zugerechnet. Stadium B bzw. 1: Einschlafstadium und leichtester Schlaf. Die am Ende der Ableitung auftretenden Vertexzacken werden auch als „physiologisches Einschlafmoment" bezeich- net. Stadium C bzw. 2: Leichter Schlaf. Stadium D bzw. 3: Mittlerer Schlaf. Stadium E bzw. 4: Tiefschlaf. In den nächsten drei Ableitungen sind das EEG, das Elektrookulogramm (EOG) und das Elektromyogramm eines Zeigefingers (EMG) während des REM-Schlafes (Traumschlafes) aufgezeichnet. Die REM-Phasen stehen typischerweise am Ende jeder Schlafperiode. Sie können keinem der „klassischen" Schlafstadien zugeordnet werden, sondern stellen ein eigenständiges Stadium dar (aus Birbaumer u. Schmidt 1996)

Rhythmus sind viele kortikale und subkortikale Hirnregionen beteiligt.

Schlafstadien. Die Tiefe des Schlafes wird durch die Schlafstadien beschrieben. Die Unterscheidung der Schlafstadien wird nach dem EEG vorgenommen (Abb. 2.9).

- *Stadium 1*: Beim Einschlafen wird die im Wachen vorherrschende Alpha-Aktivität (Frequenz 8–13 Hz) im EEG seltener, es treten vermehrt langsamere, unregelmäßige Theta-Wellen (Frequenz 4–7 Hz) auf. Im subjektiven Erleben löst sich der geordnete Gedankengang auf, die Wahrnehmung des eigenen

Körpers verändert sich, der abnehmende Muskeltonus kann zu Fallerlebnissen führen, Muskelzuckungen können auftreten sowie hypnagoge (Einschlaf-) Halluzinationen (Trugwahrnehmungen). Wenn keine Alpha-Wellen mehr nachweisbar sind, setzt man den Beginn des Schlafes an.
- *Stadium 2*: Es kommen gruppierte EEG-Veränderungen („Schlafspindeln") hinzu.
- *Stadium 3*: Die Frequenz wird noch langsamer.
- *Stadium 4*: Im tiefsten Schlaf überwiegen langsame Delta-Wellen. Stadium 3 und 4, in denen langsame Wellen domi-

nieren, werden auch als slow-wave-sleep (SWS) bezeichnet.

Die genannten vier Schlafstadien werden auch als **Non-REM** (NREM)-**Schlaf** zusammengefaßt und dem **REM-Schlaf** (von rapid eye movement) gegenübergestellt.

REM-Schlaf. Der REM-Schlaf gleicht im EEG dem Schlafstadium 1 (niedrige, unregelmäßige Theta-Wellen), unterscheidet sich von diesem aber in einer Reihe anderer physiologischer Indikatoren deutlich. Im Elektrookulogramm (EOG) können rasche Augenbewegungen registriert werden; im Elektromyogramm zeigt sich eine vollständige Atonie der Muskulatur, die lediglich von einzelnen phasischen Entladungen, die sich in Muskelzuckungen (Myoklonien) äußern, unterbrochen wird. Solche Myoklonien treten auch in den Pupillen und in der glatten Muskulatur auf; in Herzfrequenz und Atmung fallen phasische (kurzdauernde) Veränderungen und eine große Variabilität auf; beim Mann treten Erektionen auf, bei der Frau erhöhter vaginaler Blutfluß und Klitoriserektionen. Erektionen im Schlaf sprechen bei der Differentialdiagnose zwischen psychogener und organischer Impotenz gegen eine organische Ursache.

Wegen der Diskrepanz zwischen relativ „wachem" EEG und „tiefschlafender" Muskulatur wird der REM-Schlaf auch *paradoxer Schlaf* genannt. Weckt man Schlafende während einer REM-Phase, so berichten sie meist einen Traum. Zwar erhält man auch beim Wecken in NREM-Phasen manchmal Traumberichte, jedoch seltener, und wenn, dann sind diese Träume eher abstrakter, gedanklicher Art, nicht so visuell, lebendig und emotional wie die REM-Träume. Die Muskelatonie in den REM-Phasen stellt sicher, daß wir uns nicht von unseren Traumbildern zu Handlungen hinreißen lassen, wie es im Tierversuch z. B. Katzen tun, bei denen die

für die Atonie verantwortliche Hirnregion ausgeschaltet wurde.

Die Schlafstadien werden während einer Nacht *mehrfach* durchlaufen, ihre Abfolge ist charakteristisch (Abb. 2.10). Gegen Morgen wird das Tiefschlafstadium allerdings nicht mehr erreicht. Die Dauer der REM-Phasen nimmt im Verlauf der Nacht jedoch zu. Träume werden nur erinnert, wenn man innerhalb von 5 Minuten nach Traumende erwacht oder geweckt wird. Wir können uns deshalb meist an den letzten Traum vor dem Aufwachen erinnern. Wenn auch alle Menschen träumen, so fällt es ihnen unterschiedlich leicht, Träume zu behalten und zu berichten. Ob diese Fähigkeit von klinischer Bedeutung ist, ist unklar.

Wie Abb. 2.11 zeigt, nehmen im Laufe des Lebens die Gesamtschlafdauer und die Dauer des REM-Schlafes ab. Auch die Dauer des SWS (Tiefschlaf, Stadium 3 und 4) nimmt ab.

Traumdeutung. In der Psychoanalyse spielt der Traum eine große Rolle. Er wurde von Freud als der bevorzugte Zugang zu unbewußten Phantasien („Königsweg zum Unbewußten") bezeichnet. Sigmund Freud konnte in seinem Werk „Die Traumdeutung" (1900) zeigen, daß sich der scheinbar unverständliche manifeste, erinnerte Trauminhalt durch Interpretation an Hand der Assoziationen des Träumers, die ihm zu den einzelnen Bestandteilen des Traumes einfallen, verstehen und zurückübersetzen läßt in die ihm zugrundeliegenden latenten, verborgenen Traumgedanken. Die Traumgedanken betreffen, so Freud, meist unbewußte Wünsche, aber auch Ängste, unbewältigte traumatische Situationen. Die Traumverschlüsselung wird als Arbeit einer Zensur angesehen, die den unbewußten Phantasien nur dann Zugang zum Bewußtsein des Träumers verschafft, wenn sie entstellt und nicht mehr auf den ersten Blick verstehbar sind. Tech-

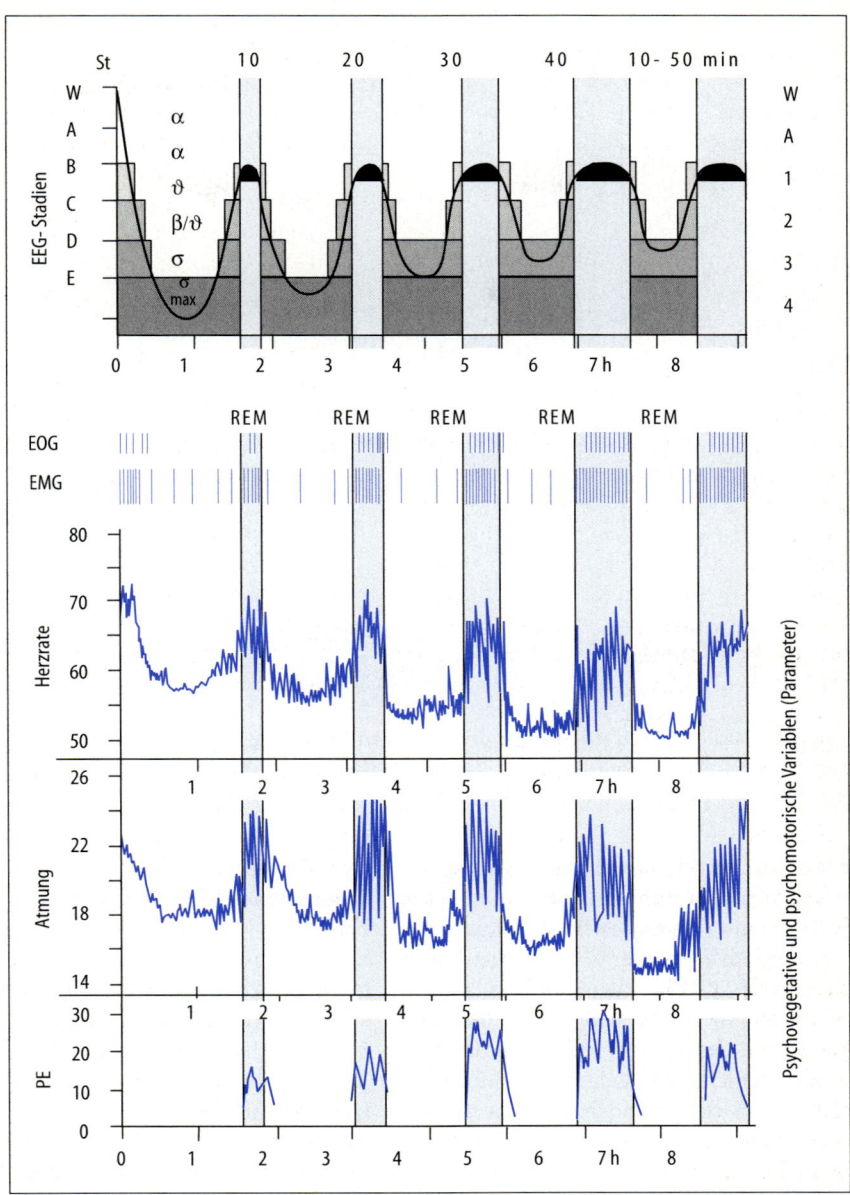

Abb. 2.10 Verlauf verschiedener physiologischer Maße in einer Nacht. Von oben nach unten: EEG-Stadien, EOG (Elektrookulogramm) mit schnellen Augenbewegungen (REM), EMG (Elektromyogramm), Herzrate, Atmung und Peniserektion (PE) (aus Birbaumer u. Schmidt 1996)

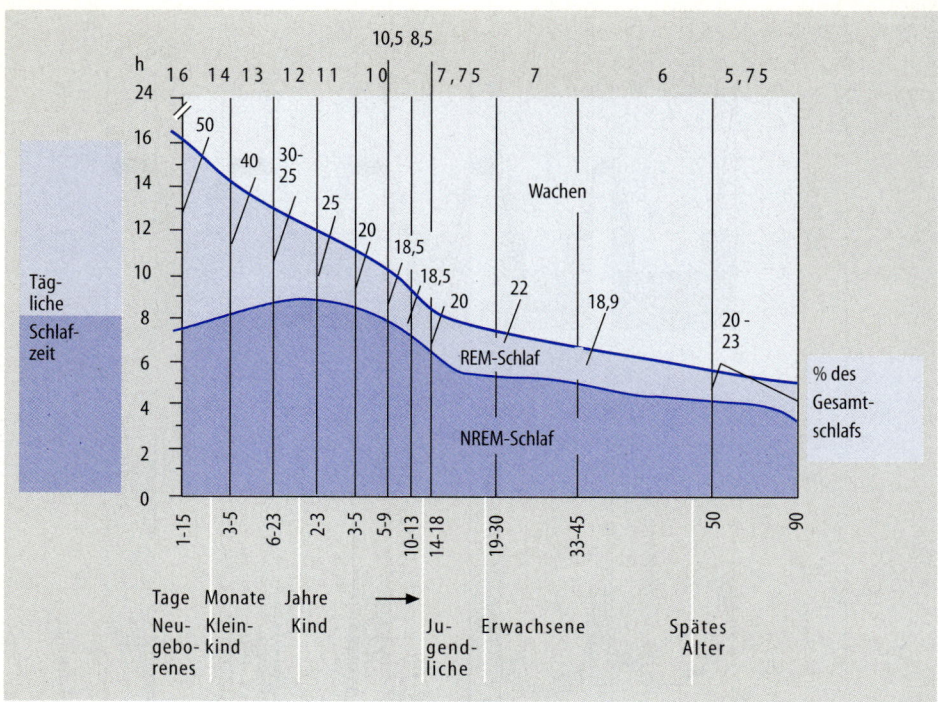

Abb. 2.11 Wach- und Schlafzeiten und der Anteil von NREM- und REM-Schlaf im Verlauf des mensch-lichen Lebens. Neben dem Rückgang der Gesamtschlafzeit ist v. a. die starke Abnahme der REM-Schlafdauer nach den frühen Lebensjahren bemerkenswert (aus Birbaumer u. Schmidt 1996)

niken der Verschlüsselung sind: Verschie-bung, d. h. ein Inhalt wird durch einen anderen, mit ihm assoziierten, ersetzt; Ver-dichtung, d. h. mehrere Inhalte werden in ein einziges Bild kondensiert; und Drama-tisierung, d. h. aus den unverbundenen Elementen des Traums wird eine darstell-bare Geschichte gemacht. Auch die Erleb-nisse des vorhergehenden Tages, der Tages-rest, finden in den Traum Eingang. Diese Traumarbeit gilt es in der Therapie, unter Bezug auf die für den jeweiligen Träumer spezifischen symbolischen Bedeutungen der Trauminhalte, wieder rückgängig zu machen. Da die Inhalte des Traumes nur im Rahmen der Lebensgeschichte und der aktuellen Situation des Träumenden verstanden werden können, verbietet sich eine bloß schematische Symboldeutung.

Die gegenwärtige psychoanalytische Traumtheorie nimmt an, daß Träume ne-ben noch unklaren psychobiologischen Funktionen der Verarbeitung und Bewälti-gung aktueller Probleme dienen. In diese können natürlich auch Wünsche aus der Vergangenheit verwoben sein; aber Träume sind nicht prinzipiell Wunsch-träume. Auch müssen sie nicht generell unverständlich sein, sondern können Themen beinhalten, die für den Träumer im gegenwärtigen Leben wichtig sind und die ihn auch im Schlaf weiterbeschäf-tigen.

Eine psychophysiologische Theorie der Traumentstehung nimmt an, daß Träume die psychischen Verarbeitungsver-suche zufälliger neuronaler Entladungen im Hirnstamm sind.

Unter totaler Schlafdeprivation versteht man den völligen Schlafentzug, unter partiellem Schlafentzug eine Verkürzung des Schlafes. Unter selektivem Schlafentzug wird der Entzug einzelner Bestandteile des Schlafes, v. a. des REM-Schlafs, verstanden.

Der NREM-Schlaf läßt sich nicht partiell entziehen, da die NREM-Stadien durchlaufen werden müssen, bevor REM-Schlaf eintritt; ein Nur-REM-Schlaf ist nicht möglich.

Totaler Schlafentzug. Beim totalen Schlafentzug – er ist ab der 3. Nacht nicht mehr ohne fremde „Hilfe" aufrechtzuerhalten – kommt es immer häufiger zu einem „Durchsickern" von REM- und SWS-Episoden in das Wachbewußtsein. Dies äußert sich in akustischen und optischen Sinnestäuschungen, d. h. illusionären Verkennungen und Halluzinationen. Später können paranoide Wahnideen, Verfolgungswahn hinzukommen. Demgegenüber können leichte Konzentrations- und Aufmerksamkeitsstörungen schon nach kurzem Schlafentzug auftreten. Auch im EEG führt Schlafentzug zu Veränderungen: Die langsamen Frequenzen nehmen zu.

Selektiver Schlafentzug. Bei selektivem REM-Schlafentzug kommt es zu einer Erhöhung der Erregbarkeit kortikaler und vegetativer Funktionen und psychologisch zu Reizbarkeit und eventuell Angst. Bei endogener Depression führt Schlafentzug, vermittelt über den Entzug des REM-Schlafes, zu einer zumindest kurzfristigen Besserung.

Erholungsschlaf. In den Erholungsnächten wird *zunächst der SWS (Tiefschlaf) nachgeholt*, erst in den folgenden Nächten

der REM-Schlaf. Insgesamt wird aber nur ein kleiner Teil des versäumten SWS- und REM-Schlafs nachgeholt, und dieses auch nicht proportional. Auch nach langem Schlafentzug reichen meist 11–13 Stunden Erholungsschlaf aus. Nach selektivem REM-Schlafentzug tritt in den Erholungsnächten häufig ein *REM-Rebound*, eine kompensatorische Erhöhung des REM-Anteils, auf.

2.2.2 Aktivation und Aufmerksamkeit

Aktivation bezeichnet einen Erregungszustand des Gehirns.

Indikatoren der Aktivation:

- Gefühl psychischer Anspannung;
- Erhöhung der Sympathikus-Aktivität;
- erhöhte Ausscheidung von Katecholaminen;
- Zunahme der Herzfrequenz;
- Zunahme der Atemfrequenz;
- Abnahme des Fingerpulsvolumens;
- erhöhte Leitfähigkeit der Haut (s. PGR, HGR, Kap. 2.1.1);
- Zunahme der Spontanfluktuation der Hautleitfähigkeit;
- Zunahme der Muskelanspannung;
- Zunahme der Lidschlagfrequenz;
- EEG-Desynchronisation (s. Alpha-Blockade, Kap. 2.1.1.);
- Verkürzung der Reaktionszeit.

Aufmerksamkeit. Unter Aufmerksamkeit versteht man die Aktivationssteigerung bei wichtigen Reizen und Aktivationshemmung bei unwichtigen Reizen. Die Fähigkeit des Menschen, aus der Vielzahl der auf ihn einströmenden Information die für ihn bedeutsamen auszuwählen, nennt man *selektive Aufmerksamkeit*. Selektive Aufmerksamkeit verhindert, daß die Informationsverarbeitungskapazität des Gehirns unter dem Ansturm der Umweltreize zusammenbricht.

 Die Orientierungsreaktion tritt auf, wenn ein neuer, unerwarteter Reiz ins Wahrnehmungsfeld eintritt.

Bestandteile der Orientierungsreaktion:

● Veränderung in den *Sinnesorganen*: Pupillenerweiterung, Erniedrigung der Reizschwellen in den für den Reiz spezifischen Sinnesmodalitäten, Erhöhung der anderen Reizschwellen.
● Veränderungen in der *Muskulatur*: Anstieg des Muskeltonus und der elektrischen Muskelaktivität. Spezifische Bewegungen wie Öffnen der Augen, Kopfdrehung, Hinwendung des Körpers, Innehalten mit Handlungen.
● Veränderungen im *zentralen Nervensystem*: Alpha-Blockade, Desynchronisierung des EEG, Wach-EEG.
● Veränderungen im *vegetativen Nervensystem*: periphere Vasokonstriktion, Dilatation der Blutgefäße des Kopfes. Zunahme der Schweißdrüsenaktivität, Zunahme der galvanischen Hautreaktion. Veränderungen im Herz-, Kreislauf- und Atmungssystem: Abfall der Herzfrequenz.

Wichtigstes Merkmal eines Reizes, der eine Orientierungsreaktion auslösen soll, ist seine Neuheit, d. h. seine Abweichung von der Erwartung.

! Wiederholt man den Reiz, der die Orientierungsreaktion ausgelöst hat, immer wieder, so werden die Amplituden der phasisch ablaufenden Reaktionen geringer, d. h.

die Orientierungsreaktion wird schwächer. Diese Abschwächung der Orientierungsreaktion auf wiederholt dargebotene Reize nennt man Habituation (Gewöhnung).

Die Habituation ist das physiologische Korrelat der Bekanntheit des ehedem neuen Reizes. Sie tritt jedoch nicht immer auf, ist abhängig von Einflüssen der Person (z. B. sehr niedrige oder sehr hohe Aktivation), der Reizart (z. B. sehr komplexe Reize, Reize, die eine Entscheidung fordern, jede Änderung des Reizes) etc. Habituation kann abgegrenzt werden von *Adaptation*, einem Begriff aus der Physiologie, der das Absinken der Rezeptoraktivität und die Erhöhung der Reizschwelle eines Sinnesorgans bei fortbestehendem, kontinuierlichem Reiz bezeichnet, und von *Extinktion*, einem Begriff aus der Lerntheorie, der die Abschwächung eines gelernten Verhaltens bei ausbleibender Verstärkung bezeichnet (s. Kap. 4.2.2). Habituation macht den Organismus frei von unnötiger Erregung. Er ist nun wieder in der Lage, sich ungestört anderen Reizen zuzuwenden.

! Unter Vigilanz versteht man dauernd erhöhte Aufmerksamkeit.

Hierzu ein Beispiel: Bei einer nächtlichen Sitzwache muß ein Student auf das Atemgeräusch des Patienten achten. Hierbei muß er aus einer Anzahl ablenkender Reize den relevanten Reiz kontinuierlich beobachten, um auch schwache Änderungen zu registrieren.

Die Erwartung eines Reizes (selektive Aufmerksamkeit) äußert sich im EEG durch eine langsame negative Verschiebung des Potentials (kontingente negative

Variation, Erwartungswelle, Bereitschafts-
potential, s. Kap. 2.1.1). Experimente zur
subliminalen (unterschwelligen) Wahrnehmung zeigen, daß die ankommende
Information schon vor ihrer Selektion relativ vollständig und unbewußt analysiert
und beurteilt wird.

> **!** Aktivation und Leistung stehen in
> einem umgekehrt U-förmigen
> (d. h. nicht-linearen) Zusammen-
> hang (Yerkes-Dodson-Regel,
> Abb. 2.12). Ein mittleres Aktivati-
> onsniveau ist optimal für gute Lei-
> stung, zuwenig wie auch zuviel
> Aktivation sind ungünstig. Das
> optimale Aktivationsniveau ist
> aber auch von der Aufgaben-
> schwierigkeit abhängig: Für
> schwierige, komplexe Aufgaben ist
> ein niedrigeres Aktivationsniveau
> günstiger.

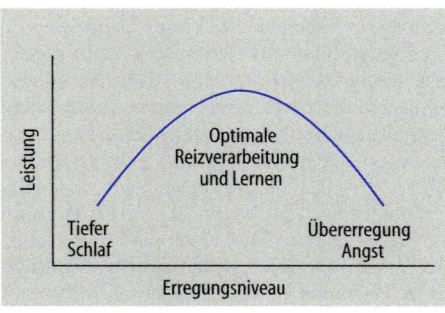

Abb. 2.12 Zusammenhang zwischen Erregungsniveau und Leistung nach der Yerkes-Dodson-
Regel (nach Schulz 1978)

2.2.3 Streß

> **!** Unter Streß versteht man eine
> Belastung/Überlastung des Indivi-
> duums. Nicht jeder Streß ist
> schädlich. Man unterscheidet
> zwischen positivem Streß (Eustreß,
> eu, gr.: gut) und negativem Streß
> (Distreß).

Selye (1956) beschrieb unter dem Namen
„allgemeines Adaptationssyndrom" eine
körperliche Reaktion, die auf jede Art
von Streß in gleicher Weise auftrete. Sie
ist sehr komplex und umfaßt verschiedene
Teilbereiche des Organismus (neuronale
Systeme, hormonale Systeme, Organsysteme).

Phasen der Streßreaktion:

- *Alarmreaktion*: Stimulierung des sympathischen Nervensystems mit Kate-
  cholaminausschüttung, die zu Herz-
  frequenzanstieg, Blutdruckanstieg etc.
  führt. Mobilisierung von ACTH in der
  Hypophyse und Anstieg des Kortisols,
  das in der Nebennierenrinde (NNR)
  produziert wird.
- *Widerstandsstadium*: Als Folge des
  ACTH-Anstiegs gesteigerte Ausschüttung von NNR-Hormonen (Kortisol).
  Durch den Anstieg von Kortisol kommt
  es zu einer Stoffwechselsteigerung,
  Energiemobilisierung u. a. Bei lang
  dauernder Stimulation durch ACTH
  kann es zu einer Hypertrophie der
  Nebennierenrinde kommen.
- *Erschöpfungsstadium*: Bei lange be-
  stehendem oder zu intensivem Streß
  dekompensieren die Reproduktions-
  funktionen. Folgen können u. a. Störungen der Immunabwehr und Organ-
  schädigungen (psychosomatische Erkrankungen) sein.

Stressoren. In der Streßforschung legte man zunächst das hauptsächliche Interesse darauf, zu untersuchen, was alles Streß auslösen kann. Als streßauslösende Reize (Stressoren) fand man u. a. sowohl ein Zuviel als auch ein Zuwenig an Stimulierung (*Reiz-Überflutung; Reiz-Deprivation*), Schmerz, Leistungsüberforderung wie -unterforderung, Versagen in Leistungssituationen (*Leistungsstressoren*), Verlusterlebnisse und zwischenmenschliche Konflikte (*soziale Stressoren*).

Kritische Lebensereignisse. Als soziale Stressoren gelten auch sog. kritische Lebensereignisse (*life events*), d. h. belastende Erlebnisse. Ein sehr belastendes Ereignis ist der Tod des Lebenspartners. Nach belastenden Lebensereignissen treten vermehrt psychische und körperliche Erkrankungen auf.

Kontrollierbarkeit. Mit darüber, ob ein Ereignis als streßreich wahrgenommen wird oder nicht, entscheidet seine Vorhersagbarkeit und Kontrollierbarkeit. Dabei geht es oft gar nicht so sehr darum, ob ein Mensch ein Ereignis tatsächlich beeinflussen kann, sondern ob er *glaubt*, es zu können (*kognitive Kontrolle*). Die subjektive Überzeugung, ein Ereignis kontrollieren zu können, ist oft wichtiger als die objektive Kontrollierbarkeit. Die Zusammenhänge zwischen kognitiver Kontrolle und Streßerleben sind jedoch sehr komplex und können je nach Stressor unterschiedlich sein. Dies darf natürlich nicht darüber hinwegtäuschen, daß es auch objektive Stressoren gibt, die für jeden Menschen traumatisierend wirken.

Streßbewältigung. In der Streßforschung hat sich das Interesse von der objektiven (Reiz-)Seite zur subjektiven (Reaktions-)Seite verlagert. Man hat erkannt, daß Einschätzungs-, Bewertungs- und Bewältigungsprozesse mit dazu beitragen, ob ein Ereignis zu einem Stressor wird oder nicht. Das verbreitetste Modell der Streßbewältigung (Coping), auf das viele andere Konzepte aufbauen, stammt von Lazarus. Nach Lazarus ist das Person-Umwelt-Verhältnis durch ein Kräftegleichgewicht zwischen Anforderungen der Situation und Fähigkeiten der Person charakterisiert. 'Streß' ist dadurch gekennzeichnet, daß die Anforderungen der Umwelt die Anpassungsfähigkeit eines Individuums beanspruchen oder übersteigen (s. Kap. 3.2.4).

> **!** Bewältigung wird definiert als diejenige Anstrengung, mit umweltbedingten und internen Anforderungen, die die Fähigkeiten einer Person beanspruchen oder übersteigen, fertigzuwerden.

Streß und psychosomatische Erkrankung

Sozio-Psycho-Somatik des Ulcus pepticum: In einer Studie über die Genese des Ulcus pepticum stellten Weiner et al. (1957) die Hypothese auf, daß drei Bedingungen zusammenkommen müssen, damit ein Ulcus pepticum entsteht. 1. ein physiologischer Faktor: ein erhöhter Wert des Serum-Pepsinogens, aus dem sich das Pepsin, das wichtigste Verdauungsenzym des Magens, bildet; 2. ein psychologischer Faktor: ein spezifischer unbewußter Konflikt der betreffenden Person, die sich nach Zuwendung, Versorgung und Abhängigkeit sehnt, dies aber nicht zugeben kann, so daß die „oralen" Wünsche verdrängt werden (was zu einer Stimulierung der Magensaftsekretion führe); 3. ein sozialer Faktor: ein Umweltereignis, das den unbewußten psychischen Konflikt aktualisiert. Als solches Ereignis wählten Weiner et al. die Einberufung zum Wehrdienst, die für viele Menschen eine Trennung von zu Hause mit sich bringt.

Bei 2073 Wehrpflichtigen wurde vor Dienstbeginn der Serum-Pepsinogenspiegel bestimmt. Unabhängig davon wurde auf

Grund psychoanalytisch gedeuteter Testverfahren eine psychologische Risikoeinschätzung vorgenommen. Zehn Probanden wurden als ulcusgefährdet eingestuft. Tatsächlich erkrankten sieben von ihnen in der Folgezeit an einem Ulcus. Es gab insgesamt neun Ulcus-Erkrankungen während des Untersuchungszeitraums. Die zwei weiteren Erkrankungen betrafen Hypersekretoren, die aus psychologischer Sicht nicht für gefährdet gehalten worden waren.

Psychoneuroimmunologie: Ein neuer Forschungsbereich erscheint vielversprechend, weil er körperliche und psychische Faktoren integriert, einschließlich der möglichen Bindeglieder. Dieser Forschungsbereich befaßt sich mit den Beziehungen zwischen Psyche, Nervensystem, endokrinem System und Immunsystem. Die Psychoneuroimmunologie zeigt, daß das Immunsystem psychischen Einflüssen unterliegt. Das Immunsystem spielt wiederum eine Rolle bei Entstehung und Verlauf vieler Krankheiten.

2.2.4 Schmerz

Komponenten

Der Schmerz besteht aus mehreren Komponenten:

- *Sensorische* Komponente: Noxe, Erregung der Nozizeptoren, Ausschüttung von Schmerzstoffen, Weiterleitung der Erregung.
- *Vegetative* Komponente: reflektorische Erregung des vegetativen Nervensystems, z. B. Übelkeit, Erbrechen, Schweißausbruch, Blutdruckabfall bei starken Schmerzen.
- *Affektiv-motivationale* Komponente: Hinwendung/Abwendung der Aufmerksamkeit zum/vom Schmerz, Einschätzung als bedrohlich oder ungefährlich, Auslösung von Angst, Ärger oder anderen Emotionen, Verstärkung des Schmerzes durch Angst.
- *Kognitiv-bewertende* Komponente: Ursachenzuschreibung oder Attribution

des Schmerzes, Interpretation seiner Bedeutung, Auswahl geeigneter Bewältigungsmaßnahmen, z. B. Selbstbehandlung oder Arztbesuch.
- *Psychomotorische* Komponente: Schutzreflexe, reflektorische Muskelbewegungen, Mimik, Gestik, willkürliche Schmerzäußerung.

Der Schmerz bei einem Herzinfarkt: Diejenigen Blutgefäße, die das Herz selbst mit Blut und Sauerstoff versorgen, werden Herzkranzgefäße oder Koronararterien (corona, lat.: Kranz) genannt. Verengt sich ein solches Koronargefäß durch eine Arteriosklerose, so ist eine Minderdurchblutung des Herzmuskels die Folge, die meist zuerst unter körperlicher Belastung manifest wird (Belastungskoronarinsuffizienz). Der Brustschmerz, der hierbei auftritt, wird Angina pectoris (lat. Brustenge) genannt. Verschließt sich eine verengte Koronararterie durch ein Blutgerinnsel völlig, so tritt ein Herzinfarkt ein, der meist mit starkem Brustschmerz einhergeht.

Physiologischer Faktor: Manche Koronarpatienten empfinden bei objektivierbarer Minderdurchblutung des Herzens dennoch keine Schmerzen. Patienten mit derartiger schmerzloser Belastungskoronarinsuffizienz unterscheiden sich von vergleichbaren Patienten mit Angina pectoris in experimentellen Schmerzuntersuchungen. Sie weisen eine höhere Schmerzschwelle auf.

Affektiver Faktor: Patienten, die einen Herzinfarkt erlitten haben, verwenden zur Beschreibung des intensiven Brustschmerzes sprachliche Metaphern, die oft einen aggressiven Beiklang zu haben scheinen (s. folgende Übersicht).

Patienten, die auch nach dem Infarkt noch Angina-pectoris-Schmerzen haben, unterscheiden sich von solchen ohne weiterbestehende Angina pectoris durch ein höheres Ausmaß von Ärger über die Erkrankung. Dieser Ärger kann dadurch zustandekommen, daß Angina pectoris bei körperlicher Belastung auftritt und die Kranken zwingt, ihren Aktivitätsspielraum einzuschränken.

Patienten, die nach einem Herzinfarkt auch an funktionellen Herzschmerzen, d. h.

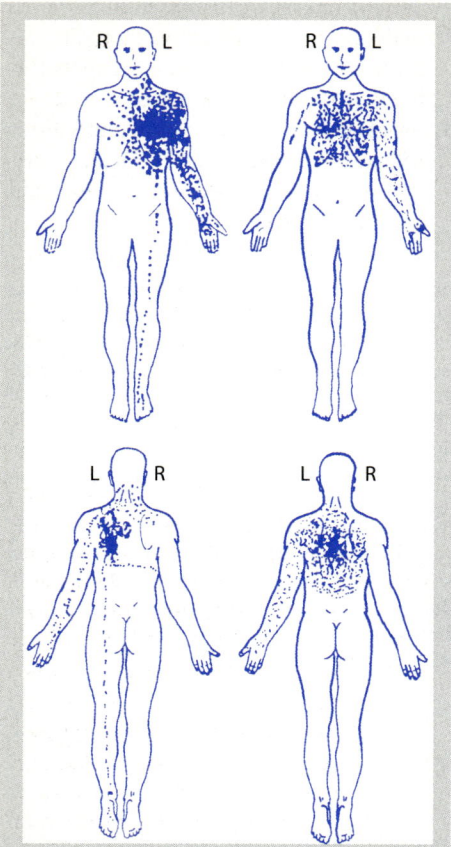

das von Stärke und Unverletzlichkeit geprägt ist. Zwei Beispiele: „Ich habe immer gemeint, ich könnte Bäume ausreißen, hab mich immer so stark gefühlt." – „Ich habe nie gedacht, daß ich einen Herzinfarkt kriege. Ich habe immer gedacht, ich wäre der Größte." Infolge dieser Haltung kommt es oft zu einer zeitlichen Verzögerung, bis ein Arzt benachrichtigt wird und der Patient schließlich auf der Intensivstation ankommt. Dies kann für den Kranken gefährlich sein, weil 70 % der Todesfälle an einem Herzinfarkt schon in den ersten beiden Stunden nach Symptombeginn eintreten.

Im Gegensatz zu Herzinfarktkranken „wissen" Patienten, die an einem Herzangstsyndrom mit funktionellen, psychogenen Herzbeschwerden leiden, „sofort, daß es das Herz ist". Sie lokalisieren ihren Schmerz direkt über dem Herzen, während Infarktkranke den Schmerz eher in der Mitte der Brust hinter dem Brustbein verspüren (Abb. 2.13).

Abb. 2.13 Lokalisation des „Herzschmerzes" bei Patienten mit funktionellen Herzbeschwerden (linke Hälfte der Abb.) und bei Patienten mit Myokardinfarkt (rechte Hälfte). Dargestellt sind die kumulierten Eintragungen aller Patienten (aus Margraf et al. 1991)

Brustschmerzen ohne organische Ursache leiden, zeichnen sich durch ein erhöhtes Maß an Angst aus (Faller, 1990).

Kognitiv-bewertender Faktor: Beim Auftreten der ersten Symptome eines Herzinfarkts versuchen viele Betroffene, ihre Aufmerksamkeit von den Schmerzen abzulenken. Sie wollen zunächst nicht wahrhaben, daß es sich um eine bedrohliche Herzerkrankung handeln könnte, und suchen nach Argumenten, „warum es nicht das Herz sein kann". Eine oft benutzte Begründung ist das Selbstbild der Kranken,

> **!** Übersicht über die bildhaften Beschreibungen des Schmerzes bei einem akuten Herzinfarkt (aus: Faller 1989).
>
> Es war, als wenn mir jemand den Hals abdrücken würde, als wenn ich abgewürgt würde.
> Ich habe geglaubt, es drückt mir einer mit einem Riemen den Brustkorb zu. Da mein ich grad, mir reißt einer den Brustkasten auf.
> Wie wenn mir einer mit der Axt gegen's Brustbein klopft, von innen raus, wie wenn er's aufsprengen täte, wie wenn einer in 'nen Holzklotz rein und die Axt so dreht.
> Wie wenn man mit einem spitzen Eisen immer auf den Rücken drücken würde.
> Als wenn da einer mit der Zange oder mit dem Schraubstock zusammendrückt.
> Wie wenn ich einen Balken da vorn im Brustkasten drin hätt, wie wenn sich der Balken da umdrehen wollt.

Ich hab gemeint, da steht einer mit dem Lastwagen auf der Brust, ich hab gemeint, mir steht ein Panzer auf der Brust.
Das saß auf mir wie so ein Zentner Stein.

Schmerzmessung. Es gibt in der Psychophysiologie eine Reihe experimenteller Anordnungen, mit denen Schmerzreize quantifiziert werden können, um die Schmerzschwelle, d. h. diejenige Reizstärke, bei der eben eine Schmerzempfindung auftritt, und die Schmerztoleranz, d. h. diejenige Reizstärke, bei der die Versuchsperson den Abbruch des Reizes verlangt, zu erfassen. Zur objektiven Schmerzmessung verwendet man als Indikatoren z. B. evozierte Potentiale (s. Kap. 2.1.1) oder den Pupillendurchmesser als Maß des Sympathikotonus. Meist werden darüber hinaus auch subjektive Einschätzungen durch die Versuchspersonen einbezogen. In jüngerer Zeit versucht man, auch die Schmerzen von Patienten möglichst quantitativ und qualitativ zu beschreiben. Wenn man Kranke, die an Schmerzen leiden, untersucht, kann man selbstverständlich keine experimentelle Variation der Schmerzreize durchführen; der Schmerz ist ja schon vorgegeben. Es variiert jedoch die Schmerzwahrnehmung. Zur klinischen Schmerzmessung gibt es eine ganze Bandbreite von Verfahren (Abb. 2.14). Qualitative Schmerzbeschreibung bezieht sich auf die Erlebnisqualitäten des Schmerzes, z. B. ob er stechend oder dumpf, oberflächlich oder tief wahrgenommen wird. Hierzu sind *Adjektivlisten*, sog. checklists, geeignet, auf denen der Kranke die passenden Begriffe ankreuzt. Für die quantitative Schmerzbeschreibung oder Schmerzmessung bieten sich *Skalen* an. Die Skalenstufen können verbal verankert oder durch Zahlen mar-

kiert sein. Es werden auch unskalierte Merkmalsdimensionen eingesetzt: eine *visuelle Analogskala* besteht aus einer 10 cm langen Linie, deren Anfang und Ende bezeichnet sind („kein Schmerz" bzw. „stärkster Schmerz") und auf der der Patient die aktuelle Schmerzstärke mit einem Kreuz markieren soll; die Strecke vom Anfangspunkt der Skala bis zu diesem Kreuz wird dann ausgemessen.

Erlernte Formen von Schmerzwahrnehmung und Schmerzäußerung. Das oben angeführte Beispiel der Herzschmerzen weist darauf hin, daß es interindividuell unterschiedliche Formen der Schmerzwahrnehmung und Schmerzäußerung gibt. Diese Formen werden im Verlauf der individuellen Entwicklung gelernt. Hierbei spielen Einflüsse der Erziehung, des elterlichen Vorbilds und der kulturellen Umgebung eine Rolle. In der Erziehung werden auch *Geschlechtsstereotype* wirksam. Für Jungen gilt noch immer: „Ein Indianer kennt keinen Schmerz!" oder „Ein Junge weint nicht!" Männer weisen dementsprechend eine höhere Schmerztoleranz auf. Frauen bekommen früher Schmerzmittel verschrieben. Vergleichende Untersuchungen an amerikanischen Einwanderern aus unterschiedlichen Herkunftsländern, die eine stärkere Schmerzäußerung in den Kulturen des Mittelmeerraumes im Vergleich zu Nordeuropäern erbracht haben, weisen darauf hin, daß die Schmerzäußerung *kulturabhängig* ist.

Schmerz und Angst, subjektive Schmerzkontrolle. Wenn ein Mensch Angst vor Schmerzen hat, z. B. anläßlich eines Zahnarztbesuchs, so wird er mit großer Wahrscheinlichkeit auch eher Schmerzen empfinden. Erwartungsangst führt zu Aufmerksamkeitshinwendung zu den Schmerzen und zu muskulärer Anspannung, und Vigilanz wie Anspannung verstärken die

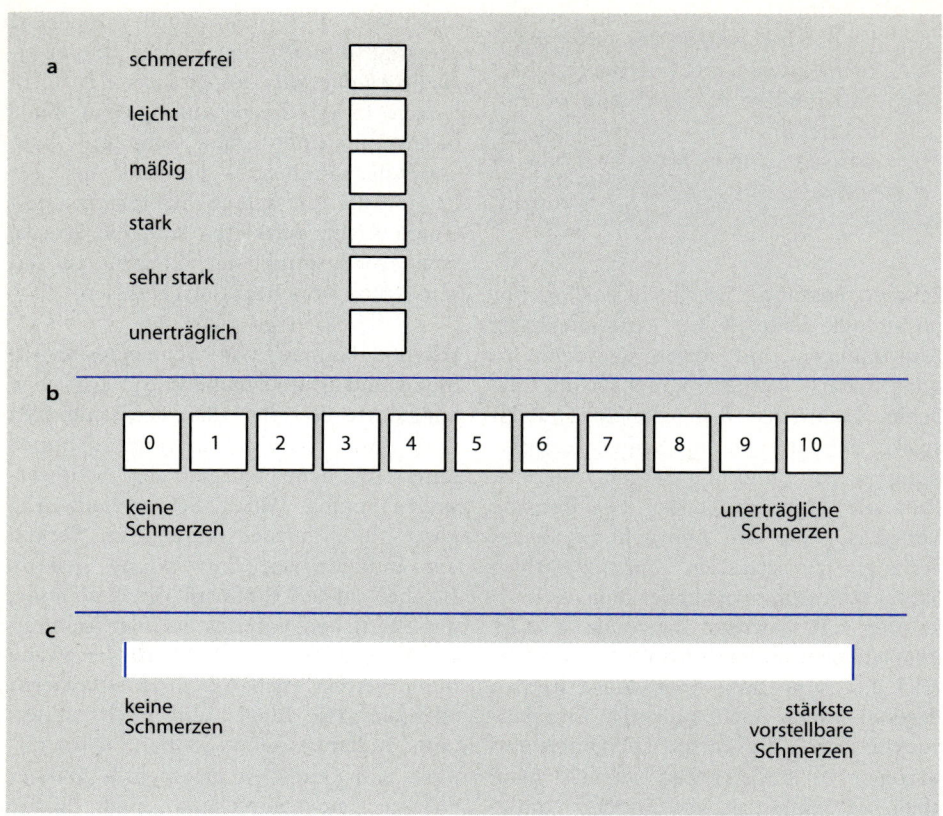

Abb. 2.14 Skalen für die Erfassung der Schmerzintensität. **a** Beispiel einer Adjektivskala, **b** Beispiel einer numerischen Skala, **c** Beispiel für eine visuelle Analogskala (VAS) (nach Seemann 1984)

Schmerzwahrnehmung. Schmerzen wiederum lassen die Angst größer werden. Wir haben es hier mit einem *circulus vitiosus*, einem sich selbst aufschaukelnden Regelkreis, zu tun. Dieser Regelkreis läßt sich an mehreren Stellen unterbrechen. Zunächst einmal führt eine Verminderung der Erwartungsangst zu einer Verminderung von Schmerzen. Erwartungsangst läßt sich dadurch vermindern, daß man dem Betreffenden das Gefühl vermittelt, daß er einer Situation nicht hilflos ausgeliefert ist, z. B. indem man ihn darüber informiert, was auf ihn zukommt, indem man ihm Möglichkeiten aufzeigt, wie er selbst auf die angsterregende Situation

Einfluß nehmen kann oder indem man Einflußmöglichkeiten des Arztes nennt. Dadurch verschafft man dem Menschen die Überzeugung, die mit Schmerzen einhergehende Situation – in gewissen Grenzen – selbst kontrollieren zu können (*subjektive Kontrolle*).

Eine weitere Möglichkeit, den o.g. circulus vitiosus zu unterbrechen, besteht in psychologischen Verfahren zur Verminderung der Anspannung. Entspannungsverfahren, die in eigener Regie durchgeführt werden können, vermitteln dem Patienten ebenfalls eine Kontrolle über die Schmerzen. Sie können ihn in einen Bewußtseinszustand versetzen, der im EEG durch

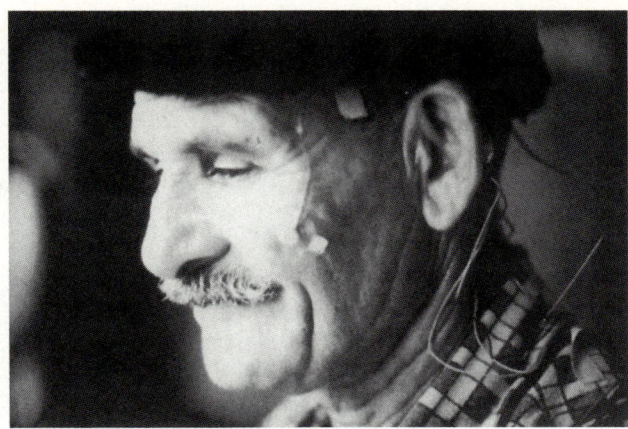

Abb. 2.15 Griechischer Feuerläufer, bei dem telemetrische EEG-Ableitungen durchgeführt werden. Die EEG-Elektroden am Schädel sind durch eine Pelzkappe verdeckt. Sichtbar ist die Elektrode des infraorbitalen Elektrookulogramms (EOG) (aus Larbig 1989)

Theta-Aktivität gekennzeichnet ist. Dies zeigten Untersuchungen in Feldsituationen während ritueller Schmerzexposition wie auch im Labor an sog. „Schmerzkünstlern" (Abb. 2.15).

Psychologische Schmerzbehandlungsverfahren sind: Progressive Muskelrelaxation nach Jacobson, autogenes Training, Meditationsverfahren, Hypnose, Biofeedback.

Weiterführende Literatur

Basler H-D, Franz C, Kröner-Herwig B, Rehfisch HP, Seemann H (1996) (Hrsg) Psychologische Schmerztherapie. Springer, Berlin Heidelberg New York Tokyo

Birbaumer N, Schmidt RF (1996) Biologische Psychologie, 3. Aufl. Springer, Berlin Heidelberg New York Tokyo

Klosterhalfen W, Klosterhalfen S (1996) Psychoimmunologie. In: Uexküll Tv (Hrsg) Psychosomatische Medizin, 5. Aufl. Urban & Schwarzenberg, München Wien Baltimore

Larbig W (1982) Schmerz. Kohlhammer, Stuttgart

Schandry R (1989) Lehrbuch Psychophysiologie. Körperliche Indikatoren psychischen Geschehens, 2. Aufl. Psychologie Verlags Union, München Weinheim

Schedlowski M, Tewes U (Hrsg) (1996) Psychoneuroimmunologie. Spektrum Akademischer Verlag, Heidelberg

Schonecke OW, Herrmann JM (1996) Psychophysiologie. In: Uexküll Tv (Hrsg) Psychosomatische Medizin, 5. Aufl. Urban & Schwarzenberg, München Wien Baltimore

Tewes U, Schedlowski M (1994) Gesundheitspsychologie: Die psychobiologische Perspektive. In: Schwenkmezger P, Schmid LR (Hrsg) Lehrbuch der Gesundheitspsychologie. Enke, Stuttgart

Bei einer Emotion lassen sich die kognitive, neurophysiologische, motivationale, Ausdrucks- und Gefühlskomponente unterscheiden. Motive können aus ethologischer, psychoanalytischer, psychobiologischer und handlungstheoretischer Sicht analysiert werden. Der ethologische Ansatz basiert auf der Verhaltensforschung an Tieren. Beim psychoanalytischen Ansatz stehen unbewußte Konflikte und Abwehrvorgänge im Zentrum. Der psychobiologische Ansatz betont grundlegende biologische Bedürf-nisse, während im handlungstheoretischen Ansatz die bewußte Planung und rationale Steuerung menschlichen Handeln im Vordergrund stehen. An spezifischen Emotionen und Motivationen werden insbesondere Angst, Ärger und Aggressivität, Sexualität, Scham, Trauer sowie Hilflosigkeit und Resignation beschrieben.

3.1 Emotion

3.1.1 Klassifikation

Kognitive Komponente. Die kognitive (gedankliche) Komponente betrifft die Bewertung einer Situation im Vergleich zu erinnerten ähnlichen Situationen. Situationen können nach verschiedenen Kriterien bewertet werden: Ist ein Ereignis angenehm oder unangenehm? Ist es neu oder bekannt? Ist es ein Hindernis auf dem Weg zu einem Ziel? Kann ich die Situation bewältigen oder nicht? Situationsbewertungen können auch sehr schnell und unbewußt ablaufen.

Kognitiv orientierte Autoren betrachten die kognitive Komponente als primäre Ursache eines Gefühls und nehmen an, daß einem Gefühl immer eine derartige Bewertung vorausgehen muß. Sozialpsychologische Emotionstheorien stellen die kognitive Komponente in den Vordergrund, z. B. die Theorie von Schachter und Singer, die besagt, daß Emotionen aus einer Kombination von physiologischer Erregung und kognitiver Bewertung entstehen (s. Kap. 3.1.4).

Neurophysiologische Komponente. Emotionen haben eine körperliche Grundlage. Diese besteht aus zentralnervösen und peripheren Mechanismen. Die zentralnervöse Grundlage der Emotionen ist in den Kernen und Verschaltungen des *limbischen Systems* zu sehen. Periphere Begleiterscheinungen von Emotionen können sowohl unspezifisch als auch spezifisch sein. Eine unspezifische periphere Erregung wird im Konzept der *Aktivierung* als Grundlage der Emotionen aufgefaßt (s. Kap. 2.1). In jüngster Zeit wurden einige experimentelle Ergebnisse beschrieben, die darauf hindeuten, daß Emotionen auch mit spezifischen physiologischen Veränderungen einhergehen. Die Rückmeldung dieser Begleiterscheinungen von Emotionen (z. B. Herzklopfen, Zittern, Unruhe) spielt für die subjektive Empfindung eines Gefühls (z. B. Angst) wahrscheinlich eine Rolle. Dies hatte schon die klassische James-Lange-Theorie angenommen, die sehr vereinfacht aussagt: Wir sind traurig, weil wir wahrnehmen, daß wir weinen. Die Frage nach der Bedeutung unspezifischer Erregung oder spezifischer physiologischer Muster ist aber noch offen (s. Kap. 3.1.4).

Motivationale Komponente. Emotionen dienen der Verarbeitung von Konflikten sowie der Vorbereitung und Auslösung von Handlungen. Nahezu alle Emotionszustände haben starke motivationale Auswirkungen. Hierin liegt ihr evolutionärer Nutzen. Dieser Gesichtspunkt geht auf Darwin zurück, der die adaptive Funktion von Emotionen im Verlauf der Evolution hervorgehoben hatte. In bezug auf das Selbst können Emotionen der Verbesserung der Informationsaufnahme, der Regulierung von Erregung, der Energiebereitstellung, der Handlungsvorbereitung und der Bahnung adaptiven Verhaltens dienen. Ihre interpersonale (kommunikative, soziale) Funktion besteht darin, daß sie den eigenen Gefühlszustand, das beabsichtigte Verhalten und die Gestaltung der Beziehung anderen Menschen anzeigen. So kann z. B. Ärger entstehen, wenn eine Person gehindert wird, ein Ziel zu erreichen. Ärger bewirkt für das Selbst die Motivation, das Hindernis zu überwinden, und zeigt den anderen einen möglicherweise bevorstehenden Angriff an. Emotionen bringen dabei einen größeren Freiheitsgrad, eine größere Flexibilität des Verhaltens mit sich, als dies bei einfacheren Organismen durch den zwangsläufigen Ablauf von Instinktmechanismen oder bei der Befriedigung biologischer Bedürfnisse der Fall ist (s. Kap. 3.2.3).

Ausdruckskomponente. Die Ausdruckskomponente wird in Kap. 3.1.3 beschrieben.

Gefühlskomponente. Mit der Gefühlskomponente ist die inhaltliche Bedeutung des Gefühls gemeint, wie sie sich im Erleben darstellt. Diese Komponente ist der Introspektion und dem verbalen Bericht zugänglich. In der Gefühlskomponente werden die anderen Komponenten des Gefühls integriert. Die Gefühlskomponente wurde in der klassischen Klassifikation Wundts in den Mittelpunkt gestellt. Diese Klassifikation unterschied Gefühle anhand von drei Dimensionen: Lust-Unlust, Erregung-Beruhigung und Spannung-Lösung.

Gefühlsentstehung. Die genannten fünf Gefühlskomponenten sind beteiligt, wenn ein Gefühl entsteht. Ausgelöst wird eine solche Abfolge aufeinander bezogener, synchroner Veränderungen auf den fünf Ebenen durch die Bewertung eines Reizes, der Bedeutung für die zentralen Bedürfnisse eines Menschen besitzt. Eine affektive (gefühlsmäßige) Reaktion kann dabei einer bewußten kognitiven (gedanklichen) Bewertung durchaus vorausgehen. Solche unbewußt ablaufenden, prä-kognitiven affektiven Bewertungsschritte prüfen eine Situation hinsichtlich ihrer Neuartigkeit und unterscheiden Situationen zunächst grob nach „angenehm" oder „unangenehm". Aus diesen Erstbewertungen resultieren z. B. die Schreckreaktion oder auch erste Impulse des Annäherns oder Vermeidens. Danach folgen u. U. bewußtere Bewertungen nach den oben angegebenen Kriterien. Ein „Reiz" kann ein äußeres Ereignis sein oder auch eine innere Vorstellung. Die Reaktion in Form eines Gefühls muß ebenso nicht unbedingt bewußt und benennbar („verbalisierbar") sein. Auch müssen Emotionen selbstverständlich nicht notwendigerweise in Handlungen münden.

Hinsichtlich der Erregungsregulierung stehen sich die Abfuhrhypothese und die Verstärkungshypothese gegenüber. Die *Abfuhrhypothese* besagt, daß Emotionsausdruck zu einer Reduzierung der physiologischen Erregung führe („abreagieren", „ausagieren"). Die *Verstärkungshypothese* dagegen behauptet, daß expressives Verhalten das emotionale Befinden nicht etwa reduziere, sondern im Gegenteil verstärke. Welche der beiden Hypothesen recht hat, läßt sich derzeit noch nicht entscheiden. In Untersuchungen, die durchgeführt worden waren, um festzustellen, in welchem Alter Kinder in der Lage sind, den emotionalen Ausdruck bewußt herzustellen, konnte man beobachten, daß Kinder sich weigerten, eine negative Emotion darzustellen, weil sie das entsprechende Gefühl nicht aufkommen lassen wollten (Geppert u. Heckhausen 1990). Dies würde für die Verstärkungshypothese sprechen.

3.1.2 Messung der Qualität und Intensität

Zur Messung der Gefühlskomponente von Emotionen stehen prinzipiell die in Kap. 1 beschriebenen Methoden zur Verfügung. Hier kommen v. a. *Eigenschaftswörterlisten* in Frage, in denen Gefühle verbal vorgegeben sind, deren Intensität der Befragte einschätzen soll. Möglichkeiten zur Messung psychophysiologischer Reaktionen (*Polygraph*) sind in Kap. 2.1.1 genannt. Die Erfassung der Ausdruckskomponente durch das *Facial Action Coding System* wird in Kap. 3.1.3 dargestellt.

3.1.3 Ausdruck von Emotionen

> **!** Der mimische Ausdruck von Emotionen geschieht kulturübergreifend in gleicher Weise. Die Ausdrucksmuster der Basisemotionen Überraschung, Freude, Furcht/Angst, Ekel, Wut/Ärger und Trauer ist genetisch determiniert.

Ausdruckskomponente. Emotionen drücken sich in Stimme (Vokalisation), Gesichtsausdruck (Mimik), Gestik und Körperhaltung aus. Insbesondere der Gesichtsausdruck wurde ausführlich erforscht. Der Gesichtsausdruck scheint eine der wenigen menschlichen Verhaltensweisen zu sein, die einerseits sehr komplex, andererseits weitgehend genetisch determiniert sind. Menschliche Emotionen lassen sich nämlich anhand des Gesichtsausdrucks unabhängig von kulturellen Konventionen einordnen. Kulturvergleichende Studien zeigen, daß es weltweit gleichartige Gesichtsausdrücke gibt, die gleiche emotionale Zustände anzeigen. Wir können auf Fotos von Menschen aus fremden Kulturen deren Gefühlszustand identifizieren. Da auch Blindgeborene dieselben Ausdrucksformen für Emotionen besitzen und auch Primaten ähnliche Ausdrucksmuster aufweisen, kann man annehmen, daß es sich um genetisch festgelegte Muster handelt. Aus den voneinander unterscheidbaren Mustern wurden sechs Basisemotionen abgeleitet, die als angeboren gelten: Überraschung, Freude, Furcht/Angst, Ekel, Wut/Ärger und Trauer. Diese Basisemotionen lassen sich schon sehr früh auch bei Säuglingen identifizieren.

Der Gesichtsausdruck kann auf objektive Weise durch ein Kodiersystem erfaßt werden, das auf der Bewegung der einzelnen Gesichtsmuskeln basiert (*Facial Action Coding System* (FACS) (Ekman und Friesen 1978); s. Tabelle 3.1). Je nachdem, welche Gesichtsmuskeln oder -muskelgruppen innerviert werden, ergibt sich ein spezifischer Ausdruck, der auch durch einen Computer simuliert werden kann (Abb. 3.1). Die Basisemotionen sind durch die in Tabelle 3.2 dargestellten Action Units charakterisiert. Sie können vor dem Spiegel ausprobieren, ob Sie mittels dieser Beschreibung den entsprechenden Gefühlsausdruck „herstellen" und die dazugehörige Emotion fühlen können. Durch die bewußte Herstellung eines mimischen Emotionsausdrucks lassen sich nach neuesten Untersuchungen möglicherweise sogar emotionsspezifische Muster von Parametern des vegetativen Nervensystems erzeugen.

Die große Bedeutung der genetischen Disposition impliziert aber nicht, daß der Gefühlsausdruck von psychologischen Prozessen völlig unabhängig ist. Obwohl Gesichtsausdrücke universell nahezu gleich sind und zahlreiche Gemeinsamkeiten mit den Gesichtsausdrücken von nichtmenschlichen Primaten aufweisen, ist das Ausdrucksverhalten durch kulturelle Normen und Darstellungsregeln beeinflußt. Lernprozesse modifizieren die Auslösung von Emotionen durch soziale Situationen, verändern die Ausgestaltung bis hin zu willkürlicher Kontrolle, Unterdrückung und Verkehrung ins Gegenteil.

Ontogenese. Früher nahm man an, daß Säuglinge bei Geburt nur grob Lust und Unlust unterscheiden und daß sich erst später im Verlauf der Entwicklung zunehmend differenziertere Gefühle herausbilden. Heute weiß man, daß das emotionale Erleben des Säuglings schon sehr komplex ist und die Basisemotionen früh auftauchen:

- Geburt/1. Monat:
  Neugier/Interesse, Überraschung, Ekel;
- 4.-6. Woche: Freude;
- 3.-4. Monat: Traurigkeit, Ärger;
- 6.-8. Monat: Furcht.

Tabelle 3.1 Das Facial Action Coding System (FACS) unterscheidet „Action Units", die durch die Inner-vation einzelner Muskeln oder Muskelgruppen zustandekommen und visuell als Veränderungen des Gesichtsausdrucks erkannt werden können (aus Scherer u. Wallbott 1990; nach Ekman u. Friesen 1978)

„Action Unit"-Nummer	Funktion	Muskel
1	Heben des inneren Teils der Augenbrauen	frontalis, pars medialis
2	Heben des äußeren Teils der Augenbrauen	frontalis, pars lateralis
4	Senken und Zusammenziehen der Augenbrauen	depressor glabellae, corrugator, depressor supercilii
5	Heben der Oberlider	levator palpebrae superioris
6	Heben der Wangen	orbicularis oculi, pars orbitalis
7	Anspannen der Augenlider	orbicularis oculi, pars palpebralis
9	Nase rümpfen	levator labii superioris alaeque nasi
10	Heben der Oberlippe	levator labii superioris, caput infraorbitalis
11	Vertiefen der nasolabialen Furche	zygomaticus minor
12	Heben der Mundwinkel	zygomaticus major
13	Mundwinkel stark nach oben	caninus
14	„Grübchen"-Bildung	buccinator
15	Mundwinkel nach unten	triangularis
16	Unterlippe nach unten	depressor labii
17	Kinn anheben	mentalis
18	Lippen spitzen	incisivii labii superioris, incisivii labii inferioris
20	Lippen gedehnt	risorius
22	Lippen trichterförmig	orbicularis oris
23	Lippen spannen	orbicularis oris
24	Lippen zusammenpressen	orbicularis oris
25	Lippen öffnen	depressor labii, oder Entspannung von mentalis oder orbicularis oris
26	Kinn fallenlassen	masseter, temporaler und internaler pterygoideus entspannt
27	Mund aufreißen	pterygoidei, digastricus
28	Lippen einziehen	orbicularis oris

Zunehmende Ablehnung →

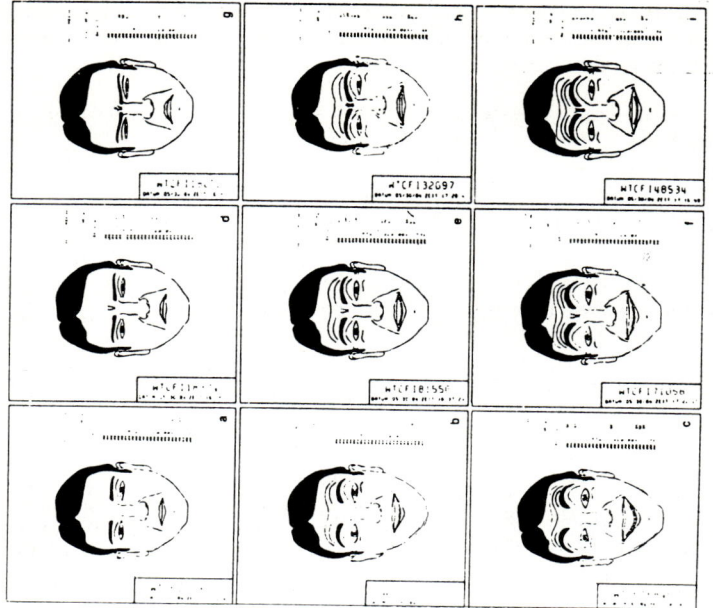

→ **Zunehmende Zuwendung**

Zunehmende Wut →

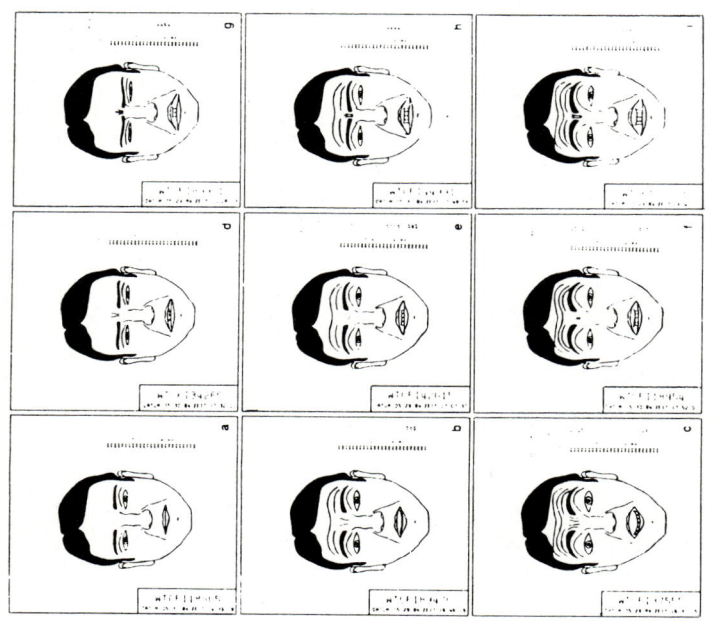

→ **Zunehmende Furcht**

Abb. 3.1 Das Facial Action Coding System kann auch zur Computersynthetisierung emotionaler Ausdrücke verwandt werden (aus Schneider u. Dittrich 1990; nach Grammer u. Musterle in Eibl-Eibesfeld 1984)

Tabelle 3.2 Der Gesichtsausdruck bei den sechs Grundemotionen kann durch folgende Gesichtsmuskelbewegungen hergestellt werden (*AU* Action Unit, s. Tabelle 3.1; aus Scherer u. Wallbott 1990; nach Ekman et al. 1980)

- Überraschung: Heben der Augenbrauen, Senken des Unterkiefers, Heben der oberen Augenlider (AUs 1 + 2, 26, 5)

- Ärger: Zusammenziehen der Augenbrauen, Zusammenpressen der Lippen, Spannung der Lider (AUs 4, 24, 7)

- Abscheu: Rümpfen der Nase, Herunterziehen der Unterlippe (AUs 9, 16)

- Freude/Glück: Heben der Mundwinkel (AU 12)

- Furcht/Angst: Heben der Oberlippe, Spannung der Lider, Mundwinkel zur Seite gezogen (AUs 5, 7, 20)

- Trauer: Senken der Mundwinkel, Heben des inneren Teils der Augenbrauen, Herunterziehen der Unterlippe (AUs 15, 1, 16)

!

Unter Ontogenese der Emotionen versteht man die individuelle Entwicklung der Gefühlszustände. Säuglinge können schon früh unterschiedliche Emotionen erleben und bei ihren Bezugspersonen wahrnehmen. Für die emotionale Entwicklung sind Beziehungserfahrungen notwendig, in denen das Kind eine Resonanz im Verhalten der Eltern erlebt, die durch ihre emotionale Einstimmung die Gefühle des Kindes widerspiegeln.

Säuglings- und Kleinkindforschung. Neue Erkenntnisse über die Emotionsentwicklung hat die direkte Beobachtung von Neugeborenen und Kleinkindern zusammen mit ihren Müttern und Vätern erbracht. Diese Beobachtung benutzt Videoaufzeichnungen und computergestützte Mikroanalysen des Verhaltens in experimentell angelegten Untersuchungen. Diese Forschung vermittelt uns ein neues, z. T. ganz anderes Bild des Säuglings, als es bisher die Wissenschaft beherrschte. Im Gegensatz zur Vorstellung eines passiven, ausgelieferten Wesens zeigt sie das Verhal-

ten und Erleben des Neugeborenen als aktiv, kompetent und komplex. Das Erleben des Säuglings erscheint als organisiert und nicht, wie man früher annahm, undifferenziert. Er besitzt die Fähigkeit, seine Aufmerksamkeit zu lenken, sucht das menschliche Gesicht und den Augenkontakt und erkennt Kontingenzen im Reizangebot aus verschiedenen Sinneskanälen. Er ist in der Lage, differenzierte emotionale Zustände auszudrücken, bei seinen Bezugspersonen zu erkennen und diese auch zu imitieren, wodurch er sie selbst nachempfinden kann. Für die Organisation seines Erlebens ist es sehr wichtig, daß sein Verhalten von demjenigen der Eltern zurückgespiegelt wird. In einer Art von intuitivem Elternverhalten, das biologisch verankert erscheint, stimmen die Betreuer sich in ihren lautlichen Äußerungen auf die des Kindes ein, folgen mit ihren Augen den Bewegungen des Kindes, welches wiederum darauf antwortet. Das Kind ist empfänglich für Aktivierung oder Beruhigung durch mütterliches Verhalten. Damit sich Gefühlszustände in der Beziehung mit anderen Menschen organisieren können, ist es notwendig, daß die Erwachsenen den Gefühlszustand des Kindes erkennen und zurückspiegeln, so daß sich ein wechselseitiges Aufeinander-Einstimmen ergibt. Man spricht hier von *Affekt-Einstimmung* (affect attunement). Für das Gelingen dieser Einstimmung ist wichtig, daß die Eltern die Qualität, Intensität und den Verlauf der Intensität über die Zeit (z. B. anschwellende Intensität, abklingende Intensität) der Gefühle genau erkennen und wiedergeben. Kleinere Diskrepanzen können vom Kind kompensiert werden; größere werden als verwirrend oder überwältigend erlebt, z. B. wenn die Mutter ein Kind, das eigentlich beruhigt werden will, andauernd weiter stimuliert. Mißlingt die emotionale Abstimmung kontinuierlich, weil es den Eltern an Einfühlungsvermögen (*Empathie*) fehlt oder weil sie wegen eigener psychischer Probleme, z. B. einer Depression, dazu nicht in der Lage sind, so kann die emotionale Entwicklung des Kindes gestört werden, was sich im Erwachsenenalter in Form neurotischer Störungen äußern kann. In der Kleinkind-Mutter/Vater-Interaktion entwickeln sich das Selbsterleben wie auch die Erfahrung und Auseinandersetzung mit der Umwelt. Das kleine Kind lebt nicht in einer einfachen Welt, die nur nach Lust oder Unlust geschieden ist, sondern organisiert kognitiv täglich eine Vielzahl von unterschiedlichen Erfahrungen (Dornes 1993; Lichtenberg 1990; Stern 1992).

„Das Neugeborene hat eine angeborene Vorliebe für menschliches Gesicht und Stimme. Schon bald vermag es die Mutter aufgrund ihrer Physiognomie (...), ihrer Stimme (...) oder ihres Geruchs (...) zu erkennen. Dabei kann es in verschiedenen Sinnesmodalitäten zwischen sich selbst und seiner Umwelt differenzieren. Es hat die Voraussetzungen, zwischen Selbstberührung und Berührung von außen zu unterscheiden, zwischen selbst erzeugten Lauten und Lauten von Seiten der Umwelt, und ganz besonders zwischen allen Umwelterfahrungen, die in irgendeiner Form durch sein eigenes Verhalten bedingt sind, und denen, die davon unabhängig sind.

Beide Eltern bemühen sich lebhaft um Blickkontakt mit ihrem Kind von der ersten Kontaktaufnahme an. Sie bringen ihr Gesicht immer wieder in das Blickfeld des Kindes, in gleichbleibender En-face-Position. Sie verkürzen auffallend den Abstand zum Kind und nehmen den für die Sehfähigkeit des Neugeborenen optimalen Dialogabstand von ca. 20 cm ein, im Gegensatz zum etwa doppelt so großen Pflegeabstand, der der elterlichen Leseentfernung entspricht. Das Erreichen des Blickkontaktes wird regelmäßig mit einem bemerkenswerten Gruß belohnt, bei dem die charakteristischen Merkmale des Gesichts auf stets gleiche Weise übertrieben dargeboten werden (erhobene Augenbrauen, weit geöffnete Augen, geöffneter Mund, Ausdruck erwartungsvoller Aufmunterung) (...). Dieses Darbieten des Gesichtes wird besonders wirksam durch seine regelmäßige kontingente Beziehung zum kindlichen Blickverhalten.

Ein fast unerschöpfliches Repertoire solcher intuitiven didaktischen Verhaltensanpassungen findet sich in der elterlichen Sprechweise, der sog. „Ammensprache", die sich gegenüber dem Kind im vorsprachlichen Alter v. a. durch die Art ihrer Melodik auszeichnet. Die melodischen Konturen der elterlichen Sprechweise heben sich durch erhöhte Stimmlage, erweiterten Stimmumfang, einfache Struktur und Kohärenz deutlich von der Sprechweise unter Erwachsenen ab. Darüber hinaus werden sie, weitgehend unabhängig vom Sprachinhalt, mit auffallender Ähnlichkeit wiederholt.

Bei derartig häufiger Darbietung kann es nicht wundern, daß dem Kind die melodischen Muster der elterlichen Sprache bald vertraut werden, zumal die Umwandlung der Sprechmelodik zu einfachen, kontrastreichen Prototypen in einer erhöhten Stimmlage dem Kind die Wahrnehmung und Integration erheblich erleichtern.

Das Vertrautwerden mit den melodischen Konturen gewinnt dadurch an Bedeutung, daß das Kind dabei gleichzeitig elementare Botschaften, basale Formen der nonverbalen stimmlichen Kommunikation kennenlernt, lange bevor es die Sprache versteht (...). So finden sich z. B. ansteigende Konturen in hoher Stimmlage, wenn die Eltern zum Vokalisieren oder zu anderen Formen aktiver Teilnahme am Dialog anregen wollen, aufsteigend-abfallende Konturen, wenn besonders geglückte Laute oder ein Lächeln freudig begrüßt und gelobt werden, abfallende Konturen mit langsamem Tempo und dunkler Stimme, wenn ein verdrießliches oder schreiendes Kind beruhigt und getröstet wird.

Ein weiteres häufiges Beispiel kontingenter elterlicher Reaktionen ist die elterliche Nachahmung, die sich als ein biologischer Spiegel bzw. ein biologisches Echo auswirkt.

Es wirkt als Belohnung und animiert das Kind, herauszufinden, wie es durch Wiederholen seiner eigenen Äußerungen die erwartete Äußerung der Eltern von neuem auslösen kann, auch und bereits dann, wenn es noch nicht in der Lage ist, die Ähnlichkeit der eigenen und der elterlichen Äußerungen zu erkennen, wie etwa bei Nachahmen des Gesichtsausdrucks.

In einer Untersuchungsreihe haben wir die Eltern gebeten, während eines sonst ungestörten Zwiegesprächs mit ihrem zweimonatigen Kind für zwei Minuten die Augen zu schließen. Damit waren die Möglichkeiten der Mutter, kontingent auf die sichtbaren Signale zu reagieren, erheblich eingeschränkt. Sobald die Mutter die Augen schloß, zeigte sich beim Kind angespanntes Beobachten und Orientieren. Es mobilisierte alle Kräfte und bemühte sich, mit sonst erfolgreichen Verhaltensformen die Mutter wieder unter Kontrolle zu bringen. Es endete schließlich mit unmißverständlichem Ausdruck von Unbehagen, von dem die Mutter beim Öffnen der Augen ganz bestürzt war, und mit deutlichem Protest (...). Ein anderes Kind reagierte auf die gleiche Situation eher in Form von Hemmung und depressiv getönter Abwendung (...). Glücklicherweise waren diese an sich minimalen Interventionen trotz ihrer dramatischen Wirkungen rasch reversibel.

Im Alltag des Kindes sind solche Erfahrungen gar nicht so selten, z. B. wenn die Mutter das Kind zum Zwiegespräch auf dem Arm hält und dabei plötzlich zu telefonieren anfängt. Normalerweise lernt das Kind jedoch, ähnliche Erfahrungen einer momentanen Unverfügbarkeit und Unverständlichkeit der Mutter einzuordnen" (Papousek 1989).

Die Säuglings- und Kleinkindforschung betont die Offenheit der frühkindlichen Entwicklung. Sie legt nahe, daß es nicht sinnvoll ist, Phasen der Entwicklung allzusehr voneinander abgrenzen zu wollen. Statt die Entwicklung in zeitlich genau definierte Phasen zu gliedern, sollte man sie sich eher als von Entwicklungssträngen durchzogen vorstellen, die ineinander übergehen und sich im Verlauf der Entwicklung ineinander fortsetzen. Konflikte einer früheren Zeit können in veränderter Form auch in späteren Entwicklungsabschnitten wieder auftreten und bewältigt werden. Es ist eher ein Zeichen gestörter Entwicklung, wenn sich schon früh verfestigte Formen des Umgangs mit Belastungen ablesen lassen.

Psychobiologisch orientierte Emotionstheorien betrachten die Ontogenese der Emotionen als eine genetisch vorprogrammierte Abfolge schon fertig ausgebildeter diskreter (unterscheidbarer) Emotionen, die dann nur noch wenig durch Umwelteinflüsse veränderbar sind. *Lerntheoretisch* ausgerichtete Forscher versuchen, die Entwicklung von Emotionen durch den Einfluß der kindlichen Sozialisation (s. Kap. 6.3) zu erklären. Im Gegensatz zu psychobiologischen Theorien nehmen sie an, daß Gefühle sehr weitgehend von Umwelteinflüssen formbar sind. Sie weisen darauf hin, daß Kinder lernen müssen, einen Gefühlszustand richtig zu benennen, und daß sie auch lernen, den Ausdruck von Gefühlen zu kontrollieren oder gar zu manipulieren (sich zu verstellen). Der spontane Emotionsausdruck gerät so immer mehr unter willkürliche Kontrolle. Man kann sich allerdings schwer vorstellen, daß jegliches emotionales Erleben gelernt sein soll. Gefühle sind sehr komplex und schon für Erwachsene, die potentiellen Lehrmeister des Kindes, nur schwer zu beschreiben, so daß eine Lehrbarkeit von Gefühlen in ihrer ganzen Komplexität unwahrscheinlich ist (Geppert u. Heckhausen 1990), ganz abgesehen davon, daß man wegen der Universalität des Emotionsausdrucks einen kulturübergreifenden „Lehrplan" für Gefühle voraussetzen müßte. Wohl aber lernt ein Kind, seinen Gefühlsausdruck zu unterdrücken und sich an den sozialen Konventionen auszurichten (z. B. „ein Junge weint nicht!"). Angemessenes Verhalten wird gelobt („Verstärkung", s. Kap. 4.2), unangenehmes wird ignoriert oder bestraft. Außerdem versucht ein Kind, sich am Ausdrucksverhalten der Erwachsenen zu orientieren. Kinder können auch schon sehr früh die Erwartungen anderer Personen hinsichtlich eines situationsangemessenen Emotionsausdrucks (Darstellungsregeln) erschließen.

3.1.4 Physiologische Erregung und Emotionalität

! Bisher nahm man an, daß physiologische Erregung (Aktivation) unspezifisch sei und mit jedem beliebigen Gefühlszustand kombiniert sein könnte. Neuerdings gibt es aber auch Hinweise darauf, daß Emotionen mit spezifischen physiologischen Reaktionsmustern einhergehen könnten.

Die Emotionstheorie von Schachter und Singer. Diese Theorie behauptet, daß Emotionen aus zwei Komponenten bestehen, nämlich aus einer unspezifischen Aktivierung (s. Kap. 2.2.2) und einer kognitiven Bewertung, die der unspezifischen Aktivierung erst einen Sinn verleiht. Sie betont die Rolle der sozialen Umgebung für die Etikettierung der Erregung mit einem „Gefühlslabel". Die Theorie beruht auf folgendem Experiment:

Die Teilnehmer des klassischen Experiments von Schachter und Singer (1962) erhielten die Instruktion, daß die Wirkung einer Substanz auf die Gedächtnisleistung geprüft werden sollte. (Tatsächlich handelte es sich um ein Experiment zur Entstehung von Emotionen.) Die Versuchspersonen (Vpn) erhielten eine Injektion, entweder Adrenalin (das das sympathische Nervensystem stimuliert und Aktivation hervorruft) oder physiologische Kochsalzlösung (selbstverständlich ohne aktivierenden Effekt). Als zweite Bedingung wurde die Information variiert, die die Vpn über das injizierte Mittel erhielten: Sie wurden entweder im Unklaren über die wahre Natur der injizierten Substanz gelassen oder über deren Wirkung aufgeklärt, d. h. erfuhren, daß das injizierte Mittel eine Erregung auslösen würde (Adrenalin) oder nicht (Kochsalzlösung). Schließlich, als dritte Bedingung, wurde ihnen „im Wartezimmer" (tatsächlich ging es aber dabei schon um das eigentliche Experiment) ein getarnter Mitarbeiter des Versuchsleiters zugesellt, der sich entweder euphorisch-albern oder aber verärgert-aggressiv benahm. Das Ergebnis des Experiments war nun, daß diejenigen Vpn, die Adrenalin erhalten hatten (und dementsprechend erregt waren), darüber aber nicht aufgeklärt waren, sich, je nach Wartezimmer-Bedingung, d. h. je nach Verhalten des dort postierten Mitarbeiters, einmal als freudig, einmal als ärgerlich beschrieben. Sie hatten sich also „anstecken" lassen und ihren adrenalinbedingten, unspezifischen Erregungszustand mit dem ihnen vorgespielten Gefühl kombiniert. Vpn, die lediglich Kochsalz erhalten hatten oder die wußten, daß sie wegen des Adrenalins so erregt waren, ließen sich hingegen nicht durch den Wartezimmer-Mitarbeiter beeinflussen. Schachter und Singer zogen hieraus den Schluß, daß sich die Emotion aus einer unspezifischen Erregung und einer nachfolgenden kognitiven (gedanklichen) Etikettierung zusammensetze, daß also bei gleichen Aktivationszuständen situative (äußere) Bedingungen darüber entscheiden, wie die Qualität (inhaltliche Beschaffenheit) der emotionalen Befindlichkeit ausfallen wird.

Dieses Experiment hatte viele Jahre lang die Emotionsforschung beherrscht. Es kommt der sozialpsychologischen Denkweise entgegen, daß die körperlich-physiologische Grundlage weniger wichtig sei als das im sozialen Austausch mit anderen Menschen erlernte Verhalten. Dabei gerät aus den Augen, daß das Experiment auf sehr künstlichen Bedingungen beruht. Im Alltagsleben sind wir ja nicht unmotivierter Erregung (durch einen nicht weiter zurückführbaren Adrenalinausstoß) ausgesetzt, sondern haben gute Gründe, entweder freudig oder ärgerlich zu sein. Das Laborexperiment von Schachter und Singer und die daraus gezogenen Schlußfolgerungen scheinen also eine eingeschränkte Gültigkeit (eingeschränkte externe Validität; s. Kap. 1.5) zu haben, die sich auf Situationen bezieht, in denen Menschen keine plausiblen Ursachenerklärungen für ihre Gefühle vornehmen können und dann nach Ersatzerklärungen suchen müssen.

Die faszinierende Vorstellung einer weitgehenden Unabhängigkeit von quantitativer Erregung und qualitativem Gefühlszustand ist zumindest z. T. ein Kunstprodukt der experimentellen Situation. In jüngster Zeit gibt es vermehrt Hinweise darauf, daß sich verschiedene Emotionen auch in ihren physiologischen Begleitmustern unterscheiden (Abb. 3.2).

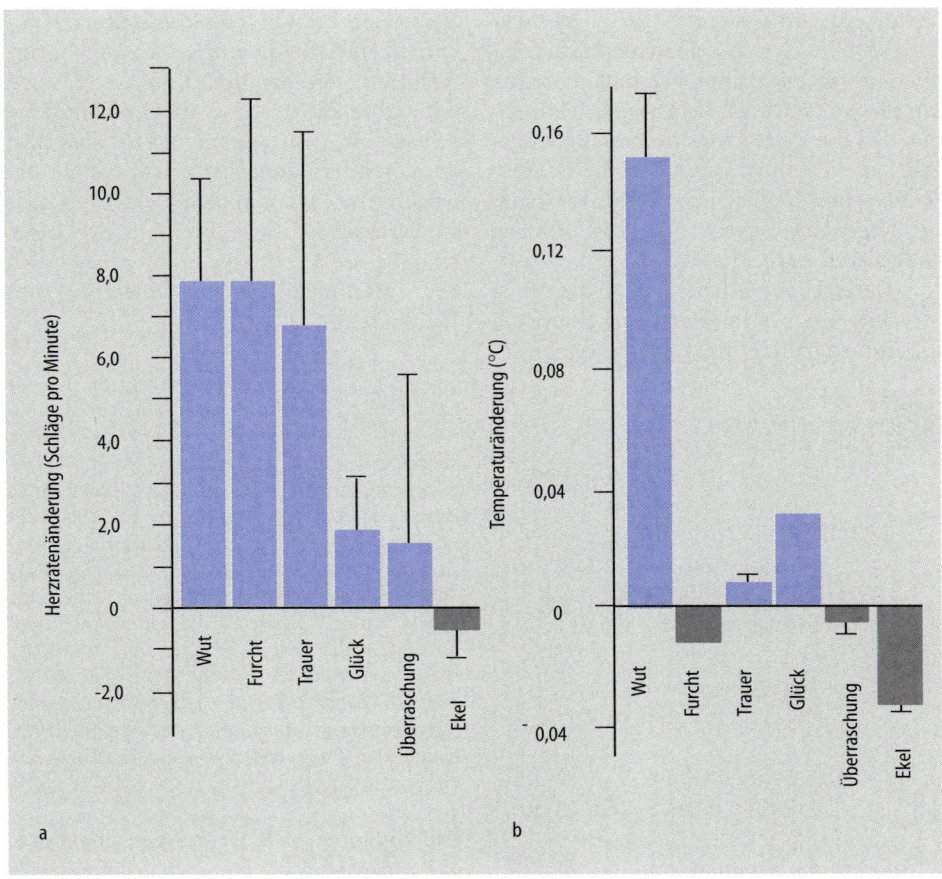

Abb. 3.2 a,b Verlauf von Herzfrequenz und Temperatur, während sich Versuchspersonen die primären Gefühle vorstellten. Im Vergleich zu den anderen Emotionen stieg bei der Vorstellung von Wut, Furcht und Trauer die Herzrate, bei Wut auch die Temperatur deutlicher an (aus Birbaumer u. Schmidt 1996)

3.2 Systematische Ansätze der Motivationsanalyse

3.2.1 Ethologischer Ansatz

Die Ethologie (Ethos, griech.: Gewohnheit, Sitte) ist ursprünglich die Lehre von den Lebensweisen (dem Verhalten) der Tiere. Als *„vergleichende Verhaltensforschung"* vergleicht sie zunächst die Bedingungen und Erscheinungsweisen tierischen Verhaltens untereinander und setzt dann diese in Beziehung zu menschlichem Verhalten. In diesem „Tier-Mensch-Vergleich" soll v. a. erforscht werden, inwieweit menschliches Verhalten schon angeboren ist. Es ist die These der Ethologie, daß die Tiere vieles in modellmäßiger Klarheit erkennen lassen, was beim Menschen seiner ungleich komplexeren Struktur wegen nur schwer oder gar nicht zu analysieren wäre.

Tierischem Verhalten liegt auf weite Strecken ein bestimmtes „Verhaltensprogramm" zugrunde, es ist „instinktgeregelt".

> **!** Unter *Instinkt* (instinguere, lat.: anstacheln, antreiben) kann man eine angeborene (d. h. nicht erlernte) Verhaltensweise verstehen, die auf einen spezifischen Außenreiz hin (sog. Schlüsselreiz) nach einem festen Schema abläuft. *Instinktverhalten* verläuft dabei in einer bestimmten Sequenz, die sich wie folgt zusammensetzt:
>
> ● Appetenzverhalten,
> ● Aktivierung eines angeborenen Auslösemechanismus (AAM) durch Schlüsselreize,
> ● konsumatorische Endhandlung.

Appetenzverhalten (appetens, lat.: begierig, vgl. „Appetit") läßt sich als Suchverhalten definieren, das nach einer Reizsituation trachtet, die letztlich die Endhandlung, d. h. die Befriedigung des „Appetits", auslöst. So kann man beim Hunger die Suche nach Beute als Appetenzverhalten bezeichnen und das Fangen und Fressen der Beute als Endhandlung. Zwischen dem Appetenzverhalten und der Endhandlung ist nun ein *angeborener Auslösemechanismus* (*AAM*) geschaltet. Darunter ist ein spezifisch angeborener Mechanismus zu verstehen, der auf ganz bestimmte Reize der Umwelt (= *Schlüsselreize*) anspricht und die diesen Reizen zugehörige Reaktion (Endhandlung) in Gang setzt. Oft ist es nicht schon die Endhandlung selbst, die von einem AAM ausgelöst wird, sondern zunächst orientierende Bewegungen (Taxis), die dann erst zum konsumatorischen Akt führen. In der Regel sind die AAMs sehr spezifisch hinsichtlich der Merkmale eines Objektes (des „Schlüsselreizes").

So wird z. B. die Brutpflegereaktion („Endhandlung") von Truthennen angeborenermaßen nur durch Lautäußerungen der Küken ausgelöst. Ist es einer Truthenne durch Vertaubung nicht mehr möglich, das Piepsen ihres Kükens zu hören, greift sie es an und hackt es zu Tode. Zeigt man hingegen einer hörenden Pute einen ausgestopften Iltis oder Marder, worin ein „piepsender" Lautsprecher eingebaut ist, so versucht sie, diesen wie ein eigenes Junges ins Nest zu bringen und unterkriechen zu lassen (zit. nach: Rathgeber 1976). Der Schlüsselreiz für den angeborenen Auslösemechanismus hinsichtlich des Brutpflegeverhalten der Puten ist also ausschließlich das Piepsen der Küken.

Endhandlung. Die über einen angeborenen Auslösemechanismus in Gang gesetzte Verhaltensweise „endet" mit einer Endhandlung. Diese Endphase der Sequenz des Instinktverhaltens ist genetisch festgelegt und deshalb formalisiert, stereotyp.

Im Hinblick auf die damit einhergehende Aufzehrung der Triebspannung wird diese Befriedigungshandlung auch „konsumatorischer Akt" genannt. Beim Fressen – und da leuchtet dieser Ausdruck unmittelbar ein – besteht die Endhandlung im Schlucken der Nahrung, beim sexuellen Paarungsverhalten in der abschließenden Kopulation.

> **!** In der Ethologie wird *„Trieb"* die einem Verhalten zugrundeliegende angeborene selbst- und arterhaltende Energie genannt, die zur Befriedigung eines Bedürfnisses drängt.

Die übliche Bezeichnung eines Triebes erfolgt dabei zumeist nach der Endhandlung, so beim Hunger „Freßtrieb", sofern die Endhandlung im Fressen besteht, oder beim Trieb Arterhaltung „Sexualtrieb", sofern dieser im Sexualverhalten endet.

Der Ablauf einer Instinkthandlung in Form eines vorgegebenen Verhaltensprogramms läuft also so ab, daß im Zustand der Appetenz ein angeborener Auslösemechanismus durch einen Schlüsselreiz in Gang gesetzt wird. Beim Brutpflegeinstinkt der Pute bestand dieser Schlüsselreiz im Kükenpiepsen. Solche Verhaltensprogramme können indessen bei längerem Ausbleiben auslösender Reize sozusagen im Leerlauf, als *Leerlaufhandlung*, ablaufen.

So schildert z. B. Lorenz (1965), der wohl bekannteste Vertreter der Ethologie, wie sein gut gefütterter Star, der nie Insekten zu fangen bekam, regelmäßig von Zeit zu Zeit „im Leerlauf" von seinem Sitzplatz hochflog, nach nicht Vorhandenem schnappte, dann zur Sitzstange zurückkehrte, eine Totschlagbewegung ausführte und zuletzt auch Schluckbewegungen zeigte – obwohl er nichts gefangen hatte.

Das bedeutet, daß bei übermäßig ‚gestauter' Triebspannung (Appetenz) ein angeborenes Verhaltensprogramm auch ohne auslösenden Schlüsselreiz ablaufen kann. Eine gerade abgelaufene Endhandlung setzt andererseits die *Schwelle* für die Auslösbarkeit einer neuen Instinkthandlung herauf. Im Falle z. B. der Nahrungsaufnahme (des „konsumatorischen Aktes" der Endhandlung) ist jetzt eine „Sättigung" eingetreten, d. h. die Suche nach weiteren, die Endhandlung auslösenden Situationen („Appetenzverhalten") bleibt eine Zeitlang aus.

Übersprunghandlung. Ein besonders interessantes Phänomen von Instinktverhalten kann dann auftreten, wenn verschiedene Instinktabläufe miteinander kollidieren.

In lateinamerikanischen Ländern zählt zu den beliebtesten Sportarten der Hahnenkampf. Betrachtet man solche miteinander kämpfenden Kampfhähne, ist immer wieder zu beobachten, daß sie plötzlich in ihrem Angriffsverhalten stocken und auf Freßbewegungen übergehen. Die Hähne picken mit ihrem Schnabel auf den Boden wie beim Körnerfressen. Dies geschieht in dem Augenblick, in dem sich Kampf- und Fluchtinstinkte die Waage halten, Aggressions- und Fluchttendenzen sich gegenseitig hemmen.

Einen solchen Wechsel in einen Instinktbereich, den Freßtrieb nämlich, der an sich in dieser Situation des Kampfes überhaupt nicht relevant ist, nennt man nach dem Verhaltensforscher Tinbergen (1956) *Übersprungbewegung* oder *Übersprunghandlung*. Aus einer Konfliktsituation zwischen zwei sich zuwiderlaufenden Instinkten entsteht also eine Bewegung oder Handlung, die keinen sinnvollen Bezug zur gerade gegebenen Situation hat. Sehr häufig treten als solche Übersprunghandlungen auch Putzbewegungen, Sichschütteln, Badebewegungen und andere Verhaltensweisen der Körperpflege auf. Kämpfende Stare beispielsweise putzen sich heftig zwischen den Kampfpausen.

Solche Übersprunghandlungen sind nun bestimmten Konfliktbewältigungen beim Menschen vergleichbar.

Bei einem Vortragenden beispielsweise, der an heftigem Lampenfieber leidet, werden Fluchttendenzen aktiviert, denen er aber nicht nachkommen kann, da er sich Bedingungen unterworfen hat, die ein Weglaufen nicht gestatten. In dieser Konfliktspannung zwischen Dableibenwollen bzw. Dableibenmüssen und Fluchtmotivation können nun Verhaltensweisen auftreten, die als Übersprungbewegungen gedeutet werden können – Verhaltensweisen also, die aus einem Bereich stammen, der mit der Situation des Vortrags nichts zu tun hat. So das Umfahren von Hals und Nacken mit der flachen Hand, Reiben der Augen, Streicheln des Bartes (falls vorhanden), Haarezurückstreichen, Sich-am-Kopf-kratzen etc. Wir haben also Wisch-, Reib- und Kratzbewegungen mit der Hand, Bewegungen, die aus dem Bereich der Körperpflege stammen.

Wenn sich, wie zuletzt, ein Vergleich zwischen tierischem und menschlichem Verhalten aufdrängt, so darf doch dabei nicht der voreilige Schluß gezogen werden, daß, aus formaler oder funktionaler Ähnlichkeit zwischen Mensch und Tier bzw. deren Handeln, die Gleichheit der Mechanismen gefolgert werden könnte. In Abhebung zum tierischen Verhalten ist menschliches Verhalten außerordentlich plastisch und komplex, die relativ einfachen Sequenzen tierischen Instinktverhaltens finden sich kulturell überformt und gebrochen. Wir diskutieren dies u. a. im Abschnitt „Ethologische Ansätze zur Mutter-Kind-Beziehung" im 6. Kap., oder oben haben wir erwähnt, daß nach der Befriedigung in der Endhandlung das zugehörige Appetenzverhalten (der „triebhafte Drang") eine Zeitlang nicht mehr auftritt. „Der Trieb (beim Menschen) hingegen wirkt nie wie eine momentane Stoßkraft, sondern wie

eine konstante Kraft" (S. Freud 1915). Was S. Freud hier andeutet, ist kein Auf und Ab von Appetenz und Sättigung wie im Instinktzyklus, sondern offensichtlich ein Drang, dem ein permanentes Unbefriedigtsein entspricht. Jede Befriedigung scheint nur partiell zu gelingen, jede Lust im Grunde nur „Vorlust" zu sein. Oder wie es in Goethes „Faust" heißt: „So taumel ich von Begierde zu Genuß, und im Genuß verschmacht ich nach Begierde". Menschliches Dasein scheint durch ein permanentes Begehren, permanentes Motiviertsein, gekennzeichnet.

Wenn das menschliche Subjekt auch ein „Triebwesen" ist, so ist zugleich mitzusehen, daß menschliche Bedürfnisse Forderungen an den Mitmenschen sind, dieser Mitmensch aber ein sprechendes Wesen ist, deshalb Befriedigung (der „konsumatorische Akt") nur über eine Beziehung der Kommunikation und damit psychosozialer Bestimmtheit erfolgen kann. Dies aufgezeigt zu haben, ist v. a. das Verdienst der Psychoanalyse Freuds und ihrer aktuellen Weiterentwicklung (vgl. Lang 1998a,b). Diesen Ansatz gilt es jetzt darzustellen.

3.2.2 Psychoanalytischer Ansatz

„Ursprünglich die Bezeichnung eines bestimmten therapeutischen Verfahrens, ist es jetzt auch der Name einer Wissenschaft geworden, der vom Unbewußt-Seelischen". Mit diesen Worten kennzeichnet Sigmund Freud die von ihm begründete „Psychoanalyse" am Ende seiner autobiographischen „Selbstdarstellung" (1925). Vor Freud war man in der Medizin der Meinung, daß Erkrankungen, ob sie sich nun in körperlichen oder seelischen Symptomen äußern, organisch bedingt seien. Konnte man keine organische Ursache nachweisen, nahm man an, daß die Erkrankungen simuliert, vorgetäuscht waren oder einfach durch ein blindes Zuschlagen des Schicksals entstanden seien. Die große Entdeckung Freuds bestand nun darin herausgefunden zu haben, daß seelische oder körperliche Symptome einen „Sinn" haben können, daß sie im Daseinsgang des betroffenen Menschen als ein sinnvolles Geschehen zu verstehen sind, sie in bestimmten psychosozialen Belastungen gründen können.

Was Freud hier entdeckt hat, ist im Grunde eine Wiederentdeckung, denn daß gewisse Erkrankungen und Beschwerden psychosozial bedingt sein können, wissen Dichter, Philosophen und der Volksmund seit langem. „Gram, der nicht spricht, preßt das beladene Herz, bis daß es bricht" heißt es beispielsweise in Shakespeares „Macbeth" oder man denke an Aussprüche wie „Das schlägt auf den Magen", „Das geht an die Nieren", „Das hält man ja im Kopf nicht aus".

Das „Das" in diesen Sätzen sind psychosozial belastende Situationen, sind v. a. „Konflikte". Wir können deshalb davon ausgehen, daß der psychologischen bzw. psychosomatischen Medizin vorrangig das **Konfliktmodell** zugrundeliegt, während die somatische Medizin v. a. auf dem „Erregermodell", abgeleitet von den Infektionskrankheiten, basiert, s. Kap. 8.1.

> **!** *„Konflikt"* (conflictus, lat.: Widerstreit, Zusammenprall) ist eine „unvereinbare Interessenkollision", eine Situation, wo einander widersprechende Kräfte gegeneinander antreten.

Das Konfliktmodell beinhaltet eine zentrale Annahme der psychoanalytischen Psychologie: Daß nämlich menschliches Verhalten – so auch Symptome – als „Resultante" eines „Spieles von seelischen Kräften" gesehen werden kann. Insofern thematisiert die psychoanalytische Theorie ein „psychodynamisches" (dynamis, griech.: Kraft) Seelenmodell.

Im Vordergrund steht nun der sog. *„Über-Ich – Es – Konflikt"*. „Über-Ich" und „Es" sind zentrale Instanzen des psychoanalytischen Persönlichkeitsmodells. Es wird in Kap. 5.1.1 abgehandelt. Hier sei zum Verständnis nur soviel vorweggenommen, daß man unter *„Es"* die Quelle der Wünsche, Antriebe, Begierden des Menschen verstehen kann. Diesem „Triebpol" steht nun das *„Über-Ich"* gegenüber, das die verinnerlichten Normen der sozialen Umwelt, deren moralische Forderungen, vertritt. Es ist eine warnende Instanz, die wir als die „Stimme des Gewissens" kennen. Der Teil der Persönlichkeit nun, der zwischen diesen Instanzen zu vermitteln hat, ist das *„Ich"*. Das „Ich" sind sozusagen „wir" in unserer bewußten Fähigkeit zu denken, zu planen, Wahrnehmungen aufzunehmen, sie zu verarbeiten; das Ich steuert uns durch die Außenwelt, berücksichtigt diese Realität – und läßt dabei Kompromisse zwischen den Triebbedürfnissen des „Es" auf der einen und den moralischen Ver- und Geboten des „Über-Ich" auf der anderen Seite finden – und dies zugleich unter Berücksichtigung der äußeren Realität, den Gegebenheiten der Außenwelt.

Das „Es" wiederum ist durch den sog. *„Primärprozeß"* charakterisiert. Ohne Rücksicht auf die Forderungen des Über-Ichs, den Gegebenheiten der Umwelt und deren Logik ist das „Es" auf Befriedigung, auf „Lust" aus. Der Primärprozeß ist vom „Lustprinzip" beherrscht und ähnelt so in seiner Struktur dem Traum, denn auch das Traumgeschehen ist, ohne Rücksicht auf die Realität, weitgehend bestimmt durch eine Wunscherfüllung im Sinne des Lustprinzips. „Es-haft" ist so v. a. die Frühkindheit zu sehen. Im Laufe der Entwicklung wächst mehr und mehr die Fähigkeit, Triebbefriedigungen sowohl den Umweltanforderungen als auch den Postulaten des Über-Ichs anzupassen. Dazu ist u. a. notwendig, Triebbefriedigungen solange hinausschieben zu können, bis die Außenweltbedingungen dafür günstig sind. Diese Realitätsanpassung stellt eine Leistung des „Ichs" dar. Diese realitätsangepaßte, vernünftig-logische Funktionsweise heißt *„Sekundärprozeß"* und entwickelt sich allmählich im Laufe der ersten Lebensjahre. Der Sekundärprozeß ist für die Operationen eines reifen Ich charakteristisch. Das hindert aber nicht, daß auch beim erwachsenen Ich Primärprozeßhaftes, z. B. in Form von Impulsdurchbrüchen, Sekundärprozesse stört, ja zusammenbrechen lassen kann.

Im günstigen Falle kann die im Auftrag des Über-Ichs kontrollierende Ich-Instanz einen entsprechenden Triebimpuls akzeptieren, ihn in die Persönlichkeit integrieren und so persönlichkeitsintegrativ die Befriedigung ermöglichen und sie lustvoll genießen. Kann freilich in Berücksichtigung und Befolgung der ethisch-moralischen Forderungen des Über-Ichs das Ich mit entsprechenden Es-Impulsen nicht einverstanden sein, so kann es auf deren Erfüllung bewußt verzichten oder diese in Form der „Abwehr" zurückweisen. Weil der so entstandene Über-Ich – Es – Konflikt das Ich ängstigt, oder es sich seiner schämt oder sich schuldig fühlt, möchte es davon nichts mehr wissen und „verdrängt" das Ganze ins Unbewußte. Eine zentrale Möglichkeit des menschlichen Ichs, sich mit belastenden Konflikten, ja mit seelischen Belastungen überhaupt auseinanderzusetzen, stellen die sog. *Abwehrvorgänge* dar. Sie dienen generell der Unlustvermeidung, sofern durch sie unangenehme Affekte wie Angst, Scham, Schuld, Trauer und Depression abgeblockt werden – in gewisser Weise eine raffinierte Art sich zu entlasten, und das Raffinierteste dabei ist, daß das menschliche Subjekt in der Regel gar nicht weiß, daß es sich solcher Abwehrmechanismen bedient.

In der psychoanalytischen Neurosenlehre werden nun zahlreiche Abwehrvorgänge unterschieden, weil sie, wie wir später ausführen werden, an zentraler Stelle neurosenbildend sind. Zugleich ist aber zu sehen, daß sie zweifellos auch beim Normalen und psychisch Gesunden zu finden sind, wenn er mit emotional belastenden Situation konfrontiert ist.

 Solche Abwehrvorgänge sind auch charakteristisch bei der Verarbeitung einer schweren Erkrankung und der damit einhergehenden belastenden Emotionen.

Deshalb hat das psychoanalytische Konzept der Abwehrmechanismen über Neurosenlehre und Psychotherapie hinaus große Bedeutung für die psychologische Medizin und Persönlichkeitspsychologie überhaupt erlangt.

Abwehrmechanismen

Die folgende Tabelle 3.3 gibt einen Gesamtüberblick mit entsprechenden Kurzdefinitionen. Im Anschluß daran werden die einzelnen Mechanismen mit veranschaulichenden Beispielen behandelt.

Verdrängung. Ursprünglich von Freud in der Bedeutung von „Abwehr" überhaupt verwendet, bezeichnet heute Verdrängung eine Operation, wodurch das Subjekt versucht, verpönte Motive bzw. Konflikte aus dem bewußten Erleben auszuschalten, unbewußt zu machen.

Sozusagen hin und her gezerrt, beispielsweise zwischen einem sexuellen Wunsch nach einer außerehelichen Liebesbeziehung („Es") und dessen Realisierungsverbot („Über-Ich"), kann es dann vorkommen, daß das, wodurch

Tabelle 3.3 Abwehrmechanismen zur Konfliktbewältigung und seelischen Verarbeitung

Mechanismus	Definition
1. Verdrängung	Ausschaltung bestimmter verpönter Motive und Konflikte aus dem bewußten Erleben.
2. Verschiebung	Verlagerung einer Emotion (z. B. Angst, Wut) von einem bedrohlichen auf ein ungefährliches Objekt („Prügelknabenmechanismus", ein Objekt als Ersatz für ein anderes Objekt).
3. Verleugnung	Abwehr der Realität von traumatisierenden Wahrnehmungen – der Gegenstand einer traumatisierenden Wahrnehmung wird sozusagen als nicht existent angesehen („Kopf-in-den-Sand-Stecken").
4. Projektion	Verlegung eigener abgewehrter Wünsche, Impulse, Ängste, Schwächen und Schuldgefühle in den Anderen („Sündenbockmechanismus" = Adressat einer Projektion dient zur Entlastung von Selbstvorwürfen).
5. Spaltung	Widersprüchliche Aspekte bzw. Gefühlszustände – z. B. Wahrnehmen und Erleben von Gut und Böse bei sich oder beim Anderen – werden so auseinander gehalten, als beträfen sie verschiedene Individuen.
6. Identifikation	Unbewußte Übernahme von Einstellungen, Verhaltensweisen und Wertmaßstäben einer anderen Person oder Gruppe.
7. Reaktionsbildung	Aktivierung des entgegengesetzten Impulses (statt Haß übertriebene Freundlichkeit; Überkompensation).
8. Rationalisierung	Falsche Begründung eines bestimmten Sachverhalts („Pseudoerklärung").
9. Isolierung	Künstliches Abtrennen der Gefühle vom gedanklichen Inhalt.
10. Ungeschehenmachen	Vorheriges nicht akzeptables Handeln soll durch nachfolgendes Handeln inexistent werden.
11. Sublimierung	Ablenkung sexueller Triebenergie auf ein nichtsexuelles, kulturell oder sozial wertvolles Ziel.

man hin und hergezerrt wird, plötzlich nicht mehr präsent ist.

Es ist verdrängt. So auch beispielsweise dann, wenn man sich aufgrund eines Konfliktes sehr ängstigt, eine Schuld auf sich geladen hat oder sich bestimmter Verhaltensweisen schämt. Nietzsche hat diesen Vorgang in seiner Schrift „Zur Genealogie der Moral" in seiner unnachahmlichen Sprache bereits vor Freud so beschrieben: „Das habe ich getan, sagt mein Gedächtnis. Das kann ich nicht getan haben, sagt mein Stolz. Und bleibt unerbittlich. End

lich gibt das Gedächtnis nach." Verdrängung ist ein Vergessen aufgrund unbewußter Motivation.

Verschiebung. Eine bekannte Krankengeschichte Freuds, die „Phobie des kleinen Hans" findet beispielsweise über diesen Mechanismus ihre Erklärung.

Der kleine fünfjährige Junge leidet plötzlich an der Furcht, ein Pferd werde ihn beißen. Die Analyse ergibt nun, daß hinter dieser Pferdeangst eine Angst vor dem Vater steht. Er fürchtet, daß der Vater wegen der feindlichen und eifersüchtigen Wünsche, die Hans gegen ihn hegt, ihm selbst feindselig gesinnt wäre und ihn zu strafen trachte. Die Angst vor dem Vater erschien so auf das Objekt „Pferd" verschoben. Daß Hans früher mit dem Vater „Pferdl" gespielt hatte, der Vater für ihn das Pferd war, bildete offensichtlich die Brücke, über die diese unbewußte Verschiebung zustande kam.

Der Begriff der Verschiebung kann indessen nicht nur bei einer Neurose wirksam sein (eine Phobie ist eine Neurose, s. später), sondern stellt einen Mechanismus dar, den man auch im Alltag beobachten kann. So verursacht er in Form des *„Prügelknabenphänomens"* viel Leid.

Ein Untergebener, der von seinem Chef gerade gemaßregelt oder gar tyrannisiert worden war und seine dadurch hervorgerufene Wut dem Vorgesetzten gegenüber unterdrücken muß, lädt diese auf weniger gefährliche Objekte wie Frau und Kinder ab.

Aggressionen, die man an einem bestimmten Objekt nicht auslassen kann oder darf, werden statt dessen auf einen wehrlosen „Prügelknaben" „verschoben". Oder wie es im Volksmund heißt: „Man schlägt den Sack und meint den Esel". Wie im Kap. 6.2.3 dargestellt, ist gerade dieser Prügelknabenmechanismus für die Mißhandlung von Kindern verantwortlich zu machen. Die folgende Abb. 3.3 kann hier illustrieren.

Verleugnung. Es handelt sich hier um eine Abwehrform, bei der sich der Mensch weigert, die Realität einer belastenden „traumatischen" Wahrnehmung anzuerkennen. Man stellt sich für gewisse Dinge blind, „steckt den Kopf in den Sand".

Verleugnungsphänomene sind gelegentlich bei ungewollter Schwangerschaft zu beobachten. Die Schwangerschaft mit ihren körperlichen Veränderungen, wie z. B. Ausbleiben der Men-

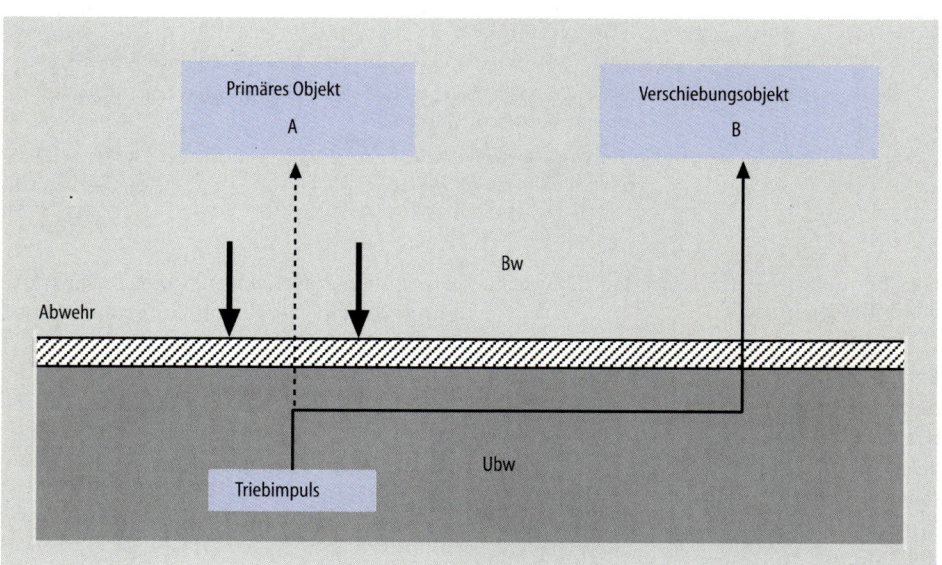

Abb. 3.3 Schema der Verschiebung. Ein Untergebener mit aggressiven Impulsen, die sich gegen einen Vorgesetzten (*A*) richten und auf massive Abwehr (Angst vor Entlassung) stoßen, „reagiert" sich an seinem ihm ungefährlichen Kinde (*B*) „ab", *Bw* = Bereich des Bewußtseins, *Ubw* = Bereich des Unterbewußten (Modifiziert nach Hauss et al. 1981)

struation, wird einfach nicht zur Kenntnis genommen.

Beobachtung und Aufmerksamkeit werden so gelenkt, daß nicht wahr sein kann, was nicht wahr sein darf. Die Abwehrform der Verleugnung betrifft deshalb besonders Wahrnehmungen, die Angst und Unlust hervorrufen. Sie ist deshalb gerade auch in der Auseinandersetzung mit lebensbedrohlichen Erkrankungen zu finden.

So sagte eine Kranke, die vom Stationsarzt ganz unvorbereitet über einen weit fortgeschrittenen Knochenkrebs aufgeklärt worden war, fünf Stunden nach dieser Information zur Stationsschwester: „In diesem Krankenhaus bekommt man ja auch nicht gesagt, was man hat." Die Kranke hatte ihre eigentliche Realität ausgeblendet, sie verloren, indem sie sie verleugnete.

Schwierigkeit bereitet die Abgrenzung der Verleugnung gegenüber der Verdrängung. Wenn ich verleugne, wehre ich etwas ab, was „von außen" kommt, bei der Verdrängung, „was von innen", wie unerlaubte Wünsche, scham- und schuldbesetzte Vorstellungen – Triebhaftes – , das Ich bedrängt. Deshalb spielt die Verdrängung eine wichtige Rolle bei der Entstehung von Neurosen, die Verleugnung dagegen bei der Bewältigung körperlicher Erkrankungen.

Projektion. Eigene Wünsche, Impulse, Ängste, Schwächen, Scham- und Schuldgefühle werden zwecks Abwehr – ich kann sie mir nicht eingestehen – auf andere verlagert, auf andere „projiziert", beim anderen wahrgenommen.

Den Eifersüchtigen z. B. gelüstet es, aus einer Bindung auszubrechen; aufgrund bestimmter moralischer Vorschriften seines Über-Ichs kann er sich selbst dieses Begehren nicht eingestehen und schreibt es so – zur Lösung dieses Über-Ich – Es – Konfliktes – dem Partner zu. Mittels seiner Eifersucht bekämpft er das am Partner, was er bei sich selbst nicht sehen will.

Ausgerechnet derjenige, der „vor der eigenen Tür kehren sollte", findet sich berufen, seinen Mitmenschen das vorzuwerfen, was auf ihn zutrifft. Er sieht den „Splitter im Auge des anderen", aber nicht den „Balken im eigenen Auge". Man lädt einem anderen die eigenen Sünden auf.

Ein klassisches Beispiel für diesen Mechanismus findet sich im 16. Kapitel des 3. Buches Mose. Moses wird vom Herrn die Weisung zuteil, Aaron zu übermitteln, wie dieser am Versöhnungstage das Sühneopfer zu begehen habe. Er soll dabei einem Ziegenbock „seine beiden Hände auf sein Haupt legen und bekennen auf ihn alle Missetat der Kinder Israels und alle ihre Übertretung in allen ihren Sünden ... und ihn (dann) in die Wüste laufen lassen; und er lasse ihn in der Wüste".

Es geht also darum, sich eine Entlastung von den eigenen Sünden, eigenen Schuldgefühlen zu verschaffen. Wie ist das zu bewerkstelligen? Man sucht sich ein menschliches Objekt oder ein Tier – wie in der Bibel –, oft genug irgendein unglückliches Wesen, dem man dann die Schuld für eigenes Mißgeschick oder die eigenen Sünden, die eigene negative Seite anlasten und übertragen kann. Dem Vorbild der Bibel entsprechend spricht man deshalb vom *Sündenbock*".

Der Prügelknabe (= Verschiebung) unterscheidet sich vom Sündenbock (= Projektion) dadurch, daß er an die Stelle eines Objekts tritt (Objekt für ein anderes Objekt), während der Sündenbock für das Subjekt selbst steht (Objekt für Subjekt).

Spaltung. Ursprünglich vom Schweizer Psychiater Eugen Bleuler als charakteristisch für den von ihm geprägten Begriff „Schizophrenie" (Spaltungsirresein, von schizein, griech.: spalten; phren, griech.: Seele) angesehen, wird Spaltung heute auch in nichtpsychotischem Erleben beobachtet. Bezeichnend nun dabei – und insofern erinnert der heutige Gebrauch an die erste Prägung –, daß der Zusammenhang der Persönlichkeit verlorengeht. Es können dann mehrere widersprüchliche Identitäten unvereinbar nebeneinander bestehen, die wechselnd ausgelebt werden.

So stellte sich in unserer Ambulanz ein 29-jähriger „ganz normal wirkender" Mann vor. Die Selbsthilfeorganisation für sexuell mißbrauchte Kinder „Wildwasser" mache ihm den Vorwurf, er habe seine jetzt fünfjährige Tochter zwei Jahre lang sexuell mißbraucht. Dieser Vorwurf habe ihn völlig verwirrt und geschockt, denn er selbst wisse von einem solchen Tun nichts. Unter anderem habe die Tochter gesagt, daß ihr Papa tagsüber ein lieber Papa sei, sich nachts – die Mutter und Lebenspartnerin ist nachts häufig außer Haus – aber ganz anders verhielte, dann bekäme sie Angst. Der Papa würde ihr das Glied in den Mund stecken, es käme eine weiße Flüssigkeit heraus. Außerdem würde der Papa immer sagen, daß sie von all dem niemandem etwas erzählen dürfe. Diese Möglichkeit, daß er nachts etwas tue, das sonst außerhalb seiner Kontrolle läge, er es von seinem moralischen Empfinden her aufs Tiefste verurteile, erschrecke ihn über alle Maßen. – Vorausgesetzt, daß es sich nicht um eine Schutzbehauptung handelt und daß der Vorwurf zutrifft, liegt hier eine Spaltung in zwei verschiedene Identitäten, eine sog. „multiple Persönlichkeit" vor, wie sie zum Beispiel literarisch meisterhaft von Stevenson geschildert wurde. Ein am Tage sozial hoch engagierter und hochangesehener Londoner Arzt Dr. Jekyll wandelt sich nachts zum sadistischen Mörder Mr. Hyde – ohne daß der eine Teil der Persönlichkeit vom anderen wußte.

In einem spezifischen Sinne begegnet das Spaltungsphänomen des weiteren als Aufteilung von Beziehungspersonen in „total gute" und „total böse" (bzw. „total schlechte"). Beispielsweise können bei stationärer Behandlung Patienten den Stationsarzt „total" idealisieren, während sie die Stationsschwester „total" verteufeln. Aber auch dasselbe „Objekt" kann ganz abrupt und „total" für den Betroffenen verändert erscheinen, wenn plötzlich Gefühle und Vorstellungen über eine Person völlig umschlagen, sie vom Engel zum Teufel oder vom Teufel zum Engel wird. In gleicher Weise können auch extreme Schwankungen von konträren Selbstkonzepten der Ausdruck von Spaltungsprozessen sein. So kann ein narzißtisch strukturierter Mensch (s. Kap. 5.1.1 „Charaktertypologien") von einem zum anderen Augenblick zwischen Größenideen („Ich bin der Größte") und massiven Minderwertigkeitsgefühlen („Ich bin ein Nichts") pendeln.

Identifikation. Um Gefühle von Minderwertigkeit und Versagen „abzuwehren", kann sich der davon Betroffene mit einem großen Führer, einer Ideologie, einem erfolgreichen Sportverein usw. identifizieren. Besonders Jugendliche, die sich in einer Identitätskrise befinden, können kompensatorisch zu diesem psychischen Mechanismus greifen (s. Kap. 6.1. und 6.2.3).

Eine besondere Abwehrfunktion kann der Begriff der Identifikation erhalten, wenn eine sog. *„Identifikation mit dem Aggressor"* vorliegt. Dieser Abwehrmechanismus folgt der amerikanischen Lebensregel „Wenn du sie nicht schlagen kannst, dann schlag dich zu ihnen". Den Begriff hat v. a. Anna Freud, die jüngste Tochter Freuds, in ihrem Buch „Das Ich und die Abwehrmechanismen", wo sich erstmals Abwehrprozesse im Zusammenhang dargestellt finden, erarbeitet. Ein Beispiel kann veranschaulichen:

Ein kleines Mädchen traut sich nicht, das Vorzimmer einer Wohnung zu überqueren, weil es Gespensterangst hat. Plötzlich durchquert es den Raum, macht dabei aber allerlei sonderbare Bewegungen. „Nach kurzem teilt sie ihrem kleinen Bruder triumphierend das Geheimnis ihrer Angstbewältigung mit: 'Du brauchst dich im Vorzimmer nicht zu fürchten', sagt sie. 'Du mußt nur spielen, daß du selber der Geist bist, der dir begegnen könnte.' Ihre sonderbaren Bewegungen erklärten sich offenbar als die von ihr vermuteten Bewegungen der Geister" (A. Freud 1936).

In Rollenspielen von Kindern können wir häufig ähnliche Vorgänge beobachten. So, wenn Kinder vom Arzt oder Zahnarzt nach Hause kommen und dann das ihnen „Angetane" einem Geschwister oder Kuscheltier „antun". Was einem passiv widerfahren ist, Angst macht, kann man dadurch angehen, daß man jetzt im Rollenspiel oder auch in der Phantasie selbst zum „Angreifer" wird, den aktiven Part übernimmt.

Reaktionsbildung. Ein angst-, unlusterregender oder verpönter Triebimpuls wird nicht nur verdrängt, sondern es wird jetzt der gerade entgegengesetzte Impuls aktiviert. So können hinter einem übertriebenen, zwanghaften Reinlichkeitsbedürfnis „anale" Tendenzen (vgl. Kap. 6.1) der „Schmierlust" stecken. Oder anstelle negativer Emotionen wie Haß und Trotz zeigt der mittels Reaktionsbildung Abwehrende plötzlich übertriebene Freundlichkeit oder Gefügigkeit. Es läßt sich von einem „*Saulus-Paulus-Mechanismus*" sprechen, sofern sich im Damaskus-Erlebnis der fanatische Christenhasser Saulus zum größten Apostel des Christentums Paulus wandelte.

Rationalisierung. Ähnlich dem Begriff der Verdrängung ist auch der Abwehrmechanismus der Rationalisierung, verstanden als *Pseudoerklärung*, in den allgemeinen Sprachgebrauch übergegangen. „Pseudoerklärung", Rationalisierung in diesem Sinne, liegt also vor, wenn aus Gründen der Abwehr ein bestimmter Sachverhalt, der z. B. beunruhigt, Angst macht, falsch begründet wird.

Ein häufig anzutreffendes klinisches Beispiel von Rationalisierung liegt dann vor, wenn der von einem lebensbedrohlichen Laborergebnis Betroffene auf eine Verwechslung der Befunde insistiert oder ein Herzinfarktpatient für seine Beschwerden andere Gründe wie Verdauungsstörungen verantwortlich macht; Verdauungsstörungen sind weit weniger gefährlich als ein Infarkt. Die Rationalisierung entlastet auf diese Weise.

Isolierung. Zumeist wird unter diesem Begriff das Absperren, die Ablösung bestimmter Gefühle vom zugehörigen Gedankeninhalt verstanden. So kann ein lebensbedrohlich Erkrankter über seinen Körper gleichgültig wie über ein ihm fremdes Objekt sprechen. Eindrucksvolle Beispiele finden sich auch bei sexuellem Mißbrauch:

„Wenn ich dann im Bett lag, und er kam wieder ins Zimmer, dann dacht ich nur ganz gelangweilt: Ach Gott, da ist er ja schon wieder, oder so etwas, und dann las ich z. B. einfach mein Buch weiter, und er war mit mir beschäftigt, aber irgendwie war es eher .... es passierte nicht, es fand einfach nicht statt. Mein ganzes Fühlen, alles war weg..." (Wirtz 1991; vgl. auch Kap. 6.2.3.).

Der Körper wird als fremd, nicht mehr zugehörig erlebt, Gefühle werden von dem, was geschieht, abgetrennt, um den physischen und seelischen Schmerz zu verringern.

Ungeschehenmachen. Rückwirkend wird hier versucht, eine vollzogene, aber jetzt nicht mehr akzeptable Handlung unwirksam, „ungeschehen" zu machen, bzw. sich von den Schuldgefühlen, welche diese Handlung hervorgerufen hat, „reinzuwaschen". So versucht Pilatus, nachdem er zur Verurteilung von Jesus beigetragen hat und deshalb immer mehr Skrupel bekommt, anschließend „seine Hände in Unschuld zu waschen". Zwangsneurosen, wie z. B. einem Waschzwang, kann ein solcher Mechanismus des Ungeschehenmachens zugrunde liegen, wobei auf diese magisch-symbolische Weise begangene Sünden, und seien diese auch nur in Gedanken begangen, getilgt werden sollen. Aber auch beispielsweise der Infarktpatient, der sich nach Eintritt der Infarktzeichen besonderen physischen Belastungen aussetzt, um sich zu beweisen, daß er gesund sei, gehört hierher. Der Betreffende tut jetzt so, als wäre die abgelaufene Handlung (der Infarkt) nicht geschehen.

So erschraken ein Arzt und die Abteilungsschwester nicht wenig, als sie einen wegen eines akuten Herzinfarkts eingewiesenen Patienten entschlossen den Korridor Richtung Ausgang laufen sahen. „Als sie den erregten Kranken zurückholten und ihm klar zu machen versuchten, er bedürfe dringend der Bettruhe, soll der an sich kräftig gebaute Mann sich gebückt und mit voller Kraft das Bett aufgehoben haben. Der Arzt schrie ihn entsetzt an, er sei ja daran sich umzubringen, wenn er solch unsinnige Kraftproben vornehme, worauf der Patient ebenso heftig zurückschrie, er wolle ja nur beweisen, daß er kerngesund sei!" (Heim 1980).

Sublimierung. Es ist eine These Freuds, aber auch schon Nietzsches, daß es möglich sei, sexuelle Triebenergie so umzuwandeln, daß sie Energie liefere für kreative wissenschaftliche oder künstlerische Leistungen oder sie auch in eine sonst sozial hochbewertete Form der Aktivität einfließe.

> **!** Unter Sublimierung läßt sich also die Ablenkung der sexuellen Triebenergie auf ein nichtsexuelles, kulturell oder sozial wertvolles Ziel verstehen.

Der Begriff der „Sublimierung" in diesem Sinne entstand wohl in Anlehnung an den bekannten Vorgang in der Chemie, wodurch ein Körper direkt vom festen in den gasförmigen (sozusagen „geistigen") Zustand übergeführt wird. Die Zuordnung der „Sublimierung" zu den Abwehrmechanismen ist umstritten. Es könnte so der Eindruck entstehen, daß kulturell oder sozial wertvolle Leistungen nur auf Abwehrvorgängen beruhten, was sicherlich nicht zutreffend ist.

Das psychoanalytische Modell der Bildung von Symptomen als Scheinlösungen von intrapsychischen Konflikten

Mit Hilfe der Verdrängung und der anderen Abwehrmechanismen gelingt es dem Ich, Vorstellungen, Gefühle und Triebimpulse, die den moralischen Forderungen des Über-Ichs und den Anforderungen der Realität zuwiderlaufen, aus dem bewußten Erleben fernzuhalten. Damit aber haben sie ihre Dynamik nicht verloren, das Abgewehrte gibt keine Ruhe, sondern versucht, sich über das Ich zu realisieren, und entfaltet so eine Aktivität, die sich auf das bewußte Denken und Handeln auswirkt – ohne indessen als Ursache dieser Effekte erkannt zu werden.

Man kann diese „Dynamik" mit der Aktivität einer politischen Opposition vergleichen, die durch ein diktatorisches Regime in den Untergrund (das „Unbewußte") „verdrängt" wurde, sich nun tarnt und durch Störaktionen Denken und Handeln der Regierung erheblich beeinflußt.

Eine solche „Wiederkehr des Verdrängten bzw. Abgewehrten" in Form einer Störaktion ist nun ein *Symptom*, sei es in psychischer oder somatischer Erscheinungsweise. Genauer:

So hatten sich bei einer der ersten Patientinnen Freuds (Freud, Breuer 1895), mit Namen
Elisabeth von R., bei deren Behandlung er wesentliche Grundprinzipien der Psychoanalyse
entdeckte, plötzlich starke Schmerzen in den
Beinen, die ihr mehr und mehr das Gehen unmöglich machten, eingestellt. Elisabeth hatte
sich mit ihrer Mutter, der schwerkranken
Schwester und deren Mann im Sommerurlaub
befunden. Elisabeth selbst liebte ihren Schwager, ohne daß sie sich dieses aber eingestand,
auch deshalb, weil sie ihrer Schwester sehr zu-
getan war. Dem Ausbruch der Erkrankung waren nun unmittelbar zwei Situationen vorausgegangen, die offensichtlich die Symptome
auslösten. Zu einem Spaziergang, zu dritt ge-
plant, konnte die Schwester aufgrund ihrer
Erkrankung nicht mitkommen, so daß Elisabeth mit dem „geliebten" Schwager allein war.
„... Sie fand sich so sehr im Einklange mit
allem, was er sagte, und der Wunsch einen
Mann zu besitzen, der ihm gleiche, wurde
übermächtig in ihr". Kurz darauf stellten
sich die Beschwerden ein, die sich massiv verstärkten, als wie wenige Tage später am Bett
der gerade verstorbenen Schwester stand und
ihr der Gedanke durch den Kopf fuhr: „Jetzt
ist er frei, und du kannst seine Frau werden".
Folgender Impuls/Abwehr-Konflikt liegt hier
vor: „Es war ein erotischer Vorstellungskreis,
der in Konflikt mit all ihren moralischen Vorstellungen geriet, denn die Neigung bezog sich
auf ihren Schwager, und sowohl zu Lebzeiten
als nach dem Tode ihrer Schwester war es
ein unannehmbarer Gedanke, daß sie sich gerade nach diesem Manne sehnen sollte". Die
Symptomentstehung ist nun so zu erklären,
daß „anstatt der seelischen Schmerzen (die
der Konflikt in ihr auslöste und), die sie sich
erspart hatte" (die seelischen Schmerzen, wie
auch der ganze Konflikt, waren zum großen
Teil unbewußt geblieben), jetzt diese Schmerzen „körperlich" auftraten. „Es wurde so
eine Umwandlung („Konversion") eingeleitet,

bei der sich als Gewinn herausstellte, daß die
Kranke sich einem unerträglichen psychischen
Zustand entzogen hatte, allerdings auf Kosten
... eines körperlichen Leidens, der Schmerzen", die bis zur Gehunfähigkeit führten.

Die auf diese Weise vollzogene Lösung des
„Über-Ich – Es – Konfliktes" (Begehren
des Schwagers und massive Schuldgefühle
deshalb), sofern die damit einhergehenden Seelenqualen („seelische Schmerzen")
nicht mehr psychisch präsent, sondern ins
Körperliche „konvertiert", „verschoben"
sind, ist letztlich eine *Scheinlösung*", da
der Konflikt im Unbewußten ja weiter existiert.

Gleichwohl ist damit ein Gewinn, ein
primärer Krankheitsgewinn, verbunden.

Der seelische Leidensdruck wird durch die
Verschiebung des unerträglichen Konflikts
ins Körperliche beseitigt, zugleich bekommt das Über-Ich recht, sofern die
körperlichen Schmerzen auch eine Selbstbestrafung sind und die Gangstörung
schließlich symbolisiert, daß „es nicht
geht", sie nicht auf ihren Schwager „zuge-
hen" kann. Andererseits kann sie aufgrund der eigenen Erkrankung auf eine
besondere Zuwendung des Schwagers hoffen, so daß auch der abgewehrte „Es"-An-
teil ein Stück weit sich durchsetzen kann
und so letztlich im „Symptom" ein „Kompromiß" herauskommmt.

> **!** Ein *sekundärer Krankheitsgewinn* liegt dann vor, wenn der Kranke einen (*bewußten*) Vorteil aus seiner bereits vorhandenen Symptomatik sieht, z. B. vermehrte Zuwendung durch seine Umgebung oder finanzielle Vorteile (Rente).

> **!** *Motiv* = Beweggrund für menschliches Verhalten.

So könnte Elisabeth von R. – wäre sie nicht zu Freud in Therapie gekommen – aufgrund ihrer Schmerzen und Gehunfähigkeit mehr und mehr eine Sonderstellung in der Familie erlangen, mehr und mehr beginnen, vielleicht ihre Umwelt zu tyrannisieren. Als verhängnisvoll kann sich ein sekundärer Krankheitsgewinn bei den sog. „Rentenneurosen" auswirken. Bemühungen um Therapie scheitern bzw. werden gar nicht mehr in Angriff genommen, weil „Heilung" die Aussicht auf oder den Verlust einer schon gewährten Rente nach sich zöge.

3.2.3 Psychobiologischer Ansatz

Die Psychologie der Motivation zählt zum Interessantesten, was die Psychologie zur Erforschung des Menschen beitragen kann. Denn: „Wie auch immer Motivation definiert werden mag, ihr Studium betrifft die Begründung unseres Verhaltens, meint immer dasjenige in und um uns, was uns dazu bringt, treibt, bewegt, uns so und nicht anders zu verhalten" (Graumann 1971). In diesem Forschungsziel trifft sich eine zentrale wissenschaftliche Fragestellung mit dem wohl stärksten Interesse, das der Laie der Psychologie entgegenbringt: Welches sind die wirklichen Beweggründe, „Motive" menschlichen Verhaltens?

In Anbetracht dieser weiten Definition kann „Motiv" als *„Oberbegriff"* für Vorgänge fungieren, die generell menschliches Verhalten beeinflussen und antreiben. So fallen unter „Motiv" Begriffe wie Trieb, Bedürfnis, Instinkt, Streben, Drang, Begehren, Wunsch, Verlangen, Interesse, Tendenz, Sucht, Wollen usw.

Unter *„Motivation"* (movere, lat.: bewegen, antreiben) ist dann das Zusammenwirken einzelner Motive und der jeweilige Aktivationsgrad zu verstehen; Motivation bezieht sich auf die Stärke, die Intensität der Handlungstendenz. Der Begriff „Motivation" betrifft also die jeweiligen Motive, welche die Aktivität eines Organismus in Gang setzen und ihm eine Richtung geben. Zu bestimmten Handlungen ist man beispielsweise „stark", „wenig" oder „gar nicht motiviert".

Menschliches Verhalten ist häufig sehr mannigfaltig; nicht minder vielfältig kann dann dieses Verhalten motiviert sein. Freud beispielsweise spricht immer wieder von einer „mehrfachen Determiniertheit" des Verhaltens. Das macht „Motivation" sehr komplex, zumal Motive in der Regel nicht offen zutage liegen, vielmehr erschlossen, ja konstruiert werden müssen. Die Motivationsforschung hat es mit nicht direkt beobachtbaren, sondern hypothetisch angenommenen Vorgängen, mit sog. *„hypothetischen Konstrukten"* zu tun.

Man denke beispielsweise nur an die Vielfalt der Motive, die einem Verbrechen zugrunde liegen können: Besitzgier, Dominanzstreben, fehlgeleiteter sadistischer Sexualtrieb, Eifersucht, Vergeltung, Ehrgeiz, Prestigebedürfnis, Drang nach Selbsterhaltung, ökonomische und politische Interessen usw.

So wird verständlich, daß es keinen einzelnen Deutungsrahmen gibt, innerhalb dessen alle Phänomene menschlichen Verhaltens verstehbar wären, sondern verschiedene theoretische Ansätze, die jeweils aus dem komplexen Phänomen „Motivation" einzelne Aspekte herausgreifen und beleuchten. So haben wir bereits den ethologischen Ansatz, der menschliches Verhalten instinktgeregelt sieht, und den psychoanalytischen Ansatz, der v. a. auf ein unbewußtes Motiviertsein abhebt, kennengelernt. Eine weitere, in der Psychologie sehr verbreitete Möglichkeit, menschliche Motivation zu erforschen, besteht in der Einteilung in „primäre" und „sekundäre" Motive.

Primäre Motive

Wir alle wissen, was Hunger und Durst ist, wissen, daß wir schlafen, atmen müssen, daß wir darauf aus sind, Schmerz zu vermeiden. Diese Motive, nämlich zu essen, zu trinken, zu schlafen etc., teilen wir mit allen Menschen, auch mit vielen Tieren. Sie sind schon biologisch gegeben, sind angeboren, und wir alle wissen, daß dann, wenn diese biologischen Bedürfnisse nicht mehr befriedigt werden können, unser Organismus schwach und krank wird, er letztlich zugrunde geht. Diese biogenen Antriebe dienen also dem Überleben des Organismus. Wir können deshalb auch von *„Vitalbedürfnissen"* oder „vitalen Motiven" sprechen.

Bei ihrer Befriedigung, sozusagen der „organischen Bedarfsdeckung", lassen sich drei Phasen unterscheiden, die zeitlich nacheinander auftreten und den sog. *Motivationszyklus* bilden.

Das Beispiel des Hungers kann veranschaulichen, was bei einem Motivationszyklus im einzelnen abläuft: Hat man länger nichts gegessen, entsteht ein Mangelzustand, dem jetzt ein Motiv, diesen Zustand zu beheben, entspringt. Subjektiv oder psychisch verspürt man das als ein Bedürfnis zu essen, als „Hungergefühl". Man befindet sich im Zustande der *Appetenz* (Appetit!). Das Verhalten, das jetzt durch dieses Motiviertsein in Gang kommt, beispielsweise der Gang zum Kühlschrank oder der Ruf nach dem Kellner mit entsprechender Order in einem Restaurant, heißt dann *instrumentelles Verhalten*. Im Hinblick auf das verfolgte Ziel „Essen" hat dieses Verhalten also Mittelcharakter (Mittel = Instrument). Der Akt des Essens, „das konsumatorische Verhalten", beschließt dann den Motivationszyklus. Entsprechend wird er *Endhandlung* genannt. Ein Zustand der „Sättigung" ist eingetreten.

Zur Verdeutlichung seien der Motivationszyklus und die Instinkthandlung (s. Kap. 3.2.1.) gegenübergestellt (Tabelle 3.4).

> **!** Primäre Motive oder Bedürfnisse erwachsen aus einem biologischen oder physiologischen Mangelzustand, dessen Beseitigung für die Aufrechterhaltung des Lebens und der Gesundheit erforderlich ist. Deshalb spricht man auch von *biogenen* oder *vitalen* Motiven. Sie sind angeboren.

Tabelle 3.4 Gegenüberstellung von Motivationszyklus und Instinkthandlung

Motivationszyklus	Instinkthandlung
1. Mangelzustand → Motiv (z. B. Hunger) → Appetenzverhalten	1. Appetenzverhalten
2. Motiviertes Verhalten = zielgerichtetes instrumentelles Verhalten	2. Schlüsselreiz – AAM
3. Befriedigung durch Endhandlung	3. Endhandlung

Dazu gehören v. a. Durst, Hunger, das Bedürfnis nach Atmung, geregelter Körpertemperatur, Schmerzvermeidung. Nicht immer wird uns der Ablauf eines Motivationszyklus bewußt. Meist sorgt der Organismus automatisch dafür, daß organische Mangelzustände ausgeglichen werden. Der Nahrungs- und Wasserbedarf beispielsweise kann einige Zeitlang durch körpereigene Reserven gedeckt werden, bis wieder „Nachschub" von außen zugeführt wird. Nur deshalb ist ja auch eine Abmagerungsmöglichkeit wie die sog. „Nulldiät" möglich, ebenso Hungerstreik oder religiöses Fasten.

Homöostatische Motive. Diese Vorgänge der Bedarfsdeckung haben das Ziel, einen bestimmten Gleichgewichtszustand im Organismus aufrechtzuerhalten. Der Physiologe Cannon prägte für diesen Selbststeuerungsprozeß des Organismus den Ausdruck „Homöostase" (homoios, griech.: gleich; stasis, griech.: Stand). Grundlegend für die Regelung einer Homöostase ist der Vergleich des „Ist-Werts" mit einem „Soll-Wert". Der Soll-Wert beschreibt den angestrebten Gleichgewichtszustand, während der Ist-Wert den augenblicklichen Zustand angibt. Aus der Differenz zwischen Soll- und Ist-Wert ergibt sich der „organische Bedarf", das primäre Motiv. Sofern die primären Motive dem Regelkreismodell folgen, können wir sie auch *„homöostatische Motive"* nennen.

Beim Hunger beispielsweise stellt das Hungerzentrum im Zwischenhirn einen Vergleich zwischen Ist- und Soll-Wert an; registriert es eine Differenz, einen „organischen Bedarf", wird dies bewußtseinsfähigen Schichten weitergemeldet, es kommt zum Hungergefühl. Diese „Appetenzphase" motiviert ein „instrumentelles Verhalten", das schließlich zur „Endhandlung des konsumatorischen Aktes" führt. Ein erneuter Vergleich zwischen Soll- und Ist-Wert stellt keine Differenz mehr fest, die Homöostase ist hergestellt, der Hunger beseitigt. Physiologische Faktoren, wie z. B. Magenkontraktionen („Magenknurren"), Blutzuckerspiegel, hypothalamische Prozesse, sind zunächst für das Entstehen des Phänomens „Hunger" verantwortlich. Es tritt also dann auf, wenn im Organismus lebensnotwendige Substanzen und Nährstoffe verbraucht sind, d. h. wie wir gesehen haben, eine Differenz zwischen Ist-Wert und Soll-Wert erreicht ist. Aber, obwohl Hunger ein physiologisch bedingtes Motiv ist – und das ist jetzt für die Medizinische Psychologie entscheidend –, unterliegt er hinsichtlich seines Ausmaßes einem subjektiv verspürten Bedürfnis und hinsichtlich der Formen seiner Befriedigung (u. a. Eßgewohnheiten) dem Einfluß verschiedenster Umweltbedingungen.

Ein Nahrungs- oder Flüssigkeitsdefizit äußert sich in Hunger- und Durstgefühlen. Aber die Tatsache, wieviel und was wir essen oder auch wieviel wir trinken, hat häufig nicht mehr viel mit dem Bedarf des Organismus zu tun. Der Mensch „lernt" in seine primären Motive hinein.

Das zeigt uns beim primären Motiv „Hunger" z. B. das klinische Phänomen der *Adipositas*, der Fettsucht, die in Form des Übergewichts einen zentralen Risikofaktor für Herz- und Gefäßkrankheiten und somit für die häufigste Todesursache bildet. Gerade die Fettsucht kann belegen, welch gewaltige Kluft zwischen organischem Bedarf und subjektiv verspürtem Bedürfnis sich auftun kann. Schon der Volksmund spricht von „Kummerspeck" und meint damit, daß Vielessen Gefühle von Depression abwehren soll. Auch Ärger, Langeweile, Angst vor dem Alleinsein und Leeregefühle können zu triebhaftem Essen veranlassen. Es ist eine Urerfahrung des Menschen, daß bei Unlust- und Spannungszuständen orale Befriedigung Entspannung bringt. Diese wird als „Ersatzbefriedigung" in belastenden Situationen eingesetzt. Essen entschädigt dann für Enttäuschungen, Verluste, Schmerzen. Für eine große Zahl von Fettsüchtigen gilt, daß sie von Kindheit an diese Gleichsetzung gelernt haben, sie mit der Zeit zum unbewußten psychosomatischen Reaktionsmuster wurde. So gibt es richtige „Familientraditionen" des Vielessens, es gehört zum Stil der Familie, Gemeinsamkeit, Nähe und Gefühle untereinander in langen und üppigen Mahlzeiten auszudrücken. Hier kann sich, und zwar v. a. dann, wenn das Füttern des Kindes zum Ausdruckmittel für liebevolle Zuwendung wird, kein eigenes Gefühl für Sättigung entwickeln. Das Hinhörenkönnen auf „Wann bin ich satt?" oder „Wann bin ich hungrig?" oder „Wann muß ich zu essen aufhören?", eine physiologische Selbststeuerung wird so verunmöglicht.

In der Bundesrepublik hat jeder Zweite Übergewicht. Bei einer Umfrage meinten 40 % der Erwachsenen, daß Kinder ihren Teller leer essen sollten. Und gut 68 % sind der Meinung, daß Kinder nicht nur zu bestimmten Zeiten essen sollten, sondern auch immer das, was auf den Tisch kommt. Wird ein Kind genötigt, den Teller trotz erlebter Sättigungsgefühle leer zu essen oder eine bestimmte Speise zu einer ganz bestimmten Zeit zu essen, so wird es sich allmählich an solchen äußeren Bedingungen orientieren, wird es doch dabei regelmäßig gelobt. Weigert es sich z. B., weil innere Signale Sättigung melden oder noch kein Appetit da ist oder eine Abneigung gegen ein bestimmtes Essen besteht, wird es bestraft. Auf die Dauer orientiert es sich natürlich am Lob und übt damit ein Appetitverhalten ein, das nicht von ihm bzw. seinem Körper gesteuert wird. „Ein Löffel für Mama, ein Löffel für Papa" – es stellen sich Schuldgefühle ein, wenn das Kind diesem Hinweis nicht folgt.

Wie sehr soziale Faktoren das Eßverhalten und damit die Sättigung des primären Motivs „Hunger" bestimmen und verändern, zeigt sich allein schon darin, daß Fettsucht signifikant häufiger in den unteren sozialen Klassen vorkommt, während beispielsweise in Indien, wo Fettleibigkeit ein Symbol des Wohlstandes darstellt, eher die Angehörigen der oberen Sozialklassen dicker als die weniger begüterten Landsleute begegnen. Die Motivation zu diesen Verhaltensweisen ist also nicht mehr biologisch, sondern umweltbedingt. Soziogene, umweltbedingte Motive nennt man nun „sekundäre Motive".

Sekundäre Motive

> **!** Sekundäre Motive sind solche Motive, die nicht zur biologischen Ausstattung des Menschen gehören, für die keine physiologische Basis nachweisbar ist, sondern die erst im Prozeß der Sozialisation erworben, d. h. erlernt werden. Man spricht deshalb auch von soziogenen, umweltbedingten Motiven.

Solche sekundären bzw. erlernten Motive sind zum Beispiel das Leistungsmotiv, das Streben nach sozialem Ansehen, das Geltungs- und Machtbedürfnis, das Streben, Aufgaben zu vollenden, bestimmten Moden zu folgen, Ehrgeiz, das Bedürfnis nach Zärtlichkeit und Vertrauen, aber auch Neid, das Streben nach Vergeltung und Rache, schließlich künstlerischer Schaffensdrang, Heroismus, religiöser oder anders motivierter Asketismus, die Suche ethische Werte wie Mut, Tapferkeit, Ehre zu verwirklichen. Sekundäre Motive liegen also immer dann vor, wenn für sie nachgewiesen werden kann, daß ihre Entstehung und Aufrechterhaltung eine Interaktion, eine Wechselbeziehung, mit anderen Menschen voraussetzt.

Wie wir am Beispiel des Hungers gesehen haben, können biogene Motive im Laufe ihrer Entwicklung durch sekundäre Motive überlagert und transformiert werden. Das primäre Motiv „Hunger" differenziert sich in Nahrungsvorlieben und kann sich zur Ursache der Fettsucht ausweiten. Überhaupt sind *süchtige Motive* v. a. sekundäre Motive.

Wenn eine Hausfrau aus Gründen der Vereinsamung trinkt, dann nicht, weil der Kochsalzgehalt des Blutserums erhöht ist, sondern weil sie durch orale Stimmungsbelebung den mangelnden Sozialkontakt, der sie depressiv gemacht hat, auszugleichen sucht. Oder denken wir an „Das-einander-unter-den Tisch-trinken", das Macht- und Geltungsbedürfnis, das sehr viele Alkoholiker aus einer tief empfundenen Minderwertigkeit zum Glas greifen läßt – das hat keine physiologische Basis mehr. Hier ist kein organischer Mangel für das Motiv „Durst" verantwortlich.

Wir sehen also, daß primäre Motive wie Hunger und Durst keine Instinkte darstellen, wenn wir unter Instinkt eine angeborene Verhaltensweise verstehen, die, auf einen spezifischen Außenreiz hin, nach einem festen Schema abläuft. In den Motivationszyklus des Hungers (des „Freßtriebs") und des Durstes gehen auf einer schon sehr frühen Stufe *soziogene Momente*, Momente der Erziehung, des Lernens ein. Wir sehen, daß primäre Motive sekundär durch Lernprozesse überformt und modifiziert werden. Das gilt insbesondere auch für das primäre Motiv „Sexualtrieb" in seinen unterschiedlichsten Befriedigungsformen, wobei die sexuelle Appetenz in Abhebung zu Hunger und den anderen Vitalbedürfnissen kein homöostatisches Motiv ist. Im Abschnitt „Sexualität" (Kap. 3.3.4.) werden wir näher auf diese Differenzierungen eingehen.

Lange war die Psychologie von der Vorstellung beherrscht, daß sekundäre aus primären Motiven ableitbar seien – daher auch der Name „sekundär". Für viele Motive ist diese Herkunft allerdings nicht nachweisbar. Denken wir an Bedürfnisse, wie Gedichte zu lesen, die Beatles oder Beethovens 9. zu hören.

Am Beispiel des „Motivs nach sozialem Kontakt" soll diese Vorstellung dargestellt werden. So nahm man früher an, daß das Motiv nach Bindung und Zuwendung aus dem Nahrungsbedürfnis ableitbar sei:

Hunger motiviert zur Nahrungsaufnahme. Die Sättigung dieses Motivs ist, wie das Schaubild illustriert (Abb. 3.4 einfügen), nur über den „Umweg" Mutter möglich. Die Bedürfnisbefriedigung ist also gekoppelt an die Anwesenheit der Mutter. Zunächst mag ein Säugling, der gestillt wird, für nichts anderes Interesse

haben als für den konsumatorischen Akt („Endhandlung") der Nahrungsaufnahme. Doch schon nach mehrmaliger Erfahrung der Koppelung zwischen Brust bzw. Flasche und Anwesenheit der Mutter wird allein schon die Anwesenheit der Mutter für das Kind zu einer angenehmen Erfahrung, obwohl zunächst die Mutter „bloß" ein neutrales Objekt, ein „Umweg" war. Die Mutter stellt somit für das Kleinkind bald ein Reizmuster dar, das fortwährend mit der Befriedigung seiner primären Motive verknüpft ist. Es verlangt immer häufiger nach der Mutter, auch wenn die Nahrungsbedürfnisse schon längst befriedigt sind, weil das „Bedürfnis nach der Mutter" durch die dauernde Verknüpfung mit der Befriedigung des primären Motivs (Nahrungsaufnahme) zu einem sekundären, gelernten Motiv geworden ist.

Dieses „Motiv nach Sozialkontakt" wird so mit der Zeit zum Selbstzweck, es erlangt *eine „funktionale Autonomie"* (Allport). Nicht von seiner Herkunft, sondern jetzt in seiner Funktion ist das Motiv autonom. Dieses sekundäre Motiv nach Sozialkontakt kann sich dann von der Mutter aus auf andere Bezugspersonen generalisieren, auf den Vater, die Geschwister, die Großeltern. So können verzweigte, sekundäre Motivsysteme entstehen, z. B. nach Sozialkontakt im Sinne der Familien- und Gruppenzugehörigkeit. (Abb. 3.5). Die vergleichende Verhaltensforschung ist allerdings der Ansicht, daß dieses Bindungsmotiv bereits angeboren ist und es somit selbst bereits ein primäres Motiv wäre. Auch die Säuglingsforschung fand viele Hinweise darauf, daß das Motiv nach Bindung angeboren und unabhängig von der Nahrungsaufnahme ist.

Wie aus diesem Beispiel ersichtlich wird, gewinnen Objekte, die bei der Befriedigung von primären Motiven zugegen waren, den Charakter von erstrebenswerten Zielen, deren Erlangung befriedigend wirkt. Reize, die mit primären Motiven gekoppelt waren, werden zum Ausgangspunkt von sekundären Motiven. Ein-

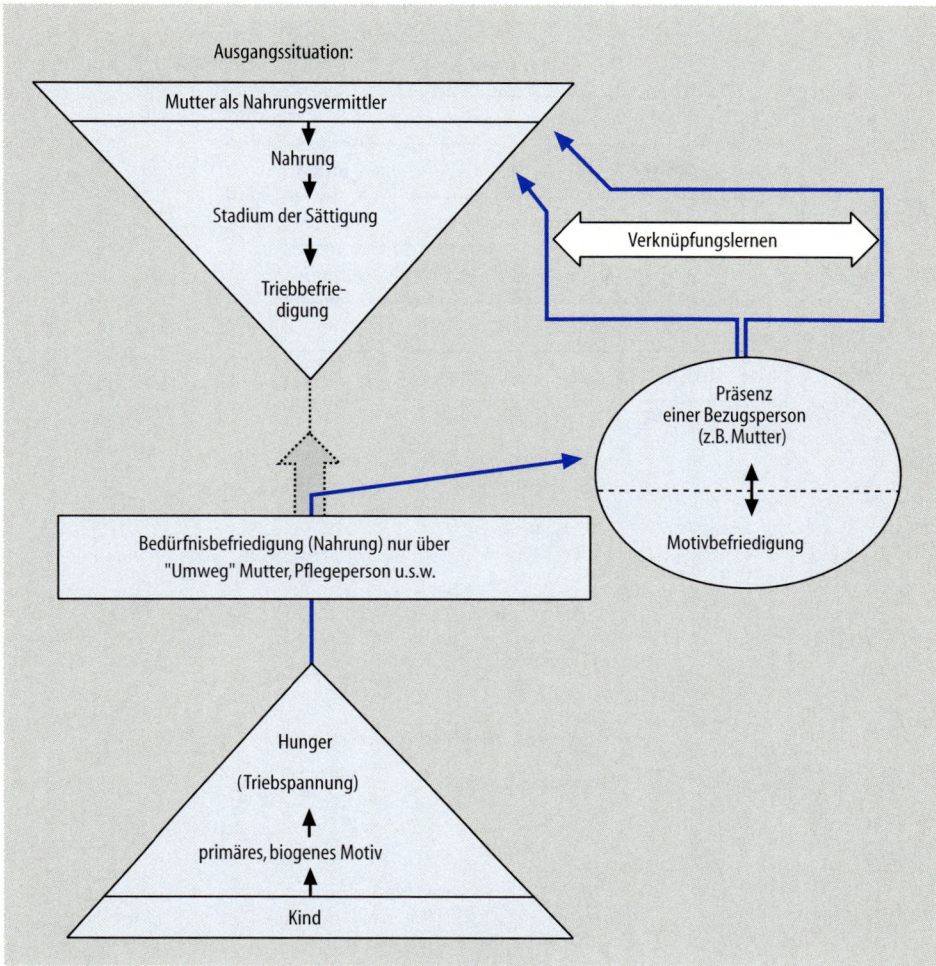

Ausgangssituation:

Mutter als Nahrungsvermittler

Nahrung

Stadium der Sättigung

Triebbefrie-
digung

Verknüpfungslernen

Präsenz
einer Bezugsperson
(z.B. Mutter)

Motivbefriedigung

Bedürfnisbefriedigung (Nahrung) nur über
"Umweg" Mutter, Pflegeperson u.s.w.

Hunger

(Triebspannung)

primäres, biogenes Motiv

Kind

Abb. 3.4 Aufbau des sekundären Motivsystems „sozialer Kontakte" (nach Hauss et al. 1981)

drucksvolle Beispiele für diese Verknüpfung bietet die Werbepsychologie. Bei der Koppelung von Autoreifen mit erregenden Frauenbeinen handelt es sich um die Anbindung des Motivs „Sexualtrieb" an Konsumgüter (s. Abb. 3.6). Auf diese Weise werden neue, sekundäre Motive erzeugt.

Eine auf die Unterscheidung zwischen primären und sekundären Motiven zurückgehende Einteilung der menschlichen Motive zeigt die sog. *„Motivhierarchie"*

nach Maslow (s. Abb. 3.7): Auf den primären biogenen Motiven aufbauend entwikkelt sich das Bedürfnis nach Sicherheit, Liebe und Geborgenheit. Noch später treten Bedürfnisse nach Ansehen und Geltung auf. Die Spitze dieser Motivhierarchie nimmt dann das „Verlangen nach Selbstverwirklichung" ein.

Nach Maslow ist es wichtig, daß in der Motivhierarchie das jeweils niedrigere Bedürfnis angemessen befriedigt sein muß, bevor das

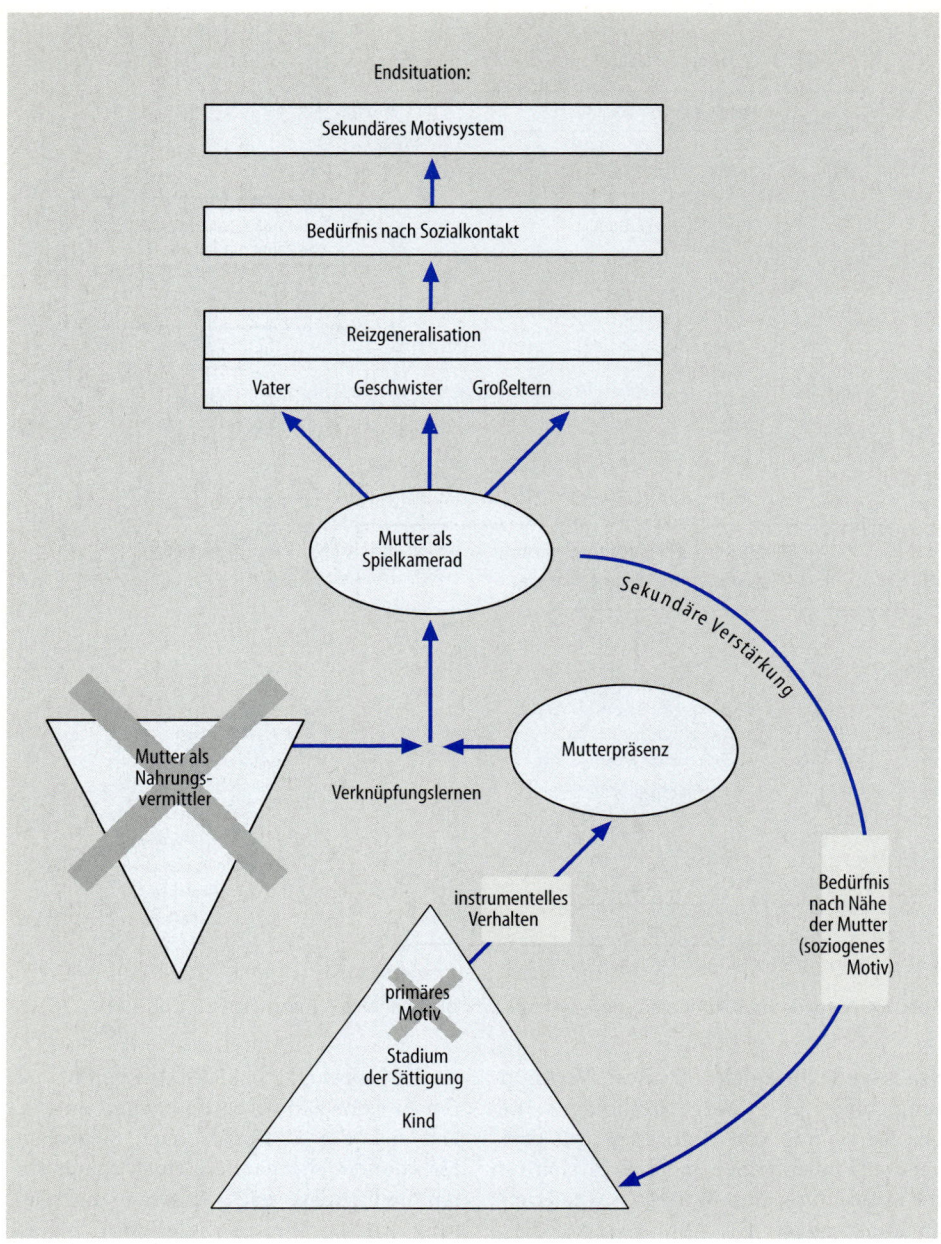

Abb. 3.5 Sozialkontakt als sekundäres Motiv (nach Hauss et al. 1981)

Abb. 3.6 „Die Beine ihres Autos." Reifenreklame von Pirelli, welche die Aufmerksamkeit erregende Wirkung sexueller Reize als Blickfang nützt (nach Eibl-Eibesfeldt 1986)

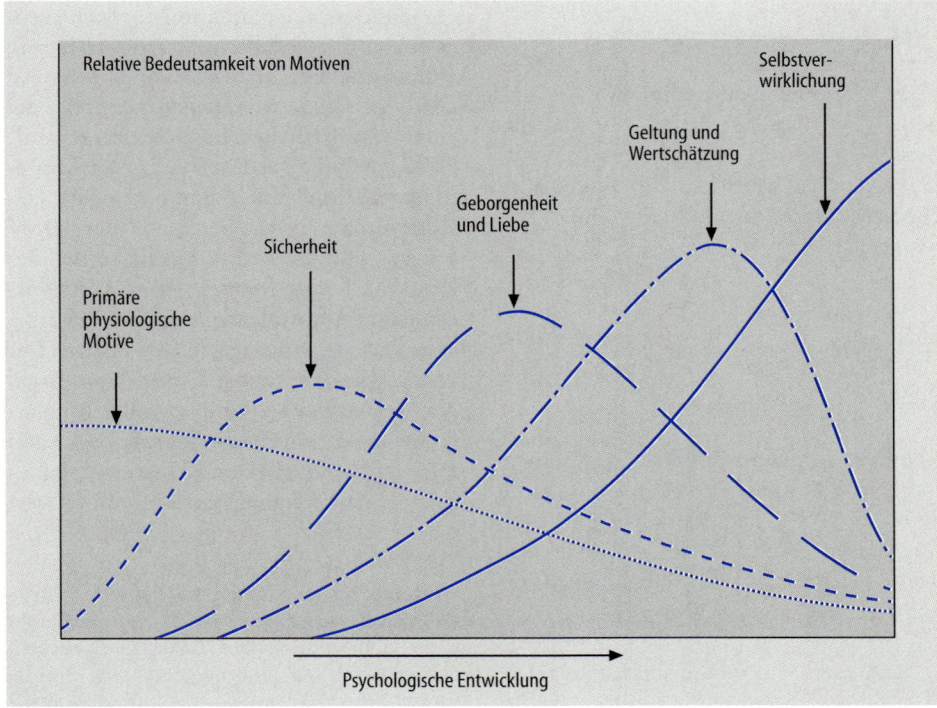

Abb. 3.7 Schematische Darstellung der Bedeutsamkeit von fünf Hauptmotiven nach Maslow zu verschiedenen Zeitpunkten der Entwicklung (nach Oerter 1987)

nächsthöhere Bedürfnis realisiert werden kann. Wer nie Geborgenheit, Liebe und soziale Anerkennung erfahren hat, ist nicht in der Lage, das eigene Geschick sozial angemessen zu gestalten. Etwas pointiert könnte man mit B. Brecht formulieren: „Erst kommt das Fressen, dann die Moral".

Daß aber angesichts der Plastizität menschlichen Daseins auch eine solche Hierarchie durchbrochen werden kann, zeigt z. B. beim „Freßtrieb" das Phänomen des „Hungerstreiks" und die Krankheit „Magersucht" (s. Kap. 6.2.3 Jugendalter). Um der Befriedigung soziogener Motive, des Erreichens sozialer Ziele willen, wird hier ein primäres Motiv gerade nicht befriedigt.

Eine besonders große Bedeutung gewinnt die Motivationstheorie für die psychologische Medizin, wenn es zum *Motivationskonflikt* kommt. Wir sprechen von einem solchen Konflikt dann, wenn zwei Motive zusammenkommen, die unvereinbar sind, die einander ausschließen, nicht zusammen befriedigt werden können. Wir haben den Begriff des Konflikts bereits in seiner neuroseverursachenden Bedeutung im Abschnitt über den „Psychoanalytischen Ansatz" (Kap. 3.2.2) kennengelernt.

Nach dem deutsch-amerikanischen Psychologen Kurt Lewin lassen sich je nach Art der sich widersprechenden gleichstarken Kräfte drei Typen von Konflikten unterscheiden:

Appetenz-Appetenz-Konflikt (Annäherungs-Annäherungs-Konflikt). Das Motto „Wer die Wahl hat, hat die Qual" steht für diesen Konflikt. Er entsteht also, wenn gleichzeitig zwei miteinander *unvereinbare* Ziele angestrebt werden.

So kann es z. B. einen Ehemann nach einer außerehelichen Beziehung gelüsten, zugleich aber möchte er die Geborgenheit erhalten, die ihm Frau und Kinder geben.

Aversions-Aversions-Konflikt (Vermeidungs-Vermeidungs-Konflikt). Diese Grundform liegt vor, wenn man sich zwischen zwei Objekten entscheiden muß, die *gleich negativ* sind. „Egal, was ich jetzt tue, in jedem Fall wird es unangenehm".

Zum Beispiel steht ein Straffälliger bei der Verurteilung vor der Alternative: hohe Geldstrafe oder kurze Gefängnisstrafe. Schwerwiegender zweifellos die gesetzlich geregelte Möglichkeit für lebenslang internierte Triebtäter, ein gewisses Maß von Freiheit dann zu erlangen, wenn sie sich einer freiwilligen Kastration unterziehen. Der Konflikt, in dem sich ein solcher Mensch befindet, ist der zwischen Kastration und ewigem Eingesperrtsein. Gegen beides hat er eine Aversion, beides möchte er vermeiden.

Appetenz-Aversions-Konflikt (Annäherungs-Vermeidungs-Konflikt). Bei diesem Konflikttypus fühlt sich der Mensch von ein und derselben Situation *zugleich* angezogen und abgestoßen, er will etwas und will es zugleich nicht. Dieser Konflikt ist der eigentliche **Ambivalenzkonflikt**, der gerade im ärztlichen Bereich eine zentrale Rolle spielt. So kann z. B. einer „Erschöpfungsreaktion" mit Symptomen wie Leistungsunfähigkeit, Gefühlen der Ohnmacht, ständiger Müdigkeit usw. der krankmachende Konflikt einer Aversions-Appetenz-Ambivalenz gegenüber der eigenen Anstrengung zugrunde liegen. Der Leistungsmotivation steht das Bewußtsein der Sinnlosigkeit über das eigene Tun entgegen. Auch eine „Examensphobie" kann z. B. auf eine so sich selbst widersprechende Anstrengung zurückgeführt werden.

So wollte ein Jurastudent auf bewußter Ebene unbedingt das Examen absolvieren, auf einer mehr unbewußten aber hätte das bedeutet, daß er damit dem ihm aufgedrängten Berufswunsch des Vaters, der eine Anwaltskanzlei betrieb, die er später übernehmen sollte, entsprochen hätte. Gegen diese aufgezwungene

„Delegation" hatte er massive Vorbehalte, lagen seine Interessen doch auf anderem Gebiet und schon gar nicht in einer ständigen Zusammenarbeit mit dem von ihm abgelehnten Vater.

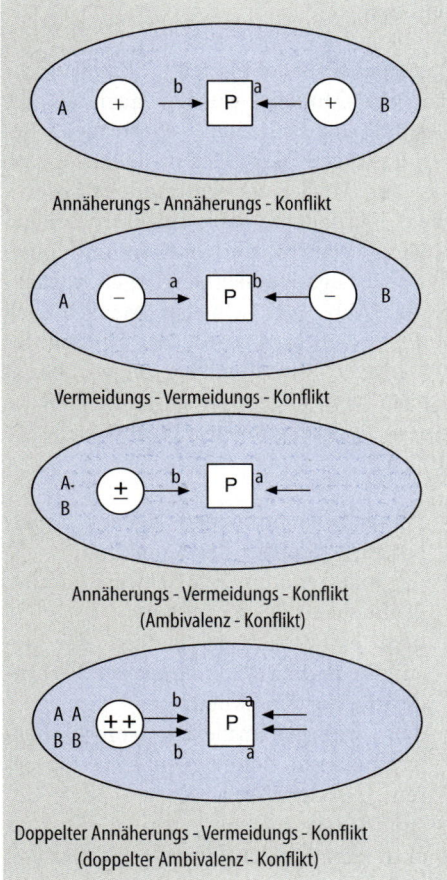

Annäherungs - Annäherungs - Konflikt

Vermeidungs - Vermeidungs - Konflikt

Annäherungs - Vermeidungs - Konflikt
(Ambivalenz - Konflikt)

Doppelter Annäherungs - Vermeidungs - Konflikt
(doppelter Ambivalenz - Konflikt)

Abb. 3.8 Grundformen der Konfliktsituationen. *P* symbolisiert die Person, *A* bzw. *B* die Objekte bzw. Ziele ihres Verhaltens. Diese zeigen entweder positiven (+) oder negativen (-) Aufforderungscharakter. Die mit Kleinbuchstaben (*a, b*) bezeichneten Pfeile repräsentieren die den Aufforderungscharakteren entsprechenden Kräfte. Sie bewirken die Annäherung der Person an den positiv valenten Gegenstand und/oder die Vermeidung des negativ valenten (nach Graumann 1971)

Wie wir gesehen haben, liegt gerade dem psychoanalytischen Ansatz, im Hinblick auf die Erklärung von psychogenen Erkrankungen, v. a. dieses Konfliktmodell im Sinne des „Über-Ich – Es – Konfliktes" zugrunde.

In der folgenden Abb. 3.8 sind die Grundformen möglicher Konfliktsituationen noch einmal dargestellt (nach Graumann 1971). Der unter d) aufgeführte *„doppelte Annäherungs-Vermeidungs-Konflikt"* zeugt von der „Multivalenz" vieler Situationen. Die Lockung der ersten Liebesnacht (+), die Furcht vor dem, was da auf einem zukommt (-), der Wunsch, sich als Mann oder Frau zu bestätigen (+), die Sorge, dabei zu versagen (-), die berühmte „Impotenz der Hochzeitsnacht" (-), bilden eine doppelte Ambivalenz, die keineswegs künstlich wirkt, wenn man an das „vielfältige Hin und Her, einerseits-andererseits denkt, das manche Menschen in der Konfliktphase vor Entscheidungen bewegt" (Graumann 1971).

3.2.4 Handlungstheoretischer Ansatz

Motivationstheorien. Wodurch unterscheidet sich der handlungstheoretische Ansatz von anderen Motivationstheorien? Ethologisch orientierte Motivationstheorien sehen menschliches Verhalten in Analogie zum Verhalten der Tiere als durch Instinkte und angeborene Auslösemechanismen kontrolliert. Psychoanalytische Theorien erschließen unbewußte Triebwünsche, Konflikte und Abwehrmechanismen, die das manifeste Denken, Fühlen und Handeln bestimmen. Psychobiologische Ansätze betrachten Erlebens- und Verhaltensweisen als größtenteils genetisch determiniert. In lerntheoretischen Motivationstheorien wird Verhalten durch vorausgehende Reize (Stimuli) und kontingente nachfolgende Belohnungen (Verstärker) aufgebaut und aufrechterhalten.

Im Gegensatz zu diesen Modellen, die die Determinierung menschlichen Verhaltens betonen, sehen handlungstheoretische Ansätze den Menschen in erster Linie als *bewußt und rational handelndes Subjekt*. Man könnte dieses theoretische Programm mit dem Schlagwort „man as a scientist" überschreiben. Die Handlungstheorien entwerfen ihr Bild vom Menschen analog dem Bild des Wissenschaftlers von sich selbst. Auch der „Mann auf der Straße" konzipiert Handlungspläne, geht von Erwartungen aus, richtet sich nach Erfolgswahrscheinlichkeiten und nach Bewertungen der erreichbaren Ziele, verfolgt Absichten (Intentionen). Handlungstheorien geht es darum, zu klären, welche kognitiven und emotionalen Prozesse beim Zustandekommen einer Handlung eine Rolle spielen.

Erwartungs-mal-Wert-Theorien. Die klassischen motivationspsychologischen Erwartungs-mal-Wert-Theorien sagen aus, daß die Stärke eines Handlungsmotivs proportional dem Produkt aus der Erwartung, mit der entsprechenden Handlung ein Ziel (Handlungsergebnis) zu erreichen, und dem Wert ist, der dem Handlungsergebnis beigemessen wird. Sie stellen die Fragen: Lohnt es sich (Wert)? und: Habe ich eine realistische Chance (Erwartung)? Wenn der Wert groß ist, ich aber keine Chance habe, werde ich mich wahrscheinlich ebensowenig anstrengen wie dann, wenn die Erfolgswahrscheinlichkeit zwar groß, der Wert des Erfolgs aber gering ist. Die Erwartungs-mal-Wert-Theorien wurden v. a. zur Erklärung der Leistungsmotivation ausgearbeitet. Sie versuchten die Frage zu beantworten, wann Menschen bereit sind, sich anzustrengen, und fanden heraus, daß eine optimale Motivation jeweils mindestens mittlere Ausprägungen der subjektiven Erwartung, ein Ziel zu erreichen, und des subjektiven Werts, der diesem Ziel beigemessen wird, erfordert. Ist der Wert zu gering, lohnt es sich für das Individuum nicht, sich dafür einzusetzen; ist die Erfolgswahrscheinlichkeit zu gering, bemühen sich die meisten Menschen ebenfalls nicht, ein Ziel zu erreichen, selbst wenn es (Beispiel Lottogewinn) sehr wertvoll sein mag.

Das Health-Belief-Modell. Erwartungs-mal-Wert-Modelle wurden auch in die Gesundheitspsychologie übertragen. Bekannt wurde das Health-Belief-Modell, das zur Vorhersage gesundheitsförderlichen Verhaltens auf subjektiv eingeschätzte Wahrscheinlichkeiten und positive wie negative Wertsetzungen zurückgreift (Abb. 3.9). Ob ein Mensch sich dafür entscheiden wird, ein bestimmtes präventives Verhalten zu zeigen, hängt danach von folgenden gesundheitsbezogenen Überzeugungen („health beliefs") ab:

- der wahrgenommenen eigenen Anfälligkeit gegenüber der Krankheit;
- der wahrgenommenen Schwere und Bedrohlichkeit der Krankheit;
- dem eingeschätzten Nutzen der gesundheitlichen Maßnahme zur Verhinderung der Krankheit;
- den wahrgenommenen (physischen, psychischen, finanziellen etc.) Barrieren (Hindernissen, Kosten) des Gesundheitsverhaltens;
- aktivierenden Einflüssen (z. B. Rat von anderen, Krankheit eines Familienmitglieds oder Freundes etc.).

Nur wenn die betreffende Krankheit gravierend genug eingeschätzt wird (z. B. Aids), wenn man weiterhin glaubt, ein einigermaßen hohes Risiko zu haben, sie zu bekommen (z. B. Homosexualität; häufig wechselnder Sexualpartner), vom Nutzen der Präventionsmaßnahme (z. B. Kondome) überzeugt ist und diese nicht als zu

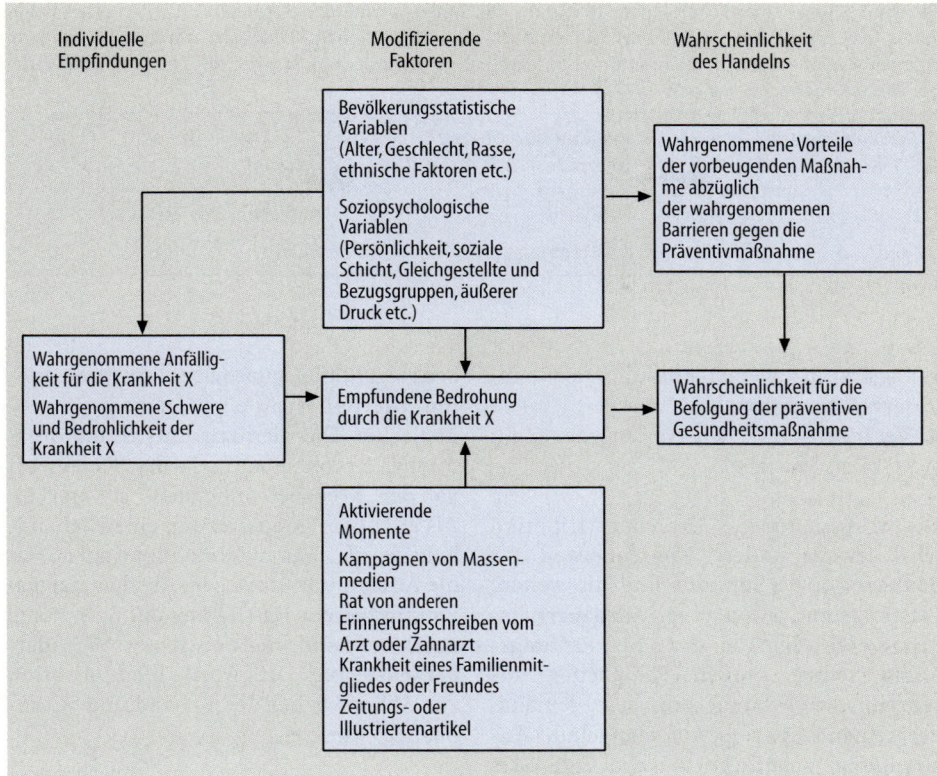

Individuelle
Empfindungen

Modifizierende
Faktoren

Wahrscheinlichkeit
des Handelns

Bevölkerungsstatistische
Variablen
(Alter, Geschlecht, Rasse,
ethnische Faktoren etc.)

Soziopsychologische
Variablen
(Persönlichkeit, soziale
Schicht, Gleichgestellte und
Bezugsgruppen, äußerer
Druck etc.)

Wahrgenommene Vorteile
der vorbeugenden Maßnah-
me abzüglich
der wahrgenommenen
Barrieren gegen die
Präventivmaßnahme

Wahrgenommene Anfällig-
keit für die Krankheit X

Wahrgenommene Schwere
und Bedrohlichkeit der
Krankheit X

Empfundene Bedrohung
durch die Krankheit X

Wahrscheinlichkeit für die
Befolgung der präventiven
Gesundheitsmaßnahme

Aktivierende
Momente

Kampagnen von Massen-
medien
Rat von anderen
Erinnerungsschreiben vom
Arzt oder Zahnarzt
Krankheit eines Familienmit-
gliedes oder Freundes
Zeitungs- oder
Illustriertenartikel

Abb. 3.9 Das Health-Belief-Modell. Es zeigt, welche Faktoren präventives Gesundheitsverhalten beeinflussen (aus Verres 1986)

sehr störend erlebt, sind die Voraussetzungen für präventives Handeln gegeben.

Die Attributionstheorie. Die Erwartungs-
mal-Wert-Theorien wurden in der Lei-
stungsmotivationsforschung durch die Attributionstheorie weiterentwickelt. Attribution bedeutet Ursachenzuschreibung.
Die Attributionstheorie erforscht die Ursachenerklärungen von Handlungen und
Ereignissen, wie sie Menschen im Alltag
vornehmen. Sie geht davon aus, daß es
für die Motivation wichtig ist, worauf ein
Mensch sein Handeln und die Handlungs-
ergebnisse zurückführt. Angenommen, jemand habe eine Prüfung bestanden. Er hat
nun viele Möglichkeiten, wie er sich sei-

nen Erfolg erklären will. Er kann ihn seinen Fähigkeiten zuschreiben oder aber
seiner großen Anstrengung. Er kann den
Erfolg jedoch auch auf die geringe Schwierigkeit der gestellten Aufgaben zurückführen oder gar auf einen glücklichen
Zufall. Analoge Überlegungen kann er
anstellen, wenn er die Prüfung nicht
bestanden hat und sich seinen Mißerfolg
erklären muß. Kombiniert man diese vier
Möglichkeiten der Attribution in einem
Vier-Felder-Schema, so ergeben sich zwei
Dimensionen, anhand derer man die
vier Ursachenfaktoren einordnen kann
(Tabelle 3.5).

Tabelle 3.5 Vier-Felder-Schema der Attribution. Die subjektiv wahrgenommenen Ursachen eines Ereignisses (z. B. Erfolg in einer Prüfung) können nach zwei Dimensionen klassifiziert werden: 1. Lage zum eigenen Beeinflussungsbereich: internal vs. external; 2. Veränderbarkeit über die Zeit: stabil vs. variabel (nach Groeben u. Scheele 1977)

Verlauf über die Zeit	Beeinflussungsbereich internal	external
stabil	Fähigkeit	Aufgabenschwierigkeit
variabel	Anstrengung	Zufall

- Lage zum eigenen Einflußbereich: internal vs. external;
- Veränderbarkeit im Verlauf der Zeit: stabil vs. variabel.

Die vorgenommene Ursachenattribution wird jeweils andere Konsequenzen für das emotionale Befinden und die weitere Leistungsmotivation (z. B. Ausdauer) haben. So wird jemand, der einen Prüfungserfolg seinen großen Fähigkeiten zuschreibt, wohl darauf stolz sein. Jemand, der seinen Mißerfolg auf mangelnde Anstrengung zurückführt, wird ggf. das nächste Mal mehr lernen. Manche Menschen scheinen Attributionsvoreingenommenheiten zu haben. Sie neigen dazu, Erfolge bzw. Mißerfolge immer wieder auf dieselben Ursachen zurückzuführen. Solche Attributionsvoreingenommenheiten können günstig und motivationsförderlich sein (z. B. Erfolge auf Fähigkeiten, Mißerfolge auf mangelnde Anstrengung zurückzuführen) oder ungünstig und entmotivierend (z. B. Erfolge auf geringe Aufgabenschwierigkeiten, Mißerfolge auf geringe Fähigkeiten zurückzuführen).

Auch in bezug auf Krankheit ist die Kausalattribution des Patienten von Bedeutung. Eine internal-stabile Attribution (z. B. auf dispositionelle Faktoren) wäre einer aktiven Anstrengung, wieder gesund zu werden, wohl eher wenig förderlich. Schlimmstenfalls könnte sie gar zu Schuldgefühlen und Selbstvorwürfen führen. Hierin besteht eine Gefahr psychosomatischer Theorien zur Entstehung organischer Krankheiten (z. B. das Schlagwort von der „Krebspersönlichkeit", s. Kap. 5.1). Als günstige Voraussetzung einer Behandlung würde man sich eine internal-variable Attribution wünschen, die den eigenen Beitrag bei der Entstehung der Symptome anerkennt und zugleich deren Veränderbarkeit betont. Dies würde die Motivation zur Mitarbeit bei der Behandlung (Compliance) fördern.

Kontrollüberzeugungen. Mit der Ursachenerklärung einer Erkrankung hängen die Vorstellungen eng zusammen, wie man den weiteren Verlauf beeinflussen, kontrollieren kann (Kontrollüberzeugung). Als günstig wird allgemein angenommen, wenn der Kranke glaubt, selbst etwas für die Genesung und Rezidivprophylaxe tun zu können (*internale Kontrollüberzeugung*). In manchen Situationen, in denen der Kranke selbst wenig tun kann (z. B. intensivmedizinische Behandlung eines akuten Herzinfarkts, Chemotherapie bei Tumorerkrankungen), muß er bereit sein, Verantwortlichkeit und Kontrolle an die Ärzte zu delegieren, was erfahrungsgemäß nicht wenigen Menschen eher schwerfällt.

Klapp und Scheer (1984) beschreiben vier Typen der Patient-Team-Interaktion auf der Intensivstation, in denen der Kontrollverlust auf je unterschiedliche Weise bewältigt wird.

Der „Idealfall". Die Patienten können sich „fallenlassen", bis auf das frühkindliche „orale" Niveau regredieren und die diesem Niveau angemessenen Formen der Bedürfnisbefriedigung durch Versorgtwerden akzeptieren, soweit dies für die Sicherung ihrer Existenz aktuell notwendig ist. Sie delegieren Funktionen der Realitätsbewältigung, die sie gegenwärtig nicht selbst ausüben können, an das Team. Diese Regression erfolgt um der späteren „Progression", d. h. der Rehabilitation, willen.

Offene Ablehnung der Regression und Kontrollbedürfnis. Die geforderte Regression löst in manchen Patienten so große Angst aus, daß sie ihre Autonomie andauernd verteidigen müssen und im Konflikt von Abhängigkeit und Unabhängigkeit gefangen bleiben. Dem Team erscheinen solche Patienten als mißtrauisch, besserwisserisch und uneinsichtig. Sie versuchen um jeden Preis, Passivität zu vermeiden, können es kaum ertragen, beim Waschen, Wasserlassen oder Stuhlgang auf fremde Hilfe angewiesen zu sein. Hierzu zählen auch Patienten, die vom Krankenbett aus ihre geschäftlichen Belange abwickeln wollen.

Äußerliche Anpassung und verdeckte Ablehnung. Patienten dieser Gruppe zeigen sich äußerlich schicksalsergeben oder zuversichtlich, übergefügig und angepaßt, überspielen jedoch ihre inneren Nöte und Befürchtungen, die sich zum Beispiel in Phantasien über das in ihrem Körper ablaufende Krankheitsgeschehen und irrationalen Ängsten ausdrücken können.

Fixierung in der Regression. Manche Patienten werden von Angst überflutet und zeigen sich völlig abhängig vom Behandlungsteam. Sie sind auf ständige Beruhigung angewiesen, hoffnungslos und äußern hypochondrische Befürchtungen. Sie vollziehen die Regression sehr leicht, verharren dann aber in einem Zustand der „Infantilisierung", trotz körperlicher Besserung und der damit einhergehenden Möglichkeit zu mehr Selbständigkeit.

Man spricht von *sozial-externaler Kontrollüberzeugung*, wenn ein Kranker anderen Menschen seines sozialen Umfeldes, naturgemäß in erster Linie den Ärzten, den wichtigsten Einfluß auf seine Genesung zuschreibt. Es hängt aus seiner Sicht in erster Linie vom Arzt, dessen Fähigkeiten und Anstrengungen ab, ob die Behandlung erfolgreich sein wird – nicht so sehr von ihm selbst (internale Kontrollüberzeugung) oder von Zufall und Schicksal (*external-fatalistische Kontrollüberzeugung*). Später, nach Abschluß der Akutbehandlung, muß sich der Kranke dann zunehmend wieder den delegierten Einfluß „zurückholen" und Eigenverantwortlichkeit für die Rehabilitation entwickeln (z. B. seine Lebensweise in bezug auf Rauchen, Essen, Bewegung, Streß etc. umstellen).

Kognitive Kontrolle. Bei all diesen Überlegungen ist die subjektive Überzeugung über die Verursachung einer Handlung oder eines Ereignisses oft wichtiger als die reale Verursachung. Man spricht deshalb von „kognitiver" Kontrolle und bezeichnet damit die subjektive Überzeugung, Handlungen, Ereignisse oder Zustände erklären, vorhersagen und/oder beeinflussen zu können. Auch illusionäre Kontrollüberzeugungen können handlungssteuernd wirksam sein. So kann man das Phänomen, daß viele Krebskranke, zumal im Terminalstadium ihrer Erkrankung, bei paramedizinischen Behandlungsverfahren unbewiesener Wirksamkeit Zuflucht nehmen, damit erklären, daß sie ein Gefühl von Kontrolle, d. h. ein Gefühl, noch etwas tun zu können, aufrechterhalten wollen.

Ursachenvorstellungen und Behandlungserwartungen bei Herzinfarktpatienten (Faller 1990a). Die Ursachenattribution, die ein von einer Krankheit Betroffener vornimmt, entscheidet mit darüber, welche Behandlung er für angemessen hält und ob er sich nach den Empfehlungen seines Arztes richtet. Wenn man Herzinfarktrehabilitanden auf einem Fragebogen ankreuzen läßt, was sie selbst für die Ursache ihres Herzinfarktes halten, so lassen sich in ihren Antworten vier Dimensionen der Herzinfarktursachen unterscheiden: Erstens das sozusagen offizielle medizinische Modell der körperlichen Risikofaktoren: Hypercholesterinämie, Zigarettenrauchen, arterielle Hypertonie, Diabetes mellitus, Hyperurikämie, Übergewicht. Dann ein psychosomatisches Modell, in welchem familiäre Sorgen, innere Ängste oder unterdrückter Ärger als ursächlich angeschuldigt werden. Als drittes Modell kann davon das Streßkonzept unterschieden werden: Streß als Merkmal des modernen Lebens, vom einzelnen kaum veränderbar. Es ist dies das neben dem Risikofaktorenmodell verbreitetste. Schließlich gibt es auch eine sozusagen übernatürliche Krankheitsvorstellung, in welcher der Herzinfarkt als Schicksal, als Strafe Gottes u.ä. angesehen wird. Es ist plausibel, daß diese unterschiedlichen Ursachenvorstellungen Konsequenzen für die Behandlungserwartung des Patienten haben, Konsequenzen dafür, was er als hilfreich und sinnvoll für die Rehabilitation erlebt (Abb. 3.10). Wie zu erwarten, folgt aus einem somatischen Modell der klassischen Risikofaktoren die Behandlungserwartung, daß eben diese Risikofaktoren reduziert werden sollen. Eine hohe Korrelation findet sich zwischen psychosozialen Behandlungserwartungen und einer psychosozialen Ursachentheorie. Ein Modell, das psychosoziale Ursachen betont, kann aber außer der psychosozialen Betreuung durchaus auch die Reduktion somatischer Risikofaktoren einschließen. Daneben kommen regressive Wünsche, Wünsche versorgt und entlastet zu werden, zum Tragen. Das Streßmodell scheint höchst indifferent bezüglich spezifischer Behandlungswünsche zu sein und ist darin dem Glauben an übernatürliche Ursachen ähnlich. Vielleicht spielt hier die als gering wahrgenommene Veränderbarkeit des Stresses eine Rolle (external-fatalistische Kontrollüberzeugung).

Krankheitsbewältigung. Am bekanntesten ist das Modell der Krankheitsbewältigung (Coping) von Lazarus. Es stammt aus der Streßforschung. Nach Lazarus ist

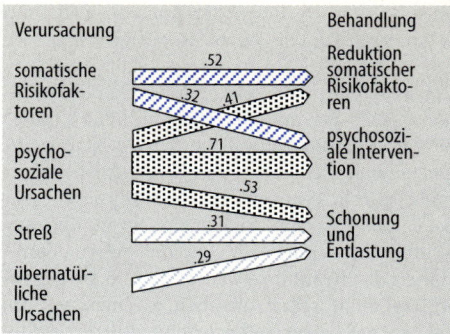

Abb. 3.10 Zusammenhänge (Korrelationskoeffizienten) zwischen Ursachenvorstellungen und Behandlungserwartungen bei Herzinfarktpatienten. Patienten, die den Herzinfarkt auf medizinische Risikofaktoren zurückführen, besitzen auch auf Reduktion der Risikofaktoren gerichtete Behandlungserwartungen. Patienten, die psychosoziale Ursachen für den Herzinfarkt verantwortlich machen, erwarten psychosoziale Interventionen. Daneben bestehen jeweils auch Über-Kreuz-Zusammenhänge zwischen den beiden Variablenbereichen. Die Attribution des Herzinfarktes auf den allgemeinen Streß des heutigen Lebens ist hingegen lediglich mit der Behandlungserwartung „Schonung und Entlastung" verbunden; „Streß" scheint für die Betroffenen hier eher external attribuiert zu werden und wird nicht als durch spezifische Interventionen veränderbar erlebt. In dieser Hinsicht ist eine Ursachenerklärung des Herzinfarkts durch „Streß" einer Attribuierung auf Schicksal und Zufall vergleichbar (nach Faller 1990a)

die Person-Umwelt-Transaktion (Wechselwirkung) durch ein Kräftespiel zwischen Anforderungen der Situation und Fähigkeiten der Person charakterisiert. *Streß* ist durch eine Transaktion gekennzeichnet, in der die Anforderungen der Umwelt die Anpassungsfähigkeit eines Individuums beanspruchen oder übersteigen. *Bewältigung* wird definiert als diejenigen Anstrengungen, mit solchen Anforderungen, die die Fähigkeiten einer Person beanspruchen oder übersteigen, fertig zu werden. In einer primären Bewertung (primary appraisal) schätzt die Person die Bedeutung einer Situation hinsichtlich des eigenen Wohlbefindens als positiv, irrelevant oder streßreich ein. Bei der Einschätzung als streßreich unterscheidet sie weiter zwischen Herausforderung, Bedrohung oder Schädigung/Verlust. In einer sekundären Bewertung (secondary appraisal) beurteilt sie die ihr zur Verfügung stehenden Bewältigungsfähigkeiten und -möglichkeiten. Im Verlauf des Bewältigungsprozesses nimmt das Individuum andauernd Neueinschätzungen (reappraisals) vor, in die Rückmeldungen über die Veränderungen in der Person-Umwelt-Transaktion eingehen. Bewältigungsversuche können auf die Beseitigung der Belastungsursache in der äußeren Situation zielen (problembezogenes Coping); sie können aber auch lediglich die emotionale Befindlichkeit des Individuums zu regulieren versuchen (emotionsbezogenes Coping).

Eine Weiterentwicklung des Lazarus'schen Modells stellt die *integrative Konzeption* von Heim et al. (1983) dar (Abb. 3.11). In diesem Modell sind an verschiedenen Stellen „Wahrnehmungsfilter" eingebaut, die darüber entscheiden, ob Bedrohungen und Belastungen wahrgenom-

men oder aber abgewehrt werden. Es enthält außerdem Rückkopplungsschleifen, die den prozessualen Charakter der Krankheitsverarbeitung widerspiegeln. Coping ist ein Prozeß, kein einmaliger Akt. Krankheitsbedingte Bedrohungen und Belastungen müssen immer wieder neu durchgearbeitet werden, und jeder Verarbeitungsschritt hat Rückwirkungen auf die Wahrnehmung und Einschätzung der Situation und ihrer Anforderungen.

Die Rückmeldungen im integrativen Coping-Modell von Heim verleihen dem Bewältigungshandeln Merkmale eines kybernetischen Regelkreises. Prototyp derartiger *Regelkreismodelle* ist das Test-Operation-Test-Exit-Modell (abgekürzt: TOTE-Modell) von Miller. Es basiert auf den vier Schritten:

- Prüfung,
- Handlung,
- nochmalige Prüfung,
- Ende.

Bewältigungsstile. Ähnlich den Attributionsvoreingenommenheiten, die über verschiedene Situationen hinweg (situationsübergreifend, transsituativ) wirksam wer-

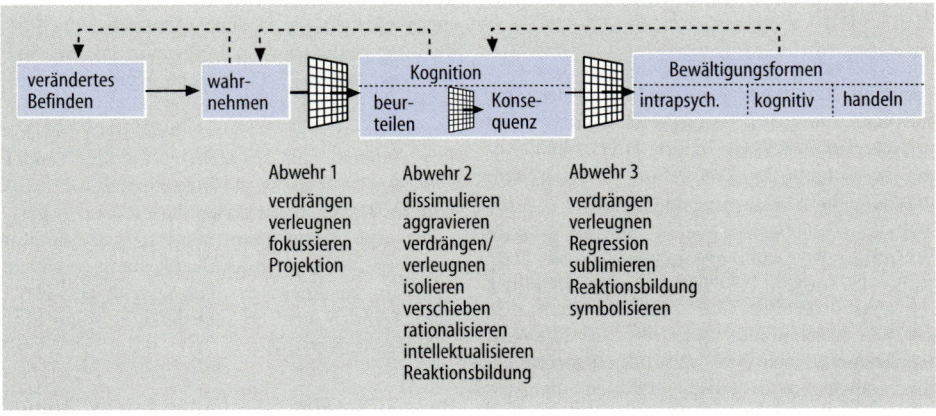

Abb. 3.11 Prozeßmodell der Krankheitsbewältigung. Dieses Modell unterscheidet verschiedene Phasen und Wahrnehmungsfilter (aus Heim et al. 1983)

den, gibt es auch Bewältigungsstile, die über die Zeit hinweg und situationsübergreifend stabil sind. Das bekannteste Modell solcher Bewältigungsstile ist die Unterscheidung des Coping-Verhaltens in „Repression" und „Sensitization" (Byrne 1964; Krohne 1993; s. Kap. 5.2.3). Ein „Repressor" neigt dazu, sich von angstauslösenden Situationen abzuwenden, wohingegen ein „Sensitizer" sich derartigen Situationen eher zuwendet und sie dadurch verarbeitet. Je nach persönlichkeitsspezifischem Bewältigungsstil können unterschiedliche Hilfen zur Verarbeitung einer Erkrankung angemessen sein, z. B. Beruhigung beim Repressor, Informationsgabe beim Sensitizer. Insgesamt gesehen ist es noch wenig geklärt, in welchem Ausmaß verschiedene Einflußfaktoren wie die Persönlichkeit, die Erkrankung und spezielle krankheitsabhängige Belastungen im Alltagsleben das Bewältigungshandeln bestimmen.

Kognitive Dissonanz. Die Theorie der kognitiven Dissonanz (Festinger 1957) sagt aus, daß unterschiedliche Einstellungen bzw. Einstellung und Handeln zueinander passen müssen und daß Menschen versuchen, Nicht-Übereinstimmungen (Dissonanzen) zu reduzieren, um Konsistenz herzustellen.

Ein klassisches Experiment von Festinger und Carlsmith untersucht, auf welche Weise eine Dissonanzreduktion angestrebt wird. Versuchspersonen (Vpn) hatten eine sehr langweilige Aufgabe zu lösen. Sie waren in dem Glauben, daß die Lösung der Aufgabe der Inhalt des Experiments sei. Tatsächlich ging es aber um etwas ganz anderes. Nach Beendigung der Aufgabe wurden die Vpn beiläufig vom Versuchsleiter (Vl) gebeten, doch den draußen wartenden Vpn, die anschließend drankommen würden, freundlicherweise – aber wahrheitswidrig – zu erzählen, die Aufgabe sei sehr interessant, damit die Wartenden auch genügend motiviert seien mitzumachen. Wenn sie diese Motivierungsarbeit, die sonst von einem Mitarbeiter geleistet würde, der sich heute leider verspätet habe, gut verrichten, könnten sie später vielleicht selbst als Mitarbeiter einspringen. Für ihre Aushilfe bot der Vl der einen Hälfte der Vpn 2 Dollar, also ziemlich wenig, der anderen Hälfte 20 Dollar, also eine angemessene Entlohnung. Nachdem die Vpn die – sehr langweilige – Aufgabe als interessant angepriesen hatten, wurden sie gebeten, nun noch ihre eigene Bewertung der Aufgabe auf einer Skala von „nicht interessant" (-5) bis „sehr interessant" (+5) abzugeben. Diese Bewertung war die eigentliche abhängige Variable des Experiments, die unterschiedliche Belohnung die unabhängige Variable. Wie würden die unterschiedlich (zu niedrig vs. angemessen) belohnten Vpn die Interessantheit der Aufgabe einschätzen? Das überraschende Ergebnis war, daß die zu gering Belohnten die Aufgabe signifikant interessanter einschätzten als die angemessen Belohnten. Dieses Ergebnis widerspricht der Verstärkungstheorie, nach der gelten müßte: Je größer die Belohnung (Verstärker), um so mehr ändert ein Mensch seine Meinung im gewünschten Sinne. Die Dissonanztheorie schlägt hingegen folgende Interpretation vor: Für die unter-entlohnte Gruppe trat eine Dissonanz auf. Die Vpn hatten ohne Not und ohne großes Entgelt eine an sich langweilige Aufgabe als interessant „verkauft". Ihre Einstellung („Die Aufgabe ist langweilig.") und ihr Handeln („Ich habe gesagt, sie sei interessant.") passen nicht zusammen. Also muß eins von beiden, die Einstellung oder das Handeln, geändert werden. Das Handeln läßt sich nicht mehr rückgängig machen. Also wird die Einstellung geändert („So langweilig ist die Aufgabe gar nicht."). Diejenigen Vpn, die angemessene 20 Dollar für ihr Verhalten erhielten, hatten damit einen hinreichenden Grund für ihre Äußerungen: Sie taten es nur des Geldes wegen. Also müssen sie ihre Einstellung nicht ändern. Praktische Konsequenz dieses Experiments ist: Wenn man möchte, daß jemand seine Einstellung ändern soll, dann verführe man ihn zu einem einstellungswidrigen Handeln. Danach wird er auch leichter seine Einstellung ändern.

Beim Gesundheitsverhalten spielen kognitive Dissonanzen und Versuche der Dissonanzreduktion eine große Rolle. So gut wie jeder Raucher weiß, daß Rauchen gesundheitsschädlich ist und z. B. die Wahrscheinlichkeit, an Lungenkrebs zu erkranken, drastisch erhöht. Aus dieser Dissonanz stehen ihm prinzipiell zwei Auswege zur Verfügung:

- Verhaltensänderung: Er kann mit dem Rauchen aufhören;
- Änderung der Kognition: Er kann vor sich selbst argumentieren, daß die Ergebnisse wissenschaftlicher Studien nicht einheitlich seien, daß die Wahrscheinlichkeit zu erkranken, insgesamt sehr gering sei, daß das allgemeine Risiko zwar hoch, sein persönliches Risiko aber niedrig sei, etc.

Diese Dissonanz verschärft sich noch bei Menschen, die geraucht haben und dann tatsächlich an Lungenkrebs erkranken. Entsprechend groß sind ihre Anstrengungen, nachträgliche Rechtfertigungen und Entschuldigungen des eigenen Verhaltens zu finden.

Dissonanzreduktion bei an Lungenkrebs erkrankten Rauchern (Faller 1993a).
„Ich rauche zwar, aber ganz wenig."
„Ich habe geraucht. Ob das Rauchen allerdings der Grund ist, bezweifle ich. Dazu gibt's zu viele widersprüchliche Meinungen."
„Damals wußte man doch gar nicht, daß das Rauchen nicht gut ist für die Gesundheit."
„Ich habe immer gesagt, daß ich ein Raucher bin. Verboten hat mir das nie einer."
„Es gibt Nichtraucher, die auch Lungenkrebs haben."
„Sicher, das Rauchen ist nicht gesund, das ist erwiesen, aber ich glaube, daß die Umwelt mehr verschmutzt ist und mehr Krankheiten zu Tage bringt als eine Zigarette."
„Das Rauchen? Ich hab ein Jahr nicht mehr geraucht und davor mal ein halbes Jahr. Vielleicht tut Rauchen mehr Immunität gegen Krebs aufbauen, und dann jetzt wo die Immunität auf einmal weg ist, daß dann derjenige anfälliger gegen Krebs ist, könnt ja sein, ist ohne weiteres drin. Und ich hab gedacht, hättest du weiter geraucht, hättest du keinen Krebs."

3.3 Spezifische Emotionen und Motivationen

3.3.1 Hunger und Durst

Hunger und Durst werden im Hinblick auf den psychobiologischen Ansatz unter Abschnitt 3.2.3 und in den Lehrbüchern der Physiologie unter der Gegenstandskatalognummer 19.6.1 behandelt.

3.3.2 Angst

Angst kennt der Gesunde wie der Kranke. Deshalb weiß jeder, was damit gemeint ist, wenn von diesem *„Gefühl des Bedrohtseins"* gesprochen wird.

Angst kennen wir von Kindesbeinen an, man denke an die sog. 8-Monats-Angst (s. Kap. 6.2.3), die aber bereits mit vier Monaten beginnen kann und im ängstlichen Schreien des Kindes ihren Ausdruck findet, sobald sich die Mutter entfernt. Oder man denke an das „Fremdeln" (s. Kap. 6.2.3), die Angst vor der Annäherung fremder unvertrauter Personen, das um den 6. Lebensmonat auftritt, oder die Dunkelängste, das angstvolle Zusammenschrecken bei lauten Geräuschen, auch an das angstvolle Aufschreien bei kindlichen Alpträumen, an Ängste im Kindergarten, in der Schule, Ängste vor der Ablösung, vor dem Erwachsenwerden (s. Kap. 6.2.3), Ängste vielfältiger Art, seine Frau oder seinen Mann zu stehen, Angst schließlich vor Vereinsamung, vor Erkrankung, Krieg und Tod (s. Kap. 6.2.4 u. 6.2.5).

Angst ist ein *seelisches*, aber auch eminent *leibliches Phänomen*, wie schon die Herkunft des Wortes aus dem lateinischen „angustia" zeigt, das soviel wie Enge, Enge der Brust bedeutet.

Angst drückt sich leiblich aus:

- im Herzjagen;
- in der Atembeklemmung – in der empfundenen Enge der Brust;

- in Hyperventilation (Hechelatmung), gefolgt von möglichen Taubheits- und Kribbelgefühlen (Parästhesien);
- im Zittern;
- im Kaltwerden der Hände und Kälteschauern;
- im Schweißausbruch bzw. Hitzewallungen;
- in Übelkeit;
- in Harndrang, abdominellen Beschwerden und Durchfall.

Diesen psychosomatischen Zusammenhang kennt bereits der Volksmund:

Dem einen bleibt vor Angst die Luft weg, während dem anderen die Angst schier den Magen abdrückt, oder er „Schiß" bekommt, er aus Angst in die Hosen macht. Ein anderer wird bleich vor Angst, gibt keinen Tropfen Blut mehr her; es gibt Menschen, die sind vor lauter Angst ihres Wortes nicht mehr mächtig, können kein Glied mehr rühren, sind vor Entsetzen gelähmt, stehen wie versteinert da oder erstarren zur Salzsäule. Manche zittern vor Angst und werden weich in den Knien oder sie klappern mit den Zähnen. Vielen bleibt vor Angst die Spucke weg oder es schnürt ihnen vor lauter Angst die Kehle zu; oft sitzt die Angst im Nacken. Während dem einen der Angstschweiß ausbricht, bekommen andere eine Gänsehaut, oder es läuft ihnen kalt den Rücken hinunter. Viele bekommen Herzklopfen, anderen erstarrt das Blut in den Adern, sie sind zu Tode erschrocken, oder es bleibt ihnen vor Angst das Herz stehen, womöglich sterben sie gar vor Angst (vgl. Singer 1989).

Eine entscheidende Einschränkung ist hier allerdings zu machen: Angst ist nicht gleich Krankheit. Angst ist nicht nur unvermeidlich, sie ist auch unerläßlich. Ohne Angst wären wir nicht lebensfähig. Wir hätten kein Gespür für Gefahren, wären ihnen arg- und wehrlos ausgesetzt.

> [!] Angst ist ein Affekt, der beunruhigt, quält, aber auch warnt und hilft.

Angst kann ein schlechter, aber auch ein nicht minder guter, überlebensnotwendiger Ratgeber sein.

Es ist deshalb fraglich, ob Angstfreiheit überhaupt ein anstrebbares Ziel wäre. Der Stuntman, der Formel-1-Pilot, der U-Bahn-Surfer, der antisoziale Psychopath – sie lassen diese Signalwirkung ein Stück weit vermissen. Der Begriff der „Angstlust", dem v. a. M. Balint (1959) nachgegangen ist, mag hier manches Phänomen erklären: Angst nicht nur als Qual, sondern auch als Lust, Thrill, Nervenkitzel. Es kann Lust bereiten, über die eigenen Grenzen hinauszutreten, sich ungeschützt ins Unbekannte vorzuwagen, um, wie Kolumbus, Neues zu entdecken. Der kreative Mensch kann insofern Angstsituationen aktiv aufsuchen.

Angst bietet dieses Doppelgesicht, daß sie furchtbar und fruchtbar zugleich sein kann. Ein gewisses Quantum an Angst, beispielsweise von Lampenfieber, kann beflügeln; wird dieses Quantum überschritten, kann Fehlverhalten, Blockierung und Panik einsetzen.

Angst ist ein komplexes Phänomen mit mannigfachen Funktionen und Ausprägungen. Die wissenschaftliche Herangehensweise ist deshalb nicht minder unterschiedlich. So hat sich im wissenschaftlichen Sprachgebrauch z.B. die Unterscheidung zwischen

- Angst als *akuter emotionaler Angstzustand* („state anxiety") und
- Angst als *überdauernde Persönlichkeitseigenschaft* („trait anxiety") eingebürgert.

Unter *„Zustandsangst"* haben wir ein vorübergehendes, unlustbetontes, unangenehmes emotionales Befinden zu verstehen, in der Regel eine direkte emotionale Antwort, hervorgerufen durch die Konfrontation mit Gefahrvollem oder Bedrohlichem, einer bestimmten angstmachenden Situation; mit *Angst als stabile Per* *sönlichkeitsvariable* dagegen ist eine mehr oder weniger ausgeprägte persönlichkeitsspezifische Angstbereitschaft gemeint. Menschen mit einer hohen überdauernden „Ängstlichkeit", wie z. B. Neurotiker (s. später), erleben ihre Umwelt bedrohlicher als Personen mit geringerer dispositioneller Angstneigung. Unter ähnlichen Umständen reagieren sie mit intensiverem Angsterleben als Menschen mit geringerer Angstbereitschaft. Für sie sind deshalb bestimmte Situationen nicht ursächlicher, sondern nur auslösender Natur.

Der von Freud eingeführte Begriff der *„Realangst"* kann hier weiter differenzieren. Angst ist hier zu verstehen als direkte emotionale Antwort auf eine reale Bedrohung, wie z. B. eine schwierige Operation oder eine wichtige Prüfung, die über den weiteren Lebensweg entscheidet. Realangst ist also zu verstehen als eine sinnvolle emotionale Reaktion auf eine objektiv gegebene Gefährdung.

Am Beispiel der *Trennungsangst* läßt sich diese Differenzierung weiter verdeutlichen. Wird ein Kleinkind von seiner Mutter, seinen Eltern, getrennt, stellt sich als „akuter emotionaler Angstzustand" eine massive Trennungsangst ein. Es ist die Angst vor einer ganz realen Bedrohung, es ist Realangst. Denn in seiner Hilflosigkeit, seiner totalen Abhängigkeit, ist das Kind existentiell darauf angewiesen, daß es von seinen primären Bezugspersonen nicht verlassen wird. Sein akuter emotionaler Angstzustand ist also real begründet, basiert auf einer realen Situation, ist eine „gesunde Reaktion". – Ganz anders ist es aber, wenn eine 53-jährige Frau und Mutter an einer schweren Depression erkrankt, als die 26-jährige Tochter einen jungen Mann kennenlernt und schließlich heiratet, und jetzt dieser Depression eine massive Trennungsangst zugrunde liegt. Es ist eine Trennungsangst, die uns übertrieben, irreal erscheint, sofern die Situation, die dieser Angst zugrunde liegt, für uns etwas ganz natürliches, normales ist. Denn daß eine Tochter mit 26 Jahren heiratet, aus dem Hause geht, ist etwas Natürliches. Für diese Frau war das nicht so, denn sie ist, wie häufig Menschen, die an einer Depression erkranken, durch eine Tendenz zu sehr engen, symbiotischen Beziehungen charakterisiert. Alle äußeren Situationen, welche die massiven Wünsche nach Nähe und enger Bindung an andere Menschen gefährden, werden vermieden. Situationen der Trennung stellen deshalb eine schwere Belastung dar, wecken massive Trennungsängste. Bei solchen Menschen – die Psychoanalyse spricht von „depressiver Struktur" – ist die Angst vor der Trennung eine *überdauernde Persönlichkeitseigenschaft.* Hier besteht eine persönlichkeitspezifisch gesteigerte Angstbereitschaft.

Eine weitere Differenzierung des Phänomens Angst besteht in der Unterscheidung zwischen *„objektbezogener Furcht"* und *„gegenstandsloser Angst".* Sie wurde von dem dänischen Philosophen Kierkegaard (1844) getroffen, vom deutschen Existenzphilosophen M. Heidegger (1927) weiter ausgearbeitet und durch K. Jaspers (1913) und S. Freud (1926) in unser Fachgebiet eingeführt.

Von *„Furcht"* spricht man entsprechend dann, wenn die „Befürchtung" einer realen objektiven Gefahr gilt, wobei dann häufig mit Flucht- und Vermeidungsverhalten reagiert wird. „Furcht" entspricht auf diese Weise der „Realangst". *„Angst"* hingegen wird jetzt als eine Emotion definiert, die ihr „Wovor" nicht kennt, wo die Gefahrenquelle nicht auszumachen ist und somit auch keine gezielten Aktivitäten zur Bewältigung möglich sind. Diese Einschränkung des Begriffes Angst ist allerdings sprachlich nicht haltbar, man denke nur an Ausdrücke wie „Ich habe Angst vor ..." oder die deutschen Wörter für diverse Phobien wie „Platzangst", „Höhenangst", „Spinnenangst" usw.

Auf klinisch-pathologischer Ebene entspricht diese philosophisch-psychologische Differenzierung in etwa der Unterscheidung zwischen *Angstneurose* und *Phobie* (s. folgenden Abschnitt).

Pathologische Ängste

„Das gemeinsame Merkmal, das ... in der Ätiologie sog. Neurosen und anderer Krankheitsformen aufgefunden werden kann, ist die Angst" (Wyss 1982 I). Bei der Darstellung neurotischer Symptomatik als „scheinhafter Konfliktlösung" hatten wir in Kap. 3.2.2 gesehen, daß am Beginn der Entstehung dieser krankhaften Erscheinungen dem Angstaffekt eine entscheidende Rolle zufallen kann. Ein bestimmter Konflikt (z. B. Über-Ich – Es – Konflikt) löst das „Gefahrensignal" (S. Freud 1926) Angst aus, das jetzt bestimmte Abwehrprozesse in Gang setzt, an deren Ende dann die krankhafte Symptomatik steht. Angst selbst als Gefahrensignal braucht noch nicht „pathologisch" zu sein, krankhaft sind erst der Verarbeitungsprozeß, den sie auf den Weg bringt, und das Resultat dieses Prozesses, die Neurose und andere psychische Erkrankungen.

Von *Angsterkrankungen* selbst spricht man dann, wenn *Ängste pathologisch* sind und das *Leitsymptom* im Erscheinungsbild darstellen. Man unterscheidet heute hauptsächlich zwischen Angstneurose, Paniksyndrom und Phobien.

Angstneurose. Neurosenform, bei der Angstzustände länger anhaltend erlebt werden. Angstphänomene sind hier weniger an bestimmte Inhalte gebunden, beziehen sich nicht auf Ängste vor bestimmten Objekten oder Situationen, sie sind vielmehr diffus, „frei flottierend". Es ist eine *generalisierte Angst*, Patienten haben dann v. a. und vor jedem Angst. Zu dieser länger anhaltenden, ungerichteten Angst kommt es v. a. bei Alleinsein oder Situationen des Verlassenwerdens. Angst vor der Angst („Erwartungsangst") kann schon symptomauslösend sein.

Genese und Dynamik: Häufig traumatisch erfahrene Trennungen in der Lebensgeschichte, die wie eine Selbstvernichtung erlebt wurden. Patient dadurch nicht in der Lage, eine stabile Persönlichkeit mit stabilen Angstbewältigungsmechanismen zu entwickeln („Brüchigkeit der Ich-Struktur"). Es fehlt die Entwicklung einer selbständigen, von anderen unabhängigen Subjektivität. Braucht deshalb immer andere (z. B. Elternteil, Partner) als „Schutzfigur", die seine besondere Trennungsempfindlichkeit abpuffert. Zurückweisung oder Verlassenwerden lösen dann Angstzustände aus.

Paniksyndrom. Abgrenzbare Episoden intensivster Angst („Panikattacken"), die üblicherweise nur Minuten dauern, seltener auch Stunden. Beginnen charakteristischerweise mit dem plötzlichen Einsetzen von intensiver Angst oder Schrecken. Dabei oft das Gefühl drohenden Unheils, das in eine Furcht, zu sterben oder verrückt zu werden, übergehen kann. Gefühle radikaler Unsicherheit und Ohnmacht. Die körperlichen Angstsymptome sind hier besonders ausgeprägt. Panikattacken können sich mehrmals während einer Woche oder sogar täglich wiederholen. Verlauf kann mit freien Intervallen Wochen, Monate oder Jahre andauern.

Genese und Dynamik: Neben biologischen Faktoren (sog. „spontaner Angstanfall"), Trennungsängste in der Kindheit und plötzlicher Verlust der sozialen Einbindung bzw. Abbruch wichtiger sozialer Beziehungen.

Phobien. Dies sind umschriebene, gebundene Ängste. Die Angst ist auf bestimmte Situationen, bestimmte Objekte gerichtet und ist dabei irrational, durch die objektive Realität nicht legitimiert.

- *Klaustrophobie* = sog. „Raumangst", Engeangst; Angst, die in geschlossenen Räumen bzw. in Situationen, wo der Betreffende sich eingeschlossen, eingeengt fühlt, auftritt (alle Arten von Kabinen, überfüllte Kaufhäuser, Veranstaltungsorte, Eisen- und Straßenbahnen, Flugzeuge, Verkehrsstau etc.)

- *Agoraphobie* = sog. „Platzangst", irrationale Furcht vor der Straße, öffentlichen Orten, vor weiten Flächen („Platz"). Die amerikanische Literatur bezieht Klaustrophobie in die Agoraphobie mit ein.
- *Soziale Phobie* = anhaltende Angst vor einer Situation, in der die Person die Aufmerksamkeit anderer erregt und befürchtet, etwas für sich narzißtisch Kränkendes zu tun (z. B. öffentlich zu sprechen, dabei vielleicht etwas Lächerliches zu sagen oder nicht antworten zu können, beim Schreiben vor anderen zu zittern, beim Essen aufzufallen, in einer öffentlichen Toilette zu urinieren etc.). Diagnose der sozialen Phobie nur dann, wenn „*Angst vor Blamage*" ausgesprochen leidvoll erfahren wird bzw. zu einem Vermeidungsverhalten führt, das die Arbeitsfähigkeit und soziale Aktivität beeinträchtigt.
- *Erythrophobie* = Errötungsfurcht. Oft ein quälender Aspekt der „sozialen Phobie", der besonders jugendliche Menschen betrifft. Die Erythrophobie bildet den Übergang zu weiteren körperbezogenen Ängsten:
- *Dysmorphophobie* = quälende Befürchtung, in der eigenen körperlichen Erscheinung mißgebildet zu sein (z. B. Nase, Kopfform, Brust, Penis, Beine).
- *Hypochondrie* = Ängste, an einer („eingebildeten") Krankheit zu leiden oder an dieser zu erkranken. Besonders quälend und manchmal auch anfallsartig „Carzinophobien" (Angst, an Krebs erkrankt zu sein).

Körperbezogene Ängste sind besonders quälend und unerträglich, weil sie, im Gegensatz zur Agora-, Klaustro- und sozialen Phobie, nicht zu vermeiden sind. Bei letzteren ist es möglich, sich durch Vermei-

dungsverhalten relative Angstfreiheit zu verschaffen. Dies gilt in der Regel auch für

- *Tier- (Zoo-)phobien* = Ängste vor Mäusen, Spinnen, Schlangen, aber auch Hunden, Pferden etc.

Alle Phobien, insbesondere Agora- und Klaustrophobie, können mit panikartigen Anfällen, den vorgenannten „Panikattakken", verbunden sein. Auch angstneurotische Zustände können sich zu Panikanfällen steigern.

Genese und Dynamik: *Neurose* = seelische (z.T. von körperlichen Symptomen begleitete) Gesundheitsstörung, die auf unbewußte, nicht gelöste Konflikte zurückgeht, die sich nun in Symptomen melden. Bei Phobien handelt es sich häufig um Ängste, die aus einem inneren bzw. zwischenmenschlichen Konflikt stammen und nun „externalisiert" werden, sich in einer bestimmten Situation oder an einem bestimmten Objekt festgemacht finden:

Angst vor „innerem Eingeschlossensein" → Angst vor verräumlichtem Eingeschlossensein: *Klaustrophobie*; so kann sich ein „Gefangensein" in einer engen ausweglosen Beziehung auf erdrückende Nähe anderer und der entsprechenden Räume, in dem sich Menschen zusammenballen, oder Räume, die keinen Ausweg bieten, externalisiert und generalisiert finden.

Verlust-, Trennungsangst → Angst vor der „Weite", „Offenheit", dem „Verlassensein" in einer verräumlichten Situation: *Agoraphobie*.

So konnte eine 32-jährige verheiratete Bibliothekarin immer weniger alleine das Zuhause verlassen, mußte von ihrem Mann zur Arbeitsstelle gebracht und abgeholt werden; in der Therapie stellte sich heraus, daß sie starke Wünsche hatte, ihren Mann, der nicht ihr „Traummann" war, zu verlassen, eine auch sexuell befriedigende Beziehung außerhalb der Ehe zu finden; zugleich stellten sich jetzt Ängste vor Alleinsein ein, ja Angst, überhaupt noch allein das Haus zu verlassen, die Straße zu betreten; Ängste schließlich, daß der Ehemann sie verlassen könnte, zumal nach einer kurzen außerehelichen Beziehung ihrerseits der Ehemann damit gedroht hatte.

Die Öffentlichkeit, die Straße, wird jetzt zur angstmachenden Situation, weil diese „Weite" nicht nur Lust, „Entfaltung neuer Möglichkeiten" verspricht, sondern Gefährdung, Verlust, Trennung bedeuten kann. Das Außer-Haus-Sein wird zur Möglichkeit des Außer-der-Ehe-Seins. Der typische Konflikt des Angstkranken, Tendenz zur Verselbstständigung versus Neigung zur Abhängigkeit und Anklammerung, wird hier deutlich. Die neurotische Scheinlösung besteht jetzt darin, daß die Patientin Situationen, die diesen Konflikt aktualisieren, vermeidet. Eine solche Situation ist die „Versuchungssituation" des Außer-Haus-Seins ohne den Ehemann; in Begleitung des Ehemanns besteht diese Angst nicht oder begegnet ihr zumindest sehr vermindert, denn jetzt bedeutet die Situation des Außer-Haus-Seins viel weniger eine Situation der Versuchung zu einem Außer-der-Ehe-Sein.

Tiefempfundene Zweifel am Selbstwert → *soziale Phobie; Dysmorphophobie* (Angst vor Beschämung, Bloßstellung macht sich an einem bestimmten Organ fest).

Existentielle (Todes-)Angst → fixiert sich auf bestimmte Organe, z. B. Carzinophobie, Herzphobie; und umgekehrt kann dann eine organische (oft ganz harmlose) Symptomatik eine Situation der Verunsicherung herbeiführen und diese existentielle Angst hervorrufen oder verstärken, die nun wiederum die organbezogene Angst in einem Teufelskreis weiter verstärkt.

Angstauslösend sind v. a. Situationen, welche die zugrundeliegende Dynamik (insbesondere Grundkonflikt: Autonomie versus Abhängigkeit) aktualisieren: bestimmte Versuchungs- oder Versagungssituationen, oder auch Ablösungs-(Schwellen-)situationen, wie bei der oben erwähnten depressiven Frau, welche die Ablösung der Tochter – eine normale Lebensschwelle – mit massiver Trennungsangst beantwortete.

Lernprozesse führen zur Chronifizierung und Generalisierung der Phobien. Die ursprünglich zugrundeliegende Psychodynamik braucht nach einem Chronifizierungsprozeß nicht mehr relevant zu sein, und trotzdem persistiert die Phobie, weil die Angst daran hindert, neue und korrigierende Lernerfahrungen zu machen. Beziehungspersonen, welche z. B. aus der mit der Phobie verbundenen „Schwäche" profitieren, können die Phobie sozial verstärken. Lernprozesse können aber auch Phobien selbst zugrunde liegen. So läßt sich die „Rattenphobie" des kleinen Albert mit dem Konzept der *klassischen Konditionierung* erklären (s. Kap. 4.2.1 und 4.2.2). Auch eine Klaustrophobie ließe sich mit dem Konditionierungsmodell verstehen: Die enge erdrückende Bindung an einen Mitmenschen wäre der unbedingte Reiz, der Raum bzw. die Räume, in denen diese erdrückende Beziehung gelebt wird, der bedingte Stimulus, der dann mit der Zeit selbst, bei entsprechender Generalisierung auf andere Räume, die Angst des Eingeschlossenseins, die Klaustrophobie, auslöst. Eine weitere Möglichkeit der Angstentstehung bildet *das „Lernen am Modell"* (s. Kap. 4.2.3), verwandt mit dem psychoanalytischen Begriff der Identifikation. Hier wird Angst dadurch erworben, daß eine Person das ängstliche Verhalten einer anderen beobachtet und dann selbst übernimmt.

Es hat sich z. B. in den Bombennächten des Zweiten Weltkrieges gezeigt, daß Kinder ängstlicher Mütter ängstlicher waren als Kinder von Müttern, die weniger Angst zeigten. Ein weiteres Beispiel: Der 16-jährige Sohn einer bereits wegen diverser Carzinophobien in Behandlung stehenden 48-jährigen Frau, die sich v. a. auf Magen und Darm bezogen, zeigte plötzlich massive Krebsangst, als er Magenbeschwerden bekam. Es ist auch bekannt, daß Kinder von Müttern mit starker „Zahnarztangst" sich beim Zahnarzt ängstlicher verhalten als solche, die in der Beziehung zu ihrer Mutter diese Erfahrung nicht gemacht haben.

Das *Ausmaß* eines erlebten Angstzustandes ist generell abhängig von:

- persönlichkeitsspezifischen Faktoren wie *Angstbereitschaft*, einer „neurotischen Disposition",
- der Art und Intensität der unmittelbar auslösenden *situativen Bedingungen* und
- *sozialen* und *kulturellen* Faktoren.

Es wäre falsch, wie wir z.B. bei der Besprechung der Angstneurose gesehen haben, „trait anxiety" nur als angeboren anzusetzen, sofern diese auch – Psychoanalyse und Lernpsychologie sind sich darin einig – mit traumatischen Lebens-(Lern-)erfahrungen, wie z.B. frühen Trennungserlebnissen, zusammenhängen kann.

Typische Reize, die angeborene Angst auslösen, sind in Kap. 2.2.3, 2.2.4 und 6.2.3 beschrieben.

Hierher gehören z.B. Lärm (s. „kleiner Albert" in Kap. 4.2.1), unvertraute Objekte und Personen („Fremdeln" s. Kap. 6.2.3), plötzliche Bewegungen und Schmerz. Von diesen angeborenen angstauslösenden Reizen ist v. a. die frühe Kindheit betroffen; durch Adaptations- und Habituationsprozesse verlieren sie später mehr und mehr ihre angstauslösende Wirkung.

Wie Ängste mit sozialen Situationen zusammenhängen, haben wir z.B. bei der „sozialen Phobie" gesehen. In einer Kultur, wo es z.B. existentiell darauf ankommt, sein Gesicht nicht zu verlieren (wie z.B. in Japan mit seiner sog. „Scham-Kultur"), wird die Gefahr, „bloßgestellt" zu sein, mehr Angst auslösen als in einer Kultur wie der christlichen Schuldkultur, wo Sünde und Verschulden vor Gott eine größere Rolle spielen. So hat die Gefahr, im Zustande einer noch nicht gebeichteten und gesühnten Todsünde zu sterben und deshalb ewiger Verdammnis anheim zu fallen, über viele Jahrhunderte im christlichen Abendland große Ängste ausgelöst. Allerdings ist

auch hier mehr und mehr ein Wertewandel eingetreten, sonst hätte man unsere Zeit nicht als das „Zeitalter des Narzißmus" (s. zum Begriff „narzißtisch" Kap. 5.1.1) charakterisieren können.

Angst vor medizinischen Eingriffen

Die heute in der Medizin möglichen diagnostischen und therapeutischen Eingriffe gehören zu den größten Erfolgen der modernen Heilkunde. Obwohl dem modernen technischen Stand entsprechend sich das Operationsrisiko erheblich vermindert hat, sind die Eingriffe nach wie vor Quellen von Angst. Der Hoffnung auf Erfolg der operativen Intervention und damit auf Heilung oder zumindest Linderung des Leidens, stehen bestimmte Ängste gegenüber, die sowohl von der Anästhesie als auch der Operation selbst herrühren. Die folgende Übersicht listet die *spezifischen Quellen* präoperativer Angst auf.

Die Art und Ausprägung dieser Anästhesie und Operation betreffenden Ängste können natürlich je nach Diagnose, entsprechender Intervention, der Persönlichkeit und den Vorerfahrungen des Patienten sehr unterschiedlich sein.

So kann eine bevorstehende Operation zur Aktualisierung anderer, für den jeweiligen Patienten typischen latenten Ängste (z.B. Angst vor Trennung, Abhängigkeit, Kontrollverlust usw.) führen (Huse-Kleinstoll et al. 1984). Es zeigte sich weiterhin, daß die überdauernde, eher allgemeine Angstbereitschaft („trait anxiety") durch das Operationsereignis selbst kaum beeinflußt wird, die Zustandsangst („state anxiety") hingegen unmittelbar vor (1–2 Tage) der Operation deutlich höhere Werte aufweist als postoperativ (Davis-Osterkamp 1977).

Übersicht 3.1 Spezifische Quellen präoperativer Angst (nach Spintge u. Droh 1981a; Böhm 1982; Schmidt 1984)

Anästhesie

- Todesängste
- Narkose als Bewußtseinsverlust und Pseudotod
- Gefühl des totalen Ausgeliefertseins
- Warten vor der Operation, Verschiebung der Operation
- Wirksamkeit und Komplikationen (z. B. Angst vor dem Aufwachen aus der Narkose während der Operation)
- Unbekannte Geräte und Maschinen
- Maske, Spritzen, Infusionen
- Sprechen während der Narkose und u. U. Ausplaudern persönlicher Geheimnisse
- Frühere unangenehme Erfahrungen (z. B. mit Äthernarkose)
- Erzählungen Dritter
- Presseberichte über Zwischenfälle

Chirurgischer Eingriff

- Vermutliche Folgen des Eingriffs (z. B. Wiedergewinnung der normalen Funktion, kosmetische Verbesserungen gegenüber Behinderung, sexuelle Störungen, „Entweiblichung")
- Vorübergehende oder überdauernde Verletzung und Verstümmelung des Körpers
- Feststellungen während des Eingriffes (z. B. Krebs) und ggf. Abänderung der Operationsindikation
- Schmerzen nach der Operation
- Nachbehandlung (z. B. Verbandswechsel, Fädenziehen, Spritzen, Infusionen, Drainagen, Blasenkatheter)
- Frühere unangenehme Erfahrungen
- Erzählungen Dritter
- Presseberichte über Kunstfehler

überschritten wird, Fehlverhalten, Blockierung und Panik einsetzen können. Wenn es vielleicht hier im Seelischen überhaupt eine Regel gibt, dann die, daß sowohl zuviel als auch zuwenig Angst ungünstig sind. Interessanterweise findet sich nun diese Regel durch die bahnbrechenden Arbeiten von Janis (1958) im Hinblick auf den Zusammenhang zwischen präoperativer Angstintensität und postoperativem Verhalten bestätigt.

Patienten mit extrem hoher präoperativer Angst zeigten postoperativ häufiger starke Angst vor Körperschäden, waren häufiger hypochondrisch und wehleidig und ertrugen Schmerzen weniger gut. Patienten dagegen mit extrem niedriger präoperativer Angst verhielten sich nach der Operation häufig aggressiv, lehnten Pflegepersonen und Behandlungsmaßnahmen ab. Offensichtlich sind sie von den Operationsfolgen wie Schmerzen, Behinderungen, überrascht worden. Eine mittelgradige, präoperative Furcht erwies sich als optimal zur Erreichung einer guten postoperativen Anpassung. Hier ist es offenbar eine realistische Einstellung zur Operation, die den Patienten dazu bringt, sich mit den Gefahren und möglichen postoperativen Beschwerden adäquat auseinanderzusetzen. Spätere Untersuchungen konnten diese Zusammenhänge allerdings nicht immer bestätigen.

Operative Eingriffe bedingen häufig einen Krankenhausaufenthalt. Eine adäquate psychische Verarbeitung ist häufig für Kinder sehr schwierig. Im Kap. 6.2.3 wird auf diese Problematik näher eingegangen. Hier werden auch psychotherapeutische Strategien vorgestellt, die sich gut zur *Operationsvorbereitung* eignen.

Trennungsangst

Wir hatten weiter oben gesehen, daß ein gewisses Quantum an Angst, z.B. in Form von Lampenfieber, beflügeln kann, daß aber dann, sobald dieses Quantum

Durch seine Instinktprogramme ist das Tier recht fest in seine jeweilige Umwelt eingebunden. In Abhebung dazu erscheint der Mensch als instinktverarmt. Das bedeutet, daß er mit einem fundamentalen Mangel an Orientierung konfrontiert ist, der so etwas wie eine existentielle Grundangst erzeugen kann. Zur Behebung dieser Orientierungslosigkeit und damit zur Bewältigung der Grundangst ist der Mensch in einer absoluten Weise auf Bezugspersonen angewiesen. Trennung von diesen primären anderen gefährdet das Leben selbst. Eine erste wesentliche Gestalt menschlicher Angst, die den Menschen dann ein Leben lang begleitet, zeichnet sich deshalb als *Trennungsangst* ab. Die Zuwendung des anderen wirkt entängstigend, ist für die Entfaltung eines Selbst unabdingbar.

Trennung von primären Bezugspersonen ist deshalb ganz besonders problematisch, wenn Säuglinge und Kleinkinder davon betroffen sind. Das Ich kann in einer solchen Phase der Entwicklung eine Trennung und die damit einhergehenden Angst- und Verlassenheitsgefühle noch nicht bewältigen. Das kann auch für einen Krankenhausaufenthalt gelten, wenn er eine Trennung bedingt. Welche Störungen dabei auftreten können, ist in Kap. 6.2.3 dargestellt. Unter anderem belegt das „frühkindliche Hospitalismussyndrom", wie frühe traumatisch erfahrene Trennungen, wenn es – auch später – keine Kompensationsmöglichkeiten gibt, zu einem Entwicklungsdefizit führen, an dessen Ende eine dauerhafte Verformung der Persönlichkeit stehen kann.

Zum anderen ist natürlich, wie schon oben angedeutet, Trennungsangst ein Phänomen, das den Menschen als ein auf Beziehung, Kommunikation existentiell angewiesenes Wesen, als „animal sociale", ein Leben lang bedroht. Besonders sind davon Menschen betroffen, die, wie das obige Beispiel der „depressiv" strukturierten Patientin zeigte, über das Übliche hinaus an andere gebunden, von anderen abhängig sind. So nimmt es nicht wunder, daß die Psychoanalyse den oft mit massiver Trennungsangst einhergehenden Objektverlust, d.h. die reale oder auch nur vorgestellte Trennung von einem nahen und bedeutsamen Beziehungspartner, als eine sowohl für psychische wie organische Erkrankungen zentrale Auslösesituation betrachtet.

Todesangst

Endgültige Trennung, sowohl vom eigenen Selbst-Sein als auch von anderen, geschieht im Tode. Drohender absoluter Selbstverlust wie auch eine absolute Trennung von anderen wecken deshalb massive Angst, Todesangst. Todesangst läßt sich einmal als subjektiv erlebte *aktuelle Bedrohung des eigenen Daseins* verstehen, sei es durch eine akute äußere Gefahr (z. B. durch einen Unfall) oder durch eine „innere" Gefährdung wie eine lebensbedrohliche Erkrankung des eigenen Körpers; zum anderen als *Angst vor dem Tode* im Sinne einer Antizipation der Vernichtung der eigenen Existenz, ohne daß eine akute Gefährdung gegeben ist. Als ein „Sein zum Tode", wie der Philosoph M. Heidegger (1927) das menschliche Dasein bezeichnet hat, begleitet den Menschen diese Angst, solange er existiert. Mit Wittkowski (1990) könnte man „Todesangst im Sinne aktueller Bedrohung" als Zustand („state") sehen, während die zuletzt genannte „Angst vor dem Tode" als überdauerndes Merkmal („trait") zu verstehen wäre.

In Abhebung zur existentiellen Grundangst der „Angst vor dem Tod" ist die *„Angst vor dem Sterben"* konkreter. Die Furcht vor Schmerzen, langem Leiden, vor Hilflosigkeit, absoluter Abhängigkeit und zugleich vor Isolation bzw. dem Verlust der sozialen Identität stehen dabei im Vordergrund.

Todesbezogene Angst betrifft nicht nur den eigenen Tod und das eigene Sterben, sie betrifft auch die Angst vor dem Tod der anderen Menschen. Hier ist es v. a. die Angst vor dem Verlust tragender mitmenschlicher Bezüge, von gemeinsamem Erleben, die Angst vor dem Alleinsein, der drohenden Leere, der fehlenden Unterstützung, die das Subjekt bedrängen. Belastungen, die mit dem Sterben verbunden sein können, kommen hinzu.

Tabelle 3.6 Vier Aspekte der Angst vor Tod und Sterben in Anlehnung an Collett & Lester 1969 (nach Wittkowski 1990)

	Bezug auf die eigene Person	andere(n) Menschen
Sterben	*Angst vor dem eigenen Sterben* a) Angst vor körperlichem Leiden b) Angst vor Demütigung c) Angst vor Verlust persönlicher Würde d) Angst vor Einsamkeit	*Angst vor dem Sterben anderer Personen* j) Angst vor der eigenen Hilflosigkeit angesichts fremden Leidens
Tod	*Angst vor dem eigenen Tod* e) Angst vor Aufgabe wichtiger Ziele f) Angst vor den Folgen des eigenen Todes für die Angehörigen g) Angst vor Bestrafung im Jenseits h) Angst vor dem Unbekannten i) Angst vor Vernichtung des eigenen Körpers	*Angst vor dem Tod anderer Personen* k) Angst vor dem Verlust wichtiger Bezugspersonen l) Angst vor Toten

Tabelle 3.6 gibt eine Übersicht über die hier genannten Aspekte der Angst vor Tod und Sterben.

Sich der Angst vor dem Sterben anderer bewußt zu sein, um damit adäquat umgehen zu können, ist gerade für Ärzte und das Pflegepersonal von zentraler Bedeutung. Die emotionalen Belastungen, die im Umgang mit Todkranken auftreten, sind außerordentlich groß. „Die unmittelbare persönliche Betroffenheit der Betreuenden tritt in unbewußten Verhaltensweisen wie Flucht in die Überaktivität einerseits und Distanzierung vom Terminalkranken andererseits zutage" (Huppmann u. Wilker 1988). So hat sich in verschiedenen Untersuchungen gezeigt, daß Sterbende vergleichsweise seltener von Ärzten aufgesucht werden und nach einem Klingelzeichen deutlich länger auf eine Schwester warten müssen als andere weniger schwer Kranke.

Eine todbringende Krankheit kann Ängste hervorrufen, die der Mensch sonst nicht kennt, Ängste, die in einer ganz radikalen Weise vereinzeln, von Identifikationsmöglichkeiten abschneiden. So ist es verständlich, daß gerade Todesangst Abwehrvorgänge, wie z. B. den Mechanismus der „Verleugnung", in Gang setzt (vgl. Abschnitt 3.2.2).

Wie der Gedanke an Krebs und damit an den Tod schon bei nicht Betroffenen defensive Prozesse der Angstverarbeitung provoziert, ergab eine empirische Untersuchung, die wir unter der Projektleitung von Rolf Verres durchführten (vgl. Verres 1986). Bei dieser Studie wurden 104 selbst nicht an Krebs erkrankte Patienten von drei allgemeinärztlichen Praxen über ihre Vorstellungen im Hinblick auf Krebs exploriert. So wurde z. B. versucht, Vorstellungen der Interviewten zum Erkrankungsrisiko zu erfahren, indem unmittelbar nacheinander in Form von zwei Karten zwei Selbst-Rating-Skalen vorgelegt wurden, die nach dem generellen Erkrankungsrisiko von Menschen an Krebs und nach dem eigenen Erkrankungsrisiko an Krebs fragten. Die Antworthäufigkeiten gehen aus Tabelle 3.7 hervor. Während 81,1 % das generelle Krebsrisiko für als sehr groß oder ziemlich groß einschätzten, stuften nur 23,7 % ihr eigenes Risiko als sehr groß oder ziemlich groß ein. Aus dieser Diskrepanz ist wohl zu schließen, daß hier ein Abwehrprozeß dergestalt im Spiele ist, daß der logische Widerspruch nicht wahrgenommen

Tabelle 3.7 Einschätzungen des eigenen und des generellen Erkrankungsrisikos (Selbstratings; n = 101 = 100 %) (nach Verres 1986)

Eigenes Krebsrisiko	[%]	[%]	Generelles Krebsrisiko	[%]	[%]
Sehr groß	5	24	Sehr viele Menschen	21	81
Ziemlich groß	19		Ziemlich viele Menschen	60	
Ziemlich klein	45	71	Nur wenige Menschen	17	18
Sehr klein	26		Fast niemand	1	
Weiß nicht/keine Angabe	5		Weiß nicht/keine Angabe	2	

wird, es vielmehr darauf ankommt, das eigene Krebsrisiko auf andere Menschen zu projizieren. Je stärker der Selbstbezug, desto mehr setzen offensichtlich Abwehrvorgänge ein, desto niedriger liegt dann Todesangst. Todesangst müßte dann erst recht bei Krebskranken selbst niedriger ausgeprägt sein als bei nicht an Krebs erkrankten Vergleichsgruppen. Das zeigte sich tatsächlich in einer Längsschnittstudie „Belastungsverarbeitung bei Bronchialkarzinompatienten", die wir durchführten. Ein entsprechendes Untersuchungsverfahren ergab, daß die Skala „Todesangst" signifikant niedrigere Werte bot als die Affekt-Scores gesunder Kontrollgruppen. Wir haben hier also das Paradox, daß da, wo angesichts der todbringenden Krankheit hohe Angst anzunehmen ist, Angst kaum manifest erscheint.

Dabei ist allerdings zu sehen, und dies v. a. dann, wenn es um die Frage der Lebensqualität geht, daß Verdrängung von Angst auch ein lebens- und existenznotwendiger Faktor sein kann. Für menschliches Dasein ist nicht nur das Wissen um den eigenen Tod konstitutiv, sondern auch, wie der Philosoph Gadamer (1987) einmal formulierte, „ein gebieterisches Nicht-Wissen-wollen" dieses Wissens.

3.3.3 Ärger und Aggressivität

Während *Ärger* als „gereizte Betroffenheit" zu verstehen ist, die durch „Nichtgelingen, Störung, Behinderung oder Bedrohung des eigenen Verhaltens evoziert wird" (Grau-

mann 1971), ist mit *Aggressivität* eine Angriffsbereitschaft bzw. ein Angriffsbedürfnis im Sinne eines relativ überdauernden Persönlichkeitsmerkmals gemeint. Ärgergefühle sind nicht selten die Voraussetzung für eine nachfolgende Aggression. *Aggression* läßt sich als körperliches oder verbales Handeln definieren, das in der Absicht ausgeführt wird, eine andere Person oder auch Gruppe zu beeinträchtigen, zu schädigen oder zu zerstören.

Während also *Ärger* einen Gefühlszustand aversiver Tönung bedeutet, zielt der Begriff *Aggressivität* auf eine überdauernde Persönlichkeitseigenschaft. Beim Wort *Aggression* steht dann der Handlungs- und Verhaltensaspekt im Vordergrund. Im Affekt der *Wut* schließlich, einem Zustand hoher affektiver Erregung mit motorischen und vegetativen Begleiterscheinungen (Erbleichen, Zittern, Pulsbeschleunigung, Blutdruckerhöhung usw.) gerät der Ärger mehr und mehr außer Kontrolle. Ein aggressiver Spannungsstau kann sich dabei in Form verbaler Attacken, in Schreien oder in zerstörenden Akten „entladen".

Die Herkunft der Begriffe „Aggressivität" und „Aggression" aus dem Lateinischen „ad-gredi" = „herangehen", „in Angriff nehmen", „angreifen" weist auch auf einen nichtaversiven Aspekt dieser Begriffe hin, den Aspekt *zielgerichteter Aktivität*. So lassen sich zwei Hauptbedeutungen festhalten (Abb. 3.12).

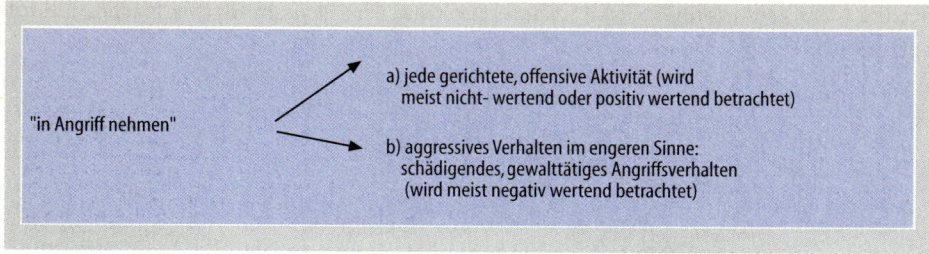

"in Angriff nehmen"

a) jede gerichtete, offensive Aktivität (wird meist nicht- wertend oder positiv wertend betrachtet)

b) aggressives Verhalten im engeren Sinne: schädigendes, gewalttätiges Angriffsverhalten (wird meist negativ wertend betrachtet)

Abb. 3.12 Die zwei Hauptbedeutungen des Aggressionsbegriffs, aufgrund derer psychologische Aggressionsdefinitionen in zwei „Typen" eingeteilt werden können (nach Verres u. Sobez 1980)

Wie wohl kein anderer Begriff wird Aggression bzw. Aggressivität in der Psychologie kontrovers diskutiert. Diese Kontroverse betrifft ganz vorrangig die Frage, ob Aggression *angeboren* sei oder als *erworbenes, erlerntes Verhalten* zu betrachten ist. Die Auffassung, Aggression als „anlagebedingt", als „angeborenen Trieb" zu sehen, findet man v. a. in Theorien, die auch den ersten Typus der Definition vertreten (s. Abb. 3.12). So z. B. bei Alexander Mitscherlich, einem bekannten Vertreter der deutschen Psychoanalyse: „Aggression ist ein vitales Grundvermögen, eine Triebausstattung, die in der sozialen Realität die vielfältigsten Umwandlungen erfährt. Der Grund der Aggression ist eine ziel- und sachgerechte Aktivität" (1957/1959).

Die Frage, ob Aggression angeboren ist oder nicht, ist angesichts der ungeheuren Bedeutung, die aggressives Verhalten für das individuelle und kollektive Dasein hat, keine akademische Frage. Denn von ihrer Beantwortung hängt entschieden ab, wie wir mit Aggression und Aggressivität umgehen, sei es in der Gesellschaft oder in der psychologischen Medizin, sei es präventiv oder therapeutisch. Es ist deshalb unerläßlich, die wichtigsten theoretischen Ansätze zu beschreiben, die Aggression zu erklären beanspruchen.

Aggression in der Triebtheorie Freuds

In seinem ersten Triebmodell unterschied Freud zwischen libidinösen Arterhaltungstrieben (Sexualtrieb) einerseits und Selbsterhaltungs- bzw. Ich-Trieben andererseits. Letzteren ordnete er alles zu, was mit der Erhaltung, Behauptung und „Vergrößerung" der Person zu tun hatte. „Aggression" erschien dabei lediglich als ein *„Mittel zur Durchsetzung"* (Mentzos 1993) von Ansprüchen und verweigerten Befriedigungen, als wichtiger Affekt, aber nicht als ein spontaner selbständiger Trieb.

Zur Auffassung, Aggression als angeborenen Trieb zu sehen, gelangte Freud unter dem Eindruck des 1. Weltkrieges mit seinem Freiwerden eines ungeheuren Vernichtungspotentials und durch die Suche nach der Erklärung für eine Vielzahl destruktiver Neigungen des Menschen, seinesgleichen sadistisch zu drangsalieren, unverständliche Haßgefühle entgegenzubringen, sich für Kriege zu begeistern. So entschied sich der späte Freud für ein Konzept zweier antagonistischer Grundtriebe beim Menschen: Dem Lebenstrieb (Eros) steht ein *Todestrieb* (Thanatos) entgegen, der sowohl auf Selbstvernichtung des Individuums ausgeht als auch, nach außen gewendet, sich destruktiv gegen die Umwelt auswirkt. In einem

Brief an Albert Einstein heißt es entsprechend:

„Mit etwas Aufwand von Spekulationen sind wir ... zu der Auffassung gelangt, daß dieser Destruktionstrieb innerhalb jedes lebenden Wesens arbeitet und dann das Bestreben hat, es zum Zerfall zu bringen, das Leben zum Zustand der unbelebten Materie zurückzuführen. Er verdient in allem Ernst den Namen eines Todestriebes. Der Todestrieb wird zu einem Destruktionstrieb, in dem er ... nach außen gegen die Objekte gewendet wird. Das Lebewesen bewahrt sozusagen sein eigenes Leben dadurch, daß es fremdes zerstört."

Nach Freud wird die Energie für den Todestrieb stetig im Körper generiert. Sie sammelt sich wie Wasser in einem Tank. Wird sie nicht in kleinen Mengen und auf sozial akzeptierte Weise abgegeben, wird sie so lange anwachsen, bis sie auf extreme und sozial nicht akzeptable Weise „überläuft". So wird verständlich, wenn er im „Abriß der Psychoanalyse" von 1938 schreibt: „Zurückhaltung von Aggression ist überhaupt ungesund, wirkt krankmachend." Eine Möglichkeit der Ableitung dieser Energie sei die sog. *Katharsis* (griech.: Reinigung, Läuterung). Katharsis, das bedeutet jetzt, daß Emotionen intensiv ausgedrückt, ausgelebt werden, sei es im Weinen, in Worten, in symbolischen Darstellungen oder auch in direkten Handlungen. Es wird dabei die Auffassung vertreten, daß dieses emotionale „Rauslassen" aggressiver Gefühle das Auftreten folgender Aggressionen zu senken vermöchte.

Aggressionsinstinkt

Das Freudsche „Dampfkesselmodell" – der Triebdruck steigt bis zu einer bestimmten Stelle so an, daß er sich explosionsartig entlädt – begegnet wieder in der *ethologischen Aggressionstheorie* (v. a. durch Konrad Lorenz 1963 vertreten; vgl. auch Eibl-Eibesfeldt 1986). Diese Theorie geht davon aus, daß Aggression beim Menschen die gleichen Funktionen erfülle wie beim Tier und deshalb ein angeborener Instinkt sei, dem folgende Aufgaben zukämen:

- Verteilung des Lebensraumes („Territorialverhalten" – „Markierung und Verteidigung des eigenen Besitzes");
- Verteidigung der Nachkommenschaft;
- Selektion (das Schwache wird ausgeschieden, nur das Überlebensfähige behauptet sich);
- Bildung einer sozialen Rangordnung.

Analog zur Auffassung Freuds entständen aus einer inneren Triebquelle aggressive Impulse, die im Lebenskampf eingesetzt würden oder periodisch der Entladung zur Spannungsreduktion bedürften. Ziel sei eine adäquate Aggressionsabfuhr: z. B. über ein *„Ersatzobjekt"*:

„Wenn ich ... damals im Gefangenenlager trotz schwerster Polarkrankheit nicht meinen Freund geschlagen, sondern einen leeren Karbidkanister zerstampft habe, so war dies ganz sicher meinem Wissen um die Symptome der Instinkt-Stauung zu danken" (Lorenz 1963). Es entspricht einer sozialen Norm, eher Sachen als Menschen zu beschädigen.

Eine weitere Möglichkeit bildet die *„Sublimierung"*, auf die schon Freud (s. Abschnitt 3.2.3), ja schon Nietzsche hingewiesen haben. So wenn letzterer in „Jenseits von Gut und Böse" davon spricht, daß auch die „Lust an der Grausamkeit" ... einer gewissen „Sublimierung und Subtilisierung" bedarf.

„Es besteht ein erheblicher Unterschied zwischen dem Manne, der mit der Faust auf den Tisch, statt dem Gesprächspartner ins Gesicht haut, und jenem Anderen, der aus unausgelebtem Zorne gegen seinen Vorgesetzten begeisterte Streitschriften mit edelster Zielsetzung verfaßt" (Lorenz 1963).

Sport ist hier besonders hervorzuheben, denn einerseits halte er die arterhaltenden Leistungen der Aggressivität aufrecht und andererseits verhindere er deren sozietätsschädigende Wirkung, zumal er zur bewußten und verantwortlichen Beherrschung der instinktmäßigen Kampfhandlungen erziehe.

Kritisch läßt sich generell gegen diese biologischen Triebtheorien zunächst einwenden, daß sich eine somatische Triebquelle, eine physiologische Fundierung einer periodisch nach Entladung drängenden Aggressivität, beim Menschen nicht finden läßt. Auch stellt sich grundsätzlich die Frage, ob ein „emotionales Abreagieren", ein „Rauslassen aggressiver Gefühle", wie in der Katharsis-These postuliert, das Auftreten folgender Aggression zu senken oder gar zu verhindern vermag; die Gelegenheit, offen aggressives Verhalten „auszuagieren", kann gerade das Gegenteil bewirken, nämlich Aggressivität belohnen und dadurch verstärken. Das zeigt nicht zuletzt die Lorenzsche Empfehlung sportlicher Betätigung. Wettkämpfe können zwischenmenschliche Spannungen erst erzeugen bzw. zu ihrer Steigerung führen.

Die verheerenden Folgen, wie sie z. B. Fußballspiele hatten, sind nur allzu gut bekannt. So kam es 1969 nach einem Länderspiel zu einem Krieg zwischen Honduras und El Salvador, der 3000 Opfer forderte. Oder man denke an die Katastrophe des Brüsseler Eyssel-Stadions, als 1985 „Hooligans" (s. Kap. 6.2.3) des FC Liverpool Fans des FC Turin attackierten und 35 Menschen zu Tode kamen.

Generell sind die Thesen der Ethologen deshalb in Frage zu stellen, weil sie, wie schon in 3.2.3 diskutiert, letztlich auf einer fragwürdigen Verallgemeinerung von Analogieschlüssen tierischen auf menschliches Verhalten und deren Motivation beruhen. „Aufgrund der – im Vergleich zu Tieren – besseren und schnelleren Lernfähigkeit der Menschen wird die Motivation

zum aggressiven oder zum kooperativen Verhalten beim Menschen mehr durch soziale Erfahrungen beeinflußt als bei allen anderen Arten" (Verres u. Sobez 1980).

Die Frustrations-Aggressions-Hypothese

Angeregt durch den frühen Freud, nämlich Frustration libidinöser Bedürfnisse als Ursache von Aggression zu sehen, stellt die *Frustrations-Aggressions-Hypothese* von Dollard et al. (1939) eine alternative Betrachtungsweise zur Destruktionstrieb-Theorie des späten Freud dar. Sie geht davon aus, daß *jeder Aggression eine Frustration zugrunde liegt.*

 „Frustration" tritt auf, wenn die Ausführung einer zielgerichteten Aktivität unterbrochen oder behindert wird.

Je größer die aktuelle oder auch „angestaute" Frustration, desto stärker die daraus resultierende aggressive Reaktion. Ist die aggressive Handlung ausgeführt, tritt Befriedigung ein, der Anreiz zu weiterer Aggression wird reduziert.

Die Vertreter der Frustrations-Aggressions-Hypothese übernehmen also auch die Katharsis-Theorie. Für sie muß deshalb dieselbe Kritik gelten. Des weiteren ist kritisch anzumerken, daß nicht jede Frustration aggressives Verhalten nach sich zieht. Alternative Reaktionsformen sind z. B. Flucht oder eine Umbewertung der Situation wie eine humorvolle Verarbeitung. Auch ist zu sehen, daß nicht jeder Aggression eine Frustration zugrunde liegt, wie das z. B. bei einer zweckhaft kalkulierten „instrumentellen" Aggression der Fall ist. Man denke nur an die Menschenversuche einer „Medizin

ohne Menschlichkeit" in den nationalso-
zialistischen Konzentrationslagern.

In Abhebung aber zu den Theorien
angeborener Aggression sieht die Frustrations-Aggressions-Hypothese den Ur-
sprung aggressiven Verhaltens in *ex-
ternen* „frustrierenden" Fakten. Expliziter
noch begegnet diese Ansicht in den beiden folgenden Theorien:

Lerntheoretische Aggressionsmodelle

Dieser Ansatz geht davon aus, daß aggressives Verhalten, wie jedes Verhalten sonst
auch, erlernt wird, so z. B. durch die Beobachtung anderer, die sich aggressiv verhalten (*„Lernen am Modell"*) (s. Kap. 4.2.2).
Kindergartenkinder, die beobachtet haben, wie Erwachsene oder gefilmte Modelle eine große Spielzeugpuppe schlagen,
treten oder stoßen, führen diese Handlung
später selbst aus (A. Bandura 1973). Des
weiteren kann die Erfahrung, daß aggressives Verhalten Erfolge nach sich zieht
bzw. belohnt wird, dieses entsprechend
verstärken (*„Verstärkungslernen"*). Diese
Erkenntnis, daß in bestimmten Situationen aggressives Verhalten erfolgreich ist,
führt leicht zu ihrer Übertragung auf Situationen, die ähnliche Merkmale haben
(*„Reizgeneralisierung"*), bzw. auch dazu,
daß Aggression als Reaktion in anderen
Situationen zur Anwendung kommt (*„Re-
aktionsgeneralisierung"*).

Erworbene Aggression in psychoanalytischer Sicht

In bewußter Abgrenzung zur These des
späten Freud über einen naturgegebenen
primären Destruktionstrieb und in Anlehnung an dessen frühere Konzeption, Aggression als Mittel zur Durchsetzung von
Ansprüchen und Bedürfnissen zu sehen,
betrachtet heute die Mehrzahl der Psychoanalytiker aggressives Verhalten als psychosozial bedingt. Erzeugt in der Sicht
des späten Freud und der Ethologen Aggressivität als „Grundmacht des Lebens"
(Mitscherlich) erst Konflikte, so verhält
es sich dieser Auffassung gemäß genau
umgekehrt: Aus bestimmten Konflikten,
seien sie individuell, familiär oder gesell-
schaftsbezogen, resultieren erst Aggression und Aggressivität.

Schon die üblichen „Schwellenkonflikte" der
individuellen Biographie können dies belegen.
Um zu einem ersten Umriß von Autonomie zu
gelangen, muß das Kind der sog. „analen
Phase" (s. Kap. 6.1) der elterlichen Bevormundung „trotzen"; um sich in Pubertät und Adoleszenz „ablösen" zu können, bleibt „Streit"
nicht aus (s. Kap. 6.2.3). Aggression ist hier
Folge des menschlichen Grundkonflikts „Autonomie versus Abhängigkeit". Der Jugendliche,
der sich mit einer extremen Ideologie identifiziert oder fanatisch an bestimmten Vereinsfah-
nen hängt und sich im Namen dessen aggressiv gegen „Andere", „Fremde" verhält, tut dies
nicht, um einen angeborenen Aggressionstrieb
zu befriedigen, sondern deshalb, weil er über
dieses Verhalten aggressiver Abgrenzung eine
Art Identität findet, sein Selbst stabilisiert
(s. Kap. 6.1 u. 6.2.3). Sich als gewalttätig zu
erleben, das schafft männlich-jugendliche
„Größe".

Die selbstbezogene, d. h. *„narzißtische"*
Form der Aggression kann besonders evi-
dent den reaktiven Charakter aggressiven
Verhaltens belegen, sofern diesem Verhalten in der Regel eine „narzißtische (d. h.
die Selbstachtung betreffende) Kränkung"
vorausgeht. Das Spektrum dieser Aggression reicht vom Ärger bzw. Verdruß darüber, daß jemand einen Gruß nicht erwidert oder nicht auf einen Scherz reagiert,
bis zur unersättlichen Rachsucht eines
„Michael Kohlhaas" in Kleists gleichnami-
ger Novelle und den verheerenden Folgen
narzißtisch gekränkter Amokläufer, die
nach Restaurant- bzw. Party-Rauswurf,
wie z. B. in Kanada und Wien geschehen,

bewaffnet zurückkommen und nicht nur den „Rauswerfer", sondern auch alle anderen auszulöschen suchen, weil sie Zeugen der sie kränkenden, zutiefst beschämenden Handlung waren. Findet eine solche „narzißtische Wut" nicht ihr entsprechendes Ventil, kann sie sich gegen das Subjekt selbst richten. Narzißtische Krisen gehören mit zu den häufigsten Motiven der Selbsttötung (vgl. Henseler 1974).

Das Phänomen Aggressivität spielt eine zentrale Rolle in *Neurosen* und *psychosomatischen Erkrankungen*. So findet sich bei *zwangsneurotischen Patienten* in der frühen Kindheit häufig eine übermäßige Einengung der motorischen Expansionsmöglichkeiten – gemäß Abb. 3.12 der erste Typus von „Aggression" –. Aus Angst vor Strafe bzw. Liebesentzug wird Ärger und Wut ob dieser Beeinträchtigung nicht „ausgelebt". Später übernimmt diese Aufgabe der innere Richter „Über-Ich" (s. Abschnitt 3.2.1 u. 5.1.1). Die so abgewehrte bzw. verdrängte Aggressivität ruht aber nicht, sondern kann sich jetzt in Zwangssymptomen (als „Kompromiß", s. Abschnitt 3.2.1) Ausdruck schaffen und zugleich abgewehrt werden. So z. B. darin, daß primäre Bezugspersonen in einen „Waschzwang" einbezogen (gezwungen werden, sich selbst übermäßig zu waschen) und dadurch tyrannisiert werden, andererseits Schuldgefühle ob dieser Aggressivität über ein „Sich-Reinwaschen" konkretistisch bewältigt werden – ganz analog zu „Pilatus", der Jesus verurteilen ließ und sich anschließend von aller Schuld reinwusch („Er ging hinaus und wusch seine Hände in Unschuld") (vgl. Lang 1994, 1986, 1998d). Oder: Menschen, die an einer *Depression* erkranken, neigen zu engen symbiotischen Bezügen. Expansive, d. h. ein Stück weit auch aggressive Tendenzen (wiederum Aggressivität zunächst im Sinne des Typus 1 der obigen Abbildung) werden vermieden, um die existentiell notwendige enge Beziehung

nicht zu gefährden. Kommt es zu Enttäuschungen und Frustrationen, wird die aufkommende Wut „geschluckt" oder autodestruktiv gegen sich selbst gekehrt mit entsprechender Suizidgefahr. Transkulturelle Untersuchungen bestätigen diese psychodynamische Hypothese. Bei den Hutteriten, einer nordamerikanischen Baptisten-Sekte, werden die Kinder in ihrer motorischen Expansion von früh an stark eingeschränkt; sie, wie auch später die Erwachsenen, dürfen niemals miteinander kämpfen. Mord, körperliche Auseinandersetzungen und Vergewaltigungen sind in dieser Gemeinschaft praktisch unbekannt. Dagegen finden sich aber ungewöhnlich häufig depressive Erkrankungen, auch schon unter Kindern. Auffällig auch, daß die Auftretenshäufigkeit von depressiven Störungen in nordeuropäischen Ländern dreimal höher ist als in den USA. Epidemiologen bringen dies in Zusammenhang mit der in den USA von früh auf geförderten motorischen Expansion und Autonomie, während das erzieherische Klima in Nordeuropa eher autonomiehemmend und expansionsfeindlich sei. „Normalerweise" müßte es sozusagen zu aggressivem Verhalten kommen, wenn eine Behinderung der Expansion, der Bedürfnisbefriedigung und Selbstbehauptung eintritt. Wird diese „Aggression" unterdrückt oder nicht entsprechend verarbeitet (s. später), kann es offensichtlich zu „psychogenen Erkrankungen" kommen. Das trifft – eine organische Disposition vorausgesetzt – auch auf psychosomatische Erkrankungen zu. Patienten, die z. B. an einer *essentiellen Hypertonie* leiden, sind häufig sehr leistungs- und pflichtbewußte, gesellschaftlich überangepaßte Menschen, die in übertriebener Bescheidenheit eigene Bedürfnisse nach Selbstbehauptung zurückschrauben und gerade dadurch in eine chronische Ärger- und Grollhaltung geraten können, sich deren Ausdruck aber aufgrund ihrer Überangepaßtheit und Helferhaltung verbieten. Gehemmte Aggressivität könnte sich in eine Dauererregung des sympathischen Nervensystems umsetzen, die dann zur Hypertonie führe. In dieser Schwierigkeit, Gefühle auszudrücken, sieht eine moderne psychosomatische Theorie, das Konzept der sog. „Alexithymie", das Wesen psychosomatischer Erkrankungen überhaupt. „Alexithymie" ist ein Kunstwort, das sich zusammensetzt aus griech.: à = Mangel, Lexis bzw. Logos = Wort, Sprache und Thymos = Gemüt, und deshalb so viel wie Schwäche oder Unfähigkeit, die eigenen Gefühle auszudrücken, zu verbalisieren, bedeutet. Statt in Worten „schwätzt" der psychosomatisch Kranke mit seinem Körper, wie es einmal der Pionier der psychosomatischen Medizin V. v. Weizsäcker (1950) auf gut schwäbisch formuliert hat.

Wenn offenes oder auch verstecktes, z. B. „somatisiertes", aggressives Verhalten auftritt, eine frustrierende Situation nicht unmittelbar auszumachen ist und man deshalb versucht sein könnte, mit dem späten Freud oder dem Ethologen auf eine naturgegebene spontane Destruktivität zu schließen, ist immer zu fragen, ob nicht ein *latenter, unbewußter Konflikt* – häufig zwischen Selbstbehauptung und Abhängigkeit – vorliegt, dessen Resultat die entsprechende Aggressivität bzw. Aggression ist.

Bei der Frage, ob Aggression anlage- oder umweltbedingt ist, ist auch nicht zu vergessen, daß auf den Anklagebänken unserer Gerichte häufig Menschen sitzen, die aus „Broken-Home-Familien" kommen, Heimkarrieren hinter sich haben. So nimmt es nicht Wunder, daß an frühkindlichem Hospitalismus Geschädigte als Erwachsene häufig kriminell werden (s. Kap. 6.2.3 u. 6.3.3).

Umgang mit und Abbau von Aggression

Wenn, wie wir zuletzt gesehen haben, Aggression vorrangig konfliktbedingt ist, dann gilt es, sei es beim Individuum, der Familie oder der Gesellschaft, zunächst die Konflikte aufzudecken, die damit verbundenen Kränkungen und Ängste zu bearbeiten, nach Lösungsmöglichkeiten zu suchen und Situationen, die zum Konflikt führten, zu ändern – so daß sich damit die „Reaktion" Aggression erübrigt. Allein dadurch, daß Konflikte und die damit verbundenen Motive und Emotionen zur Sprache kommen, kann schon eine Entlastung eintreten. Entscheidend ist, daß damit eine Distanzierung gegeben ist, eine „Metaebene" erreicht wird, von der aus das „Ganze" gelassener zu sehen ist und deshalb Bewältigung und Lösung erleichtert werden. Das betrifft nicht nur das therapeutische Gespräch (vgl. Lang 1994), sondern auch den familiären und gesellschaftlichen Bereich: „Solange sie miteinander reden, 'schießen' sie nicht aufeinander." Sog. „vertrauensbildende Maßnahmen", das Gespräch mit potentiellen Gegnern, Vermeidung von Eskalation und Polarisierung wären weiter zu nennen.

Im engeren medizinpsychologischen Bereich kommt es darauf an, daß in entsprechender Therapie z. B. der depressive und psychosomatisch Kranke lernt, die latenten aggressiven Gefühle wahrzunehmen, zur Sprache zu bringen und dann auf seine Symptome als Aufforderung zu verbaler „Auseinandersetzung" zu hören, so daß ein depressiver Rückzug oder eine Somatisierung hinfällig werden. „Auseinandersetzung" meint ja auch ganz wörtlich „Sich-auseinandersetzen", d. h. sich so zu verselbständigen, daß Verletz- und Kränkbarkeit reduziert werden.

Wenn Patienten dem Arzt aggressiv begegnen, ist es wichtig, nicht sofort mit einer Gegenaggression zu reagieren, sondern sich zunächst zu fragen, ob Aggression hier nicht auch eine konstruktive Bedeutung haben kann. So kann aggressives Verhalten eines Patienten eine wichtige Coping-Funktion haben, um Gefühle von Depression und Angst abzuwehren. Angesichts der Tatsache, daß viele Patienten die ärztlichen Empfehlungen nicht oder nur mangelhaft befolgen, sich „non-compliant" verhalten (s. Kap. 9.4), wie auch in Anbetracht dessen, daß Ärzte und Pflegepersonal im Umgang mit Patienten vielen Belastungen, „Frustrationen", ausgesetzt sind, lassen sich Ärgeremotionen nicht vermeiden. Jetzt zu sehen, daß aggressives Verhalten von seiten der Patienten auf deren Ängste um die eigene körperliche und seelische Gesundheit zurückzuführen ist, daß dieses Verhalten zur Selbstbehauptung und Abwehr belastender Emotionen dient, wird den Umgang erleichtern. Hier bieten sich insbesondere auch Balint-Gruppen an, die gerade Verbalisierung und Bearbeitung von Belastungen (und den daraus resultierenden Ärgergefühlen) zum Thema haben (s. Kap. 9.2).

Von *verhaltenstherapeutischer Seite* werden spezifische „Aggressionstherapien", insbesondere schon bei Kindern und Jugendlichen, vorgeschlagen. Mittels Rollenspielen, Entspannungstrainings, verbunden mit Verbalisierung konfliktträchtiger Emotionen, und Festigung einer gestörten Selbstidentität wird ein Abbau von aggressivem Verhalten und Aufbau nichtaggressiver Verhaltensformen angestrebt (vgl. u. a. F. u. U. Petermann 1978).

Wie wohl in keinem anderen Bereich menschlichen Zusammenlebens wäre es notwendig, durch entsprechende *Prävention* vorzubeugen. Die Erfahrungen, daß frühe Schädigungen – es sei nur an das Hospitalismus-Syndrom erinnert – oder „aggressive Familientraditionen" zu späterem aggressiven Verhalten prädestinieren, die Beobachtungen, daß Menschen

wohl nicht von Natur aus „böse" sind, sondern erst aggressiv „reagieren", wenn sie verletzt werden, sollte hier wegweisend sein. Bei William Faulkner, dem großen amerikanischen Schriftsteller, ist in „Requiem für eine Nonne" zu lesen:

„Einen Menschen zum Zuhören wie wir ihn wohl alle brauchen, haben möchten, haben müssen ... . Mehr will der Mensch ja gar nicht, braucht er ja gar nicht. Ich meine, um sich anständig zu benehmen, um den Mitmenschen nicht ins Gehege zu kommen; all die Komplexe, von denen man uns erzählt, daß sie an der Existenz der Brandstifter und Sittlichkeitsverbrecher und der übrigen Feinde der Gesellschaft schuld sind, entstehen doch im Grunde nur dadurch, daß die künftigen Mörder und Diebe niemanden gehabt haben, der ihnen zugehört hätte: das ist ein Gedanke, auf den die Kirche schon vor 2000 Jahren gekommen ist; sie hat ihn nur nicht weit genug verfolgt."

3.3.4 Sexualität

Das Phänomen der menschlichen „Sexualität" (lat.: Geschlechtlichkeit) ist so komplex, daß es sich einer einfachen Definition entzieht. In einem sehr weiten Sinne läßt sich darunter all jenes verstehen, was den Menschen als Geschlechtswesen betrifft.

- In biologischer Sicht erscheint Sexualität als eine spezialisierte Form der Fortpflanzung, als *Reproduktion.*
- Im Erleben des Subjekts vermittelt Sexualität die Erfahrung von Lust, Freude am eigenen Körper, verbunden mit dem *narzißtischen Aspekt* der Selbstbestätigung, des Selbst- und Lebensgefühls überhaupt.
- Im zwischenmenschlichen und sozialen Bereich zeigt sich Sexualität wesentlich als eine Form der *Bezogenheit auf an-*

dere. „In dieser interpersonalen Gebundenheit ist Sexualität eine umfassende, die menschlichen Beziehungen tragende Motivation" (Bräutigam 1977). Sexualität verschafft Intimität und Nähe, wie sie anders in zwischenmenschlichen Bezügen kaum zu ermöglichen ist. Diese in der Sexualität erfahrene Nähe, sozusagen das Herunterreißen der sonst trennenden zwischenmenschlichen Wände, kann enorme Glücksgefühle vermitteln, kann aber auch enorme Ängste wecken – Ängste z. B., daß man dem anderen ausgeliefert ist, im Verschmelzungserlebnis die Selbstkontrolle verliert.

Wenn psychische und psychosomatische Störungen wesentlich in problematischen zwischenmenschlichen Beziehungen wurzeln und sich hier auswirken – z. B. in einem ungelösten, quälenden „Nähe-Distanz-Konflikt" – wird verständlich, daß die Psychoanalyse gerade den Bereich der Sexualität als besonders pathogen herausstellt. Aber nicht nur deshalb sind Kenntnisse über Sexualität für den Mediziner unerläßlich. Auch die Sexualstörungen selbst sind ein wichtiger Gegenstand des ärztlichen Handelns. Unter allen organisch nicht begründbaren Beschwerden machen sie 15 % aus, rangieren noch vor den körperlichen Korrelaten der depressiven Verstimmungen und Kreuz- und Rückenschmerzen. Eine Repräsentativumfrage der Bevölkerung der DDR (Schnabel 1974) ergab, daß 67 % der Männer – zumindest gelegentlich – Sexualstörungen haben. Die gleiche Studie ergab, daß 45 % der befragten Frauen Orgasmusschwierigkeiten bieten. Andere Studien berichten hier über einen noch höheren Anteil. Diese Häufigkeit bedeutet zugleich, daß gelegentliche Störungen sozusagen „normal" sind. Bevor Patienten einen Psychotherapeuten oder gar eine Spezialambulanz aufsuchen, werden sie zunächst einen Allgemeinarzt, Gynäkologen, Dermatologen oder Internisten konsultieren. Sexualmedizinische Kenntnisse zu haben ist deshalb für jeden klinisch tätigen Arzt von großer Bedeutung.

Psychophysiologie der Sexualität („sexuelle Reaktion")

Die psychophysiologischen Erregungsabläufe beim Sexualakt sind v. a. durch den Gynäkologen William H. Masters und die Psychologin Virginia E. Johnson untersucht worden. Bei 382 Frauen zwischen 18 und 78 Jahren und 321 Männern zwischen 21 und 89 Jahren untersuchten sie insgesamt 10.000 Reaktionszyklen bei Koitus und Masturbation, d. h. sexuelle Abläufe bis zur Befriedigung durch Orgasmus oder Ejakulation mit Hilfe von Filmen, chemischen Analysen usw. Unter anderem benutzten sie einen Penis aus Plastik, der in der Scheide optische Beobachtungen erlaubte. Es zeigte sich eine *Vier-Phasen-Struktur des Sexualzyklus* sowohl für die Frau als auch den Mann: Erregungsphase, Plateauphase, Orgasmusphase und Rückbildungsphase.

Erregungsablauf bei der Frau

Erregungsphase. Durch seelische und körperliche Stimulierung kommt es zur Lubrikation (Feuchtwerden) und Ausdehnung der Vagina, unabhängig davon, wo die Stimulierung stattgefunden hat. Extragenital ist eine Erektion der Mamillen wie auch eine Größenzunahme der Brüste zu verzeichnen. Zeitlich bildet die Erregungsphase den längsten Teil des Reaktionszyklus, sie ist durch äußere Einwirkungen oder auch innere Hemmungen leicht störbar. Wird die wirksame sexuelle Stimulierung fortgeführt, kommt es zur Plateauphase.

Plateauphase. Darunter ist eine hohe Stufe sexueller Spannung zu verstehen, von der aus der Orgasmus möglich wird oder auch ein langsames Abfallen der Spannung und Rückbildung der Erregung eintritt. So können eine unzureichende Stimulierung oder auch eine Unterbrechung der Reizung wie auch eine unzureichende Orgasmusbereitschaft eine Steigerung zum Orgasmus verhindern. Extragenital ist ein weiteres Anschwellen der Mamillen und weitere Größenzunahme der Brust charakteristisch. Häufig sind flüchtige und variable Sexualröten, die sich vom Oberbauch auf Brust und Rücken ausdehnen ("sexflush"), zu beobachten. Genital wird die Klitoris an den vorderen Rand der Symphyse gezogen, und es kommt zur Ausbildung der sog. "orgastischen Manschette", d. h. zur Vasokongestion des äußeren Scheidendrittels.

Orgasmusphase. Eine maximale Steigerung der Stimulation führt jetzt den Orgasmus herbei. Dieser Höhepunkt der sexuellen Lust unter Lösung sexueller Spannung ist körperlich durch Kontraktionen (unwillkürliche Bewegungen) der "orgastischen Manschette" wie auch des Uterus gekennzeichnet. Die Atemfrequenz nimmt auf 40/min zu, die Pulsfrequenz auf 110–180/min, der Blutdruck steigt bis um 80 mm/Hg an. Subjektiv wird dieser Höhepunkt der Erregung häufig durch eine Einengung der äußeren Sinneswahrnehmung charakterisiert; bezeichnend auch die Empfindung einer Wärmeausbreitung, die vom Becken ausgehend schließlich den ganzen Körper erfaßt.

Rückbildungsphase. Es kommt jetzt zum schnellen Abklingen der Sexualröte und zum Abschwellen der Mamillen und Brüste. Pulsfrequenz, Blutdruck und Atemfrequenz normalisieren sich. Auch kehrt die Klitoris in ihre Normallage zurück, die or-

gastische Manschette schwillt ab, ebenso die Labien.

Von den weiteren Untersuchungsergebnissen im Hinblick auf die Psychologie der Frau seien im folgenden zwei herausgegriffen, weil gerade die mit ihnen thematisierten Sachverhalte immer wieder Anlaß zu Mißverständnissen und Mythen gaben und geben:

- Es zeigte sich, daß es nicht möglich ist, einen vaginalen Orgasmus von einem, der durch die Klitoris ausgelöst wird, zu unterscheiden. Der Orgasmus ist immer gleich, unabhängig davon, wie und wo er hervorgerufen, wo die hauptsächlichen Stimulierungen der weiblichen Genitalregion ausgeübt worden sind. Freud hatte den klitoralen Orgasmus als eine unreife Form der Befriedigung betrachtet; die sexuell reife und vollwertige Frau müsse von dieser zur vaginalen Form gelangen. Diese sog. "Transmissionstheorie", der allerdings gerade weibliche Analytikerinnnen bald widersprochen haben, ist so nicht aufrecht zu erhalten. Zu differenzieren ist auf diese Weise, daß sich der vaginale Orgasmus bei Frauen findet, die das Verschmelzungserlebnis mit dem Mann suchen, während der klitorale Orgasmus eher bei Frauen eintritt, die auch in der intimen Begegnung sozusagen autonom bleiben wollen. Man kann auch von einer individuell unterschiedlichen Orgasmusschwelle bei Frauen ausgehen, die – wenn sie individuell niedrig ist – durch koitale Reizung bereits überschritten wird, während eine höhere Schwelle einer intensiveren direkten Klitorisreizung bedarf. Bräutigam und Clement (1989) weisen darauf hin, daß Frauen den Orgasmus durch manuelle Klitorisstimulation vielleicht weniger beglückend und entspannend erleben als einen Orgasmus durch Koitus, weil es sich um eine psychologisch differente Situation handelt. Im physiologischen Ablauf spielt die Art der Stimulationstechnik aber keine Rolle.

- Gerade für den Arzt, und hier insbesondere für den Gynäkologen, ist ein weiteres Untersuchungsergebnis von besonderer Wichtigkeit. Anzunehmen, daß manche Frauen zu „eng gebaut" seien, die Vagina zu klein wäre, um den Penis aufzunehmen, ist in der Regel eine falsche Vorstellung.

Es handelt sich hier zumeist um eine psychische Abwehrhaltung gegen das Eindringen des Mannes, die sich dann als „Scheidenkrampf", als „Vaginismus", äußert, also um eine muskuläre unwillkürliche Abwehrspannung der Scheidenmuskulatur. Ohne eine solche psychische Abwehr erscheint die Vagina als beinahe „unbegrenzt dehnbar", die unwillkürliche Erweiterung erfolgt bei sexueller Erregung und nach der Einführung des Penis.

Traumatische Folgen kann es haben, wenn hier der Gynäkologe instrumentell Dehnungseingriffe vornimmt, ohne daß die Patientin psychologisch vorbereitet ist. Dabei kann es zu heftigen psychosomatischen und depressiven Reaktionen kommen. Die in einem neurotischen Symptom, und das ist ja dieser Scheidenkrampf, ausgedrückte Abwehrhaltung hat einen Sinn, der vielleicht dazu dient, mächtige unbewußte Ängste zu bannen, Ängste, die mit dem Eindringen des Mannes in den eigenen Körper nicht lustvolle, sondern zerstörerische Vorstellungen verbinden. Und von diesen Ängsten kann jetzt bei solchen Dehnungseingriffen die unvorbereitete Patientin überschwemmt werden (vgl. ein eindrucksvolles Fallbeispiel bei Bräutigam 1977, S.207 ff.).

Erregungsablauf beim Mann

Erregungsphase. Durch äußere oder auch innere Stimulation, wie Phantasien, Träume usw., kommt es durch eine geni-

tale Hyperämie zu einer Erektion des Penis; zugleich kommt es zur Verdickung der Skrotalhaut und einer Hebung des Skrotums. Bei Nachlassen der stimulierenden Reize oder bei Störung kann die Erektion schnell wieder verloren gehen; in dieser Phase ist die Erektion des Mannes vergleichbar mit der Lubrikation bei der Frau.

Plateauphase. Eine allgemeine muskuläre Anspannung nimmt zu, der Hoden vergrößert sich um 50 %, Blutdruck und Herzfrequenz werden zunehmend gesteigert.

Orgasmusphase. Die Orgasmusphase ist mit der Ejakulation identisch, die durch regelmäßige unwillkürliche Kontraktionen der Becken- und Harnröhrenmuskulatur erfolgt. Extragenital nimmt die allgemeine muskuläre Anspannung noch zu, die Herzfrequenz steigt auf 180 Schläge, der Blutdruck um bis zu 100 mmHg. Charakteristisch auch Hyperventilation. Ist der Samenerguß einmal in Gang gekommen, ist es nicht mehr möglich, den Ablauf willkürlich zu bremsen.

Rückbildungsphase. Es kommt zum Verlust der Erektion, wobei jetzt gegen eine unmittelbar erneute sexuelle Stimulierung ein psychophysiologischer Widerstand besteht (Refraktärzeit; refractarius, lat.: widerspenstig; Zeit, in der ein reizbares Gewebe unerregbar ist). Die hohe motorische Anspannung in der Orgasmusphase wie auch die erhöhten Herzfrequenz- und Blutdruckwerte normalisieren sich wieder im Laufe von einigen Minuten.

Eine weitverbreitete und falsche Vorstellung, daß nämlich die Potenz des Mannes mit einem größeren Penis beim Beischlaf größer sei, wurde in diesen Untersuchungen korrigiert. Es zeigte sich, daß die Größe des erigierten oder nicht erigierten Penis nichts über die sexuelle Potenz des Mannes aussagt. V. a. kann aus der Größe des nicht erigierten Penis nicht auf die erreichbare Länge bei der Erektion geschlossen werden. Es wird bei dieser „Frage der Maße" übersehen, daß sich die Vagina der Penisgröße beim Koitus anpassen kann. Die Angst, einen zu kleinen Penis zu haben und deshalb weniger sexuell leistungsfähig zu sein, gehört zu den sog. „Dysmorphophobien" (vgl. Abschnitt „Angst" in diesem Kap.), sie kann dann tatsächlich zu Sexualstörungen wie eine Erektionsschwäche führen.

Sozusagen klassisch hat dies Hemingway in „Paris – ein Fest fürs Leben" im bezeichnenden Kapitel „Eine Frage der Maße" beschrieben. Unter der Angst, einen zu kleinen Penis zu haben, stellte sich bei dem bekannten amerikanischen Schriftsteller Scott Fitzgerald eine Erektionsschwäche ein; in amüsanter Weise stellt dann Hemingway dar, wie er seinen Freund von dieser Dysmorphophobie heilt – unter anderem dadurch, daß er die genannten Untersuchungsergebnisse von Masters und Johnson quasi vorwegnimmmt oder auch, indem er darauf hinweist, daß eine solche Phobie durch die perspektivische Fehleinschätzung des „Sich-von-oben-Sehens" auftreten und genährt werden kann.

Ob, wie es so schön heißt, ein Mann eine Frau befriedigen kann oder nicht, hängt offensichtlich nicht von solchen „Äußerlichkeiten" ab. Weit bedeutsamer ist hier die emotionale Zuwendung, die Vermittlung des Gefühls, unter keinem orgastischen Erfolgszwang stehen zu müssen – wie auch die Berücksichtigung der Unterschiede im Erregungsablauf bei Frau und Mann, die trotz der schematisierten Gleichheit in der Reaktionsabfolge bestehen und im folgenden näher dargestellt werden sollen.

Unterschiede im Erregungsablauf zwischen Frau und Mann

- Der *sexuelle Erregungsablauf* ist bei der Frau variabler als beim Mann. Die sexuelle Befriedigung ist beim Mann an die Orgasmus-Ejakulation gebunden, während manche Frauen auch ohne einen solchen physiologisch meßbaren Höhepunkt zu einer für sie sexuell befriedigenden Erfahrung kommen können.
- *Die Verlaufskurve* der sexuellen Erregung ist bei der Frau während des Koitus sowohl insgesamt als auch in den einzelnen Phasen länger. Während der Mann in weniger als einer Minute alle Phasen der sexuellen Erregung im Verkehr durchlaufen kann, ist dies bei der Frau nicht möglich.
- Der Mann hat nach der Orgasmus-Ejakulation eine *absolute Refraktärphase* von einigen Minuten, in der er sexuell nicht ansprechbar ist. Die Frau hat dies nicht: sowohl im Hinblick auf die Plateauphase als auch in der Fähigkeit zu wiederholten Orgasmen mit entsprechenden Muskelkontraktionen.
- Der Mann kann in *Phantasien* durch Bilder, Bücher und Zurschaustellungen (Striptease, Peepshows) stärkere visuelle Anregungen erfahren als die Frau. Dieses Ergebnis wird allerdings in neueren Untersuchungen in Frage gestellt, zumindest bei Filmen sei die Stimulation eher gleich. Bei den meisten Frauen ist indessen die sexuelle Anregung mehr an körperliche Berührungen, an Zärtlichkeiten gebunden. Die Frau scheint so eher konkret partnerbezogen zu sein als der Mann. Wie gerade das sexuelle Verhalten auch von der Imagination, vom Geist sozusagen, geprägt ist, mag das folgende klinische Beispiel zeigen:

Bei der Behandlung einer 48-jährigen, tief depressiv verstimmten Frau wurde immer deutlicher, daß ihre Erkrankung wesentlich damit zu tun hat, daß ihr Ehemann nach über zwanzigjähriger Ehe, aus der zwei Kinder hervorgegangen waren, kein sexuelles Interesse mehr an ihr hatte und sie sich deshalb ganz minderwertig fühlte. Dabei sei der Mann drei Jahre jünger als sie, sportlich, Mittelpunkt der städtischen Schickeria, außereheliche Beziehungen waren ihr nicht bekannt. In einem Einzelgespräch berichtete nun der 45-jährige Ehemann, daß er eigentlich schon immer homosexuell veranlagt sei, aus sozialer Angst aber nie entsprechende gleichgeschlechtliche Beziehungen eingegangen sei. Den ehelichen Verkehr habe er immer nur vollziehen können, weil er sich dabei sehr intensiv junge, attraktive Männer vorgestellt habe. Vor etwa drei Jahren sei er nun eine sexuelle Beziehung zu einem jungen Mann eingegangen; seitdem sei er zu Intimbeziehungen mit der Ehefrau nicht mehr in der Lage. Von seiner homosexuellen Neigung habe er ihr gegenüber nie etwas verlauten lassen, sie wisse es sicher nicht. Die sexuelle Ansprechbarkeit und Potenz dieses Mannes war über 17 Jahre in gewisser Weise vom direkten Partner unabhängig, der phantasierte trat an dessen Stelle.

- Mehr als der Mann scheint die Frau von äußeren situativen Einflüssen, vom Partnerkontakt, abhängig zu sein. Sofern ist die Frau bei der Sexualbetätigung selbst ablenkbarer und störbarer. Aufgrund dieser offensichtlich größeren *situativen Abhängigkeit* der Frau ist gerade für sie ein Gefühl der Sicherheit und Geborgenheit wichtig. So hatte sich gezeigt, daß v. a. solche Frauen Orgasmusschwierigkeiten angeben, die Trennungs- und Verlustängste haben. Damit mag auch zusammenhängen, daß die verheiratete Frau in der Regel orgasmusfähiger ist als die ledige, die geschiedene bzw. als Frauen mit häufigem Partnerwechsel. Wohl deshalb hat auch die Mehrzahl der Frauen Schwierigkeiten, bei den ersten sexuellen Kontakten zu einer vollen Befriedigung zu

kommen, steigt die Orgasmusfähigkeit der Frau erst allmählich an.

- Die *Triebintensität* in den einzelnen Lebensphasen ist bei Mann und Frau verschieden. Beim Mann ist die stärkste Triebintensität bereits im Alter von 17–18 Jahren erreicht. In dieser Zeit fällt es Männern nicht schwer, innerhalb kurzer Zeit mehrere Orgasmen zu erleben. Später wird dann die Zeit, die zur Regeneration und damit zu erneuter Erektion gebraucht wird, immer länger. Bei der Frau hingegen ist die Fähigkeit und Bereitschaft zum intensivsten sexuellen Erleben zwischen 30 und 40 gegeben, in einem Alter also, wo beim Mann die Triebintensität schon wieder abnimmt. Daß es dann zu gewissen Schwierigkeiten kommen kann, wenn sich ältere gesetzte Herren in zweiter oder dritter Ehe mit jungen vitalen Damen vermählen, ist aus vielen Komödien bekannt.

Das von Masters und Johnson (1976) gegebene Schema , das den Verlauf der sexuellen Reaktionszyklen bei Mann und Frau gegenüberstellt, verdeutlicht noch einmal genannte Unterschiede (Abb. 3.13).

Menschliches Sexualverhalten

Im Abschnitt „Angst" dieses Kapitels konnten wir sehen, daß der Mensch im Gegensatz zum Tier ein weitgehend „instinktreduziertes Wesen" ist. Diese Sonderstellung des Menschen manifestiert sich auch im Sexualverhalten. Um diese „Freiheit" gegenüber einer festgelegten Instinktregelung, die einerseits den Menschen „adelt", andererseits gerade aber Probleme macht (siehe später), zu verdeutlichen, sei im folgenden ein „Tier-Mensch-Vergleich" durchgeführt (Tabelle 3.8).

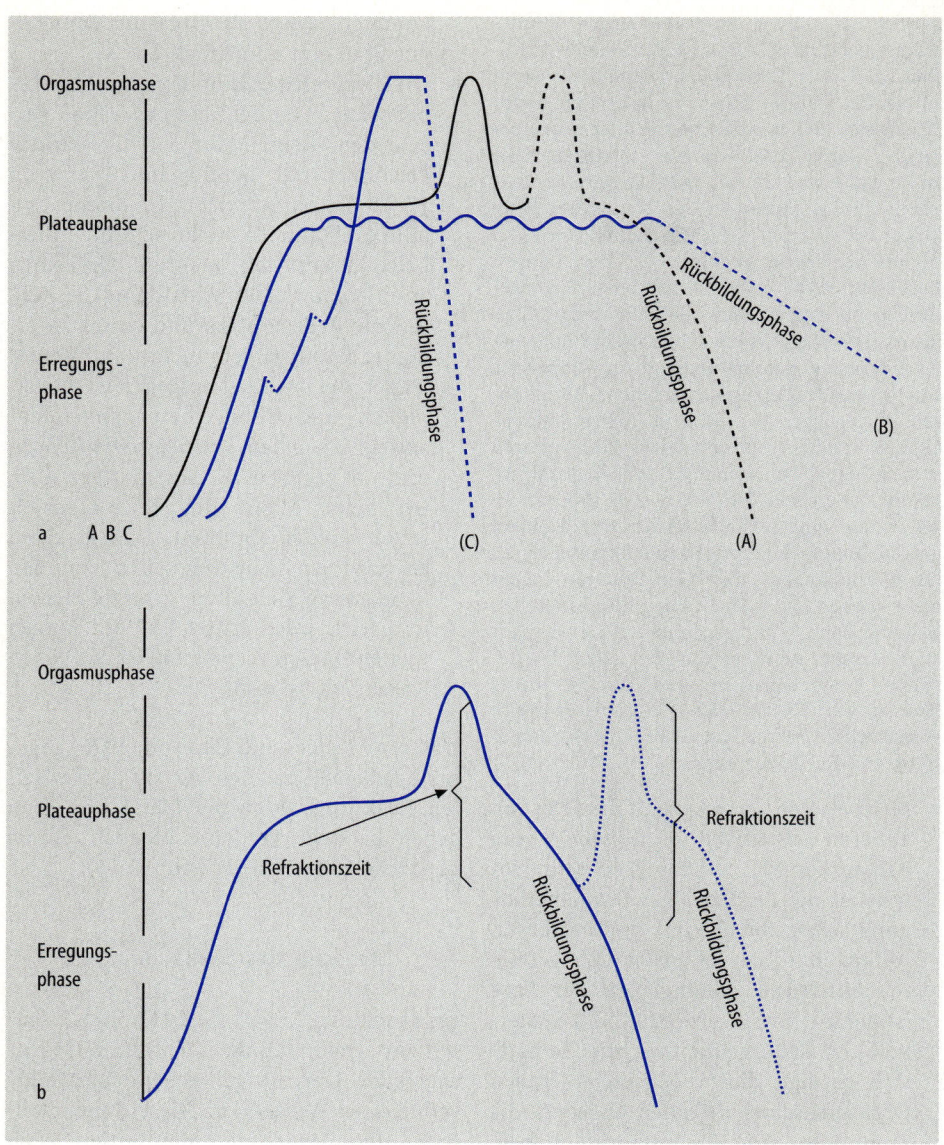

Orgasmusphase

Plateauphase

Rückbildungsphase

Erregungs-
phase

Rückbildungsphase

Rückbildungsphase

Rückbildungsphase

(B)

a   A B C

(C)

(A)

Orgasmusphase

Plateauphase

Refraktionszeit

Refraktionszeit

Erregungs-
phase

Rückbildungsphase

Rückbildungsphase

b

Abb. 3.13 a,b Ablauf der sexuellen Erregung bei der Frau (*a*) und beim Mann (*b*) (nach Masters u. Johnson 1966; Bräutigam 1977)

Tabelle 3.8 Vergleich des Geschlechtsverhaltens von Hirsch und Mensch (nach Neumann 1979)

	Hirsch	Mensch
Zyklus	monöstrisch	menstruell
Häufigkeit	eine Ovulation jährlich, ebenso jährlich nur eine Periode der Spermatogenese, die zeitlich mit der Ovulationsperiode synchronisiert ist	kontinuierlich Ovulationen und kontinuierliche Spermatogenesen
Sexuelle Potenz	Bezogen auf das Jahr gering	während des ganzen Jahres ausgeprägt
Befruchtung	Begattung führt häufig zur Befruchtung; sehr hoher Prozentsatz der Kopulationen sind Fortpflanzungsakte	Begattung führt nur ausnahmsweise zur Befruchtung. Nicht einmal 1 % der Geschlechtsakte sind Fortpflanzungsakte
Schwangerschaft	keine Paarung	geschlechtliche Vereinigung
Orgasmus im weiblichen Geschlecht	nicht vorhanden	ausgeprägt
Lebensspanne und Fortpflanzung	weibl. Tiere: Reifezeit 10 %, Reproduktionsphase knapp 90 % der Lebensspanne	Reifezeit etwa 25 %, im weibl. Geschlecht Reproduktionsphase 35 %; Altersphase 40 %
Alterssexualität	entfällt	ausgeprägt
Brutpflege	kurze Brutpflegezeit	besonders intensive lange Brutpflegezeit

Menschen haben einen Menstruationszyklus, Hirsche den sog. Brunft-(=Brunst-)Zyklus. Im Ovar der geschlechtsreifen Frau werden periodisch ohne längere Intervalle Eier reif. Parallel dazu produzieren die Hoden des Mannes fortgesetzt Spermien. Beim Hirsch hingegen kommt es nur einmal im Jahr – im Herbst – zur Ovulation und synchron dazu zur Spermienbildung. Die meisten der seltenen Paarungen führen beim Hirsch zur Befruchtung und somit zur Reproduktion. Beim Menschen hingegen ist die Befruchtung auch ohne praktizierte Empfängnisverhütung immer nur das „Ausnahmeereignis" (Neumann 1979).

In diesem Vergleich zeigt sich beim Menschen ein immenser Widerspruch zwischen der geschlechtlichen Potenz und der Reproduktion. Die ganzjährig gegebene sexuelle Ansprechbarkeit wird noch verstärkt durch den wohl nur beim Menschen vorkommenden Orgasmus im weiblichen Geschlecht, durch den Wunsch nach **geschlechtlicher Vereinigung** auch während einer Schwangerschaft und durch die für den Menschen so charakteristische **Alterssexualität**.

Die beiden letztgenannten Punkte weisen darauf hin, daß bei der menschlichen Sexualität weitgehend eine „Emanzipation" vom *hormonellen* Festgelegtsein stattgefunden hat.

Während der Schwangerschaft verschiebt sich das hormonelle Gleichgewicht zugunsten der Gestagene, im Alter kommt es zur Reduktion der Östrogene und des Testosterons. Insofern hat Henry Miller, der amerikanische Edelsexautor, nicht recht, wenn er „Liebe" nur als ein „Boogie-Woogie der Hormone" etikettiert. Natürlich hängt auch beim Menschen die sexuelle Reaktion von biologischen Gegebenheiten ab, es läßt sich aber kein direktes hormonelles Korrelat zum Ausmaß subjektiven Begehrens finden. So kann zum Beispiel eine Frau jenseits der Menopause, obwohl der Östrogenspiegel reduziert ist, erstmals zum Orgasmus kommen, weil während der Reproduktionsphase die Angst vor Empfängnis eine solche Befriedigung verhindert hat.

Primäre Motive im Sinne von Vitalbedürfnissen (s. Kap. 3.2.3) erwachsen aus einem körperlich-biologischen Mangelzustand, der beseitigt werden muß, soll das Individuum weiterleben können.

Im Falle des Hungers kann das durch den Abbau körpereigener Reserven, unserer Fettpolster, geschehen. Ab einem gewissen Punkt muß dann auf jeden Fall Nachschub von außen zugeführt werden. Diese Vorgänge haben das Ziel, einen bestimmten Gleichgewichtszustand, eine *Homöostase*, im Organismus herzustellen. Wir können deshalb primäre Motive auch „homöostatische Motive" nennen s. Kap. 3.2.3. Wenn wir länger nichts gegessen haben, der Blutzuckerspiegel unter die Norm sinkt, können wir dies beheben, indem wir wieder etwas zu uns nehmen. Der Blutzuckerspiegel liegt jetzt wieder bei 100, die Homöostase ist hergestellt.

Wie steht es nun um die Homöostase bei der Sexualität? Wenn man sich im Zustand der Appetenz, des sexuellen Begehrens, befindet, kann man diese Appetenz durch Phantasien, durch Betrachten erotischer Filme oder Abbildungen, durch entsprechende Lektüre weiter aufschaukeln, kann man die Appetenzphase selbst verstärken. Dieselbe Verstärkung ist natürlich auch durch Stimulierungen, die man durch einen Partner erfährt, möglich. In der trockenen, etwas unerotischen Sprache des Gegenstandskatalogs heißt das dann: „Appetenzphase enthält über Selbststimulation und Partnerstimulation selbstverstärkende Komponenten". Das bedeutet nichts anderes, als daß man sich im sexuellen Begehren immer weiter aufschaukeln kann. Ja durch entsprechende Reize, sei es in Selbst- oder Part-

nerstimulation, kann die Bedürfnisspannung auch nach der Befriedigung wieder erzeugt und aufrechterhalten werden. Ein eindeutiger Sättigungsmechanismus ist nicht feststellbar, ein Ausgleich im biologischen Sinne tritt nicht ein. Das heißt: Wir haben keine Homöostase, der Sexualtrieb ist kein homöostatisches Motiv. Mit Faust kann man hier sagen: „Und im Genuß verschmacht ich nach Begierde".

Wenn im Gegensatz zur tierischen Sexualität, zum Brunstzyklus, menschliche Sexualität durch eine Dauerspannung charakterisiert ist, so ist nun in Abhebung zur tierischen Sexualität, zur Homöostase primärer Motive, das Umgekehrte nicht minder charakteristisch und humanspezifisch: die *sexuelle Askese* und **Abstinenz**. Für menschliche Sexualität kann sowohl *Hypersexualität* als auch *Hyposexualität* charakteristisch sein. Die behandelten humanspezifischen Faktoren seien noch einmal aufgereiht:

- Sexualität hat infolge des Fehlens von Brunstzeiten „permanente Aktualität";
- nur etwa 0,5 % der Geschlechtsakte dienen der Fortpflanzung;
- Orgasmus im weiblichen Geschlecht;
- Schwangerschaftssexualität;
- Alterssexualität;
- Sexualität ist ein primäres (d. h. ein angeborenes, aber kein homöostatisches Motiv, dient nicht der Erhaltung des Individuums, sondern der Art);
- Hyper- und Hyposexualität.

Es kann kein Zweifel darüber bestehen, daß Sexualität als primäres Motiv auch eine biologische Grundlage hat. Aber nur ein verschwindend kleiner Teil der menschlichen Geschlechtsakte dient einem wirklichen biologischen Zweck, der Reproduktion. Was geschieht nun mit dem ungeheuren Rest, diesem immensen Triebüberschuß, mit dieser Ablösung der sinnlichen Lust von der naturgegebenen

Fortpflanzungsfunktion? Das ist die Frage, und gerade dadurch wird Sexualität v. a. zum psychologischen und medizinischen Problem. Sexuelles Verhalten fließt offensichtlich noch in andere Kanäle als in den Dienst der Fortpflanzung.

Eine interessante These bringen hier die Ethologen vor: Die beim Menschen so auffällige Hypersexualisierung, dieses über die Notwendigkeit zur Fortpflanzung hinausgehende Mehr, bekomme die Funktion der *Partnerbindung*. Zwei Partner, die sich sexuell verstehen, werden dahin tendieren, beieinander zu bleiben. Sexualität ermöglicht Bindung und erhält sie. Diese Bindung, in unseren Breiten Ehe genannt, sei schon deshalb lebensnotwendig, weil die aus ihr hervorgehenden Kinder i. allg. mindestens bis zum 14. Lebensjahr betreut werden müssen. Diese extrem lange Jugendentwicklung gibt es ja nur beim Menschen, und deshalb habe auch nur die bei ihm zu findende sexuelle Dauerspannung einen Sinn – den Sinn nämlich, daß der Sexualtrieb auch Bindung schafft, das Zusammenbleiben belohnt. Neumann (1979) weist darauf hin, daß eheliche Bindungen auch bei allen Naturvölkern das Sozialleben bestimmen, Promiskuität zum Prinzip erhoben fände sich in keiner menschlichen Gemeinschaft.

Eine weitere interessante These, im Hinblick auf die Multifunktionalität des sexuellen Antriebs, haben wir unter dem Stichwort *Sublimierung* bei den Abwehrmechanismen kennengelernt (s. Kap. 3.2.2). Angesichts der Tatsache, daß, um mit Nietzsche zu sprechen, „Grad und Art der Geschlechtlichkeit eines Menschen bis in den letzten Gipfel seines Geistes hinaufreicht" (aus „Jenseits von Gut und Böse"), ist nicht minder wahr, daß der „Geist", wie wir z. B. am Fall des homosexuellen Ehemanns gesehen haben, Sexualität als körperlich-biologisches Phänomen bestimmt. Das zeigt in psychoanalytischer Auffassung insbesondere das

Phänomen der „Sublimierung" – ein Vorgang, der darin besteht, daß sexuelle Triebenergie in kulturell hochbewertete kreative wissenschaftliche und künstlerische Leistungen einfließen kann, Sexualität hier ein dynamisches, energetisches Moment einbringt.

Die Besonderheit der menschlichen Sexualität liegt gerade darin, daß sie mit allen psychischen Bereichen eng verflochten sein kann, so z. B. mit Macht- und Geltungsstreben, mit den (sekundären) *Motiven nach Anerkennung und Leistung*. Nicht zuletzt ist diese Verschränkung für die noch später zu behandelnden sexuellen Funktionsstörungen verantwortlich. Ein Scheitern im Beruf, ein tiefer Einbruch in das Selbstwertgefühl, kann auch auf sexuellem Gebiet zur „Impotenz" führen.

Eine negative Kehrseite unserer sog. Liberalisierungswelle der Sexualität besteht leider darin, daß in enormem Maße Leistungsvorstellungen in das Gebiet der Sexualität eingedrungen sind. Jetzt geht es nicht mehr um sinnliche Lust in der sexuellen Begegnung, um ein enges Zusammensein zweier sich Liebender, schon gar nicht mehr um Fortpflanzung, um ein Kind also, jetzt geht es darum, daß man sich als „Potenzbolzen" präsentiert und bewährt. Für viele Männer ist deshalb sexuelle Potenz dasselbe wie Leistungsfähigkeit überhaupt. Die Sexualfunktion geht hier in einen Bereich ein, womit sie an sich nichts zu tun hat, den der Leistung. Sie wird hier überformt durch das narzißtische Leistungsmotiv. Der erfolgreiche Liebhaber erreicht natürlich nicht nur den eigenen, sondern auch immer den Orgasmus seiner Partnerin. Für die Frau selbst wird heute der Orgasmus zu einer „Leistung", die sie zu erbringen hat, zu einem „Orgasmuß". Nur so kann sie sich selbst, dem Partner und der Gesellschaft beweisen, daß sie eine vollwertige Frau ist. Eine paradoxe Situation! Noch um die Jahrhundertwende galt es für eine Frau als äußerst unschicklich, überhaupt einen Orgasmus zu haben. Damals mußte sie ihn kaschieren, heute täuscht sie ihn nicht weniger häufig vor. Proportional zu einem solchen Leistungszwang, der Sexualität quasi zu einer neuen Variante des Leistungssports macht, gehen dann Versagensängste. Die Angst zu versagen läßt dann auch versagen, es kommt zu Potenz- und Orgasmusstörungen (s. später).

Eng verwandt mit dieser Verschränkung von Sexualität und Leistung ist die Indienstnahme sexuellen Verhaltens in die Funktion des *Imponierens* und der *Abwehr*. Ein Volksstamm in Neuguinea beispielsweise benutzt Attrappen eines erigierten Penis, um Feinde und böse Geister abzuwehren. In Asien und Amerika, aber auch in Europa sind die sog. „Hauswächter" weitverbreitet. Das sind Figuren aus Holz oder Stein mit oft überdimensionalem Phallus, der Dämonen und fremde Menschen abschrecken soll (Abb. 3.14). Ein ähnliches „Imponiergehabe" ist wohl beim *„Exhibitionisten"* zu konstatieren, der zu einer sexuellen Befriedigung dann kommt, wenn er z. B. in einem Park oder Wald Mädchen und Frauen plötzlich damit überrascht, daß er das erigierte Glied

präsentiert. Mit dieser Zurschaustellung will er nicht Frauen oder Mädchen anlocken, im Gegenteil, vor einem direkten Kontakt hat er Angst; was er will, ist viel eher Furcht und Schock im Gegenüber auszulösen. Man kann deshalb die exhibitionistische Demonstration des Phallus als eine verzweifelte Form der Darstellung männlicher Überlegenheit und Macht sehen, denn Exhibitionisten sind oft ängstlich, fühlen sich der Frau unterlegen.

So z. B. ein 48-jähriger Hilfsarbeiter, der sich in seinem Selbstverständnis schon immer minderwertig fühlte, Außenseiter war; als ihn nun seine Frau wegen eines Liebhabers verließ und er dann noch, da sie immer neue Krankheiten vorschob, für ihren Unterhalt aufkommen mußte, wovon zugleich auch der Liebhaber lebte – da stellte sich massiv eine exhibitionistische Aktivität ein.

Eine weitere Rekrutierung sexueller Haltungen in den Dienst sozialer Funktionen, mit denen sie, wie auch beim phallischen Imponieren, an sich nichts zu tun haben,

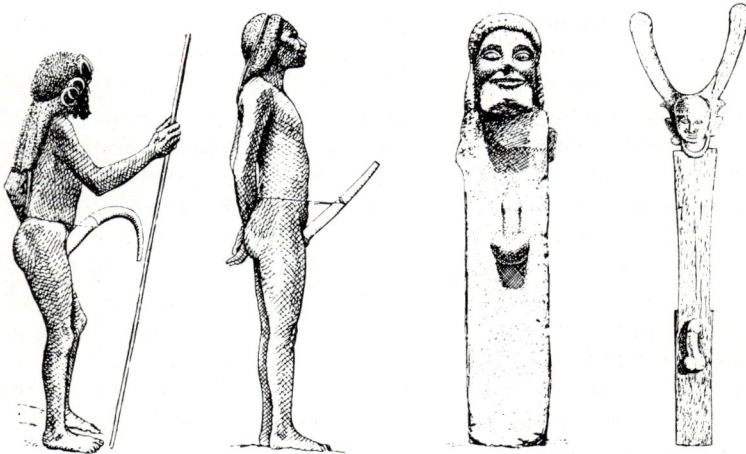

Abb. 3.14 Genitalpräsentieren beim Menschen. *Links*: Zwei Papuas aus Kogume am Konca; *daneben*: Herme von Siphnos (490 v. Chr.), 66 cm hoch, Athen, Nationalmuseum. *Rechts*: Hauswächter (»Siraha«) der Eingeborenen der Insel Nias. Die mannshohen Figuren sind auch heute noch in Gebrauch. Bei der griechischen Statue wird der Bart als männliches Merkmal hervorgehoben, bei den bartlosen Völkern betont man den männlichen Kopfputz (aus Wickler 1966; nach Eibl-Eibesfeldt 1986)

ist die uns allen bekannte Verschränkung der sexuellen Funktion mit der **Werbung**. In der gleichzeitigen Präsentation von sexuell erregenden Darstellungen mit Waren, die sonst weniger Interesse erregten, werden auch diese Waren begehrenswert. In der Koppelung von Autoreifen mit erregenden Frauenbeinen z. B. findet eine Anbindung des Motivs Sexualtrieb an Konsumgüter statt (s. Abb. 3.6). Auf diese Weise werden neue Bedürfnisse, neue sekundäre Motive erzeugt.

Emotionalität und sexuelles Verhalten

Wenn, wie wir gesehen haben, Sexualität alle psychischen Bereiche durchdringen kann, ist sie natürlich auch ganz besonders „emotional" besetzt. Ein breites Spektrum von positiven wie negativen Gefühlen wird in ihr lebendig: Lust, Freude, Geborgenheit, Vertrauen auf der einen, Angst, Scham, Schuld, Minderwertigkeit auf der anderen Seite. In dieser emotionalen „Aufladung" ist natürlich gerade Sexualität ein Bereich, der besonders störungsanfällig ist.

Sexuelle Verhaltensstörungen

Sie lassen sich unterteilen in **sexuelle Funktionsstörungen** und **sexuelle Abweichungen**.

Sexuelle Funktionsstörungen. Im Hinblick auf eine systematische Ordnung dieser Störungsbilder liegt es nahe, sich an den oben behandelten physiologischen Phasen der sexuellen Reaktion zu orientieren, wobei es zusätzlich sinnvoll ist, die Vier-Phasen-Struktur durch eine vorgeschaltete Appetenzphase zu ergänzen. Bei entsprechender Zuordnung ergibt sich folgende Übersicht (Tabelle 3.9).

Der Ätiologie entsprechend lassen sich die Funktionsstörungen in **psychogene** und **somatogene** unterteilen.

- **Somatogene** – sie machen mindestens 5 %, höchstens 26 % aller Fälle aus – finden sich gehäuft bei internistischen Erkrankungen wie Diabetes mellitus, Herz-Kreislauf- und Nierenerkrankungen. Alkoholgenuß kann in geringer Dosierung die sexuelle Reaktionsbereitschaft steigern; größere Mengen beeinträchtigen sowohl Appetenz als auch Erektions- und Orgasmusfähigkeit. Erst recht ist dies bei chronischer Abhängigkeit durch die neurotoxische Wirkung des Alkohols der Fall. Des weiteren sind Genitaloperationen und medikamentöse Nebenwirkungen (u. a. Psychopharmaka, blutdrucksenkende Mittel) zu nennen. Daß nicht alle Menschen, die an den genannten Erkrankungen leiden, sexuelle Funktionsstörungen bieten, kann ein Hinweis sein, daß auch hier psychologische Bedingungen zu beachten sind – so z. B. eine depressive Verstimmung und Selbstwertkrisen nach Mamma-, Uterus- oder Prostataoperationen.

- Im Vordergrund der **psychogenen Sexualstörungen** stehen Erektions- und Ejakulationsstörungen beim Mann, Appetenz-, Erregungs- und Orgasmusstörungen bei der Frau. Das wichtige differentialdiagnostische Kriterium zur Abgrenzung gegen eine somatogene Störung ist die **„Praktikabhängigkeit"**. Tritt ein Symptom, wie Erektionsschwäche oder Anorgasmie nur bei Koitus auf, aber nicht bei Masturbation, spricht dies für eine Psychogenese.

Ätiologisch lassen sich sinnvollerweise vier Bereich unterscheiden:

- *Psychodynamik*: Bestimmte Konflikte, wie eine unausgewogene Polarität zwi-

Tabelle 3.9 Sexuelle Funktionsstörungen zugeordnet zu den Phasen der physiologischen sexuellen Reaktion

Phase	physiol.: Mann	Frau	Störungen: Mann	Frau
1. Appetenz	Erwachen des sexuellen Begehrens (sexuelle Phantasien, Verlangen, sich sexuell zu betätigen)		Inappetenz (Alibidimie) (Erwartungsangst, konflikthafte Vermeidung sexueller Nähe, Ekel vor Körper des Anderen, depressive Verstimmung, Alter)	Inappetenz (Alibidimie, „Frigidität") (häufiger als beim Mann, eher situativ- und partnerabhängig, physiologisch in manchen Lebensphasen)
2. Erregung	Erektion	Vaginale Lubrikation und Anschwellen der äußeren Genitalien und Brüste	Erektionsstörungen (Impotentia coeundi)	Ausbleiben der Lubrikations-Schwell-Reaktion („Frigidität")
3. Plateauphase	Immissio/Koitus		Erektionsstörungen (Erektionsverlust während des Koitus, Impotentia coeundi)	Vaginismus (unwillkürliche Spasmen im äußeren Drittel der Vaginal- und Beckenbodenmuskulatur beim Koitusversuch)
			Dyspareunie (Schmerzen an der Eichel)	Dyspareunie (bei zu geringer oder ausbleibender Lubrikation)
4. Orgasmus	Ejakulation	Kontraktionen der orgastischen Manschette	Ejaculatio praecox (vorzeitige) Ejaculatio retardata (verzögerte)	Orgasmusstörungen (Anorgasmie; klitoral-vaginal)
	Höhepunkt der sexuellen Lust unter Lösung sexueller Spannung		Ejaculatio deficiens (ausbleibende) Ejakulation ohne Orgasmusgefühl	
5. Entspannung bzw. Rückbildung	Verlust der Erektion Refraktärzeit	Allgemeine Abschwellung		

schen Selbsthingabe und Selbstbehauptung, Nähe und Distanz, lösen bei intimer Annäherung z. B. Angst vor Kontrollverlust aus, welche die sexuelle Reaktion beeinträchtigt.

Ein eindrucksvolles Beispiel der Angst vor regressiver Hingabe, die zu einer Erektionsstörung führt, findet sich in der stark autobiographisch geprägten Erzählung „Abschied von den Eltern" von Peter Weiss. In einer Selbstanalyse kommt der Ich-Erzähler zu dem Schluß, daß – wohl auf der Basis unbewußter inzestuöser Eindrücke und Übertragungsphantasien – die Begegnung mit einer Frau für ihn „Verschlucktwerden", „Selbstaufgabe" bedeutet.

- *Partnerdynamik*: Was die Sexualität in besonderem Maße problematisch macht, ist ihre Partnerbezogenheit. Sexuelle Störungen können deshalb partnerabhängig sein.

So kann, wie zuletzt angedeutet, die Beziehung zu einer Partnerin unbewußt eine „Wiederauflage" der kindlichen Mutterbindung bedeuten und deshalb die sexuelle Vereinigung auf eine neurotische Inzestschranke stoßen. Bei einer anderen Partnerin, wie z. B. bei einer Prostituierten, wo dies nicht der Fall ist, ist dann die sexuelle Reaktion möglich. In der Psychoanalyse ist diese Fehleinstellung unter der Alternative „Madonna oder Dirne" bzw. „Heilige oder Hure" bekannt.
    Bei Frauen, die als Kind oder Jugendliche sexuellem Mißbrauch durch Vater oder Stiefvater ausgesetzt waren, ist häufig die Integration der sinnlichen und zärtlichen Liebe zur reifen Sexualität nicht möglich, weil diese Verbindung zu sehr an die inzestuöse Konstellation erinnert, sexuelles Erleben deshalb nur da vollziehbar ist, wo keine emotionale Nähe und Abhängigkeit gegeben sind (vgl. Kap. 6.2.3).

Jeder der Partner hat schon seine Geschichte, seine Schwächen, die gerade in der sexuellen Begegnung besonders virulent werden können.

So erwies sich Scott Fitzgerald (s. oben) bei der eigenen Frau als impotent, nachdem diese ihn beschuldigt hatte, die (zu geringen) Maße seines Gliedes seien Ursache ihrer Erkrankung. Hier ist anzumerken, daß die Frau Scotts unmittelbar vor dem Ausbruch einer Psychose stand und wohl jetzt die auftauchenden Ängste und Schwächen in ihren Mann projizierte, ihn, im Hinblick auf eine eigene Stabilisierung, im sprichwörtlichen Sinne klein und ohnmächtig zu machen suchte. Oder denken wir an das Stück „Wer hat Angst vor Virginia Wolf?" von Albee, wo es die Ehepartner darauf anlegen, den anderen im sprichwörtlichen Sinne „impotent" zu machen.

Damit eine sexuelle Begegnung glücken kann, müssen die Partner harmonieren, das Gefühl haben können, in der Beziehung geborgen zu sein.

- *Lerndefizite:* Im sexuellen Bereich kann weniger als sonst auf ein orientierendes „Lernen am Modell" zurückgegriffen werden. „Sexualverleugnende Kognitionen" (Bräutigam u. Clement 1989) betreffen indessen nicht nur die Eltern, sondern auch die Sexualität älterer Menschen, die Sexualität der Kinder, auch die „Schädlichkeit" beispielsweise der Masturbation. Umgekehrt können „sexualisierte Kognitionen" ängstigende Mythen generieren und verewigen, wie z. B. Vorstellungen des gleichzeitigen oder mehrfachen Orgasmus, der immer beim Geschlechtsverkehr zu erreichen sei, oder auch, daß der moderne Mensch sozusagen zur sog. „offenen Ehe" verpflichtet wäre etc.
- *Selbstverstärkungsmechanismus:* Das erste Auftreten eines sexuellen Mißerfolgs kann bei gegebener Selbstunsicherheit Angst vor der nächsten sexuellen Situation erwecken, welche dann zu einem erneuten Mißerfolg führt. Es kann sich auf diese Weise ein perniziöser Zirkel: „Mißerfolg → Angst → Erwartungsdruck → Mißerfolg → Angst etc. im Sinne einer „Sich-selbst-erfül-

lenden Vorhersage" einspielen. Je mehr die sexuelle Reaktion als „Leistung", als narzißtische (d. h. den Selbstwert betreffende) Selbstbestätigung eingesetzt wird, desto größer ist die Gefahr dieses Zirkels wie auch des ersten Mißerfolgs – z. B. in Form der „Impotenz der Hochzeitsnacht" oder des endlich „sich als Mann beweisen müssens" beim gemeinsamen Bordellbesuch junger Männer.

Abweichendes sexuelles Verhalten

Aufgrund des allgemeinen Antriebsüberschusses erscheint Sexualität als ein Bereich, der sich nicht immer harmonisch und selbstverständlich in den menschlichen Lebensgang einfügt, sondern eine schwer zu bewältigende psychische und soziale Aufgabe bilden kann. So nimmt es nicht wunder, wenn jede Kulturgesellschaft sexuelles Verhalten reglementiert, Sexualverhalten durch Normensystem regelt. Diese Normen sind indessen nicht als „naturgegebene Moral" vorgegeben, sie haben sich vielmehr unter dem Einfluß sozio-kultureller Faktoren entwickelt, und deshalb können diese Normen von Kultur zu Kultur, ja von Sozialschicht zu Sozialschicht verschieden sein.

Bei den alten Griechen beispielsweise war die sexuelle Beziehung zwischen Männern und auch zwischen Männern und Knaben eine Verhaltensweise, die eng mit dem kulturellen Leben verwoben war. Platons Schrift „Gastmahl" feiert diese Homoerotik. Aber schon in der damaligen Unterschicht waren homosexuelle Beziehungen viel weniger üblich bzw. akzeptiert. Als dann ab dem 4. Jahrhundert nach Christus das Christentum das kulturelle Leben im Abendland weithin bestimmte, wurde die Ausübung der Homosexualität zum Prototyp der Unzucht, ja zu einem Verbrechen, das mit dem Tode bestraft wurde. In unserer Gegenwart setzte ein Wandel in der Beurteilung der Homosexualität ein, der schließlich zu einer weitgehenden Lockerung der früheren Strafmaßnahmen führte.

Kennzeichnend für die Geschichte der ärztlichen Einstellung zur Sexualität ist, daß sie in weitem Maße kollektiven Normbegriffen folgte und auf deren Hintergrund sexuelles Verhalten medizinisch beurteilte. Ist in heutiger Sicht nun Homosexualität – 4 bis 5 % der Männer beispielsweise sind durchgehend homosexuell – eine Variante des Normalen oder eine Abweichung im Sinne einer sog. „Perversion"? – eine Frage, die nach wie vor umstritten ist. Ist dieses oder jenes Verhalten noch eine Spielart des Normalen oder schon eine krankhafte Störung? Noch vor wenigen Jahrzehnten galt es für psychiatrische Lehrbücher als selbstverständlich, oral-genitale Kontakte als krankhafte Perversitäten aufzufassen. Dasselbe galt auch lange für die Masturbation. Heute sind diese Aktivitäten Varianten im üblichen Geschlechtsleben, rangieren nicht mehr unter Sexualstörungen.

Von ärztlicher Seite wäre z. B. die Masturbation eher zu befürworten, da sich in entsprechenden Studien gezeigt hat, daß Frauen, die niemals Erfahrungen mit der Selbstbefriedigung gemacht haben, in der Ehe weniger orgasmusfähig sind. 1981 gaben 92 % der bundesrepublikanischen Studenten und 73 % der Studentinnen an, bis zum 20. Lebensjahr entsprechende Erfahrungen zu haben (vgl. Bräutigam u. Clement 1989). Auch wissen wir heute, daß das lustvolle Manipulieren an den Genitalien bei Kindern durchaus in den Rahmen einer normalen Entwicklung gehört. Krankhaft kann eine Onanie sein, wenn sie suchtähnlich, ganz exzessiv betrieben wird. Hier ist sie aber eher Symptom, in der Regel Zeichen der Isolierung, der mangelnden emotionalen Zuwendung; deshalb findet sich gerade dieses Symptom häufig bei hospitalismusgeschädigten Heimkindern. Früher sah man in der Masturbation die Ursache für eine breite

Palette von Erkrankungen wie Rückenmarks-tuberkulose, Schwachsinn, Geisteskrankheit, Epilepsie etc.

Es folgt eine Übersicht über die heute medizinisch zu erfassenden *sexuellen Deviationen*, die sog. *„Perversionen"* (perversus, lat.: verdreht, verkehrt). Ergänzt wird diese Übersicht durch *Störungen der Geschlechtsidentität*.

Sexuelle Deviationen (Perversionen)

Fetischismus. Gegenstände wie z. B. Kleidungsstücke, Schuhe (Fetische) werden dazu benutzt, um sexuell erregt/befriedigt zu werden.

Zoophilie. In Handlung oder Phantasie sexuelle Betätigung mit Tieren zur Erlangung sexueller Erregung/Befriedigung.

Pädophilie. In Handlung oder Vorstellung sexuelle Betätigung mit präpubertären Kindern zur Erlangung sexueller Erregung/ Befriedigung.

Exhibitionismus. Entblößung der Geschlechtsteile vor einem unbefangenen Fremden, um sexuelle Erregung/Befriedigung zu erreichen, ohne den Versuch zur weiteren sexuellen Aktivität.

Frotteurismus. Erregung/Befriedigung durch den engen, aber anonymen Körperkontakt bzw. durch Sichreiben an anderen, z. B. in überfüllten Bahnen, Menschen-ansammlungen.

Erotophonie. Erregung/Befriedigung durch Telefonate sexuellen Inhalts mit anonymen Partnern.

Sexueller Masochismus. Sexuelle Erregung/Befriedigung wird erreicht, wenn der Betreffende mißhandelt, gefesselt, geschlagen, gedemütigt wird oder auf andere Weise Schmerzen erleidet.

Sexueller Sadismus. Sexuelle Erregung/Befriedigung wird erreicht, wenn der Betreffende seinen Partner demütigt, fesselt, schlägt oder ihm auf eine andere Weise Schmerzen zufügt.

Störungen der Geschlechtsidentität

Transsexualismus. Entweder von Frau zu Mann oder, was sehr viel häufiger ist, vom Mann zur Frau. Transsexuelle meinen oder wollen dem anderen Geschlecht (zu)gehören, ohne daß sie dafür körperliche Ausstattungsmerkmale haben. „Eine weibliche Seele hat sich in einen männlichen Körper verirrt". Ein solcher Mann will als Frau begehrt und sexuell genommen werden. Zu unterscheiden sind Transsexuelle von Transvestiten. *Transvestiten* – in der Regel heterosexuelle Männer – werden von dem Drang ergriffen, die Kleidung des anderen Geschlechts heimlich anzulegen oder sich in ihr öffentlich darzustellen, wobei die männliche Identität subjektiv nicht bezweifelt wird. Viele von ihnen drängen ins Showgeschäft, Varietés und Nachtlokale.

Defizite in der Möglichkeit, adäquat Sexualität „zwischenmenschlich" zu leben, die eigenen Wünsche mit denen des Partners abzustimmen und Sexualität auch in den Dienst der Fortpflanzung zu stellen, liegen v. a. bei den sexuellen Abweichungen vor. Im Vergleich zu den sexuellen Funktionsstörungen, die, wenn es um Sexualität in der Medizin geht, 90 % des Patientenguts ausmachen, sind sie allerdings selten.

3.3.5 Scham

Das Gefühl der Scham gehört nicht zu den primären (angeborenen) Emotionen des Menschen. In welchen Situationen Scham auftritt, ist von kulturellen Faktoren abhängig. Die körperlichen und seelischen Schamgrenzen sind in verschiedenen Kulturen unterschiedlich. Scham tritt v. a. in zwei Gruppen von Situationen auf:

- Bei der Verletzung der körperlichen Intimsphäre, z. B. beim körperlichen Berührtwerden oder Angeblickt werden (*körperliche Schamgrenzen*);
- bei der Preisgabe von privaten Geheimnissen und Informationen, die nicht für andere bestimmt sind (*seelische Schamgrenzen*).

Körperliche Untersuchung. Beide Situationen kommen im ärztlichen Alltag notwendigerweise immer wieder vor: Die erste Situation bei der körperlichen Untersuchung (z. B. Inspektion, Palpation), bei der der Arzt den Patienten nackt sieht und ihn an Körperstellen berührt, deren Berührung üblicherweise nur Eltern, Kinder oder dem Partner vorbehalten ist. Bei der gynäkologischen Untersuchung muß der Arzt in besonderem Maße körperliche Schamgrenzen überschreiten, um einen Befund erheben zu können. Dies kann sowohl für die Patientin wie für den Arzt/die Ärztin belastend sein. Auch bei apparati-

ven diagnostischen Untersuchungen, wie z. B. Spiegelungen von Magen, Darm oder Harnblase, bei denen endoskopische Instrumente in Körperöffnungen eingeführt werden, können Schamgefühle geweckt werden, weil diese Untersuchungen mit unangenehmen oder schmerzhaften Empfindungen und dem Gefühl, die Kontrolle über den eigenen Körper aufgeben zu müssen, einhergehen können.

Anamneseerhebung. Scham infolge einer Preisgabe von Geheimnissen kann bei der Anamneseerhebung entstehen, wenn der Arzt nach heiklen oder peinlichen Themen fragen muß, wie Alkohol- oder Drogenkonsum, psychischen Störungen oder dem Sexualverhalten. Auch für manchen Arzt kann dies schwierig sein, so daß er diese Themen beim Gespräch am liebsten vermeiden würde. Wenn er aber um schambesetzte Themen einen Bogen macht, begibt er sich u.U. der Möglichkeit, all die Information zu erhalten, die er benötigt, um die richtige Diagnose zu stellen. Auch besitzt mancher Patient trotz seiner Scham das starke Bedürfnis, über schambesetzte Themen zu sprechen, und wählt als Gesprächspartner gerade seinen Arzt aus, weil er sich durch dessen Schweigepflicht geschützt fühlt.

Was kann ein Arzt tun, um Schamgrenzen möglichst wenig zu verletzen, möglichst behutsam vorzugehen und intensive Schamgefühle zu mildern?

- Sich dessen bewußt sein, daß man aus professionellen Gründen, d. h. im wohlverstandenen Interesse des Patienten, dazu gezwungen sein kann, dessen Schamgrenzen zu überschreiten.
- Eine taktvolle, respektvolle Haltung gegenüber dem Patienten einnehmen.
- Die Verletzung der Intimsphäre auf das Notwendigste beschränken, z. B. die Zeit, in der der Patient nackt ist, möglichst kurz halten.

- Einen geschützten Raum schaffen, z. B. verhindern, daß Dritte während der körperlichen Untersuchung hinzukommen können.

Wenn ein Arzt versucht, die Scham dadurch zu überspielen, daß er eine absichtlich wenig behutsame, forsche, „schnoddrige" Haltung einnimmt, so wird dies von den Patienten meist als unangemessen und wenig hilfreich empfunden. Hilfreich ist es hingegen, wenn der Arzt durch sein taktvolles Verhalten vermitteln kann, daß er sich auch selbst dessen bewußt ist, daß er den Patienten in eine unangenehme, schambesetzte Situation bringen muß, daß dies aber gleichwohl unumgänglich und sachlich notwendig ist, wenn er seine ärztliche Tätigkeit zum Wohle des Patienten ausüben will.

3.3.6 Trauer

Trauer ist die Reaktion eines Menschen auf einen schweren Verlust, paradigmatisch den Tod eines nahen Angehörigen. Aber auch andere Verluste können zu Trauer Anlaß geben: So gehen die Folgeerscheinungen chronischer Krankheit, wie Verlust der körperlichen Unversehrtheit, Verlust von Aktivitäten im beruflichen und sozialen Leben usw., ebenfalls häufig mit Trauerprozessen einher (s. Kap. 8.5 Krankheitsverarbeitung).

Das Gefühl der Traurigkeit ist ein Primäraffekt (s. Kap. 3.1.3). Wie Trauer jedoch im Verhalten ausgedrückt wird, unterliegt soziokulturellen Einflüssen. So gehört in einigen südeuropäischen Ländern lautes Klagen zum Ausdrucksverhalten beim Trauern. Dieses expressive Verhalten kann zur emotionalen Entlastung (Katharsis) beitragen, würde jedoch in mitteleuropäischen Ländern in der heutigen Zeit als unangemessen betrachtet werden. Früher sah Trauern aber auch in mitteleuro-

päischen Ländern noch anders aus. Im Mittelalter z. B. waren Sterben und Trauern in viel höherem Maße als heute öffentlich wahrnehmbare Vorgänge. Nachbarn und selbst Fernerstehende nahmen daran Anteil, z. B. durch Besuche im Trauerhaus und am Totenbett. Selbst der Friedhof war ein sozialer Ort, der zu den unterschiedlichsten Anlässen, u. a. für Versammlungen und sogar Jahrmärkte, genutzt wurde (Aries 1978).

Trauerphasen. Der Trauerprozeß setzt sich aus mehreren Phasen zusammen, die jeweils durch besondere Merkmale gekennzeichnet sind. Diese Phasen müssen aber nicht unbedingt immer in derselben Reihenfolge durchlaufen werden (Beutel u. Weiner 1993; Krause 1994).

- *Schock, Betäubung*: Verleugnung, Unglaube, mangelndes Realitätsgefühl, Desorganisation, Hilflosigkeit, Gefühl von Inaktivität und Lähmung, aber auch heftige Emotionen.
- *Sehnsucht und Protest*: Ruhelose, suchende Aktivität und Rastlosigkeit, Ärger und Klagen, Tagträume, illusionäre Verkennungen, das Gefühl, daß der Verstorbene noch anwesend ist bzw. bald zurückkommen wird, Weinen, körperliche Beschwerden.
- *Anerkennen des Verlusts*: Verzweiflung, Traurigkeit, intensive Beschäftigung mit dem Verstorbenen in Gedanken und Träumen, Erinnerungen, Befassen mit der Schuldfrage, Selbstvorwürfe, Ärger, körperliche Beschwerden, Krankheitsanfälligkeit.
- *Auflösung*: Wiedergewinn von Interessen, neue Bindungen, Erinnerungen ohne intensiven Schmerz, Abnehmen der körperlichen Symptome und der dauernden Beschäftigung mit dem Verstorbenen.

Traueraufgaben. Eine andere Möglichkeit zur Beschreibung des Trauerprozesses besteht darin, Aufgaben zu benennen, die vom Trauernden bewältigt werden müssen. Wenn diese Aufgaben geleistet werden, nimmt man an, daß es zu einer Auflösung der Trauer kommt. In der Psychoanalyse spricht man von *Trauerarbeit.*

- Den Verlust als Realität anerkennen,
- Trauerschmerz erfahren,
- sich anpassen an eine Umwelt ohne den Verstorbenen,
- die emotionale Energie abziehen und neu investieren.

Empirische Befunde. Beiden Konzepten, demjenigen der Trauerphasen und dem der Traueraufgaben, haftet etwas Normatives an: Trauer müßte in einer bestimmten Form ablaufen, wenn sie bewältigt werden soll. Empirische Untersuchungen haben jedoch gezeigt, daß es keine Norm für das Trauern gibt (Wortman u. Silver 1989). Die empirische Wirklichkeit des Trauerns ist sehr vielgestaltig. Dies gilt in vielerlei Hinsicht: Trauern ist keineswegs universell zu beobachten. Fehlen von Trauer und emotionalem Distreß im Anschluß an einen Verlust muß darüber hinaus nicht unbedingt negative Folgen haben. Auf der anderen Seite kann die emotionale Belastung bei manchen Menschen sehr groß sein und lange anhalten, und nicht immer wird eine Auflösung der Trauer erreicht. So ergab eine Untersuchung bei Verheirateten, die in jungen Jahren ihren Partner verloren hatten, daß auch nach 2 Jahren noch 1/3 der Verwitweten manchmal das Gefühl hatten, daß ihr Partner körperlich anwesend sei. Die Hälfte der Witwen/Witwer „befragten" ihren toten Partner bei wichtigen Entscheidungen. Symbolische Bindungen werden offensichtlich in höherem Maße aufrechterhalten, als es die Konzepte der „Auflösung" und „Neuorientierung" nahelegen.

Auch in einer Studie in Israel, in der Eltern, die einen Sohn im Krieg verloren hatten, untersucht wurden, wurde deutlich, daß sich die Eltern noch viele Jahre in Gedanken mit den Gefallenen beschäftigten. Auch die Forderung, Trauernde sollten ihre Bindungen irgendwann wieder aufgeben und neue Beziehungen eingehen, scheint zeit- und kulturgebunden zu sein (Stroebe et al. 1992). So wird in anderen Kulturen beispielsweise die Erinnerung an Verstorbene durch eine Art von Hausaltären wachgehalten, die die Hinterbliebenen im alltäglichen Leben mit dem Verlust konfrontieren, zugleich aber eine Vorstellung vom weiteren Zusammensein fördern können. In unserer eigenen Kultur wurden in der Zeit der Romantik Bindungen an die Verstorbenen in starkem Maße aufrechterhalten, indem z.B. Ideen vorherrschten, die auf ein ganz konkretes Wiedersehen nach dem Tode vorbereiteten, bis hin zu für uns heute eher makaber wirkenden Versuchen, wenn schon nicht im Paradies, so doch unter der Erde „in der Auflösung vereint" zu sein, wie es z.B. im Roman „Wuthering Heights" von E. Bronte beschrieben wird (Aries 1978).

Pathologische Trauer. Manchen Trauernden gelingt es nicht, ihr Interesse wieder der Umwelt zuzuwenden; sie bleiben im Trauern gefangen oder halten an der Illusion fest, daß der Verlorene zurückkommen werde. Dann kann ritualisiertes Verhalten auftreten, z.B. daß das Zimmer des Verstorbenen weiterhin so belassen wird, wie es zum Zeitpunkt des Todes gewesen ist. Eine derartige „pathologische" Trauer scheint insbesondere dann häufiger aufzutreten, wenn eine ambivalente Beziehung zum Verstorbenen bestand, d.h. sowohl intensive positive wie auch intensive negative Gefühle, wie Wut, Hader oder Schuldgefühle, vorhanden sind.

Trauer und Depression. Trauer und Depression lassen sich voneinander unterscheiden (Beutel u. Weiner 1993). Trauer ist ein definierter Affekt, Depression hingegen ein komplexes Gefühlsgemisch. Dies zeigt sich auch im mimischen Ausdruck, der bei Depressiven keine eindeutige Trauer darstellt, sondern eine Mischung aus Wut, Angst und Ekel. Eine depressive Verstimmung ist weiterhin oft durch innere Leere, d. h. gerade die Unfähigkeit, traurig zu sein, gekennzeichnet. Die Sehnsucht des Depressiven gilt meist nicht einem realen Objekt, sondern einem illusionären Zustand, der nie erreicht werden kann; er weigert sich zu trauern, sondern hofft, einen Paradieszustand oder den idealen Partner zu finden. Trauer hingegen beinhaltet die Anerkennung eines Verlusts. Der Trauernde leidet daran, daß ihm etwas genommen wurde. Er kann sich von anderen trösten lassen bzw. den Verlust dadurch überwinden, daß er die Eigenschaften und Werthaltungen des Verstorbenen selbst übernimmt oder sich so verhält, wie es der Verstorbene getan hätte. Depressive Patienten hingegen sind häufig untröstlich, fühlen sich selbst wertlos und erleben an ihren Mitmenschen immer wieder von neuem die befürchteten Enttäuschungen. Ein pathologischer Trauerprozeß, bei dem aggressive Gefühle gegenüber dem Verstorbenen, Vorwürfe und Selbstvorwürfe eine große Rolle spielen, kann in eine Depression einmünden und dann in einen Zustand andauernder Hilfs- und Hoffnungslosigkeit übergehen (s. Kap. 3.3.7).

Soziale Unterstützung. Trauernde benötigen oft emotionale Unterstützung durch andere Menschen. Es kann ihnen helfen, sich bei Angehörigen und Freunden auszusprechen. Dazu sind keine spezifischen Techniken oder Zielsetzungen der Gesprächsführung erforderlich. Es genügt, wenn der Gesprächspartner einfühlsam zuhört, die Traurigkeit akzeptieren und aushalten kann und als Person „da" ist. Ein bloßes Aufmuntern, ohne die Bereitschaft, auch belastende Gefühle zuzulassen, wird von den Betroffenen als wenig hilfreich empfunden. In speziellen Fällen können auch Selbsthilfegruppen hilfreich sein (z. B. Selbsthilfegruppe der Eltern, die ein Kind verloren haben). Ärzte werden oft erst dann aufgesucht, wenn der Betreffende körperliche oder seelische Beschwerden von Krankheitswert aufweist. Es ist für den Arzt wichtig, daran zu denken, daß solche Beschwerden durch ein Verlustereignis ausgelöst werden können. Gerade bei der Auslösung einer Depression spielen sog. Objektverluste, d. h. Verluste wichtiger Menschen, sei es durch Tod oder durch Trennung, eine große Rolle. Dann kann auch eine Überweisung zum Psychotherapeuten angezeigt sein. Bei der Psychotherapie pathologischer Trauer ist es wichtig, daß der Patient lernt, seine Gefühle des Schmerzes wahrzunehmen und auszusprechen. Wenn es ihm gelingt, den Schmerz in der therapeutischen Beziehung wiederzubeleben, statt ihn weiter abzuwehren, so kann ihm das helfen, aus der „eingefrorenen" pathologischen Trauer wieder eine normale Trauer werden zu lassen und diese schließlich aufzulösen.

3.3.7 Hilflosigkeit und Resignation

Gelernte Hilflosigkeit. Depressive Patienten haben häufig das Gefühl, ihr Leben nicht beeinflussen zu können (s. Kap. 4.2.4) Dieser Zustand der Hilflosigkeit kann das Ergebnis von Lernerfahrungen sein, bei denen der Patient tatsächlich keine Kontrolle über seine Umgebung ausüben konnte. In der kognitiven Verhaltenstherapie wird zur Erklärung dieses Erlebens das Konzept der „gelernten Hilflosigkeit" von Seligman herangezogen, das auf Tierexperimente zurückgeht (Abramson et al. 1978).

Das Experiment wurde mit Hunden durchgeführt. Die Experimentalgruppe erhielt unangenehme Elektroschocks verabreicht. Die Kontrollgruppe erhielt keine Schocks. Die Experimentalgruppe wurde noch einmal unterteilt: Die eine Hälfte der Hunde kam in einen Käfig, wo sie die Elektroschocks dadurch beenden konnten, daß sie mit ihrer Schnauze auf einen Knopf drückten; die andere Hälfte der Experimentalgruppe hatte diese Einflußmöglichkeit nicht. Es wurde streng darauf geachtet, daß beide Gruppen im Durchschnitt die gleiche Anzahl von Elektroschocks erhielten.

In der nächsten Phase des Experiments wurden die Hunde der Experimentalgruppe und der Kontrollgruppe einer Bedingung ausgesetzt, die dieses Mal für alle die gleiche war: Die Hunde wurde wiederum unangenehmen Elektroschocks ausgesetzt. In der Mitte des Käfigs war jedoch eine Hürde angebracht, und durch Überspringen dieser Hürde konnten sie die Schocks beenden. Die Hunde der früheren Kontrollgruppe und derjenigen Gruppe, die in der ersten Testphase einen Einfluß auf die Beendigung der Schocks gehabt hatten, lernten bald, sich den Schocks zu entziehen, indem sie über die Hürde sprangen. Diejenige Gruppe aber, die im ersten Experiment hilflos gewesen war, verhielt sich auch jetzt hilflos und tat nichts, um den Schocks zu entgehen.

Bei Tieren, die ein derartiges Hilflosigkeitstraining durchlaufen haben, finden sich auch körperliche Veränderungen, z.B. eine herabgesetzte Immunkompetenz und schnelleres Wachstum experimentell induzierter Tumoren.

Konsequenzen. Auf den Menschen übertragen, können Hilflosigkeitserfahrungen folgende Konsequenzen haben:

- Depressive Stimmung;
- Passivität;
- Erwartung, auch zukünftige Situationen nicht kontrollieren zu können (gering ausgeprägte internale Kontrollüberzeugung, s. Kap. 3.2.4);

- Neigung, Mißerfolge durch eigenes Versagen zu erklären (pessimistischer Attributionsstil, s. Kap. 3.2.4).

In der Therapie depressiver Patienten kommt es deshalb u.a. darauf an, unangemessen fatalistische Kontrollüberzeugungen und selbstwertschädliche Kausalattributionen zu verändern (die Konzepte der Kontrollüberzeugung und der Kausalattribution werden in Kap. 3.2.4 ausführlicher erklärt; die kognitive Verhaltenstherapie depressiver Patienten wird in Kap. 4.2.4 dargestellt).

Selbstaufgabe. Parallelen zum Konzept der „gelernten Hilflosigkeit" weist das Konzept der Selbstaufgabe von Engel u. Schmale (1967) auf. Diese amerikanischen Psychosomatiker hatten bei ihren Patienten eine dem Ausbruch einer organischen Erkrankung häufig vorausgehende seelische Einstellung festgestellt, die sie als den *Komplex „giving up – given up"* bezeichneten. „Giving up" meint Sich-Aufgeben, mit der Folge von Hoffnungslosigkeit; „given up" meint Sich-von-anderen-aufgegeben-Fühlen, mit der Folge von Hilflosigkeit. Hoffnungslosigkeit bezieht sich also mehr auf ein eigenes Versagen, nämlich die Vorstellung, seine Situation nicht mehr verändern zu können. Hilflosigkeit bezieht sich mehr auf ein Versagen der Umgebung, die in der Sicht des Betreffenden nichts unternimmt, um ihm zu helfen.

Krankheitsauslösung. Die Kombination von Hilfs- und Hoffnungslosigkeit ist nach Engel u. Schmale eine mögliche Auslösebedingung für eine körperliche Erkrankung. Sie ist natürlich weder eine notwendige noch eine hinreichende Bedingung: Organische Erkrankungen können auch ohne diesen Komplex entstehen. Andererseits müssen bei Menschen, die diesen Gefühlszustand aufweisen, nicht unbedingt Krankheiten auftreten. Hilf- und Hoffnungslosigkeit können aber als Mit-Ursachenfaktoren zur Entstehung einer Krankheit beitragen, wenn eine biologische Prädisposition für die Krankheit vorhanden ist. Hilflosigkeit und Hoffnungslosigkeit können auch Ergebnis eines mißlungenen Trauerprozesses sein (s. Kap. 3.3.6). Dadurch läßt sich erklären, weshalb nach Verlusterlebnissen, z.B. nach dem Tod eines nahen Angehörigen, das Erkrankungsrisiko der Hinterbliebenen, insbesondere für Herz-Kreislauf-Erkrankungen, erhöht ist.

Weiterführende Literatur

Bräutigam W (1977) Sexualmedizin im Grundriß. Thieme, Stuttgart

Bräutigam W, Clement U (1989) Sexualmedizin um Grundriß (3. Aufl.). Thieme, Stuttgart New York

Dornes M (1993) Der kompetente Säugling. Die präverbale Entwicklung des Menschen. Fischer Taschenbuch, Frankfurt

Eibl-Eibesfeldt I (1986) Grundriß der vergleichenden Verhaltensforschung (7. Aufl.). Piper, München Zürich

Freud S (1933) Neue Folge der Vorlesungen zur Einführung in die Psychoanalyse. Gesammelte Werke Bd. XV. Fischer, Frankfurt a. Main 1991

Freud A (1936) Das Ich und die Abwehrmechanismen (8. Aufl.). Kindler, München 1977 1993

Graumann CF (1971) Einführung in die Psychologie – Motivation. Akademische Verlagsgesellschaft, Frankfurt a. Main/Huber, Bern Stuttgart

Heckhausen H (1990) Motivation und Handeln. Springer, Berlin Heidelberg New York Tokyo

Lichtenberg J (1990) Psychoanalyse und Säuglingsforschung. Springer, Berlin Heidelberg New York Tokyo

Masters WH, Johnson VE (1976) Die sexuelle Reaktion. Rowohlt (rororo sexologie), Reinbek bei Hamburg

Scherer KR (Hrsg) (1990) Psychologie der Emotion. Enzyklopädie der Psychologie. Hogrefe, Göttingen

Stern DN (1992) Die Lebenserfahrung des Säuglings. Klett-Cotta, Stuttgart

Verres R, Sobez I (1980) Ärger, Aggression und soziale Kompetenz. Klett-Cotta, Stuttgart

Die Gedächtnispsychologie untersucht das Aufnehmen, das Behalten und die Wiedergabe von Information. Die Lernpsychologie untersucht den Erwerb und die Änderung von Verhalten, sofern diese auf Erfahrung beruhen.

4.1   Gedächtnis

Kurzzeit- und Langzeitgedächtnis. Man unterscheidet das Kurzzeitgedächtnis (KZG) und das Langzeitgedächtnis (LZG). Das Kurzzeitgedächtnis ist das Arbeitsgedächtnis und hat begrenzte Speicherkapazität. Das Langzeitgedächtnis ist mit der „Festplatte" im Computer vergleichbar. Es beruht auf strukturellen synaptischen und zellulären Veränderungen des Gehirns (Aktivierung von Synapsen; Proteinbiosynthese). Den Übergang vom KZG ins LZG bezeichnet man als *Konsolidierung*. Die Konsolidierung von Wissensinhalten erfordert die Wiederholung des Informationsmaterials (Memorieren). Es kommt

dann zu einem „Kreisen" der Information im KZG. Nach einer bestimmten Anzahl von Zyklen kann die Information die Schwelle vom KZG zum LZG überschreiten.

Interferenztheorie. Die Konsolidierung kann gestört werden. Bei der *proaktiven Hemmung* (proaktiv = nach vorne wirkend) interferiert ein alter Gedächtnisinhalt mit einem neuen und stört dessen Konsolidierung. Bei der *retroaktiven Hemmung* (retroaktiv = nach hinten wirkend) stört umgekehrt neues Material die Einprägung von zuvor dargebotenem. Man spricht von einem *negativen Transfer*, wenn erlerntes Material die Speicherung von neu zu lernendem Stoff behindert, von *positivem Transfer*, wenn Vorerfahrungen die weitere Einprägungsleistung begünstigen.

Sensorisches Gedächtnis. Zusätzlich zum LZG und KZG kann man ein sensorisches Gedächtnis unterscheiden. Das sensorische Gedächtnis ist in den primären Sinnessystemen angesiedelt. Es hat eine sehr große Speicherkapazität, die die Information aber nur für Sekunden oder Sekun-

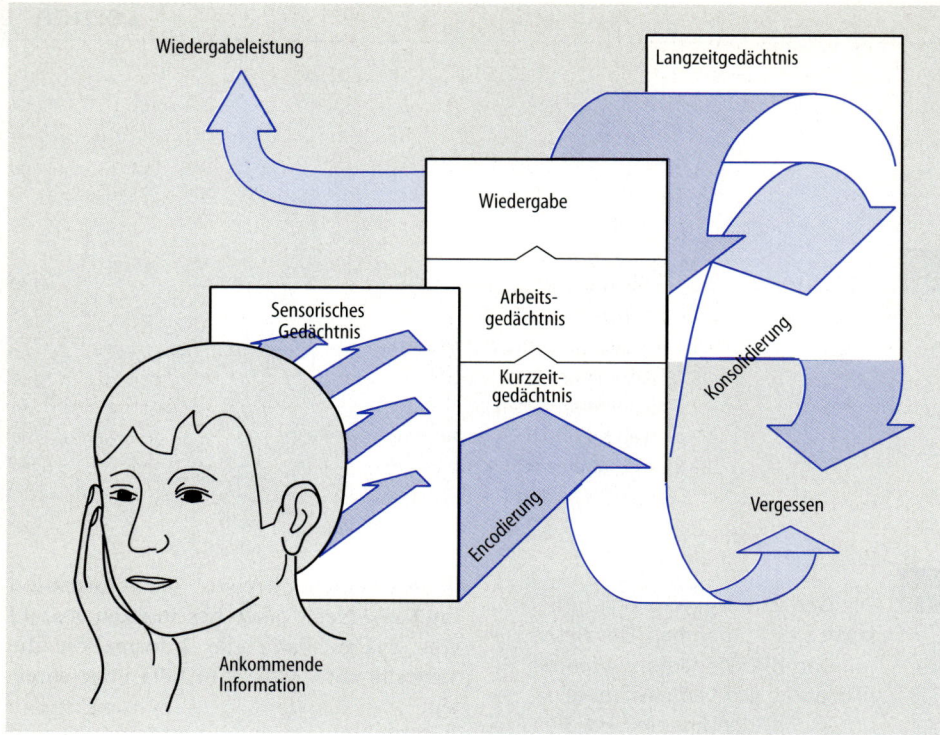

Abb. 4.1 Schema der Gedächtnisprozesse: sensorisches Gedächtnis, Encodierung, Kurzzeitgedächtnis, Konsolidierung, Langzeitgedächtnis, Wiedergabe (aus Birbaumer u. Schmidt 1996)

denbruchteile stabil hält. In dieser Zeit wird eine unbewußte Analyse der ankommenden Reize durchgeführt, bevor dann Aufmerksamkeitssysteme einsetzen, die die relevante Information auswählen (selektive Aufmerksamkeit, s. Kap. 2.2.2). Nur ein geringer Teil der im sensorischen Gedächtnis kurzfristig gespeicherten Information wird dann ins KZG aufgenommen und kodiert (Encodierung). Sensorisches Gedächtnis, KZG und LZG können als hintereinandergeschaltete, ineinander übergehende Informationsverarbeitungsprozesse verstanden werden (Abb. 4.1).

Ankerbegriffe. Da die Speicherkapazität des KZG gering ist (ca. 7 Elemente), wird die ankommende Information geordnet,

z. B. unter Ankerbegriffen zu Gruppen organisiert, so daß auch größere Informationsmengen aufgenommen werden können. Je elaborierter diese Informationsverarbeitung ist, z. B. Analyse des Materials nach der Bedeutung statt stures Auswendiglernen, um so eher kann es im LZG gespeichert werden. Ein gedankliches *Bezugssystem*, in das die aufzunehmende Information eingeordnet werden kann, erleichtert die Speicherung ebenfalls. Die Kodierung ist auch kontextabhängig: Wenn wir uns erinnern, *wie* wir etwas gelernt haben, also an den Kontext, fällt die Wiedergabe leichter.

Vergessenskurven. „Vergessenskurven" beschreiben den Zeitverlauf des behaltenen

Materials. Sie zeigen, daß das Vergessen unmittelbar nach dem Erlernen eines Stoffes besonders intensiv ist. Je sinnvoller und zusammenhängender das Material ist, um so länger wird es behalten. Da auch Interferenzen, d. h. Störungen durch ähnliches Material, die Informationsspeicherungen beeinträchtigen können (s. proaktive und retroaktive Hemmung), empfiehlt es sich, nicht allzu Ähnliches unmittelbar nacheinander zu lernen. Interferenzen kann man auch, wie eine Prüfungsfrage vorschlägt, dadurch verringern, daß man vom Zeitpunkt des Erlernens bis zum Zeitpunkt der Wiedergabe schläft, weil in der Zwischenzeit keine Interferenzen auftreten können. Hat man den Stoff dann doch vergessen, kann man sich damit trösten, daß man ihn beim zweitenmal in kürzerer Zeit erlernen wird (ebenfalls Inhalt einer Prüfungsfrage). Zum Vergessen können auch emotionale und motivationale Faktoren beitragen.

Verdrängung. Der Abwehrmechanismus des Verdrängens kann als ein unbewußt motiviertes Vergessen beschrieben werden. Die Verdrängung bewirkt, daß schmerzliche Affekte aus dem bewußten Erleben entfernt/ferngehalten werden. Verdrängte Wünsche und Konflikte können sich in neurotischen Symptomen äußern. Im Alltagsleben machen sie sich manchmal durch sog. Fehlleistungen bemerkbar: „Freud'sche" Versprecher; Vergessen von Namen; Verlegen von Gegenständen.

4.2 Lernen

> **!** Die wichtigsten Formen des Lernens sind die klassische Konditionierung, die operante Konditionierung, das Lernen am Modell und das Lernen durch Eigensteuerung.

4.2.1 Klassische Konditionierung

Ursprünge. Die Theorie der *klassischen Konditionierung* geht auf den russischen Physiologen I. Pawlow zurück. Pawlow untersuchte die Speichelsekretion von Hunden (Abb. 4.2). Während seiner Experimente bemerkte er, daß seine Versuchstiere oft schon beim bloßen Anblick des Tierpflegers Speichelfluß zeigten, bevor

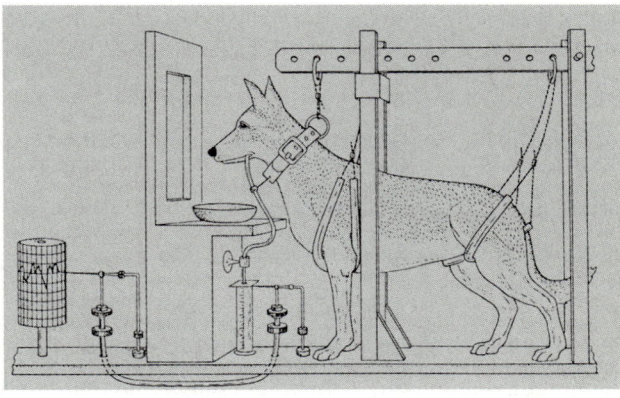

Abb. 4.2 Pawlows Hunde standen bei einem Versuch in einer Apparatur wie dieser. Über einen Schlauch im Maul wird die Speichelabsonderung gemessen (aus Lefrancois 1986)

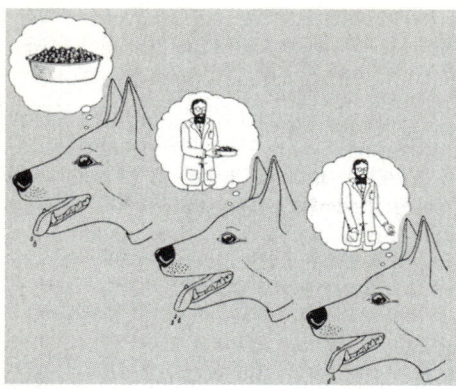

Abb. 4.3 Pawlow fiel auf, daß bei vielen seiner Versuchshunde schon der Anblick des Tierpflegers die Speichelproduktion erhöhte (aus Lefrancois 1986)

schen Konditionierung ist ein angeborener, nicht-gelernter **Reflex**, bei welchem ein unkonditionierter Reiz (unconditioned stimulus, UCS; z. B. Futter) eine unkonditionierte Reaktion (UCR; z. B. Speichelabsonderung) auslöst. Bietet man nun einen neutralen Reiz (z. B. einen Ton), der als solcher lediglich eine Aufmerksamkeitszuwendung, eine Orientierungsreaktion (s. Kap. 2.2.2), auslösen würde, mehrmals gemeinsam mit dem UCS dar, so wird er zum konditionierten Reiz (CS), der schließlich auch ohne den UCS in der Lage ist, die Speichelabsonderung auszulösen; diese ist dadurch zur konditionierten Reaktion (CR) geworden.

> ❗ Bei der klassischen Konditionierung wird eine Reiz-Reaktions-Verbindung hergestellt.

dieser das Futter brachte. Der Tierpfleger war sozusagen zum Signal für das Futter geworden. Allein sein Anblick genügte schon, Speichelsekretion auszulösen (Abb. 4.3). Von dieser Beobachtung angeregt, führte Pawlow eine Reihe von Versuchen durch, in welchen er zum Beispiel ein Glöckchen klingeln ließ, bevor das Futter kam. Wenn er das oft genug gemacht hatte, speichelten seine Hunde schließlich allein auf den Glockenton hin, auch wenn danach kein Futter dargeboten wurde.

Am schnellsten wird eine Reaktion konditioniert, wenn der CS *unmittelbar vor* dem UCS einsetzt. Er kündigt diesen dann sozusagen an, ist ein **Signal** für das Eintreffen des UCS. Deshalb spricht man auch vom Signallernen. An Stelle von einer konditionierten Reaktion kann man auch von einer bedingten Reaktion sprechen. Sie ist bedingt, insofern sie unter einer bestimmten *Bedingung* (nämlich als Folge des CS) auftritt (condition, engl.: Bedingung).

Reflex-Modell. Pawlow entwarf folgendes Modell (Abb. 4.4): Grundlage der klassi-

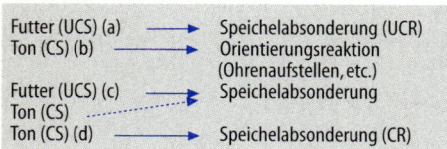

Abb. 4.4 Klassische Konditionierung. **a** Futter führt zur Speichelabsonderung beim Hund, **b** der Ton führt nicht zur Speichelabsonderung, **c** nach mehrmaliger zeitlicher Paarung von Futter (**UCS**) und Ton (**CS**), **d** löst der Ton eine Speichelabsonderung aus (aus Lefrancois 1986)

Wichtige Begriffe. Die Stärke der Assoziation zwischen UCS und CS ist abhängig von der Häufigkeit, mit der UCS und CS gekoppelt werden. Es ist allerdings auch eine Assoziation durch eine einmalige Koppelung möglich. Wird eine konditionierte Reaktion auch von einem Reiz ausgelöst, der mit dem eigentlichen konditionierten Stimulus nicht *identisch*, sondern diesem nur *ähnlich* ist, nennt man dies **Reizgeneralisation** (Verallgemeinerung).

Ist ein Reiz allerdings so unähnlich, daß keine CR mehr ausgelöst wird, so heißt dies *Reizdiskrimination* (Unterscheidung). Bietet man den CS wiederholt ohne den UCS an, also z. B. nur noch den Ton ohne nachfolgendes Futter, so schwächt sich die CR ab und bleibt schließlich ganz aus (*Extinktion* = Löschung). Manchmal kann es später zu einem spontanen Wiederauftreten der CR kommen (*spontane Erholung*).

Traurige Berühmtheit als Versuchsperson eines behavioristischen Experiments hat der „kleine Albert" gewonnen.

„Albert war ein gesundes, stabiles und ziemlich unemotionales Kind. Er reagierte nie furchtsam auf die vom Versuchsleiter ausgeklügelten Test-Situationen. Wenn plötzlich eine Reihe von Objekten vor ihn gelegt wurde, streckte er die Hand aus, um damit zu spielen. Es waren da eine weiße Ratte, ein Hase, ein Pelzmantel, ein Ball aus Baumwolle und einige Masken. Aber Albert schreckte zusammen und schrie fürchterlich, wenn plötzlich dicht hinter ihm lauter Lärm erzeugt wurde (eine Stahlstange wurde mit einem Hammer bearbeitet).

Als ihm im Alter von 11 Monaten und 3 Tagen die Ratte gezeigt wurde und er seine Hand nach ihr ausstreckte, ertönte derselbe scheußliche Lärm hinter ihm. Nachdem Albert diese Erfahrung zweimal gemacht hatte, wimmerte er. Als ihm die Ratte eine Woche später erneut gezeigt wurde, hatte er seine Lektion gelernt: Er zog die Hand zurück, bevor er den alten Spielkameraden berührte. Jetzt wurde systematisch mit der Konditionierung einer starken negativen emotionalen Reaktion auf die weiße Ratte begonnen. Siebenmal hintereinander tauchten die Ratte und der gräßliche Lärm zusammen auf. Als die Ratte das nächste Mal alleine dargeboten wurde, fing Albert an zu weinen, drehte sich um, fiel hin und krabbelte mit ganzer Kraft davon.

Nach einer Woche stellte sich heraus, daß sich die Furchtreaktion von der weißen Ratte auch auf den freundlichen Hasen übertragen hatte. Nun hatte Albert plötzlich Angst vor dem Hund, beim Anziehen des Pelzmantels fing er an zu weinen, und er schreckte sogar vor seinem Baumwollball zurück. Auch reagierte er 'ausgesprochen negativ', als man

ihm eine Nikolaus-Maske zeigte. Keine Angst hatte er vor Bauklötzen oder anderen Objekten, die nicht zur Reiz-Dimension 'Pelz oder pelzähnlich' gehörten.

Leider wissen wir nicht, was aus Albert geworden ist. Die Untersucher berichteten, daß 'Albert unglücklicherweise noch an dem Tag, an dem man die beschriebenen Tests durchgeführt hatte, aus dem Krankenhaus entlassen wurde. Daher hatten wir leider nicht die Möglichkeit, eine Methode zur Löschung der konditionierten emotionalen Reaktion zu entwickeln'" (Watson u. Raynor 1920, aus: Zimbardo u. Ruch 1978, zit. n. Ulich 1982).

Dieses Experiment würde heutzutage wohl vor keiner Ethikkommission bestehen.

Das Experiment des „kleinen Albert" stellt in lerntheoretischer Sicht das Muster für die Entstehung einer *Phobie* (einer krankhaften Angst vor bestimmten Situationen oder Objekten) dar. Um die konditionierte Angst vor einer Ratte (und anderen pelzähnlichen Objekten) zu löschen, wäre es notwendig gewesen, den konditionierten Stimulus (die Ratte) mehrfach ohne den unkonditionierten Stimulus (den Lärm) darzubieten. Klassisch konditionierte Reaktionen sind jedoch nur schwer zu löschen. So zeigten beispielsweise Veteranen noch 15 Jahre nach ihrem aktiven Dienst physiologische Reaktionen auf einen Alarm.

Antizipatorische Übelkeit. Viele Krebskranke erhalten zur Behandlung ihres Tumors Zytostatika, d.h. Medikamente, die das Zellwachstum hindern. Eine solche Chemotherapie hat bei manchen Tumoren kurative (heilende) Wirkung (z. B. bei kindlichen Leukämien), bei manchen zumindest einen lebensverlängernden, symptommildernden, palliativen Effekt (z. B. beim kleinzelligen Bronchialkarzinom). Eine sehr belastende, die subjektive Lebensqualität mindernde Nebenwirkung ist aber das Erbrechen, das wahrscheinlich durch eine direkte Wirkung der Zytostatika am Brechzentrum des Gehirns zustandekommt. Die Chemotherapie wird meist in Zyklen durchgeführt, zwischen denen die Patienten nach Hause entlassen werden. Viele Patienten entwickeln nun im Laufe der Zeit schon dann Übelkeit, wenn sie am Vorabend der Wiederaufnahme zu einem neuen Zyklus an die bevorstehende Therapie denken, andere, wenn sie beim Betreten der Klinik den typischen Krankenhausgeruch wahrnehmen. Man nennt dies *antizipatorische Übelkeit*. Sie kann durch klassische Konditionierung erklärt werden. Unbedingter Reiz ist das Zytostatikum, unbedingte Reaktion sind Übelkeit und Erbrechen. Durch Koppelung mit dem unbedingten Reiz werden zuvor neutrale Reize wie der Klinikgeruch zu einem Auslöser des Erbrechens. Ein von uns betreuter Patient reagierte schon auf die rosa Farbe des Medikamentes mit Übelkeit, auch wenn er diese irgendwo bei sich zu Hause wahrnahm, ein anderer auf den Schriftzug „Chemo", den er auf Streusandkisten am Straßenrand las. Entsprechend dem Entstehungsprinzip der antizipatorischen Nausea kann eine Gegenkonditionierung durch Entspannungsverfahren zu einer Verminderung der Beschwerden eingesetzt werden.

Psychoneuroimmunologie. Auch die *Immunfunktion* läßt sich klassisch konditionieren. Dies wurde zunächst in Tierversuchen, neuerdings auch in Versuchen mit Menschen nachgewiesen. Gibt man Ratten eine Saccharin-Lösung als konditionierten Stimulus zusammen mit Cyclophosphamid, das eine Abschwächung der Immunreaktion bewirkt, als unkonditioniertem Stimulus, so ist nach mehreren Koppelungen auch auf das alleinige Trinken der Zuckerlösung hin eine abgeschwächte Immunreaktion zu beobachten. Beim Menschen ließ sich nach mehrmaliger Gabe eines Brausebonbons zusammen mit einer Adrenalininjektion, die die Immunantwort fördert, schließlich allein durch das Brausebonbon eine Steigerung der Aktivität immunkompetenter Zellen nachweisen. Analog zur antizipatorischen Übelkeit läßt sich bei Krebskranken eine antizipatorische Immunsuppression beobachten, die der Wiederholung eines Chemotherapiezyklus vorausgeht und klassisch konditioniert ist.

4.2.2 Lernen am Erfolg

Ursprünge. Die Theorie des Lernens am Erfolg (*operante Konditionierung, instrumentelle Konditionierung*) ist mit dem Namen B. F. Skinner verknüpft. Sie beruht auf Experimenten mit Ratten und Tauben in der „Skinnerbox" (Abb. 4.5).

Vorweg zwei Unterschiede zur klassischen Konditionierung:

- Die klassische Konditionierung braucht als Grundlage einen *angeborenen Reflex*, auf den die gelernte Reaktion sozusagen aufgepfropft wird; die instrumentelle Konditionierung braucht das *nicht*.
- Bei der klassischen Konditionierung geht es um Verhalten, das durch einen Reiz ausgelöst wird; bei der instrumentellen Konditionierung um Verhalten, das gezeigt wird, um etwas zu *bewirken* (daher der Name „operant" bzw. „instrumentell"), um eine bestimmte *Folge* herbeizuführen.

Abb. 4.5 Eine Skinnerbox. Sie enthält einen Hebel, den die Ratte drücken kann, eine Vorrichtung zur Futterspende und einen Rost, der unter Strom gesetzt werden kann (aus Lefrancois 1986)

Bei der operanten Konditionierung (instrumentelle Konditionierung; Lernen am Erfolg) wird eine Verhaltens-Konsequenz-Verbindung hergestellt.

Verstärkung. Skinner untersuchte zunächst einfache Verhaltensweisen wie das Drücken auf einen Hebel (bei Ratten) oder das Picken gegen eine Scheibe (bei Tauben). Wenn die Häufigkeit eines Verhaltens zunahm, so nannte er dies „Verstärkung" oder „Bekräftigung" (reinforcement) des Verhaltens. Für die Verstärkung war, so Skinners Beobachtung, die Auswirkung (Konsequenz) des Verhaltens verantwortlich, das also, was auf das Verhalten folgte. Eine Verhaltenskonsequenz, die eine Verstärkung des Verhaltens bewirkte, wurde folgerichtig als „Verstärker" bezeichnet.

Verstärkung ist definiert als Häufigkeitszunahme eines Verhaltens. Verstärker sind Verhaltenskonsequenzen (z. B. Belohnungen), die eine Häufigkeitszunahme bewirken.

Die experimentellen Anordnungen Skinners sind so angelegt, daß das Verhalten unter der Kontrolle der vom Forscher manipulierten Verstärker steht: Wenn ein Versuchstier eine bestimmte Verhaltensweise zeigt, wird es vom Forscher mit Futter belohnt. Die Verhaltensfolgen bewirken also die zukünftige Auftretenswahrscheinlichkeit dieses Verhaltens. Man spricht von *positiver Verstärkung*, wenn eine Reaktion (Verhaltensweise) von einem angenehmen Reiz (Verstärker) gefolgt wird. Wenn man einer Ratte, die in der Skinnerbox den Hebel drückt, dafür

Futter auswirft, so wird sie in der Folge häufiger den Hebel drücken (Verstärkung). Das Futter dient dabei als (positiver) Verstärker.

Auch beim operanten Konditionieren spricht man von Reaktionen (obwohl das Verhalten spontan auftritt).

Negative Verstärkung. Auch negative Verstärkung ist Verstärkung, d. h. Erhöhung der Auftretenswahrscheinlichkeit eines Verhaltens, diesmal aber nicht durch Hinzufügen eines angenehmen Reizes (wie bei der positiven Verstärkung), sondern durch Wegnahme eines unangenehmen (aversiven) Reizes.

In einer Skinnerbox wird der Rost, auf den die Ratte gesetzt werden soll, unter Strom gesetzt. Durch einen Hebeldruck kann die Ratte den Strom ausschalten. Wird nun die Ratte in die Box gebracht, so wird sie als erstes den Strom abschalten. Das Hebeldruck-Verhalten wird also verstärkt, jedoch nicht dadurch, daß die Ratte eine positive Konsequenz bekommt, sondern dadurch, daß ein negativer Reiz beendet wird oder ganz ausbleibt. Durch negative Verstärkung lernt die Ratte, etwas Unangenehmes zu vermeiden.

Die negative Verstärkung ist das Grundprinzip des *Vermeidungslernens.*

Bestrafung. Negative Verstärkung darf nicht mit Bestrafung verwechselt werden. Bestrafung ist das Gegenteil von Verstärkung. Bestrafung heißt Senken der Auftretenswahrscheinlichkeit eines Verhaltens. Bestrafung unterdrückt Verhalten. Man kann auf zweierlei Weise bestrafen: Indem man einen angenehmen Reiz wegnimmt oder indem man einen unangenehmen Reiz hinzufügt.

Primäre Verstärker sind Reize, die aus sich verstärkend wirken, weil sie primäre Bedürfnisse (Hunger, Durst etc.) befriedigen. *Sekundäre Verstärker* sind von diesen abgeleitet (durch wiederholte Koppelung).

Die meisten Verstärker im sozialen Leben sind sekundärer Natur, z. B. Geld, Prestige, Macht etc. Was für einen Menschen verstärkend wirkt, hängt von seiner Motivationslage ab. Für einen Satten kann noch mehr Nahrung aversiv sein.

Wichtige Begriffe. Beim operanten Konditionieren kann man den *Erwerb*, die *Aufrechterhaltung* und die *Löschung* (Extinktion) eines Verhaltens unterscheiden. Wenn Verhalten nicht mehr verstärkt wird, so nimmt es an Häufigkeit ab und tritt schließlich nicht mehr auf (Löschung oder Extinktion). Auch bei der operanten Konditionierung kann es eine *spontane Erholung*, d. h. das Wiederauftreten von Verhalten ohne erneute Verstärkung geben. In lerntheoretischer Perspektive kann Vergessen mit Extinktion gleichgesetzt werden.

Kontingenz. Die Koppelung von Verhalten und Verhaltenskonsequenz (Verstärkung, Bestrafung) nennt man Kontingenz. Die Kontingenzbedingungen, d. h. ob und mit welcher Regelmäßigkeit Verhalten verstärkt wird, ist in behavioristischen Experimenten durch sog. Verstärkungspläne festgelegt. Eine große Zahl komplexer Pläne wurde hinsichtlich des Erwerbs und der Aufrechterhaltung von Verhaltensweisen überprüft. Zwei Ergebnisse sollen festgehalten werden:

- Verhalten wird am *schnellsten* angeeignet, wenn jede richtige Reaktion verstärkt wird (regelmäßige oder kontinuierliche Verstärkung).
- Verhalten wird am *dauerhaftesten* gelernt, d. h. ist löschungsresistent, wenn es nicht jedesmal, sondern nur ab und zu (*intermittierend*) verstärkt wird.

Das Versuchstier bildet sozusagen die Erwartung aus, daß nicht immer eine Belohnung folgen muß, nachdem es das richtige Verhalten gezeigt hat, und strengt sich dementsprechend länger an, eine solche doch noch zu erlangen. Intermittierende Verstärkung bedeutet also langsameren Erwerb, aber auch langsamere Extinktion eines Verhaltens. Optimal wäre demnach, mit kontinuierlicher Verstärkung zu beginnen und dann auf intermittierende Verstärkung überzugehen.

Shaping und Prompting. Will man durch operante Konditionierung komplexere Verhaltensweisen aufbauen als einfaches Hebeldrücken, bedient man sich der stufenweisen Annäherung an das gewünschte Verhalten (Verhaltensformung oder *shaping*). Man verstärkt zu Beginn auch Verhaltensweisen, die nur einen Teil des Zielverhaltens umfassen, führt das Versuchstier (oder in der Verhaltenstherapie den Menschen) also schrittweise zum angestrebten Ziel hin. Wenn man nicht so lange warten will, bis ein Verhalten, das man verstärken möchte, von selbst eintritt, kann man als Versuchsleiter auch „nachhelfen", indem man das Verhalten von außen anstößt (*prompting*). Skinner und die Behavioristen meinten, durch diese Mechanismen auch das Erlernen komplexer sozialer Verhaltensweisen erklären zu können.

Reizdiskrimination und Reizgeneralisation. Von Reizdiskrimination spricht man bei der operanten Konditionierung, wenn ein Versuchstier lernt, daß es unter *einer* Reizbedingung (z. B. gegen eine runde Scheibe picken) eine angenehme Verhaltenskonsequenz erwarten kann, unter einer *anderen* (z. B. gegen eine viereckige Scheibe picken) dagegen nicht. Auf menschliche Verhältnisse übertragen, bedeutet dies, daß ein Kind lernen muß, daß Verhalten in der einen Situation angemessen ist und belohnt wird, in der anderen hingegen nicht. Reizgeneralisation ist die Übertragung von Verhaltensweisen von einer Situation auf eine andere. So muß z. B. ein Patient bei einem verhaltenstherapeutischen Selbstsicherheitstraining das selbstsichere Verhalten, das er während der Therapie im Rollenspiel gelernt hat, auch auf den Alltag, z. B. seinem Chef gegenüber, generalisieren (Transfer).

Verbale Konditionierung. Unter verbaler Konditionierung versteht man das Konditionieren von Verhalten in einem Gespräch. So kann z. B. ein Arzt, indem er nur auf bestimmte Inhalte in den Gesprächsäußerungen des Patienten verbal („Ja!", „Gut!"), paraverbal („Mhm!") oder nonverbal (zustimmendes Kopfnicken) eingeht, die Häufigkeit erhöhen, mit der solche Gesprächsinhalte vom Patienten im weiteren Gesprächsverlauf thematisiert werden. Er kann, ohne es zu merken, dadurch das Gespräch in eine von ihm bevorzugte Richtung lenken und andere, ihm unangenehme Themen vermeiden.

Erwartungslernen, Kontroll- und Kausalattribution. Diese werden in Kap. 4.2.4 behandelt.

Zusammenwirken von klassischer und instrumenteller Konditionierung am Beispiel der Phobie. Am Beispiel des „kleinen Albert" haben wir gesehen, wie die Entstehung einer Phobie durch klassische Konditionierung erklärt wird. Zum Vollbild einer Phobie gehört, daß die angstauslösende Situation vermieden wird, wodurch der Patient oft seinen Lebensspielraum sehr einschränkt. Dieses Vermeidungsverhalten läßt sich durch das Prinzip der negativen Verstärkung erklären. Der aversive Reiz ist die angstauslösende Situation. Das operante Verhalten, die Vermeidung, hat zur Folge, daß die betreffende Person nicht mehr mit dem aversiven Reiz konfrontiert wird und dementsprechend keine Angst mehr empfindet. Dadurch wird das vermeidende Verhalten verstärkt. Das Fatale an der Vermeidung ist, daß der Phobiker, weil er die für bedrohlich erachtete Situation nicht mehr erlebt, auch nicht erfahren kann, daß sie „in Wirklichkeit" harmlos ist. Dies hat zur Folge, daß die konditionierte Angstreaktion nicht gelöscht werden kann. Eine Extinktion würde ja die wiederholte Darbietung des konditionierten Reizes (der angstauslösenden Situation, im Beispiel des kleinen Alberts der Ratte) *ohne* gleichzeitiges Auftreten des unkonditionierten angstauslösenden Reizes (beim kleinen Albert des lauten Geräuschs) erfordern.

> **!** In lerntheoretischer Sicht wirken bei der Entstehung und Aufrechterhaltung einer Phobie klassische Konditionierung (Koppelung eines zuvor harmlosen an einen angstauslösenden Reiz) und instrumentelle Konditionierung (Vermeidungsverhalten infolge negativer Verstärkung) zusammen.

Phobien können allerdings nicht allein mit Hilfe der Theorie der klassischen Konditionierung erklärt werden. Die Schwierigkeit, die Entstehung phobischer Störungen als klassisch konditionierte Reaktionen zu fassen, besteht darin, daß die wenigsten Menschen, die an einer Phobie erkranken, einmal reale schlechte Erfahrungen mit der angstauslösenden Situation gemacht haben. Es ist auch für sie selbst meist unverständlich, weshalb sie diese Angst haben. Es scheint häufig nicht eine reale traumatische Erfahrung mit dem später gefürchteten Objekt zu sein, die zu seiner Wahl als Gegenstand zwanghaften Befürchtens führt, sondern auch die symbolische Bedeutung, die das angstauslösende Objekt oder die angsterregende Situation im Unbewußten eines

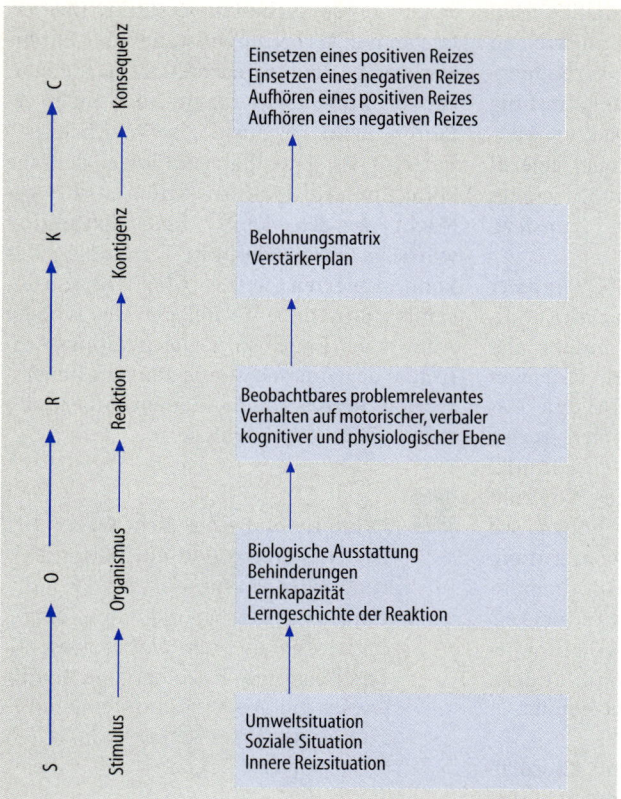

C	Konsequenz	Einsetzen eines positiven Reizes Einsetzen eines negativen Reizes Aufhören eines positiven Reizes Aufhören eines negativen Reizes
K	Kontigenz	Belohnungsmatrix Verstärkerplan
R	Reaktion	Beobachtbares problemrelevantes Verhalten auf motorischer, verbaler kognitiver und physiologischer Ebene
O	Organismus	Biologische Ausstattung Behinderungen Lernkapazität Lerngeschichte der Reaktion
S	Stimulus	Umweltsituation Soziale Situation Innere Reizsituation

Abb. 4.6 Die Verhaltensgleichung SORKC (aus Wilker et al. 1994)

Menschen hat: Die Enge eines Raumes kann für die Enge einer Beziehung stehen, in die sich der Betreffende eingeschlossen fühlt; die Bedrohlichkeit eines Tieres kann einen als mächtig und bedrohlich erlebten Menschen in der aktuellen Lebenssituation oder der Lebensgeschichte repräsentieren.

Das SORKC-Modell. In der sog. *Verhaltensgleichung* werden klassische und instrumentelle Konditionierung zusammengefaßt. Am SORKC-Modell (Abb. 4.6) orientiert man sich, wenn man eine *Verhaltensanalyse* durchführt. Die Verhaltensanalyse ist das diagnostische Verfahren der Verhaltenstherapie. Bevor man

mit der Veränderung eines symptomatischen Verhaltens, mit der Verhaltensmodifikation, beginnt, muß man eine genaue Bestandsaufnahme des störenden Verhaltens vorgenommen haben: In welchen Situation tritt das symptomatische Verhalten, z. B. eine unangemessene Angst, auf (S)? Ist das Verhalten nur bei bestimmten inneren Zuständen zu beobachten (O)? Wie zeigt sich die Angst auf kognitiver, motorischer und vegetativer Ebene (R)? Was wirkt als Verstärker (C)? Wird das symptomatische Verhalten immer verstärkt oder nur manchmal (K)?

4.2.3 Lernen am Modell

Ursprünge. Die Theorie des Modellernens (*Beobachtungslernen, Imitationslernen*) wurde von A. Bandura begründet. Sie besagt, daß ein Mensch ein Verhalten dadurch erwerben kann, daß er dieses bei einem anderen Menschen, der das Verhalten zeigt, d. h. bei einem Modell, beobachtet und dann imitiert. Dadurch können insbesondere komplexere Handlungen erworben werden, deren Auftreten durch Verstärkung der einzelnen Teilschritte (Shaping, s. Kap. 4.2.2) zu aufwendig wäre und zu lange dauern würde. Dies sind v. a. Handlungen in sozialen Situationen, weshalb man auch von „sozialem Lernen" spricht (s. a. Sozialisation, Kap. 6.3).

> **!** Beim Modellernen werden durch Beobachtung und Imitation komplexe Verhaltensweisen übernommen.

Die Theorie des Modellernens basiert auf experimentellen Untersuchungen, in denen – im Unterschied zu den Experimenten Pawlows und Skinners – keine Tiere, sondern Menschen, meist Kinder, die Versuchspersonen waren.

Kinder bekommen einen Film gezeigt, in welchem andere Kinder sich aggressiv gegenüber einer Spielzeugpuppe verhalten. Anschließend bekommen diese Kinder selbst Spielzeugpuppen ausgehändigt. Sie zeigen nun diesen gegenüber vermehrt aggressives Verhalten.

Effekte der Beobachtung eines Modells. Die Beobachtung eines Modells kann mehrere Auswirkungen haben. Es kann Verhalten erworben werden, das bisher nicht zum Verhaltensrepertoire des Lernenden

gehörte. Dies nennt man den *modelling effect* oder den *imitativen Effekt*. Hier geht es also tatsächlich um den Aufbau neuen Verhaltens. Waren dagegen im o. g. Beispiel die Kinder auch schon vorher von Fall zu Fall aggressiv mit ihrer Spielzeugpuppe umgegangen, so daß die Auswirkungen des Films lediglich die Auftretenshäufigkeit eines schon früher bestehenden Verhaltens erhöhte, so spricht man vom *enthemmenden Effekt*. Umgekehrt kann von einem Film, in dem das Modell für sein aggressives Verhalten bestraft wird, ein *hemmender Effekt* ausgehen. Wenn schon erlerntes Verhalten infolge der Beobachtung eines Modells zunimmt, führt man dies auf einen *richtungsweisenden* oder *reaktionserleichternden Effekt* zurück. Als *auslösenden Effekt* schließlich wird die Stimuluswirkung eines beobachteten Modells bezeichnet, die dazu führt, daß ein Verhalten gezeigt wird, das weder völlig neu ist noch genau demjenigen des Modells entspricht, diesem aber ähnlich ist. Das Modellverhalten hat hier lediglich die Anregungsfunktion, etwas ähnliches zu tun.

Stellvertretende Verstärkung. Eine direkte Verstärkung des Verhaltens ist nicht notwendig, um Beobachtungslernen zu ermöglichen. Stellvertretende Verstärkung des Modells (s. Kap. 4.2.2) oder die Erwartung von Verstärkung genügen. Es genügt, daß man gesehen hat, daß es beim anderen verstärkt wurde, d. h. bei diesem eine angenehme Folge hatte, oder daß man es sich nur vorstellt, daß es beim anderen zu einer positiven Konsequenz führt oder ein angestrebtes Ziel erreicht. Insofern beinhaltet das Modellernen eine Nutzung fremder Erfahrungen, der Erfahrungen des Modells.

Eltern als Modelle. Eltern sind die wichtigsten Modelle für ihre Kinder. Aber nicht nur konkret anwesende Personen können Modelle sein, auch z. B. das Fernsehen bietet Modelle an. Es gibt viele gute Gründe gegen körperliche Bestrafung als Mittel der Erziehung. Wenn eine Prüfungsfrage wissen will, warum körperliche Strafen kein geeignetes Mittel sind, aggressives Verhalten eines Kindes zu extingieren (löschen), so lautet die richtige Antwort aus der Sicht des Modellernens, daß ein Erwachsener, wenn er ein Kind körperlich bestraft, durch sein aggressives Verhalten gerade wieder als Modell für aggressives Verhalten des Kindes wirkt.

Imitationslernen in der Ausbildung zum Arzt. Imitationslernen ist in der Ausbildung zum Arzt von Bedeutung. Damit ist nicht nur gemeint, daß wir uns bei Erfahreneren „abschauen", wie man Blut abnimmt oder eine i.m.-Spritze gibt. Im Verlaufe des Studiums übernehmen wir die Arztrolle, Einstellungen gegenüber den Patienten und Wertorientierungen von unseren Ausbildern. Dies kann dazu führen, daß das Interesse am kranken Menschen, das noch viele Studienanfänger motiviert, später von einem eher sachbezogenen-naturwissenschaftlichen Interesse abgelöst wird.

4.2.4 Lernen durch Eigensteuerung

Ursprünge. In den bisher beschriebenen Theorien des Lernens spielt die Umwelt eine wichtige, den Lernprozeß determinierende Rolle. Bei der klassischen Konditionierung ist es der Experimentator, der neutrale Reize mit unbedingten Reizen paart und auf diese Weise die Ausbildung einer bedingten Reaktion herbeiführt. Beim operanten Konditionieren unterwirft der Forscher seine Versuchstiere ausgetüftelten Verstärkungsplänen und legt die Kontingenzen von Verhalten und Verhaltenskonsequenzen fest. Auch beim Imitati-

onslernen spielt das Modell, dessen Verhalten beobachtet und übernommen wird, eine große Rolle. In der Theorie des sozialen Lernens sind es allerdings bereits innere Vorstellungen und symbolische Repräsentationen, die beim Lernen aufgebaut werden, und nicht nur Reiz-Reaktions-Verknüpfungen, die sich bewußtlos einschleifen. Bandura, der die Theorie des sozialen Lernens weiterentwickelte, beschreibt einen dreistufigen Prozeß, in welchem sich der Übergang von äußerer Kontrolle zur Eigensteuerung oder Selbstkontrolle vollzieht:

- Lernen am Modell;
- Äußere Verstärkung/Bestrafung durch andere Menschen, so daß das Kind lernt, in welchen Situationen ein Verhalten angebracht ist und in welchen nicht;
- Verinnerlichung dieser Erwartungen, so daß das Verhalten unter Eigenregie gerät.

Die Theorie der Eigensteuerung hat sich innerhalb der Verhaltenstherapie als eine Gegenbewegung gegen das mechanistische und manipulative Menschen- und Weltbild des Behaviorismus entwickelt. Sie betont die Aktivität des Menschen, der seiner Umwelt nicht – wie das Versuchstier der Pawlow'schen und Skinner'schen Experimente – nur passiv ausgeliefert ist, sondern diese auch aktiv gestaltet. In Begriffen des operanten Konditionierens: Der Mensch steht nicht nur unter der Kontrolle von außen gesetzter Kontingenzen, sondern er erzeugt diese Kontingenzen teilweise selbst. Er belohnt/bestraft sich selbst für sein Verhalten, je nachdem, ob es seinen selbstgesetzten inneren Standards entspricht. Externe Sanktionen (Belohnungen und Bestrafungen) werden durch selbstverabreichte Verstärker (z. B. sich etwas gönnen) ersetzt. Bei den selbsterzeugten Verstärkern muß es sich aber nicht nur um konkrete, gegenständliche Belohnungen handeln. Noch wichtiger sind innere Verhaltenskonsequenzen, z. B. Zufriedenheit mit einer Handlung, Wohlbefinden, im Sinne einer Selbstbelohnung, oder andererseits Unzufriedenheit, Scham oder Selbstverachtung, die im Sinne einer Selbstbestrafung wirken. Derartige innere Bewertungen des eigenen Verhaltens wirken ebenso als Verstärker wie äußere Belohnungen. Die moderne Verhaltenstherapie betont, daß der Mensch diesen Verstärkungen nicht passiv ausgeliefert ist, sondern daß er sie selbst herbeiführt. Sie versucht, dem Patienten solche Selbstbewertungen bewußt zu machen (z. B. durch lautes Denken), damit er auf seine inneren verhaltenssteuernden Prozesse, seine Selbstverstärkungs- und Selbstbestrafungssysteme, Einfluß nehmen kann.

Die „kognitive Wende" in der Verhaltenstherapie. Aus einem zweiten Grund lassen sich Lernexperimente nicht so einfach von Tieren auf Menschen übertragen. Menschen verfügen im Unterschied zu Tieren über ausgeprägtere intellektuelle Fähigkeiten und machen sich infolgedessen selbst Gedanken über das, was mit ihnen geschieht. Das gewandelte Verständnis der verhaltenssteuernden Verstärkungsprozesse wirkte sich in einer „kognitiven Wende" in der Verhaltenstherapie aus. Sie besagt, daß Menschen die Konsequenzen ihres Handelns oft schon in Gedanken (Kognitionen) vorwegnehmen (antizipieren). Absichten (Intentionen), Motive und Erwartungen müssen in einer verhaltensmodifikatorischen Therapie berücksichtigt werden.

Kausalattribution. Die moderne *sozial-kognitive Lerntheorie* greift hier auf Konzepte zurück, die in der Attributionsforschung (s. Kap. 3.2.4) entwickelt wurden. Es geht dabei um die Ursachenzuschrei-

bung, die eine Person für eigenes Verhalten und dessen Konsequenzen vornimmt. Führt sie Erfolge oder Mißerfolge auf die eigenen Fähigkeiten, auf persönliche Anstrengung, auf die Schwierigkeit der Aufgaben und Situationen oder auf Zufall zurück? Je nach der Attribution, die sie vornimmt, wird sie sich gut oder schlecht fühlen und in Zukunft erneut bemühen oder aber resignieren.

Erwartungslernen. Die sozial-kognitive Lerntheorie betont, daß nicht nur das reale Eintreffen von Verstärkern als Folge eines Verhaltens dessen Häufigkeit erhöht, sondern auch die bloße Erwartung, daß dies geschehen könnte. Als „Erwartungslernen" wird der Aufbau solcher Vorstellungen über das Eintreffen von Verstärkern bezeichnet. Dabei ist es ganz wichtig, ob jemand der Überzeugung ist, selbst die Kontrolle über das Eintreten eines Verstärkers zu haben (*internale Kontrollüberzeugung*), z. B. glaubt, durch sein Verhalten Zuwendung durch andere Menschen erreichen zu können, oder ob er resigniert, weil er keinen Einfluß auf Zuwendung und Belohnung zu haben glaubt (*externale Kontrollüberzeugung*).

> **!** Beim Lernen durch Eigensteuerung (Selbstkontrolle) erzeugt der Mensch durch Selbstbewertung seines Verhaltens die Verhaltenskonsequenzen.

Kognitive Verhaltenstherapie depressiver Patienten. Ein depressiver Patient könnte folgende Beschwerden äußern: „Ich bin in letzter Zeit so niedergeschlagen und verzweifelt, manchmal habe ich überhaupt kein Gefühl mehr, fühle mich richtig leer. Zu nichts habe ich mehr Lust, selbst meine Hobbies machen mir keinen Spaß mehr. Die kleinsten Arbeiten im Haushalt kommen mir unbewältigbar vor, ich denke, ich schaffe es nie. Ich komme morgens kaum aus dem Bett, schon das Frühstück zu richten, fällt mir schwer, die Arbeit kommt mir wie ein riesiger Berg vor. Am liebsten würde ich gleich im Bett bleiben. Dabei mache ich mir große Vorwürfe, daß ich nichts mehr schaffe, sage mir: Du bist ein Versager, es geschieht Dir gerade recht, daß dich keiner mag. Ich bin ganz pessimistisch: Nie wird sich etwas ändern. Manchmal habe ich auch schon gedacht, daß ich am liebsten gar nicht mehr auf der Welt wäre."

Bei depressiven Patienten können ganz bestimmte Überzeugungen beobachtet werden, die zur bedrückten Stimmung beitragen. Sie neigen zu dazu, Mißerfolge jeder Art immer dem eigenen Versagen zuzuschreiben: *globale* („Alles mißlingt mir!"), *stabile* („Immer wird das so sein!"), *internale* („Ich bin selbst daran schuld!") *Kausalattribution*. Erfolge hingegen attribuieren sie external. Sie haben das Gefühl, keinen Einfluß auf ihr Leben ausüben zu können: *gelernte Hilflosigkeit* (s. Kap. 3.3.7). In belastenden Situationen laufen automatische Gedanken ab. Ein depressiver Mensch denkt: „Wie soll ich das bloß schaffen? Ich bin ein Versager! Das Leben ist ungerecht! Nie wird sich etwas ändern!" Er neigt dazu, 1. sich selbst, 2. die Welt und 3. die Zukunft negativ zu bewerten: *depressive Triade*. In der Behandlung geht es darum, dem Patienten diese Gedanken bewußt zu machen, sie infragezustellen („Könnte es nicht auch anders sein?", *Sokratischer Dialog*) und nach alternativen, rationaleren Erklärungen zu suchen (Tab. 4.1). Diese moderne Form der Verhaltenstherapie wird *kognitive Therapie* genannt. Der Therapeut hilft dem Patienten, sein Verhalten im Licht der gedanklichen Auslösebedingungen und Konsequenzen selbst zu analysieren und zu steuern. Das Modell der Abhängigkeit des Verhaltens von Auslösebedingungen und nachfolgenden Reizen, allgemeiner gesagt, von Kontingenzen, wird zwar beibehalten; man betont aber, daß diese Konsequenzen teilweise von der Person selbst geschaffen werden. Ziel einer als „Hilfe zur Selbsthilfe" verstandenen Verhaltenstherapie ist das Erleben von „Selbstwirksamkeit". Der Patient soll Erfolge erleben, wenn er seine Verhaltensmöglichkeiten erweitert. Dabei knüpft der Therapeut durch einfühlsame Unterstützung und vorsichtige Ermutigung an die schon vorhandenen Kompetenzen des Patienten an, bespricht z. B. mit einem depressiven Patienten

Lebenssituationen, in denen es ihm gut ging, in denen er keine Angst hatte und aktiv war, statt sich depressiv zurückzuziehen, und ermutigt ihn, stufenweise und in bewältigbaren Schritten mit „nicht-depressiven" Verhaltensweisen zu experimentieren. Er hilft ihm dabei, angenehme, selbst-belohnende Aktivitäten herauszufinden, deren Häufigkeit es zu erhöhen gilt (*Aufbau angenehmer, verstärkender Aktivitäten*) und trainiert mit ihm soziale Fertigkeiten, z. B. wie man mit anderen Menschen Kontakt aufnimmt, wie man eigene Wünsche einbringt und durchsetzt (*Training sozialer Kompetenzen*). Er vertraut darauf, daß dadurch ein Lernprozeß in Gang kommt, der selbstverstärkend wirkt, so daß er sich als Therapeut und äußerer Verstärker in zunehmendem Maße überflüssig machen kann (Psychotherapieziel Selbstbehandlung; Selbstmanagement-Therapie).

Aufrechterhaltung selbstverstärkten Verhaltens. Von innen motiviertes und selbstbekräftigtes Verhalten wird auch nach dem Ende der Therapie eher aufrechterhalten als außenmotiviertes Verhalten. Ohne eine solche Übernahme der Verhaltensänderung in die Regie des Patienten bestünde die Gefahr, daß ein Therapieerfolg nach Ausbleiben der Verstärkung durch den Therapeuten gefährdet wäre. Externe Verstärkung kann sogar das Erleben von Selbstbestimmung und Kompetenz schwächen.

Die Untersucher beobachteten zunächst, womit Kindergarten-Kinder besonders gerne spielten. Dieses Verhalten war offensichtlich von innen (intrinsisch) motiviert, d. h. aus sich selbst heraus attraktiv. In einem nächsten Schritt versprachen die Forscher den Kindern eine Belohnung für eben diejenigen Beschäftigungen, denen diese zuvor gerne von sich aus nachgegangen waren. In der Experimentalphase widmeten die Kinder nun diesem Verhalten weniger Zeit als Kinder einer Kontrollgruppe, die keine Belohnung erhielten. Die extrinsische, von außen zugefügte Belohnung hatte also ein ursprünglich intrinsisch motiviertes Verhalten nicht verstärkt, sondern geschwächt. Vielleicht hatten sich die Kinder aber auch gegen die äußere Einflußnahme zur Wehr gesetzt. Man nennt dieses Phänomen *Reaktanz* (Lepper et al. 1973, zit. n. Verres 1990).

Neutralisierungsstrategien. Viele Menschen verhalten sich nicht so rational und bewußt, wie es dem Menschenbild der Eigensteuerung entspricht. Sie haben gute Gründe gegen eine Selbstreflexion, z. B. wenn es um negative Folgen eigenen Verhaltens geht, sei es bei Schädigung anderer durch aggressives Verhalten, sei es bei Selbstschädigung durch riskantes Gesundheitsverhalten, z. B. durch Zigarettenrauchen. Hier können selbstgesetzte Verhaltensstandards leicht neutralisiert und selbstkritische Reaktionen durch kognitive Umstrukturierungen verhindert werden. Der Selbstrechtfertigung können z. B. verharmlosende Beschreibungen und Abwehrprozesse gegenüber der Wahrnehmung eigenen Risikoverhaltens dienen. Erschwert man eine derartige Wahrnehmungsabwehr, indem man z. B. Übergewichtige dazu bringt, sich täglich zu wiegen, so führt allein diese Selbstbeobachtung zu einer Gewichtsabnahme. Immunisierende Funktion hat auch ein beschwichtigender Vergleich des eigenen Verhaltens mit dem „noch viel schlimmeren" Verhalten anderer oder die Verschleierung der Beziehung zwischen dem eigenen Verhalten und dessen Konsequenzen, z. B. indem man den Kausalzusammenhang zwischen Rauchen und Lungenkrebs in Frage stellt und argumentiert, nicht alle Raucher bekämen Krebs und auch Nichtraucher könnten an Krebs erkranken usw. (s. Kap. 3.2.4).

Eine theoretische Schwierigkeit. Ein theoretisches Problem des Eigensteuerungsmodells ist der Determinismus der behavioristischen Lerntheorie. Dieser würde zu dem Paradox führen, daß der Mensch,

der den Lerngesetzen unterliegt, eben diese auf sich selbst anwenden will. Ein Patient, der depressiv und zurückgezogen ist und seine Mißerfolge im sozialen Kontakt in übertriebener, unangemessener Weise seiner eigenen Inkompetenz zuschreibt, soll lernen, sich für eine veränderte Kausalattribution selbst zu belohnen; er soll erlebte Zurückweisungen auf die ungünstigen situativen Umstände schieben und nicht auf seine Kontaktunfähigkeit, soll andererseits kleine Erfolge seinen neuen Fähigkeiten und Anstrengungen attribuieren. Ein derartiger Verstärkerplan widerspräche aber völlig seinem eingefahrenen Selbst- und Weltbild, und er müßte zunächst einmal dafür verstärkt werden, daß er sich auf diesen neuen Verstärkerplan einläßt u.s.w. Diese Schwierigkeit führte dazu, daß manchmal wieder vom „freien Willen" gesprochen wurde, einem Konstrukt, das die behavioristische Lerntheorie ursprünglich überwinden wollte.

4.2.5 Verhaltensmodifikation

Begriffsbestimmung. Aus den lerntheoretischen Experimenten wurden psychotherapeutische Techniken abgeleitet, die zusammenfassend als Verhaltenstherapie bezeichnet werden. Die Begriffe „*Verhaltenstherapie*" „*verhaltensmodifikatorische Psychotherapie*" und „*Verhaltensmodifikation*" (=Verhaltensänderung)" meinen im wesentlichen dasselbe. Mit Verhaltenstherapie wird kein einheitliches Vorgehen bezeichnet, sondern ein ganzer Fundus verschiedener Techniken, die je nach problematischem Verhalten einzeln oder in Kombination zum Einsatz kommen. Die neuesten Entwicklungen der kognitiven Verhaltenstherapie haben wir schon in Kap. 4.2.4 beschrieben. Hier werden jetzt noch einige eher klassische verhaltenstherapeutische Techniken vorgestellt.

Systematische Desensibilisierung. Die systematische Desensibilisierung ist eine verhaltenstherapeutische Standardmethode zum Abbau von situativer Angst (Phobie). Sie basiert auf dem Konzept der *reziproken Hemmung* oder *Gegenkonditionierung*. Damit ist gemeint, daß Angst und Entspannung miteinander nicht verträglich (inkompatibel) sind. Man kann die Angst abbauen, wenn man Entspannung dagegensetzt. Dies geschieht, dem Prinzip der kleinen Schritte entsprechend, in abgestufter Weise. Ein Patient, der z. B. an einer Kaufhausphobie leidet und stärkste Angst empfindet, wenn er im Kaufhaus unter vielen Menschen ist und nicht schnell den Raum verlassen kann, wird gebeten, die angstauslösenden Situationen in eine *Angsthierarchie* zu bringen. Hierzu schreibt er jede angstauslösende Situation auf einen Zettel und bringt die Zettel in eine Reihenfolge, beginnend mit der am wenigsten angsterregenden Situation, z. B. der Vorstellung, Einkaufen gehen zu müssen, die Einkaufstasche zu suchen, einen Einkaufszettel zu schreiben etc., bis hin zu der am stärksten angstauslösenden Situation, z. B. mitten in einer Menschentraube am Sonderangebotsstand des Schlußverkaufs eingekeilt zu sein. Dann erlernt der Patient ein Entspannungsverfahren, z. B. die progressive Muskelrelaxation nach Jacobson, bis er sich in einen Zustand der völligen Entspanntheit versetzen kann.

Dann beginnt die eigentliche Gegenkonditionierung. Der Patient bringt sich in eine tiefe Entspannung und stellt sich in Gedanken die leichteste Situation der Angsthierarchie vor. Durch das Entspanntsein tritt keine Angst auf. Diese Prozedur wird mehrmals wiederholt. Danach soll sich der Patient die nächste Situation der Angsthierarchie in Erinnerung rufen und sich ebenfalls dabei entspannen. Wenn hierbei trotzdem einmal Angst auftritt, soll er die Vorstellung sofort ab-

brechen und sich wieder in einen Zustand völliger Entspannung versetzen. Erst wenn er dies erreicht hat, darf er sich erneut einer angsterregenden Phantasie aussetzen. Auf diese Weise wird die Koppelung von Situation und Angst gelöscht, der Patient macht die Erfahrung, daß nichts Schlimmes passiert, wenn er sich, zunächst in der Phantasie, dem bedrohlichen Erlebnis aussetzt. Anschließend an die Desensibilisierung in der Vorstellung kann eine ebenfalls abgestufte Desensibilisierung im wirklichen Leben durchgeführt werden. Der Patient konfrontiert sich Schritt für Schritt mit schwierigen, aber bewältigbaren Situationen und wird hierbei eventuell zunächst von seinem Therapeuten begleitet. Wenn der Patient sieht, wie sich der Therapeut angstfrei in der für ihn selbst schwierigen Situation bewegt, kann der Therapeut als Modell wirken (s. Kap. 4.2.3). Die Modellwirkung macht man sich auch beim Rollenspiel, z. B. im Rahmen eines Selbstsicherheitstrainings zunutze, in welchem ein unsicherer, sozial gehemmter Patient lernen kann, sich angemessen zu behaupten, indem er beobachtet, wie der Therapeut oder, bei einer Gruppentherapie, andere Gruppenteilnehmer ein für ihn selbst angstbesetztes Verhalten zeigen, ohne daß etwas Schlimmes geschieht.

Reizüberflutung (Implosion, flooding). Während sich der Patient bei der systematischen Desensibilisierung in kleinen Schritten mit der angstauslösenden Situation konfrontiert, tut er dies bei der Reizüberflutung auf einmal und in maximaler Intensität. Er wird in die stärkste angstauslösende Situation gebracht und muß dort solange bleiben, bis seine Angst, und sei es aus Erschöpfung, nachläßt. Indem hierdurch eine Vermeidung der Angstsituation unmöglich gemacht wird, erfährt der Patient, daß er zwar Angst hat, daß er diese aber übersteht und nichts von seinen Katastrophenphantasien Wirklichkeit wird. Mit einem klaustrophoben Patienten wird der Psychologe also in einen engen, verschlossenen Raum gehen, mit einem höhenängstlichen Patienten auf einen Turm etc. All dies funktioniert natürlich nur, wenn der Patient mitarbeitet, was eine gute Beziehung zum Therapeuten, dem er sich anvertraut, voraussetzt. Dann allerdings ist das Verfahren sehr wirkungsvoll und benötigt weniger Zeit als die systematische Desensibilisierung.

Tabelle 4.1 Kognitive Verhaltenstherapie eines depressiven Patienten. Der Patient hat zu Hause ein Tagebuch geführt, in dem er Situationen, seine Gefühle und automatisch ablaufenden Gedanken beschreibt sowie alternative, rationalere Gedanken formuliert, die den depressiven Zustand beenden können (aus Hautzinger et al. 1989)

Situation	Gefühle	Automatische Gedanken	Rationalere Gedanken	Ergebnis
Ich verbrachte den ganzen Sonntag im Bett. Schlief immer wieder ein und wurde immer wieder wach. Keine Kraft!	depressiv, erschöpft, einsam, schuldig. Ich hasse mich.	Ich habe keine Lust, etwas zu tun.	Das kommt daher, weil ich nichts tue.	Ich verspüre eine Erleichterung und entschloß mich, aufzustehen und zu duschen.
		Ich habe nicht die Kraft aufzustehen.	Natürlich habe ich die Kraft, ich bin doch nicht körperbehindert.	
		Ich bin halt ein Versager.	Das Nichtstun macht mich depressiv, aber das heißt nicht, daß ich auf der ganzen Linie ein Versager bin. Das gibt's nicht.	
		Die meisten Leute gehen aus und vergnügen sich.	Was hat das mit mir zu tun, ich kann tun, was mir gefällt. Was heißt schon „die meisten Leute".	
		Nichts macht mir Freude.	Ich habe Freude an Dingen, wenn ich anfange, mich damit zu beschäftigen.	

Biofeedback. Will man Körperfunktionen, die der Patient nicht direkt beobachten kann, unter Kontrolle bringen, so muß man sie durch einen Kunstgriff der Wahrnehmung zugänglich machen. Man kann z. B. die Herzfrequenz über ein EKG-Gerät messen und die Herzaktion in ein akustisches Signal umwandeln. Eine solche elektronische Rückmeldung einer biologischen Variable nennt man Biofeedback. Ist das biologische Merkmal erst einmal wahrnehmbar, kann es operant konditioniert werden. Menschen können in stufenweiser Annäherung, durch positive Verstärkung für das Erreichen von Teilzielen, vegetative Funktionen unter ihre Kontrolle bringen.

Patienten, die unter Spannungskopfschmerz leiden, bekommen über ein Elektromyogramm den Spannungszustand der Stirn- und Nackenmuskulatur als Tonsignal zurückgemeldet. Hoher Muskeltonus wird als hoher Ton, niedriger als tiefer Ton kodiert. Indem sie versuchen, den Ton tiefer zu machen, lernen sie, ihre Muskeln zu entspannen. Auch der EEG-Rhythmus läßt sich auf diese Weise verändern. In einem experimentellen Videospiel lernten Versuchspersonen, durch Positionsverschiebungen eines Schildes eine angreifende Rakete abzuwehren, indem sie ihre EEG-Frequenz, die mit der Position des Schildes verbunden war, veränderten. Epilepsiekranke, bei denen eine Verlangsamung der EEG-Frequenz die Anfallshäufigkeit erhöht, können auf diese Weise lernen, ihre EEG-Frequenz zu beschleunigen.

Lernpsychologische Interpretation des Therapeutenverhaltens. In der Verhaltenstherapie als Anwendung der Lerntheorie auf psychische Störungen wurde früher die hauptsächliche Funktion des Therapeuten darin gesehen, die Auslösebedingungen und die nachfolgenden Verstärkungen eines störenden Verhaltens genau zu analysieren und einen Verstärkerplan auszuarbeiten, der das Störverhalten zum Verschwinden bringt und alternatives Verhalten aufbaut. So einfach sieht man das heute nicht mehr. Neben der Modifikation von Verstärkungsplänen wird heute die Förderung von Modellernen angestrebt. Der Therapeut fungiert als Modell für angstfreies, ungestörtes Verhalten und unterstützt die Ausbildung von Selbstreflexion und Selbstanalyse des problematischen Verhaltens („Unterstützung von Introspektivität", Introspektion=Wahrnehmung intrapsychischer Vorgänge wie Gefühle, Gedanken, Phantasien etc.).

Lernpsychologische Modelle von Krankheitsverhalten. Krankheitsverhalten und Krankheitsverarbeitung werden in Kap. 8.3 bzw. 8.5 dargestellt.

Weiterführende Literatur

Fliegel S, Groeger WM, Künzel R, Schulte D, Sorgatz H (1994) Verhaltenstherapeutische Standardmethoden. Psychologie Verlags Union, Weinheim
Hautzinger M, Stark W, Treiber R (1989) Kognitive Verhaltenstherapie bei Depressionen. Psychologie Verlags Union, München Weinheim
Kanfer FH, Reinecker H, Schmelzer D (1991) Selbstmanagement-Therapie. Springer, Berlin Heidelberg New York Tokyo
Lefrancois G R (1986) Psychologie des Lernens. Springer, Berlin Heidelberg New York Tokyo
Margraf J (Hrsg) (1996) Lehrbuch der Verhaltenstherapie. Springer, Berlin Heidelberg New York Tokyo
Petermann F, Vaitl D (Hrsg) (1994) Handbuch der Entspannungsverfahren. Bd 2: Anwendungen. Psychologie Verlags Union, Weinheim
Schermer FJ (1991) Lernen und Gedächtnis. Kohlhammer, Stuttgart
Schonecke OW (1990) Lerntheorie und Verhaltensmedizin – ihre Bedeutung für die Psychosomatik. In: Ahrens S (Hrsg) Entwicklung und Perspektiven der Psychosomatik in der Bundesrepublik Deutschland. Springer, Berlin Heidelberg New York Tokyo
Verres R (1990) Wirkfaktoren in der Verhaltenstherapie. In: Lang H (Hrsg) Wirkfaktoren der Psychotherapie. Springer, Berlin Heidelberg New York Tokyo

Die Persönlichkeitspsychologie (differentielle Psychologie) beschreibt die Menschen in ihrer Unterschiedlichkeit. Menschen unterscheiden sich in ihrem Verhalten voneinander, reagieren auf ähnliche Situationen in verschiedener Weise. Diese Unterschiede können konstant beobachtet werden. Persönlichkeitseigenschaften werden als überdauernde Handlungsdispositionen betrachtet, d. h. als feststehende Bereitschaften, zu verschiedenen Zeitpunkten und in verschiedenen Situationen immer wieder auf gleiche oder ähnliche Weise zu reagieren. Individuell unterschiedliche Handlungsdispositionen zeigen sich also in der zeitlichen Stabilität und situativen Konsistenz des individuellen Verhaltens.

5.1 Persönlichkeitsmodelle

Anlage und Umwelt. Persönlichkeitstheorien unterscheiden sich darin, ob sie Persönlichkeitseigenschaften als eher angeboren (biologisch orientierte Ansätze) oder als eher erworben (psychoanalytischer Ansatz, lerntheoretischer Ansatz) betrachten. Gegenwärtig nehmen allerdings die meisten Forscher in dieser Frage nicht mehr den Standpunkt einer ausschließlichen Wirkung von Anlage *oder* Umwelt ein, sondern räumen *sowohl* der Anlage *als auch* der Umwelt Einflüsse auf die Entstehung von Persönlichkeitsmerkmalen ein.

Persönlichkeitstheorien unterscheiden sich weiterhin dadurch, ob sie menschliche Individuen durch Zuordnung zu Typen beschreiben oder aber einer mehrdimensionalen Beschreibung den Vorzug geben.

Typologische Persönlichkeitsmodelle. Typologische Persönlichkeitsmodelle betonen ein oder wenige hervorstechende Merkmale (oder auch eine Konfiguration, ein Syndrom von Merkmalen) und versu-

chen, die Individuen diesen Typen zuzuordnen, sie in logische Klassen einzuordnen. Die Menschen in ihrer Unterschiedlichkeit sind aber hinsichtlich der Persönlichkeit zu vielgestaltig, als daß sie sich
ohne Gewalt in solche Schubladen pressen
ließen. Jede Typologie ist daher gezwungen, das empirisch vorfindliche Bild eines
Menschen stark zu vereinfachen, von
manchen Aspekten zu abstrahieren oder
aber andererseits das Vorkommen von Mi-
schungen zwischen idealerweise eindeutig
konzipierten Typen zuzulassen.

Die Körperbautypologie nach Kretschmer.
Nur noch von historischem Interesse ist
die Körperbautypologie von Kretschmer
(Abb. 5.1). Kretschmer unterschied drei
Körperbautypen: den pyknischen, den
leptosomen und den athletischen Typ, denen jeweils eine spezifische emotionale
Grundstimmung zukommen sollte: leptosom und schizothym (schüchtern, zurück-
haltend, empfindsam, kontaktarm); pyknisch und zyklothym (heiter, lebhaft,
stimmungslabil, kontaktfreudig); athletisch und viskös (zäh, schwerfällig) und
die mit einem erhöhten Risiko für das
Auftreten von psychischen Störungen be-
haftet seien: leptosom für Schizophrenie;
pyknisch für manisch-depressive Erkrankung; athletisch für Epilepsie.
   Diese Typologie konnte empirisch
nicht bestätigt werden. Sie wird der
Mannigfaltigkeit der Persönlichkeitsbilder
nicht gerecht (weshalb Kretschmer einen
Mischtyp einführte) und betont darüber
hinaus zu sehr die körperliche Determination des psychischen Erlebens. Sie berücksichtigt weiterhin nicht, daß sich Körperformen in Abhängigkeit vom Alter ändern
können.

Krebspersönlichkeit. Auch in jüngster
Zeit gab und gibt es immer wieder Versuche, die Neigung zu bestimmten Erkrankungen durch Bezug auf Persönlichkeits-

typen zu erklären (z. B. „Migräne-Persön-
lichkeit", „Krebspersönlichkeit"). Solche
Konzeptionen konnten aber ebenfalls em-

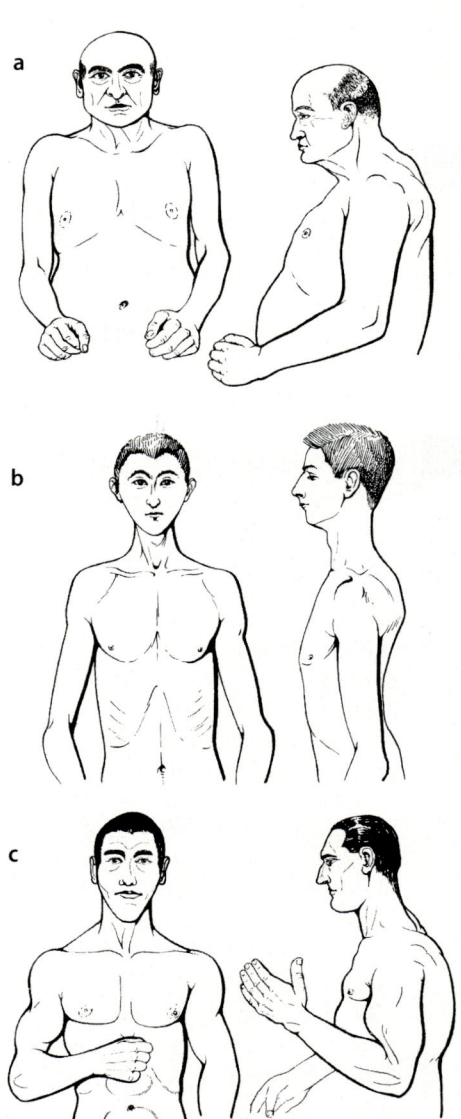

Abb. 5.1 Die Körperbautypologie nach Kretschmer. **a** pyknisch, **b** leptosom, **c** athletisch. Der
Körperbau soll auch mit psychischen Eigenschaften und der Disposition für psychische Störungen zusammenhängen (aus Wilker et al. 1994;
nach Kretschmer 1977)

pirisch nicht bestätigt werden. Da Untersuchungen in diesem Feld meist retrospektiv angelegt sind, weiß man nicht, ob das erhobene Persönlichkeitsbild tatsächlich schon prämorbid, d. h. vor dem Krankheitsausbruch, vorhanden war oder ob es nicht vielmehr erst als Reaktion auf die Erkrankung entstand.

Dimensionale Persönlichkeitsmodelle. Eine differenziertere Beurteilung, als typologische Ansätze sie erlauben, ist durch dimensionale Persönlichkeitsmodelle möglich. Dimensionale Modelle enthalten verschiedene Dimensionen (Persönlichkeitseigenschaften), die unterschiedlich ausgeprägt und mehr oder weniger frei kombinierbar sind, so daß die Persönlichkeitsbeschreibung die Gestalt eines komplexen Musters annehmen kann. Auch hierbei ist selbstverständlich eine Vereinfachung unumgänglich, aber diese ist nicht so stark wie bei typologischen Konzepten. So sind es im Freiburger Persönlichkeitsinventar (s. Kap. 1.3) z. B. zwölf Persönlichkeitsmerkmale, die zur Beschreibung eines Menschen herangezogen werden können, und nicht nur einer von drei Typen wie im Modell von Kretschmer. Wie diese Dimensionen „gefunden" werden, wurde in Kap. 1.3 dargestellt.

Prädispositionismus, Situationismus, Interaktionismus. Persönlichkeitstheorien unterscheiden sich darin, wie groß die determinierende Kraft eines Persönlichkeitsmerkmals auf das zu beobachtende Verhalten eingeschätzt wird. Wird ein Mensch durch seine Persönlichkeit quasi festgelegt, so daß er immer und überall gleich handeln wird, z. B. immer gereizt und ärgerlich auf Belastungen reagiert (Prädispositionismus)? Oder hängt es, wie es die Gegenposition behauptet, ganz überwiegend von der Situation ab, in der er sich gerade befindet, ob er ärgerlich reagiert oder nicht (Situationismus)? In

neuester Zeit vertreten die meisten Forscher den Standpunkt, daß beides, Situation wie Disposition, in ihrer Wechselwirkung dazu beitragen, wie sich ein Mensch verhält (Interaktionismus). Wäre allerdings kein Mindestmaß an Stabilität im Verhalten eines Menschen zu beobachten, d. h. würde er sich nicht auch über unterschiedliche Situationen hinweg in gewisser Weise gleichartig verhalten, so könnte man die Konzeption einer überdauernden Persönlichkeit fallen lassen. Daß dies nicht so ist, beweist uns schon unsere Alltagserfahrung.

5.1.1 Psychoanalytische Persönlichkeitsmodelle

Unter den verschiedenen Persönlichkeitsmodellen ist das psychoanalytische Persönlichkeitsmodell, das sog. *Strukturmodell*, nicht nur das bekannteste, sondern auch dasjenige, das sich zum Verständnis klinischer Phänomene als besonders relevant erwiesen hat. Das hatte sich schon im Kapitel 3.2.2 gezeigt. Wir hatten gesehen, daß die Psychoanalyse die „Persönlichkeit" als ein dreifach strukturiertes Gebilde konzipiert, das aus den Instanzen „Es", „Ich" und „Über-Ich" besteht. Wir müssen dabei beachten, daß es sich bei einem solchen Modell um ein Konstrukt handelt, dessen Teile nicht räumlich zu identifizieren sind, sondern Hilfskonstruktionen darstellen, die es erlauben, erlebte, beobachtbare Phänomene möglichst sinnvoll einzuordnen und zu erklären.

Das Es. Der Mensch erlebt bestimmte Wünsche, Antriebe, Begierden, die auf Befriedigung drängen. Diese Impulse werden als unwillkürlich erlebt, sie geschehen einfach. Wir wünschen nicht, jemanden zu lieben, wir verlieben uns. Unsere Triebwünsche und die damit verbundenen Emotionen, wie z. B. Liebe und Wut, entstammen nicht dem bewußten Wollen, sondern steigen aus einer unbewußten Tiefe auf. Der Ort nun, an dem die Psychoanalyse oder Tiefenpsychologie – „Tiefen"-Psychologie deshalb, weil das unbewußte Seelenleben („die Tiefe") miteinbezogen wird – die Triebe lokalisiert hat, ist das *„Es"*.

Freud hat diesen ungewöhnlichen Ausdruck von Nietzsche; hier steht er für das „Unpersönliche", „Naturnotwendige" im Menschen. Gleichwohl darf der Begriff des „Triebes" nicht mit „Instinkt", wie in Kap. 3.2.1 dargestellt, verwechselt werden. Instinktverhalten ist ein von Natur aus vorprogrammiertes, festliegendes Verhalten, das in genau beschreibbarer Weise abläuft, während das menschliche Triebverhalten sehr viel plastischer ist. So hatten wir in Kap. 3.3.4 bei der Behandlung des Sexualtriebes gesehen, daß es im Gegensatz zum tierischen Sexualverhalten, wo die einzelnen Aktionen und Reaktionen genau festgelegt sind, beim Menschen eine Vielzahl von Möglichkeiten gibt, mit dem drängenden Triebhaften umzugehen. Neben dem Sexualtrieb hat die Psychoanalyse – vgl. Kap. 3.3.3 – v. a. den Aggressionstrieb thematisiert. Auch hier hatte sich gezeigt, daß aggressives Verhalten nicht minder vielfältig determiniert ist.

> **!** „Trieb" können wir deshalb definieren als ein *„Drängen, das auf Befriedigung aus ist"*.

So erscheint das „Es" schließlich als ein Bereich drängender Impulse, die aus einer unbewußten Tiefe kommen, als ein Bereich, von dem Kräfte, wie von einem Motor, den nicht „ich" im Sinne bewußten Denkens und Planens angelassen habe, ausgehen – Begierden, die nun auf Widerstand, Verbote stoßen. Woher kommt nun dieser Widerstand, kommen diese Verbote?

Das Über-Ich. Dieser zweite Begriff des psychoanalytischen Persönlichkeitsmodells meint etwas, das wir alle aus unserem eigenen Erleben als *„Stimme des Gewissens"* kennen. Wir haben es also jetzt mit einer Instanz zu tun, die mahnt, zensiert, bestimmte Normen vorhält, das Triebverhalten be- und verurteilt. Deshalb ist menschliches Triebverhalten grundsätzlich geregelt, bestimmten Normen unterworfen. So ist der Sexualtrieb allein schon durch das in allen Kulturen vorzufindende Inzestverbot reguliert oder das Aggressionsverhalten in unseren Breiten durch das (physische) Gewaltmonopol des Staates und seiner Institutionen wie Polizei, Grenzschutz usw.

Die triebhaften Bedürfnisse finden sich zunächst durch die (äußeren) Verbote und Gebote der primären Bezugspersonen geregelt. Allmählich wird dann aus den äußeren Stimmen die innere Stimme des Gewissens. Freud nannte diese innere „moralische" Instanz das *„Über-Ich"*. Über die Verinnerlichung von Wertinhalten und Normen entsteht so in der Erziehung ein innerer Gesetzgeber. Aus dem elterlichen „Du darfst nicht" wird so ein „Man darf nicht".

Neben dieser Funktion des „Über-Ichs" als individueller Repräsentant von kollektiven ethischen Normen ist noch eine weitere zentrale Funktion dieser Instanz zu beachten, das sog. *„Ich-Ideal"*, welches die Psychoanalyse ebenfalls von der Beziehung zu den primären Bezugspersonen ableitet. Freud beschreibt es wie folgt: „(Das Über-Ich) ist auch der Träger des Ich-Ideals, an dem das Ich sich mißt, dem es nachstrebt, dessen Anspruch auf eine weitergehende Vervollkommnung es zu erfüllen bemüht ist. Kein Zweifel, dieses Ich-Ideal ist der Niederschlag der alten Elternvorstellung, der Ausdruck der Bewunderung jener Vollkommenheit , die das Kind ihnen damals zuschrieb" (Freud 1933).

Das Ich. Die dritte Instanz, das „*Ich*", ist ebenfalls eine theoretische Konstruktion, definiert durch seine Funktionen. Es ist sozusagen unsere bewußte Fähigkeit zu denken, zu planen, zu handeln, Wahrnehmungen aufzunehmen und zu verarbeiten. Es hat die Aufgabe, uns durch die Außenwelt, die Realität – es vertritt deshalb das „*Realitätsprinzip*" – durchzusteuern und dabei ständig zu vermitteln zwischen den Triebbedürfnissen des „Es" – regiert durch das „Lustprinzip" – auf der einen und den moralischen Forderungen des „Über-Ich" auf der anderen Seite. Sozusagen eingeklemmt zwischen einem großen Druck von Triebbedürfnissen und Wunschregungen, die auf Befriedigung aus sind, und einem großen Druck von verinnerlichten sozialen Werthaltungen und moralischen Forderungen, inneren Zensoren, sitzt der bewußte, denkende, wahrnehmende Anteil unserer Persönlichkeit, das „arme Ich" (Freud 1933). Das „Ich" hat zwischen diesen Instanzen zu vermitteln und in dieser Vermittlung zugleich den Anforderungen der Außenwelt gerecht zu werden. Abb. 5.2 veranschaulicht diese Verhältnisse.

Das Ich ist deshalb ein Ort der Synthese. Daß das Ich dabei überfordert werden kann, ihm diese Integration der verschiedenen „Seelenkräfte" – die Psychoanalyse spricht deshalb von *Psychodynamik* (dynamis, griech.: Kraft) – mißlingt, zeigen dann – wie schon in Kap. 3.2.2 dargestellt – die Neurosen. Das Ich weiß sich dann keinen anderen Ausweg mehr als die auftretenden Konflikte „abzuwehren", d. h. aus dem bewußten Leben auszuschalten, in einem dynamischen Vorgang zu verdrängen.

Ein kurzes klinisches Beispiel soll das Persönlichkeitsmodell der Psychoanalyse illustrieren. Ein 49-jähriger Fachhochschuldozent kommt in analytische Psychotherapie, weil eine Verkrampfung der Hand beim Schreiben

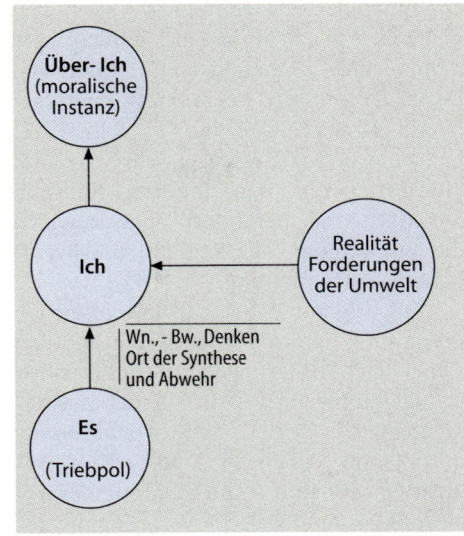

Abb. 5.2 Das psychoanalytische Strukturmodell der Persönlichkeit (*Wn* Wahrnehmung, *Bw* Bewußtsein) (Modifiziert nach Hauss 1981)

ihn in seiner beruflichen Tätigkeit immer mehr behindert. Eine genaue Symptomanalyse ergibt, daß das Symptom v. a. bei der Korrektur von Referaten auftritt. In der Behandlung zeigt sich, daß dem Schreibkrampf ein massiver Konflikt zugrundeliegt: zwischen aggressiven Impulsen („Es"!) des zynisch-ironischen Fertig-machen-wollens und den Schuldgefühlen („Über-Ich"!), die ein solches Vorgehen hervorrufen würde. Die Korrektur und Beurteilung von Referaten bildete hier eine Versuchungssituation für das Ausleben der latent vorhandenen Aggressivität. Und so war es die Angst vor der eigenen Aggression, welche die Motorik des Patienten massiv blockierte.

Es liegt hier also ein typischer „*Über-Ich – Es – Konflikt*" vor, der das „Ich" auch immer mehr dahingehend behinderte, den Forderungen der Realität (= Korrektur von Referaten) nachzukommen. Das „Ich" wußte sich schließlich nicht mehr anders zu helfen, als diesen ganzen „Komplex" zu verdrängen, aus dem bewußten Seelenleben auszuschalten. Wie in Kap. 3.2.2 indessen dargestellt, ist damit aber die mit diesem Konflikt verbundene Psychodynamik nicht erledigt, sie kann sich vielmehr in Symptomen melden, die dann eine „Scheinlösung" darstellen. Denn der mit der Erkrankung einhergehende „Krankheitsgewinn" (s. Kap. 3.2.2) hat eine Kehrseite: Der Schreibkrampf blockiert wohl den inneren Konflikt, blockiert und behindert aber zugleich die Bewältigung der Realität, die berufliche Lebensentfaltung.

Wichtig nun dabei, daß sowohl die aggressiven Impulse wie auch die aus den „Über-Ich"-Forderungen resultierenden Schuldgefühle und natürlich der Zusammenhang des Symptoms (Schreibkrampf) mit diesem „Über-Ich – Es – Konflikt" nicht bewußt sind – und nicht minder unbewußt gestaltet sich die Verdrängung des ganzen durch das Ich selbst. „Bewußt" ist nur das Symptom selbst, nicht der Konflikt und die an ihm beteiligten Instanzen. Das zeigt, daß nicht nur das „Es" mit seinem Inhalt von abgewehrten Triebregungen wesenhaft unbewußt ist, sondern auch das „Über-Ich" und das „Ich" unbewußte Anteile haben. Abb. 5.3 veranschaulicht noch einmal diesen Sachverhalt.

Dem skizzierten Strukturmodell der Persönlichkeit war das sog. „Topographische (topos, griech.: Ort) Modell" der menschlichen Seele vorausgegangen, wo-

rin psychische Inhalte dadurch differenziert worden waren, daß sie bewußt oder nicht bewußt sind. Freud unterschied dabei drei psychische Systeme:

- das Bewußte (Bw),
- das Vorbewußte (Vbw) und
- das Unbewußte (Ubw).

Dem *Bewußten* gehören Inhalte an, die unmittelbar introspektiv (d. h. in der Selbstbeobachtung) präsent sind, dem *Vorbewußten* Inhalte, die momentan nicht gegenwärtig, also nicht bewußt sind, aber als jederzeit abrufbar gelten, dem Bewußtsein jederzeit zugänglich gemacht werden können.

So ist uns nur ein Bruchteil dessen, was wir wissen, im gegenwärtigen Augenblick bewußter Wachsamkeit präsent – das ist zugleich eine Entlastung, Konzentration auf etwas Bestimmtes, Aufmerksamkeit, wäre sonst nicht möglich. Wir sind uns z. B. für gewöhnlich nicht bewußt, daß wir beim Autofahren die Kupplung betätigen, ehe wir schalten, können diese Schritte aber jederzeit vergegenwärtigen.

Im Gegensatz dazu sind die Inhalte des Systems Ubw, des *eigentlichen Unbewußten*, für gewöhnlich nicht zugänglich, sie werden, wie wir in Kap. 3.2.2 gesehen haben, vom Zugang zum Bewußten ausgesperrt. Das System Ubw ist deshalb das *dynamische* Unbewußte, weil eine Kraft (griech.: dynamis) „verdrängt" oder auf eine andere Weise „abwehrt" und, wie unser kasuistisches Beispiel zeigte, zugleich eine Kraft, die aus einer unbewußten Motivation stammt (latente Aggressivität), menschliches Verhalten (Symptom!) mitbestimmt.

Unbewußt seelische Vorgänge entfalten ihre eigene Dynamik, die dem bewußten Erleben für gewöhnlich verborgen bleibt. Wir hatten dies zuletzt beim neurotischen Konflikt unseres Fachhochschuldozenten gesehen (s. auch Fallbeispiele in Kap. 3.2.2, 3.2.3, 3.3.3 und 3.3.4). Das

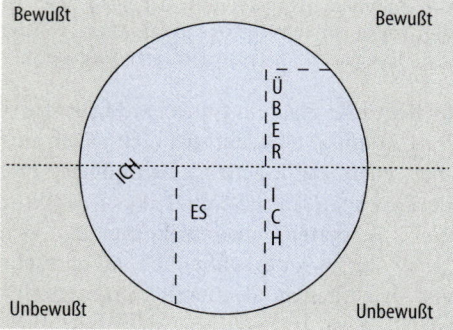

Abb. 5.3 Differenzierung in bewußte (einschließlich vorbewußte) und unbewußte Anteile des Strukturmodells (Modifiziert nach Gabbard 1994)

Unbewußte kann sich indessen in spezifischen Erscheinungsformen und Wirkungen zeigen, so in den Fehlleistungen, im Witz, im Traum, im Übertragungsphänomen und, wie wir zuletzt sahen, im krankhaften Symptom.

Der sog. *„Freudsche Versprecher"*, eine Fehlleistung, ist längst Allgemeingut geworden und amüsiert auch Gesellschaften und Versammlungen, die sonst wenig von der Psychoanalyse wissen.

In der (konservativen) Rhein-Neckar-Zeitung vom 18./19. 3. 1989 fand sich beispielsweise unter der Balkenüberschrift „Herr Freud grüßt Kohl" die Darstellung einer Fehlleistung des Bundeskanzlers. Bedrängt durch die gerade verlorene Hessen-Wahl und Schwierigkeiten mit der eigenen Fraktion und dem Koalitionspartner FDP kam es zum „Versprecher der Woche", als der Bundeskanzler zum damaligen Vorsitzenden der FDP Lambsdorff sagte, daß „wir pfleglich miteinander untergehen". Den Versprecher „hätte Sigmund Freud nicht besser erfinden können", weil in ihm, statt des bewußt intendierten „pfleglich miteinander umgehen" eine in diesem Augenblick nicht bewußt eingestandene Furcht sich vielleicht auf diese Weise meldete.

Eine Fülle solcher *„Fehlleistungen"* (neben dem Versprechen z. B. Vergessen, Verlegen, Fehlerinnerungen usw.) liefert Freuds „Psychopathologie des Alltagslebens" (1901). Ebenso kann ein *Witz* die unbewußte Wahrheit gleichsam automatisch entwischen lassen. Ein Beispiel aus Freuds „Der Witz und seine Beziehung zum Unbewußten" (1905), das die sog. Heiratsvermittlerwitze betrifft, kann illustrieren. Freuds Abhandlung ist übrigens eine sehr amüsante Einführung in die Psychoanalyse.

„Der Bräutigam macht mit dem Vermittler den ersten Besuch im Hause der Braut, und während sie im Salon auf das Erscheinen der Familie warten, macht der Vermittler auf einen Glasschrank aufmerksam, in welchem die schönsten Silbergeräte zur Schau gestellt sind. 'Da schauen Sie hin, an diesen Sachen können Sie sehen, wie reich diese Leute sind.' – „Aber", fragt der mißtrauische junge Mann, „wäre es denn nicht möglich, daß diese schönen Sachen nur für die Gelegenheit zusammengeborgt sind, um den Eindruck des Reichtums zu machen?" – „Was fällt Ihnen ein?" antwortete der Vermittler abweisend. „Wer wird denn den Leuten was borgen!"

Die Logik bewußter Absicht, den Bräutigam zur Heirat zu überreden, das ganze lächerliche Arrangement der hier Beteiligten, findet sich durch die Pointe des Witzes, die dem Heiratsvermittler ungewollt, „unbewußt" entschlüpft, hintergangen und demaskiert.

Ebenso kann sich im *Traum*, von Freud als via regia (lat.: Königsweg) zum Unbewußten bezeichnet (1900), ein tieferes und umfassenderes Wissen zeigen als im vorbewußten oder bewußten Wissen. Schon der Ausdruck „das fällt mir nicht einmal im Traume ein" verrät, daß dem Menschen offensichtlich im Traum mehr einfällt als im wachen Denken, mehr als dieses bewußte Denken aus Gründen der Angst, Scham oder Schuld zulassen kann.

So kann ein sich als asketisch begreifender Jugendlicher, der Sexualität im bewußten Erleben „verdrängt", plötzlich im Traum mit sexuellen Phantasien konfrontiert sein, die zu einer Pollution führen bzw. sie begleiten.

Wie *„Symptome"* als Zeichen unbewußter Inhalte, insbesondere von unbewußt gebliebenen Konflikten, zu verstehen sind, ist mehrmals behandelt worden (s. z. B. „Schreibkrampf" in diesem Kapitel, Tierphobie und psychogene Schmerzen in Kap. 3.2.1, Agoraphobie in Kap. 3.2.2, Examensphobie in Kap. 3.2.3, Zwangs- und depressive Neurose sowie Hypertonie in Kap. 3.3.3 und sexuelle Funktionsstörung in Kap. 3.3.4).

Eine weitere Möglichkeit unbewußte Inhalte zu erkennen liefert das Phänomen der *„Übertragung"* (vgl. auch Kap. 9.2).

 Unter *Übertragung* ist zu verstehen, daß ein Mensch Gefühle, Wünsche, Einstellungen, die aus früheren wichtigen Beziehungserfahrungen mit lebensgeschichtlich bedeutsamen Bezugspersonen stammen, auf die aktuelle Bezugsperson richtet.

Die Gefühle beispielsweise, die sich im Umgang mit dem Vater einstellen oder mit einem Geschwister oder der Mutter, bahnen eine Erwartungshaltung, die später in der Beziehung zum Lehrer, Freund, zum Geliebten oder der Geliebten auf Fortsetzung drängt. Übertragungen geschehen unbewußt, denn das davon betroffene Individuum weiß nicht, daß die Gefühle, die es gerade am aktuellen Beziehungspartner erlebt, auch aus früheren Beziehungserfahrungen stammen. Daß es sich um „Übertragung" und damit um einen unbewußten Vorgang handelt, ist beispielsweise an der Unangemessenheit der sich aktuell einstellenden Gefühle und Einstellungen erkennbar.

So bekommt ein Patient Streit mit einem Vorgesetzten, verbunden mit heftigen situationsunangemessenen aggressiven Reaktionen, weil er seinen Vaterprotest auf diesen Vorgesetzten „überträgt".

Wenn also bestimmte Verhaltensweisen, die aus der aktuellen Situation allein nicht begründbar sind, auftreten, so kann das ein Fingerzeig dafür sein, daß hier eine Übertragung vorliegt, frühere Reaktionsmuster jetzt reproduziert werden. Übertragungen sind deshalb eine ganz ausgezeichnete Möglichkeit, um unbewußte seelische Kräfte, um „Psychodynamik", zu erschließen.

Charaktertypologien

Wir haben bisher das allgemeine Persönlichkeitsmodell der Psychoanalyse dargestellt. Die Psychoanalyse hat nun ebenfalls wesentliche Beiträge zur Erforschung dessen, was wir „Charakter" nennen, geliefert.

 Unter *Charakter* können wir die Summe der beständigen individuellen Eigenschaften und Wesenszüge eines Menschen verstehen, die für ihn als Individuum typisch, „charakteristisch", sind.

In des Wortes ursprünglicher (griech.) Bedeutung sind die individuellen Eigenschaften in den einzelnen Menschen „eingeritzt". Obwohl der Charakter dem entsprechenden Menschen ein individuelles Gepräge verleiht, lassen sich andererseits Charaktermerkmale zu bestimmten Typen zusammenfassen. Ein Individuum teilt dann mit anderen Individuen diese Charaktermerkmale und bildet zusammen mit ihnen einen *„Typus".* Die psychoanalytische Charaktertypologie begann dabei mit der Beschreibung des sog. *„analen" Charaktertyps* durch Freud (1908): „Unter den Personen, denen man durch psychoanalytische Bemühungen Hilfe zu leisten sucht, begegnet man eigentlich recht häufig einem Typus. Die Personen fallen dadurch auf, daß sie in regelmäßiger Vereinigung die nachstehenden drei Eigenschaften zeigen: sie sind besonders

- ordentlich,
- sparsam und
- eigensinnig."

„Ordentlich" umfaßt hier sowohl die körperliche Sauberkeit als auch Gewissenhaftigkeit, den Hang zur Systematisierung, zum Peniblen; „... die Sparsamkeit kann bis zum Geiz gesteigert erscheinen; der Eigensinn geht in Trotz über, an den sich leicht Wut und Rachsucht" knüpfen.

Dieser Charaktertypus wurde in einer frühkindlichen Entwicklungsphase geprägt, die durch die Beschäftigung mit der Darmzone und durch die Erziehung zur körperlichen Sauberkeit gekennzeichnet ist. Freud nannte sie deshalb die „anale" (= auf die Afterzone bezogene) Entwicklungsphase.

So intendiert die Sauberkeitserziehung, sich nur an vorgegebenen Orten und Zeiten zu entleeren, wodurch Leitlinien für „Ordentlichkeit" (hierin Pünktlichkeit und Sauberkeit eingeschlossen) vermittelt werden. Daß es dabei auf das „Bei-sich-behalten" ankommt und Hergeben (Ausstoßen) nur in engen Grenzen gewünscht wird, wird ebenso vermittelt. Das Prinzip der „Sparsamkeit" wird auf diese Weise erstmals über anale Erziehungserfahrungen „eingeritzt". Das in der analen Phase ebenfalls entstehende Streben nach Selbstbestimmung (s. Kap. 6.1.), das sich bis zum Eigensinn („Trotzphase") steigern kann, kann andererseits ebenfalls zur Entwicklung späterer Sparsamkeit beitragen, sofern gerade auch im Kot- oder Urin-Zurückhalten („Ich gehe aufs Töpfchen, wann ich und nicht, wann du willst") erstmals Autonomie praktiziert wird.

Entsprechend der frühkindlichen psychoanalytischen Entwicklungslehre (s. Kap. 6.1.) traten dann zum analen Charaktertypus der „orale" und „phallische (-ödipale)" hinzu. So findet sich beim **oralen Charakter** eine „Gier" nach Speisen (Suchttendenzen!) und Menschen und damit nach Abhängigkeit und symbiotischen Bezügen; der orale Charakter ist aber zugleich der Feinschmecker und Redner, kann sich optimistisch und großherzig zeigen. Der **phallische Charakter** rivalisiert gern, hat den Wunsch, andere zu dominieren, demonstriert die eigene Potenz, gibt sich aber auch großherzig und unbekümmert.

Die tiefenpsychologische Sicht unterscheidet nicht grundsätzlich zwischen krankhaften und gesunden Erscheinungen. So hat auch der sog. „Normale" seine neurotischen Winkel. Sie machen sich nur nicht auf eine Weise bemerkbar, daß sie Krankheitswert erhalten. Von daher wird verständlich, daß eine weitere Art der Charaktertypologie von den klassischen Neuroseformen ausgeht, und damit die Menschen generell typologisch untergliedert werden können. Die Zuordnung eines Menschen zu einem solchen Typus besagt also noch nicht, daß seine Persönlichkeit gestört sei. Es sind dies die Grundtypen:

- hysterisch,
- zwanghaft,
- depressiv,
- schizoid.

Sie sind also beileibe nicht nur im Bereich des Krankhaften zu finden, sondern sie lassen sich als „grundsätzlich mögliche, sinnvolle *Einstellung* zur Welt überhaupt darstellen, die das unwillkürliche Erleben und Verhalten des Einzelnen bestimmt" (Bräutigam 1994). Genauer werden diese Strukturen in der Klinik der Neurosenlehre (vgl. Bräutigam 1994) abgehandelt. Hier sei nur soviel gesagt, daß in die **„hysterische"** Persönlichkeitsstruktur z. B. der phallisch (-ödipale) Typus eingeht, in die **„zwanghafte"** der anale, in die **„depressive"** der orale. Entwicklungspsychologisch wird auch der **„schizoide"** Charakter mit seiner ambivalenten Einstellung zum Mitmenschen (Angst vor und zugleich Suche nach Kontakt) mit der (frühen) oralen Phase und den sie kennzeichnenden Grundkonflikt „Urvertrauen gegen Urmißtrauen" (s. Kap. 6.1) in Zusammenhang gebracht.

In den letzten Jahrzehnten ist v. a. der sog. *narzißtische Charakter* so ins Zentrum der Betrachtung gerückt, daß man unsere Epoche selbst als „Zeitalter des Narzißmus" bezeichnet hat. Abgeleitet vom griech. Mythos über den Jüngling „Narzissus", der nur sich selbst lieben konnte, nachdem er sein eigenes Spiegelbild in einer Quelle gesehen hatte, bezeichnet „narzißtisch" Persönlichkeiten, die extrem auf sich selbst zentriert sind, Beziehungen danach beurteilen und leben, ob der Selbstwert dadurch gehoben oder gesenkt wird. „Charakteristisch" ist deshalb für solche Personen, daß sie in ihrem unaufhörlichen Streben nach Selbstbestätigung zwischen Größenideen und tiefen Minderwertigkeitsgefühlen pendeln.

5.1.2 Statistische Persönlichkeitsmodelle

Persönlichkeitsfaktoren. Statistische Persönlichkeitsmodelle basieren auf statistischen Analysen von einzelnen Variablen. Die einzelnen Items (Fragen) eines Persönlichkeitsfragebogens werden hinsichtlich ihres Zusammenhangs, ihrer Wechselwirkung analysiert. Dies geschieht dadurch, daß man die Korrelationen einer jeden Variablen mit einer jeden anderen berechnet (Interkorrelationen). Auf dieser Grundlage kann man dann gemeinsame Faktoren finden, die hinter den beobachtbaren einzelnen Variablen stehen und ihr gemeinsames Variieren, ihre Zusammengehörigkeit beschreiben (Faktorenanalyse; s. Kap. 1.3). Durch diese Faktoren kann man die in den einzelnen Variablen enthaltene Information quasi verdichten, sie auf wenige zugrundeliegende gemeinsame Dimensionen reduzieren. Die Faktorenanalyse ist also ein statistisches Verfahren, welches die Vielfalt von Einzeldaten ordnet und gliedert. Statt z. B. 100 Testfragen haben wir schließlich nur noch 10 Faktoren vor uns, die die Information, die wir durch die 100 Testfragen gewonnen haben, möglichst weitgehend beinhalten. Man darf diese Faktoren nicht als dingliche Eigenschaften mißverstehen. Es sind „hypothetische Konstrukte", d. h. gedankliche Konstruktionen, die mittels eines statistischen Verfahrens zustande gekommen sind und vom Forscher durch seine Interpretation eine bestimmte inhaltliche Bedeutung verliehen bekommen haben. Faktoren sind als hypothetische Konstrukte nicht selbst der Beobachtung zugänglich. Ihre Funktion ist diejenige, Voraussagen über beobachtbares Verhalten zuzulassen, Voraussagen derart: Eine Person, die einen hohen Wert auf dem Faktor „Aggressivität" hat, wird mit größerer Wahrscheinlichkeit in einer definierten Belastungssituation mit ärgerlichem Verhalten reagieren als eine Person mit einem niedrigen Wert auf diesem Faktor.

Persönlichkeitsmerkmale nach Eysenck. Eysenck, ein zeitgenössischer englischer Psychologe, der mehrere Persönlichkeitsfragebögen einer gemeinsamen Faktorenanalyse unterzogen hat, konnte als globalere Persönlichkeitskonstrukte Extraversion/Introversion und Neurotizismus extrahieren. Unter *Extraversion* versteht man Eigenschaften wie Geselligkeit, Impulsivität, Aktivität, Sorglosigkeit, Lebenslust, Heiterkeit, etc. *Introversion* bezeichnet den entgegengesetzten Pol dieser Dimension.

Unter *Neurotizismus* oder auch *emotionaler Labilität/Stabilität* sind Eigenschaften wie Launenhaftigkeit, Reizbarkeit, Nervosität, Minderwertigkeitsgefühle etc. gefaßt. Neurotizismus im Sinne Eysencks darf nicht mit dem Konzept der Neurose in der Psychoanalyse verwechselt werden, wenn es auch auf den ersten Blick in der Merkmalsbeschreibung Gemeinsamkeiten geben mag. Eysenck hält diese Persönlichkeitsmerkmale für angeboren.

Die Eysenckschen Dimensionen sind deswegen sehr global, weil sie durch Faktorenanalysen zweiter Ordnung (Faktorenanalysen von Faktoren, die selbst schon Ergebnis von Faktorenanalysen sind) entstanden sind. Ihre Bezüge zu Erkrankungen, zur Krankheitsverarbeitung etc. sind uneinheitlich.

Das Fünf-Faktoren-Modell. In jüngster Zeit spielt das Fünf-Faktoren-Modell in der amerikanischen Persönlichkeitsforschung eine große Rolle. Durch Faktorenanalyse einzelner Persönlichkeitsdimensionen ließen sich fünf übergreifende Faktoren finden, die sog. „Big Five", die sich jeweils aus mehreren Unteraspekten zusammensetzen:

- Neuroticism (z. B. Ängstlichkeit),
- Extraversion (z. B. Selbstsicherheit),
- Openness to Experience (z. B. Phantasie),
- Agreeableness (z. B. Bescheidenheit),
- Conscientiousness (z. B. Pflichtbewußtsein).

Daß sich diese fünfdimensionale Struktur in unterschiedlichen Kulturen und Sprachen reproduzieren ließ, kann als Hinweis für ihre Validität und Universalität gewertet werden (McCrea u. Costa 1997).

Intelligenz

> ! Intelligenz ist definiert als die Fähigkeit, konkrete und abstrakte Probleme zu lösen und neuartige Situationen zu bewältigen.

Die Problemlösung geschieht dadurch, daß in scheinbar zusammenhanglosen Informationen Beziehungen, Ordnungen, Sinnzusammenhänge aufgefunden werden. Die auf diese Weise definierte Intelligenz ist ebenfalls ein hypothetisches Konstrukt (s. Kap. 1.1), das nicht selbst der Beobachtung zugänglich ist, sondern aus beobachtbarem Verhalten erschlossen wird. Das beobachtbare Verhalten ist in diesem Falle die Leistung in einem Intelligenztest. Um die Messung keines anderen Persönlichkeitsmerkmals hat sich die Psychologie in den letzten Jahrzehnten so sehr bemüht wie um die Messung der Intelligenz.

Intelligenzmodelle. Betrachtet man die Leistungen in einer Reihe von Intelligenzaufgaben, so findet man meist Korrelationen unterschiedlicher Höhe zwischen den einzelnen Testaufgaben (T1, T2, T3 ...) einer Testbatterie. Für die Erklärung dieser Zusammenhänge gibt es zwei grundsätzliche Modellvorstellungen (Abb. 5.4):

- Das *Zweifaktorenmodell* von Spearman (Abb. 5.4). Es besagt, daß die Intelligenzleistungen auf einen gemeinsamen Generalfaktor (g) und zusätzlich noch auf einen für jede einzelne Testaufgabe

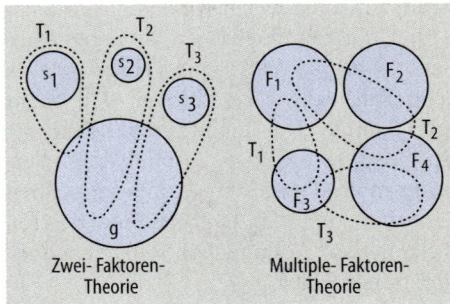

Zwei-Faktoren-Theorie   Multiple-Faktoren-Theorie

Abb. 5.4 Intelligenzmodelle. Nach der Zweifaktorentheorie setzt sich Intelligenz aus einem Generalfaktor und für einzelne Aufgaben spezifischen Faktoren zusammen. Nach der Multiple-Faktoren-Theorie besteht Intelligenz aus mehreren Faktoren, die in unterschiedlichem Ausmaß für einzelne Aufgaben notwendig sind (aus Hofstätter 1972)

spezifischen Faktor (s1, s2, s3 ...) zurückgehen.

- Das *Multiple-Faktoren-Modell* (Mehrfaktorenmodell, Primärfaktorenmodell) von Thurstone (Abb. 5.4). Es besagt, daß es eine begrenzte Anzahl voneinander relativ unabhängiger Faktoren gibt (F1, F2, F3, F4 ...), die in verschiedenem Ausmaß in die einzelnen Testleistungen eingehen. Diese Theorie wird gegenwärtig gegenüber der erstgenannten bevorzugt.

Die sieben von Thurstone isolierten Primärfaktoren sind:

- Sprachverständnis (verbal comprehension),
- Wortflüssigkeit (verbal fluency),
- Rechengewandtheit (number),
- Raumvorstellung (space),
- Auffassungsgeschwindigkeit (perceptual speed),
- assoziatives Gedächtnis (memory),
- schlußfolgerndes, logisches Denken (reasoning).

Diese Faktoren sind durch Faktorenanalysen gewonnen. Daß sie statistisch weitgehend voneinander unabhängig sind, bedeutet, daß man nicht vom Vorliegen eines Faktors auf die Ausprägung eines anderen schließen kann. Sie können sich mehr oder weniger frei kombinieren. Wenn für die Leistung von zwei Testaufgaben allerdings in etwa gleichem Ausmaß dieselben Faktoren benötigt werden, korrelieren diese beiden Testaufgaben selbstverständlich miteinander.

Leistung und Begabung. Intelligenztests gehören zu den Leistungstests. Sie erfassen die aktuelle Intelligenzleistung. Diese ist sowohl unter dem Einfluß von angeborener Begabung als auch unter dem Einfluß von Förderung durch die Umwelt, d.h. von Lernprozessen, entstanden, wobei man sich diese Einflüsse nicht einfach additiv vorstellen darf, sondern als in enger Wechselwirkung stehend: die Umweltanregung entscheidet mit darüber, was vom angeborenen Potential entwickelt wird, die angeborenen Möglichkeiten wiederum setzen die Grenzen dessen fest, was verwirklicht werden kann. Intelligenztests können nicht selektiv den Anteil der Begabung erfassen.

Da Intelligenztests eine Leistung erheben, gilt für sie auch die Yerkes-Dodson-Regel (s. Kap. 2.2.2): die besten Leistungen werden bei einem mittleren (nicht zu hohen, nicht zu niedrigen) Erregungsniveau erbracht.

Intelligenztests fordern Leistungen, die man in der Mittelschicht bevorzugt lernt. Sie benachteiligen Angehörige der Unterschicht oder gar Angehörige fremder Kulturen. Versuche, „kulturfreie" Intelligenztests zu entwickeln, sind bisher wenig erfolgreich gewesen. Einen völlig kulturfreien Intelligenztest gibt es nicht.

Eine weitere Schwierigkeit der Intelligenzmessung besteht darin, daß komplexere Fähigkeiten der Problemlösung, Kreativität etc. nicht so leicht durch einfache, abgestufte Testaufgaben operationalisiert werden können.

Intelligenzmessung. Aus der Beobachtung, daß Kinder mit zunehmendem Alter kompliziertere Aufgaben bewältigen, wurde der *klassische Intelligenzquotient* entwickelt. Seine Formel lautet: IQ = 100 x Intelligenzalter/Lebensalter. Löst ein Kind diejenigen Aufgaben, die durchschnittlich von 6-jährigen gelöst werden, so hat es das Intelligenzalter 6. Ist es tatsächlich aber erst 5 Jahre alt, ergibt sich ein IQ von 100 x 6/5 = 120. Der klassische IQ beruht auf der Voraussetzung, daß die Intelligenz kontinuierlich mit dem Lebensalter ansteigt. Diese Annahme ist problematisch und führt spätestens ab dem 15. Lebensjahr zu Fehleinschätzungen.

Bei Erwachsenen gibt es schließlich keine lineare Beziehung zwischen Lebensalter und Intelligenz mehr. Die Messung der Intelligenz nach dem klassischen IQ wurde deshalb aufgegeben. Er ist gegenüber dem Abweichungs-IQ, nach dem heutzutage die Intelligenz bestimmt wird, zu unpräzise.

Der Abweichungs-Intelligenzquotient. Er basiert auf der Abweichung eines individuellen Testwerts von der mittleren Leistung einer Bezugsgruppe (unter Berücksichtigung der Streuung in der Bezugsgruppe: je kleiner die Streuung, je mehr fällt eine bestimmte Abweichung ins Gewicht!). Die Berechnung des Abweichungs-IQ setzt empirisch ermittelte Bezugswerte der Vergleichsstichprobe (wie arithmetisches Mittel und Standardabweichung) voraus. Er sagt etwas über die Stellung des Individuums in seiner Vergleichsgruppe (nach Alter und Geschlecht) aus (s. Kap. 1.3).

Intelligenztests. Welche Arten von Aussagen dabei getroffen werden können, soll anhand der beiden gebräuchlichsten Intelligenztests, des HAWIE und des IST erörtert werden.

Der *HAWIE* (Hamburg-Wechsler-Intelligenztest für Erwachsene; HAWIK = Version für Kinder, HAWIVA = Version für das Vorschulalter) basiert auf der Zweifaktorentheorie. Er wird in Einzelsitzungen durchgeführt und enthält einen Fragebogenteil (Verbalteil) und einen Handlungsteil, in welchem konkrete Aufgaben durchgeführt werden müssen (z. B. ein Mosaik zusammensetzen).

Der *IST* (Intelligenz-Struktur-Test) ist ein Fragebogentest, der auch in Gruppensitzungen durchgeführt werden kann. Entsprechend der Multiplen-Faktoren-Theorie erfaßt er unterschiedliche Fähigkeiten, die ein Intelligenzprofil, die Intelligenzstruktur ergeben.

Normierung. Der HAWIE ist so normiert, daß der Mittelwert bei 100 Punkten liegt und eine Standardabweichung 15 Punkte beträgt. Gemäß der Gauß'schen Verteilungskurve liegen ca. 68 %, d. h. ungefähr 2/3, der Menschen im Bereich von +/-1 Standardabweichung um den Mittelwert, d. h. zwischen 85 und 115 Punkten (s. Abb. 1.4). Die restlichen ca. 32 % liegen entweder darunter (ca. 16 %) oder darüber (ca. 16 %). Wenn also jemand im HAWIE einen IQ von 115 hat, so kann man über ihn aussagen, daß 84 % (68 % plus 16 %) seiner Vergleichsgruppe einen gleich guten oder schlechteren IQ aufweisen, 16 % einen besseren. Er hat also einen Prozentrangwert von 84. Man kann auch sagen, daß das Perzentil 84 (Perzent = Prozent) bei 115 IQ-Punkten liegt. Das Perzentil 50 liegt bei 100 Punkten, d. h. 50 % der Vergleichsgruppe liegen oberhalb des Mittelwertes, 50 % liegen unterhalb.

HAWIE und IST sind beide so normiert, daß der Mittelwert bei 100 Punkten liegt. Die Standardabweichung ist jedoch jeweils unterschiedlich: beim HAWIE, wie gesagt, 15 Punkte, beim IST 10 Punkte. Dies hat zur Folge, daß gleiche Punktwerte in den beiden Tests einander nicht entsprechen, sondern über die Standardabweichung ineinander umgerechnet werden müssen. Ein Beispiel: Ein IQ von 120 im IST, d. h. zwei Standardabweichungen (2 x 10) über dem Mittelwert, entspricht einem IQ von 130 im HAWIE (ebenfalls zwei Standardabweichungen, 2 x 15, über dem Mittelwert).

Prozentrangwerte sagen etwas über die Stellung eines Individuums in seiner Vergleichsgruppe aus (wieviel % liegen höher, wieviel % niedriger), nichts über Prozent-Anteile an Intelligenz, die eine Person besitzt. Aussagen dieser Art sind nicht möglich, ebensowenig wie Aussagen, jemand habe doppelt so viel Intelligenz wie ein anderer, da beides einen absoluten Nullpunkt, mithin eine Verhältnisskala voraussetzen würde. Intelligenz ist aber nur auf dem Niveau einer Intervallskala meßbar (s. Kap. 1.5).

Geistige Behinderung. Geistige Behinderung oder Retardierung ist definiert durch eine so starke Beeinträchtigung der kognitiven und sozialen Entwicklung und des Lernens, daß voraussichtlich lebenslang soziale und pädagogische Hilfen benötigt werden. Schwerst geistig Behinderte sind zeitlebens oder über längere Zeit hinweg bettlägerig, bewegungsgestört bis bewegungsunfähig, an einem oder mehreren Sinnesorganen geschädigt, nicht ansprechbar, antriebslos, verhaltensgestört. Sie sind für alle täglichen Verrichtungen weitgehend von individueller Hilfe und Pflege abhängig, können oft nicht über Gesten und Sprache Kontakt mit der Umwelt aufnehmen, nur über wenige emotionale Zuständlichkeiten, z. B. Ablehnung oder Freude, Ausdruck geben und nur in eingeschränktem Maße verbale oder gestische Mitteilungen verstehen. Manche sind unfähig zu gehen, können nicht selbständig essen und sind nicht sauber. Viele gefährden sich selbst oder andere oder weisen exzessive stereotype Bewegungsmuster auf.

Lernbehinderung. Lernbehinderung wird von geistiger Behinderung durch die Höhe des Intelligenzquotienten (IQ) abgegrenzt. Bei Lernbehinderung liegt der IQ über 75, bei geistiger Behinderung darunter. Diese Abgrenzung ist nicht unumstritten. Sie spielt für die Sonderschuleinweisung eine Rolle.

Ursachen. Geistige Behinderung und Lernbehinderung bezeichnen einen angeborenen oder lebensgeschichtlich früh erworbenen Intelligenzmangel, im Unterschied zu einem späteren Intelligenzabbau, der Demenz genannt wird. Geistige Behinderung kann chromosomal, am häufigsten durch das Langdon-Down-Syndrom, den sog. Mongolismus, metabolisch, z. B. Phenylketonurie, oder exogen verursacht sein, z. B. durch eine pränatale Schädigung bei Rötelnembryopathie, Toxoplasmose, Alkoholismus der Mutter, Mangelernährung, Frühgeburtlichkeit mit niedrigem Geburtsgewicht, Blutgruppenunverträglichkeit; durch eine perinatale Schädigung infolge Hirnblutung oder Sauerstoffmangel; durch eine postnatale Schädigung infolge Hirnhautentzündung, Gehirnentzündung oder Hirnverletzung.

Man schätzt, daß in der Bundesrepublik Deutschland 0,6 % der Kinder im schulpflichtigen Alter geistig behindert sind. Die Geburt eines behinderten Kindes stellt eine schwere Belastung für die Familie dar und erfordert große Bewältigungsanstrengungen und externe Unterstützung. Es existiert ein differenziertes System pädagogisch-sozialer Dienste zur Betreuung und Förderung geistig behinderter Kinder von Geburt an (Frühförderung). Schwerstbehinderte wurden bisher meist in Psychiatrischen Landeskrankenhäusern, Heimen oder auch zu Hause bei ihren Eltern versorgt. Auch für diese Behindertengruppe wurden Förderungsprogramme entwickelt.

Behinderungsebenen. Bei psychischen wie auch körperlichen Behinderungen unterscheidet man drei Ebenen:

- Die Ebene des unmittelbaren Gesundheitsschadens (Impairment), die im Verlust einer psychischen oder organischen Struktur oder Funktion besteht.
- Die Ebene der Funktionseinschränkung (Disability), die sich als Defizit bei der Ausführung einer Aktivität im Alltag bemerkbar macht.
- Die Ebene der Benachteiligung (Handicap), d. h. eine Einschränkung der beruflichen und gesellschaftlichen Integration.

Um den diskriminierenden Beiklang von Wörtern wie Behinderung, Disability oder Handicap zu vermeiden, spricht man neuerdings von Störungen der Integrität, die sich jeweils auf die genannten Ebenen, also körperliche oder geistige Funktionen, die Ausführung von Aktivitäten oder Leistungen und die gesellschaftliche Partizipation, beziehen können.

5.2 Systematische Verhaltensdifferenzen

> **!** Systematische Verhaltensdifferenzen sind Verhaltensunterschiede, die immer wieder auf dieselbe Weise auftreten. Systematische Unterschiede lassen sich zu verschiedenen Zeitpunkten und in verschiedenen Situationen nachweisen. Zur Erklärung dieser Verhaltensdifferenzen werden zugrundeliegende Handlungsdispositionen (Handlungsbereitschaften) herangezogen.

Man unterscheidet interindividuelle und intraindividuelle Differenzen. *Interindividuelle Unterschiede* sind Unterschiede zwischen verschiedenen Individuen (z. B. Geschlechtsunterschiede, Unterschiede zwischen Persönlichkeitstypen). Auch *Verhaltensstile* (regelmäßig wiederkehrende Verhaltensweisen, Verhaltensvoreingenommenheiten) gehören zu den interindividuellen Unterschieden. *Intraindividuelle Differenzen* sind Unterschiede, die bei einem und demselben Menschen auftreten (intraindividuell = innerhalb des Individuums), z. B. Unterschiede des Verhaltens zu verschiedenen Tageszeiten. Nur insofern sich Individuen in dieser Tagesrhythmik des Verhaltens unterscheiden, sind intrapsychische Differenzen Gegenstand der differentiellen Psychologie.

5.2.1 Intraindividuelle Differenzen

Die wichtigsten intraindividuellen Differenzen sind Unterschiede des Verhaltens, die zu verschiedenen Tageszeiten auftreten. Nicht nur viele körperlichen Vorgänge weisen eine Tagesrhythmik auf (s. Kap. 2.2.1), sondern auch psychologische Variablen, z. B. Schmerztoleranz, Lernfähigkeit oder Reaktionszeiten.

Das Maximum der *Schmerzschwelle*, d. h. die größte Schmerzunempfindlichkeit, liegt zwischen 12.00 und 18.00 Uhr. Das Minimum, d. h. die größte Schmerzempfindlichkeit, zwischen 0.00 und 3.00 Uhr. Nachts benötigen Schmerzpatienten deshalb häufig eine höhere Dosis an Schmerzmedikamenten. Die Leistung bei *Reaktionszeitaufgaben* ist überraschenderweise um 3.00 Uhr morgens am besten, um 15.00 Uhr nachmittags am schlechtesten. Genau umgekehrt ist es allerdings bei der *Daueraufmerksamkeit* (Vigilanz). Deshalb sind die Fehlerhäufigkeiten bei Schichtarbeitern, das Risiko, am Steuer einzuschlafen, oder automatische Bremsungen von Zügen bei Lokomotivführern, die vergessen haben, die von der Induktiven Zugsicherung geforderten Bestätigungen zu geben, z. B. den „Totmannknopf" zu betätigen, um 3.00 Uhr morgens am größten. *Rechenaufgaben, sprachlich-logische Denkaufgaben* und die Reproduktion von *Gedächtnisinhalten* gelingen vormittags bis mittags am besten. Je nach Leistungsaufgabe ist der Tagesverlauf der Leistungsfähigkeit unterschiedlich (Birbaumer u. Schmidt 1996).

5.2.2 Interindividuelle Differenzen

Es ist die Hauptaufgabe der Persönlichkeitspsychologie oder differentiellen Psychologie, Individuen in ihrer Unterschiedlichkeit zu beschreiben. Mit dieser Zielsetzung wurden typologische oder dimensionale Persönlichkeitsmodelle entwickelt (s. Kap. 5.1). Daneben gilt das Interesse der Wissenschaft (und mehr noch der Laienpresse) der differentiellen Beschreibung ganzer Gruppen von Menschen. An erster Stelle steht hier die Untersuchung von Geschlechtsdifferenzen.

Geschlechtsunterschiede. Bis in die jüngste Zeit hinein beschreiben sich in Fragebogenunterschungen Männer immer wieder als aggressiver, weisen weniger Ängstlichkeit, mehr Selbstbehauptung und Eigenständigkeit, Frauen hingegen mehr soziale Interessen und Kooperationsfähigkeit auf. Ungefähr um das dritte Lebensjahr herum läßt sich eine unterschiedliche Präferenz von Spielzeug (Autos gegenüber Puppen) nachweisen. Jungen zeigen spätestens zu dieser Zeit eine größere motorische Aktivität und räumliche Expansionsneigung sowie – vielleicht als Reaktion auf Hindernisse – größere Aggressivität, Selbstsicherheit und Dominanz. Dies, obwohl von Eltern, Erzieherinnen im Kindergarten und Lehrern eher „weibliches" Verhalten bekräftigt wird (Amelang u. Bartussek 1994).

Generelle *Intelligenzunterschiede* zwischen Männern und Frauen lassen sich nicht nachweisen. Das liegt aber auch daran, daß bei der Konstruktion eines Intelligenztests diejenigen Items (Testaufgaben), die eindeutig geschlechtskorreliert sind, also eines der Geschlechter bevorzugen würden, eliminiert werden. Wohl aber gibt es Geschlechtsunterschiede in Teilbereichen der Intelligenz. Männer zeigen in numerischen und räumlichen Aufgaben, Frauen in verbalen Aufgaben bessere Leistungen. Es gibt Untersuchungen zur *Leistungsmotivation*, die gezeigt haben, daß Mädchen eher ein Kausalattributionsmuster (s. Kap. 3.2) aufweisen, das als „mißerfolgsmotiviert" bezeichnet wird (Heckhausen 1990).

In diesen Untersuchungen führten Mädchen Erfolge eher auf Glück (statt auf eigene Fähigkeiten), Mißerfolge aber auf mangelnde Begabung (statt auf Pech) zurück. Das Attributionsmuster der Jungen war gerade umgekehrt: sie attribuierten Erfolg auf Begabung, Mißerfolg auf Pech. Das jeweilige Erklärungsschema hat Auswirkungen auf das Selbstwertgefühl und die Anstrengungsbereitschaft. Wer Erfolge auf eigene Begabungen attribuiert, kann auf seine Leistungen stolz sein und wird für zukünftige Leistungsaufgaben stärker motiviert sein.

Geschlechtsunterschiede sind jedoch meist nicht sehr groß. Selbst wenn die Mittelwerte eines psychologischen Merkmals in den Verteilungen bei Männern und Frauen signifikant unterschiedlich sind, so ist die Verteilung doch meist so breit, daß ein großer Überlappungsbereich der Verteilungskurven resultiert. Aus der Geschlechtszugehörigkeit läßt sich dann ein individueller Wert nicht sicher vorhersagen. Wegen der unterschiedlichen Verteilung mancher Eigenschaften zwischen den Geschlechtern werden Persönlichkeitstests geschlechtsbezogen normiert; d. h. die individuelle Stellung einer Person wird relativ zur Vergleichsgruppe desselben Geschlechts angegeben (s. Kap. 1.3).

Erklärung der Geschlechtsunterschiede. Früher neigte man häufig dazu, empirisch nachweisbare Geschlechtsunterschiede eher auf *biologische* Unterschiede zurückzuführen; heute betont man stärker Einflüsse der *Erziehung*, *Sozialisation* (s. Kap. 6.3), von *sozialen Normen* (s. Kap.

7.5) und *Geschlechtsrollen* (s. Kap. 7.6). Kulturgeschichtliche und kulturvergleichende Untersuchungen haben gezeigt, daß die Männer- und Frauenrollen veränderbar sind. Als ein sehr prägnantes Beispiel aus der Gegenwart kann die Veränderung der Männerrolle in Zusammenhang mit der Geburt eines Kindes und der Säuglingspflege herangezogen werden. Innerhalb einer Generation scheint sich das männliche Verhalten hier stark zu wandeln: Heute gehört es fast zur Norm, daß der Vater bei der Geburt eines Kindes dabei ist, um seine Frau emotional zu unterstützen; Männer werden heute auch in viel höherem Maße in die Säuglingspflege einbezogen, als das noch bei der Generation ihrer Väter der Fall war.

Für die Bedeutung sozialer Faktoren spricht auch, daß Jungen, deren Väter berufsbedingt oder infolge Scheidung der Eltern häufig abwesend waren, eher weibliche Interessen entwickelten. Die *Identifikation* mit dem gleichgeschlechtlichen Elternteil scheint für die Herausbildung von geschlechtstypischem Verhalten eine wichtige Rolle zu spielen. Auch die Interaktion mit einem älteren Bruder scheint bei Jungen zu einer Verstärkung maskuliner Eigenschaften zu führen. Befragungsuntersuchungen haben schließlich gezeigt, daß hinsichtlich der Verhaltenserwartungen an Männer bzw. Frauen viel größere Unterschiede existieren als hinsichtlich des tatsächlichen Verhaltens. Solche *Geschlechtsrollenstereotype* können aber selbst wiederum verhaltensbestimmend sein.

Dennoch scheint geschlechtstypisches Verhalten nur begrenzt anerziehbar zu sein. Für die Bedeutung *biologischer* Einflüsse spricht das frühe Auftreten von Aggressionsunterschieden, die Gleichsinnigkeit der Differenzen in den meisten Kulturen und bei Primaten sowie die Beeinflußbarkeit der Aggression durch Hormone. Auch ein Quasi-Experiment, in welchem

Kinder aus traditionellen Kindergärten und aus „progressiven" Kinderläden miteinander verglichen wurden, weist in diese Richtung: Obwohl die Eltern der traditionell erzogenen Kinder die stärker ausgeprägten Geschlechtsstereotype hatten, waren es die Kinder aus den Kinderläden, die größere geschlechtsabhängige Unterschiede des Sozialverhaltens aufwiesen. Die absichtliche Zurückhaltung der Erzieherinnen in den Kinderläden (antiautoritäre Erziehung) ließ also Geschlechtsunterschiede eher stärker hervortreten (Amelang u. Bartussek 1994).

Die Beschreibung und Erklärung von Geschlechtsdifferenzen wirft neben den wissenschaftlichen auch politische Fragen auf. Empirische Geschlechtsunterschiede können nämlich sehr leicht dazu mißbraucht werden, soziale Benachteiligungen von Frauen zu bemänteln. Diese Gefahr darf allerdings nicht dazu führen, Geschlechtsunterschiede generell zu leugnen bzw. ihre Untersuchung für nicht legitim zu erklären.

Geschlechtsunterschiede des Krankheitsverhaltens. Für die Medizinische Psychologie sind folgende Ergebnisse wichtig, die in Untersuchungen über Geschlechtsunterschiede der Erkrankungshäufigkeit bzw. des Krankheitsverhaltens gefunden wurden (Schepank 1987; Rudolf u. Stratmann 1989). Frauen scheinen eine höhere *Symptomaufmerksamkeit* zu besitzen, d. h. sie nehmen Symptome früher bzw. bei geringerer Intensität wahr als Männer und nehmen eher therapeutische Hilfe in Anspruch. Frauen sprechen auch häufiger mit anderen Menschen, v. a. mit Freundinnen, über ihre Beschwerden. Sie berichten häufiger über *psychische Symptome*, definieren ihre Probleme stärker als psychologisch, Männer eher als körperlich. Unter den Patienten einer psychotherapeutischen Ambulanz sind Frauen mit einem Anteil von zwei Dritteln deutlich überrepräsentiert. Auch auf Seiten der Ärzte gibt es entsprechende *Wahrnehmungsstereotype*. Sie interpretieren die Beschwerden von Frauen häufiger als psychogen, d. h. psychisch bedingt, die von Männern häufiger als somatisch bedingt und verschreiben Frauen häufiger psychotrope Substanzen. Der Mißbrauch von Beruhigungsmitteln (Tranquilizern) ist bei Frauen stärker ausgeprägt, bei Männern ist Alkoholmißbrauch häufiger.

In vielen Untersuchungen zu den unterschiedlichsten Krankheitsbildern hat sich gezeigt, daß die *Morbidität* (Erkrankungshäufigkeit) bei Frauen, die *Mortalität* (Sterblichkeit) bei Männern höher ist: „Women get sick and men die". Auch unter den *psychogenen Erkrankungen* finden sich unterschiedliche Verteilungen zwischen den Geschlechtern. Bei Frauen werden häufiger Neurosen, insbesondere neurotische Depressionen, und funktionelle Störungen (Störungen mit körperlichen Beschwerden, aber ohne organischen Befund), z. B. Kopfschmerzen oder Schlafstörungen, diagnostiziert, bei Männern Zwangsneurosen und Persönlichkeitsstörungen, insbesondere solche, die durch Aggressivität, Impulsivität und antisoziales Verhalten charakterisiert sind. Die Rate der Suizidversuche liegt bei Frauen höher, bei Männern die Häufigkeit gelungener Suizide; Männer verwenden bei Suizidversuchen „härtere" Methoden, z. B. Schußwaffen oder Erhängen, Frauen eher Medikamentenüberdosierungen. Eßstörungen (Anorexia nervosa, Bulimie) kommen ganz überwiegend bei Frauen vor.

(Zu altersspezifischem Verhalten s. Kap. 6.2.5; zu Krankheitsverhalten s. Kap. 8.3; zu schichtspezifischem Verhalten s. Kap. 11.3.3).

5.2.3 Verhaltensstile

> **!** Verhaltensstile sind überdauernde Verhaltensvoreingenommenheiten, die über verschiedene Zeitpunkte und verschiedene Situationen hinweg beobachtet werden können.

Wahrnehmungs- und Bewältigungsstile. Menschen unterscheiden sich darin, ob sie sich unangenehmen oder bedrohlichen Erlebnissen eher zuwenden (*Sensitization*) oder abwenden (*Repression*). Je nach dem spricht man von Sensitizer oder Repressor (Krohne 1993; s. Kap. 3.2.4).

Diese Unterscheidung geht auf Experimente zurück, in denen den Versuchspersonen für Sekundenbruchteile (tachistoskopisch) auf Dias Worte gezeigt wurden, die entweder einen neutralen oder einen emotional bedeutsamen (z. B. bedrohlichen oder peinlichen) Inhalt hatten. Sobald die Probanden das betreffende Wort erkannt hatten, sollten sie dies durch einen Knopfdruck anzeigen. Hierbei stellte sich für die neutralen Worte eine bestimmte Reaktionszeit heraus. Wenn nun aber ein emotional belastendes Wort gezeigt wurde, so fanden sich zwei entgegengesetzte Reaktionsweisen. Bei einem Teil der Probanden dauerte es eher länger, bis sie das Wort erkannten (Repression). Bei einem anderen Teil dauerte es hingegen kürzer, ein emotional bedeutsames Wort zu erkennen (Sensitization).

Auch in der Krankheitsbewältigungsforschung spielt die Dimension „repression-sensitization" eine Rolle. Ein Repressor wird z. B., wenn er an einer bedrohlichen Krankheit leidet, eher den Kopf in den Sand stecken und nichts Genaues wissen wollen. Er wird seine Aufmerksamkeit von bedrohlichen Aspekten der Situation abwenden, wird Informationen vermeiden. Ein Sensitizer hingegen wendet seine Aufmerksamkeit auf die Bedrohung hin.

Er fragt seinen Arzt nach Informationen, kann nicht genug über die Krankheit in Erfahrung bringen, erwartet eher das Schlimmste, befindet sich in einem Zustand der Vigilanz. Bevor er einen Patienten über die Diagnose, Behandlung und Prognose aufklärt, ist es für den Arzt wichtig zu wissen, ob er einen Repressor oder einen Sensitizer vor sich hat, denn je nachdem muß er seine Information dosieren, damit es nicht zu einem „Mismatch", einer Nicht-Übereinstimmung, zwischen Informationswunsch des Patienten und Informationsgabe kommt.

Kausalattributionsmuster und *Kontrollüberzeugungen*, wie sie in Kap. 3.2 dargestellt wurden, gehören ebenfalls zu den Wahrnehmungs- und Bewältigungsstilen.

Koronargefährdendes Verhalten. Zu den Risikofaktoren der koronaren Herzkrankheit und des Herzinfarktes wird auch ein bestimmter Verhaltensstil gerechnet: das sog. *Typ-A-Verhalten* (Friedman u. Rosenman 1974; Brand 1978; vgl. Faller u. Verres 1990). Damit ist ein Verhaltensstil bezeichnet, der durch großen Ehrgeiz und ausgeprägte Kontrollbedürfnisse geprägt ist. Menschen, die dieses Verhaltensmuster aufweisen, befinden sich in ständigem Zeitdruck, sind ungeduldig und tun am liebsten mehrere Dinge gleichzeitig. Sie sind extrem leistungsorientiert und streben nach sozialer Anerkennung. Ihr Beruf bedeutet ihnen alles, auch in der Freizeit gehen ihnen die beruflichen Sorgen nicht aus dem Kopf. Sie sind immer angespannt und aufmerksam. Sie können keine Schwäche zeigen, scheinen keine Bedürfnisse nach Nähe, Zuwendung und Versorgtwerden zu besitzen. Sie arbeiten am liebsten alleine, übernehmen gerne Verantwortung, neigen dazu, mit anderen zu rivalisieren, und setzen sich gegen Widerstände der Umgebung notfalls auch aggressiv zur Wehr. Sie wirken reizbar und

impulsiv, so als könnten sie ihre Aggressivität oft nur mühsam kontrollieren. Auch im Gespräch macht sich dieses Verhalten deutlich. Die Ungeduld kommt in Sprachverhalten, Mimik und Gestik zum Ausdruck: Die Betreffenden sprechen schnell und hastig, ihre Antworten kommen knapp und eindeutig hervorgeschossen, sie unterbrechen den Gesprächspartner manchmal, bevor dieser ausgeredet hat. Nonverbal kann sich die innere Spannung z. B. durch Trommeln mit den Fingern auf den Tisch zeigen.

Dieses Verhalten kann in Wechselwirkung mit Situationsfaktoren zu einer Überforderung führen. Stellen sich den angestrebten Zielen Hindernisse in den Weg, so reagieren Menschen des Typs A mit um so mehr Kontrollbemühung und Verausgabung. Dieses Bestreben kann fatale Folgen haben in Situationen, von denen zwar viele Anforderungen ausgehen, in denen die objektiven Möglichkeiten der Kontrolle aber eingeschränkt sind (Siegrist 1988).

Klassisches Beispiel hierfür ist der Werkmeister, der für den Erfolg seiner Arbeitsgruppe verantwortlich ist, aber in seinen Handlungsmöglichkeiten einen engen Spielraum aufweist, weil er von oben Druck vom Management, von unten Druck von den Arbeitern bekommt.

Wenn ein Betreffender nun trotz geringer Kontrollmöglichkeiten weiterhin das Typ-A-Verhalten zeigt, so kann das dazu führen, daß er seine Leistungsreserven verbraucht. Der Zustand der Dekompensation kann sich durch körperliche Erschöpfung, Schlaflosigkeit und Depression ankündigen. Dann kann es schließlich zum Ausbruch einer Erkrankung, insbesondere eines Herzinfarkts, kommen (Appels 1980; Siegrist 1989).

Weiterführende Literatur

Amelang M, Bartussek D (1994) Differentielle Psychologie und Persönlichkeitsforschung. 3. Auflage. Kohlhammer, Stuttgart

Bräutigam W (1994) Reaktionen – Neurosen – Abnorme Persönlichkeiten. Seelische Krankheiten im Grundriß (6. Aufl.). Thieme, Stuttgart New York

Freud S (1933) Neue Folge der Vorlesungen zur Einführung in die Psychoanalyse. Gesammelte Werke Bd. XV. Fischer, Frankfurt a. Main 1991

Herrmann Th (1991) Lehrbuch der empirischen Persönlichkeitsforschung. 6. Auflage. Hogrefe, Göttingen

Hoffmann SO (1984) Charakter und Neurose. Suhrkamp, Frankfurt

Im Gegensatz zu früheren Wachstums- und Reifungsmodellen, die Entwicklung bis zum Abschluß des Jugendalters postulierten und dann im Alter Veränderungen als Abbauprozesse thematisierten, wird heute Entwicklung als lebenslanger Prozeß verstanden. Gegenstand entwicklungspsychologischer Forschung ist somit die „gesamte Lebensspanne". Nach der Skizzierung der wichtigsten entwicklungspsychologischen Methoden und Modelle werden, beginnend mit Familienplanung und Geburt über Kindheit und Jugend und das Erwachsenenalter bis zum hohen Alter, die einzelnen Lebensabschnitte dargestellt. Entwicklung vollzieht sich v. a. als Sozialisation, d. h. als ein Prozeß innerhalb dessen der Mensch in die menschliche Gesellschaft hineinwächst und zur sozialen, gesellschaftlich handlungsfähigen Persönlichkeit wird. Dabei kann es zu sozialen Fehlentwicklungen, wie soziale Isolation, Suchtverhalten und Jugendarbeitslosigkeit kommen.

6.1 Entwicklungspsychologische Methoden und Modelle

Unter der Psychologie der menschlichen Entwicklung wird die Beschreibung, Erklärung und (evtl.) Modifikation von Entwicklungsvorgängen im menschlichen Lebenslauf verstanden.

Entwicklung ist bei Kindern augenfälliger als bei Erwachsenen. So ist verständlich, daß als Entwicklung lange Zeit die Reifungs-, Wachstums- und Veränderungsprozesse von Kindern und Jugendlichen angesehen wurden. Der Erwachsene galt als „fertige Person", bis schließlich im „Alter" Abbauprozesse einsetzten. Diese traditionelle Auffassung des Lebenslaufes als „auf und ab" mit einer langen Periode relativer Konstanz zwischen Jugendzeit und Alter ist heute verlassen. Mehr und mehr hat sich ein Konzept der „lebenslangen Entwicklung" durchgesetzt, das Veränderungen über den gesamten Lebenslauf verfolgt. Wenn deshalb Entwicklung als ein ununterbrochener lebenslanger Prozeß erscheint, ist es andererseits, wie wir sehen werden, gleichwohl sinnvoll, regelhafte Entwicklungsabläufe, „Phasen", „Lebensabschnitte", herauszudifferenzieren und gegeneinander abzugrenzen.

Wie wird nun Entwicklung erklärt, lassen sich hier Faktoren ausmachen, welche die Vorgänge der Entwicklung (und Fehlentwicklung – welche für den Arzt von besonderer Relevanz ist) beeinflussen?

Anlage-Umwelt-Problem. Was in der menschlichen Entwicklung ist Folge erbgenetischer Faktoren, was Folge der Einflüsse, welche die Umwelt ausübt, und wie ist hier ein mögliches Wechselspiel zu denken? Der Ansicht, daß sich Entwicklung gengesteuert und damit als *Reifung* vollzieht, steht die Auffassung gegenüber, daß Entwicklung auf das Wirken von Umwelteinflüssen wie Erziehung, Milieu, bestimmte Erlebnisse, Förderung oder Vernachlässigung zurückzuführen sei und damit als *Erfahrung*, *Lernen* geschehe. Kontrovers wird diese Frage deshalb diskutiert, weil sich aus der Art der Beantwortung erhebliche Konsequenzen ergeben. Bestimmt das Erbgut die Entwicklung, und damit auch eine mögliche Fehlentwicklung, ist eine fördernde, präventive oder therapeutische Einflußnahme sehr viel weniger möglich, als wenn die Umwelt den entscheidenden

Faktor für Entwicklung (und Fehlentwicklung) darstellt. Bildungs-, familien- oder sozialpolitische Maßnahmen können hier greifen; ebenso sind therapeutische Interventionen viel eher einsetzbar.

Angesichts der großen Relevanz dieser Frage verwundert es nicht, daß der Versuch zu adäquaten Antworten schon sehr früh gemacht wurde, z. B. hinsichtlich der Sprachfähigkeit des Menschen. So sollen der im VII. vorchristlichen Jahrhundert lebende ägyptische König Psammetichos und später der Stauferkaiser Friedrich II. versucht haben, Kinder isoliert ohne jegliche Ansprache aufziehen zu lassen, um zu sehen, welche Sprache sie dann von Natur aus sprechen würden. Vom Experiment des Stauferkaisers wird überliefert, daß die Kinder allesamt frühzeitig starben. Man ging von der Grundannahme aus, daß unter Ausschaltung äußerer („Umwelt-") Erfahrungsmöglichkeiten Sprache und Sprechen sich, ohne soziale Anregung und Lernbedingungen, von selbst entwickelten. In diesem „Experiment" wurde versucht, die eine Seite der Einflußmöglichkeiten, die der Umwelt, auszuschalten, um die andere, die Seite der Anlage rein herauszukristallisieren. Nach dem ohne soziale Bezüge aufgewachsenen Findelkind nennt man solche Experimente „Kaspar-Hauser-Experimente". Natürlich verbieten sich solche Experimente heute von selbst, eine systematische Variation von Erbanlage und Umwelt ist deshalb nur im Tierversuch möglich.

Einem solchen *nativistischen* (natus, lat.: Geburt) *Konzept* steht das andere Extrem des *Behaviourismus* gegenüber, der davon ausgeht, daß der Mensch, nach dem Begriff des Philosophen Hobbes, als „tabula rasa", als leere Tafel, Wachsplatte geboren wird, auf der sich dann Erfahrungen einschreiben; auf diese Weise wäre dann der Mensch in seiner Entwicklung durch Lernvorgänge beliebig formbar.

In der empirischen Forschung haben sich zur Anlage-Umwelt-Frage die Methoden der *Verwandtschaftsuntersuchungen* und des *Kulturvergleichs* bewährt.

Verwandschaftsuntersuchungen

Zwillingsstudien. Eineiige Zwillinge besitzen, da sie sich aus einem einzigen befruchteten Ei entwickeln, dieselbe genetische Ausstattung, zweieiige Zwillinge sind, wie die anderen Geschwister auch, genetisch verschieden. Bei Annahme genetischer Bedingtheit müßten bei eineiigen Zwillingen (EZ) größte Übereinstimmung (Konkordanz) zu finden sein – im Gegensatz zu zweieiigen (ZZ), die unterschiedlichen Genotyps sind.

So zeigen neuere Studien über das Erscheinungsbild (Phänotyp) „Schizophrenie" bei EZ eine Konkordanzrate zwischen 31 bis 78 %, bei ZZ nur zwischen 6 bis 28 % (wie bei Geschwistern sonst auch). Ein solcher Befund einer drei- bis fünfmal höheren Konkordanz bei erbgleichen Zwillingen kann als Hinweis auf einen Erbfaktor gewertet werden. Er ist zugleich aber auch Beleg dafür, daß noch weitere Entwicklungsbedingungen am Werke sind – bei ausschließlicher Erbbedingtheit müßte 100 % Übereinstimmung gegeben sein. Für eine Ergänzung durch Umwelteinflüsse spricht ein weiterer Befund: Wachsen eineiige Zwillinge getrennt auf, liegt ihre Konkordanz niedriger als bei EZ, die gemeinsam aufwachsen. Hohe Konkordanz braucht also nicht zu bedeuten, daß die Umwelt von nur geringer Bedeutung für die Entwicklung des entsprechenden Phänotypes ist. Anlagebedingt ist offensichtlich zumeist nur ein erhöhtes Risiko, eine erhöhte Vulnerabilität (Verletzbarkeit), die dann, je nach Entwicklungsumständen, durch entsprechende Einflüsse der Umwelt zur Erkrankung führt. „Eine Anlage zur Schizophrenie mag sich in einem optimalen Milieu nicht auswirken, andererseits kann eine musikalische Begabung ohne Förderung brach liegenbleiben" (Oerter u. Montada 1987).

Die zuletzt genannten Beispiele zeigen – und das gilt in der Regel für alle psychologisch relevanten Fragestellungen –, daß die Wirkung der *Anlage* (des Genotyps) durch die Art der *Umwelt* (z. B. durch die Art familiärer Kommunikation) beeinflußbar ist. Auch bei überwiegend erbgenetischer Determinierung ist zu berücksichtigen, daß diese Anlage erst im Zusammenspiel mit psychosozialen Faktoren manifest (zum Phänotyp) wird, und andererseits ist zu sehen, daß psychische Prozesse ihre somatischen Grundlagen haben. Es liegt deshalb nahe, eine Ergänzungsreihe zwischen psychosozialen und erbgenetischen Faktoren anzunehmen. Je näher dem Erbe z. B. eine seelische Störung anzusiedeln ist, desto eher werden psychotherapeutischen Interventionen Grenzen gesetzt sein. Je mehr eine Störung auf umweltbedingte Fehlentwicklungen zurückzuführen ist, desto besser greifen psychosoziale Maßnahmen.

So haben ebenfalls Zwillingsuntersuchungen gezeigt, daß bei der Entstehung von Neurosen (z. B. Phobien oder Zwänge) genetische Faktoren eine Rolle spielen, in weit geringerem Maße aber als bei Psychosen wie einer Schizophrenie. Das macht verständlich, daß Neurosen eher psychotherapeutisch zugänglich sind als Psychosen. Wo die Umwelt, und das heißt hier v. a. die Beziehung zum Mitmenschen, eine Störung verursacht hat, kann dann eine Beziehung zum Mitmenschen, in diesem Fall dem Therapeuten, diese Störung wieder beheben.

Adoptionsstudien. Adoptionsstudien bilden eine zweite wichtige Möglichkeit familiärer Untersuchungen, um genetische Vererbung und psychosoziale Einflüsse trennen zu können. Hier wird die Tatsache ausgenutzt, daß biologische und soziale Familie verschieden sind. Probanden, die in ihren biologischen Familien aufwachsen, haben ihre genetische Ausstattung von ihren Eltern und sind zugleich deren psychosozialem Einfluß ausgesetzt.

Eine typische Forschungsarbeit verglich hier zwei verschiedene Korrelationskoeffizienten:

- die Korrelation der IQ-Punktwerte von Kindern, die im Elternhaus aufwuchsen, mit den IQs der Eltern, und
- die Korrelation der IQs von Kindern, die als Säuglinge adoptiert worden waren, mit den IQs der Adoptiveltern.

Der Korrelationskoeffizient von natürlichen Kindern und ihren Eltern war ungefähr .50, die Korrelation von angenommenen Kindern mit ihren Adoptiveltern nur .20 (Mussen 1991). Erbfaktoren spielen offensichtlich bei der Gestaltung der Intelligenz eine entscheidende Rolle, denn Kinder ähneln hier mehr ihren leiblichen Eltern als Adoptivkinder den Pflegeeltern, die sie aufzogen.

Vergleichende Kulturanthropologie

Eine weitere Möglichkeit zwischen biologisch-genetischen und sozio-kulturellen Einflüssen auf die Entwicklung des Menschen und sein Verhalten zu differenzieren, liefert die vergleichende Kulturanthropologie.

> **!** Findet sich ein bestimmtes Merkmal in allen Kulturen, liegt es nahe, auf eine biologische Determinante zu schließen.

Dabei ist allerdings zu sehen, daß der Mensch sozusagen von Natur aus ein Kulturwesen ist (Gehlen 1963). Dieser paradoxe Ausdruck meint, daß das von Natur aus Gegebene kulturell überformt ist.

Ein gegenwärtig heiß diskutiertes Thema ist die Frage, ob Merkmale der Geschlechtsrolle eine biologische Mitgift darstellen oder kultureller Erwerb sind. Freud hat männliche und weibliche Einstellungen mit dem Gegensatz-

paar männlich = aktiv und weiblich = passiv assoziiert. Empirische Untersuchungen an Kindern zeigen, daß bei Jungen vom 2. Lebensjahr an eine stärker ausgeprägte Aggressivität und vom 4. Lebensjahr an eine stärker ausgeprägte Dominanz zu finden ist. Ergebnisse der Zoologie belegen bei den meisten Säugetieren hinsichtlich männlicher Tiere ein ausgeprägteres Aggressivitäts- und Dominanzverhalten. Embryonale hormonelle Einflüsse scheinen für diese unterschiedliche Ausprägung verantwortlich zu sein. Übersichten über verschiedene, gerade auch primitive Zivilisationen scheinen im Ganzen zu bestätigen, daß Männer sexuell aktiver, dominanter, angesehener und aggressiver sind als Frauen. Daß man sich andererseits vor allzu schnellen Generalisierungen zu hüten hat, zeigen u. a. die Untersuchungen der Ethnologin M. Mead. So fand sie bei den Tschambuli, einer einfachen Ackerbaukultur in Neu-Guinea, die vorgenannten Rollenidentitäten vertauscht. Es sind hier die Frauen, die auf den Feldern aktiv sind, den Handel betreiben, die Familie dominieren und im Erotischen die Initiative ergreifen, während die Männer zu Hause bleiben, eher abhängig-schüchtern sind und spielerischen Neigungen nachgehen (Mead 1955) – es scheint also Vorsicht geboten, nicht allzu schnell von den eigenen kulturellen Selbstverständlichkeiten aus zu verallgemeinern, um dann auf eine Anlagebedingtheit zu schließen.

Neben ethnologischen Forschungen sind hier auch Untersuchungen der *Ethologie*, der vergleichenden Verhaltensforschung, zu nennen. Die Frage, inwieweit menschliche Verhaltensweisen angeboren oder erlernt sind, wird hier durch den Vergleich des Verhaltens möglichst vieler Menschen aus sehr verschiedenen Kulturen zu beantworten versucht.

So entwickeln Kinder in allen bislang untersuchten Kulturen im Alter von 6 bis 9 Monaten Fremdenfurcht, ohne daß es dazu schlechter Erfahrungen mit Fremden bedürfte. Weiterhin gäbe es eine Grundlage von Ausdrucksverhalten, die ausnahmslos bei allen menschlichen Gesellschaften zu konstatieren sei, wie beispielsweise Schmerzschrei, Weinen bei Kummer, bestimmte Imponierhaltungen oder auch der sog. Augengruß (vgl. Eibl-Eibesfeldt 1986).

Aufschlüsse auf die Frage nach angeborenen Anteilen im menschlichen Verhalten kann ebenfalls die Beobachtung **blind** oder **taub** oder **taubblind Geborener** geben, da hier der Einfluß von Lernerfahrungen sozusagen naturexperimentell zurücktritt.

So fanden sich bei taubblind geborenen Kindern Verhaltensweisen, die Freude, Ablehnung, Ärger usw. ausdrücken, in ganz ähnlicher Weise wie bei Gesunden – Verhaltensweisen, die angeboren sein müssen, da diese Kinder, wie Eibel-Eibesfeldt bemerkt, „in ewiger Nacht und Stille" heranwachsen und keine Möglichkeit zur Nachahmung haben und erzieherische Unterweisung äußerst schwierig ist.

So wissenschaftlich interessant solche Ansätze zweifellos sind, so stellen sie zugleich Extrembeispiele dar, die keine Repräsentativität beanspruchen können, denn für gewöhnlich ist der Mensch von Anfang an kulturellen Formungen ausgesetzt.

> ! Der Komplexität menschlichen Verhaltens wird am ehesten eine *interaktionale Position* gerecht, welche die Interaktion von Erbe und Umwelt berücksichtigt und nicht einseitig „nativistisch" (Entwicklung wird durch Erbanlagen gesteuert) oder „behavioristisch" (Entwicklung wird durch Erfahrung bestimmt) zu argumentieren sucht.

Die methodischen Verfahren, deren sich die empirische entwicklungspsychologische Forschung bedient, bestehen in Querschnittsuntersuchung, Längsschnittdesign

und sequentiellem Versuchsplan. Sie sind in Kap. 1.5 dargestellt.

Eine weitere Klärung der Fragestellung, ob Anlage oder Umwelt den entscheidenden Einflußfaktor bildet, erlauben die oppositionellen Begriffspaare: Reifung vs. Übung und Wachstum vs. Lernen bzw. Erziehung. *Reifung* ist ein biologischer Wachstumsvorgang. Die zunehmende Aufrichtung des Säuglings vom ersten Heben des Kopfes bis zum freien Laufen läßt sich auf eine zunehmende Ausreifung der Nervenbahnen, die sog. Markscheidenreifung, zurückführen. Entwicklungsvorgänge im Sinne einer „reifungstheoretischen Erklärung" (Heckhausen 1991) zu sehen, drängt sich dann auf, wenn Entwicklungsvorgänge

- universell zu beobachten sind,
- in einem zeitlich eng begrenzten Lebensalter auftreten,
- nachholbar sind (z. B. aus orthopädischen Gründen im Gipsbett an einer Bewegungsentfaltung gehemmte Kinder können die motorische Entwicklung binnen kurzem nachholen) und
- nicht mehr verlorengehen können, unumkehrbar sind.

In der menschlichen Entwicklung lassen sich immer wieder Merkmale isolieren, die einen biologischen *Wachstumsvorgang* darstellen, so das allgemeine Körperwachstum, die Reifung der Geschlechtsorgane, der Sprechwerkzeuge. Sexuelles Verhalten und Sprechen z. B. sind indessen nur möglich, wenn (s. Kap. 3.4 und 6.2.3.) zugleich „gelernt", „geübt", „erzogen" wird.

Wie vollzieht sich nun Entwicklung? Geschieht sie in *Phasen*, in bestimmten Perioden also, in denen abgrenzbare qualitative Entwicklungsschritte zu beobachten sind, oder eher in einem *Kontinuum*, wo höchstens sog. „kritische Lebensereignisse" („Life events") Markierungspunkte setzen? Die bedeutendsten entwicklungspsychologischen Entwürfe, das Entwicklungskonzept der Psychoanalyse und die strukturalistische Entwicklungslehre des Schweizers Jean Piaget, sind Phasenmodelle.

Das psychoanalytische Phasenmodell der menschlichen Entwicklung.

Das psychoanalytische Entwicklungsmodell geht v. a. auf Sigmund Freud, den Begründer der modernen Psychotherapie, und E.H. Erikson, einen in Deutschland aufgewachsenen und in den 30er Jahren in die USA emigrierten Psychologen und Kulturanthropologen zurück.

Mit zu den größten Verdiensten Freuds zählt zweifellos die Entdeckung der überragenden Bedeutung der Kindheit für die Struktur der menschlichen Persönlichkeit und deren krankhafter Erscheinungen. Selbst Nietzsche, in vielem der geniale Vorläufer der Psychoanalyse – er hatte z. B. schon die „Verdrängung" entdeckt –, sprach noch von der naiven natürlichen Unschuld des Kindes. Wie kam Freud zu seiner Entdeckung? Im Bestreben, die Erinnerungen der Patienten zurückzuverfolgen, zeigte sich, daß diese in einer fortlaufenden Assoziationskette immer weiter zurückgingen – bis in die frühe Kindheit. Und er entdeckte, daß die unbewußten Konflikte des Erwachsenen, die zu krankhaften Erscheinungen führen konnten, bereits hier ihre Wurzeln hatten, in gewisser Weise schon hier vorgeformt waren.

Es ließen sich in der Kindheit einzelne Phasen abgrenzen, typische Phasen der Entwicklung, die, wenn sie gestört wurden, zur späteren Erkrankung disponieren können. Wichtig ist dabei, daß diese Phasen eng mit der körperlichen Entwicklung zusammenhängen, an eine bestimmte Organentwicklung gebunden sind. Wir haben also auf der einen Seite die biologische Entwicklung, die Ausformung der physischen Anlagen in bestimmte Organfunktionen, die Reifung. Gekoppelt nun mit dieser biologischen Reifung ist die psychologische Entwicklung, und diese vollzieht sich in Phasen. Die folgende Tabelle 6.1 gibt einen Gesamtüberblick, wobei zunächst die Phasen von der frühen Kindheit bis zum Beginn des Erwachsenenalters behandelt werden.

Oral-sensorische Phase. Das Neugeborene ist angewiesen auf Wärme, Hautkontakt und natürlich auf Nahrungsaufnahme. Dazu dient der Mund (lat.: os, oris), und dieses Organ ist nun das Zentrum, über das die erste entscheidende Umweltkommunikation des Säuglings läuft. Zu der Grunderfahrung des Empfangens von Nahrung, des Versorgtwerdens, gehört auch der Hautkontakt, das „Sensorische" (= mit den Sinnen erfassen), Wärme, „Gehaltenwerden", ein Urgefühl von Geborgensein, von regelmäßiger Versorgung, die Gegenwart vertrauter Personen und Dinge.

> **!** Dieses Grunderlebnis, sich gewissermaßen absolut verlassen zu können, nennt Erikson (1971) die Urerfahrung eines Urvertrauens.

Stellt sich dieses Urvertrauen nicht ein oder nur ansatzweise oder wird es gleich verletzt, dann kommt es zum Gegenpol, zum *Urmißtrauen*. „Urvertrauen vs. Urmißtrauen" bildet den ersten Grundkonflikt. Dieses Spannungsfeld ist dann die konfliktträchtige Hinterlassenschaft der oral-sensorischen Phase.

Hospitalismusgeschädigte Kinder (s. Kap. 6.3.3) hatten häufig nicht die Chance, ein Urvertrauen auszubilden. Sie begegnen deshalb später voller Mißtrauen und sind häufig kontakt-

Tabelle 6.1 Tiefenpsychologische Tabellen der menschlichen Entwicklung (nach Freud, Erikson)

Lebens-alter in Jahren	(Psychosexuelle) Phasen	Umkreis der Beziehungs-personen	Psychosoziale Modalitäten	Psychosoziale Krisen
bis 1 1/2	Oral-sensorische	Mutter (Vater)	Empfangen und (sich-) einverleiben, atmosphärisches Fühlen, Hören, Sehen, Riechen	Ur-Vertrauen gg. Ur-Miß-trauen
1 1/2–3	Anal-muskuläre	Eltern	Festhalten und hergeben, Trotz-Fügsamkeit	Autonomie gg. Scham und Zweifel
3–5 (6)	Phallisch-ödipale	Familienzelle	Vergleichen und konkurrieren, Ge-schlechtsrollenfin-dung	Initiative gg. Schuldgefühl
6–10	Latenzphase	Wohngegend, Schule	Etwas „Richtiges" machen, etwas mit anderen zusammen machen	Leistung gg. Minderwer-tigkeitsgefühl
10–18 (20)	Pubertät und Adoleszenz	„Eigene" Grup-pen, „die Ande-ren", Führer-Vorbilder	Wer bin ich (wer bin ich nicht); das Ich in der Gemeinschaft	Identität gg. Identitäts-diffusion
20–40	Frühes Erwach-senenalter – Genitalität	Freunde, sexuelle Partner, Rivalen, Mitarbeiter	Sich im anderen verlieren und finden	Intimität gg. Isolierung
40–60	Mittleres Erwachsenen-alter	Gemeinsame Arbeit, Zusam-menleben in der Ehe	Schaffen, Versorgen	Generativität gg. Stagnation
über 60	Spätes Erwach-senenalter	„Die Mensch-heit", „Menschen meiner Art"	Sein, was man ge-worden ist; wissen, daß man einmal nicht mehr sein wird.	Integrität gg. Verzweiflung

unfähig. In psychoanalytischer Sicht regredie-ren schizophrene Patienten, wenn sie keinem Menschen mehr trauen, sich von allen verfolgt fühlen, jede Beziehung abbrechen, in gewisser Weise auf dieses Stadium eines Urmißtrauens, auf dem sie „fixiert" blieben, es nicht ver-mocht haben, diesen ersten Grundkonflikt zu überwinden. In leichteren Fällen von Kontakt-störung spricht man von „schizoider Neu-rose".

Im Verlaufe der oral-sensorischen Phase kommt es zu einer Ablösung der oral-pas-siven durch eine oral-aktive Haltung, zu einem aktiven „Sich-einverleiben".

Anal-muskuläre Phase. Die oral-sensori-sche Phase wird schließlich durch die so-genannte anal-muskuläre Phase abgelöst. Das Wort „anal" (anus, lat.: After), weist darauf hin, daß die **Reinlichkeitserziehung** jetzt besonders bedeutsam für das kindliche Erleben wird. Von der biologischen Reifung her kann das Kind jetzt zunehmend die Ausscheidungsfunktionen regulieren – ein erster Umriß von Selbstkontrolle, Autonomie zeichnet sich ab. Es kann selbst bestimmen, ob es Stuhl und Urin hergibt oder festhält. „Festhalten und Loslassen bzw. Hergeben" – das ist der psychosoziale Modus, der in dieser Phase gelernt wird.

Die Reifung des übrigen Muskelsystems erlaubt zugleich eine gewisse motorische Autonomie. Das Kind kann jetzt selbst loslaufen, sich von den Bezugspersonen entfernen. So wird verständlich, daß Erikson den einen Pol des Grundkonflikts dieser anal-muskulären Phase als **Autonomie** bezeichnet. Den entgegengesetzten Pol nennt er **Scham** und **Zweifel**. Das beinhaltet gleichzeitig die Kehrseite:

Der kleine zweijährige Junge, der schon „so groß ist", schon alleine loslaufen kann, stolpert plötzlich, liegt am Boden. Er meinte, schon ganz „auf eigenen Füßen zu stehen", und doch „ging es wieder in die Hose".

Das weckt Scham, aber auch Zweifel: „Kann ich schon so weit gehen? Ist da doch nicht wieder etwas in der Hose?" Zweifel auch: Soll es hergeben oder behalten, muß es gehorsam sein, sich einer 'Fremdbestimmung' unterwerfen oder kann es schon selbst bestimmen? Und je rigider die Erziehung, die Reinlichkeitsdressur, desto eher wird es zweifeln, sich unterwerfen und doch insgeheim rebellieren. So wird verständlich, daß die Psychoanalyse die Auffassung vertritt, daß Zwangsneurosen, die vom Zweifel beherrscht werden – „habe ich den Elektroherd abgeschaltet, bin ich genügend sauber etc." – und Zwangscharaktere, deren Persönlichkeit als die des „gehemmten Rebellen" (Lang 1986) bezeichnet werden kann, bereits hier ihre Wurzeln haben

können. Die polare Gegenbewegung gegen diese „zwanghafte Strukturierung" und „Sauberkeitsdressur" ist Protest. So verwundert es nicht, daß diese Phase auch **Trotzphase** genannt wird, Beschmutzungslust eine besondere Rolle spielt und gerade die Fäkalsprache zum Ausdruck aggressiven Protests dient.

Unser größter Dichter hat wohl durch sein Götz-Zitat die größte Breitenwirkung erzielt – es war der Ausdruck des Bauernrebellen Götz von Berlichingen gegen die Bevormundung durch den Bischof von Bamberg. Oder man denke auch an die Fäkalsprache Mozarts (z. B. in den Bäsle-Briefen oder auch im Originaltext des Kanons „Bona Nox") – mit ein Protest des „Wunderkinds" gegen die väterliche Dressur.

Phallisch-ödipale Phase. Die psychoanalytische Entwicklungstheorie nimmt an, daß bereits in der oralen und analen Phase eine Art primitiver sexueller Erfahrung im Spiele sei. So sei mit dem Saugvorgang und den Ausscheidungsvorgängen, sofern sie mit lustvollen Empfindungen in der Mund- und Analschleimhaut verbunden sind, eine primitive Art von sexueller Betätigung gegeben. Wir müssen hier sehen, daß Freud den Begriff „Sexualität" weit über die übliche Definition hinaus ausgedehnt hat. „Sexuell" war für Freud im Prinzip jede Betätigung, die auf Lustgewinn ausgeht und nicht der Selbsterhaltung dient. So ist das Sexuelle nicht auf die Genitalregion, die jetzt mit der dritten Phase ins Zentrum rückt, beschränkt, sondern bereits in den beiden „prägenitalen" oder „präödipalen" Stadien am Werke. Wenn wir an die sexuellen Praktiken mancher Erwachsener (Oral- und Analverkehr) denken, auch nur an den harmlosen Kuß, dann kann es vielleicht eher einleuchten, daß sich bereits in dieser frühen Zeit so etwas wie sexuell getönte Empfindungen einstellen, denen nach Freud eine aus dem körperlichen kommende Energie, „Libido" (lat.: Begierde, Wollust), zugrunde liegen soll. Solche mit libidinöser Energie besetzten Organe bilden dann die sog. *„erogenen Zonen"*. (Zur Kritik am Begriff frühkindlichen Sexualität vgl. Bräutigam 1994).

Diese in der oralen und analen Phase sich diffus meldenden Triebregungen kommen jetzt unter das Primat der Geschlechtsorgane, der Genitalität. Es ist die Zeit, wo die Kinder an ihnen lustvoll manipulieren können und den Geschlechtsunterschied feststellen. Der *Penis* (= Phallus*)* wird zum hervorstechenden Merkmal, woran man körperlich sehen kann, ob man männlichen oder weiblichen Geschlechtes ist.

Es ist jetzt die Zeit, wo der kleine Junge eine heftige Zuneigung zu seiner Mutter verspürt und das kleine Mädchen zum Vater und dadurch in eine Konkurrenzsituation zum gleichgeschlechtlichen Elternteil geraten. Es ist die Zeit, wo der kleine „Gernegroß" zur Mutter sagt, „wenn ich groß bin, heirate ich dich". Um das zu können, müßte er den Vater verdrängen. Es ist also die Phase des sog. *„Ödipuskomplexes"*. Die antike Sagengestalt des Ödipus, der unwissentlich seinen Vater erschlug und seine Mutter heiratete, gab den Namen ab für diese jetzt aktuelle Konstellation „Vater-Mutter-Kind". Solche dunklen Ödipuswünsche haben Folgen. Sie erwecken *Schuldgefühle* – und das ist etwas ganz Merkwürdiges. Diese Gefühle können ja nur bedeuten, daß der Mensch sich Taten und Verbrechen zuschreibt, die er de facto natürlich nicht begangen hat und biologisch auch gar nicht begehen kann. Man fühlt sich schon schuldig für das, was man in Phantasien sich wünscht, erträumt und wird deshalb davon lassen. Hier wird der Grundstein für das „Über-Ich", diesen „inneren Richter", gelegt.

Schuldgefühl ist also der eine Pol des Grundkonflikts dieser Phase, den anderen nennt Erikson *Initiative*. Die in der analen Phase gelernte Beherrschung der Körperfunktionen, des Laufens, des Sprechens, der Erwerb eines ersten Erlebens von Autonomie, das ermöglicht es jetzt, Initiative zu entfalten („Ich kann mich an etwas heranmachen, etwas erobern, kämpfen, um die Wette rennen, andere besiegen" etc.).

Für den Jungen kommt hier die Rivalität mit dem Vater hinzu, für das Mädchen mit der Mutter. Aber das heißt auch, daß man ob dieses Rivalisierens Schuldgefühle hat, liebt man diesen Rivalen doch auch, möchte so sein wie er. Diese Schuldgefühle können so weit gehen, daß man sich selbst oder seine Bedürfnisse als böse konzipiert. Das kann nicht nur zu bestimmten Ängsten, z.B. zu sog. Kastrationsängsten, führen, wobei hier wohl mehr die Gefährdung der körperlichen Integrität als ganzes als nur die Gefährdung des Genitale gemeint ist, sondern auch, im Sinne von Spätfolgen, zu einer rigiden Einschränkung der Initiative auf dem Gebiet sexueller Betätigung. *Sexualstörungen* wie Impotenz oder Frigidität können deshalb bereits hier ihre Wurzeln haben. Eine mangelhafte Bewältigung des Ödipuskomplexes und des mit ihm verbundenen Grundkonflikts bieten auch Menschen, die an einer *Hysterie* leiden. Das zeigt sich schon daran, daß beispielsweise hysterische Frauen den Vater idealisieren, häufig in ihrem Partner sozusagen diesen idealen Vater suchen, dagegen mit der Mutter und ihren späteren Ersatzfiguren rivalisieren.

Aber in dieser Phase selbst kann es bereits auch zu Störungen kommen:

So wurde an einen psychotherapeutisch ausgebildeten Kinderarzt ein vierjähriger Junge wegen psychogener Stummheit (Mutismus) überwiesen. Sechs Wochen zuvor war bei diesem Jungen durch einen anderen Kinderarzt eine Beschneidung vorgenommen worden. Grund dafür war, daß die Eltern den Jungen beim Spielen am Penis ertappt hatten und dieser das Spiel dann auch nicht ließ, als die Mutter ihm androhte, der Doktor werde ihm, wenn er

nicht davon ablasse, ein Stück des Gliedes abschneiden. Als der Junge dennoch fortfuhr,
schlossen die Eltern, daß die Vorhaut zu eng
sei, Juckbeschwerden verursache und leiteten
deshalb die Beschneidung ein. Kurz darauf
kam es zum Mutismus. Im spieltherapeuti-
schen Setting wird der Junge jetzt äußerst aggressiv, versucht die Kindermöbel des Spiel-
zimmers zu demolieren. Als der Kinderarzt
dies unterbindet, geht der Kleine zur Türtafel
und malt schnell und energisch die nachste-
hende Skizze (Abb. 6.1), und zwar so groß
wie es für den Jungen überhaupt möglich ist.
Dies kaum getan, beginnt er wieder zu sprechen, zunächst noch etwas zögerlich, was
sich aber schnell gibt. Was war hier geschehen? In seinem Verständnis der Ereignisse
war offensichtlich der Kastrationsandrohung
die Kastration gefolgt. Dieses Trauma hatte
ihm die Sprache verschlagen. Erst als es ihm
jetzt gelang, die ihm angetane Aggression einer Übertragungsfigur „heimzuzahlen" und
er es vermochte, den traumatischen Vorgang
symbolisierend darzustellen, findet er seine
Sprache wieder. Er realisiert auf diese Weise
ein psychotherapeutisches Grundprinzip, das
schon Shakespeare wie folgt formuliert hat:
„Gib Worte Deinem Schmerz: Gram, der nicht
spricht, preßt das beladene Herz, bis daß es
bricht". „Worte" ist hier durch das Symbol
der kindgemäßen Skizze zu ersetzen. „Gram,
der nicht spricht" verweist auf die Entstehung
des mutistischen Symptoms; daß das Ange-
drohte plötzlich durch die Beschneidung realisiert wurde, war für ihn offensichtlich so
überwältigend, daß er dafür keine Worte und
damit auch kein Verständnis mit entsprechenden Bewältigungsmöglichkeiten gefunden
hatte. Das holte jetzt die Szene im ärztlichen
Spielzimmer nach.

In der herkömmlichen Psychoanalyse
kommt die Beschreibung der Rolle des Vaters für die frühkindliche Entwicklung zu
kurz. Zumeist tritt er nur als das „abend-
liche Schreckgespenst der ödipalen Jahre
oder als inzestuöses Liebesobjekt für das
ödipale Mädchen in Erscheinung" (Mertens 1992). Abgesehen davon, daß heute
sicherlich viele Väter von Anfang an (s.
Kap. 6.2.2) präsenter sind als zu Freuds
Zeiten, übersieht die traditionelle Auffas-

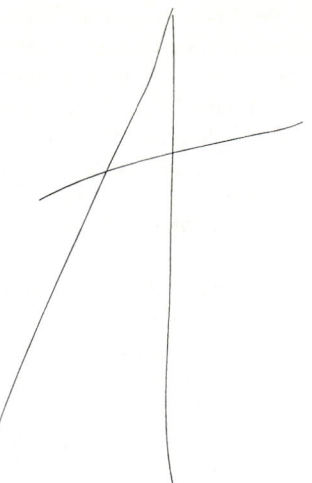

Abb. 6.1 Skizze des mutistischen Jungen

sung, daß der Vater schon von vornherein
die Entwicklung durch seine **mittelbare
Präsenz** beeinflußt, sofern er über die eheliche bzw. Partner-Beziehung die Art der
Mutter-Kind-Relation entscheidend mit-
strukturiert. Die biologische Trias Vater-
Mutter-Kind findet sich auf diese Weise
durch das dreigliedrige soziale Funda-
mentalgefüge „strukturale Triade" (Lang
1992) überformt und abgelöst, so daß
sich eine reine Dualunion zwischen Mutter und Kind – wie von der traditionellen
Psychoanalyse postuliert – normalerweise
gar nicht bilden kann.

Latenzphase. Nach dem Durchlaufen der
phallisch-ödipalen Phase ist nach der Auffassung Freuds die frühkindliche Sexual-
entwicklung abgeschlossen, das Ge-
schlechtliche tritt zurück, in die „Latenz".
Den folgenden Lebensabschnitt nennt er
deshalb Latenzphase. Die Beziehung zur
Peergruppe (peer = gleich[-rangig, -alt-
rig]), der Schulbesuch mit seinen neuen
Anforderungen hinsichtlich Leistung und
Bewährung treten jetzt in den Vordergrund. Kristallisiert sich in der ersten

Phase die Persönlichkeit um die Überzeugung „Ich bin, was man mir gibt", in der zweiten um „Ich bin, was ich will" und in der dritten schließlich um das Thema „Ich bin, was ich mir zu werden vorstellen kann – Mann oder Frau, Vater oder Mutter", so gilt jetzt „Ich bin, was ich lerne". Der sexuelle Wunsch tritt in dieser Phase zurück, er wird „sublimiert". Das bedeutet, daß die Energie, die damit verbunden ist, sich auf nicht sexuelle Ziele gelenkt findet wie Bewährung und Erbringung von Leistung in der sozialen Gemeinschaft von Schule und Peergruppe. Der eine Pol des Grundkonflikts läßt sich deshalb als *Leistung* oder *Kompetenz* bestimmen. Den anderen nennt Erikson *Minderwertigkeitsgefühl*. Die familiäre Sozialisation hat das Kind nicht genügend für die jetzigen Anforderungen vorbereitet; was bislang galt, gilt vielleicht beim Lehrer nichts mehr. Ein tiefes Gefühl von Unzulänglichkeit und Minderwertigkeit kann sich einstellen. Starke regressive Tendenzen, lieber noch als Baby zu Hause bemuttert zu werden als ein großes selbstverantwortliches Schulkind zu sein, werden vielleicht aktiviert.

Pubertät und Adoleszenz. Zu einer altersadäquaten Wiederbelebung frühkindlicher, nämlich *ödipaler Strebungen* kommt es in der Pubertät, die etwa ab dem 11. Lebensjahr beginnt. Das kann sich u. a. am heftigen Vaterprotest des Jungen und der nicht minder konfliktgeladenen Spannungen zwischen Mädchen und Mutter zeigen. Zugleich aber ist jetzt entscheidend, daß es gelingt, sich mit dem gleichgeschlechtlichen Elternteil zu identifizieren, zur Identität als Frau oder Mann zu finden.

> **!** In Pubertät und Adoleszenz gilt es, den Reifeschritt von einer primär familienzentrierten Identität zu einer Form der Identität zu vollziehen, die schließlich auf das außerfamiliäre gesellschaftliche System bezogen ist und sich von daher versteht und bestimmt.

Die jetzt einsetzenden „natürlichen" Veränderungen des Körpers, das Auftreten der sekundären Geschlechtsmerkmale, konkretisieren gebieterisch die Forderung, diesen Reifeschritt zu vollziehen. Zur schweren *Identitätskrise* gerät die „normale" Identitätsunsicherheit, die dieser Schritt mit sich führt, dann, wenn die jetzt einsetzenden körperlichen Veränderungen und die damit zusammenhängenden Anforderungen zur Änderung der bisherigen Weltbezüge als Überwältigung erfahren werden, die das bisherige Selbstbild radikal in Frage stellen.

In der Pubertätsmagersucht kann eine solche Problematik kulminieren. Ellen West z. B., die wohl berühmteste Anorexiekranke überhaupt (L. Binswanger 1957), spielte nur Jungenspiele. Nur in der gewünschten Identität als Knabe glaubte sie sich stark und mächtig. Ein solches Selbstverständnis gilt es zu sehen, wenn jetzt die auftretenden „weiblichen" körperlichen Merkmale und harmlose Neckereien über ihr pummeliges „feminines" Aussehen zu Auslösern der anorektischen Symptomatik werden. Indem sie nun hungert, immer mehr abnimmt, bilden sich die weiblichen Geschlechtsmerkmale zurück. Auf diese „pathologische" Weise kann sie ihre bisherige „jungenhafte" Identität aufrechterhalten.

„Alle Identifizierungen und alle Sicherungen, auf die man sich früher verlassen konnte, werden in der Pubertät in Frage gestellt" (Erikson). So besteht die Gefahr dieses Stadiums in einer *Identitätsdiffusion*. Um sich selbst zusammenzuhalten, können sich Jugendliche jetzt mit bestimmten Ideologien, Cliquen, Massen und deren Helden überidentifizieren. Totalitäre Doktrinen, die „saubere" Ordnungen in Schwarz-weiß-Manier mit entsprechender Intoleranz gegen alles der eigenen Gruppierung „Fremde" vertreten, können deshalb besonders attraktiv sein, findet doch jetzt der Jugendliche in dieser einfach strukturierten Gruppenidentität eine Stabilisierung seines Selbstgefühls.

Das Phänomen der Hooligans, der Jugendsekten (vgl. Lang 1980, 1998b), fundamentalistischer Positionen wird von daher verständlich. Gerade wenn, wie in den Neuen Bundesländern, die bisher geltende Gruppenidentität zugrunde gegangen ist, gewinnen Ideologien, wie die neonazistische, einen besonderen Anreiz. Die psychoanalytische Forschung hat darüber hinaus zeigen können, daß eine Gruppenkohäsion v. a. mittels der Gestalt eines Führers gestiftet und erhalten wird – eines Führers, der als das gemeinsame Vorbild in allen Mitgliedern wirkt, zu der alle aufblicken, der sie sich im gemeinsamen Bunde unterwerfen. Solche Führergestalten strahlen in ihrem Charisma ein scheinbar unerschütterliches Selbstvertrauen aus. In Augenblicken der Krise und Angst ist die Versuchung groß, sich einer solchen grandiosen Persönlichkeit zuzuwenden, sich mit ihrer Stärke und Sicherheit zu identifizieren. Das Phänomen der Hitlerjugend ist dafür ein beredtes Beispiel (vgl. z. B. Bernhard Wickis Film „Die Brücke", wo sich Hitlerjungen in den letzten Kriegstagen für ihren Führer in einen sinnlosen Tod stürzen).

Das psychoanalytische Entwicklungsmodell ist v. a. das Ergebnis klinischer Erfahrungen. Insofern steht bei ihm das Konflikthafte, das mögliche Pathologische, besonders im Vordergrund – für den Mediziner ist es deshalb besonders relevant geworden. Die Darstellung dieses Modells nimmt deshalb einen Teil des Abschnittes „Soziale Fehlentwicklung" schon vorweg. Dabei ist zugleich zu sehen, daß die einzelnen Phasen nicht zu konkretistisch als engbegrenzte Zeitabstände zu verstehen sind, sondern eher als bestimmte Entwicklungsthemen, die das Erwachsensein mitbestimmen.

Ethologische Ansätze zur Mutter-Kind-Bindung

> **!** Die Ethologie (ethos, griech.: Gewohnheit, Sitte) ist die Lehre von den Lebensweisen der Tiere, wobei insbesondere der Tier-Mensch-Vergleich > vergleichende Verhaltensforschung thematisiert wird. Wichtige Begriffe der Ethologie sind „Bindung", „Prägung" und „sensible Phase".

Erhärtet wurde der psychoanalytische Ansatz, wie er sich beispielsweise im Gegensatzpaar „Urvertrauen vs. Urmißtrauen" ausdrückt, dessen in der oralen Phase erfahrene Gewichtung den Menschen ein Leben lang in seinen Beziehungen beeinflussen wird, durch die Hospitalismus-Untersuchungen von René Spitz (s. Kap. 6.3.3) und „ethologische" Studien, die sich mit Begriffen wie „Bindung", „Prägung", „sensible Phase" verbinden. Insbesondere der „Mutter-Kind-Beziehung", dieser „Masse zu zweit" (Freud), wurde hier Aufmerksamkeit geschenkt.

In seiner *ethologischen Bindungstheorie* geht der englische Psychiater J. Bowlby davon aus, daß das menschliche Lebewesen im Laufe der Phylogenese artspezifische Verhaltenssysteme herausgebildet hat. Ein zentrales Verhaltenssystem ist nun darauf ausgerichtet, eine hinreichende Nähe zu den Eltern herzustellen. Auf seiten der Eltern entspricht diesem schon stammesgeschichtlich angelegten „Bindungssystem" das Pflegeverhalten. Kindliche Signale wie Schreien und Lächeln lösen einerseits Annäherungsverhalten bei der Pflegeperson aus, durch Anklammern und Nachlaufen stellt das Kind andererseits aktiv den Kontakt zur Mutter her. Wird dieser persönliche Kontakt gestört, so durch Mutterdeprivation, kann es zu schweren Schädigungen kommen. Beobachtungen an Heimkindern in aller Welt konnten belegen, daß der damit verbundene Mutter-(oder Mutterersatz-)Verlust zu massiven Störungen führt, die von den nachfolgenden Verhaltensstörungen des Kindes mit rapidem Absinken des Entwicklungsquotienten bis zur Verwahrlosung und Kriminalität Jugendlicher und Erwachsener reichen (s. Kap. 6.3.3).

Zu welchen schwerwiegenden Folgen im Sozialverhalten schon bei Primaten eine Mutterentbehrung führen kann, zeigen die bekannten Untersuchungen des amerikanischen Ehepaares Harlow an Rhesusaffen. Die Tiere waren unmittelbar nach der Geburt von der Mutter getrennt worden. Zwei Drahtpuppen, wobei eine mit Fell bespannt war, dienten als „Mutterersatz" (s. Abb. 6.2). An diesen Mutterattrappen war ein Sauger befestigt, aus dem die Äffchen Milch saugen konnten. Die körperliche Entwicklung der Tiere verlief zunächst durchaus normal und sie entwickelten sogar eine gewisse „Anhänglichkeit" an die mit Fell bespannte Puppe. Im weiteren Entwicklungsverlauf aber traten mehr und mehr schwere Entwicklungsschäden auf. Dieses sog. „Deprivationssyndrom" bestand u. a. aus Bewegungsstereotypien und allgemeiner Bewegungsunruhe, zwanghaften Gewohnheiten, fremd- und autoaggressiven Reaktionen, wie z. B. Haareausreißen. Die meisten der Tiere waren u. a. aufgrund der Fremdaggressivität paarungsunfähig. Selbst wenn die mutterlos aufgewachsenen Weibchen bis zu 7 Jahren mit sehr geduldigen Männchen zusammengehalten wurden, wurden sie nicht schwanger. Gelang dies doch, erwiesen sie sich als schlechte Mütter. Sie ließen sich die Jungen ohne weiteres wegnehmen, säugten sie nicht oder nur widerwillig und mißhandelten sie sogar (s. Abb. 6.3). Im Vergleich zu normal aufgewachsenen Jungtieren war auch das Erkundungs- und Spielverhalten gestört, ebenso die Lernleistungen deutlich verringert. In beeindruckender Weise konnten diese Untersuchungen belegen, daß eine normale Mutter- (oder Mutterersatz-) Kind-Bindung eine mitentscheidende Bedingung für eine gesunde Entwicklung und ein adäquates späteres Sozialverhalten darstellt. Ermangelt es dieser Fundamentalbeziehung, kann es zu schweren Entwicklungsstörungen kommen, die sich praktisch auf alle Verhaltensbereiche auswirken.

Die Schädigung erwies sich indessen in gewissem Umfang dann als reversibel, wenn die Trennung von der Mutter nur eine begrenzte Zeit dauerte, wobei sich die Schäden um so schwerer beheben ließen, je früher die Trennung erfolgte. Tiere, die von Geburt an mehr als 6 Monate isoliert waren, hatten irreparable Störungen.

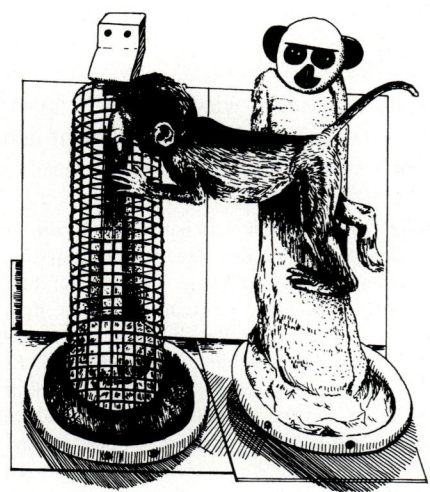

Abb. 6.2 Deprivation. Junger Rhesusaffe, der mit Attrappen aufwächst. Die linke Attrappe spendet Milch; die rechte hat ein weiches Fell und ein „Gesicht", sie ist warm. Der junge Affe hält sich (selbst beim Trinken) fast nur auf der rechten Attrappe auf (nach Harlow, aus Immelmann et al. 1988)

Solche Beobachtungen legen nahe, auf eine für die Sozialisierungsfähigkeit entscheidende *sensible Phase* zu schließen, innerhalb deren bestimmte soziale Reize einwirken müssen, soll es nicht zu schwerwiegenden sozialen Fehlentwicklungen kommen. Für eine solche sensible Phase spricht v. a. auch ein Bindungsphänomen, das unter dem Begriff *Prägung* durch die ethologischen Forschungen von K. Lorenz bekanntgeworden ist. Dem Ansatz dieser Wissenschaft liegt folgende These zu-

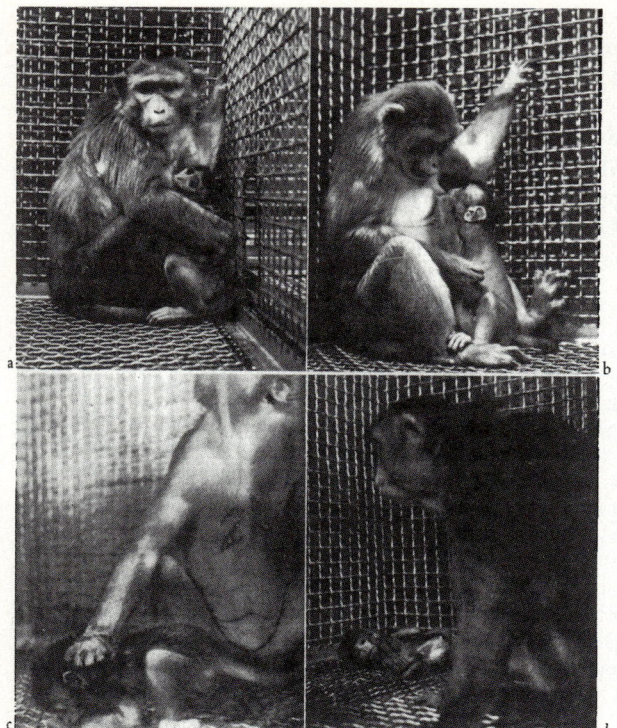

Abb. 6.3 a,b Normale Rhesusaffen-mütter betreuen ihre Jungen auch in der Gefangenschaft sehr sorg-fältig; **c** und **d** isoliert aufgewach-sene Rhesusaffen dagegen verhal-ten sich ihren eigenen Jungen ge-genüber gleichgültig, ja bisweilen sogar ablehnend oder aggressiv (nach Harlow, aus Eibl-Eibesfeldt 1986)

grunde: Die Tiere lassen vieles in modell-mäßiger Klarheit erkennen, was bei Men-schen, seiner ungleich komplexeren Struktur wegen, nur schwer oder gar nicht zu analysieren wäre, ihn aber gleichwohl determiniert. Lorenz hat an Vogelarten zeigen können, daß sich ohne irgendeinen Zusammenhang mit der Ernährung ein starkes Band zu einer Mutterfigur einfach dadurch herstellt, daß das Junge diese Mutterfigur nach dem Ausschlüpfen sieht. So folgen junge Graugänse sehr bald nach dem Schlüpfen ihren Eltern. Hält man aber während des Schlüpfens die Eltern fern oder erbrütet die Jungen im Brut-schrank, dann folgen sie demjenigen Le-bewesen oder Objekt, welches sie als erstes zu sehen bekommen, sei es ein anderer Vogel oder ein Mensch. Sind sie diesen „Adoptiveltern" erst einmal gefolgt, so las-sen sie sich nicht wieder dazu bringen, einer Graugans zu folgen, auch nicht den eigenen Eltern.

Lorenz (1967) berichtet beispielsweise, wie er nach dem Schlüpfen des Gänsekindes Martina, dem eben nur er und keine Gänsemutter bei-gewohnt hatte, jetzt versucht, Martina dem weichen und warmen Bauch einer alten wei-ßen Hausgans vergeblich unterzuschieben. Er berichtet, wie das Gänsekind, sobald es ihn nicht mehr sah, so verzweifelt wirkte und so herzzerreißend weinte, daß er es ständig bei sich tragen mußte und auch gezwungen war, Martina mit ins Bett zu nehmen. „Diese tief instinktmäßige Abneigung gegen das Allein-sein band Martina fest an meine Person. Mar-tina folgte mir überall hin und war vollkom-men zufrieden, wenn ich am Schreibtisch ar-beitete und sie sich unter meinen Sessel hinle-gen durfte".

> **!** Ein Lernakt, welcher sich in einer bestimmten kurzen Zeit, eben in der sensiblen Phase vollzieht und irreversibel, nicht mehr rückgängig zu machen ist, wird Prägung genannt.

Es findet indessen nicht nur eine Prägung des Neugeborenen auf die Mutter statt, sondern auch umgekehrt – das Bemutterungsverhalten hängt offensichtlich auch von Prägungsvorgängen ab.

Nimmt man einer Ziege, einem Schaf oder einem Rind das Neugeborene nach der Geburt weg, wird selbst dann, wenn die Trennung nur im Bereich von 1–4 Stunden liegt, das Junge von der Mutter nicht mehr angenommen, nicht mehr gepflegt und genährt, ja sogar getötet. Werden die Tiere jedoch erst nach den ersten vier Lebenstagen, die sie gemeinsam verbracht haben, ebenfalls für 1–4 Stunden getrennt, nimmt die Mutter nach der Zusammenführung ihr Brutpflegeverhalten wieder auf.

Es muß also unmittelbar nach der Geburt eine kurzdauernde Zeitspanne geben, **eine „sensible Phase"**, die das Verhalten der Mutter ihrem Kinde gegenüber prägt.

Wie verhält es sich nun beim Menschen mit der sensiblen Phase, wie bei ihm mit dem Phänomen der Prägung, mit dem Einfluß instinktmäßig vorgegebener Faktoren? Biologisch orientierte Forscher wie Bowlby (1975) oder Hassenstein (1973) schließen auf ein auch beim Menschen angeborenes Kontaktbedürfnis, dessen Nichtbefriedigung durch entsprechende Bemutterung zu katastrophalen Folgen führen kann, und dies v. a. dann, wenn die Zeit der Muttertrennung zwischen sechs Wochen und sechs Monaten liegt. Ja, es fragt sich, ob eine solche sensible Phase nicht schon bei der Geburt

beginnt. So fand eine Forschergruppe um die amerikanischen Kinderärzte Klaus u. Kennell (1976) in Cleveland heraus, daß der Kontakt zwischen Mutter und Kind in den ersten Tagen nach der Geburt für die emotionale Einstellung der Mutter zum Kind von zentraler Bedeutung sei.

Bei Müttern, die Gelegenheit hatten, ihr Neugeborenes direkt nach der Geburt und auch in den ersten Lebenstagen bei sich zu haben, fand sich eine stärkere Bindung („Bonding") an ihre Kinder als bei Müttern, die ihre Kinder nur während der üblichen Fütterungszeiten sahen. Werde durch Frühgeburt oder Krankheit die erste Trennung auf Wochen verlängert, beständen ernste Gefahren einer tiefen Entfremdung. So stellten Klaus u. Kennell fest, daß 39 % von später mißhandelten Kindern eine längere Trennung von ihrer Mutter während des ersten Lebensabschnittes erfahren hatten.

Von ethologischer Seite wird auch angenommen, daß das von Lorenz beschriebene *Kindchenschema* als „Schlüsselreiz" für ein instinktmäßig verankertes mütterliches Pflegeverhalten fungiert.

> **!** Unter Instinkt versteht man eine angeborene (nicht erlernte) Verhaltensweise, die auf einen spezifischen Außenreiz (den sog. Schlüsselreiz) hin nach einem festen Schema abläuft.

Bestimmte Merkmale des Jungtieres, aber auch des menschlichen Kleinkindes, wie ein im Verhältnis zum Rumpf zu großer Kopf, eine hohe vorgewölbte Stirn bei kleinem Gesicht, kurze dicke Ärmchen und Beinchen, rundliche Körperformen, tiefliegende große Augen etc. lösen als Schlüsselreiz instinktartig Brutpflegegefühle und Brutpflegereaktionen aus. Die Beliebtheit von Hummelfiguren, von

Abb. 6.4 Das „Kindchenschema" des Menschen (aus Lorenz 1943, nach Eibl-Eibesfeldt 1986)

Bambi, Wum und Maskottchen ist offensichtlich auf dieses Kindchenschema zurückzuführen.

Auf der Abb. 6.4 werden links die Proportionen als „herzig", süß empfunden, sie lösen Zuwendung, Streicheln, In-die-

Armeschließen, eine beschützende Stimmung aus; rechts sind nicht den Brutpflegeinstinkt aktivierende Verwandte dargestellt.

Natürlich stellt sich die Frage, ob Forschungsergebnisse, die v. a. aus dem Tiervergleich gewonnen wurden, ohne weiteres auf den Menschen übertragbar sind.

Dem Neugeborenen fehlen zunächst weitgehend Merkmale des Kindchenschemas, sie entwickeln sich erst nach etwa 8 Wochen. Oder: Reagieren beispielsweise alle auf dieses Schema? Ist nicht gerade der Mensch weitgehend instinktungebunden? Gibt es beim Menschen überhaupt einen Bemutterungsinstinkt? Ein mißgebildetes, mongoloid geborenes Kind beispielsweise wird sehr wahrscheinlich zunächst einem Gefühl der Ablehnung seitens der Mutter begegnen. Nicht selten ist dann allerdings zu beobachten, daß die Mutter überkompensatorisch, in übermäßigem Ausgleich, sich gerade diesem Kinde zuwendet und es sogar gegenüber den gesunden Geschwistern bevorzugt. Für den Zoologen hingegen ist es eine bekannte Tatsache, daß mißgebildete Junge, die nicht die normalen Verhaltensweisen von neugeborenen Tieren ihrer Art zeigen, vom Muttertier nicht genährt, ja sogar getötet werden. Hier findet die Gleichsetzung menschlicher mit tierischen Verhaltensweisen eine Grenze. Klaus u. Kennell haben ihre Ergebnisse „prägungsanalog" im Sinne einer „sensiblen Phase" interpretiert. Nachuntersuchungen haben indessen gezeigt, daß eine unmittelbare Übertragung auf den Menschen von Prägungsprozessen bei Tieren, für die eng umrissene sensible Phasen charakteristisch sind, nicht ohne weiteres möglich ist.

Wir dürfen nicht vergessen, daß, in Abhebung zu tierischem Verhalten, menschliches Verhalten außerordentlich plastisch ist, daß hier Kompensationen möglich sind, wie sie beim Tier nicht vorkommen. Andererseits sind die Hinweise – stammen sie nun aus der Psychoanalyse, der Verhaltensforschung bzw. aus der klinischen Erfahrung – erdrückend, daß die Art des frühkindlichen Beziehungsschicksals nicht ohne Einfluß auf das spätere Dasein als Jugendlicher und Erwachsener ist.

Das kognitive Entwicklungsmodell nach J. Piaget

„Phasen", Zeiten „erhöhter Lernbereitschaft" spielen auch in der Theorie kognitiver Entwicklung, wie sie der bekannte Schweizer Entwicklungspsychologe Jean Piaget vertritt, eine zentrale Rolle.

Der Begriff der „kognitiven Entwicklung" umfaßt die Entwicklung der Erkenntnisprozesse und des Wissens, insbesondere die Entwicklung der Wahrnehmung und des Denkens. Auf die Frage, was die kognitive und auch soziale Entwicklung des Menschen in Bewegung setze und in Gang halte, gibt Piaget das Prinzip der *Äquilibration*, des Gleichgewichts, an. Es besagt, daß der Organismus Ungleichgewicht zu beseitigen trachtet, um Gleichgewicht herzustellen. Piaget versucht, wie schon die Heranziehung dieses allgemeinen biologischen Prinzips verrät, auch die geistige Entwicklung des Menschen mit generellen biologischen Gesetzmäßigkeiten des Austausches zwischen Organismus und Umwelt in Einklang zu bringen. Die Symbiose, die dabei ein Organismus mit seiner Umwelt eingeht, wird durch Prozesse der Assimilation und Akkommodation aufrechterhalten. Auf die kognitive Entwicklung bezogen bedeutet *Assimilation* die Einordnung von Umweltgegebenheiten in die eigenen bereits vorhandenen kognitiven Strukturen bzw. Schemata. Unter „Schema" ist ein Ordnungsmuster zu verstehen, das „in verschiedenen Situationen und auf variierende Inhalte beim äußeren Handeln und/oder Denken angewandt wird" (Immelmann et al 1988). Umgekehrt nennt nun Piaget die Anpassung der vorhandenen Schemata an die Umwelt **Akkommodation**. Die vorhandenen eigenen Strukturen selbst werden hier verändert, um den neuen Situationen oder Gegenständen angemessen zu sein. Piaget betrachtet die kognitive Entwicklung als Ergebnis des ständigen Wechselspiels von Assimilation und Akkommodation. „Die Assimilation bewahrt und erweitert das Bestehende und verbindet so die Gegenwart mit der Vergangenheit. Akkommodation entsteht aus Problemen, die die Umwelt aufgibt, aus Wahrnehmungen, die nicht zu dem passen, was man weiß und denkt. Diese Diskrepanzen zwischen dem, was man sieht und dem, was man denkt, beeinflussen die kognitive Entwicklung ganz wesentlich. Sie zwingen das Kind, angemessenere innere Strukturen und Prozesse zu entwickeln, und ermöglichen dadurch einen kreativen und angemessen Umgang mit neuen Herausforderungen" (Zimbardo 1992). Durch dieses beständige Wechselspiel, das selbst dem Äquilibrationsprinzip unterliegt, wird das Kind immer weniger von der Unmittelbarkeit der Wahrnehmungen, sondern immer mehr von Vorstellungen und Denkprozessen abhängig. Diese geistige Entwicklung verläuft in vier Stufen, die in der folgenden Tabelle 6.2 näher beschrieben werden.

Tabelle 6.2 Piagets Stadien der kognitiven Entwicklung (nach Immelmann et al. 1988)

Ungefähres Alter	Entwicklungsstadium	Beschreibung
Geburt bis 2 Jahre	1. Sensumotorische Periode	Das Kind entwickelt und koordiniert sensumotorische Schemata (z. B. visuelle Steuerung des Greifens). Es führt wiederholt Effekte herbei. „Gegenstands"-Schema: Objekte hören nicht auf zu existieren, wenn man sie nicht mehr sieht. „Werkzeugdenken": z. B. Benutzen eines Stabes zum Herbeiholen einer Puppe.
2–7 Jahre	2. Präoperationale Intelligenz	Das Denken ist egozentrisch (Standpunkte „außerhalb" können nicht eingenommen werden) und nicht „dezentriert" (nur eine Dimension kann beachtet werden).
2–4 Jahre	Vorbegrifflich-symbolisches Denken	Das Kind kann mit Symbolen, die für Handlungen und Gegenstände stehen, umgehen. Spracherwerb und -gebrauch. Symbolspiel und Nachahmung.
4–7 Jahre	Anschauliches Denken	Wenn Anschauungen und Denken übereinstimmen, kommt es zu richtigen Lösungen (z. B. große Menge: mehr Raum, kleine Menge: weniger Raum). Das Denken versagt jedoch, wenn mehrere Dimensionen berücksichtigt werden müssen und/oder wenn die Anschauung trügt. Ein Denkvorgang ist noch nicht umkehrbar.
7–11 Jahre	3. Konkret-logische Operationen	Benutzung logischer Operationen (abstrahierte verinnerlichte Handlungen), die umkehrbar (reversibel) sind und für die Lösung konkreter Probleme (Umgang mit Zahlen. Raum- und Zeitproblemen) eingesetzt werden können.
ab etwa 12 Jahren	4. Formal-logische Operationen	Operationen können systematisch und bewußt im Denken eingesetzt werden. Schlußfolgerndes Denken gelingt nun bei beliebigen, fiktiven Annahmen: „Gedankenexperimente".

Einige wichtige Punkte sollen hervorgehoben werden: Die Handlungen des Kindes auf der sensomotorischen Stufe sind zunächst so sehr in die Umgebung eingebettet, daß das Kind unter einem Jahr kaum in der Lage ist, zwischen Handlung und Gegenstand zu trennen. Voraussetzung dieser Unterscheidung ist die stetige Entwicklung zur **Objektpermanenz**. Das bedeutet, daß Gegenstände auch dann für das Kind weiter existent sind, wenn es sie nicht mehr unmittelbar sieht. Ein weiterer wichtiger Schritt auf diesem Wege fortschreitender „Dekontextualisierung" (d. h. Herauslösung aus unmittelbaren Lebenszusammenhängen) und Koordination von Handlungen ist der Übergang vom **Egozentrismus** der präoperationalen Stufe zur **Dezentrierung** bzw. **Perspektivenübernahme**. Im präoperationalen oder anschaulichen Denken richtet sich noch die Aufmerksamkeit auf einen einzigen Gegenstand oder ein einziges Merkmal. Die Fähigkeit, zwei oder mehr physikalische Dimensionen zur gleichen Zeit zu erfassen, den Begriff der „Mengeninvarianz", oder gar sich in andere zu versetzen, „ihre Perspektive zu übernehmen", tritt in der Entwicklung erst später auf.

6.2 Lebensabschnitte

6.2.1 Familienplanung und Kinderwunsch

Die Entwicklung des Menschen besteht aus einem Ineinandergreifen von biologischen, psychologischen und sozialen Vorgängen. Das soziale Umfeld, das in der Frühentwicklung von ganz besonderer Bedeutung ist, bildet die Familie. Insofern erscheint es in gewissem Sinne einseitig, wenn die bisherige Literatur zu psychologischen Aspekten von Schwangerschaft und Geburt ganz vorrangig den Zusammenhang zwischen Persönlichkeit der Frau, ihren Motiven, Entscheidungsprozessen und dem Verlauf von Schwangerschaft und Geburt thematisierte, Aspekte der Persönlichkeit des männlichen Partners, der Paarbeziehung und des sozialen Umfeldes dagegen unterbelichtet blieben.

Dabei zeigte gerade eine unter der Leitung von H. Roeder am „Institut für Psychotherapie und Med. Psychologie der Technischen Universität München" durchgeführte Studie, daß auch bei ungewollten bzw. problematischen Schwangerschaften die Schwangerschaft in den meisten Fällen fortgesetzt wird, wenn die Männer zu den Kindern stehen. Verhielten sich die Männer im Konfliktfall ablehnend oder neutral, fanden nur wenige Frauen den Mut, ja zu ihrem Kind zu sagen. Nach einem Abbruch äußerte jede zweite Frau, sie hätte das Baby behalten, wenn der Partner zu ihr gestanden hätte. „Schwangerschaftserleben", das Erleben der psychischen Wechselwirkung zwischen Mutter und werdendem Kind, ist nicht unabhängig von der Beziehung zum Vater des Kindes zu sehen, zumal, wie die Studie weiter zeigte, 2/3 der Männer „mit einem Konflikt oder einem Abbruch" Ängste erleben, welche den Ängsten schwangerer Frauen durchaus ähnlich sind. Schlaflosigkeit, allgemeine Unruhe, Reizbarkeit, Kopf- und Rückenschmerzen, Magen-Darm-Syndrome, Depressionen mit Selbstmordabsichten und sogar Heißhunger wurden bei den „ungewollt schwangeren Männern" diagnostiziert.

Wenn in der Beschreibung des „Schwangerschaftserlebens" für gewöhnlich die schwangere Frau im Mittelpunkt steht, so ist dieses „Erleben" zugleich vom werdenden Kind, Partner, sozialer Einbindung usw. beeinflußt.

Gloger-Tippelt (1988) hat einen **typischen Schwangerschaftsablauf** aus Sicht der Eltern beschrieben. Dabei unterscheidet sie sieben Phasen, die auch das erste

Lebensjahr miteinbeziehen. Im einzelnen gliedert sich der Verlauf in:

- eine Verunsicherungsphase bis ca. zur 12. Schwangerschaftswoche,
- eine Anpassungsphase bis zur 20. Schwangerschaftswoche,
- eine Konkretisierungsphase ungefähr von der 20. bis zur 32. Schwangerschaftswoche,
- eine Geburtsphase,
- eine Phase der Erschöpfung und Überwältigung von ungefähr 4 bis 8 Wochen nach der
- Geburt,
- eine Phase der Herausforderung und Umstellung bis ca. zum 6. Lebensmonat,
- eine Gewöhnungsphase in der zweiten Hälfte des ersten Lebensjahres.

Für beide Partner stellt sich die Aufgabe, die durch die Information über die Schwangerschaft veränderte Lebenssituation in ihren bisherigen Lebensgang zu integrieren. Diese kognitive Herausforderung ist von mehr oder weniger starker *emotionaler Verunsicherung* begleitet. So fanden sich bei Frauen Ängste hinsichtlich der kommenden körperlichen Veränderung, der sexuellen Identität, über die zu erwartende Veränderung der Partnerbeziehung, die Unterbrechung der beruflichen Tätigkeit, die materielle Situation in der Zukunft. Die Veränderung im Körperbild der Frau und die bevorstehende neue soziale Rolle als Eltern können zu einer Verunsicherung im Selbstbild von Frau und Mann führen. Diese eher krisenhaften ersten Schwangerschaftswochen werden von einer ruhigeren Zeit der *kognitiven und emotionalen Anpassung* abgelöst, wobei zu dieser Akzeptanz auch beiträgt, daß die belastenden Umstellungen des Organismus, die starke Müdigkeit, morgendliche Übelkeit, eventuell Erbrechen und ähnliche Beschwerden jetzt nachlassen. Eine *„Konkretisierung"* des Elternwerdens wird um die 20. Woche durch die Wahrnehmung der Kindsbewegungen erfahren, ältere Paare erhalten jetzt die Ergebnisse pränataler diagnostischer Methoden. Schließlich richtet sich ab etwa der 32. Schwangerschaftswoche mehr und mehr die Aufmerksamkeit der Partner auf die Geburt. Wie zu Beginn der Schwangerschaft sind jetzt die Ängste besonders hoch, so vor einem behinderten oder toten Kind, vor der Geburt, vor Wehenschmerzen oder Komplikationen, einem nicht steuerbaren biologischen Vorgang ausgeliefert zu sein. Einen Überblick über häufig vorkommende Ängste bietet die Erstellung einer *„Angsthierarchie"* (s. Abb. 6.5).

Es zeigte sich (vgl. Davis-Osterkamp u. Beckmann), daß Frauen, die sich in Persönlichkeitstests als eher ängstlich und depressiv darstellen, komplikationsreichere Schwangerschaften und Geburtsverläufe haben. Eine allgemein erhöhte Ängstlichkeit während der Schwangerschaft hat mit einer psychosozial ungünstigen Situation der Frau und bewußten oder unbewußten Mutterschaftskonflikten zu tun.

„Besonders bei der Ablehnung des Kindes", führen Davis-Osterkamp u. Beckmann weiter aus, „bei unsicherer Zukunft, bei einer ungünstigen psychosozialen Situation, sowie bei dem Eintreten gravierender lebensverändernder Ereignisse während der Schwangerschaft ist häufiger mit Schwangerschafts- und Geburtskomplikationen zu rechnen". Andererseits scheint es hinsichtlich der psychologischen Funktion und Wirkung des Angsterlebens ähnlich zu sein wie bei Angst vor Operationen (s. Kap. 3.3.2). Ein Fehlen „antizipatorischer Angst" vor der Geburt scheint mit längeren und allgemein schwierigeren Geburten verbunden zu sein, ein Angstanstieg eher mit einer niedrigen Komplikationsrate.

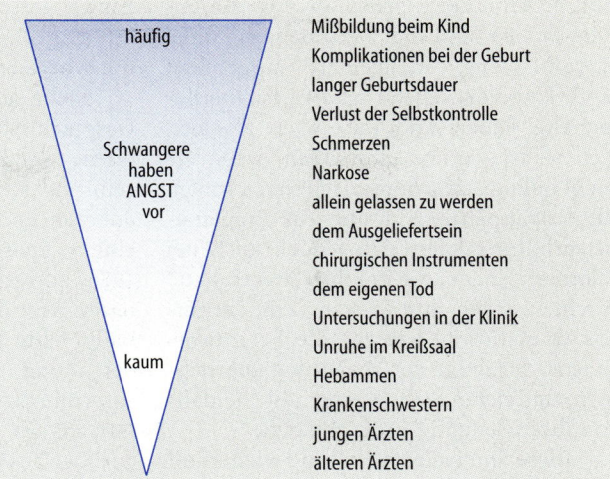

häufig	Mißbildung beim Kind
	Komplikationen bei der Geburt
	langer Geburtsdauer
	Verlust der Selbstkontrolle
Schwangere	Schmerzen
haben	Narkose
ANGST	allein gelassen zu werden
vor	dem Ausgeliefertsein
	chirurgischen Instrumenten
	dem eigenen Tod
	Untersuchungen in der Klinik
	Unruhe im Kreißsaal
kaum	Hebammen
	Krankenschwestern
	jungen Ärzten
	älteren Ärzten

Abb. 6.5 Angsthierarchie bei Schwangeren (nach Perrez et al. 1978, aus Uexküll 1990)

Faktoren, die schädigend oder fördernd Schwangerschaft und Geburt beeinflussen können, sind in der folgenden Tabelle 6.3 zusammengefaßt.

Unerwünschte Schwangerschaften sind nicht nur häufiger mit Komplikationen für Mutter und Kind verbunden, sondern scheinen sich auch dahingehend auszuwirken, daß die weitere Kindheit des unerwünschten Kindes gestört ist.

Besonders ledige Mütter sind hier betroffen; 72 % von ihnen bezeichnen ihre Schwangerschaft als unerwünscht. Die Untersuchungen von Ruth W. Lidz zu Motivation und Konflikten der Empfängnisverhütung zeigen u. a., daß besonders Frauen, die ihre Rolle noch „traditionell", d. h. als Hausfrau und Mutter verstehen, der Empfängnisverhütung ambivalent gegenüberstehen, sofern ihr Selbstwertkonzept eng

Tabelle 6.3 Schädigende und fördernde Einflüsse vor und während der Schwangerschaft (nach Immelmann et al. 1988)

Fördernde Einflüsse	Schädigende Einflüsse
– geplante Schwangerschaft	– Unter- und Fehlernährung der Mutter
– Partner leben länger als 3 Jahre zusammen	– Stoffwechselfehler der Mutter
– Eltern haben überdurchschnittlichen Bildungsgrad	– Alter der Mutter (unter 18, über 35 Jahre)
	– zu geringes oder zu hohes Alter des Vaters
	– Strahleneinwirkungen
	– Infektionskrankheiten
	– Alkohol, Nikotin, Drogen, Streß
	– Unerwünschtheit des Kindes
	– Erbkrankheiten in der Familie

mit Fruchtbarkeit verknüpft ist. Besonders Frauen sind hier betroffen, die ohne Zukunftspläne, mangelhaft ausgebildet sind, eine vorwiegend passive Partnerbeziehung haben und ihr Leben als leer, sich selbst wertlos empfinden, wenn sie nicht biologisch schöpferisch sein können. Eine zwiespältige Haltung zur Empfängnisverhütung kann sich jedoch auch bei Männern finden, die um ihre „Herrschaft" fürchten, wenn ihre Frauen (z. B. vermittels Ovulationshemmern) die Verantwortung in der Frage der Verhütung übernehmen, und deren Selbstwertgefühl ebenfalls von ihrer Zeugungskraft abhängt.

Diese ambivalente Haltung wiederholt sich nicht selten dann, wenn es um die Frage des *Schwangerschaftsabbruches* geht, der seit 1976 auch aufgrund einer Notlagen- oder sozialen Indikation möglich ist. Nach Bräutigam u. Clement (1989) sind hier v. a. zwei typische Altersgruppen betroffen. Einmal adoleszente junge Mädchen, die unerfahren im kontrazeptiven Verhalten sind und auch häufig von einem mehr oder weniger unbewußten Wunsch motiviert sein können, selbst noch einmal qua Identifikation Kind sein zu dürfen – und das, wenn möglich, glücklicher; zum anderen Frauen, die meinen, Zeichen für eine beginnende Menopause zu haben und dann „überraschend" schwanger werden. Unbewußte Wünsche „noch einmal ein Kind zu haben", sich in seiner (fruchtbaren) Weiblichkeit bestätigt zu wissen, führen dann wider eine „vernünftige" Einstellung zur „Fehlleistung" bei der Verhütung.

Wenn eine Frau mit dem Wunsch nach einer Schwangerschaftsunterbrechung kommt, ist in der Regel davon auszugehen, daß hinsichtlich des Eingriffs eine zwiespältige Einstellung besteht und immer mehrere Werte gegeneinander abgewogen werden. Gründe können in der sozialen Situation, in der Zahl der schon vorhandenen Kinder, der erst begonnenen Berufsausbildung, die jetzt durch eine

Schwangerschaft gefährdet wird, im Fehlen eines Partners, der zur Familiengründung bereit oder geeignet ist usw. liegen.

Mehr noch als sonst beim ärztlichen Gespräch ist es hier für den Arzt wichtig, offen für die konflikthaften Sorgen zu sein und seine Hilfe bei der Klärung der äußeren und inneren Situation nicht mit einer „apostolischen Funktion" (Balint 1976) zu verwechseln. Der ungarisch-englische Arzt und Psychoanalytiker Michael Balint hatte gerade in den von ihm begründeten und nach ihm benannten Fallbesprechungsgruppen festgestellt: „Es war fast, als ob jeder Arzt eine Offenbarung darüber besäße, was das Rechte für seinen Patienten sei, was sie also hoffen sollten, dulden müßten, und als ob es seine, des Arztes heilige Pflicht sei, die Unwissenden und Ungläubigen unter den Patienten zu diesem seinem Glauben zu bekehren".

6.2.2 Geburt

Risikogeburt. Ängstlichkeit und Depressivität, eine psychosozial ungünstige Lebenssituation, Ablehnung des Kindes und das Auftreten belastender „Life Events" in der Schwangerschaft können zu einer Risikogeburt führen. Besonders gefährdet sind hier nichtehelich Geborene und Kinder relativ junger bzw. alter Mütter (unter 20 bzw. über 40 Jahre). Wie die werdende Mutter ihre Schwangerschaft akzeptiert hat, wirkt sich auf das Geburtsgeschehen und darüber hinaus auf die frühe Mutter-Kind-Beziehung aus. Hinsichtlich dieser Akzeptanz und der damit in Zusammenhang stehenden „Geburtsarbeit" kann das Vorbild der eigenen Mutter sowohl im positiven wie negativen Sinne eine Rolle spielen, wie auch die entsprechende Partnersituation.

Viele Studien berichten über positive Wirkungen der *Vaterpräsenz* bei der Geburt, falls diese von beiden Partnern erwünscht war. Angst wie auch der Gebrauch von Analgetika können dadurch reduziert werden. Gefördert wird dieser positive Einfluß der Vateranwesenheit – von manchen Autoren darüber hinaus als Indikator für einen günstigen späteren Umgang mit dem Kind gesehen – bereits durch eine Einbeziehung des Vaters in das Programm einer psychosomatischen Geburtsvorbereitung.

Übersicht über die psychosomatische Geburtsvorbereitung (nach Uexküll 1990)

Geburtshelfer

Paarweise Vorbereitung in Gruppen, Physiologie und Psychologie der Schwangerschaft, Noxen (Nikotin, Medikamente, Streß)
Angstabbau durch Aufklärung über den natürlichen Geburtsablauf, dabei Vorstellung der apparativ-technischen Überwachungsmethoden lediglich als Sicherheit bringende Hilfsmittel, Operationen, Schmerzerleichterung, ambulante Geburt, Geburtserleben, Partneranwesenheit, Beziehung zum Kind, Besichtigung der für die Geburt ausgewählten Klinik
Wochenbett: Mutter-Kind-Beziehung, Stillen, Signale und Entwicklungsschritte des Säuglings

Hebamme

Körperarbeit mit Erfahrung der eigenen Leiblichkeit, individuelle Atmung,

Physiotherapeutin

Entspannungsübungen, Gymnastik, Akzent auf „individueller Geburt", nicht auf Methoden
Säuglingskurs, Körperpflege, Stillhilfen, soziale Hilfen, Mutterschutzgesetz

Kinderarzt

Körperliche und seelische Entwicklung des Kindes, Vorsorgeuntersuchungen, Impfungen, Ernährung des Säuglings und Kleinkindes

Die folgende Übersicht faßt die Forderungen, die von medizinpsychologischer bzw. psychosomatischer Seite hinsichtlich des *Geburtsgeschehens* zu stellen sind, zusammen.

Übersicht über die psychosomatischen Forderungen an das Geburtsgeschehen (Basis: „Die sichere Geburt"; nach Uexküll 1990)

Ziel: Sichere, angstfreie, schmerzarme, möglichst natürliche Geburt als individuelles Geburtserlebnis
- Einfühlsamer Umgang mit der Gebärenden (Angsreduktion)
  - durch die Hebamme (Akzent auf Zuwendung)
  - durch den Arzt (Akzent auf Sicherheit)
- Anwesenheit des Partners / vertrauter Bezugsperson
  - als Helfer bei der Verarbeitung von Wehen (spart Analgetika)
  - als Vermittler von Geborgenheit
- Individualisierte Schmerzerleichterung
- „Geburtserleben" der Gebärenden möglichst erhalten!
- Förderung des sofortigen Kontakts von Mutter und Kind durch intensiven Hautkontakt und frühes Anlegen des Kindes

War man früher der Auffassung, daß Mütter nach der anstrengenden Geburtsarbeit Ruhe brauchten, und führte deshalb eine Trennung von Mutter und Kind herbei, wird heute mehr und mehr dazu übergegangen, von Anfang an den „Frühkontakt" zwischen Mutter und Kind zu fördern. Unmittelbar nach der Entbindung wird das noch nicht bekleidete Kind der Mutter auf den noch unbedeckten Bauch gelegt, wodurch nicht nur ein enger Hautkontakt, sondern insgesamt eine intensive Mutter-Kind-Interaktion ermöglicht wird. Das heute in vielen Geburtskliniken angebotene *Rooming-In* intensiviert weiter den Frühkontakt.

Manche Frauen bevorzugen, um genügend Ruhe zu finden, das sog. *„Partielle Rooming-In"*, wobei Mutter und Kind tagsüber zusammen sind, nachts aber getrennt bleiben bzw. Art und Dauer des Zusammenseins sich nach den Bedürfnissen der Mutter richtet.

Die meisten Studien zur Auswirkung des Frühkontakts stimmen darin überein, daß auf Seiten der Mutter eine verstärkte Zuwendung und Sensibilität zu beobachten ist. Das kann sich – auch noch nach Monaten und einem Jahr – sowohl im En-face-Kontakt als auch im Halten, Küssen, Berühren des Kindes ausdrücken. Selbst das Sprechverhalten erwies sich nach zwei Jahren bei Müttern, die bereits ausgiebig Frühkontakt aufnahmen, elaborierter (zur Frage des „elaborierten Sprechverhaltens" s. Kap. 6.3.2); ebenso hatten diese Mütter mehr Selbstvertrauen in der Versorgung des Kindes. Die Kinder selbst boten nach einem Jahr einen höheren Entwicklungsstand, lächelten und lachten häufiger und weinten weniger. Diese medizinpsychologischen Forschungen haben zu einer Revolution in den Geburtskliniken geführt – kaum ein Haus heute, das nicht die Möglichkeit der Vaterpräsenz oder des Rooming-In anböte. Wenn sich auch sicherlich gegen die eine oder andere Untersuchung methodenkritische Einwände vorbringen lassen, so bleibt das Verdienst, Eltern und Kind eine breite Palette von Hilfs- und Kontaktmöglichkeit eröffnet zu haben. Ob, wie bei Tieren, auch beim Menschen von einer sogenannten „sensiblen Phase" kurz nach der Geburt zu sprechen ist, in der das Kontaktverhalten entscheidend „geprägt"

würde, ist umstritten. Wie wir gesehen haben, nehmen eher ethologisch bzw. biologisch orientierte Bindungstheoretiker dies an, andere Autoren sind der Auffassung, daß „Elternwerden ein Entwicklungsprozeß" (Gloger-Tippelt) ist, eine emotionale Bindung sich deshalb auch erst allmählich entwickeln kann.

Stillen. Hinsichtlich der Mutter-Kind-Beziehung wird dem Stillen eine entwicklungsfördernde Bedeutung zugeschrieben. Mit dem Stillen ist ein intensiverer Körperkontakt gegeben als bei der Flaschenfütterung, der Austausch olfaktorischer, taktiler, visueller und akkustischer Signale macht die Nahrungszufuhr vom ersten Tag an zu einem kommunikativen Akt. Der Saugvorgang selbst wird sehr leicht durch emotionale Faktoren zu beeinflußt. *Hemmend* wirken sich hier aus: die traditionelle Geburt- und Wochenbettsituation mit der Trennung von Mutter und Kind, der damit verbundene starre Rhythmus der Mahlzeiten (der den Bedürfnissen des Neugeborenen nicht entspricht), die zu knapp bemessene Zeit pro Brustmahlzeit, die sowohl einen konstruktiven Lernprozeß von Mutter und Kind erschwert als auch ungeeignet ist, eine entspannte Stillsituation herzustellen, der Erfolgszwang (z. B. bedingt durch das Wiegen vor und nach jeder Mahlzeit), das partielle Zufüttern durch Flaschennahrung.

Die geduldige Anleitung durch das Klinikpersonal ist hier gefordert, zumal viele Mütter nach der Geburt, neben intensiven positiven Gefühlen für das Baby, erschöpft und labil sind – *„Phase der Erschöpfung"* - und häufig an depressiven Stimmungen leiden, die sich bis zur sog. „Wochenbettdepression" steigern können.

Zweifellos hat sich hier die Einführung des Rooming-In-Programms sehr positiv ausgewirkt, was sich u. a. dadurch zeigt, daß der Anteil gestillter Kinder hier weit höher ist.

Ob Stillen selbst oder sein Fehlen langfristig die kindliche Entwicklung kausal beeinflußt, ist angesichts der Vielzahl von Variablen, die auf die Entwicklung einwirken, nicht mit Sicherheit angebbar. Indessen braucht Stillen, wie Steingrüber und Pflugmacher mit Recht betonen, keine Rechtfertigung, ist es doch „ein natürlicher biologischer Vorgang, dessen Nützlichkeit sich bereits über Jahrtausende erwiesen hat". Muttermilch ist bis dato unnachahmbar und speziell in den Entwicklungsländern unersetzlich. So ist es nur zu begrüßen, daß heute, nach einem Rückgang in den 70er Jahren, Stillen wieder „in" ist.

6.2.3 Kindheit und Jugend

Säuglingsalter, frühe Kindheit und Vorschulalter

Galt noch bis vor wenigen Jahren der *Säugling* als tabula rasa (vgl. Kap. 6.1), als „ohnmächtiges Ding und primitives Lebewesen, das keine zureichende Ich-Organisation entwickelt hat", lediglich mit lebensnotwendigen Reflexen ausgestattet und der „blinden Befriedigung seiner Triebwünsche" (S. Freud) lebend, so erscheint er in heutigen Forschungen als ein aktives, kompetentes und soziales Wesen, das von Anfang an zu Wahrnehmungen in allen Sinnesmodalitäten, zu einfachen Denkprozessen und einem ersten absichtsvollen Handeln fähig ist. Das Neugeborene hat eine angeborene Vorliebe für das menschliche Gesicht und die menschliche Stimme. Schon bald vermag es die Mutter aufgrund ihrer Physiognomie, ihrer Stimme und ihres Geruchs zu erkennen und von anderen Personen abzugrenzen. Wie der Säugling sein Erleben verarbeitet, läßt sich an seiner *Mimik, Vokalisation* (alle Laute außer Atemgeräuschen) und seinem *Gesamtverhalten* ablesen.

Auf diese Weise teilt er der Umwelt sein Interesse oder Desinteresse, Freude, Erschöpfung oder Ablehnung mit. Diese Signale erlauben der Bezugsperson, ihre „Antworten" wohldosiert dem jeweiligen Zustand der kindlichen Aufnahmebereitschaft und Belastbarkeit anzupassen. So entwickelt sich schon früh eine „Dialogstruktur der Eltern-Kind-Interaktion". V. a. das Ehepaar Papousek (u. a. M. Papousek 1989) und der psychoanalytische Säuglingsforscher Stern (1992) haben das dazu notwendige „intuitive Elternverhalten" und die elterliche „Affektabstimmung" (affect attunement) detailliert beschrieben. So bemühen sich Eltern von Anfang an lebhaft um Blickkontakt in gleichbleibender „En-face-Position", wobei sie einen für die Sehfähigkeit des Neugeborenen optimalen Dialogabstand von ca. 20 cm einnehmen. Wird der Blickkontakt erreicht, belohnen die Eltern mit einer charakteristischen Grußreaktion (u. a. erhobene Augenbrauen, weitgeöffnete Augen, Ausdruck erwartungsvoller Aufmunterung).

> ! Menschliches Dasein ist von Anfang an kommunikatives Dasein.

Zum Repertoire solcher intuitiv fein abgestimmter Verhaltensanpassungen gehört auch die elterliche Sprechweise, die sog. „Ammensprache" (Baby-Talk) mit ihrer erhöhten Stimmlage, wie auch die elterliche Nachahmung, die sich wie ein „biologischer Spiegel" auswirkt. Die Nachahmung der kindlichen Signale in Mimik und Lauten wirkt als Belohnung und animiert das Kind durch Wiederholung der eigenen Äußerungen, die erwartete Äußerung der Eltern erneut auszulösen. Mit dem Spiegeln der kindlichen Äußerungen in Gesicht und Stimme der Eltern versetzen sich diese, sie empathisch nachvollziehend, in die Gefühlsregungen des Kindes und teilen so das Erleben des Säuglings in einem frühen Zwiegespräch. Ein solch bestätigendes Spiegeln durch den „Glanz im Auge der Mutter" bildet nach Kohut (1973) eine entscheidende Bedingung für die Entwicklung eines gesunden Selbst. Unserer Auffassung nach wäre dieses mütterliche „mirroring" durch den bestätigenden „Glanz im Auge des Vaters" zu ergänzen. In diesem Zusammenhang der intuitiven elterlichen Fürsorge ist auch das Konzept der sog. „primären Mütterlichkeit" des englischen Kinderarztes und Psychoanalytikers Winnicott (1988) zu erwähnen, worunter ein Zustand erhöhter Sensibilität zu verstehen ist, das der Mutter gestattet, sich von Anfang an mitfühlend und einsichtig den Bedürfnissen des Kindes anzupassen.

Beim Aufbau der Eltern-Kind-Kommunikation und damit beim Aufbau sozialer Beziehungen überhaupt kommt dem Phänomen des *Lächelns* eine besondere Rolle zu. (Nahm man bisher an, daß Lächeln gegenüber anderen Personen erst ab dem 3. Lebensmonat auftrete, hat sich gezeigt, daß Vorstufen bereits mit 3–4 Wochen zu registrieren sind.) Da es auch bei blindgeborenen Kindern zu beobachten ist und insofern der Faktor der Nachahmung entfällt, hat es wohl eine angeborene Grundlage (Eibl-Eibesfeldt). Auch daß es durch Attrappen auslösbar ist, spricht für einen angeborenen Auslösemechanismus. Mit zunehmendem Alter allerdings lächeln blindgeborene weniger als sehende Kinder, eine soziale Rückmeldung spielt also zweifellos eine gewichtige Rolle. Möglicherweise ist Lächeln als spontanes Phänomen zunächst nicht sozial intendiert, löst aber eine soziale Interaktion aus, weil es von der Umwelt sozial interpretiert wird. Im Konzept der Verhaltensforschung erfüllt es damit eine zentrale Funktion, die Intensivierung der Bindung der primären Bezugsperson an das Kind. Etwa ab der 20. Woche wird gerade diese Interaktion noch dadurch privilegiert und damit weiter befestigt, daß das Kind bevorzugt einem vertrauten Gesicht zulächelt. Das setzt voraus, daß bereits eine Unterscheidung zwischen vertrauten und fremden Personen möglich ist, die sich in den nächsten beiden Monaten zur *Objektkonstanz* bzw. *Personpermanenz* (s. Kap. 6.1) verfestigt. Damit verfügt der Säugling über eine innere Repräsentanz, ein inneres Abbild von Personen oder auch Gegenständen, so daß diese auch dann existent bleiben, wenn sie nicht wahrgenommen werden.

Diese Differenzierungsleistung bildet nun die Voraussetzung für die Erfahrung des sog. *Fremdelns*, das seinen Ausdruck im Absinken der Stimmungslage, in Inaktivität, Weinen und Schreien finden kann und dann auftritt, wenn bei Abwesenheit der Mutter das Kind mit einer unvertrauten, „fremden" Person konfrontiert wird. René Spitz hat dieses Phänomen, das für gewöhnlich zwischen dem 6. und 8. Monat auftritt und sich erst wieder langsam ab dem 3. Lebensjahr verringert, „Acht-Monats-Angst" genannt. Diese Acht-Monats-Angst ist seiner Auffassung nach „nicht eine Reaktion auf die Erinnerung an eine unangenehme Erfahrung mit einem Fremden, sondern eine intrapsychische Wahrnehmung der Nicht-Identität des Fremden mit dem Erinnerungsbilde der abwesenden Mutter" (Spitz 1973). Da sich diese „Fremdenfurcht" (= Xenophobie) bei allen bislang untersuchten Kulturen findet, ohne daß es dazu schlechter Erfahrungen mit Fremden bedarf, beruht sie nach Ansicht der vergleichenden Verhaltensforschung auf einer angeborenen Verhaltensgrundlage.

Mit dieser Festigung tragfähiger zwischenmenschlicher Beziehungen, wozu auch die vertraute Umgebung rechnet, entwickelt das Kind die Grundeinstellung, sich sozusagen absolut auf jemanden oder etwas – und im Gefolge dessen auch auf sich selbst – verlassen zu können. Wir haben diese grundlegende Weltsicht bereits als *„Urvertrauen"* (s. Kap. 6.1) kennengelernt.

> **!** Beim Aufbau der ersten sozialen Beziehungen und des Urvertrauens hat die Kommunikation mit der primären Bezugsperson (bzw. primären Bezugspersonen) über Mimik (besonders Lächeln), Vokalisation bzw. Ammensprache eine herausragende Bedeutung.

Menschliches Dasein ist, wie wir gesehen haben, von Anfang an kommunikatives Dasein. Auf eine qualitativ neue, für menschliches Dasein spezifische Stufe wird diese Interaktion gehoben, wenn das Kind *Sprache* erwirbt. Deshalb soll die Sprachentwicklung etwas ausführlicher behandelt werden.

Die Anfänge sind hier schwer auszumachen, das Kind befindet sich gewissermaßen von Anfang an in ein „Sprachbad" (vgl. Lang 1998a) getaucht, antwortet doch die Mutter (und der Vater) in ihrer Sprache auf den ersten Schrei des Kindes und umgekehrt reagieren Kleinkinder mit Lautäußerungen auf die Ansprache der Eltern. In dieser frühen Kommunikation zwischen Mutter und Kind können ab dem 4. Lebensmonat Symbolisierungsprozesse in Form der sog. „Übergangsobjekte" erscheinen. Darunter versteht Winnicott (1988) Gegenstände wie den Zipfel des Bettlakens oder einer Decke, einen kleinen Teddy usw., Gegenstände, die das Kind faszinieren und die es – auch später – ständig bei sich haben muß. Sie vertreten die Mutter, stellen somit die ersten Symbole der Mutter dar, und das Kind kann sich deshalb mit ihnen trösten. Sobald es ihm gelingt, die Mutter auf diese Weise

zu symbolisieren – oft begleitet mit einer geordneten Reihe von Lauten wie Mam, Ta, Da, die das Übergangsobjekt charakterisieren – ist eine neue Dimension der Beziehung, ja der Welterfahrung überhaupt erreicht. Denn das Symbol (hier das Übergangsobjekt bzw. die ihm entsprechenden Laute) hebt aus einer unmittelbaren Präsenz heraus, vergegenwärtigt den Anderen auch bei dessen realer Abwesenheit und schafft so eine neue Form des Weltbezuges. Die menschliche Sprachfähigkeit ist dann die entwickelste Form dieser symbolischen Dimension. Nicht nur, daß es jetzt möglich wird, mittels der Zuordnung von Symbolen zu Menschen, Gegenständen und Handlungen über Umweltgegebenheiten zu kommunizieren, die nur in der Vorstellung da sind, die Welt jetzt durch abstrakte Begriffe kategorial zu ordnen – einmal in dieses symbolische Universum, dessen höchste Ausformung die Sprache ist, eingetreten, geht auch gewissermaßen Denken und Wahrnehmen durch die Worte hindurch. Ohne die Sprache gäbe es keine menschliche Kultur, keine menschliche Geschichte, keine Welt im menschlichen Sinne. „Kein Ding sei, wo das Wort gebricht" heißt es in Stefan Georges Gedicht „Das Wort".

Wie wird nun diese einzigartige Fähigkeit, die den Lebensmittelpunkt des Menschen ausmacht und ihn aus anderen Lebewesen heraushebt, erworben, wie vollzieht sich die *Sprachentwicklung*? War man früher der Ansicht, daß Kinder ihren Eltern zuhören und dann das Gehörte nachahmen, geht man heute davon aus, daß sie im Prozeß des Spracherwerbs selbst einen aktiven, kreativen Part spielen.

So sind Kinder bereits beim Eintritt in die Grundschule in der Lage, eine unbegrenzte Menge von sprachlichen Äußerungen zu verstehen und selbst hervorzubringen, die sie vorher nie gehört haben. Kinder machen systematische Fehler, sagen

z. B. „ich laufte, ich habe angegriffen" – Belege dafür, daß sie nicht einfach imitieren, was Erwachsene sagen – in der Erwachsenensprache existieren diese Formen nicht –, sondern eigenständig Regeln produzieren. So die Regel, daß die Endung „-te" an den Wurzelstamm zu hängen ist, wenn ich ein Verb in die Vergangenheitsform setze. Das Kind, das eine solche Regel erlernt hat, versucht sie nun auf alle Verben anzuwenden, sagt plötzlich „ich laufte" oder „denkte" oder „gehte", obwohl es schon vorher das richtige „ich fiel, ich dachte, ging" verwandt hatte – und besteht trotz Korrektur durch die Eltern zunächst auf dieser selbsterstellten Regelanwendung.

Aufgrund solcher Beobachtungen wird heute angenommen, daß dem Kind eine Anzahl von Prinzipien von Geburt an mitgegeben sind, ein angeborener „Spracherwerbsmechanismus" (Chomsky) existiert, der es ihm ermöglicht, grammatische Strukturen zu erkennen und eigenständig anzuwenden.

Ein weiteres Argument dafür, daß die Sprachentwicklung einem vorgegebenen Programm folgt, bildet die Beobachtung, daß sich diese in allen Sprachen der Welt in bestimmten Phasen vollzieht.

Das Kind versucht in der Produktion verschiedener Laute zuerst seinen Artikulationsapparat zu üben, es beginnt dann einzelne Wörter hervorzubringen – sog. „Ein- und Zweiwortsätze" –, danach erscheinen einfache Satz- und später kompliziertere Satzstrukturen. Diese Phasen finden sich nicht nur ubiquitär, sondern erscheinen auch in der sog. Gebärdensprache bei von Geburt an gehörlosen Kindern. „Vokalisiert" wird dabei mit Händen und Gesicht, es folgt „Eingebärde-Kommunikation", dann Kombinationen mit zwei und mehr Gebärden. Kommen diese Kinder frühzeitig mit anderen gehörlosen Kindern und Erwachsenen zusammen, die eine Gebärdensprache mit grammatikali-

schen Strukturen beherrschen, dann kann sich die Sprachfähigkeit dieser Kinder, verstanden als Kompetenz, mit Symbolen zu kommunizieren, weitgehend normal ausbilden.

Dem Spracherwerb liegt offensichtlich ein biologisches Programm zugrunde, das sich bei entsprechender Anregung durch die Umwelt – sie ist natürlich unersetzlich (s. auch Kap. 6.1) – in vorgeformter Weise entfaltet.

Eine weitere biologische Verankerung der menschlichen Sprachfähigkeit ist bereits seit Ende des letzten Jahrhunderts bekannt. Neurologen hatten festgestellt, daß der Verlust zu sprechen und zu verstehen mit Schädigungen der linken Gehirnhälfte einhergeht. Man spricht deshalb von *„Lateralisation"* bzw. *„Sprachdominanz"* der linken Großhirnhemisphäre.

„Diese Dominanz der linken Hemisphäre ist jedoch nicht von Geburt an gegeben, geschweige denn unumkehrbar festgelegt. Vielmehr bildet sie sich erst im Verlauf eines allgemeinen Hirnreifungsprozesses heraus. Dieser Reifungsprozeß vollzieht sich anfangs, v. a. im 1. Lebensjahr, sehr rasch. Das gilt v. a. für die Zunahme des Hirngewichts, die in den beiden ersten Lebensjahren ca. 350 % beträgt, in den nächsten 10 Jahren nur noch 35 %. Etwa ab dem 14. Lebensjahr nimmt das Hirngewicht nicht mehr zu. Ähnliche Wachstumsdaten gelten auch für die Größe und die Verzweigung der Nervenzellen im Gehirn und für deren biochemische Zusammensetzung. Auch elektro-physiologische Veränderungen zeigen, daß um die Zeit des Sprachbeginns im 2. Lebensjahr bereits 60 % der Reifungswerte des Erwachsenen erreicht sind. Dann verlangsamt sich die Reifung zur Pubertät hin von Jahr zu Jahr mehr, bis schließlich mit Erreichen des Reifezustandes auch die Lateralisation unumkehrbar festgelegt ist." (Graumann 1991). Bis zum Alter von 10 Jahren besteht noch die Möglichkeit, daß bei Ausfall der linken Hemisphäre die nichtdominante rechte die Funktion der linken weitgehend übernehmen kann.

> **!** Sprache entwickelt sich in engem Zusammenhang mit körperlichen und kognitiven Reifungsprozessen – unter der entscheidenden Voraussetzung allerdings, daß „Reifeschritte" bzw. die Aktualisierung einer vorgegebenen biologischen Sprachkompetenz nur in Interaktion mit menschlichen Kommunikationspartnern realisiert werden können.

Ohne entsprechende Kommunikation mit den primären Bezugspersonen, wie der „Mutter", gäbe es keine „Muttersprache" und damit Sprache überhaupt.

Zur zunehmenden *Autonomisierung*, die mit dem Erreichen der symbolischen Dimension, des Spracherwerbs, verbunden ist, trägt, wie bei der Schilderung der „anal-muskulären Phase" (s. Kap. 6.1) näher ausgeführt, die Reifung der Muskulatur bei. Diese Reifung erlaubt im „Laufen" eine „selbstbestimmte" Fortbewegung, ermöglicht durch die jetzt gegebene Kontrolle der Schließmuskulatur Selbstbestimmung hinsichtlich der Ausscheidungen und so auch den hier erziehenden Eltern zu „trotzen", dem Willen der elterlichen Autorität Widerstand entgegenzusetzen. Das Kind übt hier die neuentwickelte Fähigkeit, seinen eigenen Willen zu erfahren und ihn durchzusetzen – auch unabhängig davon, ob der „Trotz" der jeweiligen Situation angemessen ist. Beim Erwachsenen kann so der Eindruck von Uneinsichtigkeit und Unbelehrbarkeit entstehen, und er kann deshalb versucht sein, „den Trotz zu brechen", statt die Entwicklung eines selbständigen Willens, den

das Kind zur Selbstbehauptung unabdingbar nötig hat, grundsätzlich zu begrüßen und anzuerkennen. Dies gilt auch für die sog. zweite Trotzphase, die Pubertät, so genannt, weil es auch hier (s. Kap. 6.1) zur Protesthaltung gegenüber der Autorität Erwachsener kommt.

Schulalter

Wie wir weiter sahen (Kap. 6.1), erreicht das Kind über die „phallisch-ödipale Phase" die sog. „Latenzphase", die mit den ersten Jahren des *Schulalters* zusammenfällt. Wie es den für diesen Lebensabschnitt zentralen Konflikt „Leistung versus Minderwertigkeitsgefühl" bewältigt, hängt zunächst v. a. von seiner *„Schulreife"*, seiner Schulfähigkeit, ab. Mit diesen Begriffen ist einmal der körperliche Reifezustand gemeint, der die Erhebung des körperlichen Allgemeinzustandes, Sinnesprüfungen (insbesondere Sehen und Hören) sowie den Reifegrad der Feinmotorik (z. B. mit der Aufforderung geprüft, ein Bild zu malen) umfaßt. Zum anderen gehören zu den Anforderungen, die ein schulfähiges Kind zu erfüllen hat, kognitive Leistungen, Kompetenzen im sozialen Umgang (genügende Selbständigkeit, Anpassungs- und Kontaktfähigkeit), Arbeitsbereitschaft und entsprechende Motivation. Schulreifetests erfassen ganz vorrangig Leistungen im kognitiven Bereich, wie Einsichts- und Erkenntnisfähigkeiten, Sprachentwicklung und Leistungen im Bereich der Wahrnehmung, des Denkens und Gedächtnisses. Im Vergleich zur körperlichen Entwicklung, dem Sozialverhalten, den familiären und schulischen Bedingungen kommt den kognitiven Lernvoraussetzungen als Indikator für den Schulerfolg die größte Bedeutung zu.

Daß „Leistung" jetzt groß geschrieben wird, ging schon aus der Charakterisierung des Grundkonflikts für diese Phase hervor. So stellt sich die Frage überhaupt nach der *Entwicklung der Leistungsmotivation*. Um von leistungsmotiviertem Verhalten überhaupt sprechen zu können, müssen gewisse Bedingungen erfüllt sein. Die betreffende Leistung muß gelingen oder mißlingen können, es muß ein Gütemaßstab erkennbar sein und schließlich muß das Kind den zustandegebrachten Effekt internal attribuieren, d. h. auf sich selbst als Urheber zurückbeziehen können.

In einer Untersuchung (Heckhausen 1991) war z. B. aufgegeben, um einen senkrecht stehenden Pflock Holzringe zu einem Turm aufzustapeln. Dabei kam es darauf an, wer zuerst fertig war. Das Zuerstfertigwerden war der Gütemaßstab, der über Erfolg und Mißerfolg entschied. Es zeigte sich, daß Kinder gegen Ende des 3. Lebensjahres diese leistungsthematischen Voraussetzungen erreichen. Vierjährige können dann bereits die beiden Haupttendenzen des Leistungsmotivs, Hoffnung auf Erfolg und Furcht vor Mißerfolg, unterscheiden.

> **!** Das Leistungsmotiv selbst läßt sich als das Bestreben definieren, die persönliche Tüchtigkeit in allen jenen Tätigkeiten zu steigern oder möglichst hoch zu halten, in denen man einen Gütemaßstab für verbindlich hält und deren Ausführung deshalb gelingen oder mißlingen kann (Heckhausen).

Die eigene Tüchtigkeit steigern trifft eher auf das Erfolgsmotiv zu, sie möglichst hoch zu halten, auf das mehr defensive (d. h. Mißerfolg zu vermeiden suchende) Mißerfolgsmotiv.

Leistungsmotivfördernd wirkt sich v. a. aus, wenn das Kind das Bewußtsein hat, die Tätigkeit selbständig auszuführen.

Selbständigkeit, „Selbermachenwollen" lassen sich als *„Vorläufermotiv"* des Leistungsmotivs ansetzen. Eine Erziehung, die kindgerechte, entwicklungsangemessene und d. h. nicht überfordernde Selbständigkeit und Entscheidungsfreiheit des Kindes fördert, kann deshalb seine Leistungsmotivation und Erfolgszuversicht steigern.

Jugendalter

Kristallisiert sich die Persönlichkeit des Schulkindes zunächst um die Überzeugung „Ich bin, was ich lerne" und findet sich sein Identitätsgefühl v. a. durch das eigene Leisten oder sein Mißlingen (> Minderwertigkeitsgefühl) gespeist, wird mit dem Eintritt in die Pubertät, wie wir gesehen haben (s. Kap. 6.1), die Frage „Wer bin ich?" in brennenderem Maße gestellt.

Da ist einmal die drastische, oft dramatisch erlebte *körperliche Veränderung*, die das bisherige Kind binnen weniger Jahre zum Erwachsenen verwandelt. Für beide Geschlechter gilt es jetzt einen Wachstumsschub zu verarbeiten, wobei das Wachstum vorübergehend disproportional (der Rumpf hinkt hinter Kopf, Händen, Beinen und Füßen nach) verläuft, was zur charakteristischen *Motorik* mit ihren schlaksigen, ungelenken Bewegungen führt. Bedeutsamer noch für die psychische Entwicklung ist die Anpassung an die biosexuelle Entwicklung mit Reifung der primären und sekundären Geschlechtsmerkmale. In Tabelle 6.4 finden sich die wichtigsten Daten für Jungen und Mädchen in der Abfolge ihres Auftretens zusammengestellt. *Stimmbruch* und Bartwuchs, die Entwicklung der Scham- und Achselbehaarung und der Schweißdrüsen (*Körpergeruch*!) gehören zu den auffallendsten Veränderungen.

Tabelle 6.4 Reifung der primären und sekundären Geschlechtsmerkmale (nach Rice 1975; aus Oerter u. Montada 1987)

Jungen	Altersspanne		Mädchen
Beginndendes Wachstum der Hoden, des Skrotums und Penis Pigmentierung, Veränderung der Brüste (verschwindet später)	12–13 J.	10–11 J.	Beginn der Rundung der Hüften, Fettablagerung Brüste und Warzen wachsen
Schamhaare (glatt) früher Stimmbruch	13–16 J.	11-14 J.	Schamhaare (glatt) Stimme wird etwas tiefer
Rasches Wachstum des Penis, der Hoden, des Skrotums, der Vorsteherdrüse (Prostata) und der Samenblasen, erster Samenerguß (Ejakulation)			Rasches Wachstum der Eierstöcke, der Vagina, der Gebärmutter und der Schamlippen
Schamhaare werden gelockt			Schamhaare werden gelockt
Alter des größten Körperwachstums			Alter des größten Körperwachstums, Aufrichtung der Brustwarzen, Formung des „primären" Bruststadiums, Menarche (Eireifung und Menstruation)
Wachsen der Achselhaare, Bartwuchs, Einbuchtung des Haaransatzes Markanter Stimmwechsel	16–18 J.	14–16 J.	Wachsen der Achselhaare, Brüste erhalten ihre Erwachsenenform (sekundäres Bruststadium)

Daß aber auch das erstmalige Einsetzen des Monatszyklus, der *Menarche*, nichts Selbstverständliches ist, weil sie, neben der *Ausbildung der Brüste*, ganz besonders die Akzeptanz weiblicher Identität fordert, zeigte das Beispiel der *Pubertätsmagersucht* (s. Kap. 6.1). Das Ausbleiben der problematisch erlebten Menstruation, eine „sekundäre Amenorrhoe", wird von Mädchen, die diese Identität ablehnen, ganz besonders begrüßt und ist charakteristischerweise wohl psychosomatischen Ursprungs und nicht durch die Abmagerung bedingt, geht sie doch häufig dieser voraus. Bei der Entwicklung eines konsistenten Selbstbildes scheint die Geschlechtsrollenidentifikation bei Mädchen problematischer zu sein, was seinen Ausdruck in einer größeren Selbstunsicherheit und negativeren Stimmungslage finden kann.

> **!** Die Herausbildung von Identität stellt eine lebenslange Entwicklung dar, zur zentralen Entwicklungsaufgabe wird sie aber im Jugendalter.

Der Jugendliche durchläuft hier ein „Moratorium", eine *Zeit des Übergangs* zwischen Kindsein und noch unbekanntem Erwachsenendasein, und somit einen Schwebezustand, in dem es gilt, von einer bislang kindlichen Identität zu einer Erwachsenenidentität zu finden. Ein solches Moratorium ist insbesondere für industrialisierte Länder mit ihrer langen Schulbildung charakteristisch. In schriftlosen Kulturen dagegen ist die Kluft zwischen Kindheit und Erwachsenenalter viel weniger ausgeprägt. Die Übergangszeit spielt sicherlich auch für die berufstätige Jugend, die schon früher Erwachsenenverantwortung übernimmt, eine geringere Rolle als für Schüler und (elternabhängige) Studenten oder für arbeitslose Jugendliche.

Die Identitätsgewinnung wird beim Berufstätigen vorrangig über seine berufliche Tätigkeit und das hier erhaltene positive oder negative Feedback verlaufen (typisch die Frage „Was sind Sie?", die Existenz und Beruf in eins setzt), während für die Identitätsentwicklung beim Gymnasiasten zentrale Einflüsse aus der Interaktion in der Peergruppe, der Gruppe der Gleichaltrigen, dem schulischen Erfolg oder Mißerfolg und der Beziehung zu den Eltern kommen.

Die *Eltern-Kind-Beziehung im Jugendalter* wird häufig unter dem Gesichtspunkt des Generationenkonflikts gesehen. Es entstehe jetzt ein gravierender Unterschied hinsichtlich der Wert- und Moralvorstellungen bzw. Lebensweisen, der zur Opposition, emotionalen Ablehnung und psychischen Distanzierung führe. Neuere empirische Untersuchungen zeigen indessen, daß Jugendliche in großer Mehrheit die Wertvorstellungen ihrer Eltern teilen und die frühere Charakterisierung des Jugendalters als „Sturm-Drang-Periode" zu relativieren ist.

Findung eigener Identität setzt andererseits Verselbständigung und Ablösung voraus – was sich für gewöhnlich nicht konfliktfrei, ohne Auseinandersetzung, vollziehen kann. Im Wort „Auseinandersetzung" ist zugleich Trennung und ein Stück Aggressivität angesprochen. Tatsächlich nehmen konflikthafte Auseinandersetzungen mit Eltern – meist über alltägliche, auf den ersten Blick eher belanglose Anlässe – im Verlaufe des Jugendalters zu, um – häufig erst nach Auszug aus dem elterlichen Haushalt – zurückzugehen (vgl. Hofer et al. 1993). Allerdings scheinen sich heute Jugendliche elterlichem Ansinnen weniger durch offenen Widerstand, Fügsamkeit oder Heimlichkeit zu widersetzen, sie versuchen vielmehr verstärkt durch Überzeugungen und Überredungsversuche ihren Wünschen Ausdruck zu verleihen und sie durchzusetzen. Eltern auf der anderen Seite können heute weniger auf Befehl, Strafe, Zwang zurückgreifen, sondern müssen bei ihren Kontrollbemühungen mehr und mehr auf die Kraft ihrer Argumente setzen.

Konflikte mit den Eltern ergeben sich aktuell häufig durch rivalisierende Ansprüche von Seiten der Peergruppe, die beispielsweise eine Subkultur in Sprache (Jugendjargon), Musik, Kleidung, einen Lebensstil überhaupt vermittelt, deren Akzeptanz Eltern schwerfällt. Der Peergruppe kommt zweifellos eine wichtige Funktion in der Ablösung von den Eltern zu, sie bietet „Unterstützung durch die normierende Wirkung einer Mehrheit (z. B. beim Konfliktfeld 'abendlicher Ausgang': 'Die anderen dürfen auch so lange wegbleiben')" an" (Oerter u. Montada). Die symmetrische Art der Beziehung, die Jugendliche in der Gruppe der Gleichaltrigen erfahren und erproben, versuchen sie dann auf das bislang asymmetrische Verhältnis zu den Eltern zu übertragen – was zweifellos zur Emanzipation beiträgt.

Freundschaften werden zunächst mit gleichgeschlechtlichen, später auch mit gegengeschlechtlichen Partnern geschlossen. Elf- bis dreizehnjährige suchen Freundschaften vorrangig, um gemeinsam etwas zu unternehmen, ältere Jugendliche eher, um sich anvertrauen zu können, emotionale Unterstützung und Sicherheit zu finden.

Kind und Krankheit

Obwohl seit langem die problematischen Auswirkungen der Trennung von der Mutter (oder einem Mutterersatz bzw. dem Vater) in der frühen Kindheit bekannt sind, blieb doch naturwissenschaftliches Denken bei der stationären Behandlung von Kindern lange vorherrschend. Durch strenge klinisch-hygienische Maßnahmen hoffte man, den bakteriellen Hospitalismus zu beseitigen und ihm vorzubeugen. Um Kinder vor der Einschleppung krankheitsauslösender Keime zu schützen, wurden sie möglichst isoliert. Die Beobachtung schwerer seelischer Störungen, insbesondere bei Kleinkindern, wenn sie infolge eines Krankenhausaufenthaltes von ihren Eltern getrennt wurden, veranlaßte schließlich Kinderärzte und Psychologen, Reformen auch hinsichtlich der „Psychohygiene" einzuleiten, um einen möglichen „psychischen Hospitalismus" zu verhindern.

Nach Robertson (1974) und Bowlby (1983) durchläuft ein Vorschulkind – insbesondere im Alter von 6–8 Monaten bis 4 Jahren – nach einer Klinikaufnahme, wenn sie mit der Trennung von den primären Bezugspersonen verbunden ist, ein in drei Phasen gegliedertes „Trennungstrauma":

Verzweifelter Protest. In dieser ersten Phase, einige Stunden bis mehrere Tage dauernd, befindet sich das Kind – v. a. das Kleinkind – in einem Zustand extremer existenzieller Verzweiflung und Verlassenheit, das sich im Schreien und Weinen, Sich-im-Bett-Herumwerfen und wütendem Umsichschlagen Ausdruck verschaffen kann. „Wenn ein Kind in diesem Alter, wo es so besitzergreifend und leidenschaftlich an seine Mutter gebunden ist, ihre Pflege entbehren muß, ist es in der Tat so, als ob seine ganze Welt vernichtet wäre... Für ein zweijähri-

ges Kind (z. B.) mit seinem Mangel an Verständnis und seiner vollkommenen Unfähigkeit, Frustrationen zu ertragen, ist es wirklich so, als ob seine Mutter gestorben sei" (Robertson). Kontaktversuche von seiten der Schwestern werden in dieser Zeit häufig abgelehnt.

Depressive Verzweiflung und Trauer. Das Kind hat jetzt aufgegeben, ist ohne Hoffnung, nachdem es erfahren mußte, daß seine Bemühungen primäre Bezugspersonen nicht erreicht haben und seine familiäre „vertraute" Umwelt nicht wieder hergestellt wurde. Es ist jetzt scheinbar ruhiger, wird passiv, zieht sich zurück. Hier entstehen dann die meisten Meinungsverschiedenheiten über die Wirkung von Besuchen der Mutter (oder des Vaters), denn diese bringen die intensive Trauer und den Zorn, die überdeckt waren, wieder an die Oberfläche. Werden diese Kinder jetzt nach Hause entlassen, reagieren sie oft auffallend ängstlich und empfindlich, ihr Gefühl des Vertrauens und der Sicherheit ist gestört. Bleibt das Kind über mehrere Wochen im Krankenhaus, so kommt es jetzt in die Phase der Verleugnung bzw. der äußeren Anpassung.

Verleugnung bzw. äußere Anpassung. Das Kind zeigt wieder Interesse für seine Umgebung, macht keine Schwierigkeiten mehr, läßt sich bereitwillig pflegen. Es scheint, als habe es die Trennung überwunden und sich – zur Erleichterung der Ärzte und des Pflegepersonals – eingewöhnt. Doch das ist ein Trugschluß, denn es versucht nur seine Gefühle abzuwehren, weil es anders die Intensität von Verzweiflung und Trauer nicht mehr bewältigen kann. Häufig wird beobachtet, daß bei Besuchen die primären Bezugspersonen jetzt kaum mehr Beachtung finden. Bleibt ein Kleinkind unter den oft üblichen Pflegebedingungen ständig wechselnder Pflegepersonen (Schichtdienst) sehr lange im Krankenhaus, wird es die Fähigkeit zur intensiven Bindung verlieren, die nicht selten jetzt zu beobachtende Kontaktfreudigkeit bleibt ziellos und oberflächlich.

Wird das Kind dann, körperlich gesundet, entlassen, kann die Mutter bereits auf dem Nachhauseweg heftige gegen sie gerichtete Aggressionen erfahren – das Kind hat ihr den Liebesentzug im Trennungstrauma nicht vergessen. Bald wird diese „Aggressivität" von oft jahrelang anhaltenden Bedürfnissen nach engster symbiotischer Beziehung abgelöst, besonders bezeichnend dabei Schlafstörungen mit dem Drängen des Kindes in das Bett, die körperliche Nähe der Mutter. Verhaltensstörungen treten v. a. dann und oft dauerhaft auf, wenn Kinder bereits durch frühere Krankenhausaufnahmen und überhaupt Trennungstraumata vorbelastet waren. Vermehrtes Daumenlutschen, Wiedereinnässen des vorher lange trocken gewesenen Kindes und andere Störungen verweisen auf den regressiven (= Rückfall auf frühere Entwicklungsstadien) Charakter der Symptomatik, wobei diese über Jahre fixiert bleiben kann.

Von solchen *Hospitalisierungsschäden* sind Kleinkinder am ehesten betroffen. Für sie ist die Trennung das einschneidenste Trauma. Es fehlt nicht nur die emotionale Unterstützung, zugleich ist jetzt „die Rückkoppelung mit der Mutter über die Umwelt nicht gewährleistet oder gestört" (L.R. Schmidt 1984), so daß es zu einem Verständnisdefizit kommt. Die „Konzeptbildung" ist in diesem Alter noch nicht so weit entwickelt, daß Krankheiten, ihre Ursachen und Therapien erklärbar wären, Sinn, Dauer und Art stationärer Heil- und Pflegemaßnahmen antizipiert und verstanden werden könnten.

Löschenkohl hat umfassend die Bedingungen der Krankenhaussituation herausgearbeitet und sie in einem an der kognitiven Theorie orientierten Modell veranschaulicht. Vgl. im folgenden Abb. 6.6.

Die nicht genügend verstehbare Fremdsituation „Krankenhaus" (Bahn 0) löst, wenn keine vertraute Bezugsperson präsent ist, eine Rückkoppelung somit ausfällt, Angst aus (Bahn 1), die zur Flucht motiviert. Da der Fluchtweg und damit Vermeidungsverhalten blockiert ist, führt die persistierende Angst zu Verhaltensstörungen wie Weinen, negativen Gefühlen, Spannungen, gefolgt von verstärktem Daumenlutschen, Einnässen, erhöhter Aggression, Appetit- und Schlafstörungen und anderem (Bahn 2). Im „psychokathartischen" Nachspielen der Krankenhaussituation können die Spannungen, die aus dem Angsterleben entstehen, „abreagiert" werden, so daß die Verhaltensstörungen zurückgehen (Bahn 3, 3.1). Wichtiger noch als das Moment des „Abreagierens" ist das Nachspielen insofern, als durch seine Wirkung ein Verständnis für die zunächst befremdliche Krankenhaussituation aufgebaut und sie auf diese Weise „ent-fremdet" wird (Bahn 3.2). Dabei zeichnen, malen und formen die Kinder ihre Probleme im Zusammenhang mit dem Krankenhausaufenthalt oder sie spielen sie mit Puppen und Arztmaterial im Rollenspiel aus. Ein direkter Weg zur „Ent-fremdung" der Krankenhaussituation bildete ein im Schutz einer Bezugsperson ausgeübtes „Erkundungsverhalten" (Bahn 4 und 5).

Im Hinblick auf eine Hemmung bzw. Reduktion von Verhaltensstörungen erwiesen sich die folgenden Faktoren als besonders günstig:

- Rooming-In (Mitaufnahme der Mutter oder einer anderen nahen Bezugsperson) und häufige Besuche der Bezugspersonen (Bahn 5).
- Positive Arzt-Patient-Beziehung (Arzt wird zu einer neuen positiven Bezugsperson, die Erkundungsverhalten verstärkt) (Bahn 5, 6).

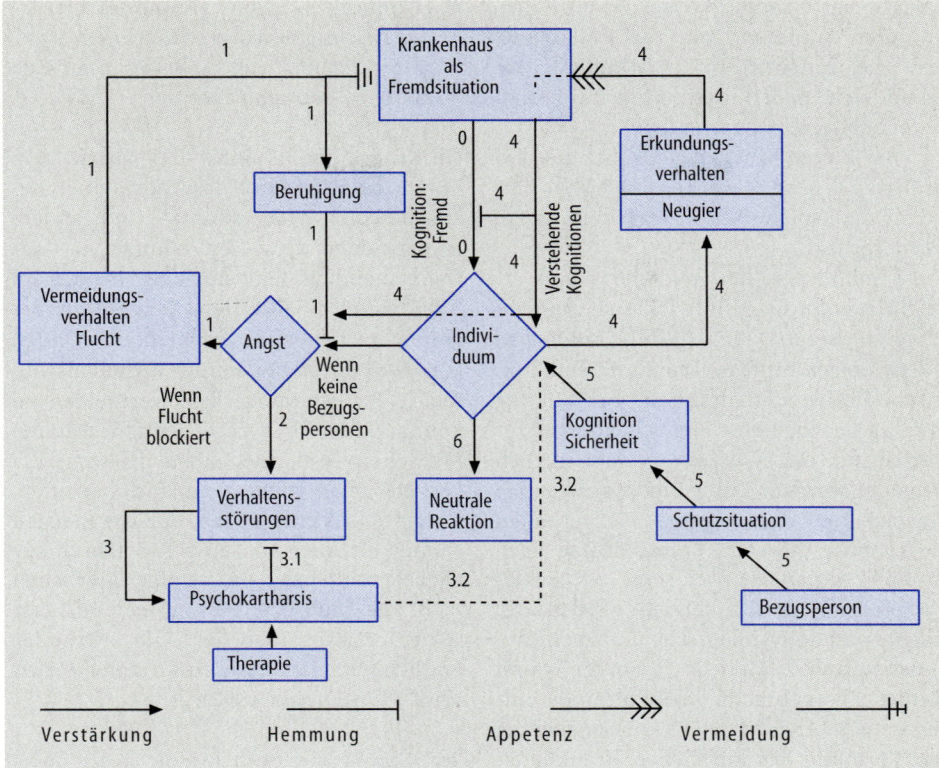

Abb. 6.6 Theoretisches Modell für die Entstehung von Verhaltensstörungen im Krankenhaus (nach Löschenkohl 1981)

- Weiterbestehende Kontakte zu allem „Vertrautem", v. a. zu den sog. „Übergangsobjekten" (s. Kap. 6.2.3).
- Kontakte zu anderen Kindern, denn sie können Sicherheit im Umgang mit der fremden Welt Krankenhaus vermitteln (Bahn 5).
- Psychokathartisches (= emotionales Abreagieren) und Verständnis vermittelndes Spielen (Bahnen 3, 3.1.2, 4).
- Kognitive Vorbereitungen der Kinder durch die Eltern (Bahn 4, 5).

Negativ dagegen wirken sich aus:

- Frühere psychische Traumen und negativ erlebte Krankenhausaufenthalte (verstärken Vermeidungstendenz: Bahn 1).
- Starke Ängste der Eltern selbst vor Krankheit oder Eltern, die wenig Vertrauen in die Ärzte setzen (Kinder sind dann aufgrund der mangelnden Schutzsituation weniger zuversichtlich auf ein positives Bewältigungsverhalten – negative Wirkung über Bahn 5).

Zur *Vorbereitung des Krankenhausaufenthaltes* haben sich verschiedene Maßnahmen bewährt. So der vertrauenerweckende Besuch der Krankenstation einige Tage vor der Aufnahme; Bilder, Bücher und Videofilme, eventuell mit einem „Modellkind", machen mit den verschiedenen

Situationen bekannt, so bei Operationen, von der Aufnahme bis zur Entlassung. Im Spiel mit Puppen, „Arztkoffer" usw. lassen sich medizinische Eingriffe antizipatorisch bereits bearbeiten.

Bei älteren Kindern steht eher die „kognitive", d. h. v. a. das Gespräch, bei jüngeren die „spielerische" Vorbereitung im Vordergrund.

Vom Lebensalter, und der damit erreichten kognitiven Entwicklungsstufe abhängig sind auch die **kindlichen Vorstellungen** von Krankheit und Tod. Magische Kräfte oder ein mit der Erkrankung zufällig beobachtetes Ereignis können zunächst für die *Krankheit* verantwortlich gemacht werden. Dann bietet sich neben Ansteckung das eigene Fehlverhalten (z. B. „bös" gewesen, „ohne Mütze nach draußen gegangen" zu sein) als Erklärungsgrund an. Schließlich werden bekannte pathophysiologische und auch psychosomatische Modelle („Sorgen" und „Ärger") vorgebracht. Soziokulturelle Einflüsse (z. B. Ansicht der Eltern) spielen bei der Formung des kindlichen Krankheitskonzeptes eine nicht unwesentliche Rolle. Das gilt nicht minder für das kindliche **Todeskonzept.**

> **!** „Das Todeskonzept bezeichnet die Gesamtheit aller kognitiven Bewußtseinsinhalte (Begriffe, Vorstellungen, Bilder), die einem Kind oder einem Erwachsenen zur Beschreibung und Erklärung des Todes zur Verfügung stehen" (Wittkowski).

Als Dimensionen des Todeskonzepts und damit als Kriterien, wie weit das Verständnis hier reicht, können

- „Irreversibilität des Todes" (Unmöglichkeit ins Leben zurückzukehren),

- „Nonfunktionalität" (Aufhören aller lebenswichtigen Körperfunktionen),
- „Universalität" (alle Lebewesen müssen sterben) betrachtet werden.

Ob Kinder bereits unter drei Jahren (z. B. durch die Erfahrung des Todes einer Bezugsperson) Irreversibilität und andere Dimensionen verstehen können, ist unwahrscheinlich, fehlt doch selbst noch im Alter von 3–5 Jahren ein Verständnis der gesamten Kriterien. So glauben Kinder, „den Tod durch bestimmte Verhaltensweisen (z. B. Sich-verstecken) vermeiden zu können, oder aber sie denken, bestimmte Menschen (z. B. die eigenen Eltern, die Lehrer) seien nicht vom Tod betroffen. Es kann als sicher gelten, daß die meisten Kinder im Alter von etwa 3–5 Jahren zunächst verstehen, daß einige Menschen (z. B. alte Leute) sterben müssen und erst später erfassen, daß auch sie selbst der Endlichkeit des Daseins unterworfen sind" (Wittkowski 1990).

Bezeichnend aber auch hier noch die Äußerung eines 6jährigen Kindes, das seine Mutter durch einen Verkehrsunfall verloren hatte: „Daß die Mutti tot ist und nicht mehr da sein wird, das begreife ich wohl. Aber warum kommt sie nicht mehr abends, um mir einen Gutenachtkuß zu geben?" (Zit. n. G. u. R. Biermann 1982).

Zumindest ein partielles Verständnis der vorgenannten Komponenten des Todeskonzeptes wird im Alter zwischen 6–8 Jahren erworben. Ab 9 verfügen dann die meisten Kinder über ein zutreffendes Todeskonzept, sie können jetzt charakteristische Dimensionen wiedergeben. 12- bis 14-jährige haben dann, wie Erwachsene, einen „reifen" Todesbegriff.

Wenn allerdings Kinder aufgrund schwerer Erkrankung selbst mit eigenem Todeserleben konfrontiert sind, erfahren sie bereits in früherem Alter den Tod als bewußte Realität. Oft können sie, worauf

v. a. Kübler-Ross hingewiesen hat, ihre Einsicht nur in einer symbolischen Sprache ausdrücken, so im Spiel, einer Zeichnung oder mit anderen Worten.

In einem Beispiel fragt die todkranke in einem Sauerstoffzelt liegende Susi eine Schwester: „Was wird denn passieren, wenn plötzlich hier ein Feuer ausbricht?" Im Gespräch mit der einfühlsamen Schwester zeigte sich, daß sie mit diesem Satz ihren nahen Tod andeutete – und zugleich dadurch appellierte, mit einem vertrauten Menschen über ihr nahes Ende sprechen zu können. „Ich weiß, daß ich sehr bald sterben muß, und ich muß doch mit einem Menschen, mit einer Menschenseele darüber sprechen".

Das mißhandelte Kind

Das Phänomen der Kindesmißhandlung ist in den letzten Jahren zu einem brennenden öffentlichen Thema geworden. Ob, wie manche Fachleute meinen, es sich um ein stetig wachsendes Problem von möglicherweise epidemischen Ausmaßen handelt oder erst jetzt die Öffentlichkeit aufmerksam geworden ist, ist schwer zu entscheiden.

Als Kindesmißhandlung werden heute zusammengefaßt:

- **Körperliche Mißhandlung** in Form von Schlägen oder anderen gewaltsamen (elterlichen) Handlungen wie Zufügen von Verbrennungen, Knochenbrüchen, anderen Wunden usw.
- **Vernachlässigung:** Hier wird die dem „Täter" obliegende Fürsorge- und Obhutpflicht vernachlässigt, so daß es zu Beeinträchtigungen und Schädigungen wie Retardierung in der körperlichen Entwicklung kommen kann. Vernachlässigung zeigt sich v. a. in ungenügender körperlicher Pflege, Ernährung, Kleidung und Unterkunft sowie in der Unterlassung der zu äußeren Sicherheit des Kindes notwendigen Aufsicht.

- **Psychische Mißhandlung:** Elterliche Äußerungen und Haltungen terrorisieren das Kind, setzen es in zynischer oder sadistischer Weise herab, vermitteln ihm ein Gefühl der Ablehnung und eigenen Wertlosigkeit. Jede andere Form der Kindesmißhandlung stellt zugleich eine psychische Mißhandlung dar.
- **Sexueller Mißbrauch:** Man spricht von sexuellem Mißbrauch v. a. dann, wenn ein mit dem Kind verwandter („Inzest!") oder bekannter Erwachsener das Kind oder den Jugendlichen zur eigenen sexuellen Stimulation und Befriedigung ausbeutet, das vorgegebene Machtgefälle und Gefühle von Zuneigung zum Schaden des Kindes ausnutzt.

> **!** Die „Benutzung" abhängiger, noch unausgereifter Kinder und Jugendlicher zu sexuellen Aktivitäten wird sexueller Mißbrauch genannt.

In der (alten) BRD werden pro Jahr etwa 1400 Mißhandlungsfälle polizeilich registriert. Die Dunkelziffer liegt zweifellos höher. Versucht man amerikanische Schätzungen auf Westdeutschland zu übertragen, ergäbe sich eine Verbreitung von Kindesmißhandlung zwischen jährlich ungefähr 15.000 und einer Obergrenze von 1,6 Millionen. Immer wieder wird bezüglich der alten BRD die Zahl 300.000 genannt, ebenso, daß etwa 150.000 Kinder in (Gesamt-)Deutschland sexuell mißbraucht würden (z. B. Fokus 6. 9. 1993). Amerikanische Dunkelfeldstudien nehmen an, daß mindestens 1 % aller Frauen von ihren Vätern oder Stiefvätern über längere Zeit inzestuös mißbraucht worden seien. Nicht zuletzt militante Frauengruppen lassen verlauten, daß jede vierte, ja jede zweite Frau von sexuellem Mißbrauch betroffen sei bzw. daß jeder 4., ja jeder 3. Vater ein „Mißbraucher" wäre. Solche Zahlen, die statistisch nicht zu belegen sind, können das Gegenteil dessen bewirken, was sie eigentlich sollen. Entweder dispensiert die Unglaubwürdigkeit der Zahl, sich überhaupt mit dem Problem auseinanderzusetzen, alles als Übertreibung abzutun, oder der Übergriff gerät, weil er so häufig ist, in den Bereich der „Normalität", der „Alltäglichkeit".

Generell läßt sich zu *Opfern* und *Tätern* bzw. *Familien* folgendes sagen: Es sind v. a. uneheliche, voreheliche, ungewollte Kinder im Vorschulalter, die Mißhandlungen ausgesetzt sind. Geistig behinderte bzw. psychopathologisch auffällige und körperlich behinderte Kinder sind überrepräsentiert. Mißhandlungen sind bei Jungen etwas häufiger als bei Mädchen. Beim sexuellen Mißbrauch hingegen ist das Verhältnis anders: Auf neun Mädchen kommt ein Junge.

Die Familien, in denen mißhandelt wird, sind zumeist sozial randständig. Armut, Arbeitslosigkeit, schlechte, beengte Wohnverhältnisse, wechselnde und instabile Partnerschaften, Vorstrafen, Kinderreichtum und soziale Isolierung prägen die Lebenssituation. Die Täter sind häufig impulsiv-cholerisch, unreif, ich-bezogen, übersensibel, depressiv, selbstunsicherüberfordert oder pervers. Angestaute, anders nicht abführbare Aggressivität wird auf den schwachen „Prügelknaben" abgeladen. Häufig sind die Täter selbst noch sehr jung, fühlen sich überfordert, sind unehelich geboren oder kommen aus Scheidungsfamilien, hatten eine lieblose, unglückliche Kindheit und waren von den eigenen Eltern mißhandelt und abgelehnt worden.

Prospektivstudien haben gezeigt, daß Mütter mit späterem Betreuungsproblem ihr neugeborenes Kind bereits auf der Entbindungsstation weniger anschauen und ansprechen. Wenige Wochen und Monate später erscheinen Mütter, die später ihre Kinder mißhandeln, in ihren Interaktionen passiver und distanzierter, es fehlt ihnen weitgehend das mütterliche „Attunement" (s. Kap. 6.2.3). „Sie scheinen gewissermaßen 'am Kind vorbei' zu handeln, das Kind oft zu überfordern und zu stören und damit dazu beizutragen, daß die Kinder schon recht früh mit Blickabwendung, Quengeln und Widerstand" (Engfer 1986) bzw. unsicher gebunden, ängstlich-meidend reagieren. Die so einsozialisierten Verhaltensstörungen, später v. a. Mißlaunigkeit, Ungehorsam und Aggressivität verstärken nun ihrerseits die aggressive Ablehnung durch die Bezugsperson – auf diese Weise spielt sich schnell ein Teufelskreis der kindlichen Mißhandlung ein.

> **!** Mißhandelte Kinder sind in ihrer kognitiven bzw. Intelligenzentwicklung beeinträchtigt; geschädigt v. a. sind sie aber in ihrer sozial-emotionalen Entwicklung. Im Vergleich zu gut betreuten Kindern begegnen sie freudloser, mißtrauisch, aggressiver, so daß sich tragischerweise die im Verhältnis zu den primären Bezugspersonen erfahrene Ablehnung in anderen Beziehungen wiederholt.

Besser mit Mißhandlungsfolgen können hochintelligente Kinder fertig werden, da sie über schulische Erfolge, die Freude an Leistungen, negative Erfahrungen eher kompensieren können. Gegensteuern („Abpuffern") können auch positive emotionale Erfahrungen mit anderen als den primären Bezugspersonen.

Interventionsmöglichkeiten. Natürlich wäre es am besten, wenn durch *präventive Maßnahmen* ein so guter Eltern-Kind-Kontakt entstände, daß Mißhandlungen im vorhinein weitgehend ausgeschlossen würden. So hat es sich gezeigt, daß ein intensiver Frühkontakt, gefördert durch Rooming-In, die „Passung" zwischen Eltern und Kind begünstigt, so daß Eltern und Kind in einen befriedigenden sozialen Dialog hineinwachsen. Aufklärung über die Folgen, Ermunterung der mißhandelnden Eltern, psychosoziale Hilfen zu rekrutieren, wie sie von Kinderschutzbund, Kinderschutzzentren, speziellen Kliniken, Jugendamt und Beratungsstellen angeboten werden, sind hier indiziert. Psychotherapeutisch sind – falls die Eltern dazu bereit sind – insbesondere familientherapeutische Maßnahmen angezeigt. Gefordert ist gerade auch die Ärzteschaft. Ärztliche Aktivität darf sich nicht auf die medizinische Versorgung allein beschränken. Sonst kann sich ein Circulus vitiosus von Mißhandlung, Klinikaufenthalt bzw. ambulante ärztliche Behandlung, Rückkehr nach Hause, Mißhandlung einstellen. In Gesprächen mit den Eltern ist die familiäre Situation abzuklären, um dann weiterführende Hilfe in die Wege zu leiten.

Lehnen mißhandelnde Eltern solche Hilfen ab, werden die Mißhandlungen fortgesetzt, bleibt nur die *Trennung* von Täter und Opfer. Das kann in Form einer „Fremdunterbringung" des Kindes (z. B. in einer Pflegefamilie) oder, wie häufig bei sexuellem Mißbrauch notwendig, als Trennung der Restfamilie vom Täter geschehen. Mißhandlungen sind zumeist keine einmaligen Geschehnisse, sondern können sich über Jahre erstrecken. Eine solche *Dauertraumatisierung* hat häufig langfristige Folgen, die im Falle sexuellen Mißbrauchs sich beim Erwachsenen in Form von depressiven Verstimmungen mit starken Suchttendenzen, Suchtverhalten (v. a. Eßstörungen), massiven Scham- und Minderwertigkeitsgefühlen, Unfähigkeit sich an ganze Perioden der Kindheit zu erinnern manifestieren können. Eine massive Mißtrauens- und Nähe-Distanz-

Problematik findet sich im zwischenmenschlichen Umgang, die im sexuellen Bereich zu einem charakteristischen Paradoxon derart führen kann, daß die Verbindung von Liebe und Sexualität nicht möglich wird, weil sie zu sehr an die inzestuöse Konstellation erinnert, sexuelles Erleben deshalb nur da vollziehbar ist, wo keine emotionale Nähe und Abhängigkeit gegeben sind. Heilung setzt hier eine entsprechend langfristige psychotherapeutische Aufarbeitung der traumatischen Erfahrungen voraus (vgl. Wirtz 1991).

6.2.4 Erwachsenenalter

In der Beschreibung des menschlichen Lebenslaufes werden als Hauptphasen „Kindheit", „Jugend", „Erwachsenenalter" und „Alter" unterschieden.

Das Erwachsenenalter selbst läßt sich in ein frühes Erwachsenenalter (20 bis 40 Jahre) und ein mittleres Erwachsenenalter (40 bis 60 Jahre) unterteilen. Das späte Erwachsenenalter (über 60 Jahre) fällt mit „Alter" zusammen. Im Gegensatz zu früheren Wachstums- und Reifungsmodellen, die Entwicklung bis zum Abschluß des Jugendalters postulierten und dann im Alter Veränderungen als Abbauprozesse thematisierten, wird heute Entwicklung als *lebenslanger Prozeß* verstanden. Gegenstand der Forschung ist somit die „gesamte Lebensspanne" (Baltes 1980). Einem solchen Ansatz entspricht das Phasenmodell der *psychosozialen Entwicklung* Eriksons, das wir bereits bis einschließlich Adoleszenz kennengelernt haben (s. Kap. 6.1 u. Tabelle 6.1). Nach diesem Modell vollzieht sich Entwicklung über die Lösung von Grundkonflikten bzw. über die Bewältigung von psychosozialen Krisen.

Im *frühen Erwachsenenalter* stellen Partnerwahl, Partnerschaft, Ehe und Übergang zur Elternschaft zentrale Entwicklungsaufgaben dar. Der junge Erwachsene, der in der Adoleszenz eine stabile *Identität* erworben hat, d. h. darauf vertrauen kann, daß „der Einheitlichkeit und Kontinuität, die man in den Augen der anderen hat, eine Fähigkeit entspricht, eine innere Einheitlichkeit und Kontinuität aufrechtzuerhalten" (Erikson), kann sich jetzt in die *„Intimität"* einer engen Beziehung und Partnerschaft – körperliche Vereinigung („Genitalität") eingeschlossen – begeben. Fürchtet der junge Mensch eine solche Hingabe, weil er seine Individualität durch eine Verschmelzung mit dem/der PartnerIn bedroht fühlt, wird er eine enge Bindung zu vermeiden suchen und so Gefahr laufen, in *„Isolation"* und Vereinsamung zu geraten (s. Tabelle 6.1).

Auf der Basis befriedigender Erfahrung von Intimität kann sich jetzt der Mensch des *mittleren Erwachsenenalters* seinen Entwicklungsaufgaben der Elternschaft und Kindererziehung, der Stiftung einer neuen „Generation" sowie der Übernahme von Verantwortung für andere in Familie, Beruf, Gesellschaft produktiv zuwenden. Erikson faßt diese Thematik unter dem Stichwort *„Generativität"* zusammen. Bleiben diese produktiv-schöpferischen Erfahrungen aus, droht *„Stagnation"* und Persönlichkeitsverarmung.

Typische Einschnitte in die Familienstruktur. Ergänzt und konkretisiert wird dieses weit ausgreifende Phasenmodell psychosozialer Entwicklung durch die Betrachtung typischer Einschnitte in die Familienstruktur. Für gewöhnlich sind sozusagen zur „Normalbiographie" gehörige Ereignisse wie Heirat, Geburt von Kindern eher mit positiven Gefühlen begleitet, sie können aber auch zu belastenden *kritischen Lebensereignissen* werden.

Menschen können einer *Heirat*, z.B. aus Bindungsangst oder aufgrund uneindeutiger geschlechtlicher Identität zwie-

spältig gegenüber stehen oder werden in der Ehe nicht glücklich (wie z.B. der eher homosexuell ausgerichtete Peter Tschaikowsky, den eine überstürzte Heirat, eine Art Flucht nach vorne, in eine persönliche Katastrophe trieb). Auch *Geburten* können belasten, vorübergehend verunsichern und depressiv machen (s. Kap. 6.2.2). Solche Ereignisse markieren Übergänge im Lebenslauf und fordern deshalb Umstellungsprozesse. Anpassungsleistungen („Coping Behaviour") sind v. a. gefordert, wenn Ereignisse von vornherein eher negativ besetzt sind. So wird eine *Scheidung* von solchen Frauen eher als „Katastrophe" (Identitätskrise, Selbstwertminderung, Gefühle von Depression und Angst) erlebt, die lange Jahre verheiratet waren und sich ganz mit der traditionellen Rolle der Frau als Hausfrau, Mutter und Gattin identifiziert hatten. Die Spuren vieler gemeinsamer Jahre lassen sich nicht auslöschen, häufig existiert dann die geschiedene Beziehung „innerlich" weiter.

„Ungeachtet dessen, wie schlimm eine Ehe für beide Partner sein mag, finden die meisten alleinlebenden Geschiedenen das Alleinsein fast unerträglich. Viele durchlaufen eine depressive Phase, die einige Monate bis Jahre dauern kann ... Für manche langverheiratete Paare gibt es einfach keine Lösung ohne Schmerzen. Die Ehe fortzusetzen mag schwer sein, allein zu leben jedoch noch schwerer, und andere Alternativen stehen dem Paar möglicherweise nicht offen." (Bermann u. Lief 1976, zit. nach Willi 1993).

Frauen, die kürzer verheiratet waren, häufiger kinderlos und auch in der Ehe berufstätig blieben, können eine Scheidung auch als „Befreiung" erleben, sofern sie jetzt die Möglichkeit sehen, ihr Leben unabhängiger und selbständiger zu gestalten als dies bislang in einer unterdrückenden, zerrütteten Ehe möglich war. Interessant ist auch in diesem Zusammenhang, daß drei Viertel aller Scheidungen auf Betreiben der Frau zustandekommen, und nicht minder von medizinpsychologischer Relevanz, daß geschiedene Männer eine dreimal höhere jährliche Sterberate haben als geschiedene Frauen. Für eine gelingende Bewältigung einer Scheidung sind stabiles Selbstvertrauen, eine „moderne" Einstellung zu Ehe und Partnerschaft und – auch nach der Scheidung – bleibende gute Kontakte zu Freunden und Bekannten wichtig.

Auch bei *Partnerverlust* durch Tod tritt bei Männern innerhalb der ersten sechs Monate nach dem Tode ihrer Frau der Tod um 40 % häufiger ein als statistisch zu erwarten wäre, wobei diese Witwer v. a. an Herzerkrankungen („an gebrochenem Herzen") sterben. Nach Scheidung oder Partnerverlust durch den Tod sind Männer häufiger als Frauen alkoholismusgefährdet. Es scheint, daß sich Männer in einer Partnerschaft sehr abhängig machen und dann – wieder allein – große Schwierigkeiten haben, sich wieder zu verselbstständigen.

> **!** Inwieweit der Verlust des Lebenspartners zu Einsamkeit, Depression, erhöhter Krankheitsanfälligkeit oder gar zum Tode führen kann, hängt davon ab, ob der Betroffene Trauerarbeit (s. Kap. 3.3.6) leisten kann, er den Verlust zu akzeptieren lernt und dabei „soziale Unterstützung" durch Angehörige (Kinder!), Freunde und Bekannte erfährt und es ihm schließlich gelingt, neue Lebensperspektiven zu gewinnen.

Ein kritisches Lebensereignis ist eine *schwere Erkrankung* selbst, zu deren Ausbruch und Verlauf ihrerseits, wie v. a. die sog. „Life Event- und Coping-Forschung"

gezeigt hat, kritische Lebensereignisse (z. B. Verlusterlebnisse) beitragen können. Ob eine solche Erkrankung zu erheblichen psychischen Beeinträchtigungen führt oder auch als Entwicklungsanreiz fungieren kann, hängt von den Coping-Möglichkeiten der Betroffenen ab (s. Kap. 8.5).

Sigmund Freud, einmal gefragt, was seiner Meinung nach ein normaler Mensch gut können müsse, antwortete kurz und lapidar: „Lieben und arbeiten". Damit sind zwei zentrale Lebensbereiche vorgegeben, innerhalb welcher der Mensch sich verwirklichen kann. Nachdem wir bislang in diesem Kapitel den Akzent vorrangig auf den ersten Schwerpunkt gesetzt haben, ist jetzt noch der zweite anzureißen, denn die **berufliche Tätigkeit** kann nicht minder eine „Quelle für Selbstverwirklichung und für die Befriedigung multipler Bedürfnisse darstellen" (Filipp, in Oerter u. Montada 1987), wie aber auch – analog zum Beziehungs- (Liebes-) Bereich – belasten und sich pathogen auswirken. In einseitig mittel- und oberschichtorientierten Forschungsarbeiten erscheint das mittlere Erwachsenenalter als beruflicher Höhepunkt, als Glanzzeit des Lebens. Dabei wurde nicht beachtet, daß für viele Arbeiter und Angestellte „die letzten Berufsjahre eher Stagnation, beruflicher Abstieg, das Gefühl, aufs Abstellgleis geschoben zu werden" (Faltermaier et al. 1992) bedeuten können.

Hinzu kommt, daß im Berufsleben eine „Fetischisierung der Jugendlichkeit" um sich gegriffen hat. Ein älterer Mitarbeiter wird von vornherein als leistungsschwächer abgewertet – zu Unrecht, denn eine altersbedingte Einbuße, wie der Abbau der sog. fluiden Intelligenz (geistige Beweglichkeit, rasche Orientierungsfähigkeit und Informationsverarbeitung) kann durch die sog. „kristallisierte Intelligenz" (allgemeines Wissen, breite Erfahrung im Problemlösen, Sprachbeherrschung und Sprachverständnis, Kulturleistungen schlechthin) kompensiert werden. „Use it or loose it" (Schaie, zit. n. Faltermaier et al. 1992): Je flexibler der Lebensstil in Jugend und frühem Erwachsenenalter, desto leistungsfähiger bleibt der Betreffende im Alter, und je mehr der späte Erwachsene aktiv bleibt, sich von der Umwelt fordern und stimulieren läßt, „der regressive Ruhestand" auch „tätig-produktiver Unruhestand" bedeutet, desto weniger Einbußen erleidet er in seiner Leistungsfähigkeit. „Wer rastet, der rostet".

6.2.5 Altern

Wenn sich heute das Modell einer lebenslangen Entwicklung durchgesetzt hat und deshalb „Altern" nicht nur Abbau bedeutet, so nicht zuletzt deshalb, weil zentrale Einschnitte, die den Alterungsprozeß markieren, Antworten und Bewältigungsformen fordern, die zu progressiven Umstellungen, zu „neuen Entwicklungen", führen können.

Berufliche Ausgliederung. Sie kann zum „Pensionierungsbankrott" (Depression, negatives Selbstbild, Vereinsamung, Langeweile, Sinnverlust etc.) führen – dies v. a. bei Menschen, für welche der Arbeitsplatz die Achse war, um die sich alles drehte – oder die Möglichkeit zur persönlichen Weiterentwicklung bieten, sofern jetzt, auf der Basis gesicherter Rente, Freiräume genutzt werden können (z. B. Reisen, Vertiefung eines Hobbys etc.), die bislang verschlossen blieben.

> **!** Ein Pensionierungsprozeß kann phasisch verlaufen: „Im mittleren Erwachsenenalter herrscht eine zwar vage, aber positive Haltung zur Pensionierung vor. Kurz vor der Pensionierung verschlechtert sich die Einstellung drastisch, Ängste tauchen auf. Oft kommt es in der ersten Zeit nach der Pensionierung zu einem kurzfristigen Erholungseffekt ('Honeymoon'-Phase). Unter bestimmten Bedingungen (z. B. finanzielle und gesundheitliche Sorgen, starke berufliche Bindung) folgt eine Ernüchterungs- und Enttäuschungsphase. Daran schließt sich die Phase der Neuorientierung an, durch realistischere Sicht der Lebenslage und neues Engagement gekennzeichnet. Wenn sich die Neuorientierung als tragfähig erweist, führt sie in eine Phase neuer Stabilität" (Atchley 1976, zit. nach Faltermaier et al. 1992).

Klimakterium. Ein anderer, diesmal das „Lieben" (Freud) betreffender zentraler Lebensabschnitt im Zuge von Alterungsprozessen ist der Beginn der **Menopause** (Sistieren der Monatsblutungen – etwa gegen Ende des fünften Lebensjahrzehnts, aber mit einer großen Varianz von +/- 10 Jahren). Mit diesem Eintritt in das Klimakterium (Wechseljahre) erlischt die Fortpflanzungsfähigkeit. Wie das Klimakterium erlebt wird, hängt davon ab, wie die betroffene Frau mit den typischen körperlichen Symptomen (Hitzewallungen, Schwindelzustände, Übelkeit) umgehen kann, wie die Partnerschaft davon berührt ist, welche Einstellung zu dieser Zäsur gewonnen wird – kann sie doch sowohl als einschneidender Verlust des bisherigen weiblichen Selbstkonzeptes wie auch als Befreiung von der Angst hinsichtlich ungewollter Schwangerschaft verstanden werden. Eine zusätzliche Belastung kann es bedeuten, wenn zeitgleich das letzte Kind das Elternhaus verläßt und es deshalb zum **„Empty-Nest-Syndrom"** mit charakteristischer depressiver Verstimmung kommt. Aber auch dieses „Life Event" braucht nicht global negativ eingestuft zu werden, denn es kann auch Entlastung von Verantwortung und Zugewinn von Freiheit bedeuten.

Midlife Crisis. Wenn durch das Phänomen der Menopause bei der Frau zweifellos ein auffälligerer biologisch-hormoneller Alterungsakzent gesetzt wird, sinkt gleichwohl auch beim Mann etwa ab dem fünften bis sechsten Lebensjahrzehnt die Hormonproduktion kontinuierlich ab. Eine damit verbundene mögliche Abnahme der sexuellen Potenz wie auch Enttäuschungen und Stagnation im Beziehungs- und beruflichen Alltag, eine negative Bilanzierung des bisherigen Lebensganges, können zum Phänomen der sog. „Midlife Crisis" mit Symptomen wie depressive Verstimmung, Neigung zum Alkoholismus, Ängstlichkeit usw. führen.

Sexuelle Aktivität im Alter. Wie groß der Einfluß der altersbedingten hormonellen Veränderungen auf die sexuelle Erregbarkeit und Aktivität ist, kann nicht eindeutig geklärt werden. Die häufig zu beobachtende Abnahme sexueller Aktivität im Alter braucht nicht allein Folge endokriner Veränderungen zu sein; psychosoziale Faktoren wie das Konzept unteilbarer Einheit von Fortpflanzung und Sexualität, Änderung sexuellen Verhaltens bei den „unattraktiven" Alten, Partnerverlust, soziale Isolation sind hier mitzuberücksichtigen. Wie verschiedene Untersuchungen gezeigt haben (s. Bräutigam u. Clement 1989) hängt die sexuelle Aktivität im Alter von der in früheren Jahren praktizierten Sexualität ab. Im Alter sexuell aktive Menschen waren auch früher sexuell aktiver als jene, die jetzt ein reduziertes Sexualleben haben.

Physiologische Leistungsveränderungen. Eine zentrale Frage der Altersforschung stellt das Problem dar, inwieweit altersbedingte physiologische Leistungsveränderungen (Abnahme der Seh- und Hörfähigkeit, Verlangsamung der Reaktionsgeschwindigkeit, Gedächtnis- und Orientierungseinbußen) noch soweit ausgeglichen und aufgefangen werden können, daß genügend Lebenszufriedenheit bleibt. Die Gefahr zunehmender Isolierung wie auch zunehmender psychosozialer Abhängigkeit wächst mit der Zunahme dieser physiologischen Beeinträchtigungen.

Einweisung in ein Alten- oder Altenpflegeheim. Sie bedeutet die Aufgabe selbständiger Lebensführung und Wohnsituation. Häufig sind die alten Menschen, obwohl es dabei um sie selbst geht, an dieser für sie sehr weitreichenden Entscheidung nur peripher beteiligt. Dabei sind die ersten Wochen besonders kritisch („First month syndrom!"), denn „auf die beträchtlichen Umstellungsanforderungen reagieren viele Hochbetagte mit ausgeprägter Hoffnungslosigkeit, starker Präokkupation mit dem eigenen Körper und Verminderung der Lebenszufriedenheit" (Faltermaier et al. 1992), was bis zur Selbstaufgabe und schnellem Tod an einer sonst „beiläufigen" Infektion führen kann. Nur ein Teil der Hochbetagten schafft es, das Heim zu einem „neuen Zuhause" werden zu lassen, wobei Freiwilligkeit der Heimaufnahme und die Möglichkeit, auch weiterhin für das eigene Leben verantwortlich sein zu können – geringer Reglementierungsgrad der Institution – begünstigende Voraussetzungen sind. So kann sich die Übersiedlung ins Altenheim auch entwicklungsförderlich auswirken, aus bisheriger Vereinsamung und sozialer Isolation zur Aufnahme sozialer Kontakte und Mitverantwortung für andere führen.

Hauspflege. Angesichts zunehmender Eingrenzung familiärer Verhältnisse auf die Kernfamilie, begrenzter Wohnsituation und Erhöhung der durchschnittlichen Lebenserwartung, so daß immer mehr alte Menschen mit der Pflegebedürftigkeit ihrer noch älteren Eltern konfrontiert sind, wird die Heimversorgung umgekehrt proportional zur jetzt noch häufig (80 %) durchgeführten Hauspflege zunehmen. Zu dieser Entwicklung trägt bei, daß die v. a. in der Pflege hochbetagter Angehöriger aktiven Töchter und Schwiegertöchter gleichzeitig berufstätig sind, was dann zur Doppelbelastung führt und zur fehlenden Beaufsichtigung der Pflegebedürftigen während der berufsbedingten Abwesenheit.

6.3 Sozialisation

> ! Unter Sozialisation ist der Entwicklungsprozeß zu verstehen, durch den der Mensch in die menschliche Gesellschaft („Sozietät") hineinwächst und auf diese Weise zur sozialen, gesellschaftlich handlungsfähigen Persönlichkeit wird.

6.3.1 Grundlagen

Im ersten Entwicklungsabschnitt der Sozialisation (etwa 0–3 Jahre), der sog. *primären Sozialisation,* werden Grundstrukturen des Denkens, Sprechens und Empfindens gebildet und die grundlegenden Muster für soziales Verhalten entwickelt. Dieses elementare Erlernen von sozialen Regeln und Umgangsformen findet v. a. in der Familie statt.

Etwa nach Vollendung des dritten Lebensjahres beginnt die sog. *sekundäre Sozialisation.* Auf der Basis des in der primären Sozialisation Gelernten werden jetzt in Kindergarten, Schule, Lehre, Hochschule, überhaupt Fortbildungseinrichtungen weitere intellektuelle und soziale Kompetenzen angeeignet, trainiert und spätere Rollenübernahmen in Familie, Beruf und Gesellschaft vorbereitet.

Ein wichtiger Punkt im Hinblick auf das Hineinwachsen in eine solche Rolle ist die Herausbildung der *Geschlechtsrollen-Identifikation.* Wir haben schon früher gesehen, daß in diesem komplexen Geschehen biologische Gegebenheiten psychosozial überformt sind (s. Kap. 6.1).

Im Rahmen des psychoanalytischen Entwicklungsmodells ist es v. a. die phallisch-ödipale Phase, die hier prägt. Nicht nur, daß der „Penis" (= Phallus) zum geschlechtsdifferierenden Merkmal wurde, für den Jungen wird der „Ödipus-Komplex" durch eine Identifizierung mit dem Vater und seiner Welt (bzw. einer entsprechenden „männlichen" Vaterrepräsentanz) gelöst, was zum Aufbau einer entsprechenden männlichen psychosexuellen Identität führt. Die Geschlechtsidentifikation des Mädchens als „weiblich" erfolgt dadurch, daß sich das „Töchterchen ... an die Stelle der Mutter (setzt), wie sie in ihren Spielen immer getan hat, ... sie beim Vater ersetzen (will) ..." (S. Freud 1938). Die libidinöse „Objektbeziehung" zur Mutter wird jetzt durch Identifikation ergänzt. Daß damit die Konstitution einer Geschlechtsrollenidentität häufig nicht abgeschlossen ist, sondern immer wieder zum Problem werden kann, zeigt, wie wir sahen (s. Kap. 6.1), die Pubertät. Denn in den Grundkonflikt „Identität versus Identitätsdiffusion" ist diese Frage zentral mit eingebaut. Nicht zuletzt dient dann das „Macho"-Verhalten manch junger (und älterer) Männer zur Behauptung und Festigung männlicher Identität. (Hinsichtlich weiterer Ansätze zum Verständnis der Geschlechtsindentität s. Lang 1998e), s. auch Kap. 5.2.2.

Moralentwicklung. In der geschlechtsrollentypischen Identifikation mit den Elternfiguren erfolgt auch eine Identifizierung mit deren ethischen Normen, die wiederum Normen der Gesellschaft repräsentieren. In der „Verinnerlichung" dieser ethisch-moralischen Grundsätze bildet sich das „Über-Ich" (s. Kap. 3.2.2), das nun, abgelöst vom direkten Bezug zu den Primärpersonen, über das Verhalten des Kindes und späteren Erwachsenen wacht und es moralisch beurteilt.

Ein Modell der Moralentwicklung in qualitativ unterschiedlichen Stufen schlug Kohlberg vor, das von einem *vormoralischen* (= präkonventionellen) Niveau über ein *konventionell-konformistisches* mit Orientierung an wichtigen Bezugspersonen (Angehörige, Freunde) und an den bestehenden Normen der Gesellschaft auf ein *postkonventionelles* Niveau mit vorherrschender Orientierung an universellen, altruistischen Prinzipien und Werten führt. Tabelle 6.5 verschafft über Kohlbergs „Stadien der moralischen Entwicklung" einen Überblick.

Auf diesem Weg von einer egozentrischen zu einer altruistisch-universalistischen moralischen Einstellung spielen als Voraussetzungen „Perspektivenübernahme" (s. Kap. 6.1) und, davon nicht abtrennbar, die zunehmende Fähigkeit zu Sprechhandlungen eine zentrale Rolle. Sich auf den Standpunkt anderer stellen und damit ihr Handeln, ihre Motive verstehen zu können, wie auch Handlungen im Medium der Sprache auszuführen („jemanden bitten, etwas befehlen, erlauben, untersagen, versprechen etc.", Siegrist 1988), zu begründen und in der sprachlichen Kommunikation über diese Kommunikation (reflexives Sprachverständnis, Metakommunikation) kommunizieren zu können, bilden entscheidende Bedingungen für *prosoziales Handeln* (Hilfsbereitschaft, Bereitschaft zu teilen, Altruismus).

Tabelle 6.5 Übersicht über Kohlbergs Stadien der moralischen Entwicklung (Modifiziert nach Thomas u. Feldmann 1986)

Lebensalter in Jahren:					
Geburt					
2	6	10	12	21	35 u. älter
Orientierung an Bestrafung und Gehorsam („Böse ist, was bestraft wird")	Naiv-instrumentelle oder egoistische Orientierung (instrumenteller Austausch; „Eine Hand wäscht die andere")	„Guter Junge, liebes Mädchen"-Orientierung („Gut ist, was andere anerkennen")	„Gesetz und Ordnung"-Orientierung (soziales System und soziales Gewissen)	Sozialverträgliche Orientierung (individuelle Rechte)	Orientierung an universell-ethischen Prinzipien (Kants kategorischer Imperativ: „Handle so, daß die Maxime deines Willens jederzeit zugleich als Prinzip einer allgemeinen Gesetzgebung gelten könnte")
1. Stadium	2. Stadium	3. Stadium	4. Stadium	5. Stadium	6. Stadium
PRÄKONVENTIONELLE STUFE		KONVENTIONELLE STUFE		POSTKONVENTIONELLE STUFE	

6.3.2 Schichtspezifische Sozialisation

Unterschiedliche soziale Lebenslagen, d. h. v. a. unterschiedliche soziale, ökonomische und kulturelle Verhältnisse, in denen ein Mensch aufwächst, wirken sich auf die Entwicklung der werdenden Persönlichkeit aus.

Erziehungsstil. Der Erziehungsstil der entsprechenden Sozialschicht hinterläßt hier Spuren. So verfolgen Mittelschichteltern eher das Erziehungsziel, zu einer autonomen Persönlichkeit heranzubilden, während Unterschichteltern ihren Kindern mehr vermitteln, daß Gehorsam, sich dem Zwang äußerer Umstände anzupassen und im Alltag prompt, praktisch zu funktionieren, wichtig ist. Bei kindlichen Regelverstößen verweisen Unterschichteltern eher auf „law and order", ohne daß Umstände und Absichten berücksichtigt würden, und disziplinieren, nicht zuletzt mittels körperlicher Strafmaßnahmen, von der elterlichen Machtposition aus.

Kontrollstrategien. Dieser *positionalen Kontrollstrategie* steht die *personale Kontrollstrategie* gegenüber, die sich eher bei Mittelschichteltern findet. Hier appellieren die Eltern bei kindlichem „Bösesein" argumentativ an die Kinder, indem sie ihnen Bedeutung und mögliche Konsequenzen dessen vor Augen führen, wobei sie auch Umstände und Motivation in Rechnung ziehen. Durch den Appell an das individuelle Gewissen wird dabei möglicherweise über die Erweckung von Schuldgefühlen Einfluß ausgeübt.

Sprachcodes. Vermittelt wird diese schichtspezifische Sozialisation v. a. auch durch die unterschiedliche sprachliche Kommunikationsweise. Im sog. *restringierten Code* (restringere, lat.: beschrän-

ken), der Sprechweise der Unterschicht, finden sich kurze, grammatikalisch einfache Sätze, oft ohne Verb und differenzierende Adjektive bei häufigem Gebrauch von kollektiven Standardausdrücken (Allgemeinplätzen). Der *elaborierte Code* (elaborare, lat.: sorgfältig ausarbeiten; „hochentwickelt"), charakteristisch für die Mittelschicht, weist hingegen komplexere Satzstrukturen, größeren Wortschatz und geringere Verwendung von klischeehaften Wendungen auf, ist so eher individuumbezogen.

Ein Beispiel des englischen Soziolinguisten Bernstein (1972), der diese Begriffe geprägt hat, kann hier veranschaulichen und zugleich das Thema weiterführen: Mutter und Kind fahren im Bus. In der *Mittelschicht* könnte sich folgender Dialog entspinnen:
Mutter: „Halt' dich fest, mein Kind!"
Kind: „Warum?"
Mutter: „Warum? Weil, wenn plötzlich der Bus anhält, dann wirst du auf den Vordersitz gedrückt."
Kind: „Warum?"
Mutter: „Na, Herzchen, halt' dich fest, und hab' dich nicht so."

In der *Unterschicht* wäre dieser Dialog kürzer, „restringierter":
Mutter: „Halt' dich fest!"
Kind: „Warum?"
Mutter: „Halt' dich fest!"
Kind: „Warum?"
Mutter: „Ich habe dir gesagt, du sollst dich festhalten!"

Im ersten Beispiel gewinnt das Kind ein Verständnis der Situation und lernt mit Hilfe seines bereits erlernten Bezugssystems begrifflich den Mechanismus von Ursache (Halten des Busses) und Wirkung (Hinfallen) verstehen. Der Befehl schließlich („Na, Herzchen, halt' dich fest, und hab' dich nicht so.") wird erst dann geäußert, wenn die Situation hinreichend erklärt ist.

Im zweiten Beispiel erfolgt ein kategorischer Befehl („Halt' dich fest!"), ohne daß die Umstände, die dazu Anlaß geben, dem Kind einsichtig gemacht werden. Die Möglichkeit des Kindes, Begriffszusammenhänge zu verstehen und selbst zu entwickeln, ist so eingeschränkt.

Die Motivation zu eigenständigem Handeln (s. Kap. 6.2.3) wird dadurch ebenso beschränkt wie ein differenziertes „Probehandeln" (S. Freud) in Phantasie und Sprache, so daß hier eine Lebenskonzeption entsteht, die eher kurzfristig plant und auf unmittelbare Befriedigung aus ist. Diese in Abhebung zur Mittelschicht weniger vorausschauende Zukunftsorientierung führt auch zur geringeren Inanspruchnahme von *krankheitspräventiven Maßnahmen* (z.B. Krebsfrüherkennungsuntersuchungen, „gesunde" Lebensweise) und rechtzeitiger Symptomaufmerksamkeit.

Kritisch wurde der „Defizithypothese" Bernsteins, die von einem Wechselbezug zwischen sozialer Schicht und Sprache ausgeht, insofern begegnet, als einmal auch Mittelschichtangehörige in bestimmten Situationen, die eine schnelle Verständigung erfordern, z. B. der Situation einer chirurgischen Operation, „restringiert" sprechen, zum anderen, als auch Unterschichtangehörige nicht immer in diesem Code kommunizieren bzw. sich auch darin differenziert mitteilen können.

Keine Frage indessen, daß in einem qualifizierten Beruf der Eltern, ihrer Kommunikationsfähigkeit und in einem sozial und kulturell gut ausgestatteten Umfeld v. a. die Gründe zu suchen sind, daß Kinder aus Mittel- und Oberschichten besseres schulisches Leistungsverhalten zeigen und deshalb langfristig, wie ihre Eltern, in gehobene berufliche Positionen gelangen. Man kann deshalb von einer „sozialen Vererbung" sprechen. Die *Arbeitssituation* der Eltern stellt so zweifellos einen gewichtigen Sozialisationsfaktor dar. Erfahrungen am Arbeitsplatz, die hier erreichte Position und der hier gewonnene

Verdienst wirken sich auf die psychischen Einstellungen der Eltern, ihre Persönlichkeit aus, die dann wiederum Erziehungsstil und Erziehungsziele beeinflussen. Wie viele Untersuchungen zeigen, wirkt eine abhängige, monotone, wenig Anregung bietende und in der Regel dann auch mit geringem Verdienst einhergehende Arbeitssituation auch in der Freizeit und damit im Beziehungsgeschehen zu den Kindern nach.

6.3.3 Soziale Fehlentwicklung

Wir haben in diesem Kapitel immer wieder gesehen, wie für den Menschen als „soziales Wesen" („animal sociale") von Anfang an enge zwischenmenschliche Kontakte unerläßlich sind. Wo dies nicht der Fall ist, es zur „sozialen Isolation" kommt, können soziale Fehlentwicklungen eintreten. Das zeigte sich schon am „Trennungstrauma" (s. Kap. 6.2.3), wie es durch einen passageren Krankenhausaufenthalt verursacht werden kann. Bei weitem drastischer zeigt sich der hier angedeutete psychische Hospitalismus in den Untersuchungen des Kinderpsychiaters und Psychoanalytikers René Spitz.

Psychischer Hospitalismus. In einem mexikanischen Waisenhaus waren 91 Säuglinge während der ersten drei Monate an der Mutterbrust aufgezogen worden. Während dieser Zeit verhielten und entwickelten sich die Kinder wie auch sonst die Kinder der Stadt, in der das Findelhaus stand. Nach drei Monaten nun wurden die Kinder abgestillt und von ihren Müttern, v. a. aus sozialen Gründen – viele Kinder waren unehelich und die Mütter mußten jetzt wieder ihren Lebensunterhalt fristen –, verlassen, um auf Adoptiveltern zu warten. Sie wurden jetzt der Obhut einer Schwester anvertraut, die durchschnittlich für zehn Kinder zu sorgen hatte, oft noch für eine größere Zahl. Was die körperliche Fürsorge anging, so war sie gut: Ernährung, Unterbringung, Hygiene usw. waren ebenso gut wie in anderen von Spitz untersuchten Heimen. Da sich aber die Schwester gleichzeitig mit mindestens zehn Kindern zu beschäftigen hatte, erhielten die Kinder jetzt nur noch den zehnten Teil oder weniger der früheren Zuwendung, was als massiver Mangel an emotionaler Zufuhr gesehen werden mußte. Im ersten Monat nach der Trennung klammerte sich das Kind noch an eine Schwester und war weinerlich, im zweiten Monat schrie es viel und verlor an Gewicht, im dritten Monat schließlich wimmerte es nur noch leise vor sich hin und wurde zuletzt ganz apathisch, lag mit leerem Gesichtsausdruck völlig passiv in seinem Bettchen. Bei vielen Kindern kam es dann zum körperlichen Verfall („Marasmus"). Von den 91 Kindern, die anfangs im Heim lebten, starben 34 bis zum Ende des 2. Lebensjahres (vgl. Abb. 6.7). Das Entwicklungsniveau der Überlebenden war niedriger als die Hälfte des Entwicklungsniveaus von normal aufgezogenen Kindern. Noch mit vier Jahren konnten viele von ihnen weder stehen, laufen noch sprechen. Soweit das Schicksal dieser Überlebenden später noch verfolgt werden konnte, erwiesen sie sich als gemütsarm und kontaktgestört. Viele Kriminelle rekrutierten sich aus dieser Gruppe. Im Gegensatz zu diesen schrecklichen Erfahrungen sammelte Spitz in einem zweiten Heim, in einem Frauengefängnis in Italien, ganz andere Erkenntnisse. Hier konnten die Mütter ihre Kinder selbst betreuen. Im Laufe von vier Jahren sah Spitz hier 220 Kinder, die sich normal entwickelten und von denen im untersuchten Zeitraum keines starb. Spitz folgerte aus diesen Studien, daß die normale Mutter-Kind-Beziehung bzw. Beziehung zu einer konstanten Bezugsperson weit über das Körperliche hinaus eine lebenserhal-

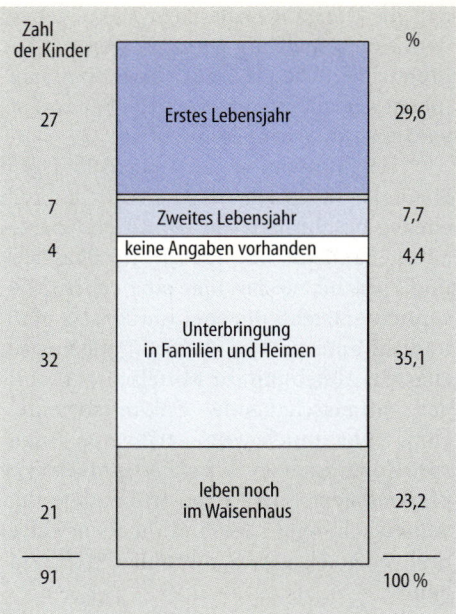

Abb. 6.7 Sterblichkeit der von ihrer Mutter getrennten Kinder (nach Spitz 1973)

tende Wirkung hat, während ein massiver Liebesentzug einen fortschreitenden Verfall nach sich ziehen bzw. zu bestimmten Spätschädigungen führen kann.

Psychosozialer Hospitalismus des Kindes (nach v. Troschke 1974)

Als Spätfolgen werden beschrieben:

● „lieblose Charaktere":
Keine echten Gefühle, nur oberflächlicher Kontakt möglich. Unzugänglichkeit, die diejenigen verbittert, die helfen wollen, Interessenlosigkeit, Konzentrationsunfähigkeit. Ein Gefühl der Unsicherheit und des Mißtrauens bleibt oft zurück, das dem Kind für das ganze Leben anhaftet.

● der Typ des „Lonely wolf":
Mit seiner Sehnsucht nach Liebe, die Promiskuität als Verhalten zur Folge hat und das Sich-Vergreifen am Besitz der anderen.

Neben dem Mangel an affektiver Kontaktmöglichkeit war eine sensorische Verarmung für dieses Schädigungssyndrom mitverantwortlich. Die Entwicklungsstörung wurde also verursacht durch

- soziale Vereinsamung (Mangel an sozialer Anregung, Zuwendung, Liebe; keine Möglichkeit zum Aufbau einer konstanten affektiven Bindung) sowie
- sensorische Verarmung (Mangel an taktiler, visueller, akustischer und verbaler Stimulation).

Diese Belastungen führten zunächst zu einer *anaklitischen* Depression (anaklino, griech.: ich lehne mich an), zu einer Depression also mit Apathie und Trauer aufgrund der mangelnden Möglichkeit, „sich anlehnen" zu können, und der fehlenden sensorischen Anregung. Ging die Deprivation weiter, kam es schließlich zum *frühkindlichen psychischen Hospitalismus im engeren Sinne* mit Retardierung der geistigen und körperlichen Entwicklung, die sogar zum körperlichen Verfall (Marasmus) und Tode führen konnte.

Sind es hier die Defizite in der Beziehung zu den primären Bezugspersonen, die zur „Abweichung" vom sozial akzeptierten und erwünschten Verhalten führten – nach neueren Untersuchungen sind angesichts der Plastizität des menschlichen Subjekts solche Schädigungssymptome zumindest auch teilweise reversibel –, können auch spätere *soziale Isolierungen* zu „sozio-emotionalem Distreß" (Siegrist 1988) führen. Über die Einflüsse der hier ausgelösten negativen Emotionen (Angst, Ärger, Kummer, Niedergeschlagenheit und Verzweiflung) auf das autonome Nervensystem, das neuroendokrine und Neuroimmunsystem kann es zu Funktionsstörungen und Organveränderungen, d.h. zu Erkrankungen kommen, bzw. schon vorhandene Erkrankungen können sich verschlechtern. Solche „Isolierungen"

können z.B. bedingt sein durch eine stigmatisierende Erkrankung oder Behinderung, durch Statusverlust mit sozialem Abstieg, Degradierung, Benachteiligung, durch Arbeitslosigkeit, ja allein durch die *Entfremdung* von eigenen Selbstverwirklichungsmöglichkeiten im Arbeitsleben, wie sie moderne Produktionsverfahren mit sich bringen.

Sozioemotionale Unterstützung. So sehr auf der einen Seite Familie und soziale Umwelt durch ihren Ausfall, durch Vernachlässigung, Überforderung, Gewalt und Mißbrauch Schädigungen setzen können, so sehr vermögen sie andererseits bei Belastungen, wie organischen oder psychischen Erkrankungen, *„sozialen Rückhalt"* („social support", s. auch Kap. 8.5) zu bieten und so wesentlich dazu beizutragen, daß Belastungen bewältigt werden. Ein solcher „social support" beeinflußt nicht nur den Krankheitsverlauf – zumindest in einer Positivierung der eigenen Befindlichkeit –, sondern kann schon „präventiv" den Ausbruch einer Erkrankung verhindern.

Übersicht über die Charakteristika sozialen Rückhalts (nach House 1981; aus Siegrist 1988)

- Emotionaler Rückhalt (Wertschätzung, Zuneigung, Vertrauen, Interesse, Zuwendung)
- Rückhalt durch Anerkennung (Bestätigung, Feedback, positiver sozialer Vergleich)
- Rückhalt durch Information (Rat, Vorschläge, Handlungsanweisungen, geteiltes Wissen)
- Instrumentaler Rückhalt (Hilfe durch zeitliche Präsenz, [Mit-]arbeit, finanzielle Mittel)

So hat man in London die Auswirkungen bedrohlicher Lebensereignisse auf die Entstehung von Depressionen bei Frauen untersucht. Solche „Life Events" waren z.B. Todesfälle, Fehlgeburten, Arbeitslosigkeit usw.. Frauen, die nun eine gute Beziehung zu einem Partner (Ehemann oder männlicher Freund) hatten, waren vor depressiven Störungen geschützt. Was der andere bei diesem Krisenmanagement bot, war emotionale Hilfe, sofern der gefährdete Partner „sein Herz ausschütten" und sich trösten lassen konnte. Gespräch und Beziehung zum anderen fungierten als eine Art Plombe, als Puffer, der selbst bei vorhandener Disposition zu depressiver Erkrankung eine Aktualisierung dieser Anlage und damit eine manifeste Symptomatik verhinderte (vgl. Lang 1994).

Soziales Netzwerk. In der Regel lebt der Mensch in einem Geflecht sozialer Beziehungen, das sich zunächst aus Familienmitgliedern, Freunden, Nachbarn, Arbeitskollegen, Vereinskameraden zusammensetzen kann. Ein solches „soziales Netzwerk", das sich im Krankheitsfalle durch Mitglieder einer Selbsthilfegruppe, Dienstleistende oder im Wohlfahrtswesen Beschäftigte erweitern kann, ist ein wesentlicher Faktor für gelingendes Coping-Verhalten. Dabei läßt sich, was die *„Dichte"* des Netzwerkes angeht, ein Intensitätsgefälle von Familien- und Freundschaftsbeziehungen zu den übrigen Sozialkontakten feststellen. In der alten Bundesrepublik leben drei Viertel der erwachsenen Bevölkerung mit einem Partner zusammen, ähnlich viele geben an, einen oder mehrere gute Freunde zu besitzen, und 50 % sind Mitglieder in (häufig mehreren) Vereinen und Organisationen. In der nachstehenden Übersicht finden sich die typischen Charakteristika für sozialen Rückhalt.

„Der Mensch ist des Menschen beste Medizin" und ist zugleich „des anderen Menschen Wolf" („homo homini lupus"). So kann eine zu große Dichte, Zusammenballung von Menschen Angst machen (Klaustrophobie, s. Kap. 3.2.2) und, wie die Ethologen zu belegen suchen (K. Lorenz 1977), *aggressive* Abgrenzungs- und Distanzierungsstrategien auslösen

(s. Kap. 3.3.3). Wer sein „Revier" bedroht glaubt, seinen „Status" zu verlieren fürchtet oder verliert, wird versuchen, sich dem zu widersetzen oder der damit einhergehenden tiefen narzißtischen Kränkung (Verletzung des Selbstwertgefühles) durch aggressive Äußerungen und Handlungen gegenüber Verursacher, Zeugen oder unbeteiligten „Prügelknaben" zu begegnen, um auf diese Weise Gefühle von Resignation, Depression und Angst abzuwehren. Kehrt sich eine solche „narzißtische Wut" nach innen (s. „Abwehrmechanismen" Kap. 3.2.2), weil eine Ableitung nach außen nicht möglich ist oder scheint, kann es zur Gewalt gegen sich selbst in Form von autodestruktiven Handlungen kommen, wie z. B. Suizidversuch bzw. vollendetem Suizid oder auch – „im Selbstmord auf Raten" – zu *Suchtverhalten.*

Suchtentwicklung. Defizite in der primären Sozialisation, sei es durch Vernachlässigung (Frustration) oder übermäßige Verwöhnung, können hier bereits sog. „frühe Störungen", narzißtische Wunden (Beeinträchtigung der Selbstwertregulation, der Ich-Identität etc.) setzen, die dann in bestimmten Belastungssituationen wieder aktualisiert werden. Die sich jetzt einstellenden Gefühle von Leere, Minderwertigkeit und Angst können mittels der Droge, die euphorisierende Größenphantasien vermittelt und alle Frustrationen vergessen läßt, beseitigt werden.

Mit „früher Störung" soll hier nicht gesagt sein, daß sich jetzt der Patient wie ein zwei- oder dreijähriges Kind verhält, sondern nur, daß er in einer Persönlichkeitsdimension gestört ist, deren Entfaltung einer bestimmten kindlichen Entwicklungsphase zuzuordnen ist. An dieser Stelle entsteht dann ein „Fixierungspunkt", ein schwacher, labiler Bereich, der in der weiteren Entwicklung zunächst überdeckt werden kann, im Krisenfall jedoch regressiv wieder aktualisiert wird, und es bildet sich jetzt eine manifeste Störung aus. Solche Fixierungsstellen sind als psychische Dispositionen zu verstehen, ähnlich wie eine körperliche Disposition, die im Falle einer Überlastung ebenfalls zur Erkrankung eines entsprechend disponierten Organs führen kann.

Daß es gerade in Pubertät und Adoleszenz zur Aktualisierung einer solchen *Ich-Identitätsschwäche* kommen kann, ist, wie wir oben (s. Kap. 6.1 u. 6.2.3) gesehen haben, dadurch bedingt, daß hier der Grundkonflikt „Identität versus Identitätsdiffusion" ausgetragen wird. Der Jugendliche muß versuchen, mit der auftretenden Identitätskrise fertig zu werden. Neben bestimmten problematischen Identifikationen (s. Kap. 6.1) ist auch der Griff nach der Droge ein Selbstheilungsmittel. Diese problematische Art von Bewältigung drängt sich v. a. auch deshalb auf, weil durch bestimmte Peergruppen, an denen der Jugendliche sich orientiert, durch problematische soziale Situationen, wie auch durch die Werbung und eine „genußfördernde" Öffentlichkeit Aufforderungsdruck entsteht und zur Verführung stimuliert. Die Zigarette, ein Drink lassen Kontakte knüpfen und zum Erwachsenenstatus aufrücken, machen stark („der prahlende Alkoholiker", „Wer niemals einen Rausch gehabt, ist kein rechter Mann", „Gorbatschov – der Bär im Mann" etc.). Zur sozialen Therapie gehört es hier, diesem problematischen Leitbild „positive Leitbilder des Abstinenten ('Sportler, naturgemäß lebende Menschen') entgegenzustellen (Bräutigam 1985). Auch Aufklärung kann nicht früh genug ansetzen, v. a. über die große Gefahr des langsamen Hineingleitens mit zunehmendem unstillbaren Verlangen („Stoffhunger") und Kontrollverlust, wobei, jetzt unabhängig von den ursprünglichen Ursachen, der Drogen- und Alkoholkonsum selbst eine nicht mehr beherrschbare Eigendynamik mit körperlicher und psychischer Abhängigkeit entwickelt.

Daß hier *jugendliche Arbeitslose* besonders gefährdet sind, läßt sich verstehen, wenn wir bedenken, daß in unserer Zivilisation „Arbeit" ein zentraler Bereich für Selbstfindung und Selbstverwirklichung darstellt – und ausgerechnet der Jugendliche, der zur Bewältigung seiner „natürlichen" Identitätskrise besonders diese stabilisierende Möglichkeit braucht, davon ausgeschlossen wird. Gesellschaftliche Entwicklungen wie rigorose Rationalisierung – in gewissem Sinne gehört auch der Numerus clausus dazu – sind gerade auch von diesem Gesichtspunkt her zu beurteilen. Es stimmt bedenklich, wenn so der Jugendliche von vornherein keine Chance erhält, einen kontinuierlich aufbauenden Lebensplan zu realisieren.

Allgemeine Werke

Eibl-Eibesfeldt I (1986) Grundriß der vergleichenden Verhaltensforschung (7. Aufl.). Piper, München Zürich

Erikson EH (1971) Identität und Lebenszyklus. Suhrkamp, Frankfurt am Main

Faltermaier T, Mayring P, Saup W, Strehmel P (1992) Entwicklungspsychologie des Erwachsenenalters. Kohlhammer, Stuttgart Berlin Köln

Oerter R, Montada L (1987) Entwicklungspsychologie (2. Aufl.). Psychologie Verlagsunion, Weinheim

Schmidt LR (1984) Psychologie in der Medizin. Anwendungsmöglichkeiten in der Praxis. Thieme, Stuttgart New York

Spezialliteratur

Lang H (1992) Die „strukturale Triade" – Überlegungen zur Neubewertung des Ödipuskomplexes. Praxis der Psychotherapie und Psychosomatik 37: 207 bis 215 (s. auch Lang 1998b)

Robertson J (1974) Kinder im Krankenhaus. Reinhardt, München Basel

Spitz R (1973) Die Entstehung der ersten Objektbeziehungen. Klett, Stuttgart

Unter sozialem Verhalten werden soziale Wahrnehmung, Kommunikation und Verhalten in Gruppen zusammengefaßt. Wahrnehmung ist kein rein physikalischer Prozeß, sondern wird durch Einstellungen und Kommunikationsprozesse mitbestimmt. Hinzu kommt, daß Wahrnehmungen durch die Lebenserfahrung eines Individuums vorstrukturiert werden. Hierdurch wird die Bildung von Vorurteilen und Stereotypen begünstigt.

Kommunikationsprozesse können zwischen zwei Personen, z.B. zwischen Arzt und Patient, aber auch in Gruppen stattfinden. Eine erfolgreiche Kommunikation setzt voraus, daß möglichst klare Botschaften übermittelt werden, was gerade im medizinisch-psychologischen Bereich nicht immer leicht ist. Hier kann es leicht zu Störungen der Kommunikation kommen, die sich dann negativ auf die Beziehung der Kommunikationspartner auswirken.

In *Gruppen* kommt es zu organisierten Verhaltensmustern mit der Übernahme bestimmter Rollen durch einzelne Mitglieder der Gruppe. Diese Rollen sind mit Erwartungen verbunden, welche die Mitglieder einer Gruppe an den Rollenträger richten und die als Normen entweder explizit festgelegt sind (z.B. berufliche Standesordnungen) oder auf Traditionen und Gewohnheiten beruhen. Werden Rollenerwartungen verletzt, kommt es in der Regel zu Sanktionen. Die Gesellschaft kann als ein übergeordnetes System verstanden werden, mit hierarchisch organisierten Gruppenstrukturen und einem differenzierten Normensystem. Sie delegiert die Erfüllung bestimmter Aufgaben an spezialisierte Subsysteme wie z.B. das Krankenhaus.

Soziales Verhalten ist Verhalten, bei dem die beteiligten Personen sich an den Erwartungen anderer Personen orientieren.

Mit dieser Definition unterschied der Soziologe Max Weber soziales von nicht sozialem Verhalten. Damit Verhalten sozial genannt werden kann, muß eine besondere Motivation beim Handelnden vorliegen. Wenn ein Läufer seine Kondition verbessern will, handelt er noch nicht sozial, denn er bezieht sein Verhalten zunächst nur auf sich selbst. Zum sozialen Verhalten wird sein Laufen dadurch, daß er sich dabei an anderen Menschen orientiert, z. B., indem er sich auf einen Wettbewerb vorbereitet.

7.1 Soziale Wahrnehmung und Personenwahrnehmung

! Unter sozialer Wahrnehmung versteht man die Wahrnehmung von anderen Menschen, ihren Eigenschaften und ihren Beziehungen.

Während sich die Wahrnehmung physikalischer Objekte in erster Linie auf direkt beobachtbare Merkmale wie z. B. Größe, Form und Farbe richtet, zielt die soziale Wahrnehmung auf Merkmale, die der direkten Beobachtung nicht zugänglich sind, wie z. B. Persönlichkeitsmerkmale, Einstellungen und Vorurteilsbildung. Um uns angemessen verhalten zu können, versuchen wir, uns möglichst schnell ein umfassendes Bild von anderen Menschen zu machen. Dabei ist es für uns besonders wichtig zu verstehen, welche Einstellungen und Gefühle andere Menschen uns gegenüber haben. Diese persönlichen Merkmale können aber nicht direkt beobachtet, sondern müssen aus äußerlich wahrnehmbaren Anzeichen erschlossen werden. Aus diesem Grund machen wir bei der sozialen Wahrnehmung eher Fehler als bei der Wahrnehmung von physikalischen Objekten. Außerdem sind Wahrnehmungen anderer Personen immer beeinflußt von unseren eigenen Gefühlen, gelernten Einstellungen, Motivationen und auch von der aktuellen Situation. Hinzu kommt, daß wir alle sog. „implizite Persönlichkeitstheorien", also uns selbst meist nicht bewußte Annahmen über die Kombination von Eigenschaften anderer Menschen im Laufe unseres Lebens erworben haben. Mit ihrer Hilfe schätzen wir andere Menschen aufgrund weniger Beobachtungen zwar rasch ein, können aber auch leicht zu Fehlschlüssen kommen.

Selektion und Interpretation. Der Wahrnehmungsvorgang ist kein einseitig gerichteter Vorgang von außen nach innen, sondern kann als Zusammenwirken zweier Prozesse beschrieben werden. Beim „bottom-up"-Prozess werden Reize von außen aufgenommen und weiterverarbeitet, beim „top-down"-Prozeß erfolgt eine subjektive Auswahl und Interpretation der hereinkommenden Reize. Eine Auswahl der Reize ist notwendig, weil der Mensch nur eine begrenzte Kapazität für die Weiterverarbeitung der aufgenommenen Information hat. Sowohl bei der Selektion als auch bei der anschließenden Weiterverarbeitung der Information werden Reize interpretiert, d. h. mit Bedeutung versehen. Reize, die wir zwar wahrnehmen, aber nicht mit Bedeutung „füllen" können, sind für uns praktisch wertlos.

Wie wichtig diese Interpretationsprozesse sind, zeigen Beispiele von Patienten mit Ausfällen in bestimmten Hirnarealen, welche für die Zuordnung von Bedeutungen zu den Wahrnehmungsreizen zuständig sind. Solche Patienten haben zum Beispiel das korrekte Wahrnehmungsbild bekannter Personen und Objekte, wissen aber nicht mehr, wer diese Personen sind und was man mit den Objekten machen kann. Sie haben ein Wahrnehmungsabbild der äußeren Welt, können diese aber nicht verstehen und daher nicht angemessen handeln.

Wie stark solche „top-down"-Interpretationsprozesse sind, wird auch durch die folgenden Abbildungen deutlich. Wir nehmen nicht nur das rechte, sondern das sehr verzerrte linke Bild als ein Portrait der früheren englischen Premierministerin Margaret Thatcher wahr. Bei der Einschätzung des linken Portraits wird automatisch das rechte Portrait herangezogen, wobei die Verzerrungen des Mundes und der Augen zugunsten eines eindeutigen „Erkennens" vernachlässigt werden. Wie stark die Differenz zwischen den Bildern ist, wird erkennbar, wenn man sie umdreht (Abb. 7.1).

Eine Interpretation der Wahrnehmungsreize ermöglicht nicht nur eine sinnvolle Zuordnung von Bedeutungen, sondern kann auch zu Verzerrungen führen. Dabei kann man immer wieder zwei grundlegende Mechanismen beobachten: Akzentuierung und Abwehr. Das Phänomen der *Wahrnehmungsabwehr* wurde zuerst an der Wahrnehmung von Wörtern

mit positivem und negativem Inhalt untersucht. Man stellte dabei fest, daß Wörter mit negativem Gefühlsgehalt langsamer wahrgenommen werden als Wörter mit positivem Gehalt. Wenn die negativen Wörter aber Konsequenzen für das Verhalten haben, werden sie schneller wahrgenommen als die positiven. Wahrnehmungsabwehr kann auch zur Unterdrückung der Wahrnehmung von körperlichen Symptomen führen. So kommt es oft vor, daß herzkranke Patienten frühe Anzeichen für einen Herzinfarkt nicht wahrnehmen und daher zu spät zum Arzt gehen. Eine Ursache für diese Wahrnehmungsabwehr kann in der Angst gesehen werden, in die Rolle eines abhängigen Patienten zu geraten und dadurch Anerkennung zu verlieren (s. Kap. 3.2.4 und 5.2.3, Repression vs. Sensitization).

Unter *Wahrnehmungsakzentuierung* versteht man eine Wahrnehmungsverzerrung, bei der eine bestimmte Motivation zu einer verzerrten Wahrnehmung eines

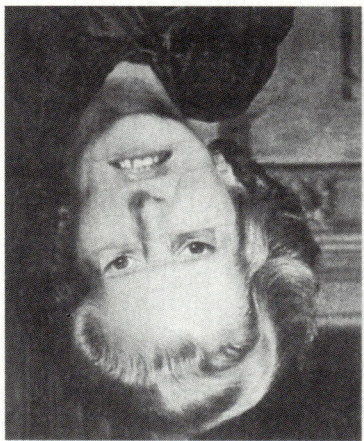 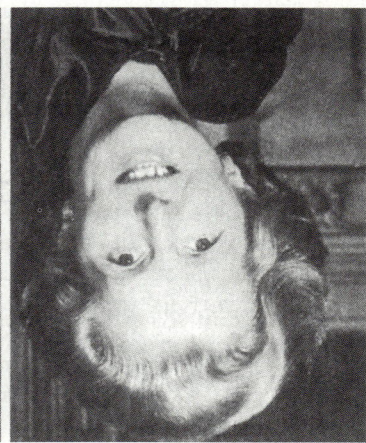

Abb. 7.1 Demonstration von top-down-Prozessen bei der Wahrnehmung. Das folgende Beispiel zeigt, daß Reize je nach Relevanz verarbeitet oder unterdrückt werden können. Eines von zwei Bildern der früheren britischen Premierministerin Margaret Thatcher wurde um Mund und Augen verändert, doch sehen beide recht ähnlich aus. Dreht man das Buch auf den Kopf, sieht man das ganze Ausmaß der Differenz zwischen den Bildern. Solche Unterschiede der Form und der Lage des Mundes oder der Augen werden von unserer Wahrnehmung v. a. dann verarbeitet, wenn sich Mund und Auge in ihrer typischen aufrechten Stellung befinden (aus Zimbardo, 1992)

Objektes führt. Im engeren Sinne bezeichnet man damit eine Wahrnehmung, die ein Objekt um so größer erscheinen läßt, je wertvoller es für uns ist.

Wie stark der Wert eines Objektes auf die Wahrnehmung wirken kann, konnte in einer klassischen Untersuchung gezeigt werden. Bruner und Goodman forderten 10 Kinder aus wohlhabenden und 10 Kinder aus ärmeren Familien auf, die Größe verschiedener Geldmünzen zu schätzen. Zur Kontrolle schätzte eine gemischte Gruppe von Kindern die Größe von vergleichbar großen Pappscheiben. Die Ergebnisse zeigten, daß erstens generell Münzen für größer gehalten werden als Pappscheiben und daß zweitens Kinder aus ärmeren Familien die Münzen deutlich mehr überschätzten als Kinder aus wohlhabenden Familien. Die Größe der Geldmünzen wurde hier durch das Bedürfnis nach Geld mitbestimmt, das bei den ärmeren Kindern größer war als bei den wohlhabenden.

Emotionale Zustände und Motivationslagen wie Hunger und Durst bewirken eine Wahrnehmungsbereitschaft dafür, solche Reize stärker wahrzunehmen, die eine Befriedigung des Bedürfnisses herbeiführen könnten. Hungrige Personen entdecken häufiger und schneller Restaurants als nicht hungrige Personen. Solche Vorgänge spielen auch bei der Wahrnehmung von körperlichen Vorgängen eine Rolle. Personen, die ängstlicher sind, beobachten ihren Körper genauer und bemerken daher auch körperliche Sensationen, welche andere Personen nicht empfinden. Ähnliches gilt auch für die Schmerzwahrnehmung. Es ist bekannt, daß wir Schmerzen stärker erleben, wenn wir unsere Aufmerksamkeit gezielt auf den Schmerz lenken.

Inferenzprozesse bei der Personenwahrnehmung. Wir haben ein grundlegendes Bedürfnis, Ursachen für unser Verhalten und das anderer Personen zu finden. Bekannte Ursachen geben uns das Gefühl, das Verhalten anderer besser voraussagen

zu können und erhöhen unser Sicherheitsgefühl. Bei der Zuschreibung von Ursachen verwenden wir oft sog. *Attributionschemata* (s. Kap. 3.2.4). Die Anwendung solcher Schemata ist recht hilfreich, kann aber auch zu Fehlern wie dem sog. *fundamentalen Attributionsfehler* führen. Damit ist gemeint, daß wir die Handlungen anderer Personen meist auf deren persönliche Eigenschaften, unsere eigenen Handlungen aber eher auf die aktuelle Situation zurückführen. Die Folge dieser Ursachenzuschreibung ist, daß wir bei anderen Menschen von unveränderlichen Eigenschaften ausgehen, während wir uns selbst als anpassungsfähig und veränderlich erleben.

Inferenzprozesse beruhen nicht nur auf Ursachenzuschreibungen, sondern auch auf *impliziten Persönlichkeitstheorien*. Darunter versteht man die Summe der im Laufe des Lebens angesammelten Hypothesen darüber, wie Persönlichkeitszüge miteinander kombiniert sind. Da diese Hypothesen nicht bewußt sind, werden sie „implizit" genannt. Mit Hilfe bestimmter Techniken kann man herausfinden, nach welchen Merkmalen wir andere Menschen beurteilen, welches individuelle Kategoriensystem wir anwenden. Der Vorteil von Persönlichkeitstheorien besteht darin, daß sie uns helfen, wichtige Aspekte hervorzuheben, die unser Handeln erleichtern. Wenn unsere Persönlichkeitstheorie beispielsweise sagt, daß alle ordentlichen Menschen auch freundlich sind, werden wir bei einem ordentlichen Menschen von vornherein erwarten, daß er auch freundlich ist. Dies wird dazu führen, daß wir uns selbst freundlicher verhalten, wodurch der andere wahrscheinlich ebenfalls freundlich reagieren wird. Auf diese Weise können wir unsere implizite Persönlichkeitstheorie bestätigen. Man nennt dies auch eine *„self fullfilling prophecy"*, eine Prophezeiung, die sich selbst erfüllt (s. Kap. 1.1).

Ein Beispiel für implizite Persönlichkeitstheorien ist der Zusammenhang, den die meisten Menschen zwischen Attraktivität und anderen Merkmalen einer Person herstellen. Wenn man Versuchspersonen bittet, Fotos von Menschen, die sie vorher als attraktiv, unattraktiv oder durchschnittlich aussehend eingestuft hatten, hinsichtlich ihrer Persönlichkeitsmerkmale zu beurteilen, dann schneiden die attraktiven Personen bei allen Merkmalen besser ab als die unattraktiven. Das Merkmal „Elternschaft" bildet dabei meist eine Ausnahme, es scheint in den Persönlichkeitstheorien der meisten Menschen nicht zu körperlicher Attraktivität zu passen. Daß Persönlichkeitstheorien oft einen wahren Kern haben und nicht einfach falsch sind, wird in einem Experiment deutlich, bei dem Versuchspersonen die Kompetenz und Liebenswürdigkeit von fremden Personen einschätzen sollten, die über Telefon mit ihnen kommunizierten, die sie aber nicht sehen konnten. Es zeigte sich, daß die zuvor von einer anderen Gruppe als attraktiver bezeichneten Personen auch hier besser abschnitten. Möglicherweise haben attraktivere Menschen von Geburt an bessere Erfahrungen gemacht und sind daher im Gespräch kompetenter und liebenswürdiger.

7.2 Kommunikation

Kommunikation ist die Übermittlung von Information zwischen einem Sender und einem Empfänger. Sender und Empfänger tauschen Zeichen (Worte, Gesten) aus, die sich auf bestimmte Objekte beziehen (*Darstellungsfunktion*). Diese Zeichen bringen gleichzeitig zum Ausdruck, wie es dem Sender geht, wie er sich fühlt (*Ausdrucksfunktion*), und sie sagen dem Empfänger auch, was von ihm erwartet wird (*Appellfunktion*).

Ein Patient mit einer koronaren Herzerkrankung berichtet dem Arzt mit gereizter Stimme und in anklagender Weise, daß er unter starker Atemnot und Herzschmerzen leide. Der Patient stellt damit seine Beschwerden dar, bringt seinen Ärger zum Ausdruck und appelliert indirekt an den Arzt, ihm zu helfen.

Verbale Kommunikation und nonverbale Kommunikation. Verbale Kommunikation erfolgt über die Sprache als Kommunikationsmittel, nonverbale Kommunikation findet mit Hilfe von Gesten, Mimik und Körperhaltung statt. Einige Autoren unterteilen die verbale Kommunikation noch einmal in einen linguistischen und einen paralinguistischen Anteil. Die *linguistische Kommunikation* besteht in dem Inhalt des Gesprochenen, der durch das Vokabular und die Grammatik festgelegt wird. Zur *paralinguistischen Kommunikation* gehören alle Elemente, die zwar sprachlich mitgeteilt werden, aber nicht zum Inhalt des Gesprochenen gehören. Beispiele hierfür sind Dialekt, Gesprächspausen, Lautstärke, Stimmhöhe, Unterbrechungen etc. Paralinguistische Kommunikation kann sehr wichtige Botschaften übermitteln. So gibt es beispielsweise depressive Patienten, die mit so leiser Stimme sprechen, daß der Arzt Mühe hat, sie zu verstehen. Wenn der Arzt auf eine solche Botschaft achtet, kann er bewußt darauf reagieren. Dies könnte geschehen, indem er nach der aktuellen Lebenssituation des Patienten fragt und dadurch vielleicht einen Aufschluß über die Ursache der Niedergeschlagenheit erhält.

Wie das Beispiel zeigt, werden über nonverbale und paralinguistische Kommunikation v. a. Gefühle und Einstellungen übermittelt. Die verbale Kommunikation dagegen dient der möglichst eindeutigen Übermittlung von Informationen. Berührungen gehören ebenfalls zur nonverbalen Kommunikation und machen den größten Teil der frühen Eltern-Kind-Kommunikation aus. In allen Kulturen gibt es genau festgelegte und unterschiedliche Regeln, wer wen wo und wann berühren darf. So ist es in vielen buddhistischen Gesellschaften nicht erlaubt, den Kopf zu berühren, weil dieser als Sitz der Seele gilt. Wenn man amerikanische Frauen und Männer fragt, wer ihren Körper wo berühren dürfe, erhält man einen Eindruck davon, welche Berührungsregeln für die amerikanische Gesellschaft gelten (vgl. Abb. 7.2).

Berührungen werden von Frauen und Männern unterschiedlich erlebt. Man hat festgestellt, daß Frauen vor einer Operation weniger ängstlich sind und einen niedrigeren Blutdruck haben, wenn sie von einer Krankenschwester berührt worden sind. Bei Männern wirkt die Berührung einer Krankenschwester in einer solchen Situation genau umgekehrt, die Ängstlichkeit nimmt zu und der Blutdruck steigt. Möglicherweise ist eine tröstende, körperliche Geste für Männer ein Indikator für ein hohes Ausmaß eigener Schwäche, was zu verstärkter Angst führt.

Inhalts- und Beziehungsebene. Der Kommunikationsforscher Watzlawick geht davon aus, daß es unmöglich ist, nicht zu kommunizieren. Auch Schweigen oder Nichtanschauen ist eine Art der Kommunikation. Watzlawick hat sich ausführlich mit den Regeln sowie dem Entgleisen von Kommunikationsprozessen beschäftigt. Für seine Analyse unterscheidet er zwei grundlegende Aspekte der Kommunikation, eine Inhalts- und eine Beziehungsebene. Die *Inhaltsebene* ist identisch mit der oben beschriebenen linguistischen Kommunikation, beinhaltet also das, was bewußt ausgedrückt werden soll. Die *Beziehungsebene* kann über paralinguistische sowie nonverbale Kommunikation übermittelt werden und drückt die Art der Beziehung zum Empfänger aus. Dabei werden alle Einstellungen und Gefühle dem Empfänger gegenüber zum Ausdruck gebracht, die dem Sender nicht unbedingt bewußt sein müssen.

Metakommunikation. Jede Kommunikation ist nach Watzlawick ein Zusammenspiel zwischen Inhalts- und Beziehungsebene, das er als Metakommunikation bezeichnet. In einer eindeutigen Mitteilung stimmen beide Ebenen überein, andernfalls besteht eine *paradoxe Kommunikation*. Damit ist gemeint, daß die Information von Beziehungs- und Inhaltsebene nicht übereinstimmt und der Empfänger der Information in Verwirrung geraten muß.

Ein Arzt hat einen Patienten, der über Magenschmerzen und Schlaflosigkeit klagt, untersucht und keinen organischen Befund feststellen können. In einem Gespräch teilt der Arzt dem Patienten mit, daß dieser „nichts" habe, also gesund sei. Da der Patient aber offensichtlich Hilfe braucht und der Arzt nicht weiß, was er für den Patienten weiter tun kann, verschreibt er ihm ein harmloses Beruhigungsmittel, das wenigstens einige der Beschwerden lindern soll. Das Verhalten des Arztes führt bei dem Patienten zu einem Konflikt. Er erlebt es so, als hätte der Arzt gleichzeitig gesagt, daß er krank und doch nicht krank sei. Derselbe Patient sucht dann in der Folge weitere Ärzte und zum Schluß einen Psychotherapeuten auf. Diesem erzählt er seine Leidensgeschichte und sagt dann plötzlich: „Der Dr. X hat zwar gesagt, ich hätte nichts, aber er hat mir ja das Medikament verschrieben. Also mußte ich doch was haben."

Der Arzt richtet in diesem Beispiel zwei unterschiedliche Botschaften an den Patienten. Auf der Inhaltsebene sagt er ihm, daß er nicht krank sei. Auf der Beziehungsebene sagt er ihm, daß er ein Medikament brauche. Der Patient befindet sich dadurch in einem Konflikt und muß sich für eine der beiden Aussagen entscheiden. Da er das Gefühl hat, krank zu sein und deswegen den Arzt auch aufgesucht hat, entscheidet er, daß die Botschaft auf der Beziehungsebene wahr sein müsse und die Botschaft auf der Inhaltsebene falsch. Den Widerspruch erklärt er sich so, daß dieser spezielle Arzt nichts finden konnte und sucht weitere Ärzte auf. Paradoxe Kommunikation kann solches Patientenverhalten stützen. Daher ist es wichtig, daß der Arzt im Gespräch mit dem Patienten klare Mitteilungen auf beiden Ebenen

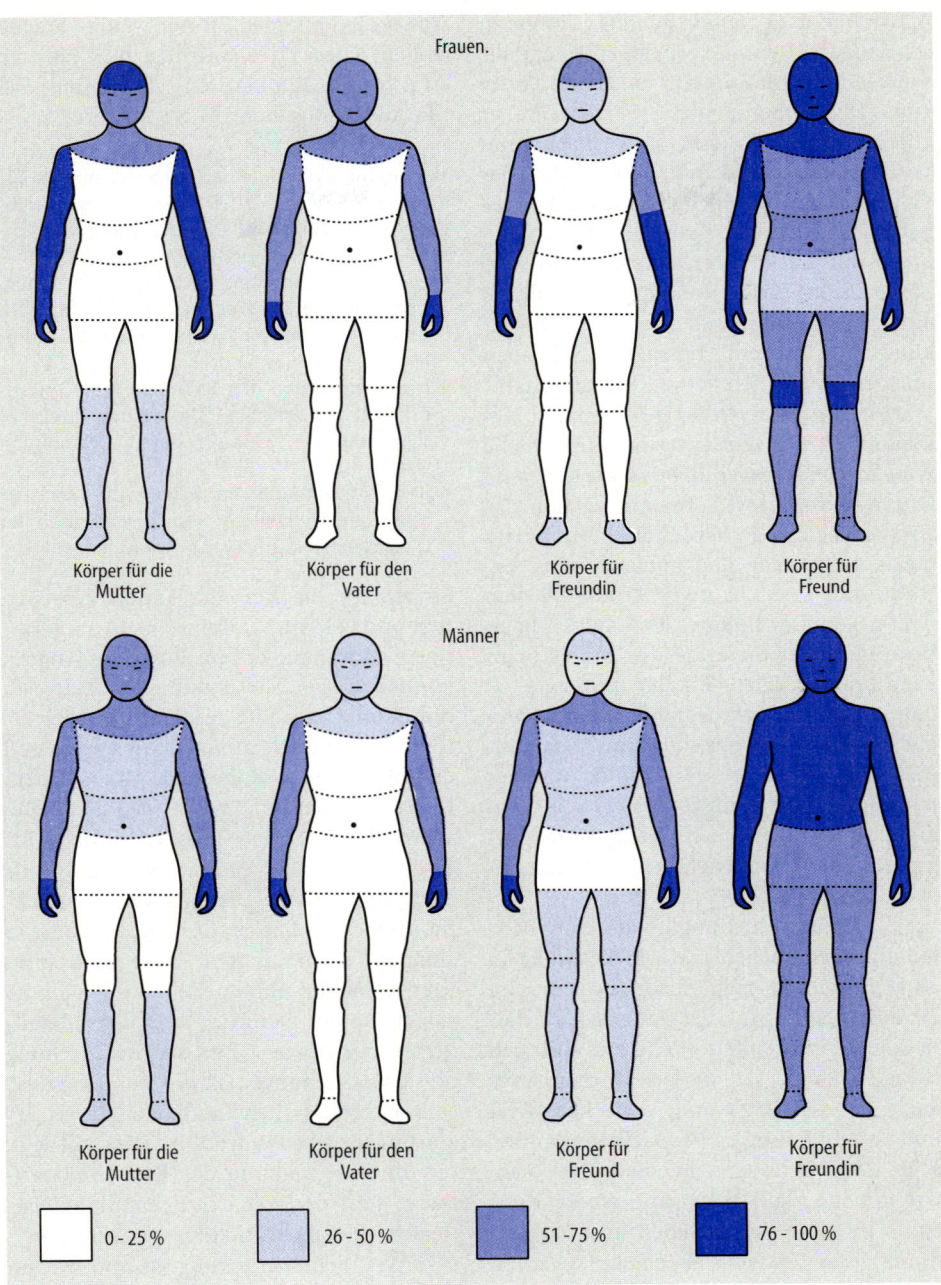

Frauen.

Körper für die
Mutter

Körper für den
Vater

Körper für
Freundin

Körper für
Freund

Männer

Körper für die
Mutter

Körper für den
Vater

Körper für
Freund

Körper für
Freundin

0 - 25 %	26 - 50 %	51 -75 %	76 - 100 %

Abb. 7.2 Berührungsregeln. Körperbereiche, die von Mutter, Vater, Freund oder Freundin desselben und des anderen Geschlechtes berührt werden dürfen (nach Jourard 1966, aus Forgas 1995)

macht. Wenn er zu dem Schluß gekommen ist, daß kein Befund vorliegt, sollte er, falls notwendig, zum Facharzt überweisen oder zum Psychotherapeuten. Verschreibt er ein Medikament, ohne daß ein Befund vorliegt, muß er damit rechnen, daß der Patient annimmt, doch eine Krankheit zu haben.

Natürlich könnte der Patient in dem obigen Beispiel den Konflikt auch dadurch auflösen, daß er diesen offen anspricht. Er könnte z. B. zu dem Arzt sagen: „Sie haben mir gesagt, daß ich keine Krankheit habe. Warum verschreiben Sie mir dann ein Medikament?" Ein Patient wird eine solche *metakommunikative Bemerkung* aus zwei Gründen unterlassen. Erstens ist ihm das widersprüchliche Verhalten des Arztes meist nicht oder nur unterschwellig bewußt, und zweitens befindet er sich dem Arzt gegenüber in einer abhängigen Position, in der er die Hilfe des Arztes dringend braucht. Diese Art der Abhängigkeit bezeichnet man als *Doppelbindung (double bind)*. Eine Doppelbindung liegt immer dann vor, wenn der Empfänger einer paradoxen Botschaft vom Sender abhängig ist und daher die Widersprüchlichkeit nicht bewußt wahrnehmen und ansprechen kann.

Über die Beziehungsebene einer Mitteilung wird auch die *Machtverteilung* in einer Beziehung zum Ausdruck gebracht. Da die Abhängigkeit des Patienten eine situative Überlegenheit des Arztes mit sich bringen kann, ist dieser Mechanismus auch in der Beziehung zwischen Arzt und Patient häufig zu beobachten. Empirische Untersuchungen haben immer wieder gezeigt, daß Ärzte eine starke Kontrolle im Gespräch ausüben und daß dadurch der Patient abgehalten werden kann, seine Beschwerden und Sorgen mitzuteilen. Ärzte bestreiten den größten Teil des Gespräches, unterbrechen die Patienten häufig und bestimmen das Gesprächsthema sowie das Ende des Gespräches, wobei die Patienten oft nur wenige Fragen stellen. Diese Mechanismen werden vom Arzt meist automatisch, und ohne daß ihm dies völlig bewußt ist, eingesetzt.

Wie wenig Zeit in einer Allgemeinpraxis für das Gespräch mit dem Patienten zur Verfügung steht, zeigt eine Untersuchung von Ahrens (1976) mit folgenden Ergebnissen:
- Die Allgemeinärzte sprachen mit einem Erstpatienten im Durchschnitt 5,8 Minuten und mit einem Langzeitpatienten 2,3 Minuten.
- Die Ärzte ließen den Patienten um so weniger Zeit für eine freie Darstellung ihrer Beschwerden, je schwerer deren Erkrankung war.
- Bei Langzeitpatienten betrug die Zeit für eine freie Darstellung von Beschwerden im Durchschnitt nur noch 6 Sekunden.

Regeln für die Kommunikation zwischen Arzt und Patient. Damit es nicht zu derartigen Kommunikationsmustern kommt, können folgende Grundregeln hilfreich sein. Zunächst sollte der Arzt für eine entspannte Gesprächsatmosphäre sorgen und dem Patienten in Ruhe und mit ehrlichem Interesse zuhören, wenn er seine Beschwerden vorträgt. Dies ist sowohl für eine gute Arzt-Patient-Beziehung als auch für eine gute Diagnosestellung wichtig. Gerade zu Beginn des Gesprächs ist es sinnvoll, den Patienten erst einmal sprechen zu lassen und eher offene Fragen zu stellen, später kann der Arzt dann detaillierter nachfragen. Bei der Besprechung der Untersuchungen sowie der Diagnose sollten verständliche und eindeutige Erklärungen gegeben werden. Dies gilt v. a. für die Beschreibung des Krankheitsprozesses und der Art der Behandlung. Patienten, die nicht richtig verstehen, welcher Art ihre Erkrankung ist und warum eine bestimmte Behandlung durchgeführt wird und wie sie wirkt, haben eine geringere Bereitschaft zur Mitarbeit (Compliance) und damit auch schlechtere Heilungschancen. Manchmal kann es auch sinnvoll sein, den Patienten mit eigenen Worten zusammenfassen zu lassen, was er verstanden hat. Dadurch werden Mißverständnisse für den Arzt erkennbar und können ausgeräumt werden. Visuelle Hilfsmittel zur Erklärung können ebenfalls hilfreich sein und das Verständnis verbessern.

Regeln der Selbstenthüllung (Intimität).

Wenn wir einen Menschen kennenlernen, kommt es normalerweise zu einer spezifischen Abfolge von Interaktionen, bei der wir zunehmend mehr Intimitäten mitteilen. Zunächst sprechen wir eher über allgemeine Themen, dann zunehmend auch über Persönliches, wir neigen also zu einer immer größeren Selbstenthüllung. Wenn jemand zu schnell persönliche Dinge preisgibt, schrecken wir normalerweise zurück, da wir dahinter einen zu starken Anspruch an uns vermuten. Andererseits verhindert ein zu geringes Maß an Selbstenthüllung das Kennenlernen. Wir streben daher ein mittleres Ausmaß an Selbstenthüllung und einen gleichberechtigten Austausch von Intimitäten an.

Ein Patient, der ein persönliches Gespräch mit seinem Arzt führt oder über intime Dinge (z. B. Sexualität) spricht, muß ein von der Norm stark abweichendes Ausmaß an frühzeitiger Selbstenthüllung vornehmen, das außerdem vom Arzt nicht erwidert wird. Dies bringt den Patienten leicht in eine unterlegene Situation, da der Arzt sehr schnell viel von ihm, er selbst aber wenig vom Arzt weiß. Patienten versuchen daher oft, das Ungleichgewicht zu verringern, indem sie auf eine weniger intime Ebene des Gespräches zurückkommen oder Informationen zurückhalten. Hier kann der Arzt dem Patienten helfen, indem er ihm vermittelt, daß er die intimen Informationen für wichtig hält und ernst nimmt und indem er am Ende des Gespräches eine

Rückkehr zu unverfänglichen Themen ermöglicht.

Kommunikation bei körperlichen und seelischen Beeinträchtigungen.

Eine ganze Reihe von körperlichen und psychischen Störungen ist mit einer Beeinträchtigung der Kommunikation verbunden. Sprachstörungen im Sinne einer Artikulationsstörung sind meistens auf körperliche Ursachen zurückzuführen. Ein Beispiel hierfür sind Aphasien, bei denen die Betroffenen zwar kommunizieren wollen, aber nicht mehr sprechen können. Aphasien können durch ein Schädel-Hirn-Trauma nach einem Unfall oder nach einem Schlaganfall entstehen.

Bei psychischen Störungen ist in der Regel die Artikulationsfähigkeit erhalten, jedoch das Sprechverhalten auffällig. Depressive Patienten haben in der Regel einen reduzierten motorischen Antrieb und sprechen dann sehr langsam, leise und mit monotoner Stimme. Manische Patienten dagegen haben einen gesteigerten Antrieb und sprechen übertrieben schnell und viel.

Veränderungen bei Kommunikation (s. Kap. 5.1.1) beobachtet man häufig auch bei Persönlichkeitsstörungen. Patienten mit einer Zwangsstörung sprechen oft sehr umständlich und übertrieben detailliert über ihre Beschwerden, wobei sie viele Zweifel äußern und das Gesagte oftmals wieder relativieren. Patienten mit einer Hysterie drücken oft übertriebene, unecht wirkende Gefühle aus, wobei sie theatralisch wirken können. Patienten mit einer schizoiden Persönlichkeitsstörung zeigen ein eher distanziertes Kommunikationsverhalten und sprechen nicht oder nur sehr rational über Gefühle. Bei Borderline-Patienten beobachtet man oft einen schnellen Wechsel zwischen positiven und negativen Gefühlen. Auch einige psychosomatische Patienten zeigen Auffälligkeiten, indem sie ausschließlich von körperlichen Symptomen sprechen und jedes Gespräch über Gefühle vermeiden. Hier fehlt die Fähigkeit zur Introspektion, d. h. zur Wahrnehmung von Gefühlen und Bedürfnissen.

Kommunikation und Interaktion. Eine gelungene Kommunikation setzt voraus, daß wir unsere Bedürfnisse mitteilen und uns gleichzeitig auf die Bedürfnisse anderer einstellen können. Gute Kommunikation wird also nicht nur von den eigenen Bedürfnissen bestimmt, sondern setzt eine dauernde Anpassung des eigenen Verhaltens an die Verhaltensweisen anderer voraus. Dies bezeichnet man als *wechselseitige Kontingenz*. Viele Interaktionen sind allerdings nicht wechselseitig bestimmt. Bei der *pseudokontingenten Interaktion* scheinen wir uns zwar auf einen anderen einzustellen, in Wirklichkeit handeln wir aber nur aufgrund unserer eigenen Bedürfnisse und Vorstellungen. Es gibt dann natürlich keine wechselseitige Einflußnahme und daher auch keine wirkliche Beziehung. Beispiele hierfür

sind der reine Austausch von Höflichkeiten oder das Aneinandervorbeireden in einer Diskussion. Bei der *asymmetrischen Kontingenz* verhält sich jemand nur nach seinen eigenen Bedürfnissen und verlangt dabei vom anderen, daß dieser sich dementsprechend verhält. Hier geht es um ein Machtverhältnis, das mit großer Rollendistanz einhergeht und z. B. im Verhältnis Lehrer-Schüler, Eltern-Kind, aber auch Arzt-Patient beobachtet werden kann.

Steuerung der Kommunikation durch Kommunikationsnetze. Untersucht man Kommunikation von mehreren Individuen, z. B. in Institutionen, lassen sich bestimmte, typische Muster feststellen. Es handelt sich dabei um Kommunikationsnetze, die sich erstens durch die Art des Informationsflusses sowie zweitens durch ihre Effizienz bei der Bewältigung von Aufgaben unterscheiden. Beispiele hierfür sind die Kommunikationsnetze Kreis, Kette und Rad (Abb. 7.3).

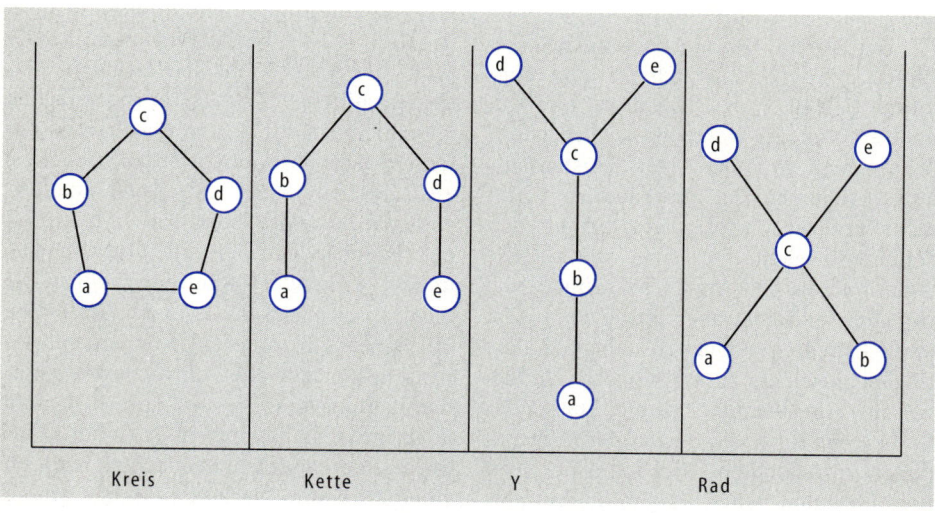

Abb. 7.3 Kommunikations-Netzwerke. Jedes der abgebildeten Netzwerke besteht aus fünf Personen. Die Netzwerk-Strukturen unterscheiden sich im Grad ihrer Zentralisierung: Am meisten zentralisiert ist das Rad, am wenigsten der Kreis (nach Leavitt 1951, aus Forgas 1995)

Im *Kreis* sind alle Kommunikations-partner am Informationsaustausch beteiligt. Weil alle Interessen berücksichtigt werden, besteht eine hohe Zufriedenheit. Allerdings setzt die Beteiligung aller Teilnehmer voraus, daß diese umfassend und annähernd gleich gut informiert sind. Um dies zu erreichen, muß eine große Informationsmenge ausgetauscht werden. Selbst dann ist aber nicht gewährleistet, daß alle Teilnehmer ein ähnlich gutes Informationsniveau haben. Der Kreis ("Runder Tisch") eignet sich daher am besten für die Lösung von Problemen, die so einfach sind, daß alle mitreden können oder bei hoher Informiertheit der Teilnehmer. Im *Rad* fließt alle Information über einen Leiter in der zentralen Position, der diese an andere Teilnehmer weiterleitet. Die Information wird hier am schnellsten und effektivsten weitergeleitet. Diese Anordnung hat sich als besonders günstig bei der Lösung von komplexen Problemen erwiesen, wenn der Leiter einen hohen Informationsgrad hat. Allerdings ist hier die Zufriedenheit der Mitglieder in der Regel geringer als beim Kreis, da sie über Entscheidungen weniger gut informiert sind. Ein solches Kommunikationsnetz findet man in kleineren Unternehmen und auch in Arztpraxen. In der *Kette* gibt es einen Leiter in der zentralen Position, der Information mit Teilnehmern austauscht, die ihrerseits Informationen mit weiteren Teilnehmern austauschen, ohne daß der Leiter einbezogen ist. Es gibt hier also eine Weiterleitung von oben nach unten, wie sie in den meisten großen Organisationen vorkommt.

Kommunikationsbarrieren. Störungen der Kommunikation können durch verschiedene Faktoren entstehen. Je komplexer Kommunikationsnetze sind, desto leichter ist es möglich, daß es bei der Weiterleitung von Informationen zu Mißverständ-nissen kommt. Komplexe Informationsnetze bestehen auch in Krankenhäusern. Es ist daher beispielsweise möglich, daß eine Information des Chefarztes in sehr veränderter Form bei der Stationsschwester ankommt. Wie leicht es bei langen Kommunikationswegen zu Verzerrungen der Information kommt, demonstriert das bekannte Spiel, bei dem die Teilnehmer in einer Reihe sitzen und eine Information weitergeben, die sie sich ins Ohr flüstern. Am anderen Ende der Kette kommt diese Information fast immer in komischer Weise verzerrt an. Berücksichtigt man diesen "natürlichen" Informationsverlust, wird man nicht so schnell persönliche Motive verantwortlich machen und eine schnellere Klärung von Mißverständnissen vornehmen. Teamsitzungen sind in komplexen Organisationen wichtig, um den Informationsaustausch zu verbessern.

Die Kommunikation kann natürlich auch beeinträchtigt werden, wenn sie einseitig erfolgt und ein Teilnehmer das Gespräch weitgehend allein bestimmt (asymmetrische Kontingenz). Das gilt besonders für die Interaktion von Arzt und Patient. Patienten berichten mehr über ihre Beschwerden, wenn der Arzt nicht zu viel spricht, sondern Pausen läßt, damit der Patient einhaken kann. Ein weiteres wichtiges Hindernis erfolgreicher Kommunikation können sog. Sprachbarrieren sein, wenn die Teilnehmer unterschiedliche Sprachcodes benutzen und dann aneinander vorbeireden oder wichtige Dinge nicht ansprechen (s. Kap. 6.3.2).

7.3 Einstellungen

Meinungen und Einstellungen. Durch Wahrnehmungs- und Verarbeitungsprozesse erwirbt sich jeder Mensch seine ganz persönliche Wissensbasis, die im Langzeitgedächtnis gespeichert ist. Auf diese individuelle Wissensbasis greifen wir bei der Bildung von Meinungen und Einstellungen anderer Menschen gegenüber zurück.

> ❗ Meinungen sind subjektive Urteile über Objekte und Personen, wobei wir unser Wissen über bestimmte Zusammenhänge anwenden. Eine Meinung ist beispielsweise die Aussage: „Früherkennungsuntersuchungen erhöhen meine Chance, im Krankheitsfall rechtzeitig behandelt zu werden." Einstellungen sind die gefühlsmäßigen Bewertungen unserer Meinungen, verbunden mit einer Tendenz, sich dementsprechend zu verhalten. Eine Einstellung ist beispielsweise: „Früherkennungsuntersuchungen sind etwas Positives, da sie mir helfen können."

Einstellung und Verhalten. Mit einer Einstellung ist immer ein Gefühl und daher auch eine Verhaltenstendenz verbunden. Eine positive Einstellung zu Früherkennungsuntersuchungen bewirkt oft, daß diese auch wahrgenommen werden. Der Zusammenhang zwischen Einstellung und Verhalten ist jedoch nicht so eng, daß aus einer Einstellung automatisch ein bestimmtes Verhalten folgt. Der Grund ist, daß unser Verhalten nicht nur von unseren Einstellungen, sondern auch von der konkreten Situation sowie unseren Gefühlen bestimmt wird. So mag jemand mit positiver Einstellung zu Früherkennungsuntersuchungen im Berufsalltag einfach die Zeit für die Untersuchung nicht aufbringen. Oder jemand hat so große Angst vor dem Ergebnis, daß er an der Früherkennungsuntersuchung nicht teilnehmen will. Es ist also nicht möglich, von der Einstellung bestimmter Bevölkerungsgruppen zu medizinischen Präventivmaßnahmen auf die reale Inanspruchnahme zu schließen. Einstellungen sind aber trotzdem nicht nebensächlich, da sie mit generellen Verhaltenstendenzen einhergehen, die in vielen Fällen auch zum entsprechenden Verhalten führen. Wir wissen, daß das Gesundheitsverhalten (z. B. beim Zigarettenrauchen) stark durch Einstellungen mitbestimmt wird. Wenn man diese genauer analysiert, kann man über gezielte Aufklärung eine Veränderung der Einstellung erzielen und dadurch die Wahrscheinlichkeit erhöhen, daß es zu einem gesundheitsbewußteren Verhalten kommt. Einstellungen haben aber auch unabhängig vom Verhalten eine wichtige psychologische Funktion. Sie stellen eine innere Ordnung dar, anhand derer wir uns orientieren können und die uns wie ein Kompaß hilft, uns in der immer komplexer werdenden Welt zurechtzufinden.

Entstehung und Veränderung von Einstellungen. Einstellungen entstehen durch Lernprozesse, die mit der frühesten Kindheit beginnen. Das kleine Kind wird schon früh durch die Lebensweise und Einstellungen der Eltern sowie seine eigenen Lebenserfahrungen geprägt. Im Lebenslauf entsteht dann eine komplexe individuelle „Einstellungswelt". Menschen mit einem behinderten Geschwister oder aus finanziell benachteiligten Verhältnissen werden eine andere Einstellung zu Behinderten und zum Geld entwickeln als Menschen, denen diese Erfahrungen fehlen.

Einstellungen werden durch neue Erfahrungen laufend verändert. Hierbei spielen Lernprozesse wie das klassische und operante Konditionieren sowie das Lernen am Modell (s. Kap. 4) eine große Rolle. Das klassische Konditionieren ist v. a. für den Neuerwerb von Einstellungen wichtig. Ein bekanntes Beispiel hierfür ist die Werbung. Dabei werden positiv bewertete Reize (attraktive Frau) immer wieder mit einem Produkt (Auto) gekoppelt, und auf diese Weise wird eine positive Einstellung zu diesem Produkt erzeugt. Auch die Einstellung zu verschiedenen Nationalitäten läßt sich in ähnlicher Form beeinflussen, wie das folgende Experiment zeigt.

Man legte Versuchspersonen Listen von Namen verschiedener Nationalitäten vor und kombinierte einige davon mit positiven, andere mit negativen Merkmalen. Dann sollten die Versuchspersonen diese Listen auswendig lernen. Vorher und nachher wurden die Einstellungen zu den Nationalitäten gemessen. Es zeigte sich, daß das reine Auswendiglernen der mit Merkmalen gekoppelten Nationalitennamen eine Einstellungsänderung bewirkt hatte. Die mit positiven Eigenschaften gekoppelten Nationen wurden positiver und die mit negativen Eigenschaften gekoppelten Nationen wurden negativer beurteilt als vorher. Auf dieselbe Weise konnte man auch eine positivere Einstellung zur Demokratie erzeugen. Diese Konditionierungen wurden zwar gelöscht, wenn sie nicht weiter verstärkt wurden, ließen sich aber oft noch Wochen nach der Lernsituation nachweisen.

Operantes Konditionieren ermöglicht sowohl den Erwerb als auch den Erhalt einmal erworbener Einstellungen über längere Zeiträume. Das operante Lernen geschieht z. B. dadurch, daß wir für bestimmte Einstellungen von anderen Personen anerkannt werden (Belohnung). Das Aufrechterhalten der Einstellung geschieht häufig durch die Vermeidung negativ bewerteter Reize, so daß keine neue Lernerfahrung möglich wird. Wenn wir eine negative Einstellung zu Homosexuellen haben, werden wir vermeiden, homosexuelle Menschen kennenzulernen und unser Urteil daher nicht korrigieren können.

Einstellungen werden aber nicht nur durch Lernerfahrung verändert, sondern auch durch kognitive Umgestaltungen innerhalb unseres Gedächtnisses. Die sog. „Theorie der kognitiven Dissonanz" von

Festinger postuliert, daß wir danach streben, alle im Gedächtnis gespeicherten Einstellungen zu einer bestimmten Sache oder Person in Übereinstimmung miteinander zu bringen (s. Kap. 3.2.4). Ein Widerspruch zwischen Einstellungen wird subjektiv als unangenehm, als dissonant, empfunden. Wir versuchen daher, durch Dissonanzreduktion den Widerspruch aufzulösen oder zu vermindern. Praktisch ist dies möglich, indem wir widersprechende Einstellungen fallenlassen, abwandeln oder neue Einstellungen erwerben, die den Widerspruch entschärfen. Ein Alkoholiker kann z. B. eine sehr positive Einstellung zum Trinken haben, gleichzeitig aber wissen, daß Trinken ihm schadet. In vielen Fällen lösen Alkoholiker diese Dissonanz dadurch, daß sie die Schädlichkeit des Trinkens verleugnen (Fallenlassen einer Einstellung) oder nach Gründen dafür suchen, warum Alkohol auch positive Wirkungen hat (Hinzunahme neuer Einstellungen). Es ist ein Zeichen der fortschreitenden Sucht und des kognitiven Verfalls, daß der Alkoholiker die ursprüngliche Dissonanz seiner Einstellungen immer weniger wahrnimmt und daher auch keine Dissonanzreduktion mehr vornehmen muß. Ähnliche Vorgänge kann man auch bei Rauchern beobachten.

Messung von Einstellungen. Einstellungen können auf verschiedene Weise gemessen werden. Eine verbreitete Methode ist die Erfassung der Einstellung über Fragebögen, wie sie von den Meinungsforschungsinstituten laufend vorgenommen wird. Ein in der Forschung häufig verwendetes Instrument zur Erfassung der Einstellung ist das sog. „Semantische Differential" von Osgood und Tannenbaum (1957), auch als *Polaritätsprofil* bezeichnet (Abb. 7.4). Damit werden Einstellungen zu bestimmten Gegenständen wie „Selbst", „Patient", „Deutsche" etc. erhoben. Dies geschieht mit Hilfe einer Liste von gegen-

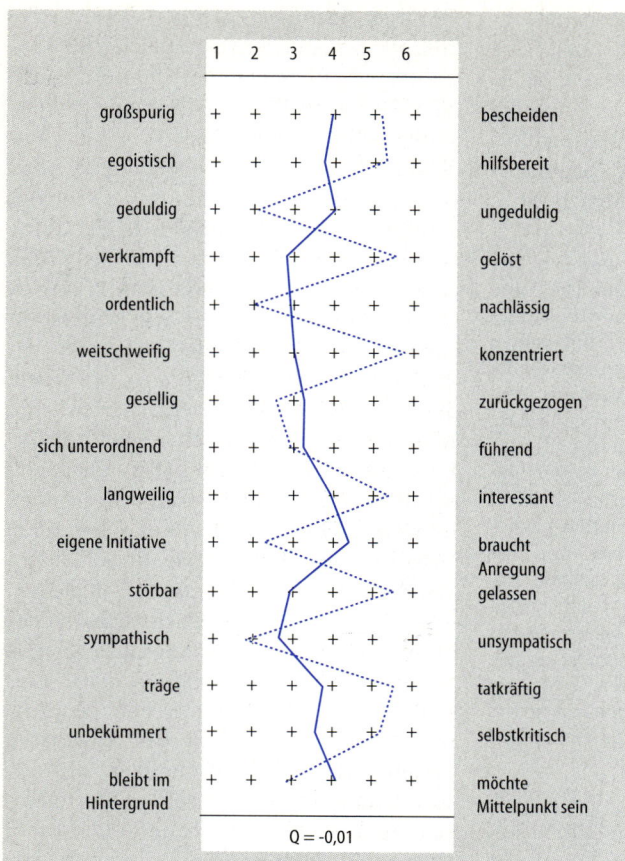

	1	2	3	4	5	6	
großspurig	+	+	+	+	+	+	bescheiden
egoistisch	+	+	+	+	+	+	hilfsbereit
geduldig	+	+	+	+	+	+	ungeduldig
verkrampft	+	+	+	+	+	+	gelöst
ordentlich	+	+	+	+	+	+	nachlässig
weitschweifig	+	+	+	+	+	+	konzentriert
gesellig	+	+	+	+	+	+	zurückgezogen
sich unterordnend	+	+	+	+	+	+	führend
langweilig	+	+	+	+	+	+	interessant
eigene Initiative	+	+	+	+	+	+	braucht Anregung
störbar	+	+	+	+	+	+	gelassen
sympathisch	+	+	+	+	+	+	unsympatisch
träge	+	+	+	+	+	+	tatkräftig
unbekümmert	+	+	+	+	+	+	selbstkritisch
bleibt im Hintergrund	+	+	+	+	+	+	möchte Mittelpunkt sein

Q = -0,01

Abb. 7.4 Polaritätsprofil des „idealen Patienten" (*gepunktete Linie*) und des „heutigen (realen) Patienten" (*durchgezogene Linie*) (aus Hauss et al. 1991)

sätzlichen (bipolaren) Adjektiven, die untereinander stehen und mit deren Hilfe der zu erforschende Gegenstand charakterisiert werden soll. Beispiele hierfür sind Adjektive wie „freundlich-unfreundlich", „wertvoll-wertlos" und „sauber-schmutzig". In der Mitte jedes Eigenschaftspaares gibt es eine Skala aus sieben Punkten (von +3 bis -3), und man soll ankreuzen, wie sehr jedes Adjektiv auf den erfragten Gegenstand zutrifft. Beispielsweise muß man „+3" ankreuzen, wenn der Gegenstand als sehr wertvoll, und „-3", wenn er als sehr wertlos empfunden wird.

Kann man sich nicht entscheiden, wählt man „0", also die Mitte. Der Einstellungswert wird errechnet, indem man die einzelnen Punktwerte summiert.

Stereotyp. Meinungen sind Urteile über eine Welt, die sich ständig verändert. Wenn wir möglichst angemessene Meinungen haben wollen, müssen wir diese immer wieder an veränderte Realitäten anpassen. Das heißt, wir müssen uns einem recht beschwerlichen Prozeß dauernder Urteilsbildung unterwerfen. Es ist daher nicht erstaunlich, daß es bei der Meinungsbildung immer auch zu vereinfachten Urteilsprozessen mit Hilfe von Stereotypen kommt.

> **!** Mit dem Begriff Stereotyp bezeichnet man einen Spezialfall der Meinung, bei dem es nicht mehr zu einem individuellen Urteil über eine Person kommt, sondern bei dem vorgefaßte, generalisierte Meinungen das Urteil bestimmen. Dabei orientieren wir uns in der Regel an generellen Meinungen einer Bezugsgruppe, die für uns wichtig ist.

Der intrapsychische Prozeß bei der Bildung eines Stereotypes läßt sich folgendermaßen beschreiben: Zunächst werden bestimmte Eigenschaften einer Person verwendet, um diese in eine soziale Gruppe einzuordnen (Klassifikation). Beispielsweise ordnet ein Personalchef einen Stellenbewerber aufgrund seines Körpergewichtes in die Gruppe der „Dicken" ein. Dann werden theoretische Annahmen über den Zusammenhang von Persönlichkeitseigenschaften in dieser Gruppe aktiviert (implizite Persönlichkeitstheorie). Beispielsweise besagt die Persönlichkeitstheorie des Personalchefs, daß alle dicke Menschen langsam sind und daß langsame Menschen nicht effektiv arbeiten. In einem weiteren Schritt wird nun unterstellt, daß diese Persönlichkeitstheorie auch für den Stellenbewerber gilt, ohne dies individuell zu prüfen. Diese Urteilsbildung hat Folgen: Der Personalchef geht davon aus, daß der Bewerber wegen seiner Körperfülle kein effektiver Mitarbeiter sein wird und stellt ihn nicht ein. Stereotype Urteile erleichtern das Leben, indem sie uns bei Entscheidungen helfen. Wir können uns sicher nicht von jedem Stereotyp befreien. Es ist allerdings

Vorsicht geboten, wenn unsere Entscheidungen wichtige Konsequenzen haben. Wir sollten uns immer wieder daraufhin prüfen, inwieweit wir von generalisierten Annahmen ausgehen, die dem einzelnen Menschen nicht gerecht werden.

Projektion und Identifikation. Stereotype entstehen aus psychoanalytischer Sicht auch durch Projektion und Identifikationen. Bei der Projektion werden eigene, unerwünschte Anteile der Persönlichkeit nicht in der eigenen, sondern in einer anderen Person wahrgenommen (projiziert). So könnte in unserem obigen Beispiel der Personalchef ein Mensch sein, der selbst gerne ißt und trinkt, aber fürchtet, dann als genußsüchtig und untüchtig zu gelten. Er projiziert nun die Genußsucht und die damit verbundene angebliche Untüchtigkeit in den dicken Stellenbewerber. Der Vorteil dieses psychischen „Tricks" ist, daß der Personalchef das bedrohliche Bedürfnis nicht mehr bei sich selbst sieht, daß er es damit, zumindest vorübergehend, „losgeworden" ist.

Während bei der Projektion ein Unterschied zwischen der eigenen und der anderen Person hergestellt wird, betont man bei der Identifikation die Ähnlichkeit zu einer anderen Person. Identifikation bedeutet generell, eine partielle Ähnlichkeit zwischen sich selbst und einer anderen Person wahrzunehmen. So könnte der Personalchef sich mit angesehen Managern identifizieren, die ihre sportlich-dynamische Figur bis ins hohe Alter behalten haben. Von diesen Vorbildern entwickelt der Personalchef ebenfalls ein Stereotyp, wenn auch ein positives, indem er bestimmte Aspekte seiner Wahrnehmung für ein generelles Urteil heranzieht und sich kein individuelles Bild dieser Menschen macht. Die Identifikation mit diesen Vorbildern erleichtert es dem Personalchef ebenso wie bei der Projektion, seine Bedürfnisse zu kontrollieren und das Selbstbild eines dynamischen, kontrollierten Managers aufrechtzuerhalten. Man sieht an diesen Beispielen, daß die Bildung von Stereotypen mit der Abwehr eigener Bedürfnisse und Ängste sowie der Aufrechterhaltung eines positiven Selbstbildes zusammenhängt.

Autostereotyp und Heterostereotyp. Stereotype können sich auf Mitglieder der eigenen Gruppe *(Autostereotype)* oder einer anderen Gruppe *(Heterostereotype)* beziehen. Meist sind Autostereotype positiv und Heterostereotype negativ getönt. Dies muß aber nicht unbedingt so sein. Beispielsweise haben Einstellungsuntersuchungen an deutschen Studenten in den 60er Jahren gezeigt, daß diese ein sehr negatives Autostereotyp der Deutschen hatten, während sie anderen Nationen gegenüber ein eher positives Heterostereotyp aufwiesen.

7.4 Interaktion in Gruppen

Eine Gruppe besteht aus Individuen, zwischen denen sich eine bestimmte Beziehung mit einer gemeinsamen Aufgabe herausgebildet hat: Jede Gruppe ist durch Ziele, Normen und Strukturen definiert. Eine einfache Ansammlung von Individuen ist noch keine Gruppe.

! Mehrere Personen, die gemeinsam in einen Zugabteil sitzen, sind keine Gruppe. Sie werden aber dann zu einer Gruppe, wenn sie sich, vielleicht durch einen Zugunfall bedingt, ein gemeinsames Ziel geben (sich aus der Situation zu befreien), gemeinsame Normen aufstellen (gegenseitige Hilfe, Kooperation, Zurückstellen egoistischer Interessen) und bestimmte Strukturen bilden (ein

Fahrgast übernimmt die Koordination, ein anderer holt Hilfe, einer versorgt Verletzte etc.)

Kohäsion. Als Kohäsion bezeichnet man das Ausmaß, in dem sich die Mitglieder einer Gruppe gegenseitig positive Gefühle entgegenbringen und sich gemeinsamen Normen und Zielen verpflichtet fühlen. Gruppen mit hoher Kohäsion haben einen engen Zusammenhalt und grenzen sich von anderen Gruppen stark ab, Gruppen mit niedriger Kohäsion haben einen geringeren emotionalen Zusammenhalt und neigen daher weniger zur Abgrenzung von anderen Gruppen. Der Zusammenhalt einer Gruppe läßt sich mit Hilfe eines *Soziogramms* darstellen. Das Soziogramm (Abb. 7.5) ist eine graphische Darstellung der positiven und negativen Einstellungen aller Gruppenmitglieder zueinander. Um ein Soziogramm zu erstellen, fordert man jedes einzelne Mitglied auf, eine Rangliste der Beliebtheit aller Gruppenmitglieder aufzustellen. Je häufiger ein Gruppenmitglied von anderen als positiv eingeschätzt wurde, desto größer ist seine Beliebtheit in der Gruppe und je mehr negative Einschätzungen ein Mitglied erhält, desto größer ist sein Unbeliebtheitsgrad. Je stärker die Einschätzungen der Mitglieder auf Gegenseitigkeit (Reziprozität) beruhen, desto größer ist die Kohäsion in der Gruppe.

Die *Attraktivität* einer Gruppe für ein noch nicht aufgenommenes Individuum ist um so größer, je schwieriger es ist, Mitglied der Gruppe zu werden. Wenn es uns mit vielen Anstrengungen gelungen ist, in eine Gruppe aufgenommen zu werden, versuchen wir im Nachhinein, unseren Aufwand dadurch zu rechtfertigen, daß wir unsere neue Gruppe besonders positiv sehen. Auf diesem psychologischen Prinzip beruhen viele sog. *„Initiationsriten"*

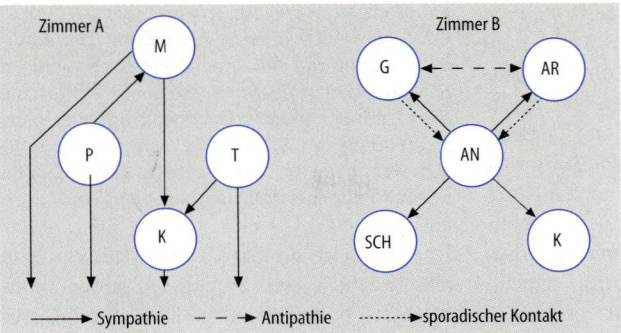

Zimmer A

M

P   T

K

→ Sympathie   - - → Antipathie   ·······→ sporadischer Kontakt

Zimmer B

G   AR

AN

SCH   K

Abb. 7.5 Soziometrische Strukturen zweier Krankenzimmer. In Zimmer A ist Patient K ein besonders starker Empfänger von Sympathie, der seine Sympathie allerdings nach außen richtet. In Zimmer B findet Patient AN alle Patienten sympathisch, wird aber von den zwei Patienten G und AR nicht gemocht (nach Sandrock 1968, aus Rosemeier 1991)

(Aufnahmeprüfungen) von Gruppen sowohl in einfachen als auch in hochzivilisierten Gesellschaften. Wenn man Gruppen mit besonders hohem Zusammenhalt braucht, wird man daher besonders schwierige Aufnahmeprüfungen einführen. Dieses Prinzip wird z. B. bei Elite-Internaten, bei der französischen Fremdenlegion und bei besonderen Einheiten der Polizei angewendet. In Krisensituationen wirkt dann der Zusammenhalt der Gruppe so stark, daß die Mitglieder ihr Leben füreinander aufs Spiel setzen. Die Treue den Kameraden gegenüber erzeugt einen stärkeren Kampfgeist als abstrakte Ziele.

Gruppenarten. Um Gruppenprozesse besser beschreiben zu können, ist es sinnvoll, verschiedene Arten von Gruppen zu unterscheiden. Eine *Primärgruppe* ist eine Verbindung von Personen, mit denen wir aufgewachsen und emotional eng verbunden sind (Familie). Dagegen besteht eine *Sekundärgruppe* aus Personen, mit denen wir gemeinsame Leistungen und Aufgaben ausführen (Lerngruppe, Verein). Eine *formelle Gruppe* ist eine offizielle Gruppe mit Regeln, meist innerhalb einer Institution (Ärztegruppe auf einer Station, Arbeitnehmer in der Gewerkschaft), während eine *informelle Gruppe* nicht durch Regeln festgelegt ist, sondern auf gemeinsamen Interessen beruht (Hobby-Gruppen, Studenten, die sich zum gemeinsamen Arbeiten treffen). *Bezugsgruppen* sind Gruppen, an denen sich das Individuum hinsichtlich seiner Einstellung und Maßstäbe orientiert und an die es sich emotional gebunden fühlt.

Entstehung von Gruppennormen (Konformität). Da persönliche Eigenschaften nicht objektiv eindeutig bestimmt werden können, ist es für jeden Menschen wichtig, durch andere bestätigt zu werden. Wir vergleichen uns, ob bewußt oder unbewußt, ständig mit anderen Menschen. Dadurch daß wir uns über die ganze Lebensspanne hinweg in der Beziehung mit anderen Menschen selbst wahrnehmen, die eigenen Fähigkeiten und Grenzen kennenlernen, entwickeln wir eine relativ stabile Einschätzung der eigenen Persönlichkeit.

Andere Menschen sind aber nicht nur für die Entwicklung der eigenen Persönlichkeit von großer Bedeutung, sondern auch für unsere Einschätzung der Welt, in der wir leben. Wir leben in einer komplexen Welt, über die wir unmöglich alles wissen können. Diese Komplexität macht ein angemessenes Verhalten oft schwer und setzt ein hohes Maß an Informiertheit voraus. Das Alltagsleben erfordert oft Entscheidungen, für die ausreichende Informationen nicht zur Verfügung stehen. Auch hierbei haben Gruppen eine große Bedeutung. Gruppen reduzieren die Komplexität der Welt, indem sie uns vorgefertigte Einschätzungen und Überzeugungen anbieten, die eine Orientierung erleichtern. Wir verlassen uns oft genug in „Treu und Glauben", d. h. ohne Überprüfung, auf die Einschätzung einer Bezugsgruppe (Familie, Freundeskreis). Dieses Vertrauen in eine Gruppenmeinung erleichtert nicht nur die Orientierung und macht das Handeln einfacher, es führt auch zu einem subjektiven Gefühl der Sicherheit und mindert Ängste.

Wie wichtig Gruppen für uns sind, zeigt die immer wieder beobachtete Tatsache, daß praktisch alle Gruppen, auch wenn sie noch nicht lange bestehen, ein sehr hohes Maß an *Konformität* (Übereinstimmung) aufweisen. Wie stark die Konformität in einer Gruppe ist, wurde erstmals von Sherif nachgewiesen. Dieser benutzte dazu eine Wahrnehmungstäuschung, den *autokinetischen Effekt*. Diese Täuschung besteht darin, daß sich eine unbewegte Lichtquelle in einem dunklen Raum mehr oder weniger stark zu bewegen scheint. In einen solchen Raum wurden Gruppenmitglieder in einer Reihe von Versuchen aufgefordert zu schätzen, wie weit der Lichtpunkt schwankte. Dabei war regelmäßig festzustellen, daß die Schätzungen der Gruppenmitglieder zunächst weit auseinanderlagen und sich mit jedem Versuch mehr und mehr annäherten, bis die Schätzwerte sich nur noch wenig voneinander unterschieden.

Die so gewonnenen Gruppennormen sind erstaunlich resistent gegenüber Veränderungen. Als Sherif in eine Gruppe einen Komplizen einschleuste, der extreme Schätzwerte abgab, näherten sich die Schätzwerte der Gruppenmitglieder auch diesem Extrem an. Der Komplize nahm nur an einem einzigen Versuch teil. In den folgenden Versuchen tauschte man immer wieder Gruppenmitglieder aus. Der Einfluß der Extremschätzung des Komplizen war noch in der sechsten Generationen neuer Gruppenmitglieder nachzuweisen.

Im Anschluß an die Untersuchungen von Sherif wollte der Sozialpsychologe Salomon Asch zeigen, daß Konformität nur dann eine so große Rolle spielt, wenn die dargebotenen Reize, wie beim autokinetischen Effekt, undeutlich sind und daher eine große Unsicherheit besteht. Es liegt eine gewissen Ironie darin, daß ausgerechnet dieses Experiment zum Nachweis dafür wurde, wie stark der Konformitätsdruck auch in physikalisch eindeutigen Situationen ist.

In Gruppen von sieben bis neun männlichen College-Studenten sollten die Teilnehmer beurteilen, welche von drei unterschiedlich langen Linien mit einer vorgegebenen Standardlinie identisch war. In den Gruppen befand sich immer nur eine Versuchsperson (was diese nicht wußte), die restlichen Mitglieder waren Helfer des Versuchsleiters, die bei 12 von 18 Durchgängen übereinstimmend falsche Antworten gaben. Wie die Ergebnisse zeigten, neigten die Versuchspersonen in 37 % der Durchgänge dazu, die falschen Urteile der Mehrheit zu übernehmen. Dabei gab es allerdings auch individuelle Unterschiede. Etwa ein Viertel der Versuchspersonen ließ sich nie beeinflussen. Diejenigen, die sich besonders stark beeinflussen ließen, waren sich über die Wirkung des Gruppendrucks auf ihre Urteile weniger bewußt als andere Versuchspersonen. Diese Ergebnisse wurden in zahlreichen anderen Untersuchungen bestätigt (Abb. 7.6).

Autorität und Gehorsam. Konformitätsstreben führt auch dazu, daß Menschen sich anderen unterwerfen bzw. widersinnige Befehle ausführen. Milgram startete im Jahre 1965 eine ganze Serie von Expe-

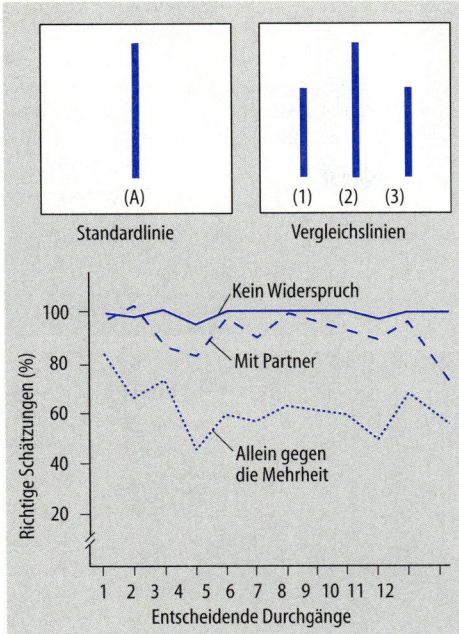

Abb. 7.6 Der Einfluß der Konformität bei einer einfachen Beurteilungsaufgabe. Das Schaubild zeigt die durchschnittliche Anzahl richtiger Urteile unter normalen Bedingungen und unter sozialem Druck mit und ohne unterstützenden Partner (nach Asch 1955, aus Zimbardo 1992)

rimenten mit dem Ziel, herauszufinden, von welchen Faktoren der Gehorsam einer Autorität gegenüber abhängt. Diese *Milgram-Experimente*, die oft repliziert wurden, gehören wegen der Einblicke, die sie in die „dunkle Seite" der menschlichen Natur gewähren, zu den beeindruckendsten Arbeiten der Psychologie.

In die Untersuchungen wurden Menschen verschiedenen Alters, Bildungsstandes und Nationalität einbezogen. Das Grundschema der Experimente war immer dasselbe. Versuchspersonen wurden von einer scheinbaren Autorität (Wissenschaftler) aufgefordert, anderen Menschen Elektroschocks bis hin zu tödlichen Dosen zu verabreichen. Sie sollten dabei in die Rolle eines „Lehrers" schlüpfen, der einen „Schüler" für seine Fehler „bestraft". Den Ver-

suchspersonen wurde gesagt, man wolle herausfinden, wie Bestrafungen sich auf die Gedächtnisleistung auswirkten. In Wirklichkeit war der „Schüler" ein Vertrauter des Versuchsleiters, ein 50-jähriger Mann. In den ersten Experimenten wurde er den Versuchspersonen persönlich vorgestellt und berichtete von einem Herzleiden, erklärte sich dann aber doch bereit, bei dem Versuch mitzuwirken und nahm im Nebenzimmer Platz. Der „Lehrer" konnte ihn nicht sehen, aber über ein Sprechgerät mit ihm kommunizieren. Zunächst lernte der „Schüler" eine Liste von Wortpaaren auswendig. Dann sollte er das zweite Wort eines Paares ergänzen, wenn ihm das erste Wort auf Tonband vorgespielt wurde. Der „Lehrer" gab für jeden Fehler einen Elektroschock, wobei er zwischen 30 Schaltern mit zunehmender Spannung (Volt) wählen konnte. Der leichteste Schock betrug 15 Volt, ein Schock von 450 Volt bedeutete Lebensgefahr für den „Schüler". (Um dem „Lehrer" zu zeigen, wie schmerzhaft die Schocks waren, bekam er selbst vor dem Lernversuch 75 Volt verabreicht.) In Wirklichkeit erhielt der „Schüler" keinen einzigen Stromschlag, aber dem „Lehrer" wurden über ein Tonbandgerät je nach Stromstoß unterschiedlich lautes Stöhnen und Schreien vorgespielt. Bei einem Stromstoß von 150 Volt hörte der „Lehrer", wie der „Schüler" einen Abbruch des Experimentes verlangte und bei 300 Volt hörte er ihn schreien, er wolle wegen seiner Herzschwäche befreit werden. Der Wissenschaftler stand während des Versuches neben dem „Lehrer" und verlangte, daß dieser weitermachte, ohne ihn auf andere Weise unter Druck zu setzen. Die Ergebnisse zeigten immer wieder, daß die Mehrheit der Versuchspersonen in einer solchen Situation gehorcht. Fast zwei Drittel der Versuchspersonen verabreichten sogar 450 Volt, also eine tödliche Dosis. Keine Versuchsperson, die in den Bereich der letzten fünf Schalter kam, weigerte sich, bis zum Ende mitzumachen. Sie widersprachen zwar, aber sie widersetzten sich nicht (Abb. 7.7).

Einen solchen Ausgang dieser und vieler anderer Experimente hatte niemand erwartet. Die Versuchspersonen im ersten Experiment waren normale, gut angepaßte Amerikaner aus der Mittelschicht, die keinerlei Verhaltensauffälligkeiten aufwiesen.

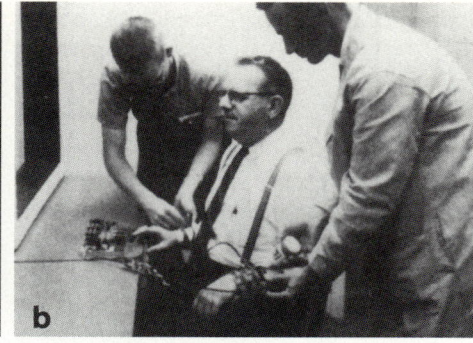
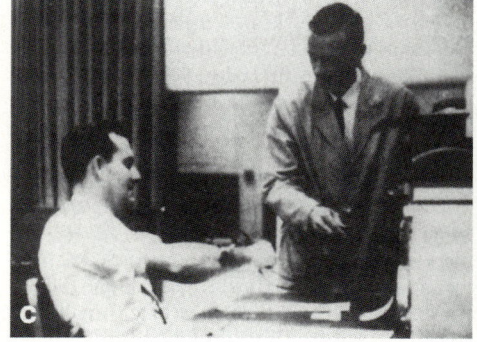
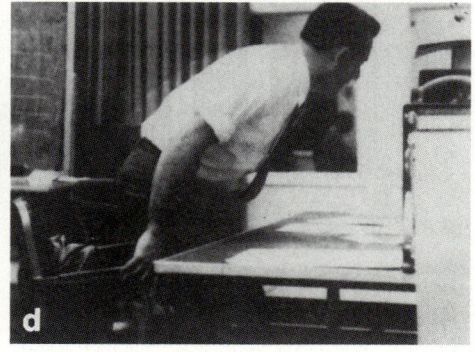

Abb. 7.7 a–d Das Milgram-Experiment. **a** Verwendeter Schockgenerator. 15 der 30 Schalter sind bereits umgelegt. **b** Der „Schüler" wird auf den Stuhl gebunden, an seinen Handgelenken werden Elektroden befestigt. Die Kontaktcreme wird vom Versuchsleiter selbst aufgetragen. Der „Schüler" antwortet durch die Betätigung von Schaltern, die Ziffern auf einer Schalttafel aufleuchten lassen. **c** Der „Schüler" erhält einen Probeschock. **d** Der „Schüler" bricht das Experiment ab. Rechts das mit dem Generator verbundene Aufzeichnungsgerät, das automatisch die vom Versuchsteilnehmer umgelegten Schalter registriert (aus Stroebe et al. 1990)

Allerdings zeigten spätere Untersuchungen ähnliche Ergebnisse auch in anderen Ländern und in unterschiedlichen sozialen Schichten. Milgram untersuchte auch, welche Faktoren Gehorsam förderten. Dabei stellte er fest, daß der Gehorsam um so ausgeprägter war, je weniger die Versuchsperson das Opfer sehen konnte und je abstrakter das Opfer für sie war. Eine größere Nähe zum Opfer und die Möglichkeit, es individuell wahrzunehmen, reduzierte das Ausmaß an Gehorsam. Der Gehorsam war auch stärker, wenn die Autoritätsperson sich in großer räumlicher Nähe befand und wurde geringer, wenn sie von einem anderen Raum her ihre Anordnungen gab.

Gruppenbildungsprozesse. Man hat immer wieder beobachtet, daß die Entstehung einer Gruppe sehr schnell geschieht. Gibt man bisher fremden Menschen ein gemeinsames Ziel, kommt es sofort zur Entstehung eines „Wir"-Gefühl für die eigene Gruppe *(in-group)* sowie zu einem „Sie-Gefühl" für andere Gruppen *(outgroup)*. Dabei kommt es zu einer Überschätzung der eigenen Gruppe und zur Abwertung anderer Gruppen. Je stärker die Überschätzung der eigenen Gruppe ist, desto stärker werden andere Gruppen abgewertet. Dabei werden Differenzen innerhalb der eigenen Gruppe oft unterdrückt und Aggressionen auf andere Gruppen verschoben. Freud stellte hierzu in seiner Schrift „Das Unbehagen in der Kultur (1930)" fest: „Es ist immer möglich, eine größere Menge von Leuten in Liebe aneinander zu binden, wenn nur andere für die Äußerung der Aggression übrig bleiben."

In einer Reihe von Experimenten wurden Versuchspersonen zufällig auf zwei Gruppen verteilt, eine „blaue" und eine „grüne" Gruppe. Jede Gruppe erhielt Kugelschreiber und Papier in der Gruppenfarbe und sollte einfache Aufgaben lösen (Rechnen). Der Versuchsleiter sprach die Versuchspersonen dabei unter Bezugnahme auf die Gruppenfarbe an. Obwohl die Versuchspersonen wußten, daß diese Bezeichnungen völlig willkürlich waren und sich auf banale Alltagsgegenstände bezogen, wurden sie in kürzester Zeit akzeptiert und zur Grundlage einer Gruppenidentität gemacht. Hierzu gehörte, daß die eigene Gruppe als besser im Rechnen eingeschätzt wurde als die andere. Auch im Hinblick auf andere Merkmale (wie Zusammenhalt, Beliebtheit), die mit dem Rechnen nichts zu tun hatten, wurde die eigene Gruppe besser bewertet. Dieser Effekt war so stark, daß er schon bei der Verteilung der Gruppen-„Insignien" und der Vorbesprechung festgestellt werden konnte, also noch vor der ersten wirklichen Zusammenkunft der Gruppenmitglieder.

Kooperation und Konkurrenz. Wenn Gruppen erst einmal gebildet worden sind, kommt es schnell zu rivalisierenden Einstellungen gegenüber anderen Gruppen. In einer klassischen Feldstudie hat Sherif die Bedingungen für Kooperation und Konkurrenz von Gruppen genauer untersucht. Er führte dieses Experiment in einem Sommer-Camp mit amerikanischen Jungen im Alter von etwa zwölf Jahren durch. Diese wurden zunächst willkürlich in zwei Gruppen, die „Klapperschlangen" und die „Adler" aufgeteilt.

Durch Wettbewerbsspiele wurde dann eine Rivalität zwischen den Gruppen erzeugt, und es entwickelte sich eine starke Überschätzung der eigenen Gruppe sowie ein negatives Stereotyp der anderen Gruppe. Dies ging so weit, daß es zu massiven Auseinandersetzungen zwischen beiden Gruppen kam. Sherif und seine Mitarbeiter versuchten nun, diese Rivalität aufzulösen. Zuerst sollten beide Gruppen bei angenehmen Tätigkeiten (z. B. gemeinsames Essen) in einen engen Kontakt miteinander gebracht werden. Dies wurde von den Gruppen jedoch entweder verweigert oder zum Anlaß für weitere Auseinandersetzungen genommen. Daraufhin brachte man die Jungen in Problemsituationen, die nur in Kooperation mit der anderen Gruppe, also durch gemeinsame Anstrengung, zu lösen waren. Beispielsweise geriet ein Wagen mit Lebensmitteln in ein Sumpfloch und konnte nur durch gemeinsames Tauziehen wieder fahrtüchtig gemacht werden. Erst diese erzwungene Notwendigkeit zum gemeinsamen Handeln hatte einigen Erfolg. Als besonders wichtig erwies sich dann noch die Einführung eines gemeinsamen „Feindes" in Form einer fremden Sportmannschaft, gegen die beide Gruppen antreten mußten. Man kann zusammenfassend feststellen, daß es sehr schnell zur Differenzierung von Gruppen mit den entsprechenden Rivalitäten und auch Stereotypenbildungen kommt. Diese sind durch bloßen Kontakt nicht auflösbar, sondern erst durch die Notwendigkeit zum gemeinsamen Handeln oder einen äußeren „Feind".

Gruppenstrukturen und Gruppenprozesse. Mit Hilfe der Gruppenprozeßanalyse versucht man, die Verteilung von Funktionen in einer Gruppe zu erfassen. Dabei bezeichnet man die Positionen der Gruppenmitglieder mit Buchstaben aus dem griechischen Alphabet. Die höchste

Rangstufe wird mit „Alpha" und die niedrigste mit „Omega" bezeichnet.

Die **Alpha-Position** wird vom Gruppenleiter besetzt, der in der Regel nicht das beliebteste Gruppenmitglied ist. Er bestimmt die Gruppenziele und setzt sich für das Erreichen der Ziele besonders stark ein. Der Beliebteste nimmt meist die **Beta-Position** ein. Er erfüllt emotionale Bedürfnisse der Gruppe, solidarisiert sich mit anderen und ist bemüht, Spannungen in der Gruppe zu reduzieren. Manchmal kommt es auch vor, daß eine Gruppe keinen einzelnen Leiter in der Alpha-Position hat. Man unterscheidet dann einen *„instrumentellen Leiter"*, der für die Problemlösung verantwortlich ist, und einen *„sozioemotionalen Leiter"*, der für die emotionalen Bedürfnisse zuständig ist. Neben diesen Positionen gibt es in einer Gruppe oft auch einen *„Sündenbock"*, der sich in der Omega-Position befindet. Der Sündenbock wird von der Mehrheit der Gruppenmitglieder abgelehnt, man macht ihn für das Mißlingen von Aktionen verantwortlich und projiziert Enttäuschungen und Feindseligkeiten auf ihn (s. Kap. 3.2.2).

Wodurch wird der Rang eines Gruppenmitgliedes festgelegt? Die Antwort ist, daß dies durch die Anerkennung der Gruppenmitglieder geschieht. Interessant ist dabei, daß die Anerkennung der Gruppenmitglieder wiederum davon abhängt, wie sich ein Mitglied in der Gruppe selbst einschätzt. Es kommt in Gruppen zu Anerkennungsprozessen, bei denen die eigene Wertschätzung die Anerkennung der anderen erhöht, was wiederum die eigene Wertschätzung erhöht. Natürlich kann dieser Prozeß auch zu Abwertungen führen.

In einem eindrucksvollen Experiment wurde die Anerkennung, die einzelne Mitglieder erhielten, künstlich verändert. Zunächst wurde der soziometrische Status (Beliebtheitsgrad innerhalb der Gruppe) aller Mitglieder festgestellt. Dann sollten die Gruppenmitglieder über ein frei gewähltes Thema diskutieren. Dabei gab man den Gruppenmitgliedern Rückmeldungen darüber, ob ihre Diskussionsbeiträge für die Erfüllung der Gruppenbedürfnisse konstruktiv oder hinderlich gewesen waren, ohne daß dies die anderen Gruppenmitglieder erfuhren. Die Bestätigung der Diskussionsbeiträge erfolgte dabei so, daß Gruppenmitglieder mit dem niedrigsten Status positive Rückmeldungen und Gruppenmitglieder mit dem höchsten Status negative Rückmeldungen erhielten. Die Rückmeldungen wurden unabhängig von der wirklichen Qualität der Redebeiträge gegeben. Schon nach kurzer Zeit veränderte sich die gesamte Gruppenstruktur. Die positiv bewerteten Mitglieder verdoppelten ihre Sprechzeiten, während die negativ bewerteten Mitglieder zunehmend weniger sprachen. Das abschließende Soziogramm zeigte, daß die Mitglieder mit positiver Bewertung nun auch eine höhere Position in der Beliebtheitsskala aufwiesen. Diese Rangveränderung war in einer späteren Nachuntersuchung noch vorhanden.

Führungsstile. In der Sozialpsychologie hat man sich lange Zeit intensiv mit der Frage beschäftigt, ob es einen besonders effizienten Führungsstil gebe. Dabei hat man im wesentlichen drei Typen von Führern unterschieden. Der **demokratische Führer** diskutiert Entscheidungen mit der ganzen Gruppe und fällt dann eine Entscheidung. Die Gruppenmitglieder werden gut informiert und in den Entscheidungsprozeß einbezogen. Sie sind dadurch motivierter und zufriedener. Ein **autoritärer Führer** trifft alle wichtigen Entscheidungen allein. Die Gruppenmitglieder sind nur wenig informiert und werden in den Entscheidungsprozeß nicht einbezogen. Sie fühlen sich daher nicht verantwortlich und ihre Zufriedenheit ist eher gering. Der **laissez-faire-Führer** hat eigentlich kein Führungsverhalten, er greift nur dann ein, wenn er dazu aufgefordert wird. Er ist am Gruppenprozeß desinteressiert und überläßt die Gruppe sich selbst.

Die Forschungslage zur *Effektivität* der Führungsstile ist uneinheitlich und hat die hochgesteckten Erwartungen nicht erfüllen können. Zusammenfassend kann jedoch gesagt werden, daß bei schwierigen Aufgaben, in komplexen Situationen und unter Zeitdruck der autoritäre Führungsstil effizienter zu sein scheint (Beispiel Polizei). Der demokratische Führungsstil setzt eine hohe Informiertheit der Gruppe voraus und eignet sich gut, wenn eine hohe Motiviertheit sowie Kreativität der Gruppenmitglieder wichtige Voraussetzungen für die Effektivität sind (Beispiel Werbeagentur). In vielen Unternehmen werden heute gemischte Führungsstile praktiziert. Innerhalb abgegrenzter Bereiche ist Teamarbeit sinnvoll, während eine Hierarchie von oben nach unten die Funktionsfähigkeit des gesamten Unternehmens garantiert.

Gruppenleistungen. Wir arbeiten normalerweise schneller, wenn andere Menschen anwesend sind. Dieser Effekt wird als „soziale Erleichterung" bezeichnet. Er tritt jedoch nur dann auf, wenn es um einfache und gut geübte Tätigkeiten geht. Bei komplexeren Tätigkeiten und solchen, bei denen eine größere Unsicherheit besteht, bewirkt die Anwesenheit anderer Personen eine Zunahme der Unsicherheit und damit eine schlechtere Leistung. Wenn wir mit anderen zusammenarbeiten, die ähnliche Tätigkeiten ausführen, werden wir eher weniger arbeiten. Dies bezeichnet man als „soziale Nachlässigkeit". Man erklärt diesen Effekt damit, daß die Verantwortung für die kollektive Leistung auf viele Personen verteilt wird.

Systemtheoretische und familiendynamische Ansätze. Familien sind eine besonders wichtige Art von Gruppe. Sie erfüllen wichtige Aufgaben für den einzelnen und die Gesellschaft. Familien sind für die frühe Erziehung der Kinder verantwortlich und stellen auch für das erwachsene Individuum noch einen wichtigen emotionalen, sozialen und ökonomischen Rückhalt dar. Soziale Unterstützung durch die Familie ist ein wichtiger Faktor bei der Genesung von Krankheiten und bei der Krankheitsverarbeitung. Daher ist es wichtig, nicht nur das einzelne Individuum, sondern auch die Interaktionen innerhalb von Familien zu berücksichtigen.

Interaktionen in Familien lassen sich prinzipiell auf zwei verschiedenen Ebenen untersuchen. Beim *familiendynamischen Ansatz* werden die Interaktionen vom Standpunkt der Individuen betrachtet, und man analysiert die Beziehung zwischen ihnen. Dabei will man herausfinden, welche Bedürfnisse und Konflikte bei den einzelnen vorliegen und wie die anderen Familienmitglieder darauf reagieren. Beim *systemtheoretischen Ansatz* geht man von der Familie als System aus und analysiert, welches Grundbedürfnis die Familie als Ganzes hat und welchen Beitrag die einzelnen Familienmitglieder zu seiner Befriedigung leisten. Beide Ansätze betrachten ein und dieselbe Sache aus zwei Blickwinkeln, die sich oft ergänzen, wie das folgende Beispiel zeigt.

In der Familie X besteht eine extreme, unterschwellige Angst vor Auflösung der Familie und damit auch vor Trennungen. Die Folge ist, daß in dieser Familie sehr viel Wert auf Harmonie und auf Zusammenhalt gelegt wird. Jede Selbständigkeit der Mitglieder wird mit Mißtrauen und Angst wahrgenommen und sofort unterbunden. Auf der Systemebene handelt es sich um eine Familie mit dem allgemeinen Verbot von Selbständigkeit aufgrund massiver Trennungsangst. Betrachtet man das Ganze familiendynamisch, kann man analysieren, wie die einzelnen Mitglieder ihre Aufgabe erfüllen, wie sie sich zum Beispiel von der Außenwelt zurückziehen, wie sie Konflikten ausweichen, ihren Ärger unterdrücken etc.

Bei der Untersuchung und Analyse von Familien hat man immer wieder zwei besondere Mechanismen beobachtet: Delegation und Kollusion. Mit *Delegation* bezeichnet man einen Vorgang, der sich v. a. zwischen Eltern und Kindern abspielt. Ein Vater oder eine Mutter erzeugt eine starke Loyalität bei einem bestimmten Kind und weist diesem unbewußt eine bestimmte Rolle zu, die es erfüllen soll. Meist geht es darum, daß das Kind stellvertretend Bedürfnisse des Vaters oder der Mutter auslebt, die diese sich selbst nicht erfüllen konnten. Diese Vorgänge sind weder den Eltern noch dem Kind bewußt.

Eine Delegation kann es zum Beispiel sein, wenn eine Mutter ihre kleine Tochter zu hartem Ballettraining zwingt, damit die Tochter Anerkennung bekommt und berühmt wird. Die Mutter delegiert ihr eigenes Bedürfnis nach Anerkennung an die Tochter, die dieses stellvertretend für die Mutter auslebt. Mit der Delegation ist auch die Erwartung der Mutter verbunden, daß die Tochter ganz für die Mutter da sein soll und auf die Entwicklung eigener Lebensperspektiven verzichtet. Wenn die Tochter sich diesem Anspruch nicht mehr unterwerfen will, wird es zu großen Konflikten mit der Mutter kommen, die erkennen lassen, wie stark die Motive der Mutter sind.

Auch zwischen Ehe- oder Beziehungspartnern kann es zu verzerrten Interaktionen kommen, ein Beispiel dafür ist die sog. Kollusion. Unter *Kollusion* versteht man das unbewußte Zusammenspiel zweier Partner aufgrund eines gleichartigen und nicht bewältigten Grundkonfliktes. Dieser Konflikt wird in polarisierten Rollen ausgetragen, so daß der Eindruck entsteht, der eine Partner sei das Gegenteil des anderen. Beide Partner versuchen, sich in der Beziehung zu heilen, indem sie Verhaltensweisen beim anderen suchen und fördern, die sie selbst wegen zu starker Ängste nicht ausleben können. In der Regel übernimmt einer der Partner eine pro-

gressive, der andere eine regressive Rolle. Diese Rollenaufteilung funktioniert am Anfang einer Beziehung oft gut, auf lange Sicht scheitert aber der Selbstheilungsversuch, weil die Rollen der Partner einseitig und starr sind und eine wirkliche Erfüllung von Bedürfnissen verhindern.

In Beziehungen von Alkoholikern findet man manchmal eine derartige Kollusion. Der alkoholkranke Partner hat die regressive Rolle inne, er weicht den Anforderungen des Lebens aus und will versorgt werden, wobei der Alkohol dabei hilft, diese Bedürfnisse zu erfüllen. Vor eigener Selbständigkeit hat er große Angst und sucht sich statt dessen einen Partner, der besonders selbständig und tüchtig ist. Der Partner des Alkoholikers hat oft selbst starke Wünsche nach passivem Umsorgtwerden, die er sich nicht eingestehen kann, und sucht daher jemanden, der dieses Bedürfnis für ihn auslebt. Beide Partner scheinen zunächst gut zusammenzupassen. Im Laufe der Zeit kann der Alkoholiker die Tüchtigkeit des Partners, die ihm dauernd vor Augen hält, wie sehr er versagt, immer weniger ertragen. Der tüchtige Partner nimmt immer mehr die Nachteile des passiven Partners wahr, der ihn bei der praktischen Lebensbewältigung oft nicht unterstützt. Die Kollusion entgleist, Trennung ist oft die Folge.

7.5   Soziale Norm

Norm (lat.: Richtschnur, Regel) kann sowohl präskriptiv als auch statistisch definiert werden. Im präskriptiven (vorschreibenden) Sinn sind Normen Erwartungen, wie Personen sich verhalten sollen. Im statistischen Sinn sind Normen regelmäßige oder durchschnittliche Verhaltensweisen, die man empirisch beobachtet hat.

Verhaltenserwartung und Regelmäßigkeit, Verhaltenssteuerung. Unser Zusammenleben mit anderen Menschen setzt voraus, daß wir uns auf diese verlassen können. Dazu ist es notwendig, daß wir die Reaktionen anderer Menschen auf unser Verhalten sowie die Folgen unseres Verhaltens auf andere einigermaßen genau einschätzen können. Dies ist nur dann möglich, wenn das Verhalten so durch Normen gesteuert wird, daß ein Mindestmaß an Regelmäßigkeit gewährleistet ist.

Soziale Normen in dieser präskriptiven (vorschreibenden) Bedeutung sind Erwartungen einer Gruppe oder der ganzen Gesellschaft, daß ein Individuum sich regelmäßig in bestimmter Weise verhält. So erwartet sowohl der Patient als auch die Gesellschaft insgesamt vom Arzt, daß er seine beruflichen Kenntnisse zum Wohl der Hilfsbedürftigen einsetzt und einen Patienten, der zu ihm kommt, nicht abweist. Der Patient kann somit die berechtigte Erwartung haben, bei einem Arztbesuch Hilfe zu erhalten. Die Verpflichtung zur Einhaltung einer Norm kann dabei auf einer Muß-Erwartung (ein Arzt muß bei akutem Infarkt helfen), auf einer Soll-Erwartung (bei einer möglichen Vergiftung sollte man den Arzt aufsuchen) und auf einer Kann-Erwartung (der Arzt kann ein Beruhigungsmittel verschreiben) beruhen.

Neben den sozialen Normen, die bestimmte Verhaltensweisen vorschreiben, definiert man gelegentlich auch Normen, die aufgrund von empirischen Untersuchungen gewonnen wurden. Diese *statistischen Normen* stellen Vergleichswerte dar, um Leistungen, Merkmale und Verhaltensweisen eines Individuums beurteilen zu können. Es kann sich dabei um den häufigsten oder wahrscheinlichsten Wert einer Bezugsgruppe oder der ganzen Bevölkerung handeln. In der psychologischen Diagnostik versucht man, individuelle Unterschiede mit Hilfe solcher Normen zu erfassen. Ein Beispiel hierfür ist die Intelligenz (s. Kap. 1.3), wobei der statistische Normwert bei einem Intelligenzquotienten von 100 liegt. Statistische Normen sind für das Zusammenleben in einer Gruppe oder in einer Gesellschaft insofern wichtig, als dadurch ein Kriterium dafür gewonnen wird, was man von einem einzelnen sinnvollerweise erwarten kann und was nicht.

Typen sozialen Handelns. Da soziales Handeln immer auf Erwartungen anderer bezogen ist, ist es gleichzeitig immer auch an Normen orientiert. Nach Max Weber gibt es nun verschiedene Typen sozialen Handelns, die sich durch die Art und Weise ihrer Normgebung unterscheiden. Ein wichtiger Typ sozialen Handelns ist das *Recht*. Dieses beinhaltet Verhaltensvorschriften mit genau definierten und jedermann zugänglichen Normenbeschreibungen. Wichtig ist hier, daß bei Rechtsverletzungen von einer dazu eingesetzten Gruppe von Personen (Polizisten, Richter) Zwang ausgeübt wird mit dem Ziel, das Recht wiederherzustellen. Viele unserer Verhaltensweisen werden aber nicht durch Gesetze geregelt, sondern durch Konventionen, Bräuche und Selbstverständlichkeiten. Diese sind ebenso stark und wirksam, als wären sie gesetzlich festgelegt.

Unter *Konvention* versteht man eine (oft stillschweigende) Übereinkunft von Personen, Gruppen oder Gesellschaften, daß eine Person in bestimmter Weise handeln sollte. Zu den Konventionen gehören die meisten Umgangsformen, auch der Ehrenkodex mancher Gruppen und Berufsstände. Konventionen können sehr stark wirken und auch offen eingefordert werden. Werden sie verletzt, muß mit praktisch fühlbarer Mißbilligung bis hin zur Verachtung und Ächtung gerechnet werden. Im Unterschied zum Recht gibt es hier aber keine von der Gesellschaft speziell beauftragte Gruppe von Personen, welche die Einhaltung der Konvention erzwingt.

Als *Selbstverständlichkeit* kann man eine Konvention ansehen, von der angenommen wird, daß man sich freiwillig und ohne besondere Aufforderung daran hält, weil der Sinn des Verhaltens ganz offensichtlich ist. Selbstverständlichkeiten werden daher nicht explizit eingefordert. Beispiel hierfür ist die Erwartung des Patienten, daß der Arzt ihm aufmerksam zuhört und die Erwartung, daß eine Mutter ihr Kind liebt.

Beim *Brauch* ist die Regelmäßigkeit des Handelns dadurch gegeben, daß schon immer in einer bestimmten Weise gehandelt wurde und eine Person daher das Recht ableitet, sich aufgrund dieser Tradition zu verhalten. Hierzu gehören religiöse und volkstümliche Bräuche ebenso wie die morgendliche Kaffeepause in vielen Büros.

Komponenten der Normgeltung. Normen werden von den Individuen nie vollständig erfüllt. Wie stark sich das tatsächliche Verhalten an den Normen orientiert, hängt von einer Reihe unterschiedlicher Faktoren ab. Hierzu gehört

- das Ausmaß der *Internalisierung* von Normen, d. h. wie sehr die Normen im Laufe der Sozialisation verinnerlicht wurden,
- der Grad der *Legitimität* von Normen, d. h. wie sehr die Normen als berechtigt erlebt werden,
- das Ausmaß der *Sanktionen* für Normenverstöße,
- die *Funktionalität* von Normen für das Verhalten, d. h. wie effektiv die Normen für das Erreichen bestimmter Ziele sind und
- die *Interpretation* von Normen durch die Individuen sowie
- die *Stimmigkeit* des Normensystems insgesamt, d. h. wie stark das Normengefüge zu Rollenkonflikten bei einem Individuum führt.

Wie kann man feststellen, in welchem Ausmaß die gesellschaftlichen Normen eingehalten werden (Normgeltung)? Die Beantwortung dieser Frage ist für eine Gesellschaft deswegen wichtig, weil sie etwas darüber aussagt, wie stark die Übereinstimmung und der Zusammenhalt der miteinander lebenden Menschen ist. In der Realität ist das nicht einfach zu überprüfen. Man könnte es dadurch versuchen, daß man alle Verhaltensweisen erfaßt, bei denen Normen eingehalten werden (*Verhaltensgeltung*). Dies ist aber unmöglich, da man z. B. weder alle Fälle von Ehrlichkeit noch alle Lügen erfassen kann. Daher versucht man, alle Sanktionen zu erfassen, die bei Normverletzungen ausgesprochen wurden (*Sanktionsgeltung*). Man erfaßt z. B. alle Fälle straf- und zivilrechtlich dokumentierter Verurteilungen und nimmt diese als Indikatoren für die Bereitschaft der Bevölkerung zur Normerfüllung.

Nun gibt es auch viele Fälle, in denen Normenverletzungen keine Konsequenzen haben. Diesen Tatbestand bezeichnet man als Nichtgeltung von Normen. Oft handelt es sich dabei um kleinere Verstöße gegen Konventionen, bei denen man auf eine Sanktion verzichtet. Ein Beispiel ist die Krankenschwester, die sich einmal verspätet hat und die man deswegen nicht unbedingt rügen wird. Hierzu gehören allerdings auch nicht aufgeklärte sowie nicht entdeckte Normbrüche bzw. Normverletzungen, die der Staat nicht sanktionieren kann, weil ihm die Macht dazu fehlt (Beispiel: Mafia).

Für einen Staat ist es immer problematisch, wenn es zu einem hohen Ausmaß an Nichtgeltung seiner Normen kommt, da dies eine Schwächung der normsetzenden Instanzen und letztlich der gesamten Gesellschaftsordnung bedeuten kann. Andererseits delegiert der Staat einen Teil seiner normsetzenden Funktionen an bestimmte gesellschaftliche Gruppen, die nun ihrerseits normsetzend wirken und die Geltung ihrer Normen sanktionieren können. Beispiele hierfür sind standesrechtliche Vereinigungen wie die Ärzte-kammern.

Wirkung positiver und negativer Sanktionen. Gruppen kontrollieren in der Regel die Einhaltung der Normen, sie üben einen *Konformitätsdruck* auf das Individuum aus. Dies geschieht dadurch, daß es bei Verstößen gegen die Norm zu Sanktionen kommt. Man kann dabei zwischen positiven und negativen Sanktionen unterscheiden. *Positive Sanktionen* belohnen die Erfüllung von Normen durch Lob, Anerkennung, finanzielle Belohnung, sozialen Aufstieg etc. Mit *negativen Sanktionen* wie Tadel, Verachtung, Gehaltskürzung, Versetzung, Kündigung, Gefängnisstrafe etc. wird die Nichteinhaltung von Normen bestraft.

Verhaltensweisen, die sich nicht an den Normerwartungen orientieren, bezeichnet ganz allgemein und wertfrei als *deviantes Verhalten*. Dabei kann man primäre und sekundäre soziale Devianz unterscheiden.

- Als *primäre Devianz* bezeichnet man das erstmalige Auftreten eines abweichenden Verhaltens.
- Als *sekundäre Devianz* bezeichnet man die Fortsetzung des devianten Verhaltens aufgrund von Verhaltenserwartungen, die die Umwelt nun an den Täter richtet.

Beispielsweise kann eine Person, die einmal einen Diebstahl begangen hat, nun als Dieb wahrgenommen und ettikettiert werden, so daß in der Folge weiteres deviantes Verhalten (sekundäre Devianz) erleichtert wird.

Institutionalisierung sozialer Kontrolle. Die Einhaltung von Normen und die Eindämmung von Devianz kann in einer Gesellschaft nicht den einzelnen Individuen überlassen bleiben. Es gibt daher immer spezialisierte Gruppen von Individuen, bestimmte Institutionen, welche diese Aufgabe erfüllen. Zu diesen Institutionen gehörten der Polizeiapparat (als Teil der Exekutive) und die Gerichte (Judikative). Diese haben die Aufgabe, Normverletzungen festzustellen, die Normverletzer zu verfolgen und schließlich Sanktionen auszusprechen. Eine institutionalisierte soziale Kontrolle stellt auch die Ärztekammer dar, welche die Einhaltung der ärztlichen Standesregeln überwacht.

Innere und äußere Kontrolle. Die Einhaltung von Normen lernen wir von frühester Kindheit an durch die Eltern, die unserem Verhalten Grenzen setzen. Diese *äußere Kontrolle* wird normalerweise im Laufe der Sozialisation immer mehr verinnerlicht, indem wir aus den Verhaltenserwartungen der Eltern unsere eigenen Moralvorstellungen entwickeln (s. Kap. 6). Diese verinnerlichte, eigene Moral befähigt uns, unser Verhalten selbst zu steuern und zwar unabhängig von äußeren Instanzen, die uns sagen, was gut und böse ist. Dies ist gemeint, wenn man von *innerer Kontrolle* spricht. Wenn es keine innere Kontrolle gäbe, müßte die Einhaltung der Normen laufend überwacht werden. In Institutionen wie z. B. der Schule oder einem Krankenhaus kommt es meist zu einer „Mischung" beider Formen. Durch äußere Normen wird zwar festgelegt, wie sich das Personal zu verhalten hat, ein motiviertes Personal kann aber viele Tätigkeiten aus eigenem Engagement heraus ausführen und damit ein erhöhtes Maß an innerer Kontrolle zeigen.

Einfluß, Macht und Herrschaft. Macht und Herrschaft sind nach Max Weber Sonderformen sozialer Beziehungen. Es handelt sich dabei um soziale Beziehungen, die auf Hierarchie beruhen. *Herrschaft* ist nach Max Weber die „Chance, für einen Befehl bestimmten Inhalts bei angebbaren

Personen Gehorsam zu finden." Herrschaft ist dadurch gekennzeichnet, daß der Beherrschte nach dem Willen des Herrschers handelt, wobei ein Konsens zwischen beiden Parteien darüber besteht, daß der Herrscher ein rechtmäßiger Herrscher ist. Aus diesem Grund muß sich Herrschaft immer legitimieren. Im Unterschied zu Herrschaft definiert Max Weber *Macht* als „jede Chance, innerhalb einer sozialen Beziehung den eigenen Willen auch gegen Widerstreben durchzusetzen". Macht braucht also nicht legitimiert zu werden, denn sie setzt nicht das Einverständnis des Anderen voraus.

Max Weber unterscheidet nun verschiedene Herrschaftsformen, je nach Art ihrer Legitimation. Bei der **traditionalen Herrschaft** beruft sich die Autorität auf althergebrachte Traditionen, bei der **charismatischen Herrschaft** auf die Vorbildlichkeit oder „Heiligkeit" des Herrschers. In den modernen Gesellschaften kommt es zur **rationalen Herrschaft**, die sich durch allgemeine Gesetze und Ordnungen legitimiert, welche von bestimmten gesellschaftlichen Gruppen oder dem ganzen Volk (in der Demokratie) aufgestellt und akzeptiert werden.

7.6   Soziale Rolle

Position ist eine Stellung im System sozialer Beziehungen. *Rolle* ist die Gesamtheit der Verhaltenserwartungen (Normen), die an den Inhaber einer bestimmten sozialen Position gerichtet werden. Sie kann als dynamische Seite der sozialen Position gesehen werden.

In einer Gesellschaft haben die Individuen unterschiedliche soziale Positionen und damit auch unterschiedliche Rollen. Dies hängt mit der Spezialisierung von Aufgaben zusammen und damit, daß verschiedene Aufgaben auf kompetente Personen verteilt werden müssen (**Rollendiffe-**

renzierung). Der Vorteil festgelegter Rollenerwartungen besteht darin, daß wir einigermaßen sicher sein können, was wir von einer bestimmten Person erwarten können und was nicht. So kann sich der Patient normalerweise darauf verlassen, daß er vom Arzt eine Diagnose mitgeteilt bekommt, nicht aber darauf, daß der Arzt ihn bei seiner Hausfinanzierung berät.

Jedes Individuum hat in der Regel mehrere Rollen inne, da es verschiedenen Gruppen mit unterschiedlichen Erwartungen angehört. Beispielsweise wird von einem Arzt im Krankenhaus allgemein erwartet, daß er sich gemäß der „Berufsrolle Arzt" verhält. Gegenüber anderen Mitarbeitern auf der gleichen hierarchischen Ebene befindet er sich in der „Rolle des Kollegen". In der Gruppe Familie dagegen soll er sich nicht als Arzt, sondern entsprechend seiner „Vaterrolle" oder der Rolle des „Ehemannes" verhalten. Bei der Arztrolle handelt es sich um eine **formelle Rolle** mit genau festgelegten Erwartungen an den Rolleninhaber, während es sich bei der Rolle des „Familienvaters" um eine **informelle Rolle** handelt, bei der die erwarteten Verhaltensmuster variabler sind.

Die Rolle ist zunächst unabhängig vom tatsächlichen Rollenhandeln. Da jedes Individuum verschiedene Rollen „spielen" kann, geht man davon aus, daß die Rolle auch etwas Äußerliches ist, das nicht unbedingt den wesentlichen Kern eines Individuums ausmacht. Es besteht immer eine mehr oder weniger große **Rollendistanz**. Damit ist gemeint, daß es „hinter" der Rolle ein „Selbst" gibt, das frei ist von Rollenerwartungen und das darüber nachdenken kann, in welchem Maße es seine Rollen erfüllen soll und will. Dieses Selbst wird als „Träger" der Rolle betrachtet, das nicht mit seiner Rolle verwechselt werden will. Auf der anderen Seite besteht eine enge Beziehung zwischen dem Selbst und den Rollen, d. h. es kommt zur **Rollenidentifikation**. Damit ist gemeint, daß ein Individuum eine Rolle nicht einfach von außen "übergestülpt" bekommt, sondern daß die Rolle auch als Teil der Persönlichkeit akzeptiert und bejaht wird. Für jedes Individuum ist es wichtig, eine Identitätsbalance zu entwickeln, d. h. es muß ein ausgewogenes Verhältnis zwischen dem Bewahren der eigene Identität (Rollendistanz) und der Erfüllung der Rollenverpflichtungen (Rollenidentifikation) entwickeln. Diese Rollendistanz ist die Voraussetzung dafür, daß trotz der gesellschaftlich notwendigen Verhaltensdefinitionen ein Spielraum für Spontaneität und damit auch für die Veränderung von Rollenmustern gegeben ist.

In zwischenmenschlichen Interaktionen treten wir so oft als Rollenträger in Erscheinung, daß wir vergessen, wie sehr unser und das Verhalten anderer durch Rollen bestimmt ist.

Wie stark diese Prozesse sind, zeigt das folgende Experiment. Mehrere Studenten sollten ein Ratequiz spielen, wobei ihnen zufällig die Rolle des Quizmasters und die Rolle des Kandidaten zugewiesen wurde. Außerdem waren Studenten als Zuschauer anwesend, die den Wissensstand der beiden Rollenspieler beurteilen sollten. Der Quizmaster wurde nun aufgefordert, sich zehn schwierige Fragen auszudenken und sie dem Kandidaten zu stellen, der natürlich viele Fragen nicht beantworten konnte. In der anschließenden Beurteilung zeigte sich, daß die Zuschauer den Quizmaster für klüger und den Kandidaten für dümmer hielten, obwohl diese Rollen vor ihren Augen zufällig zustande gekommen waren und obwohl sie wissen mußten, daß es immer leicht ist, aus dem eigenen Wissensvorrat Fragen zu stellen, die ein anderer nicht beantworten kann. Dieses Beispiel zeigt, wie stark der Eindruck einer Rolle selbst dann ist, wenn man genau weiß, daß die Rolle nur durch eine Übereinkunft zustande kam und daher über wirkliche Fähigkeiten nichts aussagen kann.

An einen Rolleninhaber werden oft sehr viele unterschiedliche Erwartungen gerichtet. Beispielsweise erwarten die Patienten vom Arzt Hilfe bei der Heilung von Krankheiten, die Klinikleitung verlangt die Übernahme organisatorischer Aufgaben, der Arbeitgeber eines Patienten sieht es nicht gern, daß dieser krank geschrieben wird, und die Pharmaindustrie erwartet, daß der Arzt neu zugelassene Medikamente auch anwendet. Es liegt daher auf der Hand, daß es häufig zu Rollenkonflikten kommt. Man unterscheidet dabei im wesentlichen zwischen zwei verschiedenen Arten von Konflikten.

Beim *Interrollenkonflikt* besteht ein Konflikt zwischen Erwartungshaltungen, die sich auf verschiedene Rollen einer Person beziehen. Dies kann beispielsweise der Fall sein, wenn eine Ärztin wegen Überstunden (Arztrolle) kaum noch Zeit für den Ehemann hat (Rolle der Ehefrau). Beim Patienten kann es ebenfalls zu einem Interrollenkonflikt kommen zwischen seinem Bedürfnis nach Aktivität und Leistung (Berufsrolle) und der Notwendigkeit zum Ausruhen und zur Erholung von einer Krankheit (Patientenrolle). Gerade Herzinfarktpatienten haben mit dem Verzicht auf die berufliche Aktivität oft große Schwierigkeiten und übersehen dann auch Krankheitszeichen, die sie zur Passivität zwingen könnten.

Beim *Intrarollenkonflikt* besteht ein Konflikt zwischen unvereinbaren Erwartungshaltungen derselben Rolle gegenüber. Diese Teile einer Rolle mit unterschiedlichen Verhaltenserwartungen bezeichnet man auch als *Rollensektoren* (bzw. Rollensegmente). So kann ein Arzt zwischen der Erwartung eines Patienten, krank geschrieben zu werden, und den Erwartungen des Arbeitgebers, möglichst wenig Krankmeldungen zu erhalten, in Konflikt kommen. Patienten können z. B. dann in einen Intrarollenkonflikt kommen, wenn im Krankenhaus unterschiedliche Erwartungen an sie gerichtet werden. So haben Untersuchungen gezeigt, daß Patienten annehmen, der Arzt erwarte von

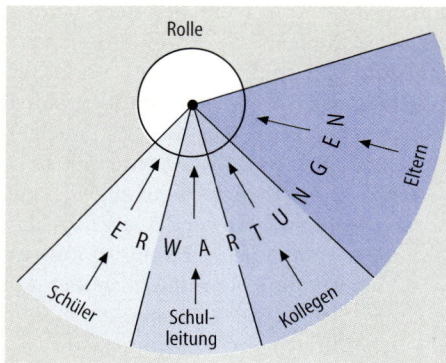

Abb. 7.8 Rollensegmente und Intrarollenkonflikte. Die Erwartungen bestimmter Personengruppen an einen Rollenträger können als Rollensegmente dargestellt werden. Zwischen diesen Segmenten kann es beim Rollenträger zu Intrarollenkonflikten kommen (aus Arbeitsgruppe Soziologie 1993)

ihnen Kooperation und Selbständigkeit, während das Pflegepersonal eher Fügsamkeit und Einpassung in die Klinikroutine erwartet. Diesen Konflikt können manche Patienten nur schwer auflösen und verhalten sich dann beispielsweise in einseitiger Weise entweder ausschließlich fügsam oder so selbständig, daß sie vom Klinikpersonal als Querulanten wahrgenommen werden (Abb. 7.8).

Im Unterschied zur Rolle bezeichnet man als **Status** den Wert einer Position in der Prestige-Hierarchie einer Gesellschaft. Bestimmte Rollen genießen ein höheres Prestige und haben damit einen höheren Status als andere Rollen. Rolleninhaber mit hohem Sozialstatus haben in der Regel einen größeren sozialen Einfluß. Hierzu gehören z. B. Professoren, Richter, Politiker, Manager, Ärzte etc.

Definition der Arztrolle. Der amerikanische Soziologe Parsons hat untersucht, welche Merkmale von Rollen für das gesellschaftliche System von besonderer Bedeutung sind. Dazu hat er ein System von Merkmalen aufgestellt, mit dessen Hilfe man die Funktion verschiedener Rollen beschreiben kann. Als Beispiel soll hier die Arztrolle dargestellt werden, die durch fünf Merkmale charakterisiert ist:

- *Affektive Neutralität* bedeutet, daß der Arzt den Patienten unabhängig von persönlichen Gefühlen wie Zu- oder Abneigung behandelt.
- *Universalismus* bedeutet, daß der Arzt allen Patienten unabhängig von persönlichen Eigenschaften und dem Sozialstatus zur Verfügung steht.
- *Funktionelle Spezifität* bedeutet, daß die Arztrolle sich nur auf Patienten und nicht auf andere Personen bezieht.
- *Uneigennützige Einstellung* bedeutet, daß der Arzt bei der Behandlung von Patienten nicht an seinen eigenen Vorteil denken soll.
- *Kompetenz* bedeutet das Wissen, das der Arzt sich für die Ausübung seines Berufes aneignen muß.

Dieser Rollenbeschreibung ist allerdings auch widersprochen worden. Ein Kritikpunkt richtet sich gegen die übersteigerte normative Erwartung, die ein Arzt normalerweise kaum erfüllen kann. Beispielsweise kann ein Arzt nicht immer affektiv neutral sein, in der Realität wird er ganz unterschiedliche Gefühle für einzelne Patienten haben. In vielen Situationen ist affektive Neutralität auch nicht wünschenswert, der Patient möchte ja normalerweise, daß der Arzt ihm emotional positiv zugewandt ist. Wichtig ist andererseits, daß der Arzt keinen Patienten aus gefühlsmäßigen Gründen bevorzugt behandelt. Ein weiterer Kritikpunkt ist, daß die Parson'sche Rollendefinition wichtige Aspekte des Arztberufes nicht erfaßt, wie z. B. die Tatsache, daß der Arzt ein „exklusives Eingriffsrecht in den Körper anderer Menschen" (Siegrist) hat, was ja u. a. bei der Präparation von Leichen im Studium vorbereitet wird. Insgesamt läßt sich zu diesen Einwänden feststellen, daß das Parson'sche Rollenschema dahingehend zu modifizieren ist, daß für eine adäquate Beschreibung der Berufsrolle „Arzt" die berufliche Realität des Arztes sowie seine Interaktion mit dem Patienten stärker zu berücksichtigen sind.

7.7 Institution

> **!** Eine *Institution* (lat.: Einrichtung) ist eine bestimmte Kombination von festgelegten Verhaltensweisen (Rollenerwartungen), die zur Ausführung eines immer wiederkehrenden Verfahrens notwendig sind.

Beispielsweise ist die Ehe eine Institution, bei der ein festgelegtes Grundmuster von Verhaltensweisen ausgeführt werden muß, um sie gültig zu machen (Ja-Wort, Unterschrift beim Standesamt etc.). In der Alltagssprache wird Institution oft mit Organisation verwechselt. In der Soziologie werden beide Begriffe voneinander unterschieden (zur Definition der Organisation s. u.).

Der Begriff Institution bringt zum Ausdruck, daß bestimmte Verhaltensregelmäßigkeiten nicht Ausdruck biologischer Determination sind oder zufällig zustande kommen, sondern daß sie Kulturschöpfungen mit einem bestimmten Sinn darstellen. Diese sind durch ihre Funktion innerhalb einer Gesellschaft definiert. Für ein geordnetes Zusammenleben vieler Individuen ist es notwendig, nicht nur individuelle Rollen, sondern auch komplexe Verhaltensmuster zu definieren. Solche reglementierten komplexen Verhaltensmuster bezeichnet man als Institution. Beispielsweise kommt es bei der Heirat zu einem „Austausch" genau festgelegter Verhaltensweisen mit dem Ziel, zwei Menschen mit bestimmten Rechten und Pflichten aneinanderzubinden. Eine Institution unterscheidet sich dadurch von einfachen Rollenerwartungen, daß sie nicht nur ein individueller Austausch von festgelegten Verhaltensweisen (Rollenbeziehungen) ist, sondern ein von der Gesellschaft entwickeltes und wiederholbares Verfahren, in dem die Individuen bestimmte Rollen spielen. Institutionen werden von der Gesellschaft besonders geschützt, da sie durch ihre Wiederholbarkeit und Regelmäßigkeit wesentlich zur Stabilität einer Gesellschaft beitragen. So wird die Auflösung einer „Ehe" beispielsweise durch Gesetze erschwert.

Der Begriff der Institution ist allerdings insofern nicht eindeutig, als er viele verschiedene Verfahrensweisen auf unterschiedlichen Ebenen beschreibt. So gehört die Familie mit einer geringen Anzahl von Mitgliedern ebenso zu den Institutionen wie das Versicherungswesen, in dem eine Vielzahl von Individuen zusammengefaßt sind. Zu den Institutionen gehören außerdem Verfahrensweisen aus den unterschiedlichsten Bereichen der Gesellschaft mit mehr oder weniger verfestigten Regelungen wie das Gastrecht, das Asyl, das Militär, das Gesundheitswesen und der hippokratische Eid. Trotz der Vielfältigkeit ist allen Institutionen gemeinsam, daß es sich um konstante, wiederkehrende Verhaltensregelmäßigkeiten der teilnehmenden Individuen handelt, die für die Gesamtgesellschaft eine bestimmte Funktion erfüllen.

Gesellschaftliche Entwicklung ist eng mit der Herausbildung zunehmend komplexerer Institutionen verbunden. Diesen Prozeß bezeichnet man als *Institutionalisierung*. Dabei kommt es zu einer immer größeren Verfestigung von Verhaltensweisen und daher zu einer stärkeren Regelmäßigkeit des sozialen Lebens. Abweichendes Verhalten und Spontaneität werden reduziert, die soziale Kontrolle und deren Sanktionierung steigt an. Man kann soziale Institutionen als einen Ersatz für die dem Menschen verlorengegangenen Instinkte ansehen, die in einer zunehmend komplexeren Umwelt sein Verhalten regeln.

> ❗ Organisation (lat.: Anlage, Aufbau, Gliederung) ist eine überdauernde soziale Einrichtung, ein soziales System, in der Rollen zur Verwirklichung von Zielen zusammengefaßt sind.

Als *Organisation* bezeichnet man ein überdauerndes soziales Gebilde, das planmäßig klar umrissene Ziele erreichen will und zu diesem Zweck formale Regelungen für die Aktivitäten seiner Mitglieder definiert. Organisationen sind überdauernde Einrichtungen mit einem bestimmbaren Bestand an Mitgliedern und Beziehungsstrukturen, die sich von anderen Organisationen unterscheiden. Es handelt sich um ein System bewußt geplanter und koordinierter Handlungseinheiten mit einer genau festgelegten Aufgabenteilung (Spezialisierung) und hierarchischen Autoritätsstrukturen. Beispiele für Organisationen sind Fabriken, Kirchen, Schulen, Krankenhäuser etc. Jede Organisation hat eine bestimmte Funktion und alle Rollenträger, die ihr angehören, müssen sich dieser Funktion unterordnen.

Zuordnung von Positionen. Institutionen und Organisationen können nur dann sinnvoll funktionieren, wenn es unterschiedliche Positionen gibt, die beim Erreichen des Zieles zusammenwirken. Beispielsweise kann ein Krankenhaus als eine Organisation mit dem Systemziel „Bekämpfung von Krankheit" aufgefaßt werden, wobei das Zusammenspiel verschiedener Positionen das Erreichen des Zieles ermöglichen soll. Hierzu gehören so unterschiedliche Positionen wie Arzt, Schwester, Reinigungskraft, Küchenhilfe und Verwaltungsangestellte. Die Festlegung von Positionen und Verhaltensweisen führt immer zu einem gewissen Ausmaß an *Entindividualisierung*, weil der einzelne sich nicht mehr entsprechend seinen eigenen Bedürfnissen verhalten kann, sondern sich den Erfordernissen des Gesamtsystems unterwerfen muß. So ist es wegen der umfangreichen Arbeitsanforderungen für den Arzt oder die Schwester oft nicht möglich, ein längeres Gespräch mit einem Patienten zu führen, auch wenn dies vom menschlichen Standpunkt aus wünschenswert ist. Der hohe Organisationsgrad der Tätigkeiten in einem Krankenhaus verhindert oft eine individuelle Zuwendung zum Patienten.

Eine Organisation wie das Krankenhaus ist ein sehr komplexes Gebilde, bei dem verschiedene *Funktionsbereiche* zusammenwirken. Beispielsweise gibt es einen medizinischen und einen pflegerischen Funktionsbereich sowie einen Funktionsbereich der Verwaltung und Versorgung, die ineinandergreifen und in sich hierarchisch gegliedert sind. Wegen der unterschiedlichen Zielsetzungen kommt es immer wieder zu Konflikten zwischen einzelnen Funktionsbereichen. Ein Beispiel dafür ist das Ziel der Verwaltung, möglichst ökonomisch zu wirtschaften, das mit der medizinischen Versorgung kollidieren kann. Hier ist es wichtig, daß die Positionsinhaber bereit sind, eine zu enge Fixierung auf ihren eigenen Bereich zu vermeiden und kooperativ nach Konfliktlösungen zu suchen (Abb. 7.9).

Sanktionsmittel und Regelung sozialer Gratifikationen. Jede Institution und Organisation ist, wie auch die individuellen Rollenerwartungen, mit Sanktions- und Gratifikationsmöglichkeiten gekoppelt.

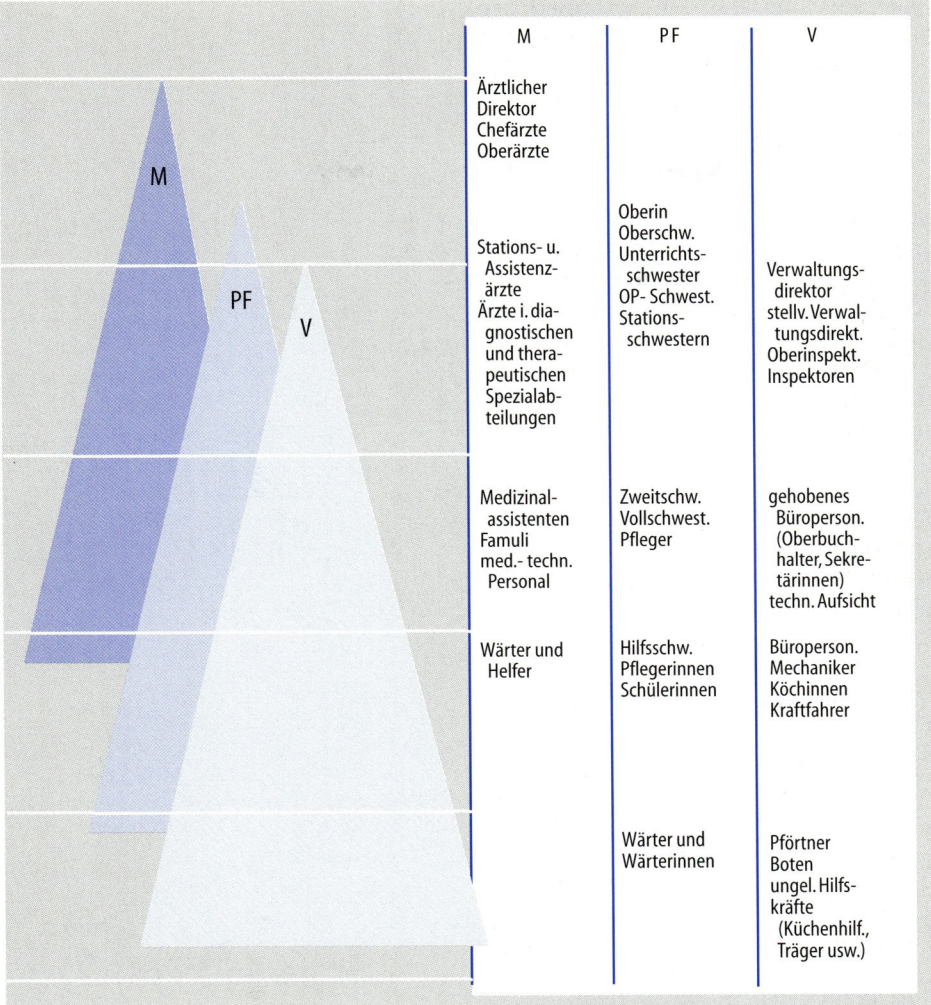

	M	PF	V
	Ärztlicher Direktor Chefärzte Oberärzte		
	Stations- u. Assistenzärzte Ärzte i. diagnostischen und therapeutischen Spezialabteilungen	Oberin Oberschw. Unterrichtsschwester OP- Schwest. Stationsschwestern	Verwaltungsdirektor stellv. Verwaltungsdirekt. Oberinspekt. Inspektoren
	Medizinalassistenten Famuli med.- techn. Personal	Zweitschw. Vollschwest. Pfleger	gehobenes Büroperson. (Oberbuchhalter, Sekretärinnen) techn. Aufsicht
	Wärter und Helfer	Hilfsschw. Pflegerinnen Schülerinnen	Büroperson. Mechaniker Köchinnen Kraftfahrer
		Wärter und Wärterinnen	Pförtner Boten ungel. Hilfskräfte (Küchenhilf., Träger usw.)

Abb. 7.9 Rang und Position im Krankenhaus. Die Dreiecke stellen die verschiedenen Funktionskreise dar (**M** Medizinischer Funktionskreis, **PF** Pflegerischer Funktionskreis, **V** Verwaltung und Versorgung). Die Rangfolge der beruflichen Positionen wird durch die unterschiedliche Höhe der Dreiecke im Koordinatensystem dargestellt (aus Wilker et al. 1994)

Im Krankenhaus z. B. kann eine Gratifikation die Anerkennung als besonders tüchtiger Mitarbeiter sein oder ein sozialer Aufstieg zum Oberarzt oder zur OP-Schwester. Sanktionsmittel sind Mißbilligung bis hin zur Kündigung. Gratifikation und Sanktionen erfolgen nicht willkürlich, sondern sind in gewissen Grenzen voraussehbar. So muß normalerweise, bevor es zur Kündigung kommt, ein abgestuftes Repertoire von Sanktionen vorangegangen sein (Abmahnungen).

Totale Institutionen. Ein Spezialfall der Institution stellt die sog. „totale Institution" dar. Dieser Begriff wurde v.a. in den 60er Jahren geprägt, um damit Mißstände in psychiatrischen Kliniken sowie Gefängnissen anzuprangern. In derartigen Institutionen waren die Mitglieder weitgehend von der Außenwelt abgeschnitten und mehr oder weniger stark entmündigt. Die öffentliche Diskussion über den Stand der Psychiatrie in Deutschland wurde durch die Psychiatrie-Enquete der Bundesregierung wissenschaftlich untermauert und führte dazu, daß man nach Alternativen zur „Anstaltspsychiatrie" suchte. Diese sah man in einer stärkeren Einbindung der Gemeinden in die Versorgung der Patienten. Man verlagerte v.a. Langzeitkranke zunehmend aus den Kliniken heraus und richtete „beschützte" Wohngruppen sowie Werkstätten ein.

Weiterführende Literatur

Forgas JP (1995) Soziale Interaktion und Kommunikation. Eine Einführung in die Sozialpsychologie, 3. Aufl. Beltz Psychologie Verlags Union, Weinheim

Hofstätter PR (1957) Gruppendynamik. Rowohlt Hamburg

Korte H, Schäfers B (1992) Einführung in Hauptbegriffe der Soziologie. Leske & Budrich, Opladen

Korte H (1992) Einführung in die Geschichte der Soziologie. Leske & Budrich, Opladen

Richter H-E (1972) Patient Familie. Rowohlt Hamburg

Stierlin H (1982) Delegation und Familie. Suhrkamp Frankfurt

Stroebe W, Hewstone M, Codol J-P, Stephenson GM (1990) Sozialpsychologie. Eine Einführung. Springer, Berlin Heidelberg New York Tokyo

Weber M (1960) Soziologische Grundbegriffe. J.C.B. Mohr (Paul Siebeck), Tübingen

Willi J (1988) Die Zweierbeziehung. Rowohlt, Hamburg

Unterschiedliche Modelle erklären Krankheit und Kranksein: das biomedizinische, das psycho-analytische, das verhaltenstheoretische, das soziologische. Ein möglichst ganzheitliches Verständnis vermittelt dem Arzt eine biopsycho-soziale Perspektive. Krankheitsverhalten thematisiert Verhaltensweisen von Personen, die sich krank fühlen und Schritte zur Abklärung und Behandlung unternehmen, während als Gesundheitsverhalten all das zu verstehen ist, was zur Erhaltung der Gesundheit beiträgt, z. B. präventive Maßnahmen. Nach der Erörterung der „Krankenrolle" schließt das Kapitel mit der Darstellung des wichtigen Themas der Krankheitsverarbeitung („Coping"), wobei insbesondere die unterschiedlichen Verarbeitungsformen der Situation als Schwer- und Todkranker im Zentrum stehen.

8.1   Erklärungsmodelle von Krankheit und Kranksein

Wenn wir uns im folgenden zentralen Begriffen der Medizin wie Gesundheit und Krankheit zuwenden, ist vorauszuschikken, daß je nach Perspektive unterschiedliche Erklärungsmodelle von Krankheit und Kranksein anzutreffen sind. Was wir wahrnehmen und wie wir handeln wird durch ein Vorwissen, durch „Vorurteile" mitbestimmt. Unsere Theorien, meinte dementsprechend Albert Einstein, entscheiden darüber, was wir sehen und beschreiben. So auch in der Medizin. Eine wichtige Vorentscheidung besteht darin, ob die Perspektive eher „krankheitszentriert" oder „patientenzentriert" beschaffen ist bzw. neben Krankheit auch „Kranksein" betrifft. Der erste Gesichtspunkt gilt vorrangig für ein biomedizinisches Erklärungsmodell, letzterer eher für psychosozial ausgerichtete Sichtweisen bzw. für einen ganzheitlichen Ansatz.

Biomedizinisches Modell

Diese naturwissenschaftlich orientierte Modellvorstellung geht von der prinzipiellen Annahme aus, daß jeder Krankheit eine pathologische Veränderung des organischen Substrats zugrunde liegt. Die Strukturveränderung des Organismus kann schon genetisch bedingt sein oder ist auf Einwirkungen von Bakterien, Viren oder auf chemische und physikalische Einflüsse wie z. B. Verletzungen zurückzuführen. Als *Ursachen* der Erkrankung werden biologische Vorgänge angesehen; *Symptome*, die auf diese organische Ursachen zurückzuführen sind, sind dann Ausdruck der Erkrankung.

Die Diagnose wird mit physikalischen (z. B. Röntgen) und chemischen (Labor) Untersuchungen gestellt, die Therapie erfolgt ebenfalls durch ein physikalisches (z. B. chirurgischer Eingriff) und chemisches (Medikamente) Instrumentarium. So läßt sich folgende Sequenz aufstellen: Physikalisch-chemische Ursache → somatische Läsion → Krankheit → Diagnose → Therapie → Nichtkrankheit.

Für die biomedizinische Sichtweise gibt v. a. die Infektionskrankheit das Modell ab:

z. B. physikalisch-chemische Ursache in Form einer bakteriellen Infektion → somatische Läsion in Form struktureller Veränderungen des Organs Lunge → Lungenentzündung → Diagnose durch physikalische Maßnahmen wie Perkussion, Auskultation, Röntgenaufnahme und chemisch z. B. durch Untersuchung des Auswurfs → Therapie chemisch durch Antibiotika → Nichtkrankheit.

Anwendung findet das biomedizinische Modell nicht nur auf körperliche Symptome, sondern auch auf psychopathologische Phänomene und deren Verursachung. Paradigmatisch war hierfür die auf eine Infektionskrankheit (Syphilis) zurückgehende „organische" Psychose „progressive Paralyse". In „biopsychiatrischer" Sicht werden heute insbesondere neurochemische und neurophysiologische Veränderungen herausgestellt, wobei den Neurotransmittern eine zentrale Rolle zugeschrieben wird. Entsprechend greift dann eine psychopharmakologische Handlung in den Transmitterhaushalt ein. Im biomedizinischen Modell läßt sich Krankheit jetzt wie folgt definieren:

> **!** Krankheit ist ein Zustand oder Prozeß, charakterisiert durch eine spezifische Verursachung (Ätiologie), voraussehbaren Ablauf (Prognose), beschreibbare Manifestation nach Symptomen und vorhersehbare Handlungsergebnisse (Therapie). Krankheitslehre (= Nosologie) ist dann die Darstellung der Zusammenhänge zwischen diesen verschiedenen Aspekten.

Kritisch wurde gegen dieses Modell, dem zweifellos die moderne Medizin einen Siegeszug ohnegleichen durch die gesamte Welt zu verdanken hat, eingewendet, daß es den menschlichen Körper nach dem Vorbild einer hochkomplexen physikalisch-chemischen Maschine interpretiere. „Wie ein Techniker auf der Basis eines Schaltplans den Betriebsschaden eines Autos, eines Fernsehers oder Computers lokalisieren und danach die Reparatur durchführen kann, so kann der Arzt eine Krankheit, die als Betriebsschaden im menschlichen Körper – als Klappenfehler im Herzen, als Geschwür im Magen oder als Enzymdefekt in einem Gewebe oder Transportsystem – lokalisiert wurde, mit gezielten technischen Eingriffen (chirurgischer oder medikamentöser Art) reparieren" (Uexküll u. Wesiack in Uexküll 1990). Wie verhalte es sich z. B. mit sog. „funktionellen Störungen", also somatischen Beschwerdebildern wie Magen-Darmbeschwerden, Herzrasen, Kopfschmerzen, Sexualstörungen usw., wobei keine das Kranksein erklärende organische Ursache gefunden wird. Hier greift offensichtlich ein biotechnisches Erklärungsmodell zu kurz, gefordert ist jetzt eine Erweiterung im Hinblick auf die Einbeziehung psychosozialer Fragestellungen.

Psychoanalytisches Modell

Das naturwissenschaftlich-biomedizinische Modell verdankt mit seine Herkunft einer wissenschaftlichen Bewegung im vorigen Jahrhundert, der sog. Helmholtz-Schule, die neben Helmholtz, Du Bois-Reymond, Ludwig und Brücke als führende Köpfe umfaßte. In einem Brief Du Bois' von 1842 hieß es: „Brücke und ich haben uns verschworen, die Wahrheit geltend zu machen, daß im Organismus keine anderen Kräfte wirksam sind als die gemeinen physikalisch-chemischen." Brücke, von seinen Berliner Freunden als „unser Gesandter im Fernen Osten" apostrophiert, leitete das Physiologische Institut an der Universität Wien und war der akademische Lehrer Sigmund Freuds. Freud, Brücke zeitlebens mit Respekt und Bewunderung verbunden, mußte aus finanziellen Gründen auf eine akademische Laufbahn als Neurophysiologe und Neuroanatom – er hatte hier bereits bahnbrechende Entdeckungen gemacht – verzichten und ließ sich als Nervenarzt nieder.

Bei dieser Tätigkeit begegnete ihm nun eine Fülle von körperlichen und seelischen Krankheitserscheinungen, für die es nicht möglich war, eine organische Verursachung auszumachen und mit entsprechenden naturwissenschaftlich ausgerichteten Therapiemaßnahmen zu behandeln. Wegweisend für eine ganz neue medizinische Ausrichtung wurde in dieser Situation die Behandlung eines jungen 19-jährigen Mädchens durch den Freud eng verbundenen Wiener Internisten Josef Breuer – der „Fall Anna O." In der Behandlung dieser Patientin, die an mannigfachen mo-

torischen, sensorischen und Sprachstörungen litt – einer „Konversionssymptomatik" – hatte Breuer die Erfahrung gemacht, daß ein Symptom verschwand, sobald in Hypnose das (traumatische) Ereignis reproduziert worden war, welches das Symptom veranlaßt hatte. Eine kurze Passage der Krankengeschichte kann dies veranschaulichen:

Als das erste Mal durch ein zufälliges, unprovoziertes Aussprechen in der Hypnose eine Störung verschwand, die schon länger bestanden hatte, war ich sehr überrascht. Es war im Sommer eine Zeit intensiver Hitze gewesen und Patientin hatte sehr arg durch Durst gelitten; denn ohne einen Grund angeben zu können, war es ihr plötzlich unmöglich geworden, zu trinken. Sie nahm das ersehnte Glas Wasser in die Hand, aber sowie es die Lippen berührte, stieß sie es weg ... Sie lebte nur von Obst, Melonen und dgl., um den qualvollen Durst zu mildern. Als das etwa sechs Wochen gedauert hatte, räsonierte sie einmal in der Hypnose über ihre englische Gesellschafterin, die sie nicht liebte, und erzählte dann mit allen Zeichen des Abscheus, wie sie auf deren Zimmer gekommen sei und da deren kleiner Hund, das ekelhafte Tier, aus einem Glas getrunken habe. Sie habe nichts gesagt, denn sie wollte höflich sein. Nachdem sie ihrem steckengebliebenen Ärger noch energisch Ausdruck gegeben, verlangte sie zu trinken, trank ohne Hemmung eine große Menge Wasser und erwachte aus der Hypnose mit dem Glas an den Lippen. Die Störung war damit für immer verschwunden" (Freud u. Breuer 1895).

Aus dieser Erfahrung, daß ein neurotisches Symptom verschwindet, sobald in der Hypnose das Ereignis reproduziert worden war, welches das Symptom veranlaßt hatte, entwickelte sich eine therapeutische Technik, die als Vorform der psychoanalytischen Methode zu betrachten ist. Es handelte sich um eine Vorform deshalb, weil sie noch der Hypnose zur „Erinnerung" bedurfte, das Grundmodell psychoanalytischer Theorie und Therapie ist jedoch bereits da. Eine bestimmte Situation der Vergangenheit, der eigenen Lebensgeschichte, wird als so belastend und konflikthaft erlebt, daß man sie aus dem bewußten Erleben verbannt, „verdrängt". Diese seelische Verwundung ist damit aber nicht erledigt, ad acta gelegt, sie macht sich vielmehr in Form von Symptomen wie bspw. dieser Hydrophobie (Wasserphobie), bemerkbar. Durch eine besondere Technik, zunächst die Hypnose, später die psychoanalytische Behandlungstechnik im engeren Sinne (freies Assoziieren, Deutung von Träumen, von Fehlleistungen, Übertragungsphänomene usw.), werden diese pathogene Situation und der mit ihr verbundene Affekt erinnert und reproduziert. Darauf verschwindet das Symptom. Die Patientin selbst nannte dieses Verfahren „talking cure".

Diese *Sprechkur* wirkte offensichtlich dadurch, daß ein Ereignis der Vergangenheit, das seines traumatischen Charakters wegen verdrängt und deshalb nicht bewältigt worden war, den Patienten verstummen ließ, jetzt in Worte gefaßt wurde. 250 Jahre vor Freud hatte dieses *therapeutische Wirkprinzip* schon Shakespeare erkannt, wenn er in „Macbeth" Malcolm zu Macdoff, der ganz in Trauer und Depression erstarrt ist, sagen läßt: „Gib Worte Deinem Schmerz: Gram, der nicht spricht, preßt das beladene Herz, bis daß es bricht".

Genau in dem Augenblick der Medizingeschichte, als Krankheit vorwiegend als apersonales, allein durch Naturgesetze erklärbares Geschehen erschien, die sie behandelnde Medizin zur „stummen" Medizin tendierte, entdeckte die Psychoanalyse, daß es sozusagen Krankheiten gibt, die „sprechen", aber keine andere Sprache gefunden haben als die der seelischen oder körperlichen Störung. Bei Symptomen, die wir psychosomatisch und/oder neurotisch nennen, hatte sich jetzt die Auffassung gebildet, daß es sich bei diesen Symptomen um eine Art unverständlicher

Privatsprache, Organsprache, eine Kommunikationsstörung handelt, sofern es der Patient nicht vermocht hat, das ihn psychosozial Belastende und Bedrängende so zur Sprache zu bringen, daß er sich auf dieser höheren Ebene damit auseinandersetzen konnte: sei es, daß ihn die in einer Belastungssituation provozierte Angst sprachlos machte, Scham und Schuld verstummen ließen, Wut so bedrohlich erlebt wurde, daß sie vom Wort abgeschnitten und aus dem Erleben ausgeschaltet wurde – und sei es v. a., daß ein Gesprächspartner in dieser pathogenen Lage fehlte; und diesen Gesprächspartner sucht der Patient im Arzt – häufig ohne selbst darum zu wissen. Gerade weil sich seine psychosoziale Problematik jetzt leiblich oder psychoneurotisch austrägt und sie damit auch in Form einer Scheinlösung ein Stück weit bewältigt werden konnte, fehlt ein direktes Wissen um die Verbindung zwischen diesen Schwierigkeiten und der Symptomatik. Der Kranke weiß aber um sein Symptom, das ihn stört und quält. Er will dieses Symptom beseitigt haben und will doch zugleich mehr, ohne dieses „Mehr" aber artikulieren zu können, weil dieses Mehr im unverstandenen Symptom steckt – einem Symptom, das nicht isoliert steht, sondern der noch unartikulierte Teil eines situativen bzw. lebensgeschichtlichen Kontextes ist, von dem her es Sinn hat und den es deshalb zur Sprache zu bringen gilt. Und hier kann das ärztlich-therapeutische Gespräch helfen. In Kap. 9.3 wird ein entsprechendes Fallbeispiel dies veranschaulichen.

In Kap. 3.2.2 haben wir den psychoanalytischen Ansatz und in Kap. 5.1.1 das psychoanalytische Persönlichkeitsmodell dargestellt. U.a. wurde ausgeführt, daß es sich in Abhebung zum „Infektionsmodell" der naturwissenschaftlich orientierten Medizin v. a. um ein *Konfliktmodell* handelt. Freud hatte den „Über-Ich

– Es – Konflikt" betont. Spätere Entwicklungen der Psychoanalyse haben weitere Grundkonflikte herausgearbeitet. So ist jedem Menschen aufgegeben, sich vom primären Bezugsobjekt zu differenzieren, um ein eigenes abgegrenztes Selbst bilden zu können. Hier kann eine lebenslang wirkende Konfliktkonstellation angelegt sein, sofern Tendenzen in Richtung Individuation und Autonomie mit Tendenzen in Richtung Symbiose und Anklammerung konkurrieren. Wird diese Aufgabe adäquater Differenzierung nicht bewältigt, kein Gleichgewicht zwischen Nähe und Distanz gefunden, kann es dann in aktuellen Belastungssituationen, wie z. B. Trennungserlebnissen, zu Erkrankungen kommen. Psychosomatosen und depressiven Verstimmungen liegt häufig eine solche ungelöste Konflikthaftigkeit zugrunde (vgl. Fallbeispiel der „empty nest depression" in Kap. 3.3.2).

Verhaltenstheoretisches Modell

War die Berücksichtigung psychosozialer Faktoren bei Entstehung und Behandlung menschlicher Erkrankungen zunächst ganz vorrangig Sache der Psychoanalyse, hat sich in den letzten Jahren mehr und mehr auch der verhaltenstheoretische und verhaltenstherapeutische Ansatz durchgesetzt. Seinen Ausgang nahm dieses Modell von der klinisch-psychologischen Anwendung behavioristischer Lernprinzipien.

> **!** So definierte Eysenck die Verhaltenstherapie als „den Versuch, menschliche Verhaltensweisen und Emotionen in heilsamer Weise zu verändern unter Verwendung der Gesetze der modernen Lerntheorie" (vgl. Bastine 1984).

Mit „moderner Lerntheorie" sind die Lernprinzipien der *klassischen* und *operanten Konditionierung* gemeint. In Kap. 4.2.1 und 4.2.2 haben wir diese Prinzipien ausführlich dargestellt und zugleich am Beispiel der Entstehung einer „Phobie" illustriert, wie in dieser Modellvorstellung klassische und instrumentelle Konditionierung zusammenwirken können. Ebenso wurde der verhaltenstherapeutische Ansatz, beruhend auf dem Konditionierungskonzept, an den Beispielen der „systematischen Desensibilisierung" und „Reizüberflutung" vorgestellt.

In dieser behavioristischen Auffassung von Verhaltenstheorie- und Verhaltenstherapie ist menschliches Verhalten und somit auch „krankes Verhalten" eine Reaktion bzw. „Response" auf Umweltbedingungen. Eine mögliche aktive Einflußnahme des Subjekts selbst auf diese Umwelt bleibt unberücksichtigt. In der Folge wurde deshalb diese klassische Position durch interpersonale und kognitive Konzepte angereichert. Unter den Stichworten „kognitive Wende in der Verhaltenstherapie", „Kausalattribution", „Erwartungslernen", „Lernen am Modell" und „Lernen durch Eigensteuerung" wurden diese Konzepte ebenfalls in Kap. 4 beschrieben. Auch sie können als Erklärungsmodelle für Erkrankungen, wie z. B. Depression (s. Kap. 4.2.2, 3.3.6, 3.3.7), Angst (s. Kap. 3.3.2) und entsprechende Therapie (s. Kap. 4.2.2) fungieren.

In den letzten Jahren hat der verhaltenstheoretische Ansatz mehr und mehr bei *Fragestellungen der somatischen Medizin* Anwendung gefunden. Diese Anwendung, die sog. *Verhaltensmedizin*, versucht, biomedizinische und verhaltenstheoretische Gesichtspunkte im Hinblick auf Ursachenerklärung, Therapie, Krankheitsbewältigung und Gesundheitsförderung zu integrieren (vgl. Miltner et al. 1986). So hat z. B. die Verhaltensmedizin eine „individuelle Reaktions-Spezifität" herausgearbeitet, gemäß der der einzelne Mensch auf unterschiedliche Reize und Belastungen mit einer nur ihm eigenen, spezifisch vegetativen Reaktion antwortet, z. B. in Form einer Herzfrequenzbeschleunigung oder Blutdruckerhöhung. Diese Reaktionsbereitschaft, wohl ein angeborenes Grundmuster, das dann durch Lernprozesse verstärkt und verfestigt wird, bildet eine Disposition zu psychosomatischen Erkrankungen. Über die Technik des „Biofeedback" (s. Kap. 4.2.5) lassen sich dann umgekehrt Störungen der vegetativen Funktionen therapeutisch unter Kontrolle bringen.

Soziologisches Modell

Das soziologische Modell geht davon aus, daß soziale Strukturen und Faktoren (z. B. sozialer Status, Migration, Rollenerwartungen, „Streß" am Arbeitsplatz, mangelnde soziale Unterstützung usw.) an der Entstehung und Aufrechterhaltung von Krankheiten beteiligt sind. Ein gut erforschtes Arbeitsgebiet hinsichtlich einer *Pathosoziogenese* ist die Untersuchung unterschiedlicher Erkrankungsrisiken- und Häufigkeiten in Abhängigkeit vom Sozialstatus (s. Kap. 11.3.3).

> **!** Schwerpunkt des soziologischen Erklärungsmodells von Krankheit und Kranksein ist die Herausarbeitung von sozialen Situationen, in denen sozioemotionaler Distreß mit so hoher Intensität auftritt, daß er „... die Entstehung organischer Erkrankungen mitbeeinflußt" (Siegrist 1995).

Distreß liegt z. B. bei einer Situation sich widersprechender Anstrengung vor: Trotz großer subjektiver Bemühung bleibt der „Lohn" aus, oder trotz hoher Anforderung ist ein nur geringer Kontroll- und Entscheidungsspielraum gegeben (vgl. Fallbeispiel in Kap. 9.3).

Eine weitere zentrale Aufgabe soziologischer Explikation besteht nun umgekehrt in der Erforschung *sozialer Einflüsse* auf die Erhaltung von Gesundheit. Diese Fragestellung wird uns in Abschnitt 8.2 beschäftigen.

Neben der Untersuchung von Krankheit als (Mit-)Ergebnis von sozialen Interaktionen bzw. Situationen und entsprechenden Präventivmaßnahmen (s. Kap. 8.2), werden im soziologischen Modell *Zuschreibungsprozesse* von Gesundheit und Krankheit thematisiert.

> **!** Die Zuschreibung und Benennung („Etikettierung") als „gesund" oder „krank", sei es durch das Subjekt selbst oder sei es durch seine soziale Umgebung, stellt eine soziale Reaktion auf körperliche oder seelische Veränderungen dar.

Selbst- und Fremdzuschreibung können divergieren. Eine abgemagerte Anorexiekranke oder ein unter Wahnideen und Halluzinationen leidender Schizophrener können sich selbst aufgrund ihrer mangelnden „Krankheitseinsicht" als „gesund" und „normal" ansehen, während sie für Umwelt und Ärzte schwer krank sind.

Wird eine der dargestellten Modellvorstellungen einseitig verabsolutiert, als alleingültig angesehen, wird sie sicherlich den komplexen Phänomenen „Krankheit" und „Kranksein" nicht gerecht. Der Psychiater Tellenbach sprach vom Psychiater als „Methodenchamäleon unter den Medizinern". Wir meinen, daß diese Charakterisierung für den Arzt, sofern er Patienten behandelt, schlechthin zu gelten hat.

Das zeigt schon das Krankheitsbild „Hirnarteriosklerose", das Tellenbach als Beispiel anführt, denn mehr noch als der Psychiater wird zunächst der Allgemeinarzt und Internist mit dieser Erkrankung konfrontiert. Liegen Störungen des Bewußtseins, der zeitlichen und räumlichen Orientierung, der Intelligenz vor, wird der Arzt diese auf zerebrale Veränderungen („Arterienverkalkung") zurückführen, er wird also den psychopathologischen Zustand durch pathologisch-organische Hirnvorgänge verursacht sehen. Fehlen indessen diese auffälligen Störungen und liegt „nur" eine depressive Verstimmung vor, so kann auch diese Erkrankung mit der Gehirngefäßsklerose zu tun haben, sie braucht es aber nicht bzw. ist nicht allein auf sie zurückzuführen. Denn „Altern" stellt ein „In-Situation-sein" dar, das besonderen psychosozialen Belastungen aussetzt, die depressionsauslösend sein können: Tod des Partners, Tod naher Familienangehöriger, von Freunden, Verlust der tragenden Berufsrolle, radikale Änderung des bisherigen, über Jahrzehnte kontinuierlichen Lebensganges, hohe Inzidenz chronischer Erkrankungen, endgültiges Abschiednehmen von der Realisierung bestimmter Lebensziele, Konfrontierung mit dem eigenen Lebensgang als auch wesentlich ungelebtem Leben usw. (vgl. Lang 1991).

Das Beispiel zeigt, daß hier der behandelnde Arzt sowohl die biomedizinische Kausalitätserklärung präsent haben muß, aber auch mögliche psychosoziale Belastungen zu erkunden hat, wie sie das psychoanalytische, verhaltenstheoretische und soziologische Modell thematisieren – denn alle drei psychosozialen Erklärungsmodelle haben Beiträge zur Entstehung von Depressionen geleistet. Will der Arzt hier adäquat helfen können, wird er eine *bio-psycho-soziale Perspektive* einnehmen müssen.

8.2   Prävention

Dank der Erfolge der modernen Medizin, der damit zusammenhängenden Verbesserung der hygienischen Verhältnisse und der Verbesserung der materiellen Lebens-

bedingungen ist in den letzten Jahrzehnten ein bemerkenswerter Wandel eingetreten. Die Lebenserwartung ist angestiegen, akute Erkrankungen finden sich zurückgedrängt, chronische dominieren mehr und mehr. Galten früher Infektionskrankheiten als häufigste Todesursache, sind es heute fünf große „Killer": Herzinfarkt, Schlaganfall, Lungenkrebs, chronische Bronchitis, Leberzirrhose. Über 70 % aller Todesursachen gehen heute auf chronische Erkrankungen zurück, während es im ersten Viertel unseres Jahrhunderts nur 15 % waren. Auch im Morbiditätsspektrum, der Bandbreite von Erkrankungsfällen, stehen chronische Erkrankungen im Vordergrund.

Die genannten Todeskrankheiten, wie überhaupt chronische Erkrankungen, sind mit Methoden des organmedizinisch orientierten naturwissenschaftlichen Modells nur beschränkt zu behandeln. Dieses biomedizinische Modell ist vorwiegend „kurativ" orientiert. *Kurative Medizin* (curare, lat.: heilen) führt nach akuter Erkrankung wieder zur Gesundung. Was jetzt angesichts der drastischen Zunahme chronischer Erkrankungen gefordert ist, ist v. a. der *präventive* und *rehabilitative* Ansatz.

> **!** Unter Prävention (praevenire, lat.: zuvorkommen, vorbeugen) versteht man die Förderung der vorbeugenden Gesundheitspflege und die Verhinderung von Erkrankungen bzw. (bei eingetretener „chronischer" Erkrankung) deren Verschlimmerung.

> **!** Unter Rehabilitation ist die Wiedereingliederung eines Kranken oder Behinderten in das berufliche und gesellschaftliche Leben zu verstehen.

Bei chronischen Erkrankungen ändert sich die Aufgabe des behandelnden Arztes. Genügte bei akuten, z. B. einer Infektionskrankheit, eine exakte Diagnose mit entsprechender medikamentöser Intervention, muß er sich jetzt auf eine Langzeitbetreuung einstellen und das Ideal der kurativen Medizin, durchgreifend heilen zu können, verlassen. Der Arzt wird jetzt viel eher zum „ständigen Wegbegleiter und Berater" (Basler 1980) – Berater v. a. deshalb, weil chronische Erkrankungen in engem Zusammenhang mit Verhaltensweisen und Lebensstilen der Menschen in der modernen Industriegesellschaft stehen. An erster Stelle sind hier Überernährung, Rauchen, übermäßiger Alkoholkonsum, mangelnde körperliche Aktivität, physische und psychische Überbelastung („Streß") und schädigende Umwelteinflüsse zu nennen. So gewinnen präventive Maßnahmen, gemäß dem Leitspruch „Vorbeugen ist besser als Heilen" entscheidende Bedeutung.

Je nach Zeitpunkt oder Ziel der präventiven Maßnahmen lassen sich unterscheiden:

- *primordiale Prävention* soll bereits die Bildung von Risikofaktoren verhindern;
- *primäre Prävention* soll überhaupt das Auftreten von Erkrankungen verhindern;

- *sekundäre Prävention* soll Krankheiten frühzeitig erkennen und Verschlimmerung bzw. Chronifizierung bestehender Erkrankungen verhindern;
- *tertiäre Prävention* soll Folgeschäden bereits bestehender chronischer Erkrankungen verhindern bzw. reduzieren.

Die folgende Tabelle 8.1 erläutert noch einmal die genannten Begriffe.

 Verhaltensweisen, die mit dem späteren Auftreten einer Krankheit korrelieren, werden Risikoverhalten und Risikofaktoren genannt.

Herz-Kreislauferkrankungen z. B. sind multifaktoriell bedingt. Präventive Maßnahmen zielen jetzt darauf ab, Risikofaktoren wie Rauchen, Übergewicht, mangelnde körperliche Aktivität, übermäßigen Alkoholkonsum, hohen Cholesterinspiegel, Typus A-Verhalten, sozioemotionalen Distreß am Arbeitsplatz und Familie abzubauen. Typus A-Verhalten zeigt eine Persönlichkeit, die durch ständige Zeitnot, Hektik, (häufig verdeckte) Aggressivität, Ehrgeiz und Konkurrenzverhalten charakterisiert ist. Offensichtlich kommt es hier aufgrund der fehlenden Entspannung zur ständigen Überlastung des Herz-Kreislaufsystems. Sozioemotionaler

Tabelle 8.1 Erläuterung der drei bzw. vier Stufen der Prävention (Modifiziert nach Becker, in Wilker et al. 1994)

Augenblicklicher Zustand	Verhütet werden soll(en)	Präventionsform
Gesundheit (keine Risikofaktoren)	Risikofaktoren	Primordiale Prävention
Gesundheit (Vorliegen von Risikofaktoren)	Akute Erkrankung	Primäre Prävention
Akute Erkrankung	Chronische Erkrankung	Sekundäre Prävention
Chronische Erkrankung	Vermeidbare Folgeschäden	Tertiäre Prävention

Distreß liegt z. B. vor, wenn wie schon erwähnt, ständige Anstrengung keine entsprechende Anerkennung findet oder die davon betroffene Person wenig Möglichkeiten hat „internale Kontrolle" ausüben zu können, z. B. trotz starker beruflicher Belastung und Anforderung selbst wenig Einfluß und Entscheidungsspielraum hat.

Präventiven Maßnahmen können nur dann Erfolg beschieden sein, wenn Menschen, die ein entsprechendes Risikoverhalten zeigen, auch bereit sind, sie durchzuführen. *Aufklärung* allein genügt häufig nicht, um präventives Verhalten zu bewirken. Der Raucher weiß in der Regel, daß Rauchen zu Krebs führen kann, gleichwohl macht dieses Wissen nur wenige Raucher zu Nichtrauchern. Hier setzen Modelle an, die unter dem Begriff *„Health-Belief-Modell"* bekannt geworden sind. Gemäß diesem Modell wird präventives Verhalten durch folgende Faktoren begünstigt:

- wahrgenommene Gefährlichkeit der Erkrankung;
- wahrgenommene eigene Gefährdung durch die Krankheit;
- wahrgenommene Effektivität präventiver Maßnahmen;
- wahrgenommene Barrieren, die präventivem Verhalten entgegenstehen.

Eine Barriere z. B., die präventivem Verhalten entgegensteht, besteht darin, daß Risikoverhalten mit Lustgefühlen oder zumindest mit der Abwehr von Unlustempfindungen einhergehen kann. „Wer Sorgen hat, hat auch Likör" heißt es bekanntlich bei Wilhelm Busch. Alkoholismus kann momentan depressive Gefühle beseitigen und das Selbstbewußtsein heben – man denke nur an den „prahlenden Trinker".

Sigmund Freud mußte sich 67-jährig wegen eines Oberkieferkarzinoms einer ausgesetzten Operation unterziehen, wobei der größte Teil des rechten Oberkiefers, ein beträchtlicher Teil des Unterkiefers und des rechten Gaumens reseziert wurde. Die umfangreiche Operation machte die Einsetzung einer zufriedenstellenden Prothese unmöglich. Das Resultat war ein Leben in endloser Qual. Essen, Reden und „Rauchen" waren nur mit großer Anstrengung und unter Schmerzen möglich. Obwohl Freud durch seine Ärzte wußte, daß der Krebs ursächlich mit seinem intensiven Zigarettenrauchen zu tun hatte, konnte er auch jetzt nicht auf seinen „Rauchgenuß" verzichten. So kam es immer wieder zu präkanzerösen Veränderungen, die erneute Operationen notwendig machten, bis Freud schließlich 83-jährig an einem nicht mehr operierbaren Rezidiv starb. Freuds Verhängnis war, daß durch lange Gewöhnung seine kreative Tätigkeit für ihn untrennbar mit dem Rauchgenuß verknüpft war. Immer wieder betont er, daß er ohne seine geliebten Zigarren – etwa 20 pro Tag – nicht schreiben könne. „Rauchen hat mir solch einen unendlichen Dienst in meinem Leben erwiesen, daß ich nur dankbar sein kann. Ohne zu rauchen hätte ich nie so viel und so lange arbeiten können". Alle Ermahnungen, die auf dieses Kanzerogen hinwiesen, wie auch eigene Abstinenzversuche, blieben fruchtlos. Hier war ein Gebiet in den Tiefen der Seele und des Leibes betroffen, wo der Rationalist Freud, wie er selbst zugab, die „Herrschaft des Ich" nicht herzustellen vermochte. Interessanterweise konnte Freud für längere Zeit dann abstinent bleiben, wenn er aufgrund des Rauchens quälende Angina-pectoris-Beschwerden hatte. Die Gefahr eines Herzinfarkts war für ihn offensichtlich viel unmittelbarer und bedrohlicher als die erst nach sehr viel längerer Zeit sich in seinem subjektiven Erleben wieder einstellende Gefährdung durch den Krebs.

Das Beispiel des Patienten Freud macht deutlich, wie entscheidend es ist, daß präventive Maßnahmen einsetzen müssen, ehe sich das gesundheitsschädigende Verhalten verfestigt hat. Der *Prävention bei Jugendlichen* hat deshalb die besondere Aufmerksamkeit zu gelten. Epidemiologische Studien zeigen, daß Jugendliche häufig bereits zwischen dem 13. und 18. Lebensjahr regelmäßig zu rauchen beginnen. So haben in den USA 87 % der erwachsenen Raucher ihre Rauchgewohnheiten bereits vor dem 20. Lebensjahr begonnen. Wie sich weiter zeigte, kommt hier dem Gruppendruck der Peergroup, der Verhaltensunsicherheit in Pubertät und Adoleszenz (s. Kap. 6.1 und 6.2.3) und der Modellwirkung einflußreicher und attraktiver Personen (Eltern, Lehrer, Gleichaltrige, Stars) besondere Bedeutung zu. Um so wichtiger wäre es jetzt, um diesem Konsumdruck widerstehen zu können, attraktive Gegenmodelle (z. B. Mitschüler, die hohes Ansehen genießen, Sportler) aufzubauen.

Es ist in diesem Zusammenhang skandalös, daß nicht nur nach wie vor Zigarettenwerbung den attraktiven Helden als Zugpferd rekrutiert, sondern in der Bundesrepublik mehr und mehr Fernsehanstalten – nicht zuletzt auch die „Öffentlichen" – dazu übergegangen sind, sich Sportveranstaltungen von Bierbrauereien finanzieren zu lassen. Auf diesem Wege werden Konditionierungsprozesse eingeübt, die nicht nur die „Droge Alkohol" verharmlosen, sondern perverserweise diese selbst als „sportlich" erscheinen lassen. Das gesundheitsfördernde Modell Sport gerät so unbewußterweise zum gesundheitsschädigenden Agens. Unterstützt wird dies durch die doppelte Moral des Staates. Präventiven Gesundheitskampagnen stehen Milliardeneinnahmen gegenüber, welche die Finanzministerien durch Tabak- und Alkoholkonsum haben.

Diese Beispiele zeigen zugleich, daß sich präventive Maßnahmen nicht nur an Einzelpersonen rich*ten* dürfen, sondern essentiell *Institutionen*, *Gemeinden*, den *Staat* insgesamt einbeziehen müssen.

Als beispielhaft für ein gemeindeorientiertes Präventivvorhaben gilt das *Stanford-Heart-Disease-Project*. Für das Projekt wurden hinsichtlich soziodemographischer Merkmale drei vergleichbare Städte Kaliforniens ausgewählt: Tracy, Gilroy und Watsonville. In Gilroy und Watsonville wurden in einer zwei Jahre dauernden Aufklärungskampagne Gesundheitswissen und Informationen zur Verhaltensän-

derung angeboten, in Watsonville wurde zusätzlich bei einer Subgruppe von Personen mit erhöhtem Risiko für Herzerkrankungen ein verhaltenstherapeutisches Gesundheitstraining durchgeführt, um das Risikoverhalten zu ändern. Die Einwohner von Tracy dienten als Kontrollgruppe und erhielten deshalb weder Informationen noch gar ein entsprechendes Training. Die präventiven Maßnahmen galten v. a. einer gesünderen Ernährung, der Einschränkung oder Beendigung des Rauchens und der Erhöhung körperlicher Aktivität. Als Ergebnis des Modellversuchs zeigte sich, daß in den beiden Experimentalstädten das Risiko, an einer koronaren Herzerkrankung zu erkranken, deutlich abgenommen hatte, während in der Kontrollstadt Tracy eher noch eine Zunahme zu verzeichnen war. Watsonville – gefährdete Personen hatten hier noch ein zusätzliches Training erfahren – zeigte noch bessere Erfolge als Gilroy, wo allein Gesundheitswissen vermittelt worden war. Z. B. reduzierte sich der Tabakkonsum in Watsonville um 20 %, in Gilroy nur um 3 %, während er in Tracy unverändert blieb.

Als eine beliebte Interventionsstrategie wird immer wieder die *Induktion von Angst* erprobt. Es wird angenommen, daß Angst vor der Gefährlichkeit schwerer Erkrankungen und der eigenen Gefährdung – zwei Determinanten des Health-Belief-Modells – zu erwünschtem präventiven Verhalten motivieren müßte. Es hat sich dabei gezeigt, daß Angstinformationen, die zu ungenügender Aufmerksamkeit führen oder umgekehrt Hypervigilanz induzieren, dazu nicht in der Lage sind. Am ehesten kann noch ein mittleres Angstniveau Verhaltensänderungen einleiten. Bei zu schwachem Angstappell „verpufft" die Information, bei hypervigilanter Rezeption besteht die Gefahr paradoxer Reaktion in Form der Aktivierung von Abwehrprozessen, wobei dann unter Leugnung der Gefahr Risikoverhalten beibehalten oder gar intensiviert wird.

Das zeigte sich z. B. bei den klassischen, bundesweit von den Krankenversicherungen angebotenen sekundär-präventiven Maßnahmen der **Krebsfrüherkennungsuntersuchungen**. Diese Angebote werden bekanntermaßen nicht ausreichend genutzt. 1977 lagen die Teilnehmerquoten bei etwa 35 % der anspruchsberechtigten Frauen und 18 % der anspruchsberechtigten Männer. Bei einer Befragung von Patienten einer Allgemeinpraxis fand Verres (1978) heraus, daß zur Teilnahme v. a. der Glaube an den Erfolg therapeutischer Maßnahmen motiviert. Erkrankungsrisiken in den Vordergrund zu stellen, wie z. B. abschreckende Bilder von fortgeschrittenem und deshalb unheilbarem Krebs, würde, entgegen der Intention der Anbieter, gerade von der Teilnahme „abschrecken". Die durch diese Art der Aufklärung induzierte Angst halte davon ab, sich überhaupt mit dem Problem Krebs zu beschäftigen und damit auch sich einer Krebsfrüherkennungsuntersuchung zu unterziehen.

Im Lichte **lernpsychologischer Prinzipien** (s. Kap. 4.2) ist also, wie das oben genannte Beispiel zeigt, der Vorgang des **operanten Lernens** zum Aufbau präventiver Verhaltensweisen wichtig. Gesundheitsförderndes Verhalten muß unmittelbar mit positiven, gesundheitsschädigendes Verhalten mit negativen Konsequenzen verknüpft werden. Freud war bereit, wie wir gesehen haben, auf seinen Rauchgenuß zu verzichten, wenn dieser „unmittelbar" zu schmerzhaften Angina-pectoris-Anfällen führte. Schwieriger wird es, wie weiter das Beispiel Freud demonstrierte, wenn negative Konsequenzen der Erkrankung zeitlich lange nach dem gesundheitsschädlichen Verhalten auftreten. Der verhaltenssteuernde Einfluß ist hier weit geringer oder entfällt ganz. Um so wichtiger dann ein weiteres Prinzip der Lerntheorie, das **Lernen am Modell**. Wir haben auf diese Vorbildfunktion für gesundheitsförderndes Verhalten hingewiesen. Dabei ist die Modellfunktion einer Person, z. B. eines bekannten Sport-

lers, um so ausgeprägter, je angesehener sie ist.

> ! Eine Schlüsselrolle hinsichtlich der Effektivität von Früherkennungsuntersuchungen, ja hinsichtlich der Effektivität von Präventivmaßnahmen überhaupt, kommt dem Arzt zu.

So hat sich gezeigt, daß in 69 % aller Fälle dem präventiven Kontakt kurative Leistungen vorausgingen. Ärzte können dazu beitragen, daß eine präventiven Maßnahmen abträgliche fatalistische Grundeinstellung des Patienten („Bei Krebs ist eh nichts zu machen") in ein Bewußtsein für mögliche Selbstverantwortung und **Selbstkontrolle** übergeht. Ist die betreffende Person überzeugt, selbst wirksam werden zu können, ist sie sehr viel eher zu Präventivmaßnahmen bereit.

Der Arzt ist schließlich der Ansprechpartner, der genügend Autorität hat, Patienten dahingehend zu überzeugen, daß die Vorteile des Verzichts auf ein hedonistisches Risikoverhalten die damit zunächst verbundene „Entziehungsunlust" überwiegen. Die folgende Abb. 8.1 karikiert diese Problematik. Der „Druck" von seiten des behandelnden Arztes kann oft ausschlaggebend sein, entsprechende Schritte der „Entziehung" einzuleiten, um ein schon abhängiges Risikoverhalten wie Rauchen und Alkoholmißbrauch aufzugeben. Es wäre falsch, hier nur kurativ tätig zu sein.

Gerade im Umgang mit Angehörigen der **unteren sozialen Schichten** kommt dem Arzt eine Schlüsselrolle hinsichtlich der Aufnahme präventiven Verhaltens zu. Bekanntlich sind in unteren Sozialschichten Morbiditäts- und Mortalitätsraten höher. Ein wesentlicher Faktor dabei ist die größere Verbreitung des Risikoverhaltens dieser Schicht.

Gesund leben Pro und Contra (aus Buser u. Kaul-Hecker 1991, nach v. Troschke)

In einer umfassenden epidemiologischen Untersuchung, der sog. Midtown-Manhattan-Studie, zeigte sich auf dramatische Weise der Einfluß der sozialen Schicht bzw. des sozioökonomischen Status auf die Häufigkeit von Fettsucht. Zwischen der Höhe des sozioökonomischen Status und der Häufigkeit von Adipositas wurde eine deutlich gegensätzliche Beziehung festgestellt. Die folgende Abb. 8.2 zeigt, daß 30 % der Frauen mit niedrigem sozioökonomischem Status adipös waren, 16 % der Frauen in mittlerem Status und nur 5 % der Gruppe im höchsten Status. Kurz: Adipositas ist bei Frauen mit niedrigem Status 6 mal häufiger als bei Frauen mit hohem Status! Von hohem Interesse auch, daß die soziale Schicht der Eltern fast so eng mit Adipositas verbunden war wie die soziale Schicht der Person selbst. Bereits bei Kindern der Unterschicht ist Adipositas viel häufiger als bei Kindern der Oberschicht, so zeigten sich signifikante Unterschiede bereits bei Sechsjährigen.

Eine Schaltstelle schließlich in unserem Gesundheitssystem kommt dem Arzt hinsichtlich *tertiärer Prävention* zu. Bemühungen um tertiäre Prävention sind häufig Teil *rehabilitativer Maßnahmen.*

> **!** Gemäß der WHO bedeutet Prävention in der Rehabilitation (tertiäre Prävention) die Verhütung oder Beseitigung von Behinderungen und die Vermeidung der Ausgliederung aus Arbeit, Beruf und Gesellschaft.

Früher galt bspw. der Herzinfarkt als „Manager-Krankheit". Das hat sich radikal geändert. In einer englischen Untersuchung mit 17.530 öffentlichen Bediensteten stellte sich z. B. heraus, daß diejenigen in den niedrigsten beruflichen Positionen ein 3,6-fach höheres Risiko hatten an Herz-Kreislauferkrankungen zu sterben als diejenigen in den höchsten Positionen.

Offensichtlich hat sich das Gesundheitsverhalten in den oberen Schichten sehr viel schneller geändert als in unteren Schichten, z. B. im Hinblick auf fettarme Ernährung, verstärkte körperliche Aktivität und das Aufgeben des Rauchens.

Generell soll Rehabilitation chronisch Erkrankten dazu verhelfen, ihre Krankheit und deren Folgen so zu bewältigen, daß sie möglichst weitgehend und selbständig am normalen Leben in Familie, Beruf und Gesellschaft teilnehmen können. Auch bei der tertiären Prävention ist bei entsprechenden Maßnahmen ein *bio-psycho-soziales Modell* gefordert. So soll z. B. Bewegungstherapie nicht nur die körperliche Beweglichkeit und Belastbarkeit erhöhen (somatische Ebene), sondern

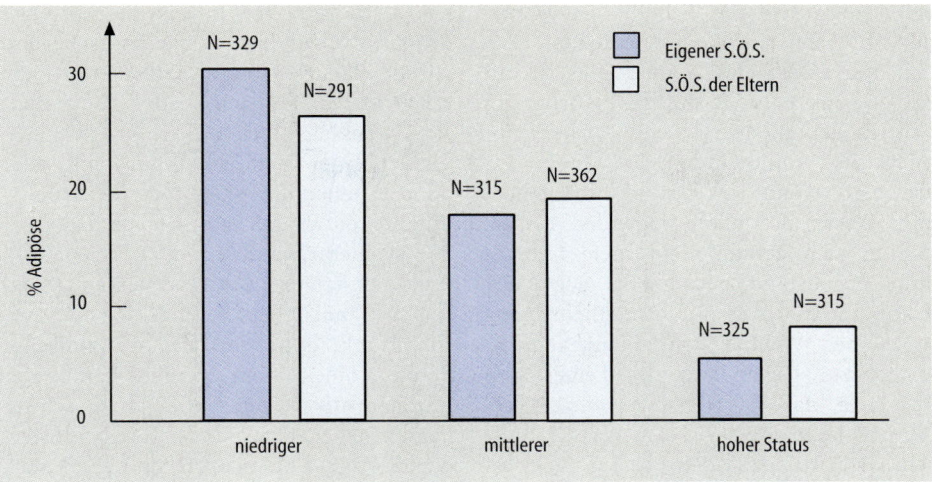

Abb. 8.2 Adipositas und sozioökonomischer Status (SÖS) bei Frauen (aus Uexküll 1990)

auch Körpergefühl, Selbstverantwortung und Selbstbewußtsein positiv beeinflussen (psychische Ebene) und drittens Kontaktaufnahme mit Anderen erleichtern (soziale Ebene). (s. Kap. 8.5, Koch et al. 1988 und Delbrück u. Haupt 1996).

8.3 Krankheitsverhalten

Krankheit und Kranksein sind auf Gesundheit und Gesundsein bezogen. Häufig wird deshalb Gesundheit als ein Zustand beschrieben, der durch das „Fehlen von Krankheit" ausgezeichnet ist und umgekehrt kann das „Fehlen von Gesundheit" Krankheit definieren. Wir alle kennen die Eingangsfrage des Arztes: „Wo fehlt's denn?" Gesundheit ist ein Gut, das einen hohen Wert genießt. Ob zum Geburtstag, zum Neuen Jahr, zu welcher Feier auch immer, die Menschen wünschen einander „Gesundheit". „Auf Ihre Gesundheit", „à votre santé", „Salud", „alla salute", „Saúde", „your Health", „zum Wohl" – Trinksprüche verschiedenster Sprachen thematisieren den Wunsch nach Gesund-

heit. „Zum Wohl" erinnert daran, daß sich Gesundsein als Wohlsein, Wohlbefinden positiv beschreiben läßt. Die WHO macht sich dieses Kriterium der Befindlichkeit zunutze, wenn sie Gesundheit wie folgt definiert:

> **!** „Gesundheit ist ein Zustand vollkommenen körperlichen, geistigen und sozialen Wohlbefindens und nicht allein das Fehlen von Krankheit und Gebrechen."

Diese Bestimmung wurde als zu ideal, ja utopisch kritisiert. Es ist offensichtlich nicht leicht, exakt anzugeben, was Gesundheit ist. Das hat vielleicht einen sachhaltigen Grund darin, daß es zum Lebensvollzug von Gesundheit und Gesundsein gehört, daß er für gewöhnlich nicht eigens thematisiert wird. In der Unmittelbarkeit des Dahinlebens ist man auf alles mögliche gerichtet, nur nicht auf das Gesundsein selbst. Gerade weil diese Gegebenheit zurücktritt, kann sie zur Bedingung für einen unmittelbaren Lebensvollzug werden, gibt sie in ein entsprechendes leibliches und seelisches Sein frei. Es ist mit dem Gesundsein wie mit dem Körper, an den es gebunden ist. Der Körper gibt mich ins Wohlbefinden frei, indem er schweigt. Wenn ich gesund bin, gehört zum Wesen des mich tragenden Leibes, daß er sich gerade nicht meldet, nicht zum Gegenstand wird, sich nicht aufdrängt, sondern es mir ermöglicht, ganz in meinen Weltbezügen aufzugehen. Es gehört zur Gesundheit des Leibes und der Seele, daß sie übersehen wird, „verborgen" (Gadamer 1994) ist. Was Gesundsein ist, wird sozusagen erst im nachhinein erfahren, wenn sie verloren ist, etwas „fehlt". Es ist also nicht ohne Grund, wenn der Arzt das ärztliche Gespräch mit der Frage eröffnet: „Na, wo fehlt's denn?" Wohlbefinden ist in erster Linie ein Mangel an Mißbefinden (Blankenburg 1983). Krankheit zerreißt jetzt diese „Stille", stört das Schweigen des vorthematisch gegebenen Leibes, stört das Gleichgewicht. Im Verlust des vorbestehenden Gleichgewichts wird jetzt schmerzhaft deutlich, was diese Balance qua Gesundheit bedeutet hat. Krankheit ist jetzt in Abhebung zur Verborgenheit der Gesundheit als das Aufdringliche, sich selbst Objektivierende zu bestimmen, aber auch hier kann die Definition je nach Bezugssystem differieren, was die englische Sprache sehr schön wiedergibt:

- „illness" – die betroffene Person fühlt sich krank;
- „disease" – Bestimmung als „krank" im Rahmen des biomedizinischen Modells;
- „sickness" – Sicht der Krankheit im Bezugssystem der Gesellschaft als Leistungsminderung bzw. als Aufforderung zur Gewährung von Hilfe.

Die Definition der Reichsversicherungsordnung verbindet das medizinische und soziale Bezugssystem: *„Krankheit"* ist ein regelwidriger Körper- oder Geisteszustand, dessen Eintritt allein die Notwendigkeit einer Heilbehandlung, mit oder ohne Arbeitsunfähigkeit, oder die Arbeitsunfähigkeit als solche zur Folge hat."

Probleme können aus „Diskrepanzen zwischen den drei Bezugssystemen" (Siegrist 1995) entstehen. So fühlt sich eine Person krank, ohne daß ein medizinischer Befund objektiviert werden kann. Der Herzneurotiker z. B. fühlt sich schwer herzkrank, hat quälende Herzbeschwerden, EKG und Laborwerte sind aber „normal", das Herz ist organisch gesund. Umgekehrt kann ein Herzinfarkt stumm verlaufen, der davon Betroffene fühlt sich subjektiv gesund. Erst eine zufällige Untersuchung oder eine Untersuchung anläßlich eines weiteren Infarktes zeigt diesen Befund bzw. läßt die frühere Narbe erkennen. Divergenzen zwischen medizinischem und gesellschaftlichem Bezugssystem kann es geben, wenn der Arzt, um den Patienten nicht zu verlieren, Gefälligkeitskrankschreibungen ausführt oder umgekehrt ein Betriebsarzt auf Druck der Geschäftsleitung nicht dem medizinischen Bezugssystem, sondern den sozialen Herrschaftsverhältnissen folgt – z. B. eine Gesundheitsschädigung durch den Arbeitsplatz bagatellisiert oder verschweigt.

Aber auch im Bezugssystem der betroffenen Person gibt es unterschiedliche Sichtweisen. Der eine, der *„Suppressor"* will untrügliche Anzeichen einer Krankheit nicht wahrhaben, der andere, der *„Sensitizer"* konstatiert ständig „Symptome"; der erste kann bereits schwer krank sein (z. B. Ignorierung der Schmerzen, die ein Herzinfarkt macht, oder eines auf Krebs hinweisenden Anzeichens), der zweite ist organisch gesund, ist ein sog. „Hypochonder".

Sobald der Kranke nun entsprechend aktiv wird, spricht man von „*Hilfesuchen*". Dieser Prozeß des Krankheitsverhaltens läßt sich in Stadien einteilen. Abb. 8.3 gibt einen Überblick:

Symptomwahrnehmung

Der Betroffene realisiert, daß sich etwas in seiner vertrauten körperlichen oder seelischen Verfassung geändert hat, daß etwas „nicht mehr stimmt", daß „ihm etwas fehlt", nämlich dieses in natürlicher Selbstverständlichkeit Dahinleben, daß jetzt etwas „stört", z. B. daß jetzt Schmerzen auftreten. Die Wahrscheinlichkeit, daß in dieser noch „*unorganisierten Phase*" (Balint 1964) einer Erkrankung der Vorgang des Hilfesuchens einsetzt, ist um so größer

- je schmerzhafter,
- je sichtbarer und auffälliger ein Symptom ist;
- je bedrohlicher die zugrundeliegende Krankheit erscheint;
- je stärker das Allgemeinbefinden beeinträchtigt ist;

- je länger ein Symptom andauert bzw. sich wiederholt;
- je geringer das Risiko erscheint, daß die aus der Symptombewertung erschlossene Krankenrolle mit anderen wichtigen Aufgaben kollidiert.

Der Betroffene wird, falls er die Symptome nicht ignoriert bzw. verleugnet, zunächst versuchen, bei sich selbst eine Diagnose zu stellen. Zugleich wird er sich in engem Zusammenhang mit dieser Laiendiagnose (Laie = Nichtarzt) Vorstellungen über mögliche Ursachen machen. Er betreibt *Laienätiologie*. Bei plötzlich einschießenden Rückenschmerzen wird er z. B. die Diagnose „Hexenschuß" (medizinisch: Lumbago) stellen und dieses „ins Kreuz gefahren" vielleicht auf ein abgenutztes Rückgrat oder Übermüdung zurückführen. An diesem Laienmodell wird er sich zunächst orientieren, auch erste Handlungsanweisungen davon ableiten, z. B. versuchen, sich auszuruhen oder „Selbstmedikation" mit Schmerztabletten oder „Hausmitteln" durchführen. Er hat somit eine erste Entscheidung (E_1) gefällt.

Einbeziehung von signifikanten anderen bzw. des Laiensystems

In dieser Phase erfolgt die Mitteilung der Beschwerden und der schon angestellten Vermutungen hinsichtlich der Ätiologie und möglicher Therapie an nahe Bezugspersonen, Familienangehörige oder enge Vertraute (E_2). Eine bislang private Erfahrung wird jetzt zu einem sozialen Tatbestand, der Betroffene sucht Rat im sog. Laiensystem.

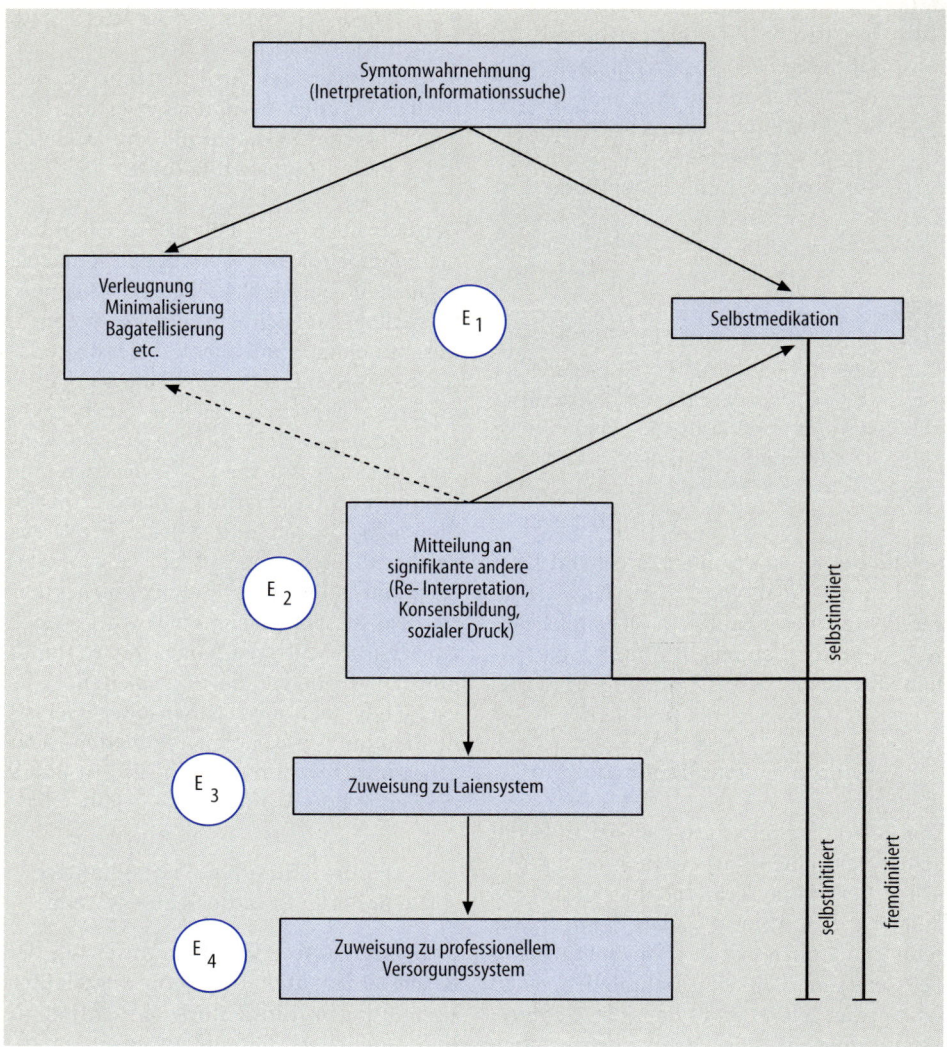

Abb. 8.3 Entscheidungsstufen des Hilfesuchens (aus Siegrist 1995)

Zum Laiensystem gehören neben Familienangehörigen und engen Vertrauten Verwandte, Bekannte, Kollegen etc. und die in diesen Gruppierungen verbreiteten Einschätzungen der Symptome und deren Behandlung. Das Laiensystem kann darauf drängen, die Suche nach Hilfe zu beschleunigen oder auch abzublocken, wie in manchen Sekten oder dann, wenn die Erkrankung sozial stigmatisiert (s. Kap. 8.4). Umgekehrt können es bei Erkrankungen mit mangelnder Krankheitseinsicht, wie Psychosen oder auch Pubertätsmagersucht, Familienangehörige oder andere Bezugspersonen sein, die das Krankhafte zuerst verifizieren und Hilfesuchen initiieren.

Dieses Laienbezugssystem enthält auch bestimmte Möglichkeiten der Überweisung an Personen oder Instanzen, die in krankheitsbezogenen Fragen als besonders kompetent gelten (E_3). Von diesem *Laienzuweisungssystem* kann es abhängen, ob der Betroffene zunächst beim Apotheker nachfragt, zum Heilpraktiker geht oder sofort medizinisch-professionelle Hilfe, also einen Arzt, aufsucht.

Kontaktierung des medizinischen Versorgungssystems

In dieser Phase vollzieht sich der Übergang vom Laiensystem zum professionellen Versorgungssystem. Wie schnell der Übergang geschieht, hängt vom Laienzuweisungssystem ab, in das, wie auch in die eigene Entscheidung des Kranken, die Einschätzung der Ernsthaftigkeit der Krankheit, die Größe der Behinderung familiärer und beruflicher Aktivitäten (z. B. Notwendigkeit einer Krankschreibung!), die Hoffnung, daß ärztliche Hilfe mehr als alternative Möglichkeiten bringt, eingeht. Wichtig bei dieser Entscheidung natürlich auch die räumliche und zeitliche (Termin!) Nähe des professionellen Gesundheitssystems sowie die Kostendeckung durch eine Krankenversicherung.

Der Kranke wird Patient

Im Rahmen erster medizinischer Untersuchungen und der daraus resultierenden Diagnose bzw. schon einzelner ärztlich-professioneller Behandlungsmaßnahmen vollzieht sich der Übergang von der Rolle des Kranken zur Rolle des Patienten (s. Abschnitt 8.4).

Aufgabe oder Verlängerung der Rolle des Patienten

Greift die kurative Intervention des medizinischen Versorgungssystems, gesundet der Kranke, verliert er jetzt die Rolle als Patient. Er kehrt wieder zu den Aktivitäten zurück, die er vor der Erkrankung ausgeübt hatte. Bei längerer Krankheitsdauer oder Behinderung können Maßnahmen zur Rehabilitation (s. Kap. 8.2) notwendig werden. Tritt keine Heilung ein, kommt es zur Übernahme der Rolle des chronisch Kranken bzw. des dauernd Behinderten. Bei einer unheilbaren und infausten Erkrankung kann schließlich diese Phase des Krankheitsverhaltens in Stadien des Schwerkranken und Sterbenden enden.

Den Gang des Patienten durch das Gesundheitssystem bezeichnet man als *Patientenkarriere*. Das Verständnis dieses Begriffs ist aber nicht einheitlich. So kann man darunter auch den Weg von der Symptomwahrnehmung bis zur Etikettierung des Kranken als Patienten durch die ärztliche Diagnose verstehen. Andere Orientierungen schließlich fassen unter diesen Begriff die gesamte Erstreckung der geschilderten Phasen des Krankenverhaltens. So z. B. Heim in der folgenden Tabelle (Tabelle 8.2). Zum Verständnis sei angemerkt, daß ein Teil der aufgeführten Begriffe, insbesondere „mögliche Konflikte oder Krisen", in Abschnitt 8.5 näher erläutert werden.

Welche Faktoren des Krankheitsverhaltens zur *Inanspruchnahme des Arztes* motivieren wurde oben geschildert. Zusammenfassend läßt sich sagen, daß je belastender der eigene Krankheitszustand eingeschätzt wird, desto höher dann die Wahrscheinlichkeit der Inanspruchnahme des Arztes. Darüber hinaus spielen die Hoffnung auf die Wirksamkeit ärztlichen Handelns, das Ärzteangebot (je mehr Ärzte pro Einwohner, desto höher die

Tabelle 8.2 Überblick über Patientenkarrieren: ihre Phasen, Aufgaben und möglichen Konflikte oder Krisen (aus Heim u. Willi 1986)

Phasen	Patientenbezogene Aufgaben	Mögliche Konflikte oder Krisen
1. Wahrnehmung einer Veränderung/ „Bin ich krank?"	– Laiendiagnose stellen	– Verzerrtes Wahrnehmen – Ignorieren der Symptome
2. Erste Konsequenzen „Ich bin krank!"	– Laiendiagnose verifizieren – Hilfe in Anspruch nehmen	– Verzögern der Hilfe/ Inanspruchnahme
3. Inanspruchnahme ärztlicher Hilfe „Ich muß zum Arzt!"	– Geeignete Versorgungsstelle aussuchen und kontaktieren	– „Drop out" aus Behandlung – Beziehungsunterbruch bei Überweisung – Überbeanspruchung ärztlicher Hilfe
4. Akute Krankheitsphase „Ich muß mich auf die Krankheit einstellen!"	– Beschwerden und Behinderung akzeptieren – Neue Beziehungen zu Medizinalpersonen eingehen; Abhängigkeit annehmen – Einschränkungen auf sich nehmen: – bei Hospitalisation – bei Pflege in Familie – Familiäre Beziehungen anpassen – Ungewisse Zukunft ertragen – Selbstkonzept anpassen: – Körperschema, Krankheit-Modell – Lebenswerte und -ziele	– Emotionales Gleichgewicht verlieren – Vertrauenskrisen – Rebellieren oder Resignieren – Partnerkonflikt – Verzweifeln – Identitätskrise bis psychotischer Zusammenbruch – Körperschemastörungen – Orientierungslosigkeit
5. Rekonvaleszenz und/ oder Rehabilitation/ „Ich bin auf dem Weg zur Besserung!"	– Neue Ziele setzen – Umorientieren – Neuen Sinn finden	– Regression – Besserung verhindern oder verschleppen – Sekundärgewinn mißbrauchen
6. Chronische Krankheitsphase/ „Ich werde nie mehr gesund"	– Wie 4. und 5.; zusätzlich: – Psychosoziale und körperliche Einschränkungen akzeptieren – Auf neue akute Krisen und Progredienz gefaßt sein können	– Wie 4. und 5.; zusätzlich: – Behinderung überspielen wollen
7. Terminale Phase/ „Ich muß sterben!"	– Multiple Verluste und Ungewißheit annehmen	– Verzweiflung, Auflehnung

Inanspruchnahme) und der Versicherten-status (je höher der Anteil der Versicherten, desto höher die Inanspruchnahme) eine Rolle.

Der eingangs dieses Abschnitts erwähnte „Suppressor" wird eine Inanspruchnahme des Arztes eher vermeiden oder zumindest verzögern. Er ist ein *„Under-Utilizer"* („Unter-Beansprucher"). Der „Sensitizer" hingegen, der ständig angstvoll Beschwerden registriert, wird medizinische Versorgungsleistungen gehäuft in Anspruch nehmen, obwohl keine objektivierbare Krankheit vorliegt. Er ist ein *„Over-Utilizer"* (Über-Beansprucher).

Eine **arztaffine** oder **arztmeidende Einstellung** kann darüber entscheiden, ob eine Person das medizinische Versorgungssystem aufsucht oder nicht. Abhängig ist die Art der Einstellung von bisherigen Erfahrungen mit ärztlichen Behandlungen, von der Empfehlung oder Skepsis des Laiensystems, der Persönlichkeitsstruktur und der sozialen Schicht. Ängstlich-hypochondrische Personen, die gehäuft psychosoziale Krisen durchmachen, werden Ärzte bevorzugt aufsuchen. Allerdings kann zu starke wie auch zu geringe Angst den Arztbesuch verzögern: zu starke Angst setzt Verleugnungsprozesse in Gang, zu geringe legt Ignorieren nah. Eine arztmeidende (arztaversive) Einstellung zeigen häufig Menschen, die mißtrauisch sind, generell wenig Kontaktfreude zeigen oder aufgrund depressiv-resignativer Erwartungen zu antriebsgehemmt für eine Kontaktaufnahme sind.

Aber auch Schichtzugehörigkeit, also **soziodemographische** und generell **kulturelle Faktoren** beeinflussen Gesundheits- und Krankheitsverhalten. Verschiedene soziale Schichten unterscheiden sich im Lebensstil, was seine Auswirkungen auf Gesundheits- und Krankheitsverhalten hat. Untere soziale Schichten leiden häufiger an lebensbedrohlichen Erkrankungen wie koronare Herzkrankheit und Krebs

und deshalb wohl auch an einer höheren Mortalitätsrate. Wie in Kap. 8.2 dargestellt ist ein *Risikofaktor* wie *Übergewicht* in unteren Schichten weitaus verbreiteter. Das gilt auch für das Verhalten „Rauchen". Je höher die soziale Schicht, desto geringer der Anteil Raucher. So stellte Thiele (zit. nach Härtel in Pöppel et al. 1994) für die Bundesrepublik fest, „... daß Angehörige von eher höheren sozialen Schichten häufiger Vorsorge- oder Früherkennungsleistungen, fachärztliche Versorgungsleistungen sowie Arznei-, Heil- und Hilfsmittel in Anspruch nehmen, während Angehörige unterer Sozialschichten häufiger allgemeinärztliche und Krankenhausleistungen in Anspruch nehmen sowie häufiger arbeitsunfähig sind ...".

Angehörige unterer sozialer Schichten identifizieren Krankheitssymptome später und neigen eher dazu seelische Konflikte zu somatisieren, also über körperliche Störungen auszutragen, bzw. seelische Störungen auf organische Ursachen zurückzuführen. Wie in Kap. 6 dargestellt sind in Abhebung zur eher zukunftsorientierten Mittel- und Oberschicht *untere Sozialschichten eher gegenwartsbezogen*. Das trifft auch für Gesundheits- und Krankheitsverhalten zu, bspw. hinsichtlich des (zukunftsbezogenen!) präventiven Verhaltens (s. Kap. 8.2).

Das Gesundheitsverhalten **Geschiedener** ist risikoreicher als dasjenige **Verheirateter**. Sowohl Männer als auch Frauen rauchen hier mehr, trinken mehr Alkohol und nützen seltener Vorsorgeuntersuchungen. Das zeigt die Bedeutung des *„sozialen Netzwerkes"* auch für Gesundheits- und Krankheitsverhalten.

In London haben Brown et al. (vgl. Lang 1990) in ihren Untersuchungen zur Life-Event-Forschung auch die Auswirkungen bedrohlicher Lebensereignisse auf die Entstehung von Depressionen bei Frauen untersucht. Solche Lebensereignisse waren z. B. Todesfälle, Fehlgeburten, Arbeitslosigkeit des Ehemanns usw. Die entscheidende Einflußgröße bildet nun eine bestimmte Art von sozialer Unterstützung und Hilfe, die durch eine Confidant-Beziehung gegeben wird. In den meisten Fällen war der „Confidant" (engl.: vertrauter Partner) der Ehemann oder ein männlicher Freund. Frauen, die eine gute Beziehung zu einem Partner hatten, sich mit ihm aussprechen konnten, waren vor depressiven Störungen geschützt. Das soziale Netzwerk fungierte hier als eine Art Plombe, als Puffer, der selbst bei vorhandener Disposition zu depressiver Erkrankung eine Aktualisierung dieser Anlage und damit eine manifeste Symptomatik verhinderte.

Geschlechtsspezifische Unterschiede bestehen auch im Gesundheits- und Krankheitsverhalten. So ist seit langem bekannt, daß Frauen über mehr körperliche und seelische Beschwerden klagen, häufiger einen Arzt aufsuchen und Krankenhausbehandlung beanspruchen als Männer. In psychotherapeutischen Praxen, Ambulanzen und Kliniken bspw. bilden Frauen zwei Drittel der Patientenklientel. Sind Frauen kränker, psychisch labiler als Männer? Andererseits scheint es wieder so zu sein, daß Frauen mindestens ebenso belastbar sind wie Männer. Man denke nur daran, wieviele Frauen heute, im Gegensatz zu ihren Männern, doppelte, ja dreifache Arbeit leisten: als Hausfrau, Mutter, Berufstätige. Auch sei daran erinnert, daß Frauen im Mittel sieben bis acht Jahre älter werden als Männer. Die plausibelste Antwort auf diese Frage der unterschiedlichen Geschlechtsverteilung bei Patienten, die um ärztliche Hilfe nachsuchen, ist wohl die, daß es Frauen leichter als Männern fällt, sich eigene Schwächen einzugestehen, diese Schwächen, und damit sich selbst, anderen mitzuteilen.

Was beim ersten Anblick als Schwäche imponieren könnte, erweist sich als Stärke. Angst und Ernst (1990) haben herausgefunden, daß 75 % der Personen, welche 1988 in Zürich in einer schwierigen Situation die Telefonnummer der „dargebotenen Hand" – einer Einrichtung zur Selbstmordprävention – wählten, Frauen waren. Unter den Personen, die sich im gleichen Jahr suizidierten, waren dagegen 75 % Männer. „Frauen suchen Hilfe, Männer sterben" lautete die Schlußfolgerung, die Angst und Ernst aus diesen Daten zogen.

Schließlich beeinflussen **kulturelle Faktoren** das Gesundheits- bzw. Krankheitsverhalten. So hat eine Vergleichsuntersuchung an verschiedenen ethnischen Gruppen in New York ergeben, daß Schmerz bei Patienten jüdischer und italienischer Herkunft viel intensiver wahrgenommen wird als bei Iren und „old americans". Iren schienen Schmerzen zu „verleugnen", Amerikaner gaben sich stoisch und versuchten ihre Lage „objektiv" zu bewerten, während die beiden erstgenannten Gruppen wesentlich stärker „jammerten".

Sehr wahrscheinlich hängt dieses unterschiedliche Krankheitsverhalten mit unterschiedlichen Sozialisationserfahrungen zusammen. Italienische und jüdische Mütter erzögen „overprotective", seien „besorgter" hinsichtlich der Krankheitsanzeichen der Kinder, was dann diese selbst veranlassen würde, ihrem Körper und seinen „Zeichen" mehr Aufmerksamkeit zu schenken, und zudem würden sie schnell lernen, daß „Jammern" – im Sinne eines sekundären Krankheitsgewinn – Zuwendung verschaffe.

Kulturelle Wertvorstellungen bestimmen auch das Gesundheitsverhalten. Als Beispiel kann die unterschiedliche Wertigkeit des Alkoholkonsums in verschiedenen Kulturen herangezogen werden.

In Irland zählt Alkoholgenuß zur Geselligkeit und zur Solidarität der Menschen untereinander. Das gemeinsame Trinken dokumentiert Gleichberechtigung unter Verwandten, zwischen Stadt und Land, Gastgeber und Gast, Verkäufer und Käufer, Politiker und Wähler. Ein guter Zecher zu sein hebt das Ansehen des Mannes – nicht nur in Irland oder Finnland, wo dies eine besondere Rolle spielt, sondern fast generell in Europa.

In Abhebung dazu gibt es ausgesprochene Abstinenzkulturen (Mohammedaner, Hindus, protestantisch-anglikanische Temperenzbewegung). Alkohol stellt zweifellos einen hohen Risikofaktor für diverse Erkrankungen dar. Alarmierend ist, daß die Bundesrepublik nahezu drei Millionen Alkoholabhängige hat, wobei der Alkoholkonsum nicht selten bereits im Kindesalter beginnt. Andererseits kennen wir die rituelle Einbeziehung des Alkoholgenusses in religiöse Kulte (Abendmahl!) und andererseits wird Alkohol – in geringem Maße genossen – als „protektive" Maßnahme diskutiert. Er kann als Kontaktmittel fungieren, aus Isolierung, ebenfalls ein Risikofaktor, herausführen – man denke nur an die Tradition der „Weinstuben" und „Stammtische".

Der zuletzt genannte Gesichtspunkt, wie auch das Phänomen des „Social support" (confidant) läßt die gerade für das Gesundheitsverhalten entscheidende globale Fragestellung anklingen: „Wie erhält man sich gesund, was erhält uns gesund?" Künftig wird die Beschäftigung mit der Entstehung und Erhaltung von Gesundheit, *Salutogenese*" genannt, mehr ins Zentrum wissenschaftlicher Aktivität rücken müssen. So konnte zwischen Verhaltensweisen, Gesundheitszustand und Lebenserwartung ein deutlicher Zusammenhang gefunden werden. Verhaltensweisen, die den deutlichsten Zusammenhang mit Gesundheit erkennen ließen, waren die folgenden:

- Nichtrauchen;
- Beachtung des Normalgewichts;
- regelmäßige Mahlzeiten statt unregelmäßiger Einnahme von „snacks" (Imbiß);
- Frühstücken an jedem Tag;
- mäßig Alkohol trinken;
- 7 bis 8 Stunden Nachtruhe;
- mäßig körperliche Aktivität an zwei oder drei Tagen in der Woche (Spaziergänge, Schwimmen, Radfahren, Gartenarbeit).

Der Gesundheitszustand der Personen, die alle sieben Punkte befolgten, entsprach dem von Personen, die dreißig Jahre jünger waren, aber nur wenige oder gar keine der aufgeführten Empfehlungen befolgten. Außerdem hatten die Personen, die sich an sechs oder sieben Punkte hielten, eine um elf Jahre höhere Lebenserwartung als diejenigen, die nur null bis drei Maßnahmen durchführten (nach Basler 1980).

8.4 Krankenrolle

Im vorigen Abschnitt war dargestellt worden, wie die Entscheidung, ärztliche Hilfe in Anspruch zu nehmen, zustande kommt. Der ungarisch-englische Arzt und Psychoanalytiker Michael Balint bezeichnete diese Phase als noch *„unorganisierte Phase"* der Krankheit. Der Kranke sucht nach Kriterien zur Bestimmung seiner Krankenrolle, stützt sich dabei auf eigene frühere Erfahrungen und die Kenntnisse seiner Laienumwelt. Dabei kann es zu Konflikten kommen, wenn er z. B. die Krankenrolle reklamiert, das Laiensystem sie verweigert oder umgekehrt andere ihn als krank ansehen, er sich dagegen als gesund.

Nimmt der Kranke jetzt Kontakt zum Arzt auf und stellt dieser eine Diagnose, tritt er in die *organisierte Phase* der Krankheit ein, er wird Patient, wird „krank geschrieben" und übernimmt eine auch gesellschaftlich anerkannte Rolle als Kranker. Auf diese seiner Rolle als Kranker bzw. Patient werden jetzt spezifische Erwartungen gerichtet. Der bedeutende amerikanische Soziologe Parsons (1958) hat folgende vier Elemente der Krankenrolle herausgearbeitet, wobei neben Verpflichtungen des Rollenträgers auch entlastende Anteile beschrieben werden:

Der Kranke
- wird von seinen normalen sozialen Rollenverpflichtungen befreit,

- wird für seine Situation nicht verantwortlich gemacht,
- ist verpflichtet, gesund werden zu wollen,
- ist verpflichtet, fachkundige Hilfe in Anspruch zu nehmen und mit dem Arzt zu kooperieren.

Parsons Konzept ist *normativ*. Gesundheit erscheint als Norm, Krankheit entsprechend als ein von dieser Norm abweichendes Verhalten, das eine gesellschaftliche Kontrolle erfordere. Krankheit hindere an der Erfüllung sozialer Rollen, verursache unproduktive Kosten, der Kranke sei deshalb verpflichtet, zu gesunden. „So verstanden ist Krankheit mehr als nur ein biologischer Prozeß, sie ist stets auch eine Verhaltensstörung" (Heim u. Willi, Bd. II, 1986).

Die ärztliche Diagnose ist insofern nicht nur eine biomedizinisch orientierte Aussage, sie erfüllt auch eine wichtige soziale Funktion. Wenn Krankheit auf diese Weise von vornherein als abweichendes („deviantes") Verhalten definiert wird, kann Diagnose als *Etikettierung* („labeling") je nach Art der Erkrankung auch Probleme aufwerfen. Die Etikettierung als „richtig" organisch krank kann sicherlich eine entlastende Funktion haben, die Etikettierung dagegen als „geisteskrank", „schizophren", wird zur *Stigmatisierung* (griech.-lat.: „Stich", Mal, auffälliges Krankheitszeichen).

> **!** Stigmatisierung bedeutet die Zuschreibung eines diskreditierenden Merkmals.

Eine körperliche oder psychische Besonderheit (z. B. Mißbildung, Krankheitssymptom) wird als charakteristisch für die gesamte Person gesehen. Der so „Gezeichnete" gerät in eine Außenseiterrolle, ist so noch vermehrt psychosozialem Streß ausgesetzt, der die bestehende Erkrankung noch verstärken bzw. zu erneutem Rezidiv beitragen kann. Die Etikettierung kann so zu einem Circulus vitiosus führen. Gerade bei psychischen Erkrankungen, Behinderungen und Mißbildungen kann es zu Stigmatisierungen und damit zur sozialen Abwertung und Ausgrenzung kommen, während z. B. andere Krankheiten, wie koronare Herzerkrankungen („Managerkrankheit!"), gesehen als Ausdruck des gesellschaftlich geschätzten Typus A-Verhaltens, eher „adeln" können. So kann man bei der Behandlung von Herzangstkranken („Herzneurotikern"), die aufgrund ihrer Herzbeschwerden und Zuständen von Herzrasen und Extrasystolen ständig fürchten, schwer herzkrank zu sein, dabei aber organisch gesund sind und deshalb als „Psychos" oder „Hysteriker" abgewertet werden, auf den paradoxen Wunsch stoßen, einen „richtigen", d. h. organischen Herzschaden zu haben, um sozial anerkannt zu sein.

Parsons Konzept der Krankenrolle ist eine *idealtypische Abstraktion*, die nicht alle Facetten „kranker Realität" erfassen kann. Die Feststellung z. B., der Kranke sei für seine Situation nicht verantwortlich, gilt wohl zumeist für akute Erkrankungen, aber kaum für die bereits genannten Konsumkrankheiten, die auf selbstschädigendes Risikoverhalten wie Rauchen, Alkoholmißbrauch, Überernährung zurückzuführen sind. Das Merkmal der Befreiung des Kranken von seinen normalen sozialen Rollenverpflichtungen kann auch zum Mißbrauch des „Krankspielens" und damit zum sekundären Krankheitsgewinn einladen. Die Verpflichtung, „gesund werden zu wollen", ist bei vielen chronischen Erkrankungen, die nicht heilbar sind und zur Invalidisierung führen, unangemessen. Hier kann die Forderung nur bedeuten, soll sie nicht als „Medizynismus" aufgefaßt werden, daß der Kranke das ihm mögliche zur Rehabilitation beizutragen hat.

8.5 Krankheitsverarbeitung

Erkrankungen können zu mannigfachen psychosozialen Belastungen führen. Wie wir oben gesehen haben, wurde im englischen Sprachgebrauch schon immer zwischen einer objektiven Krankheit „disease" im Sinne des biomedizinischen Modells und einer subjektiv erfahrenen „illness" unterschieden. Im deutschen entsprechen dieser Unterscheidung etwa „Krankheit" und „Leiden". In der Regel fällt diese Belastung am geringsten aus, wenn es sich um eine akute, zeitlich befristete Erkrankung handelt, die zur Gesundung führt. In Abhebung dazu wird eine Erkrankung, wenn sie chronifiziert, eine dauernde Behinderung nach sich zieht oder gar zum Tode führt, ungleich schwerer belasten. Der von einer Krankheit Betroffene muß jetzt versuchen, Beschwerden und Krankheitsfolgen, an denen er leidet, zu bewältigen, um ein neues Gleichgewicht zu finden.

In den letzten Jahren ist diese Frage, wie Kranke auf ihre Krankheit reagieren, sie seelisch verarbeiten, zu einem Schwerpunkt medizinpsychologischer Forschung geworden. Die Beschäftigung mit dem Bewältigungs- oder „Coping"-Verhalten des organisch Kranken ist schon deshalb von zentralem klinischem Interesse, weil eine Fehlverarbeitung sich unmittelbar auf den Krankheitsverlauf selbst auswirken kann, z. B. dazu führt, daß der Patient Symptome verleugnet und somit notwendige Untersuchungen und Therapiemaßnahmen unterläßt.

Der Begriff „Coping" stellt die Verlaufsform des Verbes „to cope (with)" dar, das als „bewältigen, ... fertig werden (mit) ..." übersetzt werden kann.

Prozesse der Verarbeitung, der Auseinandersetzung mit der Erkrankung betreffen dabei sowohl die gedankliche, emotionale als auch handlungsbezogene Ebene.

> **!** Unter Krankheitsverarbeitung (Coping) können all jene Prozesse verstanden werden, die dazu dienen, um bestehende oder erwartete Belastungen, die mit der Erkrankung zusammenhängen, kognitiv, emotional und durch Handeln aufzufangen, auszugleichen und zu meistern.

Die folgende Tabelle 8.3 listet zentrale psychosoziale Belastungen auf, die im Falle

Tabelle 8.3 Psychosoziale Belastungen als folge der (Krebs-)Krankheit (nach Heim, in: Lang 1990)

Krankheits-phase	Wirkung			
	Direkt		Indirekt	
Auslösung	A	*Beispiele:* – Schmerz, Beschwerden – Behinderung – Gestörtes emotionales Gleichgewicht	B	*Beispiele:* – Trennung von Familie und Freunden – Arbeitsunterbrechung – Finanzielle Einbuße
Verlauf	C	*Beispiele:* – Situative Neuanpassung: Orte, Menschen, Hospitalisation – Verlusterlebnisse – Angst vor Sterben	D	*Beispiele:* – Verlust von sozialen Aufgaben – Finanzielle Abhängigkeit – Berufsverlust, Invalidität

einer schweren Erkrankung, wie einer Krebskrankheit, auf den Patienten zukommen können (Tabelle 8.3).

Die Wahrnehmung eines Symptoms, eines Schmerzes oder z. B. einer Verhärtung in einer Brust oder fortdauernder Husten, löst kognitive, d. h. gedankliche, emotionale und handlungsbezogene Prozesse der Auseinandersetzung aus. Der Patient kann das „Symptom" als potentielle Bedrohung werten („kognitiv") und trotz einschießender Angst und Niedergeschlagenheit („emotional") den Hausarzt zur weiteren Abklärung aufsuchen („Handeln"). Der Patient bzw. die Patientin kann aber auch die wahrgenommene Bedrohung „verleugnen", z. B. Schmerzen und Husten als „Erkältung" bagatellisieren, die Verhärtung von vornherein als gutartig „rationalisieren", um auf diese Weise emotional belastende mögliche Krebsdiagnosen (Lungenkrebs, Mammakarzinom) „abzuwehren". Abb. 8.4 faßt diese Prozesse, die jetzt zur Krankheitsverarbeitung führen, zusammen.

Gemäß der Unterscheidung zwischen kognitiv, emotional und handlungsbezogen lassen sich mit Heim in der folgenden Tabelle 8.4 a, b, c klinisch relevante Bewältigungsformen herausdifferenzieren. Entsprechende Beispiele von Patientenäußerungen konkretisieren diese wichtigen Bewältigungsformen.

In der Auseinandersetzung mit der Erkrankung lassen sich Abwehr- und Coping-Vorgänge unterscheiden.

Abwehr. Das Abwehrkonzept stammt aus der Psychoanalyse. Abwehr bezeichnet die Gesamtheit der unbewußten Versuche zur Verringerung von Angst und anderen unlustvollen Emotionen wie Schmerz, Kränkung, Scham und Schuld, d. h. Gefühlen, die das Selbstwertgefühl mindern. In neuerer psychoanalytischer Sicht wird Abwehr als normales Regulationssystem verstanden. Man kann hier von einer „Rehabilitierung" der Abwehrmechanismen sprechen. Entgegen der früher verbreiteten negativen Bewertung von Abwehr wird betont, daß Abwehr allgegenwärtig und für die Aufrechterhaltung des psychischen Gleichgewichts und damit der psychischen Gesundheit unerläßlich ist. Gerade bei körperlich Kranken stellen Abwehrformen eine durchaus „normale" Form des Umgangs mit der Erkrankung dar. Die wichtigsten Abwehrmechanismen wurden in Kap. 3.2.2 dargestellt.

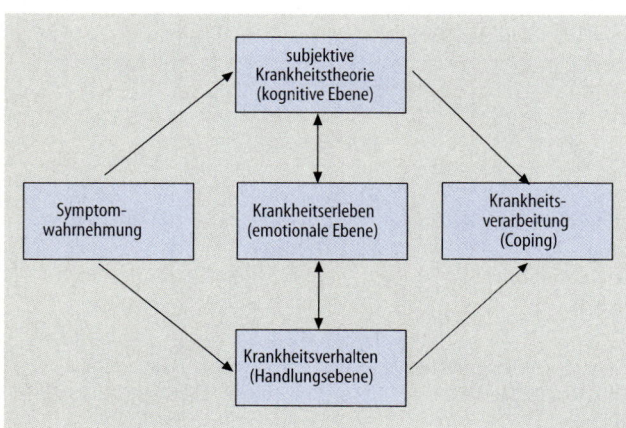

Abb. 8.4 Ebenen der Krankheitsverarbeitung

Tabelle 8.4a Handlungsbezogen (nach Heim, in: Lang 1990)

H1	Ablenkendes Anpacken	Vertraute Tätigkeit im Sinn der Ablenkung einsetzen: „Ich stürze mich in die Arbeit, um die Krankheit zu vergessen."
H2	Altruismus	Eigene Bedürfnisse hinter jene von anderen zurückstellen; für andere etwas tun: „Solange es mir möglich ist, will ich für meine Familie dasein."
H3	Aktives Vermeiden	Notwendige medizinische Behandlungen unterlassen. Arztbesuch, Medikamenteneinnahme; Diät befolgen: „Ich möchte mich nicht schon wieder beim Arzt melden."
H4	Kompensation	Ablenkende Wunscherfüllung: Kaufen, Essen, irgend etwas Lustvolles tun: „Wenn es mir schlecht geht, kaufe ich mir etwas Schönes, auch wenn ich es eigentlich nicht benötige."
H5	Konstruktive Aktivität	Etwas Aufbauendes tun, was (evtl. schon lange) ein Bedürfnis war; z. B. Kreativität entfalten, eine Reise machen ...: „Endlich nehme ich mir Zeit für mich."
H6	Rückzug (sozial)	Allein mit sich selbst sein wollen, um aufzutanken, zu überdenken, aus dem Weg gehen: „Ich brauche meine Ruhe, will zu mir selbst finden."
H7	Zupacken	Eigeninitiative in bezug auf Abklärung und Therapie. Krankheitsbezogene Informationssuche. Inanspruchnahme von Hilfe. Kooperation in Abklärung und Therapie: „Was ich unternehme, wie ich mitmache, davon hängt jetzt vieles ab."
H8	Zuwendung	Bedürfnis erfüllt, sich auszusprechen, angehört zu werden, Beistand zu haben: „Bisher hat es immer jemand gegeben, der mich angehört/ verstanden hat."

Tabelle 8.4b Kognitionsbezogen (nach Heim, in: Lang 1990)

K1	Ablenken	Aufmerksamkeit weg von der Krankheit auf etwas anderes lenken: „Das ist mir im Moment wichtiger als die Krankheit."
K2	Akzeptieren (Stoizismus-Fatalismus)	Krankheit als schicksalhaft und unabänderlich hinnehmen, bewußt mit Fassung tragen: „Es ist nun halt mal so, ich versuche, mich dreinzuschicken."
K3	Dissimulieren	Krankheit herunterspielen: Verleugnen, bagatellisieren, ignorieren: „Es ist alles nur halb so schlimm, im Grunde geht es mir gut."
K4	Haltung bewahren	Fassung oder (emotionale) Kontrolle vor anderen und sich selbst nicht verlieren: „Ich muß mich zusammenreißen, niemand soll mir etwas anmerken."
K5	Problem-analyse	Kognitive Analyse der Krankheit und ihrer Folgen: Erkennen, abwägen, entscheiden: „Ich versuche mir zu erklären, was überhaupt los ist."

Tabelle 8.4 b (Fortsetzung)

K6	Relativieren	Eigene Belastung in Bezug setzen zum (schweren) Schicksal anderer. Mit anderen vergleichen, herunterspielen: „Mir geht es noch relativ gut im Vergleich zu anderen, die ein Bein abhaben."
K7	Religiosität	Halt im Glauben: Gottgewollt, dem Menschen auferlegt: „Jedem schlägt seine Stunde, aber Gott steht mir bei."
K8	Rumifizieren	Gedanklich in Krankheit festkrallen: Grübeln, ziellos hin und her überlegen: „Ist es so, oder doch nicht so ..., ich komme davon nicht los."
K9	Sinngebung	Der Krankheit einen Sinn geben: Sie als Aufgabe, Chance sehen, durch sie die Lebenseinstellung, Werteinschätzung ändern: „Durch die Krankheit habe ich zum wahren Selbst gefunden."
K10	Valorisieren	Bewußtmachen der eigenen Werte, Erinnern erfolgreicher Erfahrungen, positives Einschätzen des eigenen (Krankheits-) Verhaltens: „Mir ist schon anderes Wichtiges gelungen, eigentlich halte ich mich noch recht tapfer."

Tabelle 8.4 c Emotionsbezogen (nach Heim, in: Lang 1990)

E1	Auflehnung	Sich gegen die Krankheit und ihre Folgen auflehnen: Protestieren, mit dem Schicksal hadern: „Warum gerade ich?"
E2	Emotionale Entlastung	Entlastender Ausdruck der durch die Krankheit ausgelösten Gefühle: Trauer, Angst, Wut, Verzweiflung, Niedergeschlagenheit, ... evtl. auch Mut, Liebe, Hoffnung ..., ausdrücken: „Ich fühle mich so elend, wenigstens das Weinen hilft noch etwas."
E3	Isolieren, Unterdrücken	Nichtzulassen von situationsadäquaten Gefühlen: „Das hat mich überhaupt nicht beunruhigt."
E4	Optimismus	Zuversicht, daß (momentane) Krise überwunden werden kann: „Wenn ich nur daran glaube, wird sicher alles wieder gut."
E5	Passive Kooperation	Sich anvertrauen; Im Wissen um gute Hilfe die Verantwortung an die Betreuer übergeben, sich in guten Händen wissen: „Die wissen schon, was sie tun."
E6	Resignation	Aufgaben, sich ergeben, hoffnungslos sein: „Ich glaube, es hat alles keinen Sinn mehr."
E7	Selbstbeschuldigung	Sich selbst die Schuld an der Krankheit geben: Fehler bei sich suchen, Schuld tilgen: „Ich verdiene es nicht besser."
E8	Wut ausleben	Gestaute Aggression ausdrücken: Ungehalten, verärgert, reizbar sein: „Ich habe eine große Wut, daß diese Krankheit mich gerade jetzt packt."

Coping. Der Begriff „Coping" stammt aus der Streßforschung. Bei der Untersuchung der Wirkung von Streß hatte man erkannt, daß diese Wirkung nicht nur von der Qualität und Intensität des Stressors, also des belastenden Ereignisses, abhängt, sondern auch davon, wie ein Individuum dem Stressor begegnet. Ein Mensch ist Streßereignissen nicht passiv ausgeliefert, sondern kann etwas dagegen tun. „Coping with illness" wird – vgl. oben – mit Krankheitsbewältigung oder Krankheitsverarbeitung übersetzt.

Abwehr richtet sich mehr nach innen, auf unbewußte Konflikte und Phantasien, die Angst und Unlustgefühle erregten, wenn sie bewußt würden. Coping richtet sich dagegen mehr auf die äußere Welt und Versuche, die reale Situation zu be- wältigen. (Vgl. die Gegenüberstellung von Abwehr und Coping in der folgenden Tabelle 8.5).

In welchem Verhältnis stehen nun Abwehr und Coping zueinander? Unter bestimmten Bedingungen (plötzlich eintretende traumatische reale Bedrohung bzw. Belastung) ist das Individuum überfordert, adäquates Bewältigungsverhalten zu zeigen. In dieser Situation bedarf es einer vorgeschalteten „Notfallreaktion", die das bewußte Ich akut entlastet und so wieder in den Stand setzt, realitätsangemessen zu handeln. Im Sinne einer solchen Notfallreaktion können Abwehrvorgänge fungieren. Sie schützen so das Ich vor überwältigenden Wahrnehmungen und Gefühlen; sie reduzieren dadurch die „Schwierigkeit" der zu bewältigenden An-

Tabelle 8.5 Gegenüberstellung von Abwehr und Coping

Abwehr	Coping
Herkunft des Konstrukts aus der Psychoanalyse	Herkunft des Konstrukts aus der Streßforschung
bewirkt Unbewußtwerden/-bleiben von Affekten und Phantasien, die das Selbstwertgefühl beeinträchigen; hält lebensgeschichtliche Konflikte vom bewußten Erleben fern (Konfliktbewältigung)	bewirkt Bewältigung von Anforderungen der Realität (Realitätsbewältigung)
intrapsychisch	auf die äußere Realität gerichtet
sichert die Funktionsfähigkeit des Ich (und die Gefühls- und Selbstwerthomöostase)	sichert die Anpassung des Individuums an die Umwelt (und die Gefühls- und Selbstwerthomöostase)
erfolgt unbewußt	erfolgt unbewußt
„Urheber" der Abwehr: unbewußte Ich-Anteile	„Urheber" des Coping: bewußtes Ich
verankert in der biographisch erworbenen Persönlichkeitsstruktur Wiederholung „Mechanismen" vergangenheitsorientiert	situativ wechselnd Kreativität „Strategien" gegenwartsorientiert
tendenziell dysfunktional „unteroptimale Konfliktlösung"	tendenziell zweckrational, effektiv, adaptiv

forderung, stärken die Bewältigungskompetenz des Menschen, halten ihn auf diese Weise kurzfristig funktionsfähig, versetzen ihn erst einmal in die Lage, Bewältigungsanstrengungen zu unternehmen.

So ist immer wieder zu beobachten, daß Patienten, die schon mehrfach und offen über ihre unheilbare Erkrankung und infauste Prognose informiert wurden, sich so verhalten, als hätten sie keinerlei Wissen über ihre Gefährdung. Dieses Hin und Her zwischen Wissen und Nichtwissen („middle knowledge") zeigt, daß der Mensch nicht ständig im vollen Bewußtsein tödlicher Bedrohung leben kann. Der Arzt hat jetzt zu beurteilen, ob und inwieweit diese Abwehr zusätzlich schädigen kann – etwa durch Unterbrechung lebenswichtiger Therapiemaßnahmen – oder, ob solche Verleugnungsvorgänge nicht auch einen sinnvollen Schutz darstellen können, der sogar kreative Möglichkeiten eröffnen kann und deshalb nicht ohne weiteres angetastet werden sollte. Als Theodor Storm im Frühjahr 1887 – er stand im 69. Lebensjahr – an Magenbeschwerden erkrankte, schrieb er sein erschütterndes Gedicht „Beginn des Endes":

> Ein Punkt nur ist es, kaum ein Schmerz,
> Nur ein Gefühl, empfunden eben;
> Und dennoch spricht es stets darein,
> Und dennoch stört es Dich zu leben.
>
> Wenn Du es anderen klagen willst,
> So kannst Du's nicht in Worte fassen,
> Du sagst Dir selber: „Es ist nichts!"
> Und dennoch will es Dich nicht lassen.
>
> So seltsam fremd wird Dir die Welt
> Und leis verläßt Dich alles Hoffen,
> Bis Du es endlich, endlich weißt,
> Daß Dich des Todes Pfeil getroffen.

Da der Dichter offensichtlich um seine Krankheit zum Tode wußte, sah der Hausarzt keine Veranlassung, ihm die Diagnose „Magenkrebs" zu verschweigen. Über diese Situation und den weiteren Verlauf berichtete Thomas Mann: „Er (Storm) gab den Großartigen und verlangte 'Klarheit' von seinem Arzt unter Männern. Als aber der ihm reinen Wein eingeschenkt hatte, fiel er zusammen und überließ sich tiefster Schwermut, so daß alle sahen, er

würde den 'Schimmelreiter', das Höchste und Kühnste, woran er sich je gewagt, nicht vollenden. Sie sagten: 'Kinder, das geht nicht', und beschlossen, den alten Dichter, der ... seine Männlichkeit überschätzt hatte, wohltätig zu belügen. Sein Bruder Emil, der Arzt war, tat sich mit zwei Kollegen zusammen, und es gab ein Humbug-Konsilium, worauf die Wissenschaft erklärte, das sei alles Unsinn und keine Rede von Krebs, die Magenbeschwerden seien ganz harmloser Art. Storm glaubte es sofort, schnellte empor und hatte einen vorzüglichen Sommer, in dessen Verlauf er mit den guten Husumern seinen 70sten Geburtstag sinnig-fröhlich beging und außerdem den 'Schimmelreiter' fortführte und siegreich beendete, diese mächtige Erzählung, mit der er die Novelle ... auf einen seither nicht wieder erreichten Gipfel führt. ... Das Meisterwerk, mit dem er sein Künstlerleben krönte, ist ein Produkt barmherziger Illusionierung."

In eigenen Untersuchungen über Pankreaskarzinom-Patienten zeigte sich, daß „aktives Vermeiden", „sich nicht mehr so viele Gedanken machen" nicht nur eine verbreitete „Verarbeitungsstrategie" ist, sondern auch in einen positiven Zusammenhang zur subjektiven Einschätzung des Bewältigungserfolges zu bringen ist. Angst und Depressivität, und das bedeutet ja, sich ständig mit der tödlichen Bedrohung und deren Folgen zu beschäftigen, waren, wenn sie ständig präsent waren, Anzeichen mißlingender Bewältigung.

Der Arzt muß um diese die Lebensqualität steigernden Prozesse der Abwehr wissen, damit er nicht die früher „übliche Ideologie der Ablehnung jeglicher Aufklärung" jetzt durch eine „Ideologie der Aufklärung für alle und um jeden Preis" ersetzt. Auf die hier thematische zentrale Frage des „Aufklärungsgesprächs" kommen wir in Kap. 9.3 zurück. In der Regel wird es Schwerkranken gelingen, mit zunehmend erfolgreicher Verarbeitung der realen Situation nach und nach Abwehrformen durch Coping-Verhalten zu ersetzen, auf Abwehrmechanismen zu verzichten. So können dann auch bisher vermiedene schmerzliche Gefühle und angstbesetzte Inhalte im bewußten Erleben auftauchen und verarbeitet, assimiliert werden. Das Gesagte läßt sich kurz folgendermaßen zusammenfassen: Abwehr, kurzfristig und vorübergehend als Notfallreaktion eingesetzt, ermöglicht mittelfristig situationsangemessenes Coping. Abwehr und Coping ergänzen also einander.

Wir haben zuletzt den Begriff „Coping" als realitätsbezogenen, realitätsadäquaten Versuch der Anpassung von „Abwehr" unterschieden, die eher unbewußt und realitätsverzerrend fungiert. Man könnte von *„Coping im engeren Sinne"* sprechen.

> **!** Im weiteren Sinne würde „Coping" für alle Versuche stehen, mit belastenden Situationen fertigzuwerden, somit die Abwehrprozesse ebenfalls umfassen.

Auseinandersetzung mit dem Sterben

Die Konfrontation mit einer unheilbaren todbringenden Erkrankung hat Elisabeth Kübler-Ross, ursprünglich Schweizer Landärztin und später Professorin für Psychiatrie in den USA, wohl als erste ausführlich untersucht und beschrieben. Sie hat dabei ein sehr bekannt gewordenes *Phasenmodell* entwickelt. Beginnend mit der Mitteilung über die Diagnose einer zum Tode führenden Erkrankung durchläuft der Kranke jetzt fünf Phasen (Kübler-Ross 1996):

- Nichtwahrhabenwollen und Isolierung,
- Zorn,
- Verhandeln,
- Depression,
- Zustimmung.

Nichtwahrhabenwollen und Isolierung. Die Erkenntnis, unheilbar krank zu sein bzw. absehbar mit dem Tode rechnen zu müssen, wird als Schock erfahren. Gegen die einschießenden Gefühle von massiver Angst und Hilflosigkeit setzen *Abwehrvorgänge* ein. Überzeugt, daß die „Röntgenaufnahme irgendwie vertauscht worden" sei, verlangt eine Patientin von Kübler-Ross die Bestätigung, daß ihr Name versehentlich auf einen anderen Befund geraten sei. Ist diese Verleugnung, mittels derer versucht wird, die plötzliche Bedrohung abzumildern, nicht mehr aufrecht zu erhalten, kommt es zu einer *Isolierung*, zur Trennung von Kenntnis der Diagnose und begleitendem Affekt (vgl. Kap. 3.2.2 Abwehrmechanismen „Verleugnung" und „Isolierung"). Die Patienten imponieren jetzt als erstaunlich sachlich.

Zorn. Eine Phase ohnmächtiger Wut, verbunden mit der Frage „Warum gerade ich?", schließt sich an. Dabei ist zu sehen, daß die ja nicht selten geäußerte Aggressivität gegenüber den Personen der Umgebung wie Ärzten, Pflegepersonal und Angehörigen eine wichtige Form der Auseinandersetzung darstellt, sofern sie hilft, gegen die jederzeit drohende Depression anzukämpfen.

Verhandeln. „Wenn wir in der ersten Phase nicht imstande sind, die Tatsache anzuerkennen, und in der zweiten mit Gott und der Welt hadern, versuchen wir in der dritten vielleicht, das Unvermeidliche durch eine Art Handel 'hinauszuschieben'" (Kübler-Ross). Meistens wird der Handel mit Gott geschlossen, so als Preis für etwas längere Frist das Leben Gott zu widmen oder im Falle der Gesundung Vermögen für wohltätige Zwecke zu spenden etc.

Depression. Sind Verleugnungsvorgänge nicht mehr möglich, weichen Zorn und Verhandeln bald dem Gefühl eines schrecklichen Verlustes: einmal Verlust von Gesundheit, körperlicher Unversehrtheit, Arbeitsfähigkeit, finanzieller Sicherheit usw. und zum anderen der „große Schmerz der Vorbereitung auf den endgültigen Abschied von der Welt". Gefühle tiefer Depression bzw. Verzweiflung stellen sich jetzt ein.

Zustimmung. Wenn der Kranke Zeit genug hat und nicht plötzlich stirbt, wenn er Hilfe zur Überwindung der ersten Phasen fand, erreicht er ein Stadium, in dem er sein „Schicksal" nicht mehr niedergeschlagen oder zornig nimmt. Er hat den drohenden Verlust so vieler geliebter Menschen und Orte betrauert, und nun sieht er seinem Ende mit mehr oder weniger „ruhiger Erwartung" entgegen. Es folgt die abschließende Phase der „Einwilligung", der Akzeptanz des Schicksals und Todes.

Nicht immer läßt sich diese Regelhaftigkeit beobachten. Einzelne Schritte können fehlen bzw. sich kreisförmig abwechseln. In einer umfangreichen Literaturübersicht haben Koch und Schmeling (1982) die *Verarbeitungsvorgänge bei Todkranken* so zusammengefaßt: „Als erste Reaktion auf die Kenntnis der Diagnose wird regelmäßig ein Schock beschrieben, oft gefolgt von Unglauben und dem Gefühl der Betäubtheit, wonach eine Phase emotionaler Bewegtheit – Angst, Depression, Ärger, Feindseligkeit, Vorwürfe, Schuldgefühle – sich anschließt. Diese Gefühle nehmen in ihrer Intensität im weiteren Verlauf ab. Über diese erste Zeit hinaus gibt es *Anpassungsmechanismen*, mit denen sich unheilbar Kranke auf die neue Realität einstellen, wobei die Möglichkeit besteht, diese Realität zu akzeptieren oder aber die Wirklichkeit zurückzuweisen (*Abwehrmechanismen*)."

Abb. 8.5 faßt die unterschiedlichen Verarbeitungsformen der Situation als Schwer- bzw. Todkranker zusammen:

Im Schock, der auf die Diagnosemitteilung folgt, stellen sich Gefühle radikalen Isoliertseins, des Untergangs der „je eigenen Welt" ein. Man stirbt, wie es bei Heidegger (1927) heißt, immer nur den „je eigenen Tod". In Verleugnungsvorgängen wird häufig zunächst versucht, die plötzliche Bedrohung abzumildern. Nach den unterschiedlichsten Gefühlen wie Angst, Trauer, Depression, ohnmächtiger Wut kommt es zu Prozessen der Adaption an die Erkrankung. Links finden sich die eher anpassungsfördernden Vorgänge, „Coping" im engeren Sinne, rechts die eher problematischen Verarbeitungsprozesse. Ergänzend zur Anführung der Bewältigungsformen in den entsprechenden Tabellen und den bereits in Kap. 3.2.2 behandelten Abwehrvorgängen sind hier noch folgende Prozesse zu erläutern.

Informationssuche. Sie ist eine wichtige Voraussetzung für eine realitätsadäquate Einschätzung der eigenen Situation und die aktive Auseinandersetzung mit der Erkrankung. Als zentraler Faktor eines „fighting spirit" wirkt sie antidepressiv.

Verbalisierung belastender Emotionen. Das In-Sprache-Fassen eines Gefühlszustandes bewirkt eine Distanzierung, läßt wieder einen Freiraum gewinnen, der die Bewältigung erleichtert (vgl. Lang et al. 1989b, Lang 1998c).

Trauer. Eine schwere, insbesondere todbringende Erkrankung geht mit einschneidenden Verlusterlebnissen einher: drohender Verlust des eigenen Lebens, der Beziehung zu Angehörigen, der hier eigenen Welt. Gelingt es dem Patienten, sich diesem Schmerz zu stellen, „Trauerarbeit" zu leisten, die Verlustthematik zu bearbeiten, gewinnt er Distanz, Souveränität und vermeidet so anpassungshemmende Verleugnungsvorgänge und das Hineinfallen in eine chronische Depression.

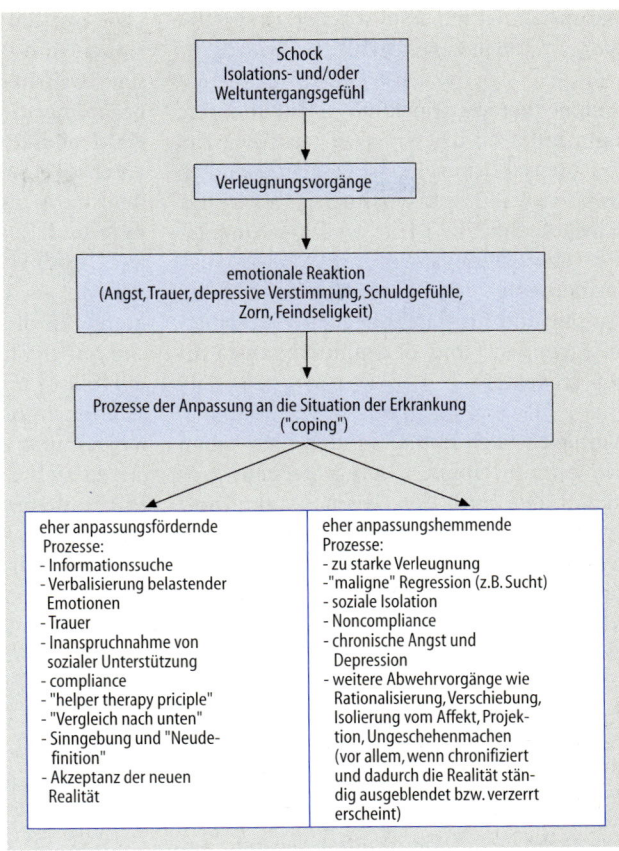

```
                    ┌──────────────────────┐
                    │        Schock        │
                    │  Isolations- und/oder│
                    │   Weltuntergangsgefühl│
                    └──────────┬───────────┘
                               ▼
                    ┌──────────────────────┐
                    │  Verleugnungsvorgänge │
                    └──────────┬───────────┘
                               ▼
        ┌──────────────────────────────────────────────┐
        │            emotionale Reaktion                 │
        │(Angst, Trauer, depressive Verstimmung, Schuldgefühle,│
        │           Zorn, Feindseligkeit)                │
        └────────────────────┬───────────────────────────┘
                             ▼
        ┌──────────────────────────────────────────────┐
        │Prozesse der Anpassung an die Situation der Erkrankung│
        │                 ("coping")                     │
        └──────────────────────────────────────────────┘
```

eher anpassungsfördernde
Prozesse:
- Informationssuche
- Verbalisierung belastender
  Emotionen
- Trauer
- Inanspruchnahme von
  sozialer Unterstützung
- compliance
- "helper therapy priciple"
- "Vergleich nach unten"
- Sinngebung und "Neude-
  finition"
- Akzeptanz der neuen
  Realität

eher anpassungshemmende
Prozesse:
- zu starke Verleugnung
- "maligne" Regression (z.B. Sucht)
- soziale Isolation
- Noncompliance
- chronische Angst und
  Depression
- weitere Abwehrvorgänge wie
  Rationalisierung, Verschiebung,
  Isolierung vom Affekt, Projektion, Ungeschehenmachen
  (vor allem, wenn chronifiziert
  und dadurch die Realität ständig ausgeblendet bzw. verzerrt
  erscheint)

Abb. 8.5 Verarbeitung der Situation als Schwer- bzw. Totkranker (Mod. nach Buser u. Kaul-Hecker 1996)

Humor. Ähnlich wie „Trauerarbeit" schafft auch Humor Distanz, rettet, trotz allen ohnmächtigen Ausgeliefertseins, ein Stück Selbstverfügbarkeit und Selbstbestimmung.

Als Sigmund Freud über seinen fortgeschrittenen Gaumenkrebs aufgeklärt worden war, tröstete er sich in einem Brief mit George Bernard Shaws Mahnung: „Don't try to live forever, you will not succeed". Die umfassende radikale Operation führte zu Schäden, die durch keine Prothese kompensiert werden konnten. Freud hatte enorme Eß- und Sprechprobleme. Als die bekannte französische Schauspielerin Yvette Gilbert ihn besuchte, meinte er, der vor der Erkrankung fließend französisch ge-

sprochen hatte: „Meine Prothese spricht nicht französisch". Als schließlich 1939 klar war, daß es sich bei einer neuen Geschwulst wieder um ein Karzinom handelte, das jetzt aber wegen seiner Inoperabilität unausweichlich zum Tode führen mußte, schrieb er: „Es ist kein Zweifel mehr, daß es sich um einen neuen Vorstoß meines lieben alten Karzinoms handelt, mit dem ich jetzt seit 16 Jahren die Existenz teile". Und als nach Ausbruch des 2. Weltkriegs am 1. September 1939 in einer Rundfunksendung wieder der alte Gedanke zur Sprache kam, dies sei ein Krieg, der allen Kriegen ein Ende setzen würde, fragte ihn der behandelnde Arzt Max Schur: „Können Sie glauben, daß dies nun der letzte Krieg ist?" Freud erwiderte trocken: „Mein letzter Krieg".

Inanspruchnahme von sozialer Unterstützung. S. nächsten Abschnitt.

"Helper therapy principle". "Hilf anderen, dann hilfst du dir selbst". Dieses Prinzip, das menschlicher Existenz grundsätzlich Sinn verleiht, gilt natürlich auch für Schwerkranke. Es wirkt, weil hier eine aktive Bewältigungsform praktiziert wird, antidepressiv und ist sicher mit ein Hauptgrund für das Entstehen von Selbsthilfegruppen- und Selbsthilfeorganisationen (s. später).

"Vergleich nach unten". Auch hier haben wir es mit einem Coping-Mechanismus zu tun, den auch der Gesunde kennt und praktiziert. Im Vergleich mit Menschen, denen es noch schlechter geht, die kränker und behinderter sind, bessert sich die eigene Stimmung, das eigene Selbstwerterleben.

So bemerkte eine 42 Jahre alte Krankenschwester, die nach der Diagnose eines Pankreaskarzinoms und der sich anschließenden sehr eingreifenden Operation und ihren Folgen ganz verzweifelt war: "Als ich ein Schwerstbehindertenheim mit Querschnittsgelähmten besuchte, die sich aufgrund des hohen Querschnitts praktisch nicht mehr bewegen konnten, wurde ich mit meiner Situation besser fertig".

"Maligne" (= ungünstige, schlechte) Regression. Angesichts der physischen und psychischen Hilf- und Schutzlosigkeit werden Abhängigkeitsbedürfnisse reaktiviert, die dem Abhängigkeiterleben der frühen Entwicklungsjahre der Kindheit gleichen.

> **!** Regression (regredere, lat.: zurück-
> kehren) = "Rückkehr" in entwick-
> lungsmäßig überholte, v. a. kind-
> liche Erlebnis- und Verhaltens-
> weisen.

"Die bedrohliche Situation führt zu Hilflosigkeit und belebt kindliche Erwartungen und Verhaltensweisen wieder, wie sie einst gegenüber den Eltern bestanden. Wie das Kind allmächtige Eltern, so möchte der Patient einen omnipotenten Arzt, von dem er in der eigenen Hilflosigkeit Heilung und Heil erwartet" (Köhle et al., in: v. Uexküll 1990). Die Psychoanalyse spricht an dieser Stelle von "Übertragung". In diesem Zurückfallen auf kindliche Entwicklungsstufen können "orale Bedürfnisse" und die damit verbundene Frustrationsintoleranz wieder übermächtig werden und zur Suchtentwicklung führen, lassen sich doch mittels des Suchtmittels solche Bedürfnisse in gewisser Weise sofort stillen, Ängste und depressive Stimmungen reduzieren.

So läßt sich nicht selten bei pankreatektomierten Patienten, die wegen nicht mehr tolerierbarer Schmerzen bei einer chronischen Pankreatitis operiert worden waren und deshalb Schmerzmittel genommen hatten, auch nach der Entfernung der Bauchspeicheldrüse und damit der Schmerzursache, eine weiterbestehende Tablettenabhängigkeit beobachten.

Wie wir in 8.2 gesehen hatten, bestand das Verhängnis des Patienten Sigmund Freud darin, daß seine kreative Tätigkeit für ihn untrennbar mit dem Rauchgenuß verknüpft war. Die Sucht Rauchen war die zentrale Ursache seiner Krebserkrankung, der schwerwiegenden Operationsfolgen und erneuter Rezidive und zugleich ein Coping-Mechanismus, der ihn die Krankheit leichter bewältigen ließ, sofern sie ihn zur Arbeit stimulierte, depressive Gefühle reduzierte.

Soziale Isolation, chronische Angst und Depression. Wie wir bei der Besprechung der vierten Phase des Modells von Kübler-Ross gesehen haben, ist eine depressive Reaktion als Reaktion auf eine schwere Erkrankung sehr gut verständlich. Die Reaktion auf die situationsbedingte Verunsicherung und Hilflosigkeit kann sich zur "existentiellen Verzweiflung" steigern, wobei es zur chronischen Angst angesichts des Überwältigtseins von Gefahr und Belastung und zum sozialen Rückzug kommen kann. Zu dieser Isolierung können Stigmatisierungsprozesse (vgl. Kap. 8.4) beitragen, die gerade Krebskranke treffen können (vgl. Verres 1986). Hier ist dann zweifellos ein stützendes ärztliches Gespräch notwendig (vgl. Kap. 9.3).

Bedeutung psychosozialer Unterstützung

In den Kap. 6.3.3 und 8.3 hatten wir gesehen, daß bei Belastungen, die organische oder psychische Erkrankungen mit sich bringen, „sozialer Rückhalt" („social support"), wie ihn Familie und soziale Umwelt bieten können, wesentlich dazu beiträgt, daß diese Belastungen bewältigt werden. Wir hatten erwähnt, daß eine soziale Unterstützung nicht nur den Krankheitsverlauf – zumindest in einer Positivierung der eigenen Befindlichkeit –, beeinflussen kann, sondern schon präventiv den Ausbruch einer Erkrankung verhindert. Die soziale Unterstützung bzw. das soziale Netzwerk fungieren hier als eine Art „Puffer" gegen Streß, man spricht deshalb hier auch von der *Puffer-Hypothese*.

Grundgedanke aller Überlegungen zur Bedeutung der sozialen Unterstützung ist, daß Sozialkontakt ein unabdingbares Prinzip menschlicher Existenz ist und entsprechend der Wunsch nach sozialen Beziehungen ein Grundbedürfnis darstellt. Bei Belastungen, wie sie eine Krankheit bildet, bedürfen die Menschen ganz besonders dieses sozialen Kontaktes, weil die Beziehung zum anderen entscheidend mithelfen kann, die schwierige Situation zu bewältigen.

Mit Badura (1981) läßt sich *„soziale Unterstützung"* wie folgt definieren.

> **!** „Unter sozialer Unterstützung ('social support') verstehen wir Fremdhilfen, die dem einzelnen durch Beziehungen und Kontakte mit seiner Umwelt zugänglich sind und die dazu beitragen, daß die Gesundheit erhalten bzw. Krankheit vermieden wird, psychische und somatische Belastungen ohne Schaden für die Gesundheit überstanden und die Folgen von Krankheit bewältigt werden."

Dabei können verschiedene Formen sozialer Unterstützung unterschieden werden (vgl. Beutel 1988):

- emotional (Vertrauen, Empathie, Zuneigung),
- instrumentell (praktische Hilfen),
- informativ (Rat, Information, Orientierung),
- evaluativ (Anerkennung und Wertschätzung).

Neben professioneller Unterstützung, wie sie durch Ärzte, Schwestern, Sozialarbeiter usw. erfolgt, sind es v. a. Angehörige, Freunde und Bekannte, die als „soziales Netzwerk" einen positiven Einfluß hinsichtlich der Krankheitsverarbeitung und generell auf physische und psychische Gesundheit haben können. Dabei ist nicht allein die Quantität, sondern auch die Qualität sozialer Unterstützung für die Adaption entscheidend.

So zeigte sich in der Oldenburger Längsschnittstudie an knapp 1000 Herzinfarkt-Patienten, daß nicht nur das Vorhandensein eines Ehepartners ein wichtiger Prädiktor für eine günstigere Lebensqualität, für Selbstwertgefühl und Selbstvertrauen ist, sondern v. a. auch die Qualität dieser ehelichen Beziehung.

Wie wichtig, ja „lebenserhaltend" „eheliche" soziale Unterstützung bei Krankheitsverarbeitung sein kann, belegt folgendes Beispiel:

Im Rahmen eines Interviews zur Erfassung von Prozessen der Krankheitsbewältigung bemerkt eine 34-jährige pankreatektomierte Patientin, die in ihren depressiven Verstimmungen immer wieder nachts von quälenden Suizidideen an das Fenster ihrer Hochhauswohnung getrieben wird: „Und dann weck' ich meinen Mann, und dann sage ich, ich war wieder am Fenster. Komm setz' Dich mit mir ein bißchen hin, ich möchte ein bißchen mit Dir sprechen, ich sage, laß uns ein bißchen unterhalten, und dann, danach, geht es mir besser, dann ist das das wieder vergessen". Die Beziehung zu einem Partner, dem man sich mitteilen kann, erhält hier therapeutische Funktion.

Die Bedeutung psychosozialer Unterstützung zeigte sich dann auch in einer empirischen Untersuchung an pankreatektomierten Patienten. Wie aus der folgenden Abb. 8.6 zu ersehen ist, wird die Inanspruchnahme von „social support" als

von überragender Bedeutung angesehen, sei es in der Beziehung zum Lebenspartner oder zur Familie überhaupt. Auch der andere als Modell, aus dem gelernt werden kann, Krankheit zu bewältigen, wird hoch bewertet.

Auffällig aber ist nun die inhaltliche Diskrepanz zwischen der Gruppe der ersten vier Items und der zweiten Gruppe: Sozusagen im gleichen Atemzug betonen die Befragten in einem hohen Ausmaße, daß sie von anderen keine wirkliche Hilfe erwarten. Das letzte Item „Es ist schwer, auf jemanden angewiesen zu sein" weist vielleicht auf die Motivation hin, die dieser Ambivalenz zugrunde liegt, auf das Motiv nach Unabhängigkeit, nach Autonomie. Dieses Motiv findet sich wieder in dem häufig geäußerten Wunsch, nicht als Kranker behandelt werden zu wollen. Dem kontrastiert das Bedürfnis nach Rücksichtnahme, da der Kranke nicht mehr so leistungsfähig ist, mit seinen Kräften haushalten muß. Diese Diskre-

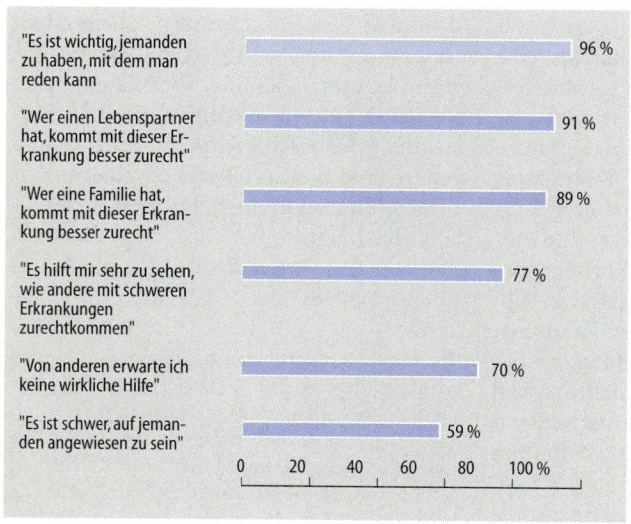

Abb. 8.6 Beziehung und Gespräch – Inanspruchnahme von „social support". Diskrepanzen (kumulative Häufigkeit der Itemstufen „trifft völlig / ziemlich / zum Teil zu") „N = 134 Patienten = 100 %) (nach Lang 1990)

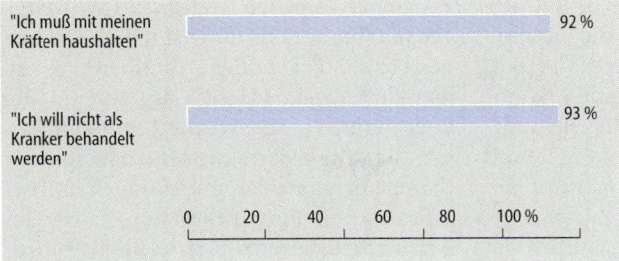

Abb. 8.7 Wahrnehmungen der Einschränkung und Abhängigkeit vs. Dissimulation und Autonomie (kumulative Häufigkeit der Itemstufen „trifft völlig / ziemlich / zum Teil zu") „N = 134 Patienten = 100 %) (nach Lang 1990)

panz, welche an die Wiedersprüchlichkeit in Abb. 8.6 anschließt, stellt sich in der folgenden Abb. 8.7 dar. Die sich wiedersprechenden Items „Ich muß mit meinen Kräften haushalten" und „Ich will nicht als Kranker behandelt werden" werden beide hoch positiv beantwortet.

Eine diskrepante Form der Auseinandersetzung macht nicht nur die Krankheitsbewältigung für den Patienten selbst konflikthaft, sie gestaltet auch den Umgang für Angehörige und Ärzte schwierig. Sie weist auf ein Grundproblem der Krankheitsverarbeitung hin: eine antagonistische Spannung zwischen Autonomie und Angewiesensein auf andere. Das kann zu problematischen Prozessen in der psychosozialen Verarbeitung der Erkrankung und Behinderung führen. So zeigte sich bei manchen Patienten ein antagonistisches Zugleich von überaktivem Streben nach Selbstbehauptung und hoher regressiver Anspruchshaltung hinsichtlich Rücksichtnahme und Fürsorglichkeit als besonders konflikträchtig. Um Patienten auch in der Krankheitsverarbeitung adäquat helfen zu können, muß der Arzt um solche Spannungen wissen, entsprechend auch Angehörige beraten, wenn sie mit dieser Konflikthaftigkeit des Patienten konfrontiert sind.

Möglichkeiten und Risiken von Selbsthilfegruppen

Eine besondere Form sozialer Unterstützung, nämlich die wechselseitige Hilfe, vollzieht sich in Selbsthilfegruppen, die seit den 70er Jahren mehr und mehr zu einer gängigen Form der Krankheitsverarbeitung und Problembewältigung geworden sind.

> **!** Selbsthilfegruppen sind Zusammenschlüsse von Menschen, die gleiche Krankheiten bzw. vergleichbare Probleme haben und sich ohne Anleitung durch Fachleute zusammensetzen, um im persönlichen Kontakt zueinander diese besser bewältigen zu können.

Während bei Selbsthilfegruppen Kleingruppensitzungen im Mittelpunkt stehen, bilden *Selbsthilfeorganisationen* überregionale, bürokratisch organisierte Interessenverbände, wie die Rheuma-Liga, der Diabetikerbund, der Arbeitskreis der Pankreatektomierten, mit dessen Hilfe wir beispielsweise die vorerwähnte Untersuchung durchgeführt haben.

Selbsthilfegruppen und Selbsthilfeorganisationen haben im Bereich der *Sucht-*

krankentherapie eine lange Tradition. Bekannt sind hier insbesondere die „*Anonymen Alkoholiker*" (AA), die bereits 1936 in den USA gegründet wurden, nur Alkoholiker aufnehmen und bewußt auf Unterstützung durch gesunde Helfer sowie durch gemeinnützige und offizielle Institutionen verzichten. Sie pflegen aber die Zusammenarbeit mit Ärzten und Kliniken, ähnlich wie auch der „Arbeitskreis der Pankreatektomierten", als dessen wissenschaftliche Berater wir fungieren. Es hat sich gezeigt, daß die Teilnahme an einer Selbsthilfegruppe den Alkoholkranken am besten vor einem Rückfall schützt. In den letzten Jahrzehnten haben sich dann immer mehr Selbsthilfegruppen für andere psychisch und v. a. körperlich Kranke gebildet: so z. B. die „Emotions Anonymous", eine Selbsthilfegruppe für Neurosekranke, deren Lebensentfaltung durch Ängste und Zwänge behindert ist. Im Bereich körperlicher Erkrankung besteht heute ein weites Spektrum, wie Selbsthilfegruppen für Frauen nach Brustamputation, Menschen mit Anus praeter, Multiple-Sklerose-Kranke, Patienten, die an Hauterkrankungen leiden usw.. Parallel dazu entstanden auch sog. *Angehörigen-Gruppen*, so von Alkoholkranken („Synanon"), von Alzheimer-Kranken, von Eltern, deren Kinder an Zöliakie leiden.

Eine Selbsthilfegruppe, die sich für gewöhnlich als Gesprächsgemeinschaft konstituiert, hat ein relativ klar festgelegtes *Setting* (nach Moeller 1981):

- alle Gruppenmitglieder sind gleichgestellt;
- jeder bestimmt über sich selbst;
- jede Gruppe entscheidet selbstverantwortlich;
- jeder geht in die Gruppe wegen eigener Schwierigkeiten;
- was in der Gruppe besprochen wird, wird nicht nach außen getragen (Gruppenschweigepflicht);
- die Teilnahme ist kostenlos.

Zu einer solchen *Gesprächsselbsthilfegruppe* finden sich zumeist 6 bis 12 Personen (bzw. 5 Paare oder 3 Familien) zusammen. Im regelmäßigen Gespräch (in der Regel einmal in der Woche 2 Stunden) lernen die Mitglieder ohne Mitwirkung eines Gruppenleiters oder professionellen Therapeuten mit ihrer Erkrankung, ihrer inneren und äußeren Situation besser umzugehen, versuchen ihre persönlichen Ziele gemeinsam zu erreichen. Das *„Lernen am Modell"* (s. Abb. 8.7) spielt dabei eine überragende Rolle.

Risiken entstehen dann, wenn die Setting-Regeln nicht ausreichend beachtet werden, wenn Mitglieder mit dem Setting selbst agieren (es z. B. dauernd ändern wollen) oder einfach wegbleiben, weil sie beispielsweise von einem anderen Gruppenmitglied gekränkt wurden. Dann kann sich das Fehlen eines professionellen Gruppenleiters, der gelernt hat, mit solchen Situationen umzugehen, negativ auswirken.

Nach anfänglichen Vorbehalten von seiten des Medikalsystems sind heute Selbsthilfegruppen auch bei Professionellen akzeptiert. So sind auch Ärzte bei der Bildung von Selbsthilfegruppen behilflich und als Berater bzw. Begleiter tätig. So wurde die bundesweite Selbsthilfeorganisation „Arbeitskreis der Pankreatektomierten" von Betroffenen und Ärzten gemeinsam gegründet. Internisten, Chirurgen, Diätassistentinnen und Medizinpsychologen bilden dabei einen Stab von wissenschaftlichen Beratern. Ärzte sind bei der Verfassung von Broschüren, bei Informationsveranstaltungen, Diskussionsrunden, in Forschung, Öffentlichkeitsarbeit und politischer Einflußnahme zugunsten der Kranken wesentlich beteiligt. Diese Form der *„expertengestützten Selbsthilfe"* hat sich als besonders fruchtbar erwiesen.

Weiterführende Literatur

Beutel M (1988) Bewältigungsprozesse bei chronischen Erkrankungen. Ed. Medizin VCH, Weinheim

Faller H (1998) Krankheitsverarbeitung bei Krebskranken. Hogrefe, Göttingen

Heim E (1990) Coping als Wirkfaktor: eine Interventionsstrategie bei somatischen Krankheiten. In: Lang H (Hrsg) Wirkfaktoren der Psychotherapie (2. Aufl.). Königshausen & Neumann, Würzburg 1994

Heim E, Willi J (1986) Psychosoziale Medizin Bd. 2 Klinik und Praxis. Springer, Berlin Heidelberg New York

Koch U, Schmeling C (1982) Betreuung Schwer- und Todkranker. Urban & Schwarzenberg, München

Köhle K, Simons C, Kubanek B (1990) Zum Umgang mit unheilbar Kranken. In: Uexküll Tv (Hrsg) Psychosomatische Medizin (4. Aufl.). Urban & Schwarzenberg, München

Kübler-Ross E (1969) Interviews mit Sterbenden (17. Aufl.). GTB, Gütersloh 1996

Lang H, Faller H, Schilling S (1989) Krankheitsverarbeitung aus psychosomatisch-psychotherapeutischer Sicht am Beispiel pankreatektomierter Patienten. Psychother med Psychol 39, 239–247

Moeller ML (1981) Anders helfen. Selbsthilfegruppen und Fachleute arbeiten zusammen. Klett-Cotta, Stuttgart

Verres R (1986) Krebs und Angst. Springer, Berlin Heidelberg New York

Die Arzt-Patient-Beziehung stellt den Dreh- und Angelpunkt in Diagnostik, Behandlung und Betreuung dar. Sie wird u. a. bestimmt durch die Arztrolle, die Art der Interaktion (patienten- oder krankheitszentrierter bzw. asymmetrischer Bezug), die Erwartungshaltung des Patienten („Placeboeffekt"), die Übertragungs- und Gegenübertragungsvorgänge. Dem ärztlichen Gespräch kommt dabei eine zentrale Bedeutung zu. In seinen verschiedenen Aufgaben und Gesprächsdimensionen ist es multifunktional, beeinflußt insbesondere die „Compliance" (d. h. Befolgung der ärztlichen Anordnungen) und wirkt selbst psychotherapeutisch.

Die moderne Medizin verdankt ihre großen Erfolge, beispielsweise das weitgehende Zurückdrängen der Infektionskrankheiten, die Möglichkeit der Organtransplantation, die Substitution lebenswichtiger körperlicher Substanzen durch Ersatzstoffe, wie z. B. Insulin beim Zuckerkranken, ihrer naturwissenschaftlichen Ausrichtung, die, wie wir gesehen haben, im vorigen Jahrhundert einsetzte. „Die Medizin wird Naturwissenschaft sein oder sie wird nicht sein." Andererseits ist die Medizin wohl so alt wie die Menschheit selbst. Sie mußte ebenfalls erfolgreich gewesen sein, sonst hätte sie nicht so alt werden und ihre Vertreter, die Ärzte, nicht seit jeher in so hohem Ansehen stehen können.

Fragen wir uns, was die Medizin seit Jahrtausenden strukturiert, so ist es die Beziehung von Kranken zu Ärzten. Waren nun die ärztlichen Erfolge weniger auf eine naturwissenschaftliche Herangehensweise und naturwissenschaftlich begründbare Kausalität zurückzuführen, mußten sie v. a. im psychologischen Bereich gründen. Und hier steht die Arzt-Patient-Beziehung ganz im Vordergrund. Da nun auch in der modernen Medizin die Arzt-Patient-Beziehung die zentrale Schaltstelle der medizinischen Behandlung bildet, ist die Untersuchung der psychologischen Relevanz dieser Beziehung von großer Bedeutung.

Wir werden in diesem Kapitel sehen, daß trotz der naturwissenschaftlichen Ausrichtung der heutigen Medizin dem psychologischen Aspekt dieser Beziehung nach wie vor eine zentrale Bedeutung zukommt, z. B. daß die erfolgreiche Applikation naturwissenschaftlicher Methodik die Berücksichtigung psychologischer Aspekte zur Voraussetzung hat.

9.1 Arztrolle

Stand im vorigen Kapitel bereits der Patient im Zentrum der Darstellung, ist es jetzt zunächst der Arzt und die Rolle, die er verkörpert.

> **!** Als Rolle wird die Summe der gesellschaftlichen Erwartungen an das Verhalten eines Inhabers einer sozialen Position bezeichnet. Dabei wird unter sozialer Position die Stellung eines Individuums im Gesellschaftsgefüge verstanden, die das Individuum bestimmten Verhaltenserwartungen aussetzt.

Analog zur Rollenerwartung an Patienten hat der amerikanische Soziologe Parsons nun ebenfalls die *Erwartungen* definiert, die an die Arztrolle gestellt werden.

Universale Hilfsbereitschaft. Unabhängig von Geschlecht, Alter, Religion, Rasse und sozialem Status des Kranken hat der Arzt zu helfen.

Affektive Neutralität. Vom Arzt wird erwartet, daß seine persönlichen Zu- und Abneigungen bei Diagnose und Behandlung keine Rolle spielen, er den Patienten nicht zur Befriedigung eigener Bedürfnisse mißbraucht – man vergleiche z. B. die aktuelle Mißbrauchsdiskussion –, sondern „objektiv-professionell" auf den Patienten eingeht. Die Gefahr dieser Einstellung liegt in einer zu weit gehenden Verobjektivierung, Verdinglichung der personalen, „subjektiven Seite" des Kranken zum bloßen „Fall". („Wie geht's der 'Galle' auf Zimmer 8?"). Parsons selbst will allerdings „affektive Neutralität" nicht als Ausdruck sachlich-kühler Distanz verstanden wissen.

Funktionale Spezifität. Der Arzt hat sich auf seinen *„spezifisch" ärztlichen Auftrag* zu zentrieren, er darf nicht die „Privilegien", die er als Arzt hat, wie den Umgang mit der „Intimität", „Nacktheit" des Patienten, ausnützen. Wenn eine Patientin sich vor dem Psychotherapeuten sozusagen „seelisch" und beim Gynäkologen körperlich-konkret auszieht, muß sie sicher sein, nicht mißbraucht zu werden. Sie muß sich darauf verlassen können, daß der Arzt sie nicht in einer Art von „apostolischer Mission" (Balint 1976), beispielsweise hinsichtlich des § 218, mit seinen Vorstellungen unter Druck setzt. Der Arzt hat sich auf seine fachlichen Belange zu beschränken, um so sowohl gegenüber Patienten wie Kollegen (z. B. in seiner Rolle als Facharzt) berechenbar zu sein. Eine entsprechende Begrenzung schützt andererseits den Arzt selbst vor Rollenüberlastung.

Uneigennützigkeit (Altruismus). Das Ziel ärztlichen Handelns ist das *Wohl* des Patienten. Eigennützige Beweggründe dürfen bei Diagnose und Behandlung keine Rolle spielen. So dürfen Ärzte nicht, wie ein Kaufmann, der Nachfrage entsprechend, ihre Gebühren erhöhen und für sich werben. Der Arzt hat dem Wohl der Gemeinschaft gemäß zu handeln (*„Kollektivitätsorientierung"*). Dies gilt z. B. auch hinsichtlich seiner Verpflichtungen Dritter gegenüber, wie den Kostenträgern.

Fachliche Kompetenz. Um sein Bestes zur Behandlung eines Patienten geben zu können, wird vom Arzt entsprechend große Kompetenz erwartet. Das verschafft ihm zugleich Vorrechte, wie das Eindringen in die Privatsphäre des Patienten, den direkten Zugang zu dessen Körper, was eine Intimität des Kontaktes ergibt, die selbst dem Lebenspartner vorenthalten wird. Es ist ihm erlaubt, durch Blutentnahme, Spritzen, chirurgische Eingriffe usw. die Körperintegrität zu verletzen – eine Spritze beispielsweise gilt, juristisch gesehen, als Körperverletzung; der Arzt wird zu einem Gesprächspartner, der höchst persönliche und vertrauliche Mitteilungen erhält.

Ethik ärztlichen Verhaltens. Die Parsonsche Rollenerwartungen sind *normativ*, betreffen den *formellen* (positionsspezifischen) Charakter der Arztrolle. Generell definieren positionsspezifische Anforderungen Berufsbild, Rechte und Pflichten, aber auch, bei Verletzungen der Rollenerwartungen, entsprechende Sanktionen. Normen, die „*Ethik*" ärztlichen Verhaltens, sind seit der Antike überliefert. So geht das *Genfer Ärztegelöbnis*, das der Weltärztebund einführte, auf den Eid des bekanntesten Arztes der griechischen Antike *Hippokrates* zurück. Fünf Forderungen werden dabei an das ärztliche Handeln gestellt:

- Das ärztliche Handeln hat dem Wohle des Kranken zu dienen.
- Das ärztliche Handeln hat die Würde des Menschen zu beachten.
- Das ärztliche Handeln hat die Erhaltung des Lebens zu bewirken.
- Das ärztliche Handeln hat Schaden abzuwenden.
- Das ärztliche Handeln hat die Vertrauenswürdigkeit des Arztes zu erhalten.

In diesen international gültigen normativen Vorgaben verpflichtet sich der Arzt sowohl der Gesellschaft als auch dem kranken Individuum gegenüber, wie es auch aus dem *Ärztegelöbnis* hervorgeht.

„Bei meiner Aufnahme in den ärztlichen Berufsstand gelobe ich feierlich, mein Leben in den Dienst der Menschlichkeit zu stellen. Ich werde meinen Beruf mit Gewissenhaftigkeit und Würde ausüben. Die Erhaltung und Wiederherstellung der Gesundheit meiner Patienten soll oberstes Gebot meines Handelns sein.

Ich werde alle mir anvertrauten Geheimnisse wahren.

Ich werde mit allen meinen Kräften die Ehre und die edle Überlieferung des ärztlichen Berufes aufrechterhalten und mich in meinen ärztlichen Pflichten nicht durch Religion, Nationalität, Rasse, Parteipolitik oder soziale Stellung beeinflussen lassen.

Ich werde jedem Menschenleben von der Empfängnis an Ehrfurcht entgegenbringen und selbst unter Bedrohung meine ärztliche Kunst nicht im Widerspruch zu den Geboten der Menschlichkeit anwenden.

Ich werde meinen Lehrern und Kollegen die schuldige Achtung erweisen.

Dies alles verspreche ich feierlich auf meine Ehre."

Ethisch und zugleich medizinpsychologisch besonders *problematische Situationen* betreffen:

- den Lebensbeginn (Geburtenkontrolle, Sterilisation, Maßnahmen zur Fertilisation wie Insemination, „Leihmutter", pränatale Diagnostik, Schwangerschaftsunterbrechung, Frühgeburt),
- Situationen, die operative Eingriffe, Intensivbehandlung, Organtransplantation, psychiatrische Zwangsmaßnahmen erfordern und
- Situationen, die mit dem Lebensende verbunden sind (Reanimation, Aufklärung und Wahrhaftigkeit des Arztes bei Sterbenden, Behandlungsabbruch, Todeskriterien).

Einfluß von institutionellen und versicherungsrechtlichen Gegebenheiten. Die Tätigkeit des Arztes ist einmal durch *ethischnormative Prinzipien* gesetzlich geregelt, so z. B. die Aufklärungs- und Schweigepflicht oder die Pflicht, Erste Hilfe zu leisten. Zum anderen wird sie von *institutionellen* und *versicherungsrechtlichen Gegebenheiten* beeinflußt. So entscheidet der Arzt durch Krankschreibung und Begutachtung über den (versicherungs-) rechtlichen Status des Patienten, er entscheidet, ob bei notwendiger stationärer Behandlung eine *kurative Maßnahme* (d. h. Überweisung ins Krankenhaus) oder *Rehabilitation* (d. h. Aufnahme in eine Reha-Klinik) erfolgt. Es liegt an ihm, darüber zu befinden, ob die Kranken- oder Rentenversicherung zuständig ist. Eine Reihe solcher „Entscheidungsaufgaben" kommen auf den Arzt zu. Als „Gutachter" ist er „entscheidend" daran beteiligt, ob z. B. ein Straftäter zu Gefängnisaufenthalt verurteilt wird oder in eine forensisch-psychiatrische Klinik zur Behandlung kommt. So fällt dem Arzt auch eine wichtige *soziale Kontrollfunktion* zu. Die „Macht", die Ärzte auf diese Weise ausüben können, ihr *gesellschaftliches Mandat*, wird ihrerseits neben gesetzlichen Regelungen durch die Ärztekammern überwacht, deren Pflichtmitglied jeder Arzt ist.

Der Arztberuf ist ein *freier Beruf*, eine Profession, ein akademischer Expertenberuf. Das bedeutet, daß ein Arzt seine fachbezogenen Entscheidungen eigenverantwortlich treffen kann.

Berufliche Sozialisation. Wie man Arzt wird, läßt sich als *„sekundäre Sozialisation"* bezeichnen (zum Begriff Sozialisation vgl. Kap. 6.3). Die Weichen zu dieser beruflichen Sozialisation können dabei schon im Kindes- und Jugendalter gestellt werden. So kommen in der Bundesrepublik etwa ein Drittel der Medizinstudenten selbst aus Arztfamilien, wie auch generell aus der oberen Mittelschicht und Oberschicht. Das mag mit daran liegen, daß der Arztberuf nicht zuletzt wegen des hohen Maßes an professioneller Autonomie

und des hohen Sozialprestiges sehr attraktiv ist.

Hinzu kommt, daß Arztkontakte „lebensbegleitend" stattfinden und deshalb schon früh eine *„Erfahrung am Modell"* erfolgen kann. Zweifellos können auch idealistisch-altruistische Einstellungen vom „Helfen und Heilen" für den Arztberuf motivieren. Interessant in diesem Zusammenhang eine Untersuchung, die in Los Angeles und New York durchgeführt wurde. Es wurde hier bei Medizinstudenten die ethische Einstellung gegenüber Patienten während der gesamten Ausbildungszeit untersucht. Die Studien sind berühmt geworden unter dem Stichwort „Schicksal des Idealismus". Studenten des ersten Semsters waren befragt worden, was sie zur Wahl des Arztberufes motivierte. Es waren v. a. auch „idealistische Vorstellungen vom Helfen und Heilen", die ein wichtiges Motiv waren, sich für ein Medizinstudium zu entscheiden. Doch dann ergab sich eine eigenartige Entwicklung. Die Forscher stellten im Verlaufe des Medizinstudiums, inklusive der Internatszeit, eine sukzessive Abnahme der Geltung hoher ethischer Standards fest. Ja, der ehemalige Idealismus wurde mehr und mehr durch Formen von Zynismus ersetzt. Die Einstellung gegenüber den Patienten wurde immer ungünstiger. Dabei galten den alten und chronisch Kranken die stärksten Abneigungen. Die Autoren meinen, daß sie das Erfolgsbewußtsein des jungen Arztes in besonderem Maße störten. Darüber hinaus machen die Autoren für die Entstehung dieser zynischen Mentalität die traditionellen Ausbildungsbedingungen verantwortlich: z. B. den Zugang zum kranken Menschen über den Sektionstisch, den massiven naturwissenschaftlich-technischen Aufwand, hinter dem der Patient als Mensch mit Sorgen und Nöten, seinen Ängsten verschwindet, dann den massiven Leistungszwang, unter dem der Student steht, schließlich das Fall-Denken der vorgesetzten Experten („Was macht der Magen auf Zimmer 208?").

Es drängt sich die Frage auf, ob bei dieser „Entwicklung" zum „harten Doktor" nicht Abwehrprozesse eine große Rolle spielen. Es liegt nahe, daß Medizinstudenten angesichts ihrer Betroffenheit über das menschliche Elend, mit dem sie zunehmend konfrontiert werden, auf solche distanzierenden „Verarbeitungsvorgänge" kommen. Die Gefahr zu starker Identifikation kann gerade auch zur erhöhten Distanzierung führen. Man denke nur an den sog. „medical student disease" – also jenes Erscheinungsbild, daß Medizinstudenten, erstmals konfrontiert mit malignen Erkrankungen des jungen Erwachsenenalters wie Leukämien und Morbus Hodgkin, ähnliche Symptome an sich selbst konstatieren. So nimmt es andererseits nicht wunder, daß eine Längsschnittstudie eruierte, daß neben dieser „medizinischen" Einstellung idealistische Vorstellungen vom ärztlichen Beruf weiter persistierten und die Überhand bekamen, je mehr Patientenkontakte stattfanden und die ärztliche Verantwortung zunahm.

Die folgende Tabelle 9.1 versucht eine Zusammenfassung relevanter Variablen im Hinblick auf die Sozialisation zum Mediziner.

9.2 Interaktion

Einfluß institutioneller Rahmenbedingungen. Obwohl es sich beim Arztberuf um eine „Profession", eine selbstverantwortliche, „freiberufliche" Tätigkeit handelt, bestimmen *institutionelle Rahmenbedingungen* das ärztliche Handeln.

So ist der *niedergelassene Arzt*, was seine *Bezahlung* angeht, vom Honorierungssystem der „Kassenärztlichen Vereinigung" abhängig, die zwischen ihm und den Pflichtkrankenkassen geschaltet ist. Bei „Privatpatienten" besteht dagegen innerhalb der Gebührenordnung ein gewisser Ermessensspielraum.

Im Gegensatz zum niedergelassenen, freiberuflich tätigen Arzt, der Einzelleistungen abrechnet, sei es über den Krankenschein bei Pflichtversicherten oder durch Rechnungsstellung an Privatpatienten, die ihrerseits die Rechnungen ihren Privatversicherungen einreichen, ist der

Tabelle 9.1 Variablen der beruflichen Sozialisation von Ärzten (nach Buser/Kaul-Hecker 1996)

	Offizielle, formelle Sozialisationsbedingungen	Inoffizielle, informelle Sozialisationsbedingungen
Gesellschaftliche Sozialisationsbedingungen	Struktur des Gesundheitswesens, Kultusbürokratie	Gesellschaftliche Gruppierungen
Sozialisationsinstitutionen	Universität mit Lehrangeboten in versch. Fächern und Formen; Lernziele; Lehrkrankenhäuser	Studieneinrichtungen (Wohnheime, BAföG etc.)
Sozialisationsagenten	Hochschullehrer, Tutoren, Krankenhauspersonal	Studentische Subkultur, Patienten
Sozialisanden	*Studenten, PJ-ler Assistenzärzte (AiP)*	Individuelle Vorerfahrungen der primären und sekundären Sozialisation; Selektion durch Numerus clausus
Sozialisationseffekte	Veränderungen im kognitiven / affektiven / motorischen / sozialen Persönlichkeitsbereich	

im *Krankenhaus tätige Arzt* angestellt. Er bezieht, unabhängig von Art und Anzahl der einzelnen Maßnahmen (Leistungen) ein fixes Monatsgehalt. Das *Krankenhaus* selbst erhält für die Behandlung einen Festbetrag pro Tag und Patient – in der Regel unabhängig von Art und Umfang des Behandlungsaufwandes (Sonderentgelte werden allerdings für besonders aufwendige Therapien wie z. B. Organstransplantation vereinbart). Eine solche Pauschalierung führt nicht selten dazu, die Wirtschaftlichkeit des Krankenhauses dadurch zu erhöhen, daß Patienten länger als unbedingt notwendig stationär behandelt werden – sei es, daß nach durchgeführtem Eingriff, der selbst hohe Kosten verursacht, der medizinische und pflegerische Aufwand nun geringer wird, sei es, daß, wie bei psychosomatischen und psychiatrischen Patienten, der Pauschalbetrag oft relativ hoch, der Kostenaufwand selbst gering ist. Neuerdings wird allerdings über die sog. „Budgetierung" versucht, festgelegt im Gesundheitsstrukturgesetz, solche Strategien zu verhindern.

Unser medizinisches Gesundheitssystem ist weitgehend kurativ-rehabilitativ und weniger *präventiv* ausgerichtet. Vorbeugende Maßnahmen (*Prophylaxe*) sind nur in geringem Maße im Leistungskatalog der Kassen enthalten. Entsprechend nehmen sie nur einen untergeordneten Stellenwert ein. Würde beispielsweise „Gesundheitsberatung" besser honoriert, könnte sie zweifellos an Bedeutung gewinnen.

In diesem Zusammenhang kommt gerade dem *Arzt für* **Allgemeinmedizin** bzw. *Hausarzt* eine besondere Bedeutung zu. Er wird mit einem Krankheitsspektrum konfrontiert, das nicht nur somatische, sondern auch psychische und soziale Aspekte betrifft. Bei seinen diagnostischen und therapeutischen Maßnahmen spielt die Berücksichtigung der gesamten Lebensumstände eine wichtige Rolle. Insofern steht gerade bei ihm die „Arzt-Patient-Beziehung" ganz besonders im Zentrum.

Doppelrolle der Arzt-Patient-Beziehung. Arzt und Patient begegnen sich jeweils in einer Doppelrolle. Vom Arzt aus gesehen, ist der Patient sowohl Träger einer Krankheit als auch leidendes Individuum; aus der Sicht des Patienten, des „Laien", erscheint der Arzt als *Experte*, „Gesundheitsingenieur" und zugleich als *Therapeut*, der ihn als Mitmensch, als leidendes „Subjekt" empathisch (= einfühlend) versteht.

Wir haben also ein die Arzt-Patient-Beziehung strukturierendes *Vertrauensverhältnis* und *Dienstleistungsverhältnis* (Göppert 1980) (Abb. 9.1).

Dreidimensionale Strukturiertheit der Arzt-Patient-Beziehung

In seinem Aufsatz „Zur Sinnstruktur der ärztlichen Handlung" (1954) sieht von Gebsattel, Psychotherapeut und Begründer einer medizinischen Anthropologie, das Verhältnis von Arzt und Patient dreidimensional strukturiert.

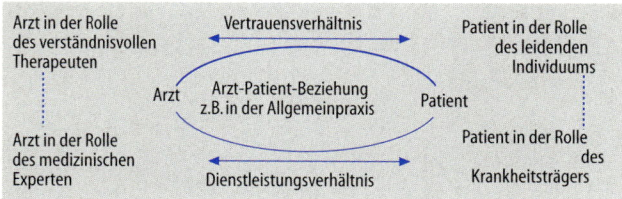

Abb. 9.1 Die Arzt-Patienten-Beziehung wird sowohl durch ein Vertrauensverhältnis als auch durch ein Dienstleistungsverhältnis strukturiert (nach Goeppert 1980)

Elementar-sympathetische Stufe. Dies ist die Stufe des Angerufenseins durch die Not des Mitmenschen.

Diagnostisch-therapeutische Stufe. Sie folgt der elementar-sympathetischen Stufe und beinhaltet das ärztliche Überlegen, Planen und Handeln.

Das Verhältnis wird jetzt asymmetrisch, denn, wie von Gebsattel sagt, nur wer schwimmen kann, vermag den Hilferuf des Ertrinkenden tatkräftig und sachgemäß zu beantworten. Krankheit und Kranker werden zum Objekt des ärztlichen Wissens und Könnens – sofern läßt sich diese Form der Beziehung, in Abhebung zur Unmittelbarkeit des Verhältnisses der ersten Stufe, als „Entfremdung" kennzeichnen. Von Gebsattel erläutert dies am Schmerzerleben.

„Besteht die Not des Erkrankten in einem physischen oder seelischen Schmerz, so wird sofort deutlich, daß niemals der sympathetische Rapport des Arztes mit dem Leidenden die Tatsache aus der Welt schaffen kann, daß der schmerzfreie Zeuge des Schmerzgequälten in seinem Dasein von dem des anderen durch einen Abgrund getrennt ist, der Schmerzfreiheit heißt... Wie der Schmerz den Leidenden überhaupt isoliert, indem er ihn an seinen Zustand kettet, sondert er auch den Helfer vom Hilfsbedürftigen ab.

Personale Stufe der Partnerschaft. Die Stufe der Objektivierung hat nun – gesehen auf dem Hintergrund der Solidarität des Menschengeschlechts – überzugehen in die personale Stufe der Partnerschaft von Arzt und Krankem. In dieser eigentlich tragenden Sinnstufe der ärztlichen Handlung ist der Arzt als Person gefordert und als Person hineingerufen in die Kommunikation mit der Person des Kranken. „Die Kommunikation von Personen hat die Gestalt der Partnerschaft". Wyss hat in seinem zweibändigen Lehrbuch der integrativen Psychotherapie „Der Kranke als Partner" diesen Ansatz weiterentwickelt.

Asymmetrie der Arzt-Patient-Beziehung

Im Konzept von Gebsattels erscheint ein „Ungleichgewicht" in der Arzt-Patient-Beziehung als ein notwendiger Bestandteil dieses Verhältnisses. Auf der einen Seite der **kompetente Experte**, auf der anderen der **Laie**, hier der Hilfegebende, der Gesunde, dort der Hilfesuchende, der Kranke. Krankheit macht vom Wissen des Anderen abhängig, die damit verbundene Angst um das leibliche und seelische Wohl verunsichert, kann den Nerv der Existenz unmittelbar und zentral betreffen, während vom Arzt erwartet wird, daß er dieser Krankheit auch „routiniert", mit „professioneller" Kompetenz begegnet.

Dieses Ungleichgewicht in der Beziehung wird dadurch verstärkt, daß ärztliches Handeln, wie oben erwähnt, mit **„Entscheidungsmacht"** ausgestattet ist, so z. B. im Hinblick auf Krankschreibung, Krankenhauseinweisung, Begutachtung zum Kur- und Reha-Aufenthalt, Bescheinigung über Erwerbsfähigkeit, Entscheidung über Zurechnungsfähigkeit etc.

Soziokulturelle Unterschiede. Unterschiede in Herkunft und Lebensstil können diese Asymmetrie weiter verstärken. In besonderem Maße ist hier die verbale Kommunikation mit Patienten aus unteren ökonomischen Schichten betroffen, denn hier findet sich öfter der sog. **„restringierte Sprachcode"** (s. Kap. 6.3.2). Gesprächsabsichten können in dieser Sprechweise weniger explizit verbal ausgedrückt werden. Der Arzt hingegen, für gewöhnlich sozialisiert in der differenzierten Sprechweise des **„elaborierten Code"** (s. Kap. 6.3.3) der Mittel- und Oberschicht, wird dann vielleicht das eigentliche Anliegen und Informationsbedürfnis, bestimmte Sorgen und Ängste nicht hören und verstehen können. Niedrigere Schichtzugehörigkeit geht nicht nur mit einer geringeren Zahl ärztlicher Konsultationen einher, sondern auch mit der höheren Wahrscheinlichkeit, daß hier die Patienten von sich aus weniger Fragen stellen und Erwartungen äußern.

„Diese soziolinguistische Unterscheidung zwischen restringiertem und elaboriertem Code hilft uns bei der Aufklärung der beobachteten Schwierigkeiten, welche Arbeiterpatienten gegenüber dem Arzt aufweisen. Obwohl Arbeiterpatienten genauso wie jene der mittleren Sozialschichten über ihre Krankheit informiert werden möchten, gelingt ihnen die Übernahme einer aktiven Rolle, welche das Stellen von Fragen mitbeinhaltet, schlechter als den Mittelschichten. Der Unterschied des linguistischen Codes zwischen Arzt und Unterschichtpatient kann daher zu einem Bruch in der Kommunikation führen" (Waitzkin u. Stoeckle, zit. nach Siegrist in: Huppmann u. Wilker 1988).

Siegrist weist noch darauf hin, daß durch mangelnde sprachliche Gewandtheit, durch unterschiedliches Tempo, durch Scheu und übersteigerte Autoritätsbeziehung die soziale Distanz und damit die Asymmetrie der Arzt-Patient-Beziehung weiter vertieft werden.

Asymmetrische Verbalhandlungen. Eine asymmetrische Interaktion kann in bestimmten asymmetrischen Verbalhandlungen ihren Ausdruck finden.

> **!** „Asymmetrische Verbalhandlungen sind Gesprächsinitiativen, die vom Thema oder von der Person ablenken, das Thema transformieren oder die Antwort in typischer Weise in der Schwebe halten" (Siegrist 1988, 1995).

Solche Strategien sind

- Übergehen von Fragen oder Einwänden, Nichtbeachten von Patienteninitiativen.
- *Adressaten- oder Themenwechsel:* Bei der Visite z. B. reagiert der Arzt auf eine Frage des Patienten mit einer eigenen konkurrierenden Initiative oder wechselt den Adressaten, indem er sich an die begleitende Schwester wendet oder bereits zu einem anderen Patienten übergeht.
- *Beziehungskommentar:* Kommunikation hat einen inhaltlichen und einen Beziehungsaspekt. Der Arzt umgeht den Inhalt der Frage, thematisiert statt dessen den Beziehungsaspekt der Aussage.

Ein 30-jähriger Patient mit zweitem Rezidiv einer Leukämie. Patient: Es sind ja jetzt vier Wochen, daß ich da bin. Da muß sich schon was tun in der Zeit ... Arzt: Ja, ja, das ist es halt. Sie sagen immer „muß" und „soll", sind aber mehr überzeugt wie wir davon (Siegrist 1995).

- *Mitteilung funktionaler Unsicherheit:* Der Arzt ist über den Krankheitsbefund voll im Bilde, gibt jedoch dem Patienten gegenüber vor, die schlüssige Information noch nicht zu besitzen.

Ein drastisches Beispiel für asymmetrisch-krankheitszentriertes Verhalten, das bei seiner Publikation heftige Diskussionen auslöste, bildet das sog. *Rosenhan-Experiment.* Mit sieben anderen „gesunden" Personen hatte sich Rosenhan in verschiedene psychiatrische Kliniken der Vereinigten Staaten einweisen lassen. Die Pseudopatienten hatten Symptome, die für eine Schizophrenie charakteristisch sind, insbesondere akustische Halluzinationen („Stimmenhören"), angegeben. Bei der Aufnahme waren sie durchgehend als Schizophrene diagnostiziert worden. Kaum aufgenommen, verhielten sie sich aber wieder völlig normal, gaben an, die Symptome seien völlig verschwunden. Die diagnostische Etikette blieb jedoch an ihnen haften. Die behandelnden Ärzte beachteten diese Normalitätsanzeichen nicht und setzten, teilweise über Wochen hinweg, unbeirrt ihre medikamentöse Therapie fort. Der Krankenhausaufenthalt der Patienten betrug zwischen 7 bis 52, im Mittel 19 Tage. Interessanterweise erkannten Mitpatienten, daß hier eine List im Spiel sein könnte. „Sie sind gar nicht verrückt. Sie sind ein Journalist oder Professor". Zu dieser Charakterisierung waren die Patienten dadurch angeregt worden, daß sich die Pseudopatienten dauernd Notizen machten. Pfleger notierten dagegen in ihr Stationsbuch: „Patient zeigt Schreibverhalten". U.a. schildert Rosenhan Gesprächsszenen wie die folgende: Der Pseudopatient fragt: „Bitte, Herr Doktor, können Sie mir sagen, wann ich im Park spazierengehen darf?" Arzt: „Guten Tag, David, wie fühlen Sie sich heute?"

Das Experiment mit seinen Szenen zeigt, wie der Patient nur als ein Träger von Krankheit, als „*Objekt*", gehört und ernstgenommen wird, nicht aber als mitmenschlicher Partner, als „*Subjekt*", wie es z. B. von Gebsattel gefordert hat.

Verringerung der Asymmetrie der Arzt-Patient-Beziehung. Eine Verringerung der Asymmetrie der Arzt-Patient-Beziehung und damit eine Weichenstellung in Richtung eines mehr *patientenzentrierten, partnerschaftlichen Verhältnisses* wurde beispielsweise im sog. „Ulmer Stationsmodell" (Stössel 1981) angestrebt. Wie zunächst Abb. 9.2 zeigt, bleibt auf einer internistischen Allgemeinstation dem Arzt

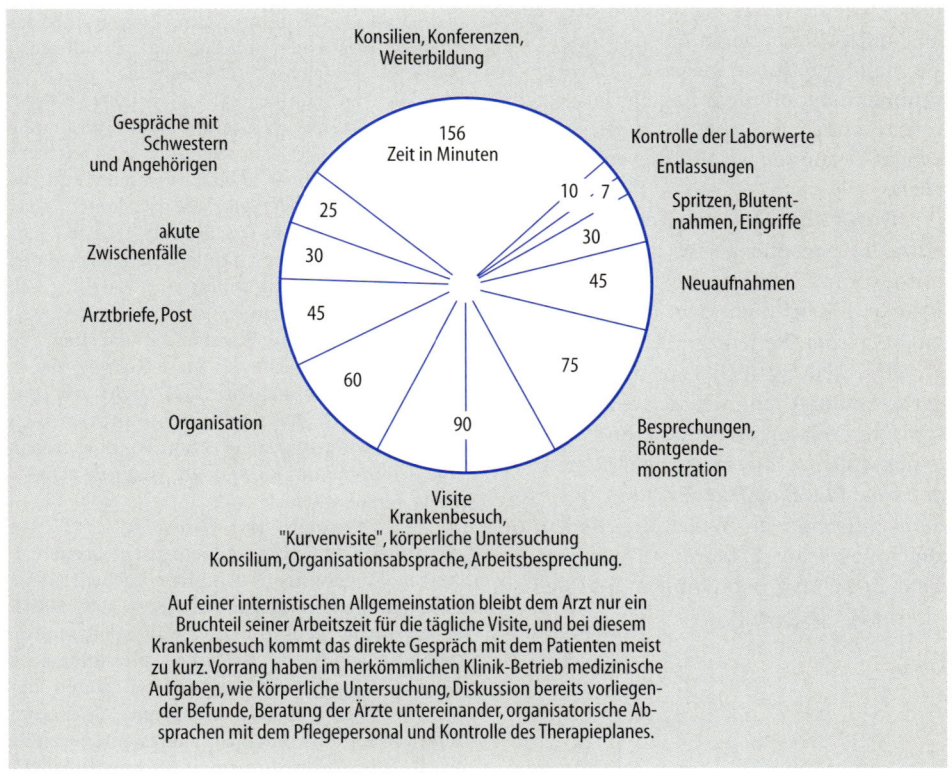

Abb. 9.2 Arbeitstag eines internistischen Arztes im Krankenhaus (nach Stössel 1981)

nur ein Bruchteil seiner Arbeitszeit für die tägliche Visite, wobei bei diesem Krankenbesuch das direkte Gespräch mit dem Kranken meist zu kurz kommt (Abb. 9.2). Auf einer psychosomatischen Station der Ulmer Medizinischen Klinik wurde deshalb die Arbeitskooperation so umstrukturiert, daß einmal für die tägliche Visite mehr Zeit zur Verfügung stand und zum anderen der Visite am Krankenbett eine Vorbesprechung („Kurvenvisite") des therapeutischen Teams vorausging. Es gelang so eine weitgehende Zentrierung des ärztlichen Gesprächs auf den Kranken und eine Reduktion der asymmetrischen Verbalhandlungen. Abb. 9.3 stellt die traditionelle und modellgebende Visite zusammenfassend gegenüber.

Wie einige der Beispiele für die **asymmetrischen Verbalbehandlungen** andeuteten, greift der Arzt zu solchen Strategien besonders dann, wenn er emotional belastenden Situationen ausgesetzt ist. Im Zusammenhang mit dem Begriff der „Gegenübertragung" (s. später in diesem Abschnitt) kommen wir auf diesen Punkt zurück.

Durch die Art, wie Arzt und Patient einander begegnen, wird ganz wesentlich mitbestimmt, welche *Erwartungen* der Kranke hinsichtlich des *Therapieeffektes* hat. Was der Patient erwartet, kann sich günstig, heilungsfördernd, aber auch negativ, heilungsbehindernd auswirken. Ein typischer Erwartungseffekt und ein eindrucksvolles Interaktionsphänomen ist der sog. *Placeboeffekt*. Er kann in besonders informativer Weise die Bedeutung psychologischer Faktoren in der Arzt-Patient-Beziehung und damit in der Medizin überhaupt belegen.

Placeboeffekt

In England wurde in den Wintern 1941/42 und 1942/43 eine großangelegte Untersuchung durchgeführt. Man teilte Studenten in zwei Gruppen auf. Die eine erhielt den Winter über sowohl zur Prophylaxe als auch wegen möglicher Erkrankung an Erkältungen hochwirksame Vitaminpräparate, die andere Tabletten, die genau wie die Vitaminpräparate aussahen, aber nur gewöhnlichen Traubenzucker enthielten. Die Studenten der zweiten Gruppe waren jedoch ebenfalls der Überzeugung, daß es sich um hochwirksame Erkältungsmittel handele. Beide Gruppen wurden angewiesen, im Falle einer Erkältung die Ärzte des Gesundheitsamtes aufzusuchen, die hier die Untersuchung vornahmen. Wenn sie sich dann meldeten, wurde ihnen das gleiche Medikament, also der ersten Gruppe das Vitaminpräparat, aber jetzt in erhöhter Dosis, der zweiten der gewöhnliche Zucker, aber auch in erhöhter Dosis, gegeben. Alle wurden dann, als der Frühling kam, befragt, ob das Medikament einen Einfluß auf Erkältungen hatte, ob sie leichter, schwerer oder gleich im Vergleich zu früheren Jahren verlaufen wären. Von der Gruppe, welche die Vitaminpräparate erhielt, gaben 48 % an, sie hätten eine leichtere Erkältung als sonst gehabt. Als man nun die zweite Gruppe befragte, die Studenten also, die nur die einfache Zuckerpille erhalten hatten, aber meinten, es handele sich auch dabei um wirksame Vitaminpräparate, stellte sich das erstaunliche heraus, daß auch von diesen 48 %, also derselbe Prozentsatz, angaben, sie hätten ebenfalls eine leichtere Grippe als in früheren Jahren gehabt. Also nicht nur das „spezifische" Erkältungsmittel, sondern auch so etwas Banales wie ein einfaches Zuckerchen hat geholfen und dies nicht weniger als das echte Medikament.

Als ebenfalls im Winter 1942/43 den Ärzten der in Stalingrad eingeschlossenen 6. Armee Morphium und andere hochwirksame Schmerzmittel ausgegangen waren und Nachschub nicht mehr möglich war, spritzten sie den verwundeten Soldaten physiologische Kochsalzlösung. Die Verwundeten waren der Meinung, es handele sich um Morphium oder ein anderes hochwirksames Schmerzmittel. Bei vielen Verwundeten trat daraufhin Linderung der Schmerzen ein.

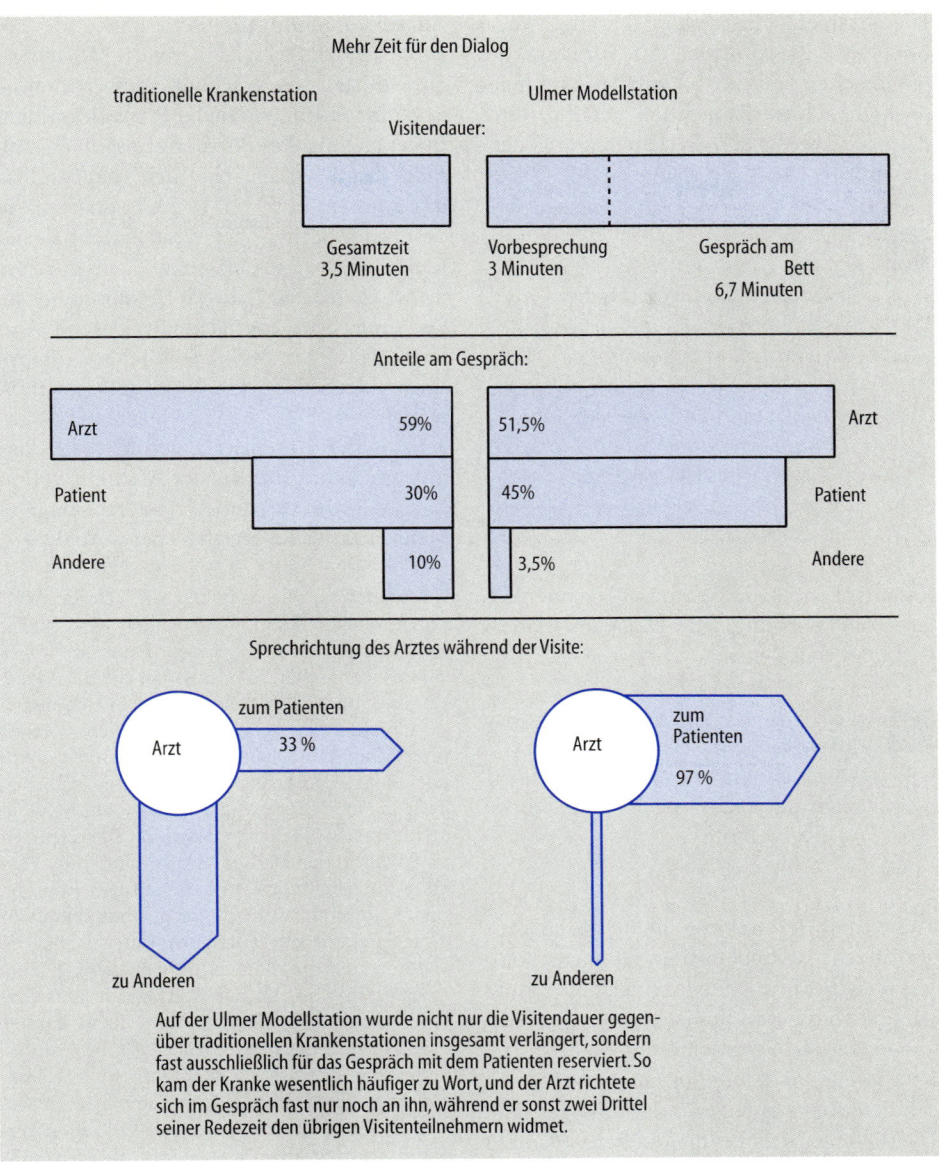

Mehr Zeit für den Dialog

traditionelle Krankenstation   Ulmer Modellstation
                        Visitendauer:

Gesamtzeit   Vorbesprechung   Gespräch am
3,5 Minuten   3 Minuten   Bett
                                             6,7 Minuten

Anteile am Gespräch:

Arzt   59%   51,5%   Arzt

Patient   30%   45%   Patient

Andere   10%   3,5%   Andere

Sprechrichtung des Arztes während der Visite:

zum Patienten   zum
                                        Patienten
Arzt   33 %   Arzt   97 %

zu Anderen   zu Anderen

Auf der Ulmer Modellstation wurde nicht nur die Visitendauer gegenüber traditionellen Krankenstationen insgesamt verlängert, sondern
fast ausschließlich für das Gespräch mit dem Patienten reserviert. So
kam der Kranke wesentlich häufiger zu Wort, und der Arzt richtete
sich im Gespräch fast nur noch an ihn, während er sonst zwei Drittel
seiner Redezeit den übrigen Visitenteilnehmern widmet.

Abb. 9.3 Mehr Zeit für den Dialog bei stationärer Behandlung (nach Stössel 1981)

Die Beispiele illustrieren den sog. Placeboeffekt. „Placebo" ist das Futurum des lateinischen „placere" = gefallen und heißt deshalb „ich werde gefallen, gefällig sein", d. h. ich werde den Patienten zufriedenstellen.

> **!** Placebo ist ein Scheinmedikament, ein Leerpräparat, ein „Medikament", das dem Originalarzneimittel („Verum") nachgebildet ist, aber den spezifischen Wirkstoff nicht enthält – vom Patienten aber in der Annahme genommen wird, es sei ein „wahres" Medikament (verum, lat.: wahr).

Entsprechend läßt sich der Placeboeffekt, also die Wirkung, die Placebos haben, wie folgt definieren:

> **!** Unter Placeboeffekt versteht man die psychobiologische Zustandsänderung, die unter der Gabe von Placebo auftritt.

Wenn die Heilwirkung nicht durch eine spezifische biochemische, pharmakologisch wirksame Substanz erfolgt, kann sie nur vom psychologischen Bereich ausgehen. In der Geschichte der Medizin haben zweifellos schon immer psychologische Faktoren eine zentrale Rolle gespielt. Die Erfolge, welche die frühere Medizin (z. B. durch den häufig praktizierten Aderlaß) hatte und noch heute Schamanen und wohl auch Heilpraktiker haben, sind v. a. psychologischer Natur. Es ist eine Binsenweisheit: Ein Stückchen Zucker kann nie und nimmer eine Erkältung mindern, physiologische Kochsalzlösung ist hinsichtlich der Schmerzbeseitigung eine völlig indifferente Substanz – und trotzdem wirkt die Zuckerpille und trotzdem wirkt die Lösung. Sie wirken wie chemisch sehr effiziente Mittel, wie hochwirksame Vitamine und Morphium. Wenn der Wirkfaktor nicht in der chemischen Substanz bestehen kann, nicht naturwissenschaftlich begründbar ist, kann er nur im Psychologischen, in der Besonderheit der Arzt-Patient-Beziehung, dieser spezifischen Heilsituation, ihrer *„aura curae"*, ihrem *Heilklima* liegen. Der ungarisch-englische Praktische Arzt und Psychoanalytiker Michael Balint sprach deshalb auch von der *„Droge (Heilmittel) Arzt"*. Ihn haben Placeboerfahrungen zu der Erkenntnis geführt, daß das mit am häufigsten in der Medizin verabreichte Heilmittel der Arzt selbst sei: „Der Mensch ist des Menschen beste Medizin".

Um zu sehen, wie weit hier die „Droge Arzt" selbst reichen kann, machte der New Yorker Gynäkologe Wolf folgendes Experiment: Er verabreichte einer Schwangeren, die an starker Übelkeit und Erbrechen litt, ein Mittel, das er ihr als höchstwirksam gegen ihre Beschwerden pries. Das Mittel wirkte, ihr war nicht mehr übel, das Erbrechen sistierte. In Wahrheit hatte diese Frau „Ipecac" erhalten, ein Medikament, das Erbrechen provoziert. Das Heilmittel „Wolf", die „Droge Arzt", hatte die Wirkung umgekehrt, die Chemie auf den Kopf gestellt. So ethisch fragwürdig und skandalös dieses Experiment zweifellos war, so zeigt es andererseits die Potenz der Beziehung zum Arzt als therapeutischen Wirkfaktor. Das Placebo bezieht offensichtlich seine Kraft daraus, daß es ein greifbares Symbol für die Beziehung zum Arzt ist, die als eine heilsame imaginiert wird. Eine bewußt-manipulative Placebogabe kann andererseits das Vertrauensverhältnis untergraben und damit den eigentlichen Wirkfaktor zunichte machen.

Jede ärztliche Verabreichung oder Verordnung eines Medikaments kann insofern eine psychotherapeutische Intervention darstellen, wenn Psychotherapie im weitesten Sinne bedeutet, daß Heilung oder deren Förderung durch eine Beeinflussung über die „Seele" erfolgt.

So kann sich eine ärztliche Maßnahme, die naturwissenschaftlich gesehen nur diagnostische Bedeutung hat, vom Patienten aber vermeintlich als therapeutische verstanden wird, heilsam auswirken: „Das EKG hat mir gut getan". Die hochtechnisierte Apparatemedizin, ihre Großanlagen mögen auf der einen Seite Ängste auslösen, aber auf der anderen Hoffnungen und Erwartungen und damit Heileffekte, die nicht allein naturwissenschaftlich begründbar sind – auch dann, wenn es sich, wie beispielsweise beim CT, „nur" um eine diagnostische Maßnahme handelt. In der Chirurgie und Radiologie sind, wie Rösler et al. (1996) betonen, nicht nur „Stahl und Strahl" wirksam; diese spezifischen therapeutischen Faktoren werden vielmehr stets von weiteren unspezifischen Wirkungen begleitet. „Ein hochpotentes Antibiotikum löst pharmakologisch-biochemische Reaktionen und außerdem Vertrauen, Wissen und Hoffnung bei Arzt und Patient aus." Deshalb können gerade bekannte hochwirksame spezifische Therapieformen zusätzlich besonders starke unspezifische Therapieeffekte, d. h. Placebowirkungen, mobilisieren.

Handelt es sich bei Placebos um *Präparate*, so lassen sich diese wie folgt differenzieren:

- Ein *Scheinmedikament* bzw. Leerpräparat, das dem „Verum" nachgebildet ist, selbst aber keine spezifisch wirksamen Substanzen enthält (z. B. Zuckerpille).
- Ein *echtes Präparat* („Verum"), dessen Anwendung aber falsch indiziert ist; beispielsweise die Verschreibung eines

Antibiotikums gegen eine durch Viren hervorgerufene Erkältung (bei Viren wirken Antibiotika nicht). Man spricht in diesem Falle auch von *„Pseudoplacebo"* oder „unreinem Placebo".
- Ein *indiziertes Verumpräparat*, das jedoch aufgrund längerer Verabreichung und damit einhergehenden körperlichen Gewöhnung in der gegebenen Dosis nicht mehr „pharmakologisch-biochemisch" wirkt und somit nur noch als Placebo relevant ist. Grundsätzlich gehören hierher alle echten Medikamente, wenn sie falsch dosiert sind.

Wenn es aufgrund der Komplexität des Placeboeffekts nach wie vor schwierig ist, präzise Angaben über die verschiedenen Faktoren zu machen, die ihn beeinflussen, so scheint er doch von den folgenden 5 Variablen abhängig zu sein.

Abhängigkeit des Placeboeffekts

Vom Arzt selbst. Weiß der Arzt selbst nicht, daß er „nur" ein Placebo verordnet oder verabreicht, ist die Wirkung stärker. Glaubt er beispielsweise, einen starken Schmerzkiller wie Morphium zu benutzen, gibt es einen starken Placeboeffekt. Nimmt er jedoch an, daß es sich um ein mildes Schmerzmittel wie Aspirin handelt, ist der Placeboeffekt um vieles schwächer. Die *Überzeugung* des Arztes von der Wirksamkeit des Medikaments überträgt sich also auf den Patienten. Der Arzt sendet dabei offensichtlich auch averbale Signale in seinem Verhalten (Mimik, Gestik) aus. Placebos wirken deshalb am besten, wenn nicht nur der Patient „blind" ist, sondern ebenfalls der Arzt, beide nicht „sehen", daß nur ein Leerpräparat benutzt wird.

Doppelblindversuch. Diese doppelte Blindheit, ein wichtiger Beleg für die therapeutische Wirksamkeit der Arzt-Patient-Beziehung selbst, der „Droge Arzt", bildet heute die Grundlage für die Erprobung eines neuen Arzneimittels. Das geschieht im sog. Doppelblindversuch. Will man nämlich wissen, ob eine neue Substanz tatsächlich auf den Körper, also rein körperlich-chemisch-biologisch wirkt, muß man versuchen, den psychologischen Faktor abzuziehen. Man teilt Patienten, z. B. die englischen Studenten im beschriebenen Experiment, in zwei Gruppen auf, wobei die Teilnehmer in beiden Gruppen nach Alter und Geschlecht möglichst gleich sein sollten (s. Kap. 1.4). Die eine Gruppe, die sog. *„Experimentalgruppe"*, bekommt die echte, die wirksame Substanz, die andere, die sog. *„Kontrollgruppe"*, erhält ein Placebo. Natürlich dürfen sich die echten Medikamente äußerlich nicht von den Placebos unterscheiden, die Patienten wissen nicht, ob sie nun die echte Substanz oder das Placebo bekommen, und ebenso „blind" ist auch der Arzt bzw. der Versuchsleiter, der die Medikamente austeilt. Nur ein Computer oder der Auswerter des Versuchs, der sich sozusagen hinter den Kulissen befindet, „wissen", wer was bekommen hat. Entscheidend ist, daß weder Patienten noch Ärzte Kenntnis davon haben, wer zu welcher Gruppe gehört. Der Code wird erst nach Abschluß des Versuchs entschlüsselt bzw. der Auswerter gibt das Ergebnis erst dann bekannt. Nur wenn die echte Substanz dem Scheinmittel, dem Placebo, in ihrer Wirkung tatsächlich überlegen ist, kann sie dann als medizinisch wirksam gelten.

Gerade dieser Versuch der Ausschaltung der psychologischen Komponente der Arzt-Patienten-Beziehung zeigt umgekehrt die heilsame Macht dieses Verhältnisses. Es ist eine Erfahrungstatsache, daß ein Arzt, der Vertrauen erweckt, gründlich untersucht, selbst nicht ängstlich ist, positiver den Heileffekt beeinflußt.

Das Ritual der Tablettenverschreibung ist hier von großer Bedeutung, die Sorgfalt, die Zuwendung, das persönliche Rezept, der therapeutische Enthusiasmus. Eine pessimistische Haltung kann sogar die Wirksamkeit eines erwiesenermaßen biochemisch effektiven Präparates vermindern. Die *Erwartungshaltung* des Arztes beeinflußt hier die Wirkung auf den Patienten, dessen „Verhalten". Wir hatten diesen „Effekt" in einem allgemeinpsychologischen Rahmen unter dem Stichwort des sog. *Rosenthal-Effekts* kennengelernt (s. Kap. 1.1).

Mit abhängig ist der Placeboeffekt vom *Heilklima*, der „aura curae", die der Arzt schafft und die ihn umgibt. Strahlen z. B. Schwestern bzw. Pfleger und Sprechstundenhilfen bei der Übergabe von Medikamenten und Rezepten selbst Optimismus aus, teilt die „Umgebung" selbst die Wertschätzung der Heilmaßnahmen und des Arztes, hat der Arzt auch im Laiensystem einen guten Ruf, wird der Placeboeffekt stärker sein.

Von der Art der Erkrankung. Immer wieder wird irrigerweise angenommen, daß Placebomaßnahmen nur bei psychogenen oder, wie es manchmal abschätzig heißt, „eingebildeten" Krankheiten wirksam werden. Placebowirkungen sind auch bei eindeutig organisch bedingten Syndromen wahrzunehmen. Man denke nur an die schwer verwundeten Soldaten von Stalingrad. Die folgende Tabelle 9.2 stellt die Placebowirkungen bei verschiedenen Krankheiten zusammen.

Mit zu den erstaunlichsten der Wirkungen von Placebos gehören ihre *„Nebenwirkungen"*. Man hat eine Liste von 44 Nebenwirkungen nach Placebogabe erstellt. Als beispielsweise in New York ein Impfstoff gegen Hepatitis getestet wurde, klagten Placebopatienten über Hautausschläge, die eigentlich nur nach Injektion des echten Impfstoffes hätten auftreten

Tabelle 9.2 Placebowirkungen bei verschiedenen Krankheiten (nach Janke 1967; in Rösler, Szewczyk, Wildgrube 1996)

Krankheiten	Zahl der Patienten	Zahl der Untersuchungen	% positive Placebo-Reaktionen	
			Durchschnitt	Kleinster/größter Prozentsatz
Verschiedene Schmerzen	961	25	28,2	0–67
Kopfschmerzen	4 588	9	61,9	46–95
Migräne	4 908	5	32,3	20–58
Schlafstörungen	340	3	7	0–8
Neurosen	135	6	34	0–61
Psychosen	828	17	19	0–75
Alkoholismus	210	5	22	10–50
Erkältungen	246	3	45	35–61
Angina pectoris	346	10	18	0–57
Magen-Darm-Störungen	284	5	58	21–86
Dysmenorrhoe	88	4	24	11–60
Rheuma	358	8	49	14–84
Hypertonie	240	9	17	0–60
Zerebrale Defekte, Paraplegien	57	3	7	0–21
Multiple Sklerose	152	3	24	0–73

dürfen. Patienten müssen ja beim Doppelblindversuch vorher aufgeklärt werden, welche Wirkungen und Nebenwirkungen das echte Medikament hervorrufen kann. Die häufigste „Nebenwirkung" ist wohl Durchfall, des weiteren Müdigkeit, Kopfschmerzen und Konzentrationsstörungen, Erhöhung der Herzfrequenz etc. Die Nebenwirkungen sind in der Regel ähnlich denen, die bei der Einnahme des Verums auftreten können. Placebos können insofern auch schaden, können zum *„Nocebo"* (nocere, lat.: schaden) werden. Da die Nebenwirkungen nicht chemisch bedingt sein können, zeigen gerade auch sie die gewaltige Macht der psychologischen Komponente in der Arzt-Patient-Beziehung.

Die Obstipation, die Stuhlverstopfung, ist merkwürdigerweise nur in 12 % mit einem Scheinmittel zu beeinflussen – eine Placebowirkung ist also von leiblichen Gegebenheiten abhängig, von der Art der Störung, aber offensichtlich auch von der Persönlichkeit. Sind Patienten, die „verstopft" sind, weniger dem Einfluß des Arztes zugänglich, mehr „zugeknüpft"? Diese Frage führt uns zum dritten Punkt der Abhängigkeit des Placeboeffektes.

Von der Art der Persönlichkeit. Menschen, die auf Placebos ansprechen (*„Placeboreaktoren"*), scheinen sich in ihrer Intelligenz nicht von Nichtreaktoren zu unterscheiden, ebensowenig in der Geschlechtsverteilung. Im Alter wird die Ansprechbarkeit eher höher. Von Persönlichkeitsmerkmalen wirken sehr wahrscheinlich Extravertiertheit, Ängstlichkeit, Neigung zur Abhängigkeit begünstigend. Zum Typus des „Extravertierten" gehören Menschen, die ihre Interessen mehr dem Geschehen der äußeren Welt zuwenden, kontaktfreudig sind, dem Einfluß anderer gegenüber sich öffnen, sich nicht mißtrauisch von anderen abschließen, nicht in sich gekehrt, „introvertiert" sind. Entscheidend scheint zu sein, daß das Arztverhalten durch den Patienten bejaht wird, daß der Patient bereit zur Kooperation ist, daß er erwartet, Hilfe zu erhalten, und daß er diese Hilfe nötig hat, daß also ein *Leidensdruck* besteht.

So zeigte sich in einem Experiment, daß bei experimentell erzeugten Schmerzen, verglichen mit Schmerzen als Folge eines organischen Leidens, der Placeboeffekt gering ist. Das Experiment zeigt die Bedeutung der subjektiv erlebten Situation. Während im Experiment die Probanden dem experimentell erzeugten Schmerz jeden Augenblick ein Ende machen konnten, findet sich der wirklich erkrankte Patient seinen Schmerzen hilflos ausgeliefert und ist deshalb besonders empfänglich für ein „Versprechen", das dieser Unsicherheit und Angst ein Ende setzt.

In einem österreichischen Krankenhaus liegt ein junger Mann im Sterben. Wahrheitsgemäß haben ihm die Ärzte mitgeteilt, daß sie ihm nicht helfen könnten, weil sie nicht in der Lage seien, seine Krankheit zu diagnostizieren. Würden sie die Diagnose kennen, wäre Hilfe möglich. Sie teilten ihm ferner mit, daß in den nächsten Tagen ein berühmter Professor, eine Koryphäe der Diagnostik, zufällig dieses Krankenhaus besuche. Sie wollen zuse-hen, daß dieser berühmte Mann den Patienten sehe, um vielleicht seine Krankheit diagnostizieren zu können. Die Koryphäe kommt tatsächlich, kommt ans Bett dieses Kranken, wirft nur einen Blick auf diesen und sagt: „Moribundus". Einige Zeit später sucht der Patient diesen Professor auf und sagt ihm: „Ich wollte Ihnen schon immer danken. Die Ärzte hatten mich aufgegeben, mir aber noch gesagt, daß dann, wenn Sie meine Krankheit diagnostizieren könnten, ich eine Chance hätte, durchzukommen. In dem Moment, als Sie Moribundus sagten, wußte ich, daß ich es schaffen werde." – Die Rettung dieses Mannes war, daß er kein Latein konnte, er dieses Todesurteil (moribundus, lat.: er wird sterben) für eine hoffnungsvolle Diagnose hielt.

Si non e vero bene trovato (wenn es nicht wahr ist, so ist es doch gut erfunden) – diese Anekdote, vom amerikanischen Psychologen Allport stammend und vom Kommunikationstheoretiker Watzlawick nacherzählt, konnte hier noch einmal illustrieren. In der Erwartung und Hoffnung, daß der Arzt ihm in seiner hoffnungslosen Lage helfen wird und der Arzt sich entsprechend dieser Erwartung verhielt, kam es zur heilsamen Wirkung.

Grundsätzlich ist es wohl besser, zu den sog. Placeboreaktoren zu gehören, denn man hat herausgefunden, daß bei schweren Schmerzzuständen, wie z. B. Krebserkrankungen, „Placeboresponder" weniger hochwirksame Schmerzmittel, wie Morphium, benötigen. Daß Morphium süchtig macht, ist bekannt. Das Erstaunliche ist nun, und dies belegt erneut die Macht, die das Seelische hier hat, daß auch Placebo abhängig machen kann, eine *Placeboabhängigkeit* besteht. Offensichtlich erfahren hier Menschen eine Hilfe, nach der sie süchtig werden.

Ein eindrucksvolles Beispiel, wie gerade Schmerzen durch psychosoziale Faktoren beeinflußt werden können, berichteten amerikanische Ärzte im ersten Weltkrieg, die Soldaten der sog. Alpenfestung betreuten. Selbst schwer verwundete Soldaten verspürten kaum Schmerzen, denn aufgrund dieser Verwundung kamen sie aus dieser Hölle heraus. Es war für sie eine „million Dollar wound", eine Verwundung also, die für sie eine Million Dollar wert war.

Novitätseffekt. Ein neues Medikament, jede neue Therapie, jede Neuerung überhaupt kann sich zunächst positiv auswirken, weil sie neu ist – auch wenn von der Sache her kein positiver oder positiverer Effekt zu erwarten ist („neue Besen kehren gut"). Armand Trousseau, ein französischer Arzt des 19. Jahrhunderts, übrigens der erste, der einen Luftröhrenschnitt durchführte, riet deshalb seinen Kollegen: „Nutze eine Medizin, so lange sie neu ist und die Macht hat, zu heilen."

In der Psychologie ist der „Novitätseffekt" auch als *„Hawthorne-Effekt"* bekannt: In den Hawthorne-Werken, die u. a. Beleuchtungskörper herstellten, wurden Arbeiterinnen im Fertigungsprozeß dahingehend untersucht, ob die Intensität der Lichtverhältnisse einen Einfluß auf die Produktivität habe. Während der Studie hielten sich die Untersucher zur Erhebung der Daten im Betrieb auf. Das überraschende Ergebnis war, daß, unabhängig von der Beschaffenheit der Lichtverhältnisse, die Arbeitsproduktivität dort anstieg, wo sich die Untersucher aufhielten. Offensichtlich hatte ihre Anwesenheit („etwas Neues", eine Novität) einen stimulierenden Effekt – unabhängig davon, ob die Beleuchtungsstärke herauf- oder herabgesetzt wurde.

> **!** Hawthorne-Effekt: Teilnahme am Experiment selbst – Änderung der bisherigen Situation – hat stimulierenden Effekt.

Art der verwendeten Placebos. Wie Placebos schmecken, welche Farbe sie haben, ist nicht gleichgültig. Bei bunten Placebos tritt der Placeboeffekt häufiger auf als bei ungefärbten. Günstig sind bitterer Geschmack oder ein leichtes Brennen. Auch die *Darreichungsform* spielt eine wichtige Rolle. Placebos, die in Spritzenform verabreicht werden, sind wirkungsvoller als Tabletten und diese sind wiederum effektiver als Zäpfchen. Besonders eindrucksvoll hier auch die *„Dosisabhängigkeit"*: Eine doppelte Dosis als „Schlafmittel" zeigt doppelte Wirkung, sozusagen ein „Placebo *forte"*. Wie beim echten Medikament spielen Verpackung und Verabreichungsform eine „psychologische" Rolle, beim echten kommt noch der Markenname des Medikaments hinzu.

Wirkungsweise

„Übergangsobjekt". Die Wirkungsweise des Placeboeffektes ist komplex. Eine mögliche psychodynamische Erklärung liefert der Begriff des *„Übergangsobjekts"* (vgl. Kap. 6.2.3). Bestimmte, das Kind sehr früh faszinierende Objekte, wie beispielsweise der Zipfel einer Decke oder ein kleiner Teddy, stellen die ersten Symbole der Mutter dar, einer Person also, die in einer sozusagen „allmächtigen" Weise Situationen und Gefühle der Unsicherheit, Hilf- und Hoffnungslosigkeit beseitigt. Nun scheint auch die Wirksamkeit eines Placebos untrennbar mit der Person verknüpft, die das Heilmittel verabreicht oder verschreibt. Wenn eine Placebospritze wirksamer ist als eine Placebotablette, dann hat das sehr wahrscheinlich damit zu tun, daß die unmittelbare Präsenz des Arztes bei der Injektion der entscheidende Wirkfaktor ist. Placebos fungieren offenbar als eine Art Übergangsobjekte, sofern sie die heilsame Wirkung der Beziehung zum Arzt zu symbolisieren, ihn im „Übertragungsgeschehen" (s. Kap. 3.2.2 und später in diesem Abschnitt) als hilfreiche Person identifizieren und ihn, während er abwesend ist, ersetzen können – wie eine Art Talisman.

So ist bei der Behandlung angstneurotischer Patienten immer wieder zu erleben, daß sie, obwohl schon seit Monaten medikamentenfrei, dann auf ein Rezept – und zwar auf ein persönliches – drängen, wenn eine Urlaubstrennung ansteht. „Das ist dann, wie wenn ich Sie in der Handtasche dabei hätte", meinte einmal eine agoraphobische Patientin.

In der Übertragung einer heil- und hilfebringenden mütterlichen oder väterlichen Person auf den Arzt symbolisiert dann das Placebo oder irgendeine andere therapeutische Maßnahme diesen Heilsbringer bzw. die entsprechende heilsame Umwelt.

Suggestion. Traditionell spielt zur Explikation des Placeboeffektes insbesondere der Begriff der „Suggestion" eine Rolle:

> **!** Unter Suggestion (suggere, lat.: unterlegen, beeinflussen, eingeben) wird die Beeinflussung des Denkens, Fühlens, Wollens und Handelns eines Menschen im Sinne einer emotionalen Resonanz verstanden, wobei rationale, kritisch wertende Persönlichkeitsanteile in den Hintergrund treten.

Der Arzt hat in der Interaktion mit dem Patienten eine „suggestive" Wirkung. Diese setzt allerdings voraus, daß der Patient selbst bereit ist, die ärztliche „*Fremdsuggestion*" („Heterosuggestion") „*autosuggestiv*", d. h. sich selbst emotional beeinflussend, zu akzeptieren.

In psychoanalytischer Perspektive wird Suggestion ebenfalls als „Übertragungsphänomen" gesehen. Im sozusagen „blinden Vertrauen" überantwortet sich der „regredierte" Patient dem Arzt wie einem quasi „allmächtigen Vater", der „schon alles richten wird". In einer Phase weitgehender Regression (s. Kap. 8.5), wo-

hin Angst und Sorge um das physische und psychische Wohl führen können, entspricht diese Situation „wieder der Hilflosigkeit kleiner Kinder, die nur ebenso mächtige wie unbegreifliche Wesen (wie sie anfangs von den Eltern verkörpert wurden) aus ihrer Not erlösen und vor dem Abgleiten in Hoffnungslosigkeit bewahren können" (v. Uexküll 1996).

Rösler et al. (1996) machen darauf aufmerksam, daß der „irrationale" Begriff der Suggestion zur Erklärung des Placeboeffekts nicht hinreiche. Aufgrund der fachlichen Kompetenz des Arztes sei ein rational begründetes Vertrauen nicht minder gerechtfertigt.

Konditionierungsvorgänge. Zur Erklärung des Placeboeffekts lassen sich auch Konditionierungsvorgänge heranziehen. So läßt sich die Reaktion einer positiven Immunantwort, hervorgerufen durch den unbedingten Stimulus, das „Verum" Epinephrine, nach entsprechender Konditionierung allein durch den „bedingten Stimulus" eines Fruchtbonbons (= Placebo) hervorrufen. Die positive Immunantwort besteht dabei in einem Anstieg der Killer-Zell-Aktivität (s. Kap. 4).

Aktivierung endorphiner Systeme. Wie auch dieses Beispiel zeigt, bleiben Placeboeffekte keineswegs auf den Bereich der Psyche beschränkt. Sie beeinflussen vielmehr auch *physiologische* und *biochemische Prozesse*. So auch bei der schmerzhemmenden Wirkung von Placebos. Sie läuft über die Aktivierung endorphiner Systeme. Endorphine sind körpereigene Opiate, deren Produktion durch Placebo hervorgerufen wird. Das konnte u. a. dadurch belegt werden, daß Schmerzpatienten, die auf Placebos positiv angesprochen hatten, nach der Gabe des Morphinantagonisten Naloxon, das die Endorphinausschüttung blockierte, vermehrt Schmerzen angaben.

Iatrogene Fixierung

Ein weiteres Beispiel der Beeinflussung des Patienten durch den Arzt stellt das Phänomen der „iatrogenen Fixierung" dar.

Eine 35-jährige Frau leidet seit gut 2 Jahren an Kopfschmerzen. Organische Ursachen waren ausgeschlossen worden. Eine situative Mehrfachbelastung, zu deren Änderung die Patientin nicht fähig war, machte bei diesem „funktionellen (d. h. nicht organisch bedingten) Syndrom" eine psychosomatische Genese wahrscheinlich. Der Hausarzt schickte die Patientin nun zur „Kur". Bei der Erhebung der Anamnese berichtete die Patientin auch über eine Splitterverletzung an der Schläfe, die sie 9-jährig bei einem Granatenangriff gegen Ende des Krieges erlitten hatte. Der Kurarzt äußerte jetzt die Vermutung, daß die Kopfschmerzen daher rühren könnten. Als nach Beendigung der Kur – die Kopfschmerzen waren während der Kur praktisch verschwunden, ein weiterer Hinweis für ihre Psychogenese – wieder auftraten, als sie nach Hause gekommen war, reiste sie jetzt von Neurologe zu Neurologe, von einer neurologischen und neurochirurgischen Klinik zur anderen, ohne daß bei diesen Untersuchungen je ein organischer Befund erhoben werden konnte; die Patientin war aber jetzt ganz auf diese organische Ursache ihrer Beschwerden fixiert.

Wir sprechen in diesem Zusammenhang, wenn eine unbedachte Äußerung des Arztes zur Fixierung auf eine nicht vorhandene oder unbedeutende Krankheit oder deren vermeintliche Ursache führt, von einer „iatrogenen Fixierung" (d. h. eine durch den Arzt – griech.: iatros – hervorgerufene Fixierung).

> **!** Iatrogene Fixierung: Unbedachte Äußerung des Arztes führt zu Fixierung auf eine überhaupt nicht vorhandene oder unbedeutende Krankheit bzw. deren Ursache.

Immer wieder suchte die Patientin auch das Versorgungsamt auf. Der Arzt des Versorgungsamtes wußte sich schließlich nicht mehr anders zu helfen, als ihr einen Schwerbehindertenausweis auszustellen. Ab diesem Zeitpunkt war sie jetzt ganz „fixiert", eine Rente zu erhalten, eine Rente aufgrund dieser angeblichen Kriegsfolgen.

Wie in diesem Falle, handelt es sich bei iatrogener Fixierung auf ein bestimmtes Krankheitsbild häufig um „funktionelle Störungen", d. h. körperliche Beschwerden, die nicht organisch, sondern psychosozial bedingt sind. Eine iatrogene Fixierung auf eine somatische Ursache wirkt sich dann als sehr hinderlich aus, psychosomatische Zusammenhänge wahrzunehmen, sie zu bearbeiten und zu lösen.

Übertragung und Gegenübertragung

Eine zentrale Rolle in der Interaktion zwischen Arzt und Patient stellen die Phänomene „Übertragung" und „Gegenübertragung" dar. Die Begriffe stammen ursprünglich aus der psychoanalytischen Therapie, sind jedoch, wie wir bereits in Kap. 3.2.2 gesehen haben, ein allgemeinpsychologisches Phänomen und strukturieren insbesondere auch generell die Arzt-Patient-Beziehung. Übertragung hatten wir wie folgt definiert:

> **!** Unter Übertragung ist zu verstehen, daß ein Mensch Gefühle, Wünsche, Einstellungen, die aus früheren wichtigen Beziehungserfahrungen mit lebensgeschichtlich bedeutsamen Bezugspersonen stammen, auf die aktuelle Bezugsperson richtet.

Die Gefühle beispielsweise, die sich im Umgang mit dem Vater einstellen oder mit einem Geschwister oder der Mutter, bahnen eine Erwartungshaltung, die später in der Beziehung zum Lehrer, Freund, zum Geliebten oder der Geliebten auf Fortsetzung drängt. Übertragungen geschehen unbewußt, denn das davon betroffene Individuum weiß nicht, daß die Gefühle, die es gerade am aktuellen Beziehungspartner erlebt, auch aus früheren Beziehungserfahrungen stammen. Daß es sich um „Übertragung" und damit um einen unbewußten Vorgang handelt, ist beispielsweise an der Unangemessenheit der sich aktuell einstellenden Gefühle und Einstellungen erkennbar.

Beziehungen, die besonders mit Erwartungen und Gefühlen wie Ängsten, Hoffnungen usw. verbunden sind, sind besonders prädestiniert für Übertragungsvorgänge. Dazu gehört gerade auch die Arzt-Patient-Beziehung. Zunächst ein Beispiel aus einer psychoanalytischen Therapie:

Die 22-jährige Studentin der Physik Maria P. litt bei Eintritt in die analytische Behandlung an einer tiefen depressiven Verstimmung mit erheblichen Arbeits- und Kontaktstörungen. Einen massiven Suizidversuch hatte sie nur durch einen glücklichen Zufall überlebt. Maria P. ist die Tochter des Chefs eines großen, bekannten Industrieunternehmens. Die Beziehung der Patientin zu ihrem Vater, der aus einfachen Verhältnissen in diese wirtschaftliche Spitzenposition aufgestiegen war, war ambivalent. Auf der einen Seite idealisierte sie ihren Vater sehr, hing auch gefühlsmäßig mehr an ihm als an der Mutter, war ständig auf der Suche nach seiner Zuwendung. Andererseits aber erlebte sie in ihrer Beziehung zum Vater schon immer eine tiefe Kränkung, sofern er ihr den um 1 Jahr jüngeren Bruder stets vorgezogen hatte. Nur wenn sie besondere Leistungen zeigte, sei es in der Schule oder jetzt im Studium, konnte sie mit seiner Zuwendung rechnen.
Die Therapie ließ sich sehr gut an. Binnen zwölf Wochen waren die Arbeitsstörungen verschwunden, die Kontaktfähigkeit entscheidend besser geworden und Depressives nicht

mehr zu registrieren. Die Arzt-Patient-Beziehung erlebte der Therapeut als vertrauensvoll und offen – bis die Patientin nach etwa 5 Monaten Analyse eines Tages nebenbei bemerkte, daß gestern eine wichtige Prüfung stattgefunden habe, sie aber nicht angetreten sei. Sie habe jedenfalls keinen Antrieb verspürt, zu dieser Prüfung zu gehen, habe auch Angst gehabt, durchzufallen. Die Patientin hatte in den Wochen zuvor nichts davon verlauten lassen, daß diese Prüfung überhaupt anstehe und sie sich dazu gemeldet habe. In den sich anschließenden Gesprächen stellte sich nun folgendes heraus: Sie hatte den Arzt in den letzten Wochen als jemanden erlebt, der sich freute und ihr zugewandt war, wenn ihr Befinden besser wurde, sie von ihren Erfolgen im Studium berichtete. Sobald sie aber von ihren Mißerfolgen und Kontaktschwierigkeiten erzählte, sei er enttäuscht gewesen und habe ihr die Zuwendung entzogen, sie gar nicht mehr sehen wollen. Das habe sie nicht mehr ertragen können, sie sei deshalb nicht zur Prüfung angetreten, um ihm nicht noch diesen Erfolg zu gönnen, mit dem er sich dann sicherlich gebrüstet hätte.

In der Folge ließ sich herausfinden, daß die Patientin sowohl in der Phase positiver Zuwendung als auch dann, als sie ihre Examensphobie verschwieg, noch ein anderes „Gespräch" führte als das mit dem präsenten Partner, dem Analytiker. Durch ihn hindurch „sprach" sie, ohne darum zu wissen, mit dem Vater, den sie liebt, dem sie aber aufgrund seiner ehrgeizig-autoritär-distanzierten Haltung auch ambivalent gegenübersteht und dem sie deshalb den Erfolg eines bestandenen Examens nicht gönnt. Der Patientin fallen in der Folgezeit mehr und mehr bislang unbewußt gebliebene Erinnerungen ein, die diesen „Übertragungszusammenhang" bestätigen.

Aufgrund der intensiveren Interaktion sind Übertragungsvorgänge besonders in psychotherapeutischen Beziehungen anzutreffen. Aber sie strukturieren jede Arzt-Patient-Beziehung mit. In einer Situation, die ängstigt – der Patient steht z.B. vor einer schwierigen Operation oder einer problematischen Diagnose mit fraglicher Therapie – kann er in eine Verhaltensweise zurückfallen, wie er sie als

Kind den Eltern gegenüber hatte. Wir können sagen, daß er die Gefühle, die Einstellungen, die er Vater und Mutter gegenüber erlernt hat, jetzt auf den Arzt oder die Ärztin überträgt. Die kindliche Situation der Hilfsbedürftigkeit, eine Situation der absoluten Angewiesenheit auf die Eltern, ist hier das unbewußte Vorbild für die Beziehung, wie sie sich jetzt zwischen Arzt und Patient entfaltet. Denn auch Krankheit macht hilfsbedürftig, macht in einer sonst nicht gekannten Weise abhängig. Die Urerfahrung einer asymmetrischen Beziehung, die der Mensch durchgemacht hat, ist die zwischen Kind und Eltern. In der Arzt-Patient-Beziehung wird jetzt unbewußt auf diese Asymmetrie zurückgegriffen. Der Mechanismus der Übertragung ist dem Patienten selbst nicht bewußt. Er meint, er habe es nur mit dem aktuellen Bezugspartner, dem Arzt, zu tun. Dabei wiederholt er an ihm alte Wünsche, Ängste, Aggressionen, generell alte Erfahrungen.

Die Übertragung wird

- *positiv* genannt, wenn dem aktuellen Beziehungspartner freundliche, liebevolle Gefühle entgegengebracht werden,
- *negativ*, wenn es sich um eine feindselige, aggressive, z. B. aus früheren Enttäuschungen gespeiste, Einstellung handelt,
- *ambivalent*, wenn gleichzeitig positive und negative Gefühle auftreten.

Jeder Arzt muß um solche Vorgänge wissen, um sein eigenes Verhalten Patienten gegenüber kontrollieren zu können. Denn es kann sehr leicht geschehen, daß der Arzt auf solche Übertragungswünsche „affektiv" reagiert, z. B. auf eine aggressive Übertragung selbst mit aggressivem Verhalten antwortet. Wenn der Arzt daran denkt, daß diese Emotionen vielleicht gar nicht aus der Beziehung zu ihm resultie-

ren, sondern aus einer Beziehung zu einer früheren wichtigen Bezugsperson stammen, z. B. einem autoritären Vater oder einer Mutter, von der man sich nicht genügend versorgt fühlte, kann er dem Patienten mit mehr Gelassenheit und Souveränität begegnen.

Der Arzt oder die Ärztin sind geneigt, besonders dann affektiv zu reagieren, wenn dieses Übertragungsangebot des Patienten in ihnen selbst bestimmten Seiten, bestimmte gefühlshafte Einstellungen anklingen lassen, die aus der eigenen Biographie stammen. Die eigenen Reaktionen des Arztes oder der Ärztin auf die vom Patienten angebotenen Emotionen und Affekte nennt man vereinbarungsgemäß *„Gegenübertragung"*.

> **!** Gegenübertragung (ganzheitliche Definition): gesamte emotionale Reaktion des Arztes auf den Patienten, mitbestimmt durch:
>
> - Übertragung des Patienten auf den Arzt (der Patient „sieht" den Arzt z. B. als „allmächtigen Vater", der schon alles richten wird);
> - die Realität des Lebens des Patienten (der Arzt sorgt sich z. B. bei ungünstiger Prognose).
> - die eigene Realität des Arztes, sofern sie vom Patienten betroffen wird („Müßte er doch noch einen Hausbesuch beim gefährdeten Patienten machen, obwohl es dann mal wieder nichts mit dem Theaterbesuch wird, den er der Ehefrau versprochen hat?").
> - Übertragung des Arztes auf den Patienten (z. B. Gefühle, die dem eigenen schwerkranken Vater galten, werden jetzt in der Beziehung zum älteren Patienten wiederbelebt).

Die Definition der Gegenübertragung ist nicht einheitlich. Die sog. *„klassische Auffassung"* ist mit dem zuletzt genannten Punkt der ganzheitlichen Definition identisch, d. h. der Übertragungsreaktion des Patienten in umgekehrter Richtung analog. Auch der Arzt hat ja seine Lebensgeschichte, hat bestimmte unbewußte Reaktionsmuster in der Beziehung zu wichtigen Bezugspersonen erworben, die jetzt in der „aktuellen" Begegnung mit Patienten reaktiviert werden.

Helfersyndrom. Die Gegenübertragung kann, muß aber nicht, durch Verhaltensweisen des Patienten, v. a. von dessen unbewußter Übertragungshaltung, provoziert werden, so z. B. das sog. Helfersyndrom (Schmidbauer 1977). Der Patient als Hilfesuchender stimuliert in seinen regressiven Bedürfnissen nach Schutz und Rückhalt entsprechende Befriedigung in der Hilfe des Arztes. Indem der Arzt hilft, einem Schwächeren beisteht, kann er seinerseits eigene Gefühle von Hilflosigkeit, eigene Abhängigkeitsbedürfnisse „überspielen". Diese Asymmetrie wird dann problematisch, wenn der „Helfer mit anderen Menschen regelmäßig so umgeht, als ob sie tatsächlich hilflos, passiv und abhängig wären – auch wenn sie gar keine ausgeprägten regressiven Ansprüche stellen" (Heim 1986). Ein Beispiel Heims – aus einer Balintgruppe – kann dies veranschaulichen:

„In der Balint-Gruppenarbeit berichtet ein Kollege von einer herben Enttäuschung, wie er sich ausdrückte. Nach einer ehelichen Auseinandersetzung hat eine 50-jährige Geschäftsfrau ihm erstmals von ihren familiären Schwierigkeiten erzählt. Er war darauf eingegangen und glaubte, in einem guten Gespräch viel zur Klärung der Beziehung beigetragen zu haben. Umso mehr war er enttäuscht, daß die Patientin anläßlich der nächsten Konsultation sich nicht mehr zum Thema äußern wollte. Offensichtlich war sie bemüht, selbst mit der ehelichen Situation fertig zu werden. Der Kollege empfand ihr Verhalten aber v. a. als eine unberechtigte Zurückweisung seiner Hilfe. In der Balint-Gruppe war aber von früheren Fallbesprechungen her schon bekannt, daß dieser Kollege dazu neigt, sich seinen Patienten gegenüber überzuengagieren. Er wurde vorsichtig darauf aufmerksam gemacht, ob nicht auch diesmal seine Helferbereitschaft größer war als das Hilfebedürfnis der Patientin. Erst jetzt erkannte der Kollege seinen eigenen ... Anteil, der der entspannten Beziehung zu seiner Patientin im Wege stand."

Beziehungsdiagnostik – „Balint-Gruppen"

In den 50er Jahren wurden in London von dem aus Ungarn stammenden praktischen Arzt und Psychoanalytiker Michael Balint *Seminare für Allgemeinpraktiker* inauguriert. Jedes Seminar, später „Gruppe" genannt, setzte sich aus acht bis zwölf Ärzten und einem Psychotherapeuten zusammen. *Ziel* war – und ist es noch heute – in diesen Seminaren, später „Balint-Gruppen" genannt, die Art der Beziehung zwischen Arzt und Patient zu reflektieren (*„Beziehungsdiagnostik"*), um dann dem Patienten besser helfen zu können. Ein Arzt trägt jeweils einen „Fall" vor. Die Gruppe hört zu, stellt ergänzende Fragen und bespricht dann das vorliegende „Material". Dabei wird darauf geachtet, was der Patient dem referierenden Arzt erzählt hat, wie er es vorbrachte und insbesondere, welche Gefühle und Aktivitäten im Arzt ausgelöst wurden. Der Arzt, der den Fall vorgestellt hat, wird nach seinem Bericht bemerken, daß ihm Verschiedenes bewußt wurde, an das er vorher nicht gedacht hatte. Anschließend tragen die Fragen und Stellungnahmen der Gruppenmitglieder weitere Elemente zum Verständnis des Kranken, des Arztes und ihrer Beziehung bei. So wie der Vortragende seine Gefühle zur Begegnung schildert, so teilen auch die Gruppenmitglieder mit, was bei ihnen beim Zuhören angeregt wurde. Auf diese Weise entsteht langsam aus den einzelnen Voten ein Bild des Patienten und seiner Beziehung zum Arzt. Ein Kernpunkt dieser Arbeit ist der Gedanke, daß jeder Mensch, der in und an einer Beziehung arbeitet, neue Möglichkeiten gewinnt, wenn er umfassender erfahren und reflektieren kann, was in dieser Beziehung vorgeht.

9.3   Ärztliches Gespräch

Angesichts des großen technischen Aufwandes, der heute den Arzt umgibt, wird leicht übersehen, daß in der Medizin die Sprache schon immer eine hervorragende Rolle einnahm, ja daß sie überhaupt am Beginn ärztlichen Tuns stand. Über 30.000 Jahre alte Höhlenzeichnungen geben Kunde von Beschwörungsformeln, wie wir sie heute noch bei Völkern, die auf der Stufe der Steinzeit leben, zu Heilzwecken beobachten können. Viereinhalbtausend Jahre alte assyrische Tafeln zeugen von Beschwörungen, mit deren Hilfe die Medizinmänner böse Dämonen zu vertreiben suchten, die sie für Krankheit verantwortlich machten. Zweifellos sind wir heute fern solcher Vorstellungen, in denen die Rolle der Sprache in der ärztlichen Tätigkeit zugleich als Kommunikation mit Gottheiten und Dämonen fungierte. Es wäre gleichwohl gerade im Hinblick auf Gebet, Fürbitte und Beichte von Interesse, inwiefern sich diese Phänomene, die sich ja auch als Gespräch vollziehen, therapeutisch auswirken können. Der Arzt modernen Zuschnitts ist kein Vermittler einer übernatürlichen Heilkunde. „Das ärztliche Gespräch verlor den Charakter einer Fürbitte und wurde zum Zwiegespräch mit dem Kranken" (Condrau 1968). Trotz dieser Säkularisierung im ärztlichen Bereich geben indessen zweifellos bestimmte Redewendungen davon Kunde, daß Gespräch

und Sprache nach wie vor im Arzt-Patienten-Kontakt zentral gefordert wird. Wir sprachen gerade vom *„ärztlichen Gespräch"*. Wir alle kennen die Ausdrücke *„Sprechzimmer"*, *„Sprechstunde"*.

Die Aufgaben des ärztlichen Gesprächs sind multifunktional

Gegenseitige Informationsvermittlung. In der Erhebung des *Beschwerdebildes* und der *Anamnese* werden zunächst die aktuellen Symptome und die Vorgeschichte, wie frühere Erkrankungen, erfragt.

- In der *Eigenanamnese* wird nach der eigenen Vorgeschichte gefragt,
- in der *Familienanamnese* die Vorgeschichte der Eltern, Geschwister und anderer Angehöriger. Finden sich hier ähnliche Symptome, wie z. B. Adipositas oder Alkoholabhängigkeit, so kann dies ein Hinweis auf eine „Familientradition", aber auch auf eine erbgenetische Belastung sein.
- Die *Fremdanamnese* (wichtig z. B. bei Kindern oder bewußtseinsgestörten Patienten) erhebt Angaben anderer Personen über den Patienten.

Besteht Anlaß, daß bei der Entstehung der Erkrankung psychosoziale Faktoren eine Rolle spielen, wie z. B. bei den sog. „funktionellen Störungen" – körperliche Beschwerdebilder (z. B. Kopfschmerzen, Magen-Darmbeschwerden) ohne organische Ursache – ist die Exploration der aktuellen Lebenssituation und die Herausarbeitung möglicher Konflikte unerläßlich (vgl. das spätere Fallbeispiel).

Der Patient seinerseits erwartet vom Arzt, über sein Leiden, die diagnostischen und therapeutischen Maßnahmen unterrichtet zu werden. Für einen Eingriff, wie eine Operation, muß der Patient eine Einverständniserklärung abgeben. Das setzt voraus, daß er zuvor über Erfolgsaussichten, Risiken und Alternativen ausreichend informiert worden ist.

Eine Reihe empirischer Untersuchungen zeigt, daß Patienten sich ungenügend informiert fühlen, Informationen, auch wenn sie gegeben werden, offensichtlich nicht „ankommen". Ängste beispielsweise, die durch eine abrupte Information über eine ungünstige Prognose geweckt wurden, können die Fähigkeit zur Informationsaufnahme wesentlich beeinträchtigen (vgl. Kap. 3.2.2 Abwehrmechanismus der „Verleugnung").

Mann (in Wilker et al. 1994) faßt die Voraussetzungen für eine erfolgreiche *Informationsvermittlung* wie folgt zusammen:

- Der Patient ist zu diesem Zeitpunkt aufnahmefähig (in Zeiten intensiver emotionaler Bewegung, z. B. kurz vor einem Eingriff, ist das kaum der Fall) und
- die Mitteilung ist verständlich.

Bedingungen der Verständlichkeit sind:

- gedankliche Klarheit und Übersichtlichkeit (klare Gliederung, Fortlassen nebensächlicher Details, Hervorhebung und Wiederholung des Wichtigsten),
- einfache Sprache (kurze, einfache Sätze, Wortwahl entsprechend dem Wissensniveau des Patienten, Meiden bzw. Erklären von Fachausdrücken),
- Anschaulichkeit (konkrete Beschreibung, Demonstrationsmaterial).

Weitere empirische Untersuchungen konnten zeigen, daß die Informationsvermittlung durch den Arzt umso besser ist, wenn der Patient selbst einer höher sozialen Schicht entstammt, einen entsprechend höheren Bildungsgrad hat, der Arzt selbst ihn gut kennt und selbst nicht unter Streß steht.

Verständnisbarrieren. Unterschiedliche Schichtangehörigkeit kann insbesondere dann zu Verständnisschwierigkeiten führen, wenn der Arzt unadaptiert den für seine Schicht charakteristischen *„elaborierten Code"* (s. Kap. 6.3.2) spricht, z. B. Fremdwörter und Fachtermini benutzt, deren Bedeutung dem Patienten nicht bekannt sind. Deshalb ist es hier besonders wichtig, die vorgenannten „Bedingungen für Verständlichkeit" einzuhalten. Auch *zeitliche* und *räumliche Rahmenbedingungen* können die Verständlichkeit beeinträchtigen. Registriert der Patient, daß der Arzt unter massivem Zeitdruck steht, werden wichtige Inhalte überhaupt nicht zur Sprache kommen. Dasselbe gilt z. B., wenn sich die Arzt-Patient-Kommunikation auf die Visite beschränkt, Mitpatienten und Mitglieder des therapeutischen Teams mithören.

Herstellung eines Arbeitsbündnisses. Ein „gutes Gespräch" ist dadurch ausgezeichnet, daß der Gesprächspartner Geduld aufbringt, die Fähigkeit hat, ein Klima des Vertrauens und der wechselseitigen Sympathie zu schaffen und den Respekt vor den Worten des anderen zu bewahren.

- Geduld,
- Empathie,
- Verständnis,
- Respekt.

Das sind interessanterweise genau die Punkte, welche nach vielen therapievergleichenden Untersuchungen die *Basisfaktoren* für Heilerfolge in der Psychotherapie darstellen, handele es sich um Psychoanalyse, Verhaltenstherapie, klientenzentrierte Therapie oder um Therapien durch Professionelle, Anfänger oder auch Laien. Diese Forschungen sind für unser Thema von hohem Interesse, denn es sind diese allgemeinen Faktoren, die im

Grunde jede gute menschliche Gesprächsbeziehung kennzeichnen. Und dies macht
klar, zu welcher Haltung der Therapeut
selbst aufgerufen ist, auch jeder Arzt,
wenn er in eine Gesprächsbeziehung zum
Patienten tritt.

Die Erfüllung dieser Kriterien ist eine
zentrale Voraussetzung dafür, daß der
Patient mit dem Arzt kooperiert, er ein
Arbeitsbündnis eingeht. Eine Behandlung wird nur dann erfolgreich sein,
und dies insbesondere bei den heute
überwiegenden chronischen Erkrankungen (vgl. 8.2), wenn der Patient selbst
dazu beiträgt, daß die richtige *Diagnose*
gefunden wird und er sich auf die Erstellung und Befolgung eines *Therapieplanes*
einläßt.

Dimensionen der Gesprächsführung

Die weit verbreitete Ansicht hinsichtlich
eines guten ärztlichen Gesprächs „man
kann oder hat es – oder man kann es
oder hat es nicht" trifft nicht zu, denn
wie viele andere Kompetenzen läßt sich
auch eine gute ärztliche Gesprächsführung
lernen. Das kann z. B. durch *Rollenspiel-
übungen* oder durch sog. Anamnesegrup-
pen geschehen. Neben den bereits genannten Basisfaktoren sind Kenntnis und Berücksichtigung der im folgenden dargestellten Dimensionen wichtig.

**Direktivität und Nondirektivität der
Gesprächsführung.** Die Art der Gesprächsführung hat sich einmal nach
dem Gesprächspartner und der Situation,
in der sich dieser befindet, zu richten –
z. B. ob der Patient ein Erwachsener, ein
kleines Kind oder ein psychisch schwer
gestörter Mensch ist –, zum anderen
nach dem Ziel des jeweiligen Gesprächs.
Man unterscheidet im wesentlichen zwei
Formen der Gesprächsführung:

- Die direktive Form sowie
- die nicht-direktive oder „patienten-
  bzw. klientenzentrierte" Form der Gesprächsführung.

Bei der *direktiven Form* bestimmt ein Gesprächspartner (hier der Arzt) worüber,
wie lange und in welcher Form über etwas
gesprochen wird, sie ist *arztzentriert*. Die
Erhebung von Basisinformationen über
soziale Daten wie Alter, Adresse, Versiche-
rungsart, frühere Erkrankungen usw. geschieht in der Regel direktiv. Bei dieser
Gesprächsform stellt der Arzt oft „*ge-
schlossene Fragen*", d. h. Fragen, die nur
bestimmte Antwortmöglichkeiten zulassen, beispielsweise dichotomische mit
zwei Antwortalternativen (z. B. „Treten
die Magenschmerzen auf, wenn Sie nüch-
tern sind oder nachdem Sie etwas gegessen
haben?"). Auch die Erteilung von Rat-
schlägen in Form von Verhaltensvorschriften, die dem Patienten bestimmte Verhaltensweisen empfehlen und andere
verbieten, ist ein Merkmal direktiver
Gesprächsführung.

Bei dem *nicht-direktiven Gesprächsstil*
bestimmt der Patient Art und Verlauf des
Gesprächs weitgehend mit, er ist stärker
patientenzentriert. Der Arzt ermuntert
den Patienten geradezu, sich selbst einzubringen, unterbricht wenig und ist bemüht, daß Entscheidungen gemeinsam getroffen werden. Charakteristisch für die
nondirektive Form der Gesprächsführung
sind „*offene Fragen*", d. h. Fragen, die
nicht mit einem Ja oder Nein beantwortet
werden können und so für die Beantwortung „offen" sind. Die Eröffnung eines
Erstgesprächs mit der Frage „Was führt
Sie zu mir?" oder, nach der Schilderung
der Symptomatik, die Frage „Wie war
Ihre Lebenssituation, als die Beschwerden
erstmals auftraten?" sind hierfür Beispiele. Zu Beginn der Anamneseerhebung
ist eine non-direktive Gesprächsführung
sinnvoll. Der Patient erhält auf diese Weise

Gelegenheit, alle Informationen mitzuteilen, die wichtig sind. Wenn dann der Arzt im weiteren Verlauf der Anamneseerhebung die diagnostische Hypothese überprüft, ist ein stärker direktives Vorgehen angezeigt.

Nondirektive Gesprächsformen bilden die Grundlagen der „klientenzentrierten Therapie" nach Rogers (in Deutschland auch „Gesprächstherapie" genannt), aber auch der Psychoanalyse. Dieser Gesprächsstil soll dazu führen, daß der Patient seine emotionalen Erlebnisinhalte besser wahrnehmen und artikulieren kann, der Therapeut verzichtet dabei auf Ratschläge.

Zentrale Dimensionen, die ein „gutes" Gespräch strukturieren, wurden in der Gesprächspsychotherapie konzeptualisiert.

Positive Wertschätzung. Der Begriff erinnert an Parsons Erwartung der „universalen Hilfsbereitschaft" an die Arztrolle (vgl. Kap. 9.1). Unabhängig von den Einstellungen und Verhaltensweisen des Patienten soll der Arzt versuchen, ihn als „Leidenden" und „Hilfesuchenden" zu akzeptieren. Der Patient muß erkennen können, daß der Arzt beispielsweise die gesellschaftliche Ächtung psychischer Belastungen und Störungen nicht teilt, er vielmehr weiß, daß seelische Schwächen und Konflikte zum Leben gehören. Natürlich kann das nicht bedeuten, daß der Arzt alles, was vom Patienten kommt, unreflektiert zu akzeptieren hat. Hegt er beispielsweise bei einem Elternteil den Verdacht, daß sexueller Mißbrauch oder Kindesmißhandlung vorliegt, wird er das nicht billigen, sollte aber bereit sein, den Patienten anzuhören, um dann adäquat zur Änderung der Situation beitragen zu können.

Bereiche anzusprechen, die häufig mit Hemmungen und Schamgefühlen verbunden sind, wie z. B. Sexualität, fällt in einem Gesprächsklima leichter, das von positiver Wertschätzung geprägt ist. Sexuelle Störungen werden, obwohl sie weit verbreitet sind und die Lebensqualität erheblich beeinträchtigen können, selten erwähnt (vgl. Kap. 3.3.4). Eine Orientierungsfrage muß deshalb so gestellt werden, daß sie für das Selbstverständnis des Patienten selbst akzeptabel ist. Ein direktes „Haben Sie auch sexuelle Schwierigkeiten?" wird von vielen Patienten verneint werden, selbst oder gerade dann, wenn sie unter solchen Störungen leiden. Günstiger wäre hier: „Wie zufrieden sind Sie mit Ihrem sexuellen Leben?" Ein Gespräch über sexuelle Unzufriedenheit ist leichter zu führen als über sexuelle „Potenz", die für viele Menschen mit „Potenz überhaupt" assoziiert ist (vgl. hierzu auch Buddeberg in Heim u. Willi 1986).

Der Patient muß das Gefühl haben können, daß er *ernstgenommen* wird. Versuche, den Patienten möglichst schnell zu beschwichtigen, seine Ängste zu bagatellisieren, können als Nicht-Ernstnehmen erlebt werden.

Echtheit (Kongruenz). Der Arzt soll hinter dem stehen, was er sagt. Stimmen verbale Äußerungen nicht mit Mimik und Haltung überein, wird der Patient sich nicht ernstgenommen fühlen bzw. nicht den Äußerungen glauben. Ein hohes Maß von Echtheit-Kongruenz ist dadurch ausgezeichnet, daß der Arzt in Übereinstimmung mit seinen Gefühlen und Handlungen spricht. Das Gegenteil dessen ist „Fassadenhaftigkeit", „rollenhaftes Verhalten" oder gar gespielte Gefühle. Die Psychotherapieforschung hat z. B. herausgefunden, daß Ausbildungskandidaten nicht minder gute Erfolgsquoten haben als ältere Psychotherapeuten. Die Erfahrung der „Koryphäen" wird offensichtlich ausgeglichen durch das größere Engagement, das Interesse, das der Jüngere dem Patienten entgegenbringt, während für den Älteren hier vieles schon zur „Routine" geworden ist.

Emotionale Anteilnahme und Unterstützung. Der Arzt greift in den Aussagen und dem Verhalten des Patienten die emotionale Botschaft auf und bringt sie zur Sprache. In Ausdrücken wie „Diese Beschwerden beunruhigen Sie stark" oder „Und das ... belastet Sie sehr" teilt der Arzt mit, daß er den Patienten in seiner emotionalen Seite versteht, bereit ist, auch emotional mitzugehen. Der Patient wird dann eher in der Lage sein, sich zu öffnen und der Arzt hat dann eher die Möglichkeit, einen Zugang zur psychosozialen Situation des Patienten und möglichen Konflikten zu finden.

Der Patient fühlt sich auf diese Weise *unterstützt*, auch in seinen Gefühlen akzeptiert. Besonders ist dies der Fall, wenn der Arzt immer wieder die Aussagen des Patienten aufgreift und *zusammenfaßt*:

Indem man die Aussagen des Patienten zusammenfaßt, gibt man ihm die Möglichkeit, das Dargestellte nochmals zu überdenken, zu überprüfen und Ergänzungen und Korrekturen daran anzubringen. In der Form einer Zusammenfassung kann man dem Patienten dessen eigene Situation spiegeln. Hier besteht für ihn die Chance, Einsicht und Verständnis für sich selbst zu finden. Neben diesem „therapeutischen" Sinn bieten Zusammenfassungen dem Arzt die Möglichkeit, sein eigenes Verständnis zu überprüfen. Entscheidend ist indessen, daß man durch Zusammenfassungen dem Patienten deutlich zu erkennen geben kann, daß man aufmerksam zugehört hat und ernsthaft bemüht ist, seine Situation, seine Schwierigkeiten richtig zu begreifen. Schließlich stellen Zusammenfassungen einen „roten Faden" in den Aussagen des Patienten dar – ein wichtiges Zeichen dessen, daß der Arzt sich für ihn interessiert und seinen Gefühlen Beachtung schenkt. Formulierungsbeispiele wären: „Wenn ich Sie richtig verstanden habe ..." oder „Die Schwierigkeit scheint für Sie also darin zu bestehen ...".

Das ärztliche Gespräch als Psychotherapie

Berücksichtigung dieser Faktoren und Dimensionen, die ein „gutes Gespräch" begründen, ist besonders dann gefordert, wenn das ärztliche Gespräch sich psychotherapeutisch auswirken soll. Und die ärztliche Praxis fordert dies zweifellos, denn in die ärztliche „Sprechstunde", das ärztliche „Sprechzimmer", kommen Patienten, die über mannigfache körperliche Beschwerden, seien es Kopfschmerzen, Magenbeschwerden, Übelkeit, Erbrechen, Durchfälle, Herzrasen, Herz- und Kreuzschmerzen usw. klagen, ohne daß sich eine körperlich-organische Verursachung finden ließe. Und Patienten, die an diesen sog. „funktionellen Störungen" leiden, sind keine kleine Minderheit. In einer großen epidemiologischen Felduntersuchung hinsichtlich des Vorkommens psychogener Erkrankungen in einer Stadtbevölkerung stellte Schepank und seine Arbeitsgruppe (1987) fest, daß 26 % der Bevölkerung der Stadt Mannheim als „psychogen erkrankt" betrachtet werden müssen. Mehr als ein Viertel also. Das ist eine erstaunlich hohe Zahl. Zweifellos wird dann unter den eigentlichen Patienten in Praxen und Kliniken dieser Anteil noch höher liegen. Manche Statistiken sprechen von 60 % der Patientenklientel eines Allgemeinpraktikers.

Von Freud an bis zu modernen Konzepten psychosomatischer Forschung hat sich die Auffassung gebildet, daß es sich bei diesen Symptomen, die wir psychosomatisch oder neurotisch nennen, um eine Art unverständlicher Privatsprache, *Organsprache*, um eine Kommunikationsstörung handelt, sofern es der Patient nicht vermocht hat, das ihn psychosozial Belastende in die mitmenschliche Kommunikation so einzubringen, daß er sich auf dieser höheren verbalen Ebene damit auseinandersetzen konnte.

In der Sprache selbst ist gewissermaßen ein Wissen um diese Möglichkeit „leiblichen Ausdrucks", der „Darstellungsfunktion seelischer Inhalte durch den Leib" (v. Weizsäcker 1950) niedergelegt. Es sei nur an Formulierungen erinnert wie: „Einem ist etwas auf den Magen geschlagen", die Sache „geht an die Nieren", einem „steigt die Galle hoch", diesen „trifft der Schlag" und jener „macht sich vor Angst in die Hose". Was die Sprache hier mitteilt, ist, daß psychosoziale Belastungen, Konflikte, in leiblicher und psychischer Symptomatik ausgetragen werden können. Dem Kranken fehlt indessen ein direktes Wissen um die Verbindung zwischen psychosozialer Belastung und Symptom. Er weiß aber um sein Symptom, das ihn stört, quält, in seiner Lebensentfaltung beschneidet, und deshalb kommt er zum Arzt. Und hier kann jetzt das Gespräch mit dem Arzt eine entscheidende psychotherapeutische Funktion erhalten. Denn der Arzt kann hier helfen, indem er nach den Umständen, der Situation fragt, innerhalb deren die Beschwerden erstmals aufgetreten sind, er das Vorfeld erkundet, das der Manifestation des Symptoms unmittelbar vorauslag. Die Erhebung einer **biographischen Anamnese** rückt jetzt in das Zentrum der ärztlichen Tätigkeit, denn sie „führt zu Schlüssen, um mit Hilfe derselben Krankheiten und neurotischen Störungen im verständnisvollen Ganzen der Geschichte des Individuums zu erfassen" (Wyss 1971).

Indem Patienten dann ihr Verhalten, die Reaktion der Umwelt, ihre Gefühle und Vorstellungen, kurz „ihre" Situation beschreiben, kann sich für sie jetzt die Situation klären, können sich Lösungsmöglichkeiten auftun.

Eine Fallskizze soll dies kurz veranschaulichen: Eine 24-jährige verheiratete Patientin, Einkäuferin in einer bundesweiten Kaufhauskette, findet sich wegen hartnäckiger Schlaf-störungen, quälender Kopfschmerzen und zunehmender depressiver Verstimmung ein. Sie berichtet, daß sie dieser Beschwerden wegen seit einem halben Jahr die verschiedensten Medikamente eingenommen habe, ohne daß eine durchgreifende Besserung eingetreten wäre. Nachdem eine gründliche körperliche Untersuchung mit entsprechender Anamnese keinen Hinweis auf eine organische Ursache ergab, fragt der Arzt, ob sie denn, als die Beschwerden begonnen hätten, besonderen Belastungen ausgesetzt war. Sie verneint. Als er nun weiterfragt, ob sich vielleicht damals etwas verändert habe, verneint sie dies ebenfalls, korrigiert dann aber, daß in dieser Zeit ihr Mann sich als Fotograf selbständig gemacht hätte, ein Fotoatelier eingerichtet und eine jüngere Mitarbeiterin eingestellt habe. Sie verstehe sich aber mit ihrem Mann sehr gut, sie könne sich nicht vorstellen, daß ihre Erkrankung damit zu tun haben könnte. Trotz der sich jetzt einstellenden Phantasien – junge Mitarbeiterin, Dunkelkammer, Eifersucht, Angst, den Mann zu verlieren – akzeptiert der Arzt diese Feststellung. Sie kommt jetzt auf den eigenen Beruf zu sprechen, berichtet, daß sie eine sehr verantwortungsvolle Aufgabe habe. Seit einem Dreivierteljahr etwa – „daran habe ich gar nicht gedacht" – müsse sie in einem Großraumbüro arbeiten. Das sei sehr anstrengend, ständig gingen Kollegen hinter ihr vorbei, das störe nicht nur, sie glaube sich dadurch auch kontrolliert, könne sich nie entspannen. Sie beginnt, sehr über diese Situation zu klagen, und meint dann, daß ihr jetzt eigentlich so richtig bewußt werde, wie sie unter dieser Situation leide, sich ungerecht behandelt fühle, denn im Grunde stehe ihr ein eigenes Zimmer zu. Sie überlegt nun, wie sie diese Situation ändern könnte, ventiliert verschiedene Lösungsmöglichkeiten, die sie aber erst an Ort und Stelle klären kann. Vier Wochen nach diesem Gespräch berichtet sie, daß sie mit ihrem Chef gesprochen habe, er aber zum gegenwärtigen Zeitpunkt keine Möglichkeit sah, ihr ein Zimmer zu geben, weil keines verfügbar sei. Überhaupt mit ihm gesprochen zu haben, ihr Bedürfnis angemeldet zu haben, das habe ihr schon gutgetan. Sie habe es dann so arrangieren können, daß sie jetzt doch einen besser abgeschirmten Arbeitsplatz habe. Sie fühle sich jetzt viel wohler, nicht mehr beobachtet, die Arbeit mache wieder Freude. Die Kopfschmerzen träten nur noch ganz selten auf, die Schlafstörungen und depressiven Gefühle seien weg.

In der ärztlichen Sprechstunde erschloß sich dieser Patientin eine Situation, die für sie offensichtlich so belastend geworden war, daß sie sich pathologisch manifestierte. Diese Einsicht eröffnete zugleich Lösungsmöglichkeiten. Wichtig dabei scheint, daß der Arzt die Führung des Gesprächs auch dem Patienten überlassen kann, er sich mit eigenen Vormeinungen zurückhält (erinnert sei die Phantasie hinsichtlich der Beziehung des Ehemanns zur jüngeren Mitarbeiterin), und der Patient auf diese Weise selbst auf Sachverhalte kommt, um die er bislang so nicht wußte. Unsere Patientin machte hier die – um mit Bräutigam (1994) zu sprechen – „psychotherapeutische Urerfahrung, daß sie sich durch Wiedererinnern und Aussprechen von konflikthaften Vorstellungen entlasten und von ihren körperlichen Beschwerden befreien konnte". Wichtig nicht minder, daß der Arzt die obengenannten Basiskriterien (Geduld, Empathie, Verständnis, Respekt) zu erfüllen sucht, weil sich offensichtlich dann die dafür notwendige Beziehung des Vertrauens einstellt. In der Entschärfung der konflikthaften pathogenen Situation entfällt dann die Notwendigkeit der funktionellen Störung und psychisch pathologischen Reaktion, hat sich wieder ein *psychophysisches Gleichgewicht* eingespielt.

Wie dieses Beispiel belegt, bedarf es zu einem solchen Gespräch keines Psychotherapeuten. Das kann im Grunde jeder Arzt leisten. Die Chance, hier unmittelbar helfen, die pathogene Situation sanieren zu können, ist für den Allgemeinpraktiker ungleich größer als für den professionellen Psychotherapeuten, denn er bildet die erste Anlaufstelle. Es ist eine alte psychotherapeutische Wahrheit: Je frischer die Erkrankung, desto höher die Heilungs-

chance. Und häufig ist es bei diesen Störungen nicht notwendig, ihre Verankerung in der gesamten Lebensgeschichte aufzurollen, diese aufzuarbeiten. Es gilt vielmehr, wie das Beispiel der 24-jährigen Angestellten zeigt, die aktuelle pathogene Situation so zur Sprache zu bringen, daß sich der Patient mit ihr auseinandersetzen kann. Die neurotische oder psychosomatische Anlage wird dann wieder schweigen und vielleicht für immer stumm bleiben. Will der Arzt hier noch etwas mehr tun, kann er weiter mit dem Patienten dahingehend arbeiten, wie künftig mit solchen pathogenen Situationen besser umzugehen ist oder sie vielleicht vermieden werden können.

Es stellt zweifellos eine erfreuliche Entwicklung dar, daß heute, unter dem Stichwort der *„psychosomatischen Grundversorgung"*, die Gebührenordnungsziffern 850 und 851 ein psychologisch orientiertes Arzt-Patient-Gespräch, wie wir es hier dargestellt haben, abzurechnen erlauben. Diese sog. „psychosomatische Grundversorgung" ist keine Behandlungsart professioneller Psychotherapeuten, sondern ein Aufgabengebiet des in der somatischen Medizin tätigen Arztes.

Der Vorsprung, den der Arzt an der vordersten Linie der Versorgung gegenüber dem professionellen Psychotherapeuten hat, betrifft nicht nur die Aktualität der Erkrankung. Als Hausarzt zum Beispiel, und viele Internisten und Kinderärzte erfüllen heute ebenfalls diese Funktion, hat er hinsichtlich der Kenntnis der Biographie und der Umwelt des Patienten einen Wissensvorsprung, und vielleicht besteht schon längst ein gutes Arbeitsbündnis – ein zentraler psychotherapeutischer Heilfaktor –, das der Psychotherapeut erst noch aufzubauen hat.

Der psychotherapeutische Aspekt des ärztlichen Gesprächs wurde zuletzt besonders herausgestellt – auch deshalb, weil hier am ehesten Skrupel und Selbstzweifel hinsichtlich der eigenen Kompetenz zu erwarten sind. Ob ein ärztliches Gespräch psychotherapeutisch wirkt, wird mit davon abhängen, ob der Patient Gelegenheit erhält, sich zu artikulieren, sich auszusprechen. Sich mit einem anderen, zu dem man Vertrauen hat, austauschen zu können über das, was emotional belastet, Probleme macht, kann entlasten und wieder Hoffnung geben, einen Freiraum eröffnen. Wenn es nämlich gelingt, im Gespräch mit dem anderen, und hier dem Arzt, eine überwältigende Unmittelbarkeit der Belastung zur Sprache zu bringen, kann Distanz gewonnen werden, können sich neue Lebensmöglichkeiten auftun.

Wie wir bereits im vorherigen Kapitel gesehen haben, hat dieses psychotherapeutische Wirkprinzip schon Shakespeare formuliert:

„Gib Worte deinem Schmerz: Gram, der nicht spricht,
Preßt das beladene Herz, bis daß es bricht."

In diesem Kontext ist zu sehen, daß für viele Patienten ein Symptom gewissermaßen die *Eintrittskarte* für die „Sprechstunde" bedeuten kann. Man denke nur an die vielen älteren Patienten, die mehr und mehr das Hauptkontingent der Patienten im ärztlichen Alltag ausmachen. Gerade im Alter ist **Krankheit** häufig auch „Maske, Mittel oder Signal" (Geisler 1987),

- Maske, die Einsamkeit und das Nachlassen von Kompetenz und Prestige verdecken soll,
- Mittel, das Zuwendung bringt und erzwingt,
- Signal für den Appell nach Kontakt.

Gerade im Alter versteckt sich besonders häufig eine depressive Verstimmung hinter einem körperlichen Beschwerdebild, liegt eine „larvierte Depression" (Lang 1989a) vor.

Hier wird ein Punkt berührt, der gerade für das ärztliche Gespräch besonders charakteristisch ist: Daß es nämlich unmöglich ist, dieses Gespräch allein auf einer sachlich-informativen Ebene, z. B. als diagnostisches Frage-Antwort-Spiel, zu führen. Die zwischen Arzt und Patient gewechselten Worte sind mehr als nur ein „notwendiges Hilfsmittel" (Wesiack 1984) zur Erstellung einer rein naturwissenschaftlich zu begreifenden Diagnose.

Implizite Botschaften. Wenn ein Patient einen Arzt aufsucht, kommt er als „Subjekt" mit Ängsten, Nöten und Bedürfnissen. Das bedeutet, daß jede Mitteilung von seiner Seite „implizite Botschaften" enthalten kann, die ihm oft selbst kaum bewußt sind und derentwegen er sich aber gerade an den Arzt wendet.

In der Klage unserer 24-jährigen Patientin über ihre Kopfschmerzen, Schlaflosigkeit und depressiven Verstimmungen war die Klage über die belastende Situation am Arbeitsplatz eingebettet, wenn auch noch zunächst ohne Bewußtsein des Zusammenhangs mit den angegebenen Beschwerden.

Diese implizite Botschaft und den impliziten Appell mit zu hören, macht sicher das ärztliche Gespräch manchmal schwierig, aber auch spannend – schwierig nicht zuletzt deshalb, weil häufig Patienten selbst den Austausch auf der sachlichen Ebene der „Körperreparatur" anbieten und der Arzt, weil es leichter fällt, versucht ist, allein auf dieser Ebene zu antworten. Läuft das Arzt-Patient-Gespräch nur auf dieser Schiene, kann es, wenn eine psychosoziale Belastung mit im Spiele ist, dem eigentlichen Anliegen des Patienten nicht gerecht werden. Die Odyssee von Arzt zu Arzt – nicht zuletzt ein Kostenfaktor – wird erneut beginnen. Eine solche Odyssee wird auch von den vorerwähnten (alten) Patienten fortgesetzt, wenn der Arzt nur die organische oder funktionelle Seite sieht und behandelt und nicht auf Einsamkeit, depressive Verstimmung und Kontaktsuche eingeht, die damit, wenn auch verdeckt, verbunden sind.

Die *„Doppelbödigkeit"* (Lang 1978a, 1989b) des ärztlichen Gesprächs im medizinischen Alltag – sie begegnet uns allenthalben. Es sei an Patienten erinnert, die lang und breit über eine Erkrankung und ihre Beschwerden sprechen, aber eigentlich mit dem Wunsch nach Krankschreibung gekommen sind. Oder man vergegenwärtige sich auch Kranke, die bereits einen Krankheitsgewinn, und sei es nur vermehrte Zuwendung von seiten der Angehörigen und des Arztes, aus ihrer Erkrankung ziehen, so daß eine Behandlung, die nur auf Symptombeseitigung aus ist, frustran bleiben muß.

Das ärztliche Gespräch als Aufklärung und Kommunikation mit Schwerkranken

Die „Doppelbödigkeit" des ärztlichen Gesprächs findet sich insbesondere in der Kommunikation mit Schwerkranken. Wenn z. B. ein Krebspatient um rückhaltlose Aufklärung bittet, er darauf drängt, die Wahrheit zu erfahren, ist bei diesem Ansuchen zugleich mitzuhören, daß er in der Regel diese Wahrheit nicht hören will.

Gerade hier ist es wichtig, sich von der Vorstellung frei zu machen, daß eine Mitteilung nur eine Botschaft enthält. Der Arzt muß zugleich die Ängste, die mit dieser Frage und Bitte verbunden sind, wahrnehmen, damit er so antworten kann, daß dem Patienten noch Hoffnung und die Möglichkeit, weiter zu existieren, bleiben.

Diagnosemitteilung. Am Anfang dieser Form des ärztlichen Gesprächs steht die schwierige Frage der Diagnosemitteilung.

Hier hat sich wohl die Einstellung der Ärzte während der letzten 25 Jahre eindrucksvoll gewandelt. Während früher die Mehrzahl der Ärzte eine Information von Malignomkranken über ihre Diagnose ablehnte, wird dieses Vorgehen heute von der Mehrzahl befürwortet. Die Ablehnung einer offenen Kommunikation war in der Regel mit einer möglichen Gefährdung des Patienten begründet worden.

Bezeichnend für diese Einstellung ist u. a. eine in apodiktischer Kürze gefaßte Formulierung Hufelands geworden: „Den Tod verkündigen, heißt den Tod geben" oder ein Erlebnis Billroths, das sein Schüler von Eiselsberg in seinen „Erinnerungen" berichtet hat: „Im Jahre 1868 kam ein wegen seiner Tapferkeit im Kriege mehrfach ausgezeichneter Oberst in Uniform zu Billroth an die Klinik und erbat sich von ihm die volle Wahrheit über seine Erkrankung. Er habe im Felde dem Tod oft ins Auge gesehen und sei auf das Schlimmste gefaßt. Billroth klärte ihn daraufhin nach gründlicher Untersuchung über die krebsige Natur seines Zungenleidens auf. Der Kranke empfahl sich unter aufrichtigen Danksagungen, verließ das Zimmer und stürzte sich sofort vom Gangfenster des ersten Stockes herab, wobei er sich tödlich verletzte und beinahe einen Assistenten der Klinik erschlagen hätte. Dieser tragische Ausgang machte einen großen Eindruck auf Billroth und alle anwesenden Ärzte. Der Meister berichtete oft über dieses Erlebnis in der Vorlesung".

Aber bereits nur wenige Jahre später wurde von noch berühmterer Feder, wenn auch von Laienhand, einer solchen Einstellung widersprochen. In seinen „Gedanken und Erinnerungen" schreibt Bismarck: „Die behandelnden Ärzte waren am 20. Mai 1887 im Begriff, den (an Krebs erkrankten) Kronprinzen bewußtlos zu machen und die Exstirpation des Kehlkopfes auszuführen, ohne ihm ihre Absicht angekündigt zu haben. Ich erhob Einspruch, verlangte, daß nicht ohne die Einwilligung vorgegangen und, da es sich um den Thronfolger handle, auch die Zustimmung des Familienhauptes eingeholt werde. Der Kaiser, durch mich unterrichtet, verbot, die Operation ohne Einwilligung seines Sohnes vorzunehmen".

Alle neueren Untersuchungen (vgl. Köhle et al. 1996) zeigen, daß die Kontroverse „Aufklärung oder nicht?" von falschen Voraussetzungen ausgeht. Praktisch alle Patienten bringen – zumindest in der Klinik – bereits ein Vorwissen um die mögliche Lebensbedrohlichkeit ihrer Erkrankung mit. So zeigten mehrere Untersuchungen, daß mindestens 90 % aller Malignompatienten im Verlauf der Erkrankung auch ohne explizite ärztliche Aufklärung ihre Diagnose in Erfahrung bringen. Patienten sind in ihrer neuen Lebenssituation für das Verhalten anderer außerordentlich sensibilisiert und spüren z. B. deutlich, wenn Angehörige oder Ärzte ihnen im Gespräch ausweichen, bestimmte Themen vermeiden. Nach Kenntnis dieser Befunde steht nicht mehr die Alternative „Mitteilung der Diagnose oder nicht" zur Diskussion, sondern die Frage nach der Art des Umgangs mit dem Kranken.

Hier bietet sich die Kommunikation in *dialogischer Form* an. Führt der Arzt das Gespräch als Dialog, kann er bei diesem Vorwissen des Patienten anknüpfen, kann er jeweils zunächst sehen, wie der Patient seine Informationen aufnimmt und deshalb seine weiteren Mitteilungen darauf abstimmen. Wird auf diese dialogische Weise zwischen Arzt und Patient kommuniziert, wird die Gefahr einer zu brüsken und konfrontativen Form der Aufklärung verringert – von erfahrenen Klinikern zuweilen an ʿjungen Kollegen kritisiert.

Bei der Darstellung der Abwehrvorgänge (s. Kap. 3.2.2) haben wir den Fall einer jungen Patientin mit Oberschenkelbeschwerden zitiert, der von einem jungen Assistenzarzt kurz mitgeteilt worden war, daß sie einen bösartigen Tumor habe und deshalb, damit sie überhaupt noch eine Chance habe, das rechte Bein amputiert werden müßte. Als zwei Stunden nach dieser Aufklärung die Stationsschwester ins Krankenzimmer kam, äußerte die Patientin: „In diesem Krankenhaus bekommt man ja auch nicht gesagt, was man hat". Die Mitteilung über Diagnose und Therapie war für die Patientin offensichtlich so schockierend, daß sie sie zunächst nur durch massive Verleugnung bewältigen konnte.

In diesem Zusammenhang ist zu erwähnen, daß lediglich bis zu maximal 10 % der unheilbar Kranken wünschen, über ihre Erkrankung nicht aufgeklärt zu werden. Es ist allerdings immer wieder zu beobachten, daß Patienten, die schon mehrfach und offen über ihre Erkrankung und Prognose informiert wurden, sich so verhalten, als hätten sie keinerlei Wissen über ihre Gefährdung. Dieses Hin und Her zwischen Wissen und Nichtwissen – Weisman spricht hier von *„middle knowledge"* – zeigt, daß der Mensch nicht ständig im vollen Bewußtsein tödlicher Bedrohung leben kann. Der Arzt hat jetzt zu beurteilen, ob und inwieweit diese Abwehr zusätzlich schädigen kann – etwa durch Unterbrechung lebenswichtiger Therapiemaßnahmen – oder, ob solche Verleugnungsvorgänge nicht auch einen sinnvollen Schutz darstellen können, der sogar kreative Möglichkeiten eröffnen kann und deshalb nicht ohne weiteres angetastet werden sollte (s. das Beispiel Theodor Storm, s. Kap. 8.5).

In unserer eigenen Untersuchung über Pankreaskarzinom-Patienten zeigte sich, daß „aktives Vermeiden", „Sich-nicht-mehr-so-viele-Gedanken machen", nicht nur eine verbreitete „Verarbeitungsstrategie" ist, sondern auch in einen positiven Zusammenhang zur subjektiven Einschätzung des Bewältigungserfolges zu bringen ist. Angst und Depressivität, und das bedeutet ja, sich ständig mit der tödlichen Bedrohung und deren Folgen zu beschäftigen, waren, wenn sie persistierten, Indizes mißlingender Bewältigung. Eine „Ideologie der Ablehnung jeglicher Aufklärung" jetzt durch eine „Ideologie der Aufklärung für alle und um jeden Preis" zu ersetzen, wäre wohl nicht minder verkehrt (vgl. Verres 1994).

> **!** Der Tatbestand, daß wir nicht im voraus wissen können, wie Tumorkranke auf unsere Information reagieren, macht das Aufklärungsgespräch besonders schwierig.

Häufig wird im Blick auf offene Kommunikation mit dem Kranken die Befürchtung geäußert, Aufklärung würde die Hoffnung nehmen und damit auch die *Suizidgefahr* erhöhen. Die in jüngster Zeit durchgeführten empirischen Studien zeigen indessen, daß Suizidhandlungen bei Krebskranken insgesamt nicht häufiger als bei der Durchschnittspopulation vorkommen. Die Suizidgefährdung kann eher ansteigen, wenn der Patient seine Diagnose auf Umwegen erfährt und er sich so vom Arzt im Stich gelassen fühlt.

Aus der Psychotherapie Depressiver wissen wir, daß der beste Schutz gegen Suizid eine vertrauensvolle und tragfähige Therapeut-Patient-Beziehung ist. Wir können ja tatsächlich nie mit absoluter Gewißheit sagen, welchen Verlauf eine Krebserkrankung nehmen wird.

So wurde von uns ein Patient mit kleinzelligem Bronchialkarzinom gut zwei Jahre lang betreut, obwohl ihm von den internistischen Kollegen nach der Diagnosestellung höchstens ein Jahr prognostiziert worden war.

Zu berücksichtigen ist auch, daß Hoffnung sich nicht ausschließlich aufs Überleben bezieht. Von Uexküll beispielsweise weist darauf hin, daß bei der Angst vor dem Sterben „die Furcht vor dem Ausgeschlossenwerden aus der Gruppe der Mitmenschen gegenüber allen anderen Elementen – wie der Furcht vor Schmerzen und dem Nicht-mehr-sein, unter dem

man sich ja nichts vorstellen kann – bei weitem überwiegt". Ausgeschlossensein werde als Zusammenbruch des Selbstwert-Erlebens erfahren und sei deshalb schwerer zu ertragen als jedes andere Schicksal. Der Kranke fürchtet nicht nur den physischen, sondern auch den „sozialen Tod", der dem körperlichen lange vorausgehen kann.

Aus unserer Mehrebenenstudie mit Bronchialkarzinomkranken (Faller et al. 1994) geht hervor, daß die Patienten in ihrem Selbstverständnis viel mehr Vertrauen in die Ärzte setzen als die Ärzte selbst annehmen – und das bei einer Klientel, die über ihre ungünstige Prognose unterrichtet ist. Hilfe zum Überleben ist offensichtlich nicht nur das einzige Bedürfnis, das Patienten an ihre Ärzte herantragen. Die Bereitschaft zur Kommunikation trotz Erkrankung und möglicher Versehrtheit, das Eingehen auf die Ängste und Bedürfnisse des Kranken, die gemeinsame Planung für die Zeit nach der Operation mit ihren möglichen Behinderungen – das kann soziale Stigmatisierungsprozesse abmildern und zugleich die Compliance (Mitarbeit) des Patienten fördern, rehabilitative Möglichkeiten optimal zu nutzen.

Verbale und nonverbale Einflüsse auf den Gesprächsverlauf

Wenn Menschen miteinander kommunizieren, einander etwas mitteilen, drücken sie sich nicht nur durch das aus, *was* sie sagen, sondern auch durch die Art, *wie* sie es sagen. Man kann zwischen verbalen und nonverbalen Äußerungen unterscheiden. Ein Gesprächspartner wirkt über viele Sinneskanäle auf uns ein und löst Reaktionen aus, die uns häufig gar nicht bewußt sind, weil sie den nonverbalen Anteil der Kommunikation betreffen.

V. a. *Gefühle*, der emotionale Anteil der Kommunikation der Gesprächspartner, drücken sich häufig *nonverbal* aus: in Mimik und Gestik, Sitzhaltung, Blickkontakt und Sprechweise usw. (s. Kap. 3.1.3).

So können Stöhnen, Seufzen, tieferes Atmen, Senken oder Heben der Stimme, Schlucken beim Sprechen usw. erkennen lassen, daß der Patient emotional berührt ist, ohne daß vielleicht der Inhalt dessen, was gerade berichtet wird, etwas besonders Wichtiges erkennen läßt. Manche Patienten haben ein unablässiges Lächeln im Gesicht, als wollten sie ihre Schwierigkeiten oder Schmerzen nach außen nicht zu erkennen geben, sie vielmehr überspielen.

Zwischen der kognitiven Mitteilung in Worten und ihrem Gesichtsausdruck besteht eine *Diskrepanz*. Diese kann auf Konflikte hindeuten, die genau zu explorieren sich lohnt. Zumindest scheint der Patient, der hier keine Selbstkongruenz zeigt, verbal andere Inhalte und Gefühle ausdrückt als nonverbal, Schwierigkeiten bei der Vermittlung seiner Probleme zu haben. Hier ist es dann besonders wichtig, daß der Arzt ein Gesprächsklima schafft, in dessen Rahmen eine vertrauensvolle Kommunikation möglich wird, damit der Patient diese Diskrepanz sozusagen nicht mehr nötig hat.

Für den Arzt selbst ist es wichtig, daß er in seinen verbalen Gesprächsinhalten und nonverbalen Mitteilungen übereinstimmt (*selbstkongruentes Verhalten*). Wie wir bereits gesehen haben, fühlt sich der Patient dann ernstgenommen.

Verbale Konditionierung

Durch die Art, wie ein Arzt das Gespräch führt, welche Themen er anschlägt und welche nicht, beeinflußt er bewußt und unbewußt das Gesprächsverhalten des Patienten selbst.

Verbales Konditionieren stellt eine Sonderform des operanten Konditionie-

rens, des „Lernens am Erfolg", dar (s. Kap. 4.2.2). Der Gesprächsverlauf kann dadurch in eine bestimmte Richtung gelenkt werden, daß der Arzt bestimmte Äußerungen sowohl verbal als auch averbal verstärkt („gut", „das ist wichtig", „ja", Kopfnicken, bejahendes „hm", zugewandte Körperhaltung, interessierter Blick usw.).

Verbales Konditionieren kann z. B. bei einem Arzt, der ganz auf das organmedizinische Paradigma festgelegt ist, dazu führen, daß Patienten schließlich nur über Körperbeschwerden berichten und psychosoziale Faktoren, wie Befürchtungen, Verstimmungen, Konflikte usw. nicht erwähnen, da hier keine „Belohnung" stattfindet. Der sog. „Logik-Fehler" (s. Kap. 1.1) gehört ebenfalls in diesen Zusammenhang.

So bemerkten sicherlich die Patienten Freuds dessen Interesse an sexualbetonten Gesprächsinhalten, was diese dann veranlaßte, besonders solche Inhalte zu berichten. Das überzeugte nun wiederum Freud dahingehend, daß die Problematik Sexualität im Zentrum der Neurosegenese steht.

9.4 Compliance

Hat eine Heilmaßnahme keinen Erfolg, so kann dies auf verschiedene Faktoren zurückzuführen sein:

- auf eine falsch gestellte Diagnose mit entsprechend falscher Therapie,
- auf eine falsche Therapie bei richtiger Diagnose,
- auf ein Nichtansprechen der Krankheit und
- auf Nichtbefolgen der ärztlichen Anordnungen und Empfehlungen.

Lange Zeit war man in der Medizin eher auf die drei ersten Möglichkeiten zentriert. Daß der zu erwartende Heilerfolg aufgrund der mangelnden Kooperation des Patienten ausbleiben kann, wurde erst in den letzten Jahren unter den Stichworten „*Compliance*" und „*Non-Compliance*" mehr und mehr zum Gegenstand wissenschaftlicher Untersuchungen. Das mag daran liegen, daß Ärzte generell die Kooperation ihrer Patienten überschätzen.

> **!** Unter Compliance (engl.: Einwilligung, Einverständnis) ist die Bereitschaft zu verstehen, ärztliche Empfehlungen, insbesondere Anordnungen zur medikamentösen Therapie, zu befolgen.

Eine detailliertere Definition geben Haynes et al. (1982) in ihrem Compliance-Handbuch:

„Unter dem Begriff 'Compliance' versteht man den Grad, in dem das Verhalten einer Person in bezug auf die Einnahme eines Medikamentes, das Befolgen einer Diät oder die Veränderung des Lebensstils mit dem ärztlichen oder gesundheitlichen Rat korrespondiert. Auch der Begriff 'konsequentes Befolgen' könnte gleichbedeutend an die Stelle des Begriffs Compliance treten. Der Begriff soll das Verhalten nicht bewerten!"

> **!** Entsprechend bedeutet Non-Compliance die Nichtbefolgung ärztlicher Anordnungen.

Die Ergebnisse der Studien zur Non-Compliance sind erschreckend. Mindestens ein Drittel der Patienten befolgt die Anordnungen der Ärzte nicht oder nur mangelhaft. In Fragen der Prävention, bei symptomarmen Krankheiten (z. B. Hypertonie) oder generell bei Langzeitbehandlungen hält sich nur knapp die Hälfte an die Verschreibungen und Ratschläge. Tabelle 9.3 faßt verschiedene Übersichtsarbeiten zur Non-Compliance bei Medikamenteneinnahme zusammen (Tabelle 9.3).

Fehlende Compliance wirkt sich gravierend aus. Der Heilerfolg bleibt aus, dies löst erneut, abgesehen von der Verschwendung des nicht genommenen Arzneimittels, neue „unnötige" diagnostische und therapeutische Maßnahmen und damit auch neue „unnötige" Risiken aus. Die fehlende Kooperation trägt dadurch nicht unwesentlich zur Kostenexplosion im Gesundheitssystem bei. Was nützt dem Arzt sein ganzes anatomisch-physiologisches Wissen, sein diagnostischer Scharfsinn und sein therapeutisches

Tabelle 9.3 Prozentsatz der Non-Compliance bei Einnahme von Medikamenten (aus Wilker et al. 1994)

Art der Medikation	Non-Compliance (%)		
	Ley (1976)	FDA* (1979)	Barolsky (1980)
Antibiotika	49	48	52
Psychopharmaka	42	42	42
Antihypertensiva	–	43	61
Anti-Tbc-Chemotherapie	38	42	43
andere Medikamente	48	54	46

* Food & Drug Administration

Know-how, seine in langen Studienjahren erworbene Kompetenz, wenn der Patient dann doch nicht das nimmt, was er verschreibt, nicht das tut, was er anordnet, die für den ärztlichen Erfolg unbedingt erforderliche Kooperationsbereitschaft ausbleibt. Für den Patienten selbst wie auch seine Umgebung kann dies schwerwiegende Folgen haben. Der Diabetiker beispielsweise setzt sich der Gefahr des Komas aus, der Tuberkulosekranke – bei einigen Studien lag die Nichtbefolgungsrate sogar bei 61 % – gefährdet nicht nur sich selbst, sondern auch seine Umgebung.

Angesichts dieser alarmierenden Diskrepanz zwischen ärztlicher Verordnung und tatsächlicher Befolgung dieser Verordnung ist es für den Arzt von entscheidender Bedeutung, einmal um die Faktoren zu wissen, welche die Compliance be-

einflussen, und zum anderen für sein eigenes Verhalten Konsequenzen aus diesen Ergebnissen zu ziehen. Die folgende Tabelle 9.4 faßt wesentliche Faktoren zusammen, wobei Einflüsse durch die *Krankheit* selbst, den *Patienten und sein Umfeld*, die Art der *Therapie* und durch den Modus der *Arzt-Patient-Interaktion* besonders zu beachten sind.

Einflüsse durch die Krankheit selbst. Viele psychische Erkrankungen wie schizophrene und manisch-depressive Psychosen oder Suchtkrankheiten haben einen Langzeitverlauf. Bei chronischen Erkrankungen sinkt die Compliance. Hinzu kommen hier noch oft mangelnde Krankheitseinsicht, vermeintlich „gesunde" Intervalle im Verlauf, die dann zum Weglassen der Medikation verführen, belastende Neben-

Tabelle 9.4 Merkmale mit positivem oder negativem Einfluß auf die Compliance (Modifiziert nach Wilker et al. 1994)

Merkmal	Einfluß auf Compliance
psychische Erkrankung	–
viele Krankheitssymptome	–
deutliche Leistungseinschränkung durch Krankheit	+
Patient ist überzeugt von:	
• allgemeiner Krankheitsanfälligkeit	+
• spezieller Anfälligkeit gegenüber seiner Krankheit	+
• Ernsthaftigkeit seiner Erkrankung	+
• Therapiewirksamkeit	+
Einfluß der Patientenfamilie/Stabilität der Familie	+
hohe Komplexität des Therapieplans	–
umfangreiche Verhaltensänderung notwendig	–
lange Behandlungsdauer	–
lange Wartezeit vor Arztkontakt	–
große Zeitspanne zwischen Überweisung und Arzttermin	–
individuelle Terminvereinbarung	+
Überwachung des Patienten durch den Arzt möglich	+
Eingehen auf Erwartungen und Bedürfnisse des Patienten	+
Zufriedenheit des Patienten mit medizinischer Betreuung	+

wirkungen und fortgesetzte Abhängigkeit von Suchtmitteln. So verwundert es nicht, daß gerade psychisch Kranke die höchsten Fehlerquoten im Befolgen ärztlicher Verordnungen aufweisen.

Häufung von Symptomen wirkt sich ebenfalls auf die Kooperationsbereitschaft negativ aus, während eine spürbare, durch die Krankheit bedingte Leistungseinschränkung, Krankheitsanfälligkeit und das Überzeugtsein von der Ernsthaftigkeit der Erkrankung wie auch der Wirksamkeit der Therapie die Mitarbeit erhöhen.

Familiäres Umfeld. Wird ein Patient von seinem familiären Umfeld bei der Durchführung präventiver und kurativer Maßnahmen unterstützt, sind die Erfolgsaussichten weitaus besser. Übergewichtige Patienten beispielsweise kooperieren stärker, sobald sich ein anderes Familienmitglied an der Abmagerungskur beteiligt. Gerade bei chronischen Erkrankungen, die tagtägliche z.T. unangenehme Maßnahmen erfordern, wie Insulininjektionen bei Diabetes, wirkt sich der Einfluß stabiler Familienbeziehungen positiv aus.

Therapiemerkmale. Ein *komplexer*, gar *„undurchschaubarer" Therapieplan* wird schlechter befolgt als ein einfacher, der dem Patienten einsichtig ist. So liegt die Fehlerhäufigkeit bei der Einnahme eines Medikaments bei 15 %, bei gleichzeitig zwei Medikamenten bei 25 % und steigt auf über 35 % an, sobald drei oder mehr Medikamente verschrieben werden. Sind *eingreifende* bzw. *umfangreiche Verhaltensänderungen* „verordnet" (z. B. die Umstellung von Eß-, Trink- und Rauchgewohnheiten) oder fühlt sich der Patient durch die Behandlung stark beeinträchtigt (z. B. starke Nebenwirkungen) und fordert eine chronische Erkrankung eine entsprechend *lange Behandlungsdauer*, ist die Kooperationsbereitschaft geringer. „Langzeitpatienten werden der ständigen Kon-

trollen, Ermahnungen und Verschreibungen in einfühlbarer Weise überdrüssig" (Heim 1986). Erst recht fehlt der Anreiz, Therapieverordnungen zu befolgen, wenn es sich um eine symptomarme chronische Krankheit, wie z. B. hoher Blutdruck, handelt.

Arzt-Patient-Interaktion. Eine ganz wesentliche Einflußgröße, die nun der Arzt selbst entscheidend mitgestalten kann, ist die Arzt-Patient-Interaktion. Das Befolgungsverhalten sinkt *bei langer Wartezeit* und *großer Zeitspanne* zwischen Überweisung und Arzttermin (z. B. bei einer Überweisung des Hausarztes an einen Psychotherapeuten, wo an sich schon Barrieren zu überwinden sind). Eine *individuelle Terminvereinbarung* wirkt sich dagegen positiv aus, ebenso wenn *Kontrollmöglichkeiten*, wie bei stationärer Behandlung, gegeben sind.

Entscheidend für die Compliance des Patienten scheint v. a. zu sein, daß der Arzt den Erwartungen und Bedürfnissen des Patienten entspricht, der Patient mit der medizinischen Betreuung zufrieden ist. Die Erfüllung der in den Abschnitten 9.2 und 9.3 behandelten Kriterien für eine „gute" Arzt-Patient-Interaktion und ein „gutes" ärztliches Gespräch sind dafür die wesentlichen Voraussetzungen. Eine mit Kommunikationsproblemen belastete Arzt-Patient-Beziehung wird die Kooperationsbereitschaft des Patienten reduzieren. So kommt einer „guten", dem Patienten verständlichen und damit „behaltbaren" *Information* eine Schlüsselrolle zu. Diese unabdingbare „kognitive Voraussetzung" für Patientenzufriedenheit und damit für eine positive Compliance-Rate faßt Abbildung 9.4 zusammen.

„Zufriedenstellend" ist eine Information über Diagnose, Ursachen und Therapie v. a. dann, wenn sie auch der *„subjektiven Krankheitstheorie"* (s. Faller et al. 1996) des Patienten entspricht, der Arzt

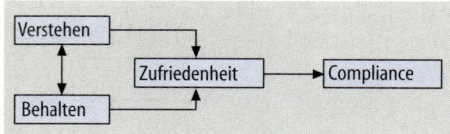

Abb. 9.4 Kognitive Hypothese der Compliance (nach Ley 1982, zit. nach Wilker et al. 1994)

dem Patienten ein Krankheitsbild vermitteln kann, das mit dessen eigenen Denkschemata („*Attributionsmuster*") harmoniert.

Neben der „kognitiven" Seite der Beziehung ist die „emotionale" von wesentlicher Bedeutung. Je kürzer und unpersönlicher, „förmlicher" die Begegnung, je mehr emotionale Spannungen die Konsultation belasten, der Patient den Arzt als uninteressiert, verständnislos, autoritär oder gar zurückweisend, feindselig erlebt, um so schlechter die Kooperation des Patienten.

Fühlt sich der Patient dagegen auch „emotional" verstanden, akzeptiert, ernstgenommen und in seiner Erwartung bestätigt, daß der Arzt die nötige Kompetenz hat, seine Krankheit zu behandeln, ist seine Compliance größer – schon um das gute Verhältnis zu einer wichtigen Bezugsperson nicht zu gefährden. Dies erkläre, meint Heim (1986), warum die Kooperationsbereitschaft in der Hausarztmedizin am besten, bei Spezialisten schon weniger gut und in anonymen Ambulatorien mit häufigem Arztwechsel am schlechtesten, die „drop out"-Rate (unbegründetes Wegbleiben) der Patienten hier am höchsten sei. Bei einem vertrauensvollen Arzt-Patient-Verhältnis ist der Patient schließlich auch eher bereit, unangenehme Nebenwirkungen der Medikation zu tolerieren, selbst über längere Zeit.

Maßnahmen zur Verbesserung adäquaten Befolgungsverhaltens

An erster Stelle steht die Berücksichtigung der in diesem Abschnitt dargestellten Ergebnisse der Compliance-Forschung. Darüber hinaus haben sich bestimmte Strategien bewährt:

- Bei starker Ärzterotation, wie in Ambulanzen, kann dem Patienten durch eine andere konstante Bezugsperson (z. B. Schwester, Sozialarbeiter oder Sekretärin) das Gefühl vermittelt werden, „bekannt" und angenommen zu sein. Ein freundlich-akzeptierender Empfangsrahmen (Sekretärin, Sprechstundenhilfe) kann nicht hoch genug eingeschätzt werden.
- Schriftliche Instruktionen, z. B. hinsichtlich der Vereinbarung neuer Termine, wie auch – und dies natürlich ganz besonders hinsichtlich diagnostisch-therapeutischer Maßnahmen – mit genauen Dosierungs- und Zeitangaben.
- Rückmeldung, daß der Patient diese Instruktion verstanden hat.
- Führen eines Einnahmetagebuches, wobei der Patient die eingenommenen Medikamente mittels einer Strichliste notiert.
- Abstimmen auf die tägliche Routine (Mahlzeiten, Schlafgewohnheiten etc.).
- Arzneimittelboxen: Der Patient sortiert die einzunehmden Tabletten für einen oder mehrere Tage in einer Box, wofür sich Trinkbecher oder Tassen eignen.
- Aufbau familiärer bzw. sozialer Unterstützung durch Einbeziehung von Angehörigen in diagnostische und therapeutische Maßnahmen.
- Ärztliche Kontrollen (Durchsehen der Aufzeichnungen des Patienten, regelmäßiges Nachfragen, Hausbesuche etc.).
- Für den Patienten weitreichende, bisherige Lebensgenüsse einschränkende

Anweisungen, wie die Aufgabe des Rauchens, des Alkoholmißbrauchs oder das Einhalten einer strengen Diät, haben hohe Nichtbefolgungsraten. Der Arzt sollte hier zugleich, wenn starke Abhängigkeit besteht, entsprechende Entwöhnungs- und Entzugsmaßnahmen „anleiern", mit Nachdruck z. B. zur Teilnahme an einer entsprechenden Selbsthilfegruppe auffordern. Zumindest darf er die Ziele nicht zu hoch stecken. Die erste und noch heute berühmteste Selbsthilfegruppierung, die Anonymen Alkoholiker (AA), gibt ihren Mitgliedern immer nur die Aufgabe, sich vorzunehmen, die nächsten 24 Stunden trocken zu bleiben.

Manchmal läßt sich, wie die amüsante Geschichte Johann Peter Hebels vom „geheilten Patienten" zeigt, auch mit Humor etwas bewegen, dem allerdings eine gewisse Drastik und Eindringlichkeit nicht abgeht.

Einem reichen, „überfressenen" Amsterdamer Bürger hat ein kluger Arzt in einem offenbar überzeugenden Brief folgenden Rat erteilt: „Guter Freund, Ihr habt einen schlimmen Umstand, doch wird Euch zu helfen sein, wenn Ihr folgen wollt. Ihr habt ein böses Tier im Bauch, einen Lindwurm mit sieben Mäulern. Mit dem Lindwurm muß ich selber reden und Ihr müßt zu mir kommen. Aber fürs erste dürft Ihr nicht fahren oder auf dem Rößlein reiten, sondern auf des Schuhmachers Rappen, sonst schüttelt Ihr den Lindwurm und er beißt Euch die Eingeweide ab, sieben Därme auf einmal ganz entzwei. Fürs andere dürft Ihr nicht mehr essen als zweimal des Tages einen Teller voll Gemüs, mittags ein Bratwürstlein dazu und nachts ein Ei und morgens ein Fleischsüpplein mit Schnittlauch drauf. Was Ihr mehr esset, davon wird nur der Lindwurm größer, also daß er Euch die Leber zerdrückt und der Schneider hat Euch nimmer viel anzumessen, aber der Schreiner. Dies ist mein Rat, und wenn Ihr mir nicht folgt, so hört Ihr am andern Frühjahr den Kuckuck nimmer schreien. Tut was Ihr wollt".

Wie erfolgreich diese ärztliche Empfehlung war, bemerkt Heim (1986), ergibt sich aus einer beachtlichen Katamnese, denn Hebel erwähnt am Ende seiner Geschichte, der reiche Fremdling habe „87 Jahre, vier Monate, zehn Tage gelebt, wie ein Fisch im Wasser so gesund und hat alle Neujahr dem Arzt 20 Dublonen zum Gruß geschickt!"

Weiterführende Literatur

Balint M (1964) Der Arzt, sein Patient und die Krankheit. Klett, Stuttgart 1976

Heim E (1986) Die Arzt-Patient-Beziehung. In: Heim E, Willi J (Hrsg) Psychosoziale Medizin. Bd. 2. Klinik und Praxis. Springer, Berlin Heidelberg New York

Köhle K, Simons C, Kubanek B (1996) Zum Umgang mit unheilbar Kranken. In: Uexküll Tv (Hrsg) Psychosomatische Medizin (5. Aufl.). Urban & Schwarzenberg, München Wien Baltimore

Lang H (1998c) Das Gespräch als Therapie. Suhrkamp, Frankfurt a. Main

Uexküll Tv (1996) Placeboeffekt. In: Uexküll Tv (Hrsg) Psychosomatische Medizin (5. Aufl.). Urban & Schwarzenberg, München Wien Baltimore

Wyss D (1982) Der Kranke als Partner (Zwei Bände). Vandenhoeck & Ruprecht, Göttingen

Die Entwicklung der Bevölkerungsstruktur in Industriegesellschaften bringt durch den zunehmenden Anteil älterer Menschen und die Veränderung des Krankheitsspektrums neue Anforderungen an die Medizin mit sich. Gegenüber der Akutbehandlung werden Rehabilitation und Versorgung chronisch Kranker immer wichtiger.

10.1 Demographische Grundbegriffe, Daten und Methoden

10.1.1 Gliederungsprinzipien

Soziodemographische Merkmale

- sozioökonomische Stellung: Ausbildung, Stellung im Beruf, Einkommen;
- Familienstand;
- Nationalität;
- Alter.

Altersaufbau. Die Bevölkerung eines Landes läßt sich nach Alter und Geschlecht durch eine sog. *Bevölkerungspyramide* beschreiben (Abb. 10.1). Sie zeigt die Geschlechterproportion, z. B. einen Knabenüberschuß in den ersten 10 Jahren und einen Überschuß der Frauen bei den über 65-jährigen. Geburtenausfälle durch Kriege

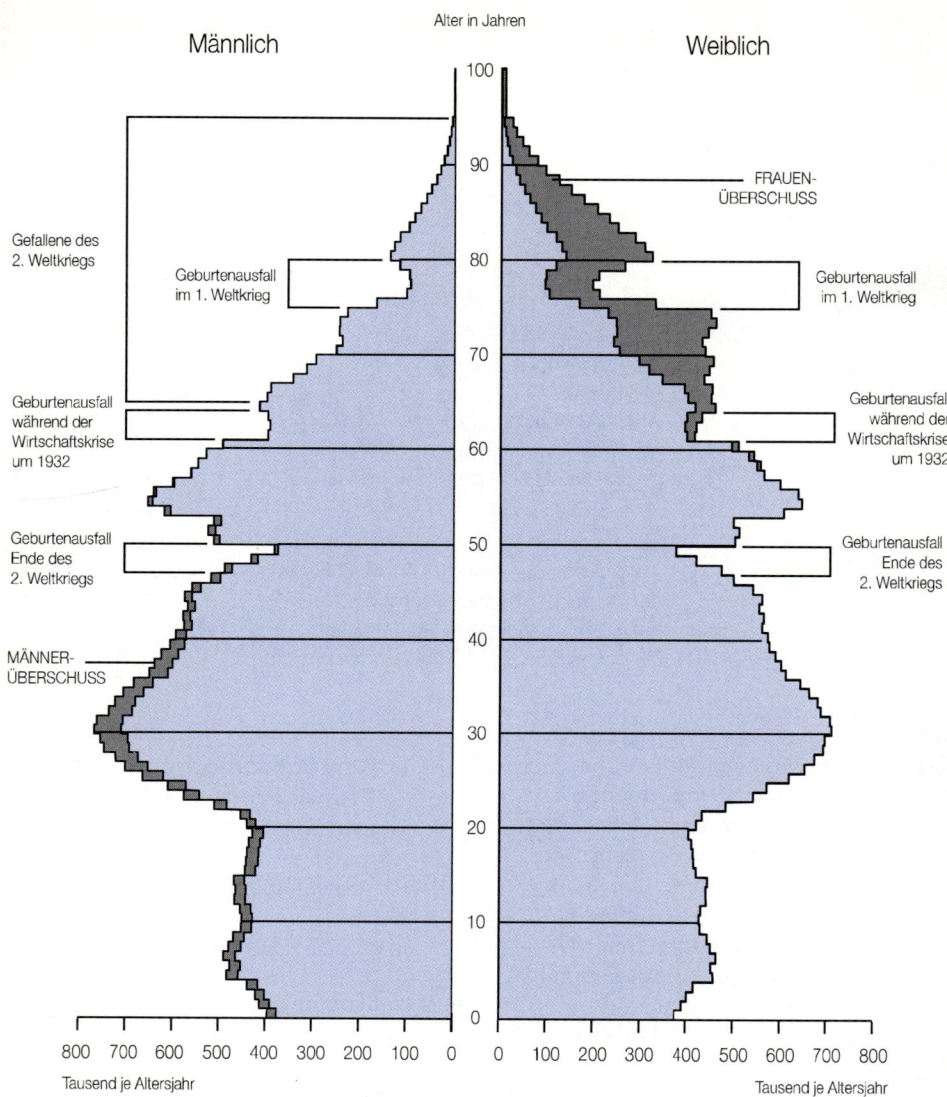

Alter in Jahren

Männlich

Weiblich

100

90

FRAUEN-
ÜBERSCHUSS

Gefallene des
2. Weltkriegs

Geburtenausfall
im 1. Weltkrieg

80

Geburtenausfall
im 1. Weltkrieg

70

Geburtenausfall
während der
Wirtschaftskrise
um 1932

60

Geburtenausfall
während der
Wirtschaftskrise
um 1932

Geburtenausfall
Ende des
2. Weltkriegs

50

Geburtenausfall
Ende des
2. Weltkriegs

40

MÄNNER-
ÜBERSCHUSS

30

20

10

0

800 700 600 500 400 300 200 100 0   0 100 200 300 400 500 600 700 800

Tausend je Altersjahr   Tausend je Altersjahr

Abb. 10.1 Bevölkerungspyramide der Bundesrepublik Deutschland (aus Statistisches Jahrbuch für das vereinte Deutschland 1996)

10 Bevölkerungsstruktur und -entwicklung

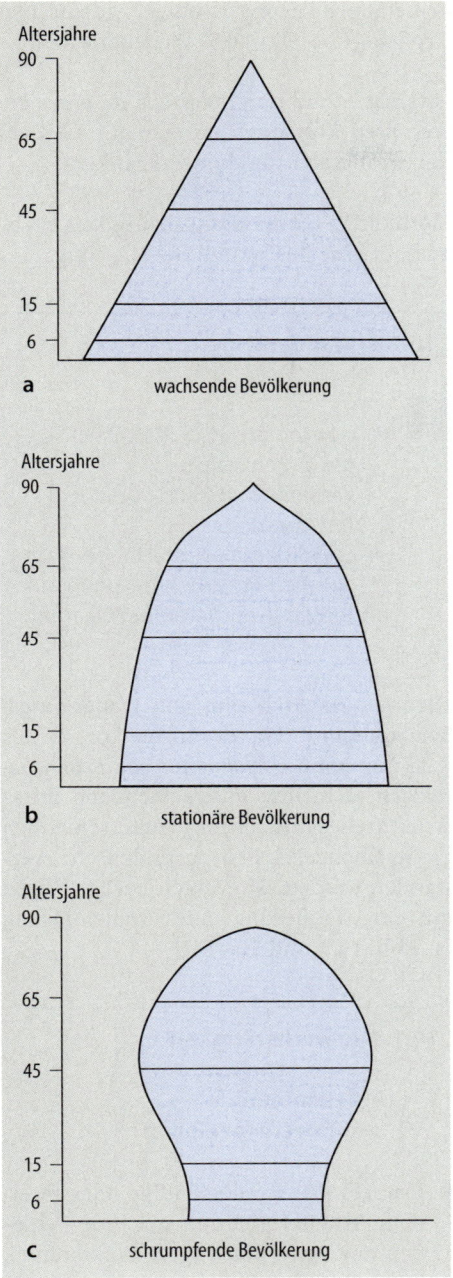

Altersjahre
90

65

45

15
6

a   wachsende Bevölkerung

Altersjahre
90

65

45

15
6

b   stationäre Bevölkerung

Altersjahre
90

65

45

15
6

c   schrumpfende Bevölkerung

Abb. 10.2 Unterschiedlicher Altersaufbau. **a** wachsende Bevölkerung; **b** stationäre Bevölkerung; **c** schrumpfende Bevölkerung (aus Wilker et al. 1994, nach Esenwein-Rothe 1982)

und die Weltwirtschaftskrise von 1932 zeichnen sich als Einschnitte ab. Die schmale Basis der Pyramide ist Ausdruck des Geburtenrückgangs der letzten Jahre.

Die Alterspyramide kann unterschiedlich aussehen (Abb. 10.2):

- Gleichschenkliges Dreieck: Wachsende Bevölkerung, Entwicklungsland.
- Glocke: Stationäre Bevölkerung, Industrieland.
- Urne oder Pilz: Schrumpfende Bevölkerung, Industrieland.

10.1.2 Bevölkerungsbewegung

Allgemeine Geburtenziffer (Natalität). Zahl der *Lebendgeborenen* bezogen auf 1000 der mittleren (durchschnittlich in einem Gebiet lebenden) Bevölkerung in einem Jahr.

Geschlechtsspezifische weibliche Geburtenziffer. Zahl der *weiblichen Lebendgeborenen* bezogen auf 1000 der mittleren Bevölkerung in einem Jahr.

Allgemeine Sterbeziffer (Mortalität). Zahl der *Sterbefälle* bezogen auf 1000 der mittleren Bevölkerung in einem Jahr.

Altersspezifische Sterbeziffer. Zahl der in einem *bestimmten Alter Verstorbenen* bezogen auf den Anteil der Personen desselben Alter der mittleren Bevölkerung eines Jahres.

Säuglingssterblichkeit. Zahl der im *ersten Lebensjahr Verstorbenen* bezogen auf 1000 der Lebendgeborenen eines Jahres.

Geburtenüberschuß. Übersteigt die Geburtenziffer die Sterbeziffer, resultiert ein Geburtenüberschuß, im umgekehrten Fall ein *Geburtendefizit*.

Nettoreproduktionsziffer (NRZ). Damit sich eine Bevölkerung reproduzieren kann, müßte jede Frau eine Tochter gebären, die selbst wieder ins gebärfähige Alter kommt: NRZ=1. Die NRZ berücksichtigt neben der Zahl der Mädchengeburten im Verhältnis zur Zahl der gebärfähigen Frauen auch die Sterblichkeit der Mütter.

Mittlere Lebenserwartung. Anzahl der *Lebensjahre*, die ein *Neugeborenes* durchschnittlich zu erwarten hat.

Altersspezifische Lebenserwartung. Durchschnittliche *Lebenserwartung eines Altersjahrgangs* unter den gerade herrschenden Bedingungen der Sterbetafel (s.u.).

Die durchschnittliche Lebenserwartung eines männlichen Neugeborenen beträgt nach der zuletzt veröffentlichten Sterbetafel von 1986/88 72,21 Jahre, die eines weiblichen Neugeborenen 78,68 Jahre. Die *Zunahme* der mittleren Lebenserwartung seit 1900 kommt v. a. durch die *Senkung der Säuglingssterblichkeit* zustande. Dazu trugen bei:

- verbesserte Arbeits- und Lebensbedingungen,
- bessere Ernährung,
- bessere Hygiene,
- Fortschritte der Medizin, Bekämpfung der Infektionskrankheiten.

Inzidenz. Zahl der in einem bestimmten Zeitraum auftretenden *Neuerkrankungen* in Anteilen der beobachteten Population.

Prävalenz. Zahl der zu einem Zeitpunkt (Punktprävalenz) oder in einem bestimmten Zeitraum (Periodenprävalenz, z. B. während eines Jahres) vorhandenen Krankheitsträger im Verhältnis zur Anzahl der beobachteten Population. Beispiel: Die Häufigkeit (Punktprävalenz) psychogener Erkrankungen (Neurosen, Persönlichkeitsstörungen, Suchten, psychosomatische Erkrankungen) in der All-

gemeinbevölkerung einer deutschen Großstadt beträgt 26 % (Schepank 1987).

Letalität. Zahl der *Todesfälle an einer bestimmten Krankheit* bezogen auf die Zahl der an dieser Krankheit Erkrankten.

Morbidität. Erkrankungshäufigkeit bezogen auf eine bestimmte Bevölkerung.

10.1.3 Wanderungen

- Horizontale Mobilität: Wechsel des Aufenthaltsorts.
- Vertikale Mobilität: sozialer Auf-/Abstieg.
- Mobilitätsziffer: Anzahl der wandernden Personen bezogen auf 1000 der mittleren Bevölkerung.

Theorien zur Erklärung von Wanderungsbewegungen. Wanderungen können als Reaktion auf die *Disparität von Lebensbereichen*, d. h. ihre unterschiedliche infrastrukturelle Ausstattung, unterschiedlich große Chance, Arbeit zu finden etc., verstanden werden. Migranten beabsichtigen mit der Wanderung eine Problemlösung (s. Abb. 10.3 und 10.4).

10.1.4 Erwerbstätigkeit

Arbeitspotential und Erwerbspersonen

- *Erwerbstätige:* Selbständige oder in einem Arbeitsverhältnis stehende Personen mit steuerpflichtigem Einkommen.
- *Erwerbsfähige:* Personen in erwerbsfähigem Alter, erwerbstätig oder nicht.
- *Erwerbslose:* Personen ohne Arbeitsverhältnis, die sich um eine Arbeitsstelle bemühen.

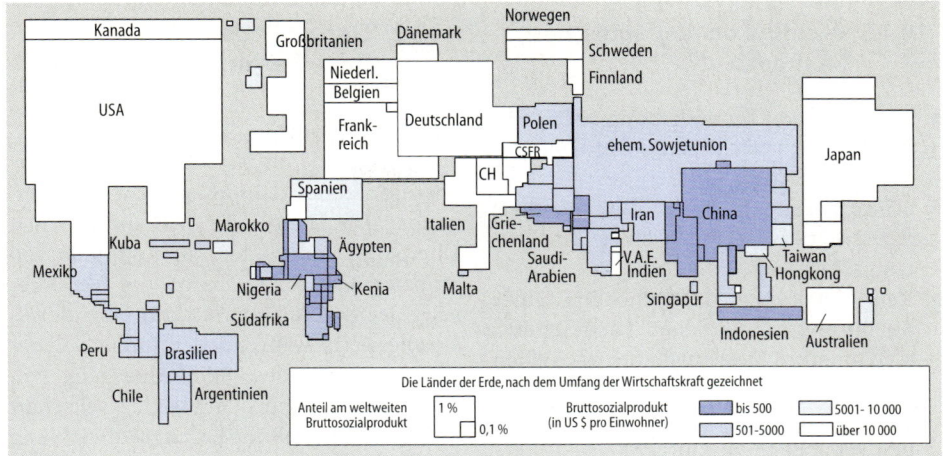

Abb. 10.3 Die Länder der Erde nach dem Umfang der Wirtschaftskraft (aus Die Zeit, 17. 4. 1992)

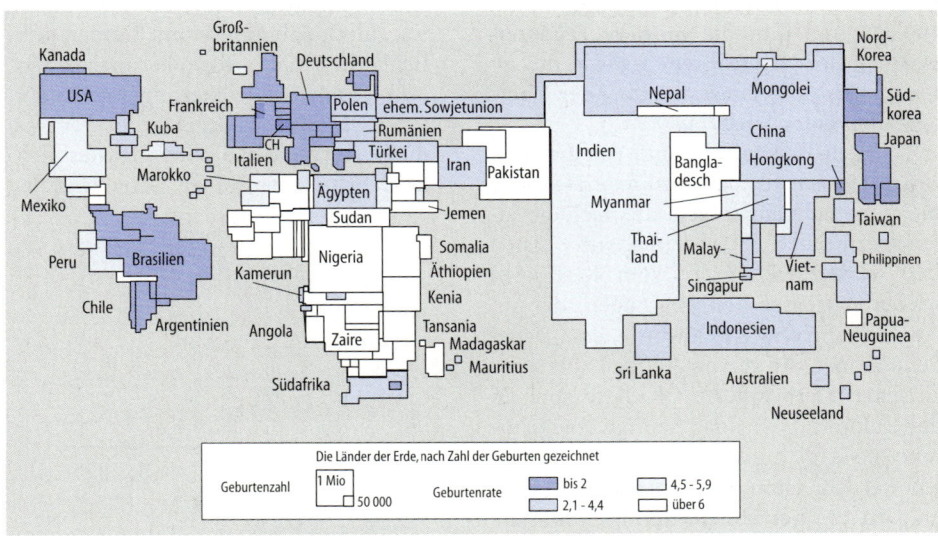

Abb. 10.4 Die Länder der Erde nach der Geburtenzahl (aus Die Zeit, 17. 4. 1992)

● *Arbeitslose:* Personen ohne Arbeitsverhältnis, die sich um eine Arbeitsstelle bemühen und beim Arbeitsamt gemeldet sind.

Erwerbsbeteiligung. Sie wird durch die *Erwerbsquote*, d. h. den Anteil der Erwerbstätigen an der Gesamtbevölkerung, beschrieben. Die geschlechtsspezifische Erwerbsquote liegt bei den Frauen niedriger als bei den Männern, ist aber in den vergangenen Jahrzehnten ständig angestiegen, gerade auch bei verheirateten Frauen mit einem oder zwei Kindern.

10.1.5 Wichtige demographische Methoden

- *Volkszählung:* Totalerhebung der Bevölkerung nach wichtigen soziodemographischen Daten.
- *Mikrozensus:* Jährlich durchgeführte Repräsentativerhebung einer Bevölkerungsstichprobe von etwa 1%.
- *Kohortenanalyse:* Untersuchung einer Stichprobe im zeitlichen Längsschnitt, z. B. mehrere Messungen bei der selben Patientenstichprobe in festen Zeitabständen, um den Verlauf einer Krankheit erforschen zu können.

Sterbetafel. Sie enthält die *Absterbeordnung* eines Geburtsjahrganges von 100.000 und gibt die *mittlere Lebenserwartung* der Neugeborenen sowie die *altersspezifische Lebenserwartung* der Überlebenden jedes Jahres an.

Prinzip der Berechnung: Von der Ausgangszahl von 100.000 wird im ersten Jahr diejenige Zahl abgezogen, die nach der altersspezifischen Sterbeziffer im ersten Jahr versterben würde. Vom Rest wird wieder derjenige Teil abgezogen, der im zweiten Jahr versterben würde, usw. Dabei benutzt man die gerade gültigen altersspezifischen Sterbeziffern. Ob diese auch in der Zukunft, wenn das heutige Neugeborene tatsächlich einmal sterben wird, gelten werden, ist nicht vorhersehbar. Deshalb ist die berechnete durchschnittliche Überlebenszeit fiktiv.

Standardisierte Sterbeziffer. Diese Ziffer wird berechnet, wenn man die Sterblichkeit zwischen Bevölkerungen mit unterschiedlicher Altersverteilung vergleichen will. Die unterschiedliche Altersverteilung wird statistisch korrigiert, d. h. ihr Einfluß wird ausgeschaltet, indem man die konkreten Sterbeziffern auf eine Standardbevölkerung umrechnet.

10.2 Dynamik der Bevölkerungsentwicklung

10.2.1 Generative Struktur

Theorie des demographischen Übergangs. Die Theorie des demographischen Übergangs oder der demographischen Transformation beschreibt die Veränderung der *generativen Struktur* oder *Bevölkerungsweise* während der Industrialisierung eines Landes. Beim Übergang von der Agrar- zur Industriegesellschaft durchläuft die Bevölkerungsentwicklung 5 Phasen (Abb. 10.5).

- *Phase 1:* Hohe Geburtenziffer durch hohe Fruchtbarkeit. Hohe Sterbeziffer, v.a. durch Säuglings- und Kindersterblichkeit. Hoher Bevölkerungsumsatz, aber geringes Bevölkerungswachstum.
- *Phase 2:* Sinken der Sterbeziffer, v.a. durch verminderte Säuglingssterblichkeit, bei weiter hoher Geburtenziffer.

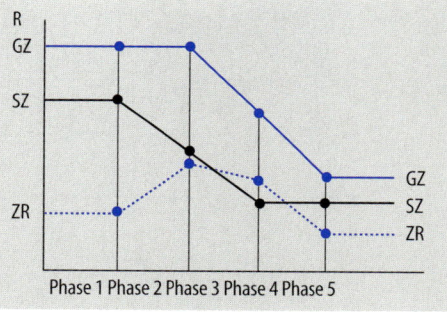

Abb. 10.5 Die 5 Phasen des demographischen Übergangs. Beim Übergang von der Agrar- zur Industriegesellschaft durchläuft die Bevölkerungsentwicklung fünf Phasen, die von einer hohen Geburtenziffer, aber auch hohen Sterblichkeit (*Phase 1*) über ein Sinken der Sterblichkeit (*Phase 2*), aber schließlich auch Sinken der Geburtenziffer (*Phase 3*) zu einem abnehmenden (*Phase 4*) bzw. konstant niedrigem Bevölkerungswachstum (*Phase 5*) führt; *GZ* Geburtenziffer; *SZ* Sterbeziffer; *ZR* Zuwachsrate (aus Siegrist 1988).

Zunehmendes Bevölkerungswachstum. Die **Bevölkerungsschere** öffnet sich.

- *Phase 3:* Sterbeziffer weiter sinkend, jetzt auch sinkende Geburtenziffer. *Umschwungphase*: Bevölkerungswachstum nimmt, nachdem es den Höhepunkt überschritten hat, wieder ab.
- *Phase 4:* Sterbeziffer konstant niedrig. Geburtenziffer weiter sinkend. Abnehmendes Bevölkerungswachstum.
- *Phase 5:* Sterbe- und Geburtenziffer konstant niedrig. Geringes bis Null-Wachstum der Bevölkerung (z. B. Bundesrepublik Deutschland: 1972 Geburtenüberschuß = 0, 1976 Geburtendefizit).

Die generative Struktur ist *abhängig* von:

- ehelicher Fruchtbarkeit,
- Heiratshäufigkeit,
- Generationenabstand,
- Sterblichkeit,
- Migration.

Ursachen der sinkenden Geburtenziffer in Industrieländern:

- Trend zur Kleinfamilie,
- Berufstätigkeit der Frau,
- veränderte religiöse Normen,
- soziale Aufstiegsorientierung für die Kinder,
- Antikonzeption, „Pillenknick".

10.2.2 Demographische Situation der Erdbevölkerung

Das **Bevölkerungswachstum in den Entwicklungsländern** liegt bei 2 bis 3 % und steigt in manchen Ländern weiter an. Wirtschaftliche Unterentwicklung und Bevölkerungswachstum stehen in Zusammenhang. Das ohnehin niedrige Sozialprodukt dieser Länder muß auf um so mehr Köpfe verteilt werden, mit den Folgen von Armut, Hunger, Unterernährung und Krankheitsanfälligkeit. Eine Wanderungsbewegung von den Entwicklungs- in die Industrieländer hat eingesetzt. Wirtschaftliche Entwicklung mit Vermehrung des Wohlstands für alle und Familienplanung sollen Abhilfe schaffen.

10.3 Folgen demographischer Entwicklungen für die medizinische Versorgung

Wandel des Krankheitsspektrums. In den letzten Jahrzehnten haben akute Erkrankungen abgenommen, *chronisch-degenerative Erkrankungen* zugenommen. Ursachen sind die Erfolge der Medizin bei der Behandlung akuter Krankheiten wie z. B. die erfolgreiche Bekämpfung der Infektionskrankheiten, und die Verschiebung der Altersstruktur der Bevölkerung mit einer Zunahme des Anteils älterer Menschen. Die medizinische Ausbildung ist am Bild der akuten Krankheit und ihrer Heilung orientiert. Eine hauptsächliche Aufgabe des Arztes wird in der Zukunft aber die Betreuung chronisch kranker, alter Menschen sein. Die zunehmende Häufigkeit chronischer Erkrankungen mit ihren spezifischen Merkmalen (multifaktorielle, oft verhaltensabhängige Ätiologie; vollständige Heilung oder Wiederherstellung nicht möglich; langfristige, oft progrediente Verläufe) stellt neue Anforderungen an die Rehabilitation. Für die Betroffenen bringen chronische Krankheiten eine Vielzahl von *Folgeerscheinungen* mit sich, die alle Lebensbereiche umfassen können: akute und chronische körperliche Schädigungen; Verlust der körperlichen Integrität; mehr oder minder irreversible Funktionsstörungen; Einschränkung der Aktivitäten im Alltag; Verminderung der Leistungsfähigkeit; berufliche und soziale Beeinträchtigungen; Abhängigkeit von fortgesetzter medizinischer Behandlung; emotionale Belastungen; Beeinträchtigung des Selbstwertgefühls.

Dem Sachverhalt, daß chronische Krankheiten körperliche, seelische und soziale Auswirkungen haben, wird deshalb am ehesten ein *bio-psycho-sozialer Ansatz* in der medizinischen Rehabilitation gerecht. Die Behandlung psychischer und sozialer Folgeerscheinungen chronischer Krankheiten sind ebenso zentrale Aufgaben der Rehabilitationsmedizin wie unmittelbare körperliche Schädigungen (Delbrück u. Haupt 1996).

Chronische Krankheiten und ihre spezifischen Merkmale erfordern eine langfristige Anpassung des Individuums an einen dauerhaft veränderten Zustand. Ein zentrales Ziel der Rehabilitation ist, Menschen mit chronischen Krankheiten dazu zu verhelfen, die Krankheit und ihre Folgen zu bewältigen, um möglichst weitgehend und selbständig am normalen Leben in Familie, Beruf und Gesellschaft teilnehmen zu können (Koch et al. 1995). Rehabilitation wird somit als Hilfe zur Bewältigung einer Erkrankung verstanden. Rehabilitation stellt in dieser Hinsicht Hilfe zur Selbsthilfe dar. An den Patienten wird die Forderung gestellt, adäquate Bewältigungsstrategien zu erlernen, Risikoverhaltensweisen abzustellen und ggf. seinen Lebensstil zu verändern. Die Rehabilitation ist insofern auf die *eigenverantwortliche Mitarbeit* des Rehabilitanden angewiesen und muß diese stärken.

Todesursachen. An erster Stelle der Todesursachenstatistik stehen *Herz-Kreislauf-Erkrankungen*, wie Herzinfarkt und Schlaganfall. An zweiter Stelle stehen *bösartige Tumoren*. Beide zusammen sind für etwa 2/3 aller Todesfälle verantwortlich.

Differentielle Mortalität. Die Mortalität ist in den unteren Sozialschichten höher. Je niedriger die Schulbildung, desto höher

die altersspezifische Sterblichkeit und desto niedriger die durchschnittliche Lebenserwartungen. Dieser Zusammenhang ist wahrscheinlich multifaktoriell bedingt. Als Ursachen gelten u. a. unterschiedliches Gesundheitsverhalten und soziale Belastungen (s. Kap. 11.3.3).

Veränderung der Familienstruktur. Mit der Industrialisierung vollzog sich ein Wandel von der Großfamilie zur Kleinfamilie. Allerdings war die Großfamilie auch in der vorindustriellen Gesellschaft nicht die einzige Familienform. Die Familie hat heute, z. B. durch die Trennung von Wohnort und Arbeitsstelle, Funktionen wie die Produktion abgegeben. Auch die Pflege von Alten und Kranken wurde teilweise an öffentliche Einrichtungen, Krankenhäuser, Pflege- und Altenheime, übertragen. Dennoch ist die Familie wichtigste Quelle sozialer Unterstützung in Krankheitsfällen und Krisensituationen. Zu ihren weiteren Aufgaben gehören die Erziehung der Kinder, die sog. Sozialisation (s. Kap. 6.3), und die Gewährleistung eines privaten Schutzraumes für Intimität. Hinsichtlich der Kinderzahl überwiegen heute Ein- und Zwei-Kind-Familien. Drei- und Mehr-Kind-Familien haben stark abgenommen. Ehepaare ohne Kinder und Einpersonenhaushalte haben zugenommen.

Verändertes Zeitmuster des Familienzyklus. Der Familienzyklus ist durch einschneidende Ereignisse wie Heirat, Geburt des ersten Kindes etc. bestimmt. Durch die verlängerte Ausbildungszeit der Frauen verschiebt sich heute die Geburt des ersten Kindes. Durch die geringere Kinderzahl verkürzt sich die Zeit zwischen der Geburt des ersten und der Geburt des letzten Kindes. Die Zeit, in der die Frau sehr von der Kindererziehung beansprucht wird, ist kürzer. Viele Frauen sind jedoch gleichzeitig berufstätig, woraus eine Doppelbelastung resultiert.

Durch die verlängerte Lebenserwartung verbleibt eine längere Zeitspanne nach der Konzentration auf die Kinderaufzucht. Deshalb ist es für viele Frauen wichtig, Anschluß an ihren Beruf zu halten. Bei Frauen mit akademischer Ausbildung ist eine Tendenz zu später Heirat und Geburt des ersten Kindes zu beobachten.

Demographisches Altern. In Industriegesellschaften nimmt der Anteil alter Menschen an der Bevölkerung zu. Man rechnet damit, daß in diesen Ländern der Anteil der über 60-jährigen im Jahr 2000 bei 25 bis 30 % liegen wird. Rückgang der Geburten und Zunahme der Lebenserwartung sind die Ursachen dieser Entwicklung. Infolge des Wandels der Familienstruktur werden alte Menschen oft in Alten- und Pflegeheimen untergebracht. Eine Auswirkung der *sozialen Isolation* im Alter kann in der hohen Suizidalität (Selbstmordanfälligkeit) alleinstehender alter Männer gesehen werden.

10.4 Bevölkerungspolitische Maßnahmen

! Malthus' Gesetz: Exponentielle Zunahme der Bevölkerung, arithmetische Zunahme der Nahrungsmittel. Stop des Bevölkerungswachstums durch „präventive", z. B. Enthaltsamkeit, oder „repressive" Hindernisse, z. B. Krankheit, Hunger.

Malthus' Theorie entstand im Zusammenhang mit dem Beginn der Industrialisierung in England. Heutzutage sind Möglichkeiten der Kontrazeption, ökonomische und soziokulturelle Einflußfaktoren auf das Bevölkerungswachstum bekannt. Auch der Rückgang der Säuglingssterb-

lichkeit hat zu einer Verminderung der Geburtenzahl geführt. Eugenische Maßnahmen sind durch den Mißbrauch staatlicher Bevölkerungspolitik im Nationalsozialismus diskreditiert.

Weiterführende Literatur

Delbrück H, Haupt E (Hrsg) (1996) Rehabilitationsmedizin. Urban & Schwarzenberg, München Wien Baltimore

Koch U, Lucius-Hoene G, Stegie R (Hrsg) (1988) Handbuch der Rehabilitationspsychologie. Springer, Berlin Heidelberg New York Tokyo

Siegrist J (1988) Medizinische Soziologie, (4. Aufl.). Urban & Schwarzenberg, München Wien Baltimore

Das Konzept der *sozialen Schicht* dient der Beschreibung sozialer Ungleichheit. Es beschreibt die soziale Differenzierung in Form einer hierarchischen, vertikalen Ordnung. *Sozialer Status* bezeichnet eine soziale Position, die in einer wertenden Rangordnung („höher", „tiefer") steht. Angehörige einer sozialen Schicht stimmen hinsichtlich bestimmter Merkmale ihrer sozialen Lage, bestimmter Einstellungen und Verhaltensweisen überein und unterscheiden sich darin von Angehörigen niedrigerer oder höherer Schichten.

11.1 Erfassung sozialer Schichtung

11.1.1 Soziale Schichtung, soziale Differenzierung

Objektive Indikatoren der sozialen Schicht

- *Berufliche Stellung, Berufsposition:* Abhängig Beschäftigte (Arbeiter, Angestellte, Beamte), Selbständige, mithelfende Familienangehörige;
- *Ausbildung;*
- *Einkommen.*

Schichtspezifisches Verhalten. Aus der Schichtzugehörigkeit wird ein schichtspezifisches Verhalten abgeleitet. Hierin besteht die Erklärungskraft der Schichttheorie. In jüngster Zeit hat sich der Zusammenhang zwischen Schicht einerseits und Lebensstil bzw. Wertvorstellungen andererseits aber zunehmend aufgelockert.

Die Stellung im Beruf kann danach weiter differenziert werden, wieviel Einflußmöglichkeiten ein Mensch an seinem Arbeitsplatz hat. Empirische Untersuchungen haben gezeigt, daß Autonomie und Dispositionsspielraum am Arbeitsplatz in Zusammmenhang mit psychologischen Einstellungen und mit dem Erziehungsstil stehen. Ein Arbeiter, der am Arbeitsplatz nur wenig Autonomiespielraum besitzt, gibt diese Einengung in Form einer autoritären Erziehung an seine Kinder weiter (s. schichtspezifische Sozialisation, Kap. 6.3.2).

Als *mittelschichtspezifische Werte* gelten:

- Zukunftsorientierung: Längerfristige Zeitperspektive bei der Lebensplanung.
- Bedürfnisaufschub: Verzicht auf kurzfristige Bedürfnisbefriedigung zugunsten längerfristiger Ziele.
- Autonomie, Selbstbestimmung, individuelle Verantwortung.
- Hohes Anspruchsniveau, Erfolgsstreben, hohe Berufsorientierung, soziale Aufstiegsorientierung.
- Vertrauen in die Veränderbarkeit der eigenen Lage.

Differenzierung der Berufe. Ein weiterer Aspekt der sozialen Differenzierung neben der Schichteinteilung ist die Differenzierung der Berufe. Die Differenzierung der Berufspositionen und die zunehmende Professionalisierung ist u. a. eine Folge des technischen Fortschritts, der eine berufliche Spezialisierung erfordert. Diese Tendenz ist auch innerhalb des Arztberufs zu erkennen. Es gibt immer weniger Ärzte, die ein Fachgebiet, geschweige denn die gesamte Medizin, ganz überblicken. Im Krankenhaus führt dies dazu, daß ein Patient von einem Spezialisten zum nächsten weitergereicht wird. Jeder Spezialist ist für die Durchführung einer bestimmten Untersuchung, deren aufwendige Methodik nur er beherrscht, zuständig. Deshalb fällt es immer schwerer, im

Sinne einer psychosomatisch-ganzheitlichen Sichtweise den Kranken als Person im Blick zu haben.

11.1.2 Konstruktion von Schichtindizes

Multipler Schichtindex. Ein und dieselbe Person kann auf den drei wichtigsten Schichtindikatoren Beruf, Einkommen und Schulbildung unterschiedlich angesiedelt sein. Beispiele: Ein Selbständiger mit Hauptschulabschluß; ein Universitätsprofessor mit niedrigem Einkommen. Um sich in diesen Fällen nicht auf ein Kriterium allein verlassen zu müssen, konstruierte man multiple Indizes, in denen die einzelnen Kriterien, u.U. mit unterschiedlichen Gewichten, zu einem Summenwert zusammengefaßt werden.

Soziale Selbsteinschätzung. Die Selbsteinstufung der Schichtzugehörigkeit geht vom Selbstverständnis eines Menschen über seinen sozialen Ort aus. Der Betreffende erhält eine Liste von Berufen vorgelegt, in die er sich selbst einordnen soll. Diese Berufe sind anhand einer vorher durchgeführten repräsentativen Befragung in Gruppen eingeteilt, die den sozialen Schichten entsprechen. Die subjektive Selbsteinstufung kann objektive Schichtindikatoren aber nicht ersetzen.

11.1.3 Heterogenität und Mehrdimensionalität

Ein Schichtindikator allein bietet kein hinreichendes Bild des sozialen Status eines Menschen. Man benutzt mehrere Schichtindikatoren, um der Mehrdimensionalität des sozialen Status Rechnung zu tragen.

Statuskristallisation und Statusin-konsistenz. Stimmen die Positio-nen eines Menschen auf den ver-schiedenen Dimensionen des so-zialen Status überein, z. B. hohe berufliche Stellung, qualifizierte Ausbildung, hohes Einkommen, so liegt *Statuskristallisation* vor. Zeigen die verschiedenen Schichtindikatoren ein hetero-genes Bild, so spricht man von *Statusinkonsistenz.*

Der Anteil der Statusinkonsistenten hat in den letzten 20 Jahren zugenommen. Man schätzt, daß gegenwärtig bei 25 % der Be-völkerung Statusdiskrepanz vorliegt.

Eine vorübergehende *Arbeitslosigkeit* kann nicht zur Einstufung der sozialen Schicht herangezogen werden.

11.2 Systematische Ansätze zur Analyse der sozialen Differenzierung

11.2.1 Strukturfunktionaler Ansatz

Der strukturfunktionale Ansatz erklärt die Entstehung sozialer Schichten als Folge der Arbeitstei-lung. Die Differenzierung in unter-schiedlich bedeutsame berufliche Positionen habe eine Differenzie-rung des sozialen Status zur Konsequenz. Idealerweise gelte: Je wichtiger eine Position sei und je mehr Fähigkeiten und Ausbil-dung von ihr gefordert würden, um so höher seien die Beloh-nungen, die die Position dem Inhaber biete.

Anomie. Hierunter versteht man einen Zustand der Normenlosigkeit, wie er in Zeiten abrupten sozialen Wandels oder auch bei individuellem sozialen Auf- oder Abstieg entstehen kann. Anomie könne zu individueller Desorientierung bis hin zum Suizid führen.

11.2.2 Klassentheoretischer Ansatz

Die *Klassentheorie* nach *Marx* teilt die Be-völkerung nach dem Kriterium Verfügung vs. Nicht-Verfügung über die gesellschaft-lichen Produktionsmittel (Fabriken, Ma-schinen) in zwei Klassen:

- Arbeiterklasse und
- Kapitalistenklasse.

Aus diesem einen Unterscheidungsmerk-mal will sie alle anderen Differenzierun-gen ableiten. Im Unterschied zu Schich-tungsmodellen, die mehrere Abstufungen der Differenzierung in einer Gesellschaft kennen, ist das Klassenmodell dichotom, es kennt nur zwei Klassen.

Das Klassenmodell Max Webers diffe-renziert allerdings weiter in Besitzklassen, Erwerbsklassen und Versorgungsklassen (Renten-, Sozialhilfeempfänger).

'Klasse' und 'Schicht' beschreiben beide Formen sozialer Ungleichheit. Die Begriffe sind aber *nicht* identisch, wenn auch Überschneidungen vorkommen.

Monopolisierung der Statuszuweisung

Zugeschriebener Status: Status, der einem Menschen, z. B. durch seine Herkunft, zugeschrieben wird. Er-worbener Status: Status, den sich ein Mensch, z. B. durch Ausbildung und Leistung, selbst erwirbt.

In *vorindustriellen Gesellschaften* war der zugeschriebene Status von größerer Bedeutung. Wer im Mittelalter einen bestimmten Beruf ausüben wollte, mußte dem entsprechenden Stand angehören. Die Stände hatten das Monopol über die Zulassung zu einem Beruf inne. Manchmal konnten sie sogar die Berufszugehörigkeit ausschließlich an ihre Nachkommenschaft weitervererben. Entsprechend gering waren die sozialen Aufstiegschancen.

11.3 Schichtung und Mobilität

11.3.1 Schichtungsstruktur

Schichtmodelle versuchen, in die unübersichtliche Vielfalt der gesellschaftlichen Verhältnisse eine Ordnung zu bringen;

dazu müssen sie die komplexe Wirklichkeit zwangsläufig vereinfachen. Ein Modell darf deshalb nicht mit der Wirklichkeit verwechselt werden. Ein Mißverständnis könnte weiterhin entstehen, wenn man die Differenzierungen innerhalb eines Schichtmodells als scharfe Abgrenzungen verstünde, wie sie in modernen Gesellschaften im Unterschied zu ständischen oder Kastengesellschaften kaum mehr existieren, zumal sich in den letzten Jahrzehnten in Deutschland eine „Entschichtung" der Sozialstruktur vollzogen hat.

Man kann den Aufbau der Gesellschaft graphisch als Etagen und Zimmer eines Hauses darstellen (Abb. 11.1). Dabei muß man sich vor Augen halten, daß die inneren Grenzen der Gesellschaft zunehmend durchlässiger geworden sind. Die Zimmer des Hauses sind, um im Bild zu bleiben,

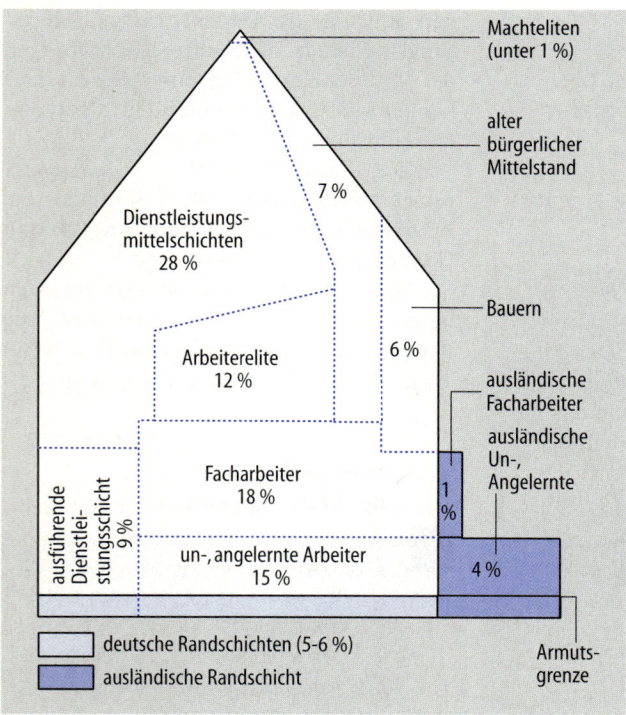

Abb 11.1 Soziale Schichtung der westdeutschen Bevölkerung der 80er Jahre (aus Geißler 1992)

„nicht durch durchgehende Decken und Wände gegeneinander abgeschottet, sondern verstellbare Wände, Raumteiler und halboffene Etagen zeigen viele Durch- und Übergänge an" (Geißler 1992).

Ein repräsentatives Schichtungsmodell hat also etwas Statisches an sich; es kann über den quantitativen Anteil der einzelnen Schichten Auskunft geben, erlaubt aber noch keine Aussagen über das Ausmaß der Mobilität, d. h. der Veränderungen zwischen den Schichten. Eine eindeutige Fixierung des sozialen Status ist am ehesten in den oberen und unteren Extrembereichen der Rangordnung möglich. In den mittleren Bereichen gibt es viele Überschneidungen. Je nach verwendetem Schichtsystem werden der Mittelschicht etwa 50–60 % der Bevölkerung zugerechnet. Der Mittelwert der objektiven Schichtindikatoren und die Mitte der subjektiven Selbsteinschätzung stimmen nicht überein.

Struktur und Entwicklung der Erwerbstätigkeit

Nach Fourastié lassen sich 3 *Sektoren der Erwerbstätigkeit* unterscheiden:

- *Primärer Wirtschaftssektor:* Land- und Forstwirtschaft, Fischfang;
- *Sekundärer Wirtschaftssektor:* Industrie;
- *Tertiärer Wirtschaftssektor:* Dienstleistung, Handel.

> **!** Hypothese von Fourastié: Durch den technischen Fortschritt reduziert sich die Zahl der im ersten und zweiten Wirtschaftssektor Beschäftigten stark. Der Dienstleistungssektor ist aber nur begrenzt technisierbar. Deshalb nimmt der relative Anteil der im tertiären Sektor Beschäftigten zu.

In der erwerbstätigen Bevölkerung der BRD hat in den letzten Jahren der Anteil der Angestellten und Beamten zugenommen, derjenige der Arbeiter abgenommen. Insgesamt hat der Anteil der abhängig Beschäftigten zu-, derjenige der Selbständigen und mithelfenden Familienangehörigen abgenommen.

Soziale Differenzierung und Haushaltseinkommen

Zwischen dem Einkommen und der Stellung im Beruf gibt es einen deutlichen Zusammenhang. Ein Beispiel: Ein monatliches Nettoeinkommen von über 1800.– DM hatten im Mikrozensus von 1982 70 % der Selbständigen, 67 % der Beamten, 45 % der Angestellten und 28 % der Arbeiter. Die Überschneidungen zwischen den Schichten sind aber ebenfalls beachtlich. Betrachtet man die Einkommen eines ganzen Haushalts, so werden die Einkommensunterschiede durch die mitverdienende Ehefrau u.U. ausgeglichen.

Soziale Differenzierung und Ausbildung

Die Ausbildung ist der wichtigste Einflußfaktor für die Zuteilung hoher Positionen und für den sozialen Aufstieg insgesamt. Die Verteilung der Bildungsabschlüsse in der BRD gibt Tabelle 11.1 wieder.

Im Zuge des „Bildungsbooms" hat sich der Anteil der Abiturienten stark erhöht, ebenso der Anteil der Hochschulabsolventen (vgl. Abb. 11.2). Die Zugangschancen zu den Ausbildungseinrichtungen sind aber noch immer sozial sehr ungleich verteilt.

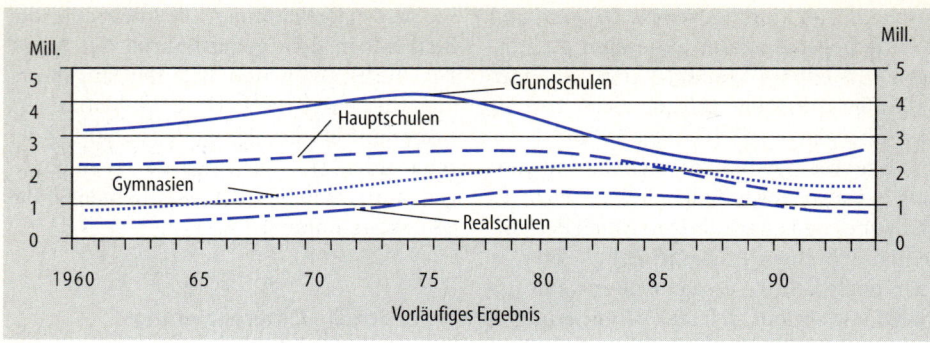

Abb. 11.2 Schüler an allgemeinbildenden Schulen in den Jahren 1960 bis 1990 (aus Statistisches Jahrbuch für die Bundesrepublik Deutschland 1991)

Tabelle 11.1 Relativer Anteil der Schulbildungsabschlüsse in der Bevölkerung der Bundesrepublik Deutschland ab dem 15. Lebensjahr im April 1995 (aus Statistisches Jahrbuch für die Bundesrepublik Deutschland 1996)

Noch ohne Abschluß	4,2 %
Volksschul-/Hauptschulabschluß	52,7 %
Polytechnische Oberschule	7,3 %
Realschul-/vergleichbarer Abschluß	18,7 %
Fachhochschul-/Hochschulreife	17,2 %

11.3.2 Sozialer Auf- und Abstieg

Unter *sozialer Mobilität* versteht man jede Art von Positionswechsel in einer Sozialstruktur. Unter *vertikaler Mobilität* faßt man Aufstiegs- und Abstiegsbewegungen zusammen.

> **!**
> - Intragenerationen-Mobilität: Sozialer Auf-/Abstieg innerhalb einer Generation, d. h. während des Lebens eines Individuums.
> - Intergenerationen-Mobilität: Sozialer Auf-/Abstieg zwischen zwei Generationen, z. B. Vater Arbeiter, Sohn Arzt.

Die soziale Differenzierung einer offenen Gesellschaft ist in einem dynamischen Prozeß begriffen. Innerhalb eines gewissen Umfanges sind die beruflichen Positionen veränderbar. V. a. die Intergenerationen-Mobilität wurde erforscht. 40 % der Angehörigen einer Berufsgruppe verbleiben in der sozialen Schicht, der die Herkunftsfamilie angehört. Die vertikale Mobilität ist je nach sozialer Schicht unterschiedlich stark ausgeprägt. Am oberen und am unteren Ende der sozialen Hierarchie ist geringe Mobilität vorhanden. Freie Berufe und Selbständige sind eher geschlossenen Berufskreise. Zwischen Angestellten und Facharbeitern hingegen findet ein starker Wechsel statt. 25 % der Söhne an- und ungelernter Arbeiter steigen sozial auf. In Zeiten wirtschaftlicher Rezession bestehen geringere Aufstiegschancen, die traditionelle Statuszuweisung durch Herkunft wirkt sich wieder etwas stärker aus. Den Sachverhalt, daß die Familie, aus der ein Mensch stammt, seine soziale

Position zu einem Teil festlegt, nennt man die *Plazierungsfunktion* der Familie. Wichtigster Einflußfaktor für sozialen Aufstieg ist die Ausbildung.

11.3.3 Auswirkungen auf Krankheitswirkungen

Epidemiologische Untersuchungen haben ein höheres Risiko für psychische und körperliche Erkrankungen in der Unterschicht erbracht. Diese Ungleichverteilung ist *multifaktoriell*, durch die kumulative Wirkung mehrerer Einzelfaktoren bedingt. Zu den wirksamen Faktoren gehören

- sozialer Streß sowie
- schichtspezifisches Gesundheits- und Krankheitsverhalten.

Statusbedrohung. Zum sozialen Streß gehört die Bedrohung des eigenen Status. Diese stellt ein Krankheitsrisiko dar.

Das Risiko, an einer koronaren Herzkrankheit zu sterben, ist in der Unterschicht größer. Der Einfluß der Schichtzugehörigkeit auf das Krankheitsrisiko bleibt auch bestehen, wenn man den Einfluß der medizinischen Risikofaktoren, wie Zigarettenrauchen, Bluthochdruck, Blutfettwerte, Übergewicht etc., statistisch kontrolliert. Als ein wichtiger Einflußfaktor wird die Statusbedrohung betrachtet, die in der Unsicherheit des Arbeitsplatzes, niedrigem Lohn, geringen Aufstiegs- und Weiterentwicklungschancen etc. besteht. Auf diese Bedrohung ihres Status reagieren manche Arbeiter mit immer mehr Verausgabung und Kontrollbemühungen, welche aber nicht durch Erfolgserlebnisse belohnt werden. Die Neigung, auf Mißerfolge mit verstärkten Kontrollanstrengungen zu antworten, ist auch ein Teil des sog. koronargefährdenden Typ-A-Verhaltensstils (s. Kap. 5.2.3). Die Erfahrung eingeschränkter Handlungsmöglichkeiten führt zu emotionalem Distress, der durch fehlenden sozialen Rückhalt in der Familie oder durch eine hohe Leistungsmotivation noch erhöht werden kann.

In einer Stichprobe von Industriearbeitern, die einen frühen Herzinfarkt erlitten hatten, zeigte sich ein höheres Ausmaß von Statusbedrohung und Verausgabung, im Vergleich mit einer nach Alter und Geschlecht parallelisierten gesunden Kontrollgruppe (Siegrist et al. 1980). In einer weiteren Untersuchung zeigte sich, daß die Blutfettwerte bei denjenigen Arbeitern am höchsten waren, bei denen objektive Arbeitsplatzunsicherheit und subjektive Angst vor Arbeitslosigkeit zusammenkamen (Siegrist 1989).

Schichtspezifische Verhaltensstile im Umgang mit Gesundheitsrisiken

Prävention. Gesundheitsschädliches Risikoverhalten ist schichtabhängig. Die eingeschränkte Zukunftsperspektive Unterschichtangehöriger läßt die längerfristigen Folgen kurzfristig angenehmen oder entlastenden Verhaltens wie z. B. des Zigarettenrauchens nicht in den Blick kommen.

„Wenn ich das früher gewußt hätte, wie das mal enden kann, aber das glaubt ja keiner, das glaubt man erst, wenn es zu spät ist." (Herzinfarktpatient, der stark geraucht hatte, zur Frage, ob man einen Herzinfarkt verhüten könnte; Faller 1990).

Dabei spielt eine *instrumentelle Orientierung* gegenüber dem eigenen Körper eine Rolle. Der Körper wird als ein Mittel zum Zweck betrachtet. Er muß funktionieren. Beispiel: Viele Herzinfarktkranke vergleichen das Herz mit dem Motor eines Autos und erwarten eine schnelle Reparatur. Körper und Gesundheit werden weniger als Wert an sich betrachtet, den es vorbeugend zu schützen gilt. Der Körper wird erst wahrgenommen, wenn er seinen Dienst versagt. Unterschichtangehörige nehmen seltener an Vorsorge- und Früherkennungsuntersuchungen teil. Unterschichtangehörige besitzen weniger Wissen über Gesundheit und Krankheit, sie haben einen geringeren Zugang zu den Informationsquellen.

Symptomaufmerksamkeit. Unterschichtangehörige besitzen eine geringere Symptomaufmerksamkeit. Sie zögern länger, bis sie einen Arzt aufsuchen, und verbrauchen mehr Zeit mit Abwarten, Selbstmedikation, Hinzuziehen von Familienmitgliedern etc.

In einer Untersuchung wurden Ober-, Mittel- und Unterschichtangehörige danach gefragt, ob sie bei bestimmten, ihnen auf einer Liste präsentierten Symptomen einen Arzt aufsuchen würden. Bei hartnäckigen Rückenschmerzen bejahten dies 53 % der Oberschicht-, 44 % der Mittelschicht-, aber nur 19 % der Unterschichtangehörigen. Auch bei einem so auffälligen und besorgniserregenden Symptom wie Blut im Urin blieben die Unterschichtangehörigen mit 69 % deutlich hinter den Mittel- und Oberschichtangehörigen (93 % bzw. 100 %) zurück (Koos 1954).

Zusammenhang zwischen sozialer Mobilität und Krankheitsrisiko

Soziale Mobilität kann zu Veränderungen der Krankheitsanfälligkeit führen.

Bei Japanern, die in die USA auswanderten, stieg die Anfälligkeit für koronare Herzkrankheit vom niedrigeren japanischen Niveau auf das höhere amerikanische Niveau an. Sie blieb allerdings niedriger in einer Untergruppe der Ausgewanderten, die den traditionellen japanischen Lebensstil beibehielten. Daraus läßt sich schließen, daß Lebensstil-Einflüsse für das Krankheitsrisiko mitverantwortlich sind.

Weiterführende Literatur

Siegrist J (1988) Medizinische Soziologie, (5. Aufl.). Urban & Schwarzenberg, München Wien Baltimore

Faller H (1990) Subjektive Krankheitstheorie und Krankheitsverarbeitung bei Herzinfarktrehabilitanden. Lang, Frankfurt

Geißler R (1992) Die Sozialstruktur Deutschlands. Westdeutscher Verlag, Opladen

Abramson LY, Seligman MEP, Teasdale JD (1978) Learned helplessness in humans: Critique and reformulation. J Abnormal Psychology 87:49–74

Ahrens S (1987) Alexithymie und kein Ende? Versuch eines Resümees. Z Psychosom Med 33:201–220

Albert EH (1980) Appealing for treatment: A cognitive analysis of hospital emergency patients. Soc Sci & Med 14:243–251

Albus M (1990) Psychophysiologie von Angsterkrankungen. Nervenarzt 61:639–646

Alting R (1989) Heilpraktiker und Krebs – subjektive Krankheitskonzepte und Therapeutik nichtapprobierter Heilkundiger. In: Verres R, Hasenbring M (Hrsg) Psychosoziale Onkologie. Jahrbuch der medizinischen Psychologie, Bd 3. Springer, Berlin Heidelberg New York Tokyo

Amelang M, Bartussek D (1994) Differentielle Psychologie und Persönlichkeitsforschung. (3. Aufl.). Kohlhammer, Stuttgart

Andersen BL (1992) Psychological interventions for cancer patients to enhance the quality of life. J Consult Clin Psychol 60:552–568

Andersen BL, Kiecolt-Glaser JK, Glaser R (1994) A biobehavioral model of cancer stress and disease course. American Psychologist 49:389–404

Angst J, Ernst C (1990) Geschlechtsunterschiede in der Psychiatrie. Vortrag im Studium generale der Universität Heidelberg

Appels A (1980) Vitale Erschöpfung und Depression als Vorboten des Herzinfarktes. In: Langosch W (Hrsg) Psychosoziale Probleme und psychotherapeutische Interventionsmöglichkeiten bei Herzinfarktpatienten. Minerva, München

Arbeitsgruppe Soziologie (1993) Denkweisen und Grundbegriffe der Soziologie (11. Aufl.). Campus Verlag, Frankfurt New York

Argelander H (1970) Das Erstinterview in der Psychotherapie. Wiss Buchges, Darmstadt

Aries P (1978) Geschichte des Todes. Dtv, München 1982

Augustiny K-F (1994) Die Berner Coping-Studie 1983–1991. In: Schüßler G, Leibing E (Hrsg) Coping. Verlaufs- und Therapiestudien chronischer Krankheit. Hogrefe, Göttingen

Aymanns P (1992) Krebserkrankung und Familie: zur Rolle familialer Unterstützung im Prozeß der Krankheitsbewältigung. Huber, Bern Göttingen Toronto

Aymanns P, Filipp S-H (1997) Elemente subjektiver Theorien über Krebspatienten aus der Sicht von Angehörigen, Pflegekräften und Nicht-Betroffenen. Zeitschrift für Gesundheitspsychologie 5:17–32

Badura B (Hrsg) (1981) Soziale Unterstützung und chronische Krankheit. Suhrkamp, Frankfurt a. Main

Badura B, Kaufhold G, Lehmann H, Pfaff H, Schott T, Waltz M (1987) Leben mit dem Herzinfarkt. Springer, Berlin Heidelberg New York Tokyo

Balck F, Koch U, Speidel H (Hrsg) (1985) Psychonephrologie. Psychische Probleme bei Niereninsuffizienz. Springer, Berlin Heidelberg New York Tokyo

Balint M (1959) Angstlust und Regression. Rowohlt (rororo Studium), Reinbek bei Hamburg 1973

Balint M (1964) Der Arzt, sein Patient und die Krankheit. Klett, Stuttgart 1976

Baltes PB (1990) Entwicklungspsychologie der Lebensspanne: Theoretische Leitsätze. Psychologische Rundschau 41:1–24

Bandura A (1973) Aggression – eine sozial-lerntheoretische Analyse. Klett, Stuttgart 1979

Basler H-D (1980) Medizinisch-psychologische Interventionsmöglichkeiten im präventiven Bereich. In: Schneller T u. a. (Hrsg) Medizinische Psychologie III – Die Integration psychologischer Konzepte in die Medizin. Kohlhammer, Stuttgart

Basler H-D (1995) Chronischer Rückenschmerz. Vorbeugung und Behandlung durch psychologische Methoden. Psychomed 7:139–144

Basler H-D, Florin I (Hrsg) (1985) Klinische Psychologie und körperliche Krankheit. Kohlhammer, Stuttgart

Basler H-D, Franz C, Kröner-Herwig B, Rehfisch H-P, Seemann H (Hrsg) (1996) Psychologische Schmerztherapie. Grundlagen, Diagnostik, Krankheitsbilder, Behandlung. Springer, Berlin Heidelberg New York Tokyo

Basler H-D, Schneider F (1996) Psychologische Schmerzforschung in Westeuropa. Der Schmerz 10:89–92

Bastine R (1984) Klinische Psychologie (2. Aufl.) Bd 1. Kohlhammer, Stuttgart 1990

Baumann U, Pfingstmann G (1986) Soziales Netzwerk und Soziale Unterstützung. Nervenarzt 57:686–691

Becker H (1984) Die Bedeutung der subjektiven Krankheitstheorie des Patienten für die Arzt-Patient-Beziehung. Psychother med Psychol 34:313–321

Beckmann D (1984) Grundlagen der Medizinischen Psychologie. Ein Lehrbuch. Vandenhoeck & Ruprecht, Göttingen

Beckmann D (1987) Metaphern der medizinischen Psychologie. Psychother Psychosom med Psychol 37:266–271

Beckmann D (1994) Wandel familiärer Bedingungen. Psychosozial 17:23–42

Beckmann D (1995) Theorie der Bindungsfähigkeit. Psychosozial 18:57–78

Beckmann D, Davies-Osterkamp S, Scheer JW (Hrsg) (1982) Medizinische Psychologie. Forschung für Klinik und Praxis. Springer, Berlin Heidelberg New York

Bergin AE, Garfield SL (eds) (1994) Handbook of psychotherapy and behavior change. Wiley, New York

Beutel M (1985) Zur Erforschung der Verarbeitung chronischer Krankheit: Konzeptualisierung, Operationalisierung und Adaptivität von Abwehrprozessen am Beispiel von Verleugnung. Psychother med Psychol 35:295–302

Beutel M (1988) Bewältigungsprozesse bei chronischen Erkrankungen. Ed. Medizin VCH, Weinheim

Beutel M (1990) Coping und Abwehr – Zur Vereinbarkeit zweier Konzepte. In: Muthny FA (Hrsg) Krankheitsverarbeitung. Hintergrundtheorien, klinische Erfassung und empirische Ergebnisse. Springer, Berlin Heidelberg New York Tokyo

Beutel M, Muthny FA (1988) Konzeptualisierung und klinische Erfassung von Krankheitsverarbeitung – Hintergrundstheorien, Methodenproblem und künftige Möglichkeiten. Psychother med Psychol 38:19–27

Beutel M, Weiner H (1993) Trauer und Depression nach einem Objektverlust. Ein Beitrag zur Begriffserklärung und klinischen Unterscheidung. Forum Psychoanal 9:224–239

Biermann G, Biermann R (1982) Das kranke Kind und seine Umwelt. Reinhardt, München

Binswanger L (1957) Der Fall Ellen West. In: Schizophrenie. Neske, Pfullingen

Birbaumer N (1975) Physiologische Psychologie. Springer, Berlin Heidelberg New York

Birbaumer N (1986) Schmerz. In: Miltner W, Birbaumer N, Gerber W-D (1986) Verhaltensmedizin. Springer, Berlin Heidelberg New York Tokyo

Birbaumer N, Schmidt RF (1996) Biologische Psychologie (3. Aufl.). Springer, Berlin Heidelberg New York Tokyo

Bischoff C, Zenz H (Hrsg) (1989) Patientenkonzepte von Körper und Krankheit. Huber, Bern

Blankenburg W (1983) Der Leib als Partner. Psychother med Psychol 33:206–212

Booth-Kewley S, Friedman HS (1987) Psychological predictors of heart disease: A quantitative review. Psychological Bulletin 101:343–362

Bortz J (1989) Lehrbuch der empirischen Forschung (2. Aufl.). Springer, Berlin Heidelberg New York Tokyo

Bortz J, Döring N (1995) Forschungsmethoden und Evaluation. Springer, Berlin Heidelberg New York Tokyo

Bovbjerg D (1989) Psychoneuroimmunology and cancer. In: Holland JC, Rowland JH (eds) Handbook of psychooncology. Oxford University Press, Oxford New York

Bovbjerg DH, Redd WH, Maier LA, Holland JC, Lesko LM, Niedzwiecki D, Rubin SC, Hakes TB (1990) Anticipatory immune suppression and nausea in women receiving cyclic chemotherapy for ovarian cancer. J Consult Clin Psychol 58:153–157

Bowlby J (1975) Bindung. Kindler, München

Bowlby J (1983) Verlust, Trauer und Depression. Fischer, Frankfurt a. Main

Brähler E (Hrsg) (1986) Körpererleben. Ein subjektiver Ausdruck von Leib und Seele. Ein Beitrag zur psychosomatischen Medizin. Springer, Berlin Heidelberg New York Tokyo

Brähler E, Adler C (Hrsg) (1996) Quantitative Einzelfallanalysen und qualitative Verfahren. Psychosozial-Verlag, Gießen

Brähler E, Meyer A (Hrsg) (1988) Partnerschaft, Sexualität und Fruchtbarkeit. Springer, Berlin Heidelberg New York Tokyo

Brähler E, Meyer A (Hrsg) (1991) Psychologische Probleme in der Humangenetik. Jahrbuch der medizinischen Psychologie 6. Springer, Berlin Heidelberg New York Tokyo

Brähler E, Meyer A (Hrsg) (1991) Psychologische Probleme in der Reproduktionsmedizin. Jahrbuch der medizinischen Psychologie 5. Springer, Berlin Heidelberg New York Tokyo

Brähler E, Unger U (Hrsg) (1996) Schwangerschaft, Geburt und der Übergang zur Elternschaft. Empirische Studien. Westdeutscher Verlag, Opladen

Brand R (1978) Coronary-prone behavior as an independent risk factor for coronary heart disease. In: Dembroski TM, Weiss SM, Shields JL, Haynes SG, Feinleib M (eds)

Coronary-prone behavior. Springer, New York

Bräutigam W (1977) Sexualmedizin im Grundriß. Thieme, Stuttgart

Bräutigam W (1985) Reaktionen-Neurosen-Abnorme Persönlichkeiten. Seelische Krankheiten im Grundriß (5. Aufl.). Thieme, Stuttgart New York

Bräutigam W (1994) Reaktionen – Neurosen – Abnorme Persönlichkeiten. Seelische Krankheiten im Grundriß (6. Aufl.). Thieme, Stuttgart New York

Bräutigam W (Hrsg) (1988) Kooperationsformen somatischer und psychosomatischer Medizin. Springer, Berlin Heidelberg New York Tokyo

Bräutigam W, Christian P (1986) Psychosomatische Medizin. Thieme, Stuttgart New York

Bräutigam W, Clement U (1989) Sexualmedizin um Grundriß (3. Aufl.). Thieme, Stuttgart New York

Bräutigam W, Meerwein F (Hrsg) (1985) Das therapeutische Gespräch mit Krebskranken. Huber, Bern Stuttgart Toronto

Brickenkamp R (1994) Test d2 Aufmerksamkeits-Belastungs-Test (8. Aufl.). Hogrefe, Göttingen

Broda M (1987) Wahrnehmung und Bewältigung chronischer Krankheiten. Eine Vergleichsstudie unterschiedlicher Krankheitsbilder. Deutscher Studienverlag, Weinheim

Broda M (1988) Der „gesunde" Kranke – ein Beitrag zur Problematisierung von Bewältigungszielen in der Coping-Forschung. Praxis der Klinischen Verhaltensmedizin und Rehabilitation 1:6–8

Broda M, Muthny FA (1990) Umgang mit chronisch Kranken – ein Lehr- und Handbuch der psychosozialen Fortbildung. Thieme, Stuttgart

Buddeberg C (1985) Ehen krebskranker Frauen. Urban & Schwarzenberg, München

Buddeberg C (1986) Sexualmedizin. In: Heim E, Willi J (Hrsg) Psychosoziale Medizin, Bd 2. Klinik und Praxis. Springer, Berlin Heidelberg New York Tokyo

Buddeberg C (1992) Brustkrebs. Psychische Verarbeitung und somatischer Verlauf. Schattauer, Stuttgart New York

Buddeberg C, Merz J, Frei R, Limacher B (1986) Ehen krebskranker Frauen – Realitäten und Wunschvorstellungen in der psychosomatischen Krebsforschung. Psychother med Psychol 36:110–113

Bulman RJ, Wortman CB (1977) Attributions of blame and coping in the „real world": Severe accident victims react to their lot. J Pers Soc Psychol 35:351–363

Burish TG, Bradley LA (eds) (1983) Coping with chronic disease. Academic Press, New York

Buser K, Kaul-Hecker U (Hrsg) (1996) Medizinische Psychologie, Medizinische Soziologie (4. Aufl.). Gustav Fischer Verlag, Stuttgart Jena New York

Byrne D (1964) Repression-sensitization as a dimension of personality. In: Maher BA (ed) Progress in experimental psychology research, Vol 1. Academic Press, New York

Cierpka M (Hrsg) (1996) Handbuch der Familiendiagnostik. Springer, Berlin Heidelberg New York Tokyo

Clement U (1991) HIV-positiv. Enke, Stuttgart

Condrau G (1968) Medizinische Psychologie. Walter, Olten

Csef H (1996) Neuere Entwicklungen der supportiven Psychotherapie mit Krebskranken. Psychotherapeut 41:95–98

Dahme B, Scheer JW (1984) Medical Psychology. The German Journal of Psychology 8:138–180

Dakof GA, Taylor SE (1990) Victims' perception of social support: What is helpful from whom? J Pers Soc Psychol 58:80–89

Davies-Osterkamp S (1977) Angst und Angstbewältigung bei chirurgischen Patienten. Medizinische Psychologie 3:109–184. Auch in: Beckmann D, Davies-Osterkamp S, Scheer JW (Hrsg) (1982) Medizinische Psychologie. Forschung für Klinik und Praxis. Springer, Berlin Heidelberg New York

Davies-Osterkamp S (1985) Psychologische Vorbereitung chirurgischer Patienten. In: Basler H-D, Florin I (Hrsg) Klinische Psychologie und körperliche Krankheit. Kohlhammer, Stuttgart

Davies-Osterkamp S, Beckmann D (1982) Psychosoziale Aspekte von Schwangerschaft und Geburt. In: Beckmann D, Davies-Osterkamp S, Scheer JW (Hrsg) Medizinische Psychologie. Forschung für Klinik und Praxis. Springer, Berlin Heidelberg New York

Davies-Osterkamp S, Möhlen K (1978) Postoperative Genesungsverläufe bei Patienten der Herzchirurgie in Abhängigkeit von präoperativer Angst und Angstbewältigung. Medizinische Psychologie 4:247–260

Delbrück H, Haupt E (1996) Rehabilitationsmedizin, Therapie- und Betreuungskonzepte bei chronischen Krankheiten. Urban & Schwarzenberg, München Wien Baltimore

Deutsche Gesellschaft für Verhaltenstherapie (Hrsg) (1994) Verhaltenstherapie – Theorien und Methoden. DGVT, Tübingen

Diesfeld H-J (1984) Bevölkerung und Familienplanung. In: Diesfeld H-J, Wolter S (Hrsg) Medizin in Entwicklungsländern. Lang, Frankfurt Bern

Dollard J, Doob LW, Miller NE, Mowrer OH, Sears RS (1939) Frustration und Aggression (4. Aufl.). Beltz, Weinheim 1972

Dornes M (1993) Der kompetente Säugling. Die präverbale Entwicklung des Menschen. Fischer Taschenbuch, Frankfurt

Dornheim J (1983) Kranksein im dörflichen Alltag. Tübinger Vereinigung für Volkskunde e.V., Tübingen

Downey G, Silver RC, Wortman CB (1990) Reconsidering the attribution-adjustment relation following a major negative event: Coping with the loss of a child. J Pers Soc Psychol 59:925–940

Driessen M, Balck F (1991) Chronische Niereninsuffizienz: Prädiktoren für eine günstige Adaptation an Krankheit und Behandlung. Psychother Psychosom med Psychol 4:362–371

Droste C (1985) Subjektive Komponenten pectanginöser Beschwerden. In: Langosch W (Hrsg) Psychische Bewältigung der chronischen Herzerkrankung. Springer, Berlin Heidelberg New York Tokyo

Ehlers W (1983) Die Abwehrmechanismen: Definitionen und Beispiele. Prax Psychother Psychosom 28:55–66

Ehlers W, Czogalik D (1984) Dimensionen der klinischen Beobachtung von Abwehrmechanismen. Prax Psychother Psychosom 29:129–138

Eibl-Eibesfeld I (1984) Die Biologie des menschlichen Verhaltens. Piper, München

Eibl-Eibesfeldt I (1986) Grundriß der vergleichenden Verhaltensforschung (7. Aufl.). Piper, München Zürich

Eissler KR (1955) Der sterbende Patient. Zur Psychologie des Todes. Frommann-Holzboog, Stuttgart 1978

Ekman P, Friesen WV (1978) The facial action coding system. Consulting Psychologists' Press, Palo Alto

Ekman P, Roper G, Hager JC (1980) Deliberate facial movement. Child development 51:267–271

Ellgring JH (1989) Nonverbal communication in depression. Cambrigde, Cambridge University Press

Ellgring H (1990) Verhaltensmedizin. In: Schwarzer R (Hrsg) Gesundheitspsychologie. Göttingen, Hogrefe

Engel GL, Schmale HA Jr (1967) Psychoanalytic theory of somatic disorder. J Am Psychoanal Assoc 15:344–365. Dt. in: Overbeck G, Overbeck A (Hrsg) Seelischer Konflikt – körperliches Leiden. Rowohlt, Hamburg 1978

Engfer A (1986) Kindesmißhandlung. Enke, Stuttgart

Erikson EH (1971) Identität und Lebenszyklus. Suhrkamp, Frankfurt a. Main

Esenwein-Rothe I (1982) Einführung in die Demographie. Steiner, Stuttgart (vormals Wiesbaden)

Fahrenberg J (1979) Das Komplementaritätsprinzip in der psychophysiologischen Forschung und der psychosomatischen Medizin. Z Klin Psychol Psychotherapie 27:151–167

Fahrenberg J (1979) Psychophysiologie. In: Kisker KP, Meyer JE, Müller C, Strömgren E (Hrsg) Psychiatrie der Gegenwart, Bd. 1. Springer, Berlin Heidelberg New York

Fahrenberg J (1982) Psychophysiologische Methodik. In: Groffmann KJ, Michel L (Hrsg) Enzyklopädie der Psychologie. Psychologische Diagnostik. Verhaltensdiagnostik. Hogrefe, Göttingen Toronto Zürich

Fahrenberg J (1984) Methodische Überlegungen zur Mehrebenen-Prozeßforschung. In: Baumann U (Hrsg) Psychotherapie: Makro-/ Mikroperspektiven. Hogrefe, Göttingen Toronto Zürich

Fahrenberg J (1990) Zur Forschungsmethodik und multimodalen Erfassung von Bewältigungsprozessen. In: Muthny FA (Hrsg) Krankheitsverarbeitung. Hintergrundtheorien, klinische Erfassung und empirische Ergebnisse. Springer, Berlin Heidelberg New York Tokyo

Fahrenberg J, Foerster F (1982) Covariation and consistency of activation parameters. Biological Psychology 15:151–169

Fahrenberg J, Hampel R, Selg R (1989) Das Freiburger Persönlichkeitsinventar FPI. Revidierte Fassung FPI R. Hogrefe, Göttingen

Fahrenberg J, Myrtek M, Trichtinger I (1985) Die Krankheitsursache aus der Sicht des Koronarpatienten. In: Langosch W (Hrsg) Psychische Bewältigung der chronischen Herzerkrankung. Springer, Berlin Heidelberg New York Tokyo

Fahrenberg J, Myrtek M, Wilk D, Kreutel K (1986) Multimodale Erfassung der Lebenszufriedenheit: Eine Untersuchung an Herz-Kreislauf-Patienten. Psychother med Psychol 36:347–354

Faller H (1983) Subjektive Krankheitstheorien als Forschungsgegenstand von Volkskunde und Medizinischer Psychologie. Curare 6:163–180

Faller H (1988) Elemente subjektiver Theorien in der Angstbewältigung bei Herzinfarktkranken. Jahrbuch der Medizinischen Psychologie 1:125–143

Faller H (1989) Zur Phänomenologie und Psychodynamik des Schmerzes beim akuten Herzinfarkt. Z Klin Psychol Psychopath Psychother 37:218–227

Faller H (1990a) Subjektive Krankheitstheorie und Krankheitsverarbeitung bei Herzinfarktrehabilitanden. Lang, Frankfurt

Faller H (1990b) Coping with myocardial infarction: A cognitive-emotional perspective. Psychother Psychosom 54:8–17

Faller H (1993) Subjektive Krankheitstheorien: Determinanten oder Epiphänomene der Krankheitsverarbeitung? Zschr Psychosom Med 39:356–374

Faller H (1993) Zum Umgang mit Illusionen bei der psychotherapeutischen Betreuung terminal Krebskranker. Prax Psychother Psychosom 38:210–218

Faller H (1995) Zur multimodalen Erfassung von Coping. Ein Vergleich von Interview und Fragebogen in Selbst- und Fremdeinschätzung. Zeitschrift für Medizinische Psychologie 4:37–46

Faller H (1997) Beeinflussen psychologische Faktoren die Überlebenszeit bei Krebskranken? I: Literaturübersicht. PPmP Psychother Psychosom med Psychol 47:163–169

Faller H (1998) Krankheitsverarbeitung bei Krebskranken. Hogrefe, Göttingen

Faller H, Bülzebruck H, Schilling S, Drings P, Lang H (1997) Beeinflussen psychologische Faktoren die Überlebenszeit bei Krebskranken? II: Ergebnisse einer empirischen Untersuchung mit Bronchialkarzinomkranken. PPmP Psychother Psychosom med Psychol 47:206–218

Faller H, Frommer J (1994) Qualitative Psychotherapieforschung. Asanger, Heidelberg

Faller H, Lang H, Schilling S (1994) Subjektive Krankheitstheorie und Krankheitsverarbeitung bei Hirntumorkranken. PPmP Psychother Psychosom med Psychol 44:207–214

Faller H, Lang H, Schilling H (1995) Emotional distress and hope in lung cancer patients, as perceived by patients, relatives, physicians, nurses and interviewers. Psycho-Oncology 4:21–31

Faller H, Lang H, Schilling S (1996) Kausalattribution „Krebspersönlichkeit" – ein Ausdruck maladaptiver Krankheitsverarbeitung? Zeitschrift für Klinische Psychologie, Psychiatrie und Psychotherapie 44:104–116

Faller H, Schilling H, Lang H (1994) Ergebnisse der Mehrebenenforschung über emotionale Belastung und Hoffnung bei Krebskranken. Zeitschrift für Gesundheitspsychologie 2:309–319

Faller H, Schilling S, Lang H (1994) Verbessert Coping das emotionale Befinden? Ergebnisse einer Längsschnittuntersuchung mit Bronchialkarzinompatienten. PPmP Psychother Psychosom med Psychol 44:355–364

Faller H, Schilling S, Lang H (1995) Causal attribution and adaptation among lung cancer patients. Journal of Psychosomatic Research 39:619–627

Faller H, Schilling S, Otteni M, Lang H (1995) Soziale Unterstützung und soziale Bela-

stung bei Tumorkranken und ihren Partnern. Zschr psychosom Med 41:141–157

Faller H, Verres R (1990) Emotion und Gesundheit. In: Scherer K-R (Hrsg) Enzyklopädie der Psychologie. Themenbereich C: Theorie und Forschung. Serie IV: Motivation und Emotion. Bd 3: Psychologie der Emotion. Hogrefe, Göttingen Toronto Zürich

Faltermaier T (1994) Gesundheitsbewußtsein und Gesundheitshandeln. Psychologie Verlags Union, Weinheim

Faltermaier T, Mayring P, Saup W, Strehmel P (1992) Entwicklungspsychologie des Erwachsenenalters. Kohlhammer, Stuttgart Berlin Köln

Fawzy FI, Cousins N, Fawzy NW, Kemeny ME, Elashoff R, Morton D (1990) A structured psychiatric intervention for cancer patients. I. Changes over time in methods of coping and affective disturbances. Arch Gen Psychiatry 47:720–725

Fawzy FI, Fawzy NW (1994) A structured psychoeducational intervention for cancer patients. General Hospital Psychiatry 16:149–192

Fawzy FI, Fawzy NW, Arndt LA, Pasnau RO (1995) Critical review of psychosocial interevntions in cancer care. Arch Gen Psychiatry 52:100–113

Fawzy FI, Fawzy NW, Hyun CS, Elashoff R, Guthrie D, Fahey JL, Morton DL (1993) Malignant melanoma. Effects of an early structured psychiatric intervention, coping, and affective state on recurrence and survival 6 years later. Arch Gen Psychiatry 50:681–689

Fawzy FI, Kemeny ME, Fawzy NW, Elashoff R, Morton D, Cousins N, Fahey JL (1990) A structured psychiatric intervention for cancer patients. II. Changes over time in immunological measures. Arch Gen Psychiatry 47:729–735

Felton B, Revenson TA (1984) Coping with chronic illness: A study of illness controllability and the influence of coping strategies on psychological adjustment. J Consult Clin Psychol 52:343–353

Festinger L (1957) A theory of cognitive dissonance. Stanford University Press, Stanford. Dt.: Theorie der kognitiven Dissonanz. Huber, Bern 1978

Festinger L, Carlsmith JM (1959) Cognititve consequences of forced compliance. Journal of Abnormal and Social Psychology 58:203–210

Filipp S-H, Aymanns P (1996) Subjektive Krankheitstheorien. In: Schwarzer R (Hrsg) Gesundheitspsychologie (2. Aufl.). Hogrefe, Göttingen

Filipp S-H, Klauer T, Ferring D, Freudenberg E (1989) Wohlbefinden durch Krankheitsbewältigung? Untersuchung zur „Effektivität" von Bewältigungsverhalten bei Krebspatienten. In: Verres R, Hasenbring M (Hrsg) (1989) Psychosoziale Onkologie. Jahrbuch der Medizinischen Psychologie, Bd 3. Springer, Berlin Heidelberg New York Tokyo

Flick U (Hrsg) (1991) Alltagswissen über Gesundheit und Krankheit. Asanger, Heidelberg

Flick U (Hrsg) (1998) Wann fühlen wir uns gesund? Subjektive Vorstellungen von Gesundheit und Krankheit. Juventa, Weinheim und München

Flick U, Kardorff Ev, Keupp H, Rosenstiel Lv, Wolff S (Hrsg) (1991) Handbuch Qualitative Sozialforschung. Psychologie Verlags Union, München

Fliegel S, Groeger WM, Künzel R, Schulte D, Sorgatz H (1994) Verhaltenstherapeutische Standardmethoden. Psychologie Verlags Union, Weinheim

Forgas JP (1995) Soziale Interaktion und Kommunikation. Eine Einführung in die Sozialpsychologie (3. Aufl.). Beltz Psychologie Verlags Union, Weinheim.

Freud A (1936) Das Ich und die Abwehrmechanismen (8. Aufl.). Kindler, München 1977

Freud S (1900) Die Traumdeutung. Fischer (Taschenbuch Nr. 10436). Frankfurt a. Main 1994

Freud S (1901) Zur Psychopathologie des Alltagslebens. Fischer (Taschenbuch Nr. 6079). Frankfurt a. Main 1993

Freud S (1905) Der Witz und seine Beziehung zum Unbewußten. Fischer (Taschenbuch Nr. 10439). Frankfurt a. Main 1992

Freud S (1908) Charakter und Analerotik. Gesammelte Werke Bd. VII. Fischer, Frankfurt a. Main 1966

Freud S (1915) Triebe und Triebschicksale. Gesammelte Werke Bd. X. Fischer, Frankfurt a. Main 1969

Freud S (1925) Selbstdarstellung (10. Aufl.). Fischer (Taschenbuch Nr. 6096). Frankfurt a. Main 1993

Freud S (1926) Hemmung, Symptom und Angst. Gesammelte Werke Bd. XIV. Fischer, Frankfurt a. Main 1972

Freud S (1933) Neue Folge der Vorlesungen zur Einführung in die Psychoanalyse. Gesammelte Werke Bd. XV. Fischer, Frankfurt a. Main 1991

Freud S (1938) Abriß der Psychoanalyse. Fischer (Taschenbuch Nr. 6043). Frankfurt a. Main 1993

Freud S, Breuer J (1895) Studien über Hysterie. Fischer (Taschenbuch Nr. 10446), Frankfurt a. Main 1991

Friedman M, Rosenman RH (1974) Type A behavior and your heart. Knopf, New York. Dt.: Rette dein Herz. Rowohlt, Reinbek 1985

Gabbard GO (1994) Psychodynamic Psychiatry in Clinical Practice – The DSM-IV Edition. American Psychiatric Press, Washington DC

Gadamer HG (1987) Die Erfahrung des Todes. Gesammelte Werke, Bd. 4. Mohr, Tübingen

Gadamer HG (1994) Über die Verborgenheit der Gesundheit. Suhrkamp, Frankfurt a. Main

Gaus E, Köhle K (1990) Psychische Anpassungs- und Abwehrprozesse bei körperlichen Erkrankungen. In: Uexküll Tv Psychosomatische Medizin, (4. Aufl.). Urban & Schwarzenberg, München Wien Baltimore

Gebsattel VEv (1954) Zur Sinnstruktur der ärztlichen Handlung. In: Prolegomena einer medizinischen Anthropologie. Springer, Berlin Göttingen Heidelberg

Geisler L (1987) Arzt und Patient – Begegnung im Gespräch. Pharma-Verlag, Frankfurt a. Main

Geißler R (1992) Die Sozialstruktur Deutschlands. Westdeutscher Verlag, Opladen

Geppert U, Heckhausen H (1990) Ontogenese der Emotionen. In: Scherer KR (Hrsg) Psychologie der Emotion. Enzyklopädie der Psychologie. Hogrefe, Göttingen

Gerber W-D, Basler H-D, Tewes U (Hrsg) (1994) Medizinische Psychologie. Urban & Schwarzenberg, München

Gerber W-D, Kropp P (1993) Migräne als Reizverarbeitungsstörung? Der Schmerz 7:280–286

Gloger-Tippelt G (1988) Schwangerschaft und erste Geburt. Kohlhammer, Stuttgart Berlin Köln Mainz

Goeppert S (1980) Medizinische Psychologie, Bd. 2. Rowohlt (rororo Studium), Reinbek bei Hamburg

Götze P (1980) Psychopathologie der Herzoperierten. Enke, Stuttgart

Graumann CF (1971) Einführung in die Psychologie – Motivation. Akademische Verlagsgesellschaft, Frankfurt a. Main/Huber, Bern Stuttgart

Graumann CF (1991) Sprache und Sprachentwicklung. In: Weinert FE, Graumann CF, Heckhausen H, Hofer M u. a. Funk-Kolleg Pädagogische Psychologie, Bd 1. Fischer Taschenbuch, Frankfurt a. Main

Greer S (1991) Psychological response to cancer and survival. Psychological Medicine 21:43–49

Greer S, Morris T (1975) Psychological attributes of women who develop breast cancer: A controlled study. J Psychosom Res 19:147–153

Greer S, Morris T, Pettingale KW (1979) Psychological response to breast cancer: Effect on outcome. Lancet 8146 II:785–787

Greer S, Morris T, Pettingale KW, Haybittle JL (1990) Psychological response to breast cancer and 15 year outcome. Lancet I:49–50

Groeben N, Scheele B (1977) Argumente für eine Psychologie des reflexiven Subjekts. Steinkopff, Darmstadt

Haaf H-G, Huppmann G (1992) Todesbezogene Einstellungen und Kontrollüberzeugungen von Medizinstudenten. Psychother Psychosom med Psychol 42:349–356

Haan N (1977) Coping and defending. Processes of self-environment organization. Academic Press, New York

Hackett TP, Cassem NH, Wishnie LA (1968) The coronary-care unit. An appraisal of its psychological hazards. New Eng J Med 279:1365–1370

Hahn P (1971) Der Herzinfarkt in psychosomatischer Sicht. Vandenhoeck & Ruprecht, Göttingen

Hahn P (1988) Ärztliche Propädeutik. Springer, Berlin Heidelberg New York Tokyo

Hannich-H-J (1993) Bewußtlosigkeit und Körpersprache. Überlegungen zu einem Handlungsdialog in der Therapie komatöser Patienten. Praxis der Psychotherapie und Psychosomatik 38:219–226

Hasenbring M (1987) Zur Verarbeitung und Bewältigung einer Krebserkrankung: Theorie, empirische Ergebnisse und praktische Schlußfolgerungen. Verhaltenstherapie und psychosoziale Praxis 19:383–399

Hasenbring M (1990) Zum Stellenwert subjektiver Theorien im Copingkonzept. In: Muthny FA (Hrsg) Krankheitsverarbeitung. Hintergrundtheorien, klinische Erfassung und empirische Ergebnisse. Springer, Berlin Heidelberg New York Tokyo

Hassenstein B (1975) Verhaltensbiologische Grundlagen der Sozialentwicklung. In: Hellbrügge T (Hrsg) Fortschritte der Sozialpädiatrie, Bd 2: Kindliche Sozialisation und Sozialentwicklung. Urbahn & Schwarzenberg, München Berlin Wien

Hauss K (Hrsg) (1981) Medizinische Psychologie im Grundriß (2. Aufl.). Hogrefe, Göttingen Toronto Zürich

Hautzinger M, Stark W, Treiber R (1989) Kognitive Verhaltenstherapie bei Depressionen. Psychologie Verlags Union, München Weinheim

Haynes RB, Taylor DW, Sackett DL (Hrsg) (1982) Compliance Handbuch. Oldenbourg, München

Heckhausen H (1990) Motivation und Handeln. Springer, Berlin Heidelberg New York Tokyo

Heckhausen H (1991) Faktoren des Entwicklungsprozesses und Motive und ihre Entstehung. In: Weinert FE, Graumann CF, Heckhausen H, Hofer M u. a. Funk-Kolleg Pädagogische Psychologie, Bd 1. Fischer Taschenbuch, Frankfurt a. Main

Heidegger M (1927) Sein und Zeit (8. Aufl.). Niemeyer, Tübingen 1957

Heim E (1975) Krankheits-Verhalten. Zschr Psychosom Med 21:81–100

Heim E (1979) Coping oder Anpassungsvorgänge in der psychosomatischen Medizin. Zschr Psychosom Med 25:251–262

Heim E (1980) Krankheit als Krise und Chance. Kreuz, Stuttgart Berlin

Heim E (1986) Die Arzt-Patient-Beziehung. In: Heim E, Willi J (Hrsg) Psychosoziale Medizin, Bd. 2. Klinik und Praxis. Springer, Berlin Heidelberg New York Tokyo

Heim E (1986) Krankheitsbewältigung. In: Heim E, Willi J (Hrsg) Psychosoziale Medizin, Bd 2. Springer, Berlin Heidelberg New York Tokyo

Heim E (1988) Coping und Adaptivität: Gibt es geeignetes oder ungeeignetes Coping? Psychother med Psychol 38:8–18

Heim E (1990) Coping als Wirkfaktor: eine Interventionsstrategie bei somatischen Krankheiten. In: Lang H (Hrsg) Wirkfaktoren der Psychotherapie (2. Aufl.). Königshausen & Neumann, Würzburg 1994

Heim E, Augustiny K, Blaser A (1983) Krankheitsbewältigung (Coping) – ein integratives Modell. Psychother med Psychol 33:35–40

Heim E, Augustiny K-F, Blaser A, Kühne D, Rothenbühler M, Schaffner L, Valach L (1990) Stabilität und Variabilität von Copingstrukturen über die Zeit. In: Muthny FA (Hrsg) Krankheitsverarbeitung. Hintergrundtheorien, klinische Erfassung und empirische Ergebnisse. Springer, Berlin Heidelberg New York Tokyo

Heim E, Perrez M (Hrsg) (1994) Krankheitsverarbeitung. Jahrbuch der Medizinischen Psychologie 10. Hogrefe, Göttingen

Heim E, Willi J (1986) Psychosoziale Medizin, Bd. 2. Klinik und Praxis. Springer, Berlin Heidelberg New York

Henseler H (1974) Narzißtische Krisen. Zur Psychodynamik des Selbstmords. Rowohlt (rororo Studium), Reinbek bei Hamburg

Herrmann Th (1991) Lehrbuch der empirischen Persönlichkeitsforschung (6. Aufl.). Hogrefe, Göttingen

Herschbach P (1985) Psychosoziale Probleme und Bewältigungsstrategien von Brust- und Genitalkrebspatientinnen. Röttger, München

Herschbach P (1991) Psychische Belastung von Ärzten und Krankenpflegekräften. VCH, Weinheim

Herschbach P, Henrich G (1987) Probleme und Problembewältigung von Tumorpatienten in der stationären Nachsorge. Psychother med Psychol 37:185–192

Herzlich C (1973) Health and Illness. Academic Press, London

Hofer M, Pikowsky B, Fleischmann T, Spranz-Fogasy T (1993) Argumentationssequenzen in Konfliktgesprächen. Z für Sozialpsychologie 24:15–24

Hoffmann SO (1984) Charakter und Neurose. Suhrkamp, Frankfurt

Hoffmann SO (1987) Die psychoanalytische Abwehrlehre – aktuell, antiquiert oder obsolet? Forum Psychoanal 3:22–39

Hofstätter PR (1957) Gruppendynamik. Rowohlt Hamburg.

Hofstätter PR (1972) Psychologie. Fischer Taschenbuch Verlag, Frankfurt

Holland JC (1989) Behavioral and psychosocial risk factors in cancer: Human studies. In: Holland JC, Rowland JH (eds) Handbook of psychooncology. Oxford University Press, Oxford New York

Holland JC, Rowland JH (eds) (1989) Handbook of psychooncology. Oxford University Press, Oxford New York

Hornung R (1986) Krebs: Wissen, Einstellungen und präventives Verhalten der Bevölkerung. Huber, Bern Stuttgart Toronto

Huppmann G, Silbernagl W (1991) Patienten führen, Compliance fördern. Ein Seminar zum Umgang mit Langzeit-Patienten am Beispiel der Hypertonie. Königshausen & Neumann, Würzburg

Huppmann G, Wilker FW (Hrsg) (1988) Medizinische Psychologie – Medizinische Soziologie. Urban & Schwarzenberg, München Wien Baltimore

Huppmann G, Windels K (1992) Sozioemotionale Belastungen praktizierender Zahnärztinnen und Zahnärzte sowie deren Ansicht, wie ihnen in Ausbildung und Fortbildung zu begegnen wäre. Befunde einer empirischen Studie. In: Sergl HG, Mueller-Fahlbusch H (Hrsg) Jahrbuch der Psychologie und Psychosomatik in der Zahnheilkunde, Bd 2. Quintessenz-Verlag, München

Hürny C (1996) Psychische und soziale Faktoren in Entstehung und Verlauf maligner Erkrankungen. In: Uexküll Tv (Hrsg) Psychosomatische Medizin (5. Aufl.). Urban & Schwarzenberg, München Wien Baltimore

Hürny C, Adler R (1985) Psychoonkologische Forschung. In: Meerwein F (Hrsg) Einführung in die Psychoonkologie (4. Aufl.) Huber, Bern Stuttgart Wien 1991

Huse-Kleinstoll G, Boll A, Götze P (1984) Angst und Angstbewältigung vor und nach operativen Eingriffen. In: Götze P (Hrsg) Leitsymptom Angst. Springer, Berlin Heidelberg New York Tokyo

Immelmann K, Scherer KR, Vogel C., Schmoock P (Hrsg) (1988) Psychobiologie: Grundlagen des Verhaltens. Gustav Fischer Verlag, Stuttgart New York/Psychologie Verlags Union, Weinheim München

Irwin M (1996) Is major depression associated with immune suppression? Zeitschrift für Medizinische Psychologie 5:101–110

Jacobi P (Hrsg) (1989) Psychologie in der Neurologie. Jahrbuch der medizinischen Psychologie 2. Springer, Berlin Heidelberg New York Tokyo

Janis IL (1958) Psychological stress. Psychoanalytic and behavioral studies of surgical patients. Academic Press, New York

Janke W (1967) Experimentelle Untersuchungen zur Wirkung von Placebos. Habilitationsschrift, Universität Gießen

Janke W, Debus G (1978) Die Eigenschaftswörterliste (EWL). Hogrefe, Göttingen

Jaspers K (1913) Allgemeine Psychopathologie (8. Aufl.). Springer, Berlin Göttingen Heidelberg New York 1965

Kächele H, Steffens W (Hrsg) (1988) Bewältigung und Abwehr. Springer, Berlin Heidelberg New York Tokyo

Kanfer FH, Reinecker H, Schmelzer D (1991) Selbstmanagement-Therapie. Springer, Berlin Heidelberg New York Tokyo

Kazdin AE (1994) Methodology, design, and evaluation in psychotherapy research. In: Bergin AE, Garfield SL (eds) Handbook of psychotherapy and behavior change. Wiley, New York

Keller S, Bauer B, Herda C, Marx O, Küster T, Basler H-D (1996) Auswirkungen einer Rückenschule auf Befinden, Verhalten, Einstellungen und Muskelaktivität. Zeitschrift für Gesundheitspsychologie 4:179–196

Kerekjarto Mv (Hrsg) (1976) Medizinische Psychologie (2. Aufl.). Springer, Berlin Heidelberg New York

Kerekjarto Mv (1982) Über die Notwendigkeit einer psychosozialen Versorgung onkologisch und hämatologisch Kranker im Krankenhaus. In: Beckmann D, Davies-Osterkamp S, Scheer JW (Hrsg) Medizinische Psychologie – Forschung für Klinik und Praxis. Springer, Berlin Heidelberg New York

Kerekjarto Mv, Schug S (Hrsg) (1987) Psychosoziale Betreuung von Tumorpatienten im ambulanten und stationären Bereich. Zuckschwerdt, München

Kierkegaard S (1844) Der Begriff Angst. Rowohlt, Reinbek bei Hamburg 1960

Kinsey AC, Pomeroy WB, Martin CE (1964) Das sexuelle Verhalten des Mannes. Fischer, Frankfurt a. Main

Klapp BF (1985) Psychosoziale Intensivmedizin. Springer, Berlin Heidelberg New York Tokyo

Klapp BF, Dahme B (1988) Psychosoziale Kardiologie. Jahrbuch der medizinischen Psy-

chologie 1. Springer, Berlin Heidelberg
New York Tokyo

Klapp BF, Scheer JW (1984) Der Infarktpatient
im Krankenhaus – Psychische Bewältigungsprozesse und die Beziehung zum Behandlungsteam. In: Scheer JW, Brähler E
(Hrsg) (1984) Ärztliche Maßnahmen aus
psychologischer Sicht – Beiträge zur medizinischen Psychologie. Springer, Berlin
Heidelberg New York Tokyo

Klaus MH, Kennell JH (1976) Maternal-Infant
Bonding. Mosby, St. Louis

Kleining G, Moore H (1968) Soziale Selbsteinschätzung (SSE). Kölner Z Soziol Sozial-
psychol 20:502–552

Klinke, R, Silbernagl S (1996) Lehrbuch der
Physiologie. 2. Auflage. Thieme, Stuttgart

Klosterhalfen W, Klosterhalfen S (1996) Psychoimmunologie. In: Uexküll Tv (Hrsg) Psychosomatische Medizin (5. Aufl.). Urban
& Schwarzenberg, München Wien Baltimore

Knieling J, Weiß H, Faller H, Lang H (1995)
Psychosoziale Kausalattribution bei Myas-
thenia-gravis-Patienten. Eine Längsschnittstudie zur Bedeutung subjektiver Krankheitstheorien nach Diagnosestellung und
im weiteren Verlauf. PPmP Psychother Psychosom med Psychol 45:373–380

Knieling J, Weiß H, Faller H, Schalke B, Toyka
KV (1998) Krankheitsverlauf bei Myasthe-
nia gravis – Ergebnisse einer Längsschnittstudie zur Bedeutung psychosozialer Prädiktoren. Nervenarzt 69:137–144

Koch U (1981) Aufgaben einer Rehabilitationspsychologie in Lehre, Forschung und Versorgung. Rehabilitation 20:107–113

Koch U (1982) Möglichkeiten einer Erforschung
der psychosozialen Bedingungen der
Krebserkrankung. Med Klin 77:326–330

Koch U (1987) Entwicklung der Forschung im
Fach medizinische Psychologie in den letzten 10 Jahren. Psychother med Psychol
37:284–288

Koch U, Haag G (1987) Entwicklungen und Probleme psychoonkologischer Forschung.
Psychologische Rundschau 38:97–102

Koch U, Haag G (1988) Rehabilitation als Hilfe
zur Bewältigung der Behinderung – eine
Problemanalyse des Rehabilitationswesens
am Beispiel eines Herzinfarktpatienten.
Praxis der Klinischen Verhaltensmedizin
und Rehabilitation 1:55–65

Koch U, Heim E (1988) Editorial „Schwerpunkt-
heft": Bewältigungsprozesse bei chronischen Erkrankungen. Psychother med Psychol 38:1–2

Koch U, Lucius-Hoene G, Stegie R (Hrsg)
(1988) Handbuch der Rehabilitationspsychologie. Springer, Berlin Heidelberg New
York Tokyo

Koch U, Potreck-Rose F (Hrsg) (1990) Krebsrehabilitation und Psychoonkologie. Springer, Berlin Heidelberg New York Tokyo

Koch U, Schmeling C (1982) Betreuung von
Schwer- und Todkranken. Ausbildungskurs
für Ärzte und Krankenpflegepersonal. Urban & Schwarzenberg, München

Koch U, Gerdes N, Jäckel W et al. (1995) Ver-
bundforschung Rehabilitationswissenschaf-
ten – Vorschlag einer Förderinitiative.
Deutsche Rentenversicherung (7–8), S.
491–513

Koch U, Weis J (1996) Forschung in der Re-
habilitationsmedizin. In: Delbrück H,
Haupt E (Hrsg) Rehabilitationsmedizin.
München, Urban & Schwarzenberg

Köhle K, Gaus E, Waldschmidt D (1995) Krankheitsverarbeitung und Psychotherapie nach
Herzinfarkt – Perspektiven für ein bio-
psychosoziales Behandlungskonzept. In:
Uexküll Tv Psychosomatische Medizin
(5. Aufl.). Urban & Schwarzenberg, München Wien Baltimore

Köhle K, Raspe H-H (Hrsg) (1982) Das
Gespräch während der ärztlichen Visite.
Urban & Schwarzenberg, München Wien
Baltimore

Köhle K, Simons C, Kubanek B (1990) Zum
Umgang mit unheilbar Kranken. In: Uexküll Tv (Hrsg) Psychosomatische Medizin
(4. Aufl.). Urban & Schwarzenberg, München

Köhle K, Simons C, Kubanek B, mit einem Bei-
trag von Zenz J (1996) Zum Umgang mit
unheilbar Kranken. In: Uexküll Tv (Hrsg)
Psychosomatische Medizin (5. Aufl.).
Urban & Schwarzenberg, München Wien
Baltimore

Köhler T, Dulz K, Buck-Emden E, Peters G
(1991) Weitere Bemerkungen zur sogenannten Migränepersönlichkeit. Psychother med Psychol 41:134–137

Kohut H (1975) Narzißmus. Suhrkamp, Frankfurt a. Main

Koos EL (1954) The health of Regionsville.
Hafner, New York

Korte H (1992) Einführung in die Geschichte
der Soziologie. Leske und Budrich, Opladen

Korte H, Schäfers B (1992) Einführung in
Hauptbegriffe der Soziologie. Leske und
Budrich, Opladen

Krampen G (1982) Differentialpsychologie der
Kontrollüberzeugungen. Hogrefe, Göttingen

Krause R (1994) Verlust, Trauer und Depression: Überlegungen auf Grundlage der
Emotionsforschung. Zschr Psychosom Med
40:324–340

Kretschmer E (1977) Körperbau und Charakter
(26. Aufl.). Springer, Berlin Heidelberg
New York

Krohne HW (ed) (1993) Attention and avoidance. Strategies of coping with aversiveness. Hogrefe & Huber, Seattle

Kröner-Herwig B, Jäkle C, Seemann H, Peters K, Frettlöh J, Franz C, Basler H-D (1996) Beeinträchtigung durch chronischen Schmerz – Welche Rolle spielen psychologische Variablen? Zeitschrift für Gesundheitspsychologie 4:87–96

Kübler-Ross E (1969) Interviews mit Sterbenden. Kreuz-Verlag, Stuttgart Berlin

Kübler-Ross E (1979) Tod. In: Schultz HJ (Hrsg) Psychologie für Nicht-Psychologen. Kreuz, Stuttgart Berlin

Küchenhoff J, Mathes L (1994) Die mediale Funktion subjektiver Krankheitstheorien. Eine Studie zur Verbindung qualitativer und quantitativer Methoden. In: Faller H, Frommer J (Hrsg) Qualitative Psychotherapieforschung. Asanger, Heidelberg

Küchler T, Drechsel-Attar H, Lucks M, Patzke R, Solecke U (1989) Zur Lebensqualität von Krebspatienten im Verlauf der chirurgischen Akutbehandlung. In: Verres R, Hasenbring M (Hrsg) Psychosoziale Onkologie. Jahrbuch der Medizinischen Psychologie, Bd 3. Springer, Berlin Heidelberg New York Tokyo

Lang H (1973) Die Sprache und das Unbewußte (4. Aufl.). Suhrkamp, Frankfurt a. Main 1998a

Lang H (1980) Zur Frage der Attraktivität und Pathogenität von Jugendsekten. Nervenarzt 51:183–187

Lang H (1985) Zur Struktur der Angstneurose. In: Bühler KE, Weiß H (Hrsg) Kommunikation und Perspektivität. Beiträge zur Anthropologie in Medizin und Geisteswissenschaften. Königshausen & Neumann, Würzburg; auch in Lang 1998b

Lang H (1986) Zur Struktur und Therapie der Zwangsneurose. Psyche 40:953–970; auch in Lang 1998c

Lang H (1988) Zum Begriff des Unbewußten. In: Vetter H, Nagl L (Hrsg) Die Philosophen und Freud. Oldenbourg, Wien München; auch in Lang 1998b

Lang H (1989a) Psychosomatik und Depression. Daseinsanalyse 6:68–81; auch in Lang 1998b

Lang H (1989b) Das ärztliche Gespräch im medizinischen Alltag. Therapiewoche 39:3585–3592

Lang H (1989c) Die Funktion des Unbewußten im psychotherapeutischen Prozeß. In: Weiß H, Zacher A (Hrsg) Das Problem von Bewußtsein und Unbewußtem. Königshausen & Neumann, Würzburg; auch in Lang 1998c

Lang (Hrsg) (1990) Wirkfaktoren der Psychotherapie (2. Aufl.). Königshausen & Neumann, Würzburg 1994

Lang H (1990) Beziehung und Gespräch als psychotherapeutische Wirkfaktoren. In: Lang H (Hrsg) Wirkfaktoren der Psychotherapie (2. Aufl.). Königshausen & Neumann, Würzburg 1994

Lang H (1990) Wirkfaktoren bei der Psychotherapie depressiver Erkrankungen. In: Königshausen & Neumann, Würzburg 1994

Lang H (1990) Zur Dialektik der Abwehrvorgänge. In: Nagl L, Vetter H (Hrsg) Philosophie und Psychoanalyse. Nexus, Frankfurt; auch in Lang 1998b

Lang H (1991) Depression und organische Erkrankung. In: Mundt C, Fiedler P, Lang H, Kraus A (Hrsg) Depressionskonzepte heute: Psychopathologie oder Pathophysiologie? Springer, Berlin Heidelberg New York

Lang H (1992) Die „strukturale Triade" – Überlegungen zur Neubewertung des Ödipuskomplexes. Praxis der Psychotherapie und Psychosomatik 37:207–215; siehe auch in Lang 1998b

Lang H (1996) Zur Pathologie der Angst und Angstverarbeitung. In: Lang H, Faller H (Hrsg) Das Phänomen Angst – Pathologie, Genese und Therapie. Suhrkamp, Frankfurt a. M.

Lang H (1998b) Strukturale Psychoanalyse. Suhrkamp, Frankfurt a. M.

Lang H (1998c) Das Gespräch als Therapie, Suhrkamp, Frankfurt a. M.

Lang H (1998d) 1. Ätiologie und Aufrechterhaltung der Zwangsstörungen aus psychodynamischer Sicht; 2. Psychodynamische Therapie bei Zwangsstörungen. In: Ambühl H (Hrsg) Psychotherapie der Zwangsstörungen. Thieme, Stuttgart New York

Lang H (1998) Tiefenpsychologie. In: Lexikon der Bioethik, Gütersloher Verlagshaus, Gütersloh

Lang H (1998) Psychoanalyse. In: Lexikon der Bioethik, Gütersloher Verlagshaus, Gütersloh

Lang H (1998) Geschlechtsidentität. In: Lexikon der Bioethik, Gütersloher Verlagshaus, Gütersloh

Lang H (1998) Bisexualität. In: Lexikon der Bioethik, Gütersloher Verlagshaus, Gütersloh

Lang H, Faller H (1992) Coping and adaptation in pancreatectomized patients: A somatopsychic perspective. Psychother Psychosom 57:17–28

Lang H, Faller H (Hrsg) (1996) Das Phänomen Angst – Pathologie, Genese und Therapie. Suhrkamp, Frankfurt

Lang H, Faller H, Schilling S (1989) Krankheitsverarbeitung aus psychosomatisch-psychotherapeutischer Sicht am Beispiel pankreatektomierter Patienten. Psychother med Psychol 39:239–247

Lang H, Schilling S, Faller H (1990) Coping-Prozesse bei pankreatektomierten Patienten. In: Zielke M, Mark N, Sturm J (Hrsg) Fortschritte der Verhaltensmedizin. Springer, Berlin Heidelberg New York Tokyo

Langosch W (1985) (Hrsg) Psychische Bewältigung der chronischen Herzerkrankung. Springer, Berlin Heidelberg New York Tokyo

Larbig W (1982) Schmerz. Kohlhammer, Stuttgart

Larbig W (1989) Transkulturelle Untersuchungen zur Schmerzbewältigung am Beispiel verschiedener kultischer Schmerzrituale. In: Greifeld K, Kohnen N, Schröder E (Hrsg) Schmerz. Interdisziplinäre Perspektiven. Vieweg, Braunschweig (Curare, Sonderband 6)

Laux L, Weber H (1990) Bewältigung von Emotionen. In: Scherer K-R (Hrsg) Enzyklopädie der Psychologie, C/IV, Bd 3: Psychologie der Emotion. Hogrefe, Göttingen, New York

Lazarus RS (1981) Streß und Streßbewältigung – ein Paradigma. In: Filipp SH (Hrsg) Kritische Lebensereignisse. Urban & Schwarzenberg, München

Lazarus RS, Folkman S (1984) Stress, appraisal, and coping. Springer, New York

Lazarus RS, Folkman S (1986) Cognitive theories of stress and the issue of circularity. In: Appley MH, Trumbull R (eds) Dynamics of stress. Plenum, New York

Lazarus RS, Launier R (1978) Stress-related transactions between person and environment. In: Pervin LA, Lewis M (eds) Perspectives in interactional psychology. Plenum, New York (dt. 1981: Streßbezogene Transaktionen zwischen Person und Umwelt. In: Nitsch JR (Hrsg) Streß: Theorien, Untersuchungen, Maßnahmen. Huber, Bern)

Lefrancois GR (1986) Psychologie des Lernens. Springer, Berlin Heidelberg New York Tokyo

Lehman DR, Hemphill KJ (1990) Recipients' perception of support attempts and attributions for support that fail. J Soc Pers Relationsships 7:563–574

Lerner MJ, Miller DT (1978) Just world research and the attribution process: Looking back and ahead. Psychol Bull 85:1030–1051

Levenson JL, Bemis C (1991) The role of psychological factors in cancer onset and progression. Psychosomatics 32:124–132

Levenson RW, Ekman P, Friesen WV (1990) Voluntary facial action generates emotion-specific autonomic nervous system activity. Psychophysiology 27:363–384

Leventhal H (1982) The integration of emotion and cognition. A view from the perceptual-motor theory of emotion. In: Clark MS, Fiske ST (eds) Affect and cognition. Erlbaum, Hillsdale, NJ

Levy S, Herberman R, Lippman M, d'Angelo T (1987) Correlation of stress factors with sustained depression of natural killer cell activity and predicted prognosis in patients with breast cancer. J Clin Oncol 5:348–353

Levy S, Herberman R, Maluish A, Schliew B, Lippman M (1985) Prognostic risk assessment in primary breast cancer by behavioral and immunological parameters. Health psychol 4:99–113

Levy SM, Roberts DC (1992) Clinical significance of psychoneuroimmunology: Prediction of cancer outcomes. In: Schneiderman N, McCabe P, Baum A (eds) Stress and disease processes. Erlbaum, Hillsdale NJ

Ley P (1982) Satisfaction, compliance and communication. British Journal of Clinical Psychology 21:241–254

Lichtenberg J (1990) Psychoanalyse und Säuglingsforschung. Springer, Berlin Heidelberg New York Tokyo

Lienert G, Raatz U (1994) Testaufbau und Testanalyse. Beltz, Weinheim

Lipowski ZJ (1970) Physical illness, the individual, and the coping process. Int J Psychiat Med 1:91–102

Lipowski ZJ (1983) Psychosocial reactions to physical illness. Canad Med Ass J 128:1069–1072

Lohaus A (1992) Kontrollüberzeugungen zu Gesundheit und Krankheit. Z Klin Psychol 21:76–87

Lorenz K (1963) Das sogenannte Böse. dtv, München 1977

Lorenz K (1965) Über tierisches und menschliches Verhalten. Piper, München

Lorenz K (1967) Er redete mit dem Vieh, den Vögeln und den Fischen. dtv, München

Löschenkohl E (1981) Umweltbewältigung bei Kindern im Krankenhaus. In: Psychol Erzieh Unterr 28:161–174

Lüdeke H (1985) Erfahrungen bei der psychotherapeutischen Betreuung von Tumorpatienten einer chirurgischen Station. In: Bräutigam W, Meerwein F (Hrsg) Das therapeutische Gespräch mit Krebskranken. Huber, Bern Stuttgart Toronto

Margraf J (Hrsg) (1996) Lehrbuch der Verhaltenstherapie. Springer, Berlin Heidelberg New York Tokyo

Margraf J, DeVries-Wehrhahn E, Sonnentag S (1991) Myokardinfarkt, funktionelle Herzbeschwerden und Paniksyndrom. PPmP Psychother Psychosom med Psychol 41:31–34

Maslow AH (1954) Motivation and personality (rev. ed.). Harper & Row, New York 1970

Masters WH, Johnson VE (1976) Die sexuelle Reaktion. Rowohlt (rororo sexologie), Reinbek bei Hamburg

Mayring P (1995) Qualitative Inhaltsanalyse. Deutscher Studien Verlag, Weinheim

McCrae RR, Costa PT Jr (1997) Personality trait structure as a human universal. American Psychologist 52:509–516

Mead M (1955) Mann und Weib. Biance, Konstanz

Mechanic D (1962) The concept of illness behavior. J Chronic Dis 15:189–194

Mecke U (1988) Zur Bedeutung von nahen Angehörigen schwerkranker Patienten – Beschreibung von unterstützenden vs. belastenden Momenten für Patienten und Behandlungsteam einer kardiologischen Intensivstation. In: Klapp BF, Dahme B (Hrsg) Psychosoziale Kardiologie. Jahrbuch der Medizinischen Pychologie, Bd 1. Springer, Berlin Heidelberg New York Tokyo

Meerwein F (1985) (Hrsg) Einführung in die Psycho-Onkologie (3. Aufl.). Huber, Bern Stuttgart Wien (4. Aufl. 1991)

Meffert H-J (1985) Psychosomatische Aspekte im Zusammenhang mit einer Herzoperation. In: Langosch W (Hrsg) Psychische Bewältigung der chronischen Herzerkrankung. Springer, Berlin Heidelberg New York Tokyo

Meffert H-J, Boll A, Dahme B et al. (1983) Der relative Anteil somatischer und psychischer Befunde an der Vorhersage psychopathologischer Auffälligkeiten nach Herzoperationen. In: Studt HH (Hrsg) Psychosomatik in Forschung und Praxis. Urban & Schwarzenberg, München

Mentzos S (1993) Der Krieg und seine psychosozialen Funktionen. Fischer (Taschenbuch), Frankfurt a. Main

Mertens W (1992) Psychoanalyse (4. Aufl.), Kohlhammer, Stuttgart Berlin Köln Mainz

Meyer A-E (1987) Das Leib-Seele-Problem aus der Sicht eines Psychosomatikers. Modelle und ihre Widersprüche. Psychother med Psychol 37:367–375

Meyer AE et al. (1977) Arzt-Patient-Beziehung: Diagnostische und interaktionelle Aspekte aus psychoanalytischer Sicht. In: Deneke FW, Dahme B, Koch U, Meyer AE, Nordmeyer J, Stuhr U (Hrsg) Medizinische Psychologie. Böhlau, Köln Wien

Meyer JE (1982) Todesangst und das Todesbewußtsein der Gegenwart. Springer, Berlin Heidelberg New York

Miltner W, Birbaumer N, Gerber WD (1986) Verhaltensmedizin. Springer, Berlin Heidelberg New York Tokyo

Mitscherlich A (1957/1959) Aggression und Anpassung I. Psyche 10:177–193; Aggression und Anpassung II. Psyche 12:523–537

Moeller ML (1981) Anders helfen. Selbsthilfegruppen und Fachleute arbeiten zusammen. Klett-Cotta, Stuttgart

Moeller ML (1986) Chancen und Grenzen von Selbsthilfegruppen. In: Kleiber D, Rommelspacher B, Filsinger DM (Hrsg) Die Zukunft des Helfens. Neue Wege und Aufgaben psychosozialer Praxis. Beltz, Weinheim

Mussen P (1991) Einführung in die Entwicklungspsychologie (9. Aufl.). Juventa, Weinheim München

Muthny FA (1988) Einschätzung der Krankheitsverarbeitung durch Patienten, Ärzte und Personal – Gemeinsamkeiten, Diskrepanzen und ihre mögliche Bedeutung. Z Klin Psychol 17:319–333

Muthny FA (1989) Freiburger Fragebogen zur Krankheitsverarbeitung. Beltz, Weinheim

Muthny FA (1990) Zur Spezifität der Krankheitsverarbeitung. In: Muthny FA (Hrsg) Krankheitsverarbeitung. Hintergrundtheorien, klinische Erfassung und empirische Ergebnisse. Springer, Berlin Heidelberg New York Tokyo

Muthny FA, Bechtel M, Spaete M (1992) Laienätiologien und Krankheitsverarbeitung bei schweren körperlichen Erkrankungen – Eine empirische Vergleichsstudie mit Herzinfarkt-, Krebs-, Dialyse- und MS-Patientinnen. Psychother med Psychol 42:41–53

Muthny FA, Beutel M (1991) Möglichkeiten und Grenzen der klinischen Erfassung von Krankheitsverarbeitung. In: Brähler E, Meyer A (Hrsg) Psychologische Probleme in der Reproduktionsmedizin. Jahrbuch der medizinischen Psychologie 5. Springer, Berlin Heidelberg New York Tokyo

Muthny FA, Beutel M, Broda M, Dinger A (1989) Psychosoziale Personalfortbildung und integrierte Psychosomatik – Konzepte und Erfahrungen. Praxis der Klinischen Verhaltensmedizin und Rehabilitation 8:248–255

Muthny FA, Koch U (1984) Psychosoziale Situation und Reaktion auf lebensbedrohliche Erkrankung – ein Vergleich von Brustkrebs- und Dialyse-Patientinnen. Psychother med Psychol 34:287–295

Muthny FA, Koch U, Spaete M (1986) Psychosoziale Auswirkungen der Mastektomie und Bedarf an psychosozialer Versorgung – eine empirische Untersuchung mit Mammakarzinompatientinnen. Psychother med Psychol 36:240–249

Muthny FA, Koch U, Stump S (1990) Quality of life in oncology patients. Psychother Psychosom 54:145–160

Muthny FA, Kramer P, Lerch J, Tausch B, Wiedemann S (1994) Gesundheits- und erkrankungsbezogene Kontrollüberzeugungen Gesunder. Zeitschrift für Gesundheitspsychologie 2:194–215

Myrtek M (1981) Das Gerede vom „Streß": Eine Gefahr für die Gesundheit [Replik auf den Artikel „Mit Volldampf in den Herzinfarkt" von Heiko Ernst, Psychologie heute 12 (1980)]. Psychologie heute 8:76–77

Neumann GH (1979) Einführung in die Humanethologie. Quelle & Meyer, Heidelberg

Neuser J (1989) Psychische Belastung unter Knochenmarkstransplantation: Hat soziale Unterstützung Pufferwirkung? In: Verres R, Hasenbring M (Hrsg) Psychosoziale Onkologie. Jahrbuch der medizinischen Psychologie, Bd. 3. Springer, Berlin Heidelberg New York Tokyo

Neuser J (1990) Psychosomatische Forschung zur Belastung unter Knochenmarktransplantation. Psychother Psychosom med Psychol 40:136–142

Neuser J, Grieglat A (1992) Knochenmarktransplantation aus der Perspektive von Patienten und ihren nächsten Angehörigen In: Schmidt L (Hrsg) Psychologische Aspekte medizinischer Maßnahmen. Jahrbuch der medizinischen Psychologie, Bd 7. Springer, Berlin Heidelberg New York Tokyo

Neuser J, Kriebel R (Hrsg) Projektion. Grenzprobleme zwischen innerer und äußerer Realität. Hogrefe, Göttingen

Normann D, Kordy H (1991) Coping bei Morbus Crohn-Patienten unter differentieller Perspektive: Ein Beitrag zur Spezifitätsdiskussion. Psychother med Psychol 41:11–21

Oerter R (1987) Entwicklung der Motivation und Handlungssteuerung. In: Oerter R, Montada L (Hrsg) Entwicklungspsychologie (2. Aufl.). Psychologie Verlags Union, Weinheim

Ostendorf F (1990) Sprache und Persönlichkeitsstruktur. Roederer, Regensburg

Papousek M (1989) Frühe Phasen der Eltern-Kind-Beziehung. Ergebnisse der entwicklungspsychologischen Forschung. Praxis der Psychotherapie und Psychosomatik 34:109–122

Parekh H, Manz R, Schepank H (1988) Life-Events, Coping, Social Support: Versuch einer Integration aus psychoanalytischer Sicht. Zschr Psychosom Med 34:226–246

Parsons T (1958) Struktur und Funktion der modernen Medizin. In: König R, Tönnesmann M (Hrsg) Probleme der Medizinsoziologie. Kölner Zeitschrift für Soziologie und Sozialpsychologie, Sonderheft 3. Westdeutscher Verlag, Köln Opladen

Pennebaker JW (1982) The psychology of physical symptoms. Springer, Berlin Heidelberg New York

Petermann F, Petermann U (1978) Training mit aggressiven Kindern. Urban & Schwarzenberg, München

Petermann F, Vaitl D (Hrsg) (1994) Handbuch der Entspannungsverfahren, Bd 2: Anwendungen. Psychologie Verlags Union, Weinheim

Petermann F (Hrsg) (1995) Verhaltensmedizin in der Rehabilitation. Göttingen, Hogrefe

Peters UH (1997) Wörterbuch der Psychiatrie und Medizinischen Psychologie. Urban & Schwarzenberg, München Wien Baltimore

Pettingale KW, Morris T, Greer S, Haybittle JL (1985) Mental attitudes to cancer: An additional prognostic factor. Lancet 1:750

Poeck K (1987) Neurologie (7. Aufl.). Springer, Berlin Heidelberg New York Tokyo

Poeck K (Hrsg) (1989) Klinische Neuropsychologie. Thieme, Stuttgart New York

Pontzen W (1988) Psychosomatik im Allgemeinkrankenhaus – Aufgaben und Perspektiven. In: Bräutigam W (Hrsg) Kooperationsformen somatischer und psychosomatischer Medizin. Springer, Berlin Heidelberg New York Tokyo

Pöppel E, Bullinger M, Härtel U (Hrsg) (1990) Medizinische Psychologie und Soziologie. Chapman & Hall, Weinheim 1994

Posner MI, Raichle ME (1996) Bilder des Geistes. Hirnforscher auf den Spuren des Denkens. Spektrum Akademischer Verlag, Heidelberg

Potthoff P (1980) Der Tod im medizinischen Denken. Enke, Stuttgart

Prystav G (1981) Psychologische Copingforschung: Konzeptbildungen, Operationalisierungen und Meßinstrumente. Diagnostica 27:189–214

Rad Mv (1983) Alexithymie. Springer, Berlin Heidelberg New York Tokyo

Rad Mv, Zepf S (1986) Psychoanalytische Konzepte psychosomatischer Symptom- und Strukturbildung. In: Uexküll, Tv (Hrsg) Psychosomatische Medizin (3. Aufl.). Urban & Schwarzenberg, München Wien Baltimore

Raspe H-H (1983) Aufklärung und Interaktion im Krankenhaus. Vandenhoeck & Ruprecht, Göttingen

Rathgeber W (Hrsg) (1976) Medizinische Psychologie. Rathgeber, München

Richter H-E (1972) Patient Familie. Rowohlt, Hamburg

Richter H-E, Beckmann D (1973) Herzneurose. Thieme, Stuttgart

Riehl-Emde A, Buddeberg C, Muthny FA, Landolt-Ritter C, Steiner R, Richter D (1989) Ursachenattribution und Krankheitsbewältigung bei Patientinnen mit Mammakarzinom. Psychother med Psychol 39:232–238

Robertson J (1974) Kinder im Krankenhaus. Reinhardt, München Basel

Rogge K-E (1981) Physiologische Psychologie. Urban & Schwarzenberg, München Wien Baltimore

Rosemeier HP (1991) Medizinische Psychologie und Soziologie (4. Aufl.). Enke, Stuttgart

Rösler HD, Szewczyk H, Wildgrube K (1996) Medizinische Psychologie. Spektrum Akademischer Verlag, Heidelberg Berlin Oxford

Rotter JB (1966) Generalized expectancies for internal versus external control of reinforcement. Psychological Monographs 1 (Whole No. 609)

Rudolf G (1981) Untersuchung und Befund bei Neurosen und psychosomatischen Erkrankungen. Beltz, Weinheim Basel

Rudolf G (1993) Psychotherapeutische Medizin. Enke, Stuttgart

Rudolf G, Stratmann H (1989) Psychogene Störungen bei Männern und Frauen. Z Psychosom Med Psychoanal 35:201–219

Rüger U, Blomert AF, Förster W (1990) Coping. Theoretische Konzepte, Forschungsansätze, Meßinstrumente zur Krankheitsbewältigung. Verlag für Medizinische Psychologie im Verlag Vandenhoeck & Ruprecht, Göttingen

Schachter S, Singer JE (1962) Cognitive, social and physiological determinants of emotional state. Psychological Review 69:379–399

Schandry R (1989) Lehrbuch Psychophysiologie. Körperliche Indikatoren psychischen Geschehens (2. Aufl.). Psychologie Verlags Union, München Weinheim

Schauenburg H, Schüssler G, Leibing E (1991) Empirische Erfassung von Abwehrmechanismen mit einem Selbsteinschätzungsfragebogen (nach Bond et al.) Psychother med Psychol 41:392–400

Schedlowski M, Tewes U (Hrsg) (1996) Psychoneuroimmunologie. Spektrum Akademischer Verlag, Heidelberg

Scheer JW, Brähler E (1984) Ärztliche Maßnahmen aus psychologischer Sicht – Beiträge zur medizinischen Psychologie. Springer, Berlin Heidelberg New York Tokyo

Scheer JW, Klapp BF (1991) Verleugnung in medizinischen Belastungssituationen: Abwehr, Bewältigung oder Forschungsartefakt? In: Brähler E, Geyer M, Kabanow MM (Hrsg) Psychotherapie in der Medizin. Westdeutscher Verlag, Opladen

Schepank H (1987) Psychogene Erkrankungen der Stadtbevölkerung. Eine epidemiologisch-tiefenpsychologische Feldstudie in Mannheim. Springer, Berlin Heidelberg New York Tokyo

Schepank H (Hrsg) (1990) Verläufe. Springer, Berlin Heidelberg New York Tokyo

Scherer KR (1990) Theorien und aktuelle Probleme der Emotionspsychologie. In: Scherer KR (Hrsg) Psychologie der Emotion. Enzyklopädie der Psychologie. Hogrefe, Göttingen

Scherer KR (Hrsg) (1990) Psychologie der Emotion. Enzyklopädie der Psychologie. Hogrefe, Göttingen

Scherer KR, Wallbott HG (1990) Ausdruck von Emotionen. In: Scherer KR (Hrsg) Psychologie der Emotion. Enzyklopädie der Psychologie. Hogrefe, Göttingen

Schermer FJ (1991) Lernen und Gedächtnis. Kohlhammer, Stuttgart

Schmidbauer W (1977) Die hilflosen Helfer – Über die seelische Problematik der helfenden Berufe. Rowohlt, Reinbek bei Hamburg

Schmidt LR (1984) Psychologie in der Medizin. Anwendungsmöglichkeiten in der Praxis. Thieme, Stuttgart New York

Schmidt LR (Hrsg) (1992) Psychologische Aspekte medizinischer Maßnahmen. Jahrbuch der medizinischen Psychologie 7. Springer, Berlin Heidelberg New York Tokyo

Schmidt LR, Keßler BH (1976) Anamnese. Methodische Probleme, Erhebungsstrategien und Schemata. Beltz, Weinheim

Schmidt RF, Thews G (Hrsg) (1995) Physiologie des Menschen. 27. Auflage. Springer, Berlin Heidelberg New York Tokyo

Schmidt S, Strauss B (1996) Die Bindungstheorie und ihre Relevanz für die Psychotherapie Teil 1. Grundlagen und Methoden der Bindungsforschung. Psychotherapeut 41:139–150

Schmielau F, Schmielau-Lugmayr M (1990) Lehrbuch der Medizinischen Psychologie. Hogrefe, Göttingen

Schnabel S (1974) Intimverhalten-Sexualstörungen-Persönlichkeit. VEB, Berlin

Schneider K, Dittrich W (1990) Evolution und Funktion von Emotionen. In: Scherer K-R (Hrsg) Enzyklopädie der Psychologie. Hogrefe, Göttingen Toronto Zürich

Schober C (1987) Tod und Sterben aus der Sicht von Medizinstudenten. Med Diss, Universität Heidelberg

Schonecke OW (1987) Psychosomatik funktioneller Herz-Kreislauf-Störungen. Springer, Berlin Heidelberg New York Tokyo

Schonecke OW (1990) Lerntheorie und Verhaltensmedizin – ihre Bedeutung für die Psychosomatik. In: Ahrens S (Hrsg) Entwicklung und Perspektiven der Psychosomatik in der Bundesrepublik Deutschland. Springer, Berlin Heidelberg New York Tokyo

Schonecke OW (1995) Functional cardiac disorder and cardiac perception: Attempts of quantification. In: Vaitl D, Schandry R (Hrsg) From the heart to the brain. The psychophysiology of circulation-brain interaction. Lang, Frankfurt a. Main

Schonecke OW, Herrmann JM (1996) Psychophysiologie. In: Uexküll Tv (Hrsg) Psychosomatische Medizin (5. Aufl.). Urban & Schwarzenberg, München Wien Baltimore

Schulz H (1978) Schlaf, Aufmerksamkeit und Bewußtsein. In: Stamm H, Zeier H (Hrsg) Die Psychologie des 20. Jahrhunderts,

Bd. VI.: Lorenz und die Folgen. Kindler, Zürich

Schulz K-H, Raedler A (1986) Tumorimmunologie und Psychoimmunologie als Grundlagen für die Psychoonkologie. Psychother med Psychol 36:114–129

Schumacher A (1989) Sinnfindung bei brustkrebserkrankten Frauen. In: Verres R, Hasenbring M (Hrsg) (1989) Psychosoziale Onkologie. Jahrbuch der Medizinischen Psychologie, Bd 3. Springer, Berlin Heidelberg New York Tokyo

Schuntermann MF (1997) Die revidierte Fassung der Internationalen Klassifikation der Impairments, Disabilities und Handicaps (ICDIH-2). Was ist neu? Deutsche Rentenversicherung Heft 9–10

Schüßler G, Leibing E (1990) Coping und Abwehr – Erste empirische Befunde einer multidimensionalen Erfassung. In: Muthny FA (Hrsg) Krankheitsverarbeitung. Hintergrundtheorien, klinische Erfassung und empirische Ergebnisse. Springer, Berlin Heidelberg New York Tokyo

Schwarz R (1984) Aufklärung über die Tumordiagnose und Vorwissen bei Patientinnen mit Brustkrebsverdacht. Psychother med Psychol 34:111–115

Schwarz R (1986) Persönlichkeitsmerkmale bei Krebskranken – Ursache oder Folge? Z Klin Psychol Psychopath Psychother 34:205–216

Schwarz R (1989) Psychologische Hilfen zur Bearbeitung von Chemotherapie und Strahlenbehandlung. In: Verres R, Hasenbring M (Hrsg) (1989) Psychosoziale Onkologie. Jahrbuch der Medizinischen Psychologie, Bd 3. Springer, Berlin Heidelberg New York Tokyo

Schwarz R (1990) Bedarf an psychosozialer Betreuung von Krebskranken und Anforderungen an die psychosoziale Personalfortbildung. In: Koch U, Potreck-Rose F (Hrsg) Krebsrehabilitation und Psychoonkologie. Springer, Berlin Heidelberg New York Tokyo

Schwarz R (1993) Psychosoziale Faktoren in der Karzinogenese: Zur Problematik der sogenannten Krebspersönlichkeit. PPmP Psychother Psychosom med Psychol 43:1–9

Schwarz R (1994) Die Krebspersönlichkeit. Mythos und klinische Realität. Schattauer, Stuttgart New York

Schwarz R (1995) Psychotherapeutische Grundlagen der psychosozialen Onkologie. Psychotherapeut 40:313–323

Schwenkmezger P, Schmid LR (Hrsg) (1994) Lehrbuch der Gesundheitspsychologie. Enke, Stuttgart

Seemann H (1984) Schmerzmessung. In: Zimmermann M, Handwerker HO (Hrsg.) Schmerz. Springer, Berlin Heidelberg New York Tokyo

Seemann H (1989) Aktuelle Trends bei der Schmerzbekämpfung in der Onkologie. In: Verres R, Hasenbring M (Hrsg) (1989) Psychosoziale Onkologie. Jahrbuch der Medizinischen Psychologie, Bd 3. Springer, Berlin Heidelberg New York Tokyo

Seemann, H, Lang H (1991) Coping with Cancer Pain. In: Senn HJ, Glaus A (Eds) Supportive Care in Cancer Patients II. Springer, Berlin Heidelberg New York

Seemann H, Lang H (1991) Tumorschmerzen aus psychologischer Sicht: Probleme und Bewältigung. In: Schwarz R, Zettl S (Hrsg) Psychosoziale Krebsnachsorge in Deutschland. Eine Standortbestimmung. Verlag für Medizin Dr. Ewald Fischer, Heidelberg

Seiffge-Krenke I (Hrsg) (1990) Krankheitsverarbeitung bei Kindern und Jugendlichen. Jahrbuch der medizinischen Psychologie 4. Springer, Berlin Heidelberg New York Tokyo

Sellschopp A (1984) Begriff der Lebensqualität am Beispiel von Patienten mit Hirntumoren. In: Rohde H, Troidl H (Hrsg) Das Magenkarzinom. Thieme, Stuttgart New York

Sellschopp A (1989) Die gegenwärtige Lage der Psychoonkologie. In: Verres R, Hasenbring M (Hrsg) (1989) Psychosoziale Onkologie. Jahrbuch der Medizinischen Psychologie, Bd 3. Springer, Berlin Heidelberg New York Tokyo

Sellschopp A (1991) Aufgaben einer zukünftigen Psychoonkologie. In: Schwarz R, Zettl S (Hrsg) Psychosoziale Krebsnachsorge in Deutschland. Verlag für Medizin Dr. Ewald Fischer, Heidelberg

Selye H (1956) The stress of life. McGraw-Hill, New York 1982

Siegrist J (1988) Asymmetrie und soziale Distanz. In: Huppmann G, Wilker FW (1988) Medizinische Psychologie – Medizinische Soziologie. Urban & Schwarzenberg, München Wien Baltimore

Siegrist J (1988) Medizinische Soziologie (4. Aufl.). Urban & Schwarzenberg, München Wien Baltimore

Siegrist J (1989) Zur Sozio-Psycho-Somatik von Herz-Kreislauf-Risiken. Psychother med Psychol 39:110–114

Siegrist J (1995) Medizinische Soziologie (5. Aufl.). Urban & Schwarzenberg, München Wien Baltimore

Siegrist J, Bertram H (1970/71) Schichtspezifische Variationen des Krankheitsverhaltens. Soziale Welt 21/22:206–218

Siegrist J, Dittmann K, Rittner K, Weber I (1980) Soziale Belastungen und Herzinfarkt. Eine medizinsoziologische Fall-Kontroll-Studie. Enke, Stuttgart

Singer K (1989) Kränkung und Kranksein. Piper, München Zürich

Sontag S (1978) Krankheit als Metapher. Hanser, München Wien

Speck O, Miessler M, Strasmeier W (1988) Geistige Behinderung. In: Koch U, Lucius-Hoene G, Stegie R (Hrsg) (1988) Handbuch der Rehabilitationspsychologie. Springer, Berlin Heidelberg New York Tokyo

Speidel H (1987) Psychotherapie bei lebensbedrohlichen Krankheiten. Prax Psychother Psychosom 32:192–200

Speierer G-W (1996) Neuere empirische Ergebnisse zur Therapie, Diagnostik und Wirksamkeit der Gesprächspsychotherapie. Psychologie in der Medizin 7:8–14

Speierer G-W, Weidelt J, Schmid F-X (1984) Selbstbild und Arztideal bei vorklinischen Medizinstudenten. Psychother Psychosom med Psychol 34:213–219

Spiegel D, Bloom JR, Kraemer HC, Gottheil E (1989) Effect of psychosocial treatment on survival of patients with metastatic breast cancer. Lancet, October 14, 888–891

Spitz R (1973) Die Entstehung der ersten Objektbeziehungen. Klett, Stuttgart

Statistisches Jahrbuch für das vereinte Deutschland (1991). Statistisches Bundesamt, Wiesbaden

Statistisches Jahrbuch für das Vereinte Deutschland (1996). Statistisches Bundesamt, Wiesbaden

Steffens W, Kächele H (1988) Abwehr und Bewältigung – Vorschläge zu einer integrativen Sichtweise. Psychother med Psychol 38:3–7

Stegie R, Mödinger H-J (1988) Methodenkritische Analyse deutschsprachiger empirischer Forschungsarbeiten (1975–1985) zu psychosozialen Auswirkungen maligner Tumoren. In: Klapp BF, Dahme B (Hrsg) Psychosoziale Kardiologie. Jahrbuch der medizinischen Psychologie, Bd 1. Springer, Berlin Heidelberg New York Tokyo

Steingrüber HJ, Pflugmacher C (1982) Geburt in der Klinik: Frühe Mutter-Kind-Interaktion und Entwicklung des Kindes. In: Beckmann D, Davies-Osterkamp S, Scheer JW (Hrsg) Medizinische Psychologie. Forschung für Klinik und Praxis. Springer, Berlin Heidelberg New York

Stemmler G (1996) Psychophysiologie der Emotionen. Zschr psychosom Med 42:235–260

Stern DN (1992) Die Lebenserfahrung des Säuglings. Klett-Cotta, Stuttgart

Stierlin H (1982) Delegation und Familie. Suhrkamp, Frankfurt.

Stössel JP (1981) Das Ulmer Modell – Damit der Patient zum Gesprächspartner des Arztes wird. Bild der Wissenschaft 9:90–100

Strauß B, Eckert J, Tschuschke V (Hrsg) (1996) Methoden der empirischen Gruppenpsychotherapieforschung. Westdeutscher Verlag, Opladen

Strauß B, Schmidt S (1997) Die Bindungstheorie und ihre Relevanz für die Psychotherapie Teil 2. Mögliche Implikationen der Bindungstheorie für die Psychotherapie und Psychosomatik. Psychotherapeut 42:1–16

Strian F (1983) Angst. Springer, Berlin Heidelberg New York Tokyo

Stroebe M, Gergen MM, Gergen KJ, Stroebe W (1992) Broken hearts or broken bonds. Love and death in historical perspective. American Psychologist 47:1205–1212

Stroebe W, Hewstone M, Stephenson GM (Hrsg) (1997) Sozialpsychologie. Springer, Berlin Heidelberg New York Tokyo

Stroebe, W, Hewstone, M, Codol, J-P und Stephenson G M (1990). Sozialpsychologie. Eine Einführung. Springer, Berlin Heidelberg New York Tokyo

Taylor SE (1983) Adjustment to threatening events. A theory of cognitive adaptation. American Psychologist 38:1161–1173

Taylor SE (1993) Positive Illusionen. Rowohlt, Reinbek

Taylor SE, Brown JD (1988) Illusion and well-being: A social psychological perspective on mental health. Psychological Bulletin 103:193–210

Taylor SE, Lichtman RR, Wood JV (1984) Attributions, beliefs about control, and adjustment to breast cancer. J Pers Soc Psychol 46:489–502

Teichmann H, Meyer-Probst B, Roether D (1991) Risikobewältigung in der lebenslangen psychischen Entwicklung. Verlag Gesundheit, Berlin

Tewes U, Schedlowski M (1994) Gesundheitspsychologie: Die psychobiologische Perspektive. In: Schwenkmezger P, Schmid LR (Hrsg) Lehrbuch der Gesundheitspsychologie. Enke, Stuttgart

Thomas RM, Feldmann B (1992) Die Entwicklung des Kindes (3. Aufl.). Beltz, Weinheim Basel

Thompson SC (1981) Will it hurt less if I can control it? A complex answer to a simple question. Psychological Bulletin 90:89–101

Tinbergen N (1956) Instinktlehre. Parey, Berlin

Traue HC, Bischoff C, Zenz H (1994) Zur Verhaltensmedizin myogener Kopfschmerzen: Ergebnisse der Ulmer Kopfschmerzforschung. In: Wahl R, Hautzinger M (Hrsg) Psychotherapeutische Medizin bei chronischem Schmerz. Psychologische Behandlungsverfahren zur Schmerzkontrolle. Deutscher Ärzte-Verlag, Köln

Troschke Jv (1974) Das Kind als Patient im Krankenhaus. In: Biermann G, Troschke Jv (Hrsg) Beiträge zur Psychologie und Soziologie des kranken Menschen, Bd 3. Ernst Reinhardt Verlag, München Basel

Troschke Jv (1974) Das Kind als Patient im Krankenhaus. Reinhardt, München

Troschke Jv (1974) Psychosoziale Aspekte von Gesundheit und Krankheit. Themen der Krankenpflege 1:487–524

Tschuschke V (1993) Wirkfaktoren stationärer Gruppenpsychotherapie. Vandenhoeck & Ruprecht, Göttingen

Tschuschke V, Czogalik D (Hrsg) (1990) Psychotherapie – Welche Effekte verändern? Zur Frage der Wirkmechanismen therapeutischer Prozesse. Springer, Berlin Heidelberg New York Tokyo

Tschuschke V, Gaissmaier R, Denzinger R, Arnold R, Hertenstein B, Kächele H, Novak P (1993) Psychosoziale Krankheitsbewältigung von knochenmarktransplantierten Leukämiepatienten In: Schwarz R, Zettl S (Hrsg) Praxis der psychosozialen Onkologie. Versorgungsangebote für Klinik, Praxis und häusliche Pflege. Verlag für Medizin Fischer, Heidelberg

Tschuschke V, Pfleiderer K, Denzinger R, Hertenstein B, Kächele H, Arnold R (1994) Coping bei Knochenmarktransplantation. Ein Beitrag zur Frage des „geeigneten" vs. „ungeeigneten Copings". PPmP Psychother Psychosom med Psychol 44:346–354

Uexküll Tv (1996) Placeboeffekt. In: Uexküll Tv (Hrsg) Psychosomatische Medizin (5. Aufl.). Urban & Schwarzenberg, München Wien Baltimore

Uexküll Tv (1996) Psychosomatische Medizin (5. Aufl.) Urban & Schwarzenberg, München Wien Baltimore

Uexküll Tv (Hrsg) (1990) Psychosomatische Medizin (4. Aufl.). Urban & Schwarzenberg, München Wien Baltimore

Uexküll Tv, Wesiack W (1990) Wissenschaftstheorie und psychosomatische Medizin, ein bio-psycho-soziales Modell. In: Uexküll Tv (Hrsg) Psychosomatische Medizin (4. Aufl.). Urban & Schwarzenberg, München

Ulich D (1982) Das Gefühl. Eine Einführung in die Emotionspsychologie. Urban & Schwarzenberg, München Wien Baltimore

Ulich D, Mayring Ph (1992) Psychologie der Emotionen. Kohlhammer, Stuttgart

Verres R (1978) Wie beeinflußt Angst vor Krebs die Motivation zur Krebsvorsorge? Med Mensch Ges 3:153–160

Verres R (1990) Wirkfaktoren in der Verhaltenstherapie. In: Lang H (Hrsg) Wirkfaktoren der Psychotherapie. Springer, Berlin Heidelberg New York Tokyo (2. Aufl. Königshausen & Neumann, Würzburg 1994)

Verres R (1991) Die Kunst zu leben. Krebsrisiko und Psyche. Piper, München

Verres R (1991) Gesundheitsforschung und Verantwortung. Gedanken zur Differenzierung und Vertiefung der Rekonstruktion subjektiver Gesundheits- und Krankheitstheorien. In: Flick U (Hrsg) Alltagswissen über Gesundheit und Krankheit. Subjektive Theorien und soziale Repräsentationen. Asanger, Heidelberg

Verres R (1986) Krebs und Angst. Subjektive Theorien von Laien über Entstehung, Vorsorge, Früherkennung, Behandlung und die psychosozialen Folgen von Krebserkrankungen. Springer, Berlin Heidelberg New York Tokyo

Verres R, Daniel R, Michel U, Faller H, Schilling S, Völcker A (1985b). Krebspatienten in der Wahrnehmung ihrer Mitmenschen: Ein Hindernis für die Bereitschaft zur psychotherapeutischen Betreuung? In: Sellschopp A, Schwarz R, Michel U (Hrsg) Psychosoziale Probleme bei Brustkrebs. Verlag für Medizin Dr. Ewald Fischer, Heidelberg

Verres R, Faller H, Michel U, Schilling S (1985a) Subjektive Krankheitstheorie: Einige Möglichkeiten und einige Schwierigkeiten bei der Analyse gesundheitsbezogener Kognitionen und Emotionen. In: Fischer P (Hrsg) Therapiebezogene Diagnostik. DGVT, Tübingen

Verres R, Hasenbring M (Hrsg) (1989) Psychosoziale Onkologie. Jahrbuch der medizinischen Psychologie 3. Springer, Berlin Heidelberg New York Tokyo

Verres R, Sobez I (1980) Ärger, Aggression und soziale Kompetenz. Klett-Cotta, Stuttgart

Vogel H (1993) Gesundheitsbildung in der medizinischen Rehabilitation der Rentenversicherung: Situation und Zukunftsperspektiven. Prävention und Rehabilitation 5 (1):1–13

Vogel H, Tuschhoff T, Zillessen E (1994) Die Definition von Rehabilitationszielen als Herausforderung an die Qualitätssicherung. Deutsche Rentenversicherung 11:51–765

Wagner RF (1995) Kontrollüberzeugungen bei chronischer Pankreatitis – Das Forschungsprogramm Subjektive Theorien und klassische Fragebogenforschung im Vergleich. Aschendorff, Münster

Wagner RF, Weiß H, Faller H, Lauter V (1994) Auswirkungen extremer Deprivation bei Patienten mit akutem Guillain-Barré-Syndrom. Zeitschrift für Medizinische Psychologie 3:58–63

Watson JB, Raynor R (1920) Conditioned emotional reactions. Journal of Experimental Psychology 3:1–14

Weber H (1992) Belastungsverarbeitung. Z Klin Psychol 21:17–27

Weber M (1960) Soziologische Grundbegriffe J.C.B. Mohr (Paul Siebeck), Tübingen.

Weimer E, Nilsson-Schönneson L, Clement U (1989) HIV-Infektion: Trauma und Traumaverarbeitung. Psyche 43:720–735

Weiner H (1977) Psychobiology and human disease. Elsevier, Amsterdam

Weiner H, Thaler M, Reiser MF, Mirsky IA (1957) Etiology of duodenal ulcer. I. Relation of specific psychological characteristics to rate of gastric secretion (serum pepsinogen). Psychosomatic Medicine 19:1–12

Weis J, Heckl U, Koch U, Tauch B (1994) Psychosoziale Belastungen und Krankheitsverarbeitung im Verlauf einer Krebserkrankung – Erste Ergebnisse einer prospektiven Längsschnittstudie. In: Schüßler G, Leibing E (Hrsg) Coping. Verlaufs- und Therapiestudien chronischer Krankheit. Hogrefe, Göttingen

Weisman AD (1972) On dying and denying. Behavioral Publications, New York

Weisman AD (1979) Coping with cancer. McGraw-Hill, New York

Weiß H (1988) Der Andere in der Übertragung. Untersuchung über die analytische Situation und die Intersubjektivität in der Psychoanalyse. Frommann-Holzboog, Stuttgart-Bad Cannstatt

Weiß H, Pagel G (Hrsg) (1989) Das Bewußtsein und das Unbewußte. Königshausen & Neumann, Würzburg

Weizsäcker Vv (1950) Diesseits und Jenseits der Medizin. Koehler, Stuttgart

Wesiack W (1984) Psychosomatische Medizin in der ärztlichen Praxis. Urban & Schwarzenberg, München Wien Baltimore

Wilker W, Bischoff C, Novak P (Hrsg) (1994) Medizinische Psychologie – Medizinische Soziologie (2. Aufl.). Urban & Schwarzenberg, München Wien Baltimore

Willi J (1988) Die Zweierbeziehung. Rowohlt, Hamburg.

Willi J (1993) Therapie der Zweierbeziehung. Rowohlt, Reinbek bei Hamburg

Winnicott DW (1951) Übergangsobjekte und Übergangsphänomene. In: Winnicott DW Von der Kinderheilkunde zur Psychoanalyse. Fischer, Frankfurt 1983

Winnicott DW (1973) Vom Spiel zur Kreativität. Klett, Stuttgart

Winnicott DW (1988) Von der Kinderheilkunde zur Psychoanalyse. Fischer Taschenbuch, Frankfurt a. Main

Wirsching M (1988) Krebs im Kontext. Klett-Cotta, Stuttgart

Wirsching M (1990) Krebs. Bewältigung und Verlauf. Springer, Berlin Heidelberg New York Tokyo

Wirtz U (1991) Seelenmord. Inzest und Therapie (4. Aufl.). Kreuz, Zürich

Wittkowski J (1990) Psychologie des Todes. Wiss Buchges, Darmstadt

Wortman CB, Silver RC (1989) The myths of coping with loss. J Consult Clin Psychol 57:349–357

Wyss D (1971) Lehrbuch der medizinischen Psychologie und Psychotherapie für Studierende. Vandenhoeck & Ruprecht, Göttingen

Wyss D (1982) Der Kranke als Partner (zwei Bände). Vandenhoeck & Ruprecht, Göttingen

Zenz H (1992) Laienhelfer in der Prävention. In: Schröder H, Reschke K (Hrsg) Psychosoziale Prävention und Gesundheitsförderung. Roderer, Regensburg

Zenz H (1994) Arzt-Patient-Beziehung. In: Mark N, Bischoff C (Hrsg) Psychosomatische Grundversorgung. Verhaltenstherapeutische Konzepte und Empfehlungen für die ärztliche Praxis. Deutscher Ärzte-Verlag, Köln

Zenz H, Manok G (Hrsg) (1989) AIDS-Handbuch für die psychosoziale Praxis. Huber, Bern

Zerssen Dv (1976) Paranoid-Depressivitäts-Skala und Depressivitäts-Skala. Beltz, Weinheim

Zimbardo PG (1992) Psychologie (5. Aufl.). Springer, Berlin Heidelberg New York Tokyo

Zimbardo PG, Ruch FL (1978) Lehrbuch der Psychologie. Springer, Berlin

Zimmermann M, Seemann H (1990) Schmerzen bei Krebserkrankungen – Bedeutung, Behandlung und Bewältigung. In: Koch U, Potreck-Rose F (Hrsg) Krebsrehabilitation und Psychoonkologie. Springer, Berlin Heidelberg New York Tokyo

A

AA 292
Abwehr-Kompromißbildung 75
Abwehrmechanismus 9, 68, 286
Abwehr-Vorgang 280
Abweichungs-Intelligenzquotient 163
Acht-Monats-Angst 196
Adoleszenz 181
Adoptionsstudie 173
Affekt-Einstimmung 60
Aggravation 8
Aggregatdaten 27
Aggression 103, 105, 107, 109
– erworbene 107
– – psychoanalytische Sicht 107
– Instinkt 105
– lerntheoretisches Modell 107
– Abbau 109
Aggressivität 103
Agoraphobie 97
Aktivation 37, 43, 62
Aktivierung 54 (s. auch Aktivation)
Aktivität 30
– elektrische Muskelaktivität 30
– elektrodermale 30
– hirnelektrische 30
– kardiovaskuläre 30
– respiratorische 30
Alpha-Blockade 31
Altenheim 213
Altenpflegeheim 213
Alter 213
– sexuelle Aktivität 213
Altern 212
Altersaufbau 335
Altruismus 296
  (s. auch Uneigennützigkeit)
Anamnese 7, 8, 126, 322
– biographische 322
– Fragebogen 7, 8
– – Validierung 8
Angehörigengruppe 292
Angst 93, 94, 96, 99-101
– akuter emotionaler Zustand 94
– als überdauernde Persönlichkeitseigenschaft 94
– Bereitschaft 99

– Erkrankung 96
– Neurose 96
– präoperative 100
– vor dem Sterben 101
– vor medizinischen Eingriffen 99
Anlage 151
Anlage-Umwelt-Problem 172
Anomie 347
Anonyme Alkoholiker (AA) 292
Anpassungsmechanismus 286
Ansatz 85, 245, 342, 347
– bio-psycho-sozialer 342
– familiendynamischer 245
– handlungstheoretischer 85
– strukturfunktionaler 347
– systemtheoretischer 245
Anteilnahme, emotionale 321
Antworttendenz 8
Appetenz-Appetenz-Konflikt 84
Appetenz-Aversions-Konflikt 84
Appetenzverhalten 64
Aquieszenz 9
Äquivalentnorm 17
Arbeitsbündnis 318
Arbeitsloser, jugendlicher 221
Ärger 103
Arzt 252, 296-298, 306
– als Droge 306
– als Heilmittel 306
– Gelöbnis 297
– Rolle 252, 296
Arzt-Patient-Beziehung 295, 300, 301
– Asymmetrie 301
– Doppelrolle 300
Attraktivität 238
Attribution 87, 130, 226
– fundamentaler Fehler 226
– Schema 226
– Theorie 87
Aufklärung von Schwerkranken 325
Aufmerksamkeit 36, 43
– selektive 43
– Test 36
Ausbalancieren 21
Ausbildung 349
Ausgliederung, berufliche 212
Auslösemechanismus, angeborener 64